ENCYCLOPÉDIE DES
VITAMINES

MODUS VIVENDI

AVERTISSEMENT

Ce livre est exclusivement destiné à servir de référence et ne saurait être considéré comme un ouvrage médical. Les informations données dans ces pages sont conçues pour vous aider à prendre des décisions judicieuses concernant votre santé. Vitamines et minéraux sont des nutriments nécessaires à l'organisme mais ils peuvent, pris en doses excessives, exercer sur le corps des effets aussi puissants que les médicaments. Un accident dû à un surdosage est possible avec ces nutriments et diverses réactions indésirables sont parfois constatées après en avoir pris en trop grande quantité. Vitamines et minéraux peuvent également avoir une interaction avec certains médicaments. Pour toutes ces raisons, il est préférable de vous adresser à votre medecin à chaque fois que vous utilisez des doses qui dépassent la valeur quotidienne. Cet ouvrage ne saurait se substituer à un éventuel traitment prescrit par votre medecin. Si vous pensez avoir un problème de santé particulier, nous ne saurions trop vous recommander de consulter un praticien compétent.

© MCMXCVI Rodale Press inc.

LES PUBLICATIONS MODUS VIVENDI INC.
3859, autoroute des Laurentides
Laval (Québec)
Canada
H7L 3H7

Design de la couverture : Marc Alain

Dépôt légal, 2e trimestre 2002
Bibliothèque nationale du Québec
Bibliothèque nationale du Canada

ISBN : 2-89523-128-1

Dr Albert M. Kligman, Ph.D.
Professeur de dermatologie à la faculté de médecine de l'université de Pennsylvanie et médecin traitant à l'hôpital de cette même université, à Philadelphie

Dr Jeffrey Lisse
Professeur adjoint en médecine et directeur du service de rhumatologie à la branche médicale de l'université du Texas, à Galveston

Dr Jack W. McAninch
Directeur du service d'urologie de l'hôpital général de San Francisco et professeur et vice-président du service d'urologie de l'université de Californie, à San Francisco

Dr Morris B. Mellion
Professeur clinicien adjoint en médecine générale et chirurgie orthopédique au Centre médical de l'université du Nebraska, et directeur médical du Centre de médecine sportive, tous deux à Omaha

Dr Thomas Platts-Mills, Ph.D.
Professeur en médecine et directeur du service d'allergies et d'immunologie au Centre médical de l'université de Virginie, à Charlottesville

Dr David P. Rose, D.Sc., Ph.D.
Directeur du service de nutrition et d'endocrinologie à l'institut Naylor Dana de la Fondation américaine de la santé à Valhalla (New York), et expert en nutrition dans le traitement du cancer au sein du *National Cancer Institute* à Rockville (Maryland) et de l'*American Cancer Society*

Dr William B. Ruderman
Médecin en exercice pour *Gastroenterology Associates of Central Florida*, à Orlando

Dr Yvonne S. Thornton
Médecin associé à l'hôpital de l'université Rockefeller à New York City et directeur du Centre de test et diagnostic périnatal à l'hôpital Morristown Memorial à New Jersey

Dr Lila A. Wallis
Professeur clinicien en médecine et directeur du programme de formation continue pour médecins intitulé « Update Your Medicine » (Mettez à jour vos connaissances médicales) au collège médical de l'université Cornell à New York City

Dr Andrew T. Weil
Directeur adjoint du service des perspectives sociales en médecine à la faculté de médecine de l'université de l'Arizona, à Tucson

Dr Richard J. Wood, Ph.D.
Professeur adjoint à l'école de nutrition de l'université Tufts à Medford (Massachusetts) et directeur du laboratoire de biodisponibilité minérale du Centre Jean Mayer de recherches sur la nutrition humaine et le vieillissement, dépendant du ministère américain de l'Agriculture, à l'université Tufts de Boston

Table des matières

◆

Première Partie
La santé par les vitamines et les minéraux

Deuxième Partie
Ordonnances de vitaminothérapie

Introduction
Puiser dans les extraordinaires ressources thérapeutiques de la nature

La tentation est grande de considérer les vitamines comme autant de pilules miraculeuses. Après tout, n'y a-t-il pas quelque chose de magique dans ces préparations apparemment aptes à prolonger notre existence, préserver l'apparence de la jeunesse, nous aider à vaincre le cancer et les maladies cardiovasculaires, fortifier le système immunitaire, écarter la maladie et décupler notre énergie ?

Il y a quelques dizaines d'années, lorsque les vertus thérapeutiques des vitamines et minéraux commencèrent à être mieux connues, non seulement le grand public mais divers auteurs d'ouvrages de santé et même certains médecins s'enthousiasmèrent pour ces nutriments « minute ». Durant la période qui s'ensuivit, on n'était pas loin de penser que des mégadoses de certaines vitamines pouvaient guérir n'importe quelle maladie. Le secret d'une santé resplendissante ne consistait-il pas tout bonnement à prendre suffisamment de vitamines, ou encore telle ou telle combinaison gagnante de vitamines ?

Cette belle illusion ne devait guère tarder à se dissiper. Il est bien évident que vitamines et minéraux ne sauraient tout guérir. Néanmoins, ce sont de puissants alliés. Les découvertes révolutionnaires issues des plus récentes recherches soulèvent aujourd'hui un intérêt tout neuf. Certains faits nouveaux révélés par les scientifiques quant au pouvoir de guérison de ces nutriments vitaux ont des implications proprement ahurissantes.

Jetons un coup d'œil sur une étude relativement peu connue. À Londres, des scientifiques ont examiné 180 cadres moyens employés dans l'industrie de fabrication britannique. Au cours d'une étude rigoureuse, les chercheurs, après avoir scindé les participants en deux groupes, ont administré au premier un complément classique de multivitamines et minéraux, tandis que l'autre groupe ne recevait qu'un placebo (une pilule d'aspect strictement identique, mais ne contenant aucun nutriment). Huit semaines plus tard, divers tests ont permis de constater que les sujets qui avaient reçu l'apport complémentaire authentique avaient l'impression que leur qualité de vie s'était améliorée. Les sujets du groupe placebo, en revanche, ne signalaient aucun changement. Conclusion des chercheurs : il semblerait que les compléments alimentaires aient exercé une influence bénéfique sur l'humeur de ces cadres, dont ils atténuaient aussi le niveau de stress. Tout cela grâce à une modeste pilule de multivitamines… dont l'efficacité se voit ainsi confirmée scientifiquement par des faits indiscutables.

À présent que s'accumulent les travaux scientifiques mettant en évidence les avantages spectaculaires pour la santé d'une prise de vitamines et minéraux, nous voilà donc revenus au point de départ, là où nous en étions il y a quelques décennies — tout à la fois pressés d'exploiter cet extraordinaire potentiel thérapeutique, mais en même temps plongés dans la plus grande perplexité. S'il est vrai que des faits dûment vérifiés scientifiquement justifient aujourd'hui la prise d'un apport complémentaire de vitamines et de minéraux, le choix et l'achat de ces nutriments restent néanmoins une entreprise ardue.

Nous avons tous fait l'expérience d'aller à la pharmacie ou à la grande surface la plus proche pour y acheter des compléments alimentaires. D'un rayon à l'autre, ce n'est que l'embarras du choix. Comment s'y retrouver parmi ces lettres et ces chiffres, faut-il préférer tel ou tel nutriment isolé ou choisir plutôt une formule complexe, qu'en est-il des pilules par rapport aux gélules ? Et que dire des flacons de dimensions et de couleurs si diverses proposés par tant de fabricants différents, porteurs de messages plus enthousiastes les uns que les autres, bien conçus pour attirer notre attention et nous convaincre de mieux dépenser notre argent ?

Que devrait donc faire le consommateur avisé, soucieux d'avoir recours aux compléments alimentaires de manière responsable et judicieuse ? En définitive, le plus important n'est-il pas de savoir ce qui est véritablement efficace ?

Cessez de vous tourmenter ainsi. Le présent ouvrage vous apportera toutes les réponses à ce genre de question.

Dix-huit mois durant, cinq membres de l'équipe rédactionnelle des livres de santé Rodale ont interviewé des centaines de médecins et chercheurs parmi les plus réputés du continent américain, afin de leur poser précisément un certain nombre de questions cruciales : À quels compléments de vitamines et minéraux peut-on avoir recours dans le but de prévenir, guérir ou améliorer telle ou telle maladie spécifique ? Quelle est la dose qu'il convient de prendre ? Ces compléments sont-ils vraiment dénués de toxicité ? Quels résultats peut-on espérer ?

Parallèlement et toujours pour répondre à ces mêmes questions, l'équipe rédactionnelle a effectué des recherches approfondies dans diverses bases de données informatisées, passant en revue des milliers d'études scientifiques. La nutrithérapie est un domaine en pleine expansion, où les chercheurs ne cessent de découvrir des faits nouveaux. Afin de vous aider à y voir plus clair, nous avons organisé cette somme de recherches sous forme de livre clairement présenté et facile à consulter. Pour savoir quels nutriments utiliser et à quelle dose, il suffit donc de consulter la rubrique concernant la maladie qui vous intéresse.

Au fil des recherches, l'équipe rédactionnelle a non seulement mis en évidence la sensationnelle découverte du rôle des nutriments dans la lutte contre la maladie, mais elle a constaté en outre un certain nombre d'autres faits importants.

Le premier est que les compléments alimentaires ne sauraient remplacer une alimentation judicieuse. Ceux qui s'intéressent à la prévention et aux thérapies naturelles ne s'étonneront pas d'apprendre que la nature nous fournit les meilleurs remèdes, sous la forme la mieux adaptée ; les succédanés concoctés par les scientifiques et l'industrie sous forme de compléments et autres présentations sont incapables de lui faire vraiment concurrence.

Voilà pourquoi si souvent, dans les pages de ce livre, vous entendrez des médecins et des chercheurs souligner que les vitamines et minéraux capables de nous apporter la guérison doivent dans la mesure du possible provenir de nos aliments. Pourtant, les médecins et chercheurs cités préconisent aussi dans de nombreux cas la prise d'un apport complémentaire ou, tout au moins, de multivitamines. Selon eux, il s'agit d'une sorte d'assurance pour l'avenir. Comment expliquer cela ?

Il est souvent malaisé d'obtenir une dose thérapeutique adéquate de vitamines et minéraux par notre seule alimentation. Vous avez bien lu : « thérapeutique ». À doses élevées, certains nutriments ont des effets si puissants sur l'organisme qu'ils font autant d'effet que des médicaments.

Voilà qui nous amène à la deuxième découverte capitale faite par nos rédacteurs : l'utilisation de vitamines et de minéraux sous forme de compléments alimentaires doit faire l'objet des mêmes précautions et considérations de prudence habituellement réservées aux médicaments sur ordonnance ou en vente libre.

Pris à doses trop élevées, certains nutriments peuvent en effet se révéler toxiques ; des effets indésirables ou une interaction avec certains médicaments peuvent également se produire. Voici donc quelques règles à suivre avant de mettre en pratique les informations données dans cet ouvrage.

Toute « mise en garde » est à prendre au sérieux. Ces recommandations sont données pour votre sécurité. Si vous êtes sous traitement médical pour tel ou tel trouble grave, parlez à votre médecin de l'éventualité d'avoir recours à des compléments alimentaires dans le cadre de votre traitement. Grâce à toutes les découvertes scientifiques récentes dans ce domaine, le corps médical est de plus en plus ouvert à la nutrithérapie. Peut-être serez-vous agréablement surpris que votre médecin accepte de chercher avec vous les posologies qui vous conviennent, et de suivre ensuite l'évolution de votre traitement.

Si vous êtes enceinte ou que vous allaitez, prenez la précaution de mentionner à votre médecin les compléments alimentaires dont vous avez l'intention de faire usage, même s'il ne s'agit que de multivitamines.

Enfin, soyez attentif aux Valeurs quotidiennes recommandées pour les vitamines et minéraux que vous prenez. Elles ont été mises au point assez récemment par la *Food and Drug Administration* (FDA) afin de nous aider à mieux cerner les besoins nutritionnels de notre organisme.

Médecins et chercheurs sont nombreux à penser que la Valeur quotidienne pour certains nutriments (notamment la vitamine C) devrait être bien plus élevée. De plus, ils ont constaté que nos besoins nutritionnels sont bien plus grands si l'organisme doit lutter contre la maladie. Ne soyez donc pas surpris de trouver assez fréquemment dans ces pages des recommandations dépassant largement la Valeur quotidienne pour de nombreux nutriments.

Nous vous souhaitons tout le pouvoir de guérison que peuvent apporter les nutriments offerts par la nature.

Alice Feinstein
Responsable de publication

Première Partie

La santé par les vitamines et les minéraux

Acide folique

Valeur quotidienne : *400 microgrammes*

Bonnes sources alimentaires : *Céréales vitaminées, haricots Pinto, haricots blancs, asperges, épinards, brocolis, gombos (aussi appelés okra), choux de Bruxelles*

L'acide folique est une véritable dynamo nutritionnelle qui stimule toutes sortes de processus dans l'organisme. En synergie avec une vingtaine d'enzymes différentes, il contribue à construire l'ADN, le matériau essentiel au bon fonctionnement du système nerveux et à l'intérieur duquel est inscrit le code génétique de chaque individu.

Ce nutriment semble en outre capable de prévenir les maladies cardiovasculaires et les accidents vasculaires cérébraux, car il diminue dans l'organisme les taux d'homocystéine. L'accumulation de cette substance chimique, surtout présente dans le sang des personnes qui mangent habituellement de la viande, est en effet nuisible aux artères.

De plus, il est possible que l'acide folique contribue à protéger le corps contre les cancers du poumon, du côlon et de l'utérus. Au cours d'une étude effectuée à l'université de l'Alabama à Birmingham, les chercheurs ont découvert qu'en présence de certains facteurs de risque — fumée de cigarette, virus du papillome humain, prise de contraceptifs oraux, accouchement... —, le risque de dysplasie cervicale était entre deux et cinq fois moindre chez les femmes dont la muqueuse cervicale était tapissée de folate (le précurseur naturel de l'acide folique) que chez les femmes ayant un déficit en folate. (La dysplasie cervicale est un trouble entraînant la formation de cellules anormales dans l'utérus. Chez certaines femmes, ce trouble peut provoquer un cancer.)

L'acide folique protège également le fœtus de certaines malformations congénitales mortellement graves, touchant le cerveau et la colonne vertébrale. Un sondage effectué pour le compte du mouvement *March of Dimes*[1] a conduit à la triste constatation que 90 % des femmes en âge de

---

1. Aux États-Unis, collecte publique effectuée chaque année au profit des malades atteints de poliomyélite.

procréer ignoraient cela, et que 15 % seulement de toutes les femmes interrogées connaissaient la recommandation du gouvernement américain, préconisant que toute femme susceptible d'être enceinte prenne chaque jour 400 microgrammes d'acide folique. Pour obtenir cette quantité de folate, il suffit d'avoir recours à un complément alimentaire de multivitamines et de minéraux. Sur l'ensemble des femmes interrogées, cependant, 28 % seulement prenaient chaque jour un complément alimentaire contenant de l'acide folique.

Faire bon usage de l'acide folique

Même à haute dose, l'acide folique est pratiquement dénué de tout effet indésirable ; une étude a néanmoins permis de constater que les sujets qui en prenaient 15 milligrammes (15 000 microgrammes) par jour se plaignaient de nausées, de troubles du sommeil et d'irritabilité. Des doses supérieures à 400 microgrammes par jour peuvent masquer les symptômes de l'anémie pernicieuse, un trouble potentiellement mortel lié à une carence en vitamine B_{12}.

« En général, 0,4 milligramme (400 microgrammes) de folate représente une dose raisonnable à prendre chaque jour, et, avec un peu d'organisation, il n'est pas difficile de se procurer journellement une telle dose », relève le Dr Meir Stampfer, chercheur de Harvard. Voici comment vous pourriez envisager de couvrir vos besoins journaliers en folate : un verre de jus d'orange (110 microgrammes) et une tasse de céréales enrichies en folate (160 microgrammes), plus une tasse d'épinards crus servis avec d'autres crudités au déjeuner ou au dîner (130 microgrammes). Quoique le folate soit présent dans ces aliments et dans bien d'autres, il faut savoir que ce nutriment diminue pratiquement de moitié au cours des processus de préparation industrielle, lors de la cuisson ou lorsque les aliments ne sont pas de première fraîcheur. De manière générale, une proportion importante du folate que contiennent nos aliments est détruite sous l'effet de la chaleur et de la lumière.

D'autre part, un certain nombre de substances peuvent augmenter nos besoins en folate et notamment l'alcool, le tabac, l'aspirine et divers autres médicaments : anti-inflammatoires non stéroïdiens, contraceptifs oraux, extraits pancréatiques, œstrogènes, anti-acides, remèdes contre l'arthrite ou le cancer comme le méthotrexate, ainsi que certains médicaments prescrits contre les convulsions, la malaria et les infections bactériennes.

Acide pantothénique

◆

Valeur quotidienne : *10 milligrammes*

Bonnes sources alimentaires : *Céréales complètes, champignons, saumon, cacahuètes*

◆

Dans notre monde où tant de gens prennent un analgésique pour calmer la moindre petite douleur et n'hésitent pas à déverser des produits chimiques toxiques sur le gazon pour obtenir une pelouse bien verte, l'acide pantothénique pourrait faire toute la différence entre la vie et la mort.

Au cours d'une série d'études de laboratoire, le Dr Won O. Song, professeur adjoint en nutrition, a découvert que l'organisme utilisait la coenzyme A (une substance qui contient de l'acide pantothénique) pour détoxifier un grand nombre de substances industrielles complexes présentes dans toutes sortes d'herbicides, d'insecticides et de médicaments.

Jusqu'à présent, personne ne s'était particulièrement intéressé à l'acide pantothénique, qui est l'une des vitamines du groupe B, précise le Dr Song. « Pourtant, son importance est considérable. Il participe à de nombreux processus métaboliques différents, notamment la transformation des aliments en énergie, la synthèse d'hormones importantes et l'utilisation que fait l'organisme des matières grasses et du cholestérol », explique-t-elle encore.

Selon le Dr Song, ce sont les personnes du troisième âge, les sujets ayant un sérieux problème d'alcoolisme et les patients prenant des médicaments pour abaisser le taux de cholestérol qui risquent le plus une carence en acide pantothénique.

Parmi les signes de carence, qui ne se manifestent que rarement et en présence d'un déficit grave en vitamines du groupe B, on retiendra : impression d'avoir les pieds brûlants, inappétence, dépression, épuisement, insomnie, vomissements et crampes ou faiblesse musculaires.

Faire bon usage de l'acide pantothénique

L'acide pantothénique est couramment administré à des doses très variables pouvant aller jusqu'à 10 000 milligrammes par jour, sans que des effets indésirables aient été signalés, à l'exception de quelques cas isolés de diarrhée. La quantité d'acide pantothénique requise pour détoxifier toutes les substances chimiques industrielles auxquelles est exposé l'être humain n'a pas encore été déterminée.

Jusqu'à 50 % de tout l'acide pantothénique de nos aliments est détruit par les traitements industriels, la mise en conserve ou la cuisson. C'est pourquoi les meilleures sources en sont les céréales complètes non transformées, les céréales vitaminées ou enrichies auxquelles ce nutriment a été ajouté et les compléments alimentaires de multivitamines et de minéraux.

Bêtacarotène

◆◆◆

Valeur quotidienne : *Aucune*

Bonnes sources alimentaires : *Patate douce, carotte, melon cantaloup, épinards, et autres légumes à feuilles vert foncé*

◆◆◆

Le bêtacarotène a souvent été décrit comme le nutriment miracle capable d'apporter un remède au cancer, aux maladies cardiovasculaires, au vieillissement, aux cataractes et à une pléthore d'autres troubles.

Il se pourrait que tout cela soit vrai. Divers travaux préliminaires effectués au cours de ces dernières années indiquent que le risque de cancer diminue à mesure qu'un individu mange davantage de fruits et de légumes riches en bêtacarotène — en particulier pour ce qui est de certains cancers comme celui du poumon, de l'estomac, de l'œsophage, de la bouche et, chez la femme, de l'appareil génital.

Dans le cadre d'une étude sur la santé réalisée par des médecins de la faculté de médecine de Harvard, par exemple, un rapport préliminaire indique qu'au sein d'un groupe d'hommes âgés de 40 à 84 ans, le risque de crise cardiaque diminuait de 50 % chez les sujets qui prenaient tous les deux jours 50 milligrammes (83 000 unités internationales) de bêtacarotène.

En 1994, toutefois, les chercheurs ont commencé à remettre en cause les effets thérapeutiques du bêtacarotène. Une étude finlandaise portant sur 29 000 fumeurs (tous des hommes) avait en effet permis de constater que les sujets qui prenaient chaque jour 20 milligrammes de bêtacarotène (soit environ 33 000 unités internationales) étaient plus exposés au cancer du poumon et aux maladies cardiovasculaires.

« Nous ne nous attendions pas à un tel résultat, admet Norman Krinsky, professeur de biochimie. Cela ne correspond pas à ce que l'on pouvait anticiper. »

Certains chercheurs soupçonnent que l'augmentation inattendue des cas de maladies cardiovasculaires et de cancer du poumon parmi les participants à cette étude finnoise pourrait s'expliquer par un ou deux facteurs particuliers. Tout d'abord, ces fumeurs faisaient grande consommation de cigarettes depuis si longtemps — une trentaine d'années, pour tout dire — que le processus cancéreux s'était déjà installé bien avant qu'ils aient commencé à prendre du bêtacarotène. Deuxièmement, il est possible que l'imprégnation alcoolique à laquelle ces fumeurs s'adonnaient de surcroît, et dont l'étude ne faisait initialement aucune mention, ait nui à l'efficacité du bêtacarotène, selon le Dr Joanne Curran-Celentano, professeur adjoint en sciences de la nutrition. Cette dernière souligne que l'étude finnoise ne laisse nullement penser que l'apport complémentaire de bêtacarotène ait pu provoquer une augmentation de l'incidence de cancer et de maladies cardiovasculaires, ajoutant qu'une alimentation peu judicieuse, doublée d'un tabagisme accompagné d'alcoolisme sur de longues années, pourrait bien avoir exposé ces hommes à un risque accru.

Chercheurs et médecins restent nombreux à recommander aux malades une alimentation comportant quantité de fruits et de légumes riches en bêtacarotène, selon le Dr Krinsky. Cependant, à la lumière de cette étude finnoise, certains chercheurs font peut-être preuve d'une plus grande prudence avant de préconiser un apport complémentaire de bêtacarotène.

Leur réticence et leur prudence dans ce domaine semblent également se justifier par certaines techniques de laboratoire relativement nouvelles. Ces dernières ont révélé que la plupart des aliments contenant du bêtacarotène contiennent également d'autres membres de la famille des caroténoïdes dotés de puissants pouvoirs thérapeutiques, tels que l'alphacarotène, le lycopène, la zéaxanthine et la lutéine. Il se pourrait d'ailleurs que ces substances accomplissent en réalité le plus clair de la tâche de prévention, note le Dr Krinsky, tandis que tout le mérite en était jusqu'ici attribué au seul bêtacarotène.

Faire bon usage du bêtacarotène

« Il est préférable de manger des aliments riches en caroténoïdes plutôt que de prendre des compléments alimentaires, souligne le Dr Krinsky. En revanche, pour ceux d'entre nous qui n'ont pas encore pris l'habitude de manger chaque jour entre cinq et neuf portions de légumes à feuilles vert foncé et de fruits et légumes de couleur jaune, il pourrait être judicieux de compléter notre alimentation par un modeste apport complémentaire de bêtacarotène de l'ordre de 5, 10 ou 15 milligrammes par jour (soit entre 8 000 et 25 000 unités internationales). « Quant à savoir s'il vaut mieux prendre un complément alimentaire de bêtacarotène ou s'en abstenir, précise-t-il, il est délicat d'apporter une réponse à cette question. »

L'excès de bêtacarotène dans l'organisme peut donner à l'épiderme une coloration orangée ; cette dernière disparaît progressivement à mesure que les taux de ce nutriment redeviennent normaux.

Biotine

❖

Valeur quotidienne : *300 microgrammes*

Bonnes sources alimentaires : *Levure de bière, maïs, orge, graines de soja, noix, cacahuètes, mélasse, chou-fleur, lait, jaune d'œuf, céréales vitaminées*

❖

Vos ongles sont un vrai désastre. Vous vous êtes offert une manucure, le vernis à ongles vous paraissait pourtant bien joli mais, malgré tout, ces pauvres ongles restent cassants, pitoyables.

Voilà quelque chose que l'on ne verrait jamais dans les pages du magazine *Elle*. Pourtant, c'est précisément l'un des tout premiers détails que remarquera un homme en échangeant une poignée de mains avec vous ou s'il vous arrive de caresser son chien. Alors, que faire ?

Pourquoi ne pas suivre l'exemple des clients d'un spécialiste des ongles de New York ? Dans le cadre d'une étude menée à bien par la faculté de médecine et de chirurgie de l'université Columbia à New York City et celle de l'hôpital universitaire Thomas Jefferson à Philadelphie, ces personnes ont pris en moyenne deux milligrammes par jour de biotine, une vitamine du complexe B dont l'organisme a besoin pour digérer les matières grasses et les protéines de notre alimentation.

À l'exception de ceux d'entre nous qui ont des ongles cassants ou une prédisposition génétique empêchant l'absorption de la biotine, la plupart des gens n'ont nul besoin de se soucier de savoir s'ils consomment suffisamment de cette vitamine. En effet (sauf lorsqu'un individu est atteint d'un défaut génétique faisant obstacle à l'assimilation de ce nutriment), si nous n'en obtenons pas suffisamment grâce aux œufs, au lait et aux céréales de notre alimentation, notre organisme est capable de générer la biotine qui lui manque.

En revanche, il pourrait en aller autrement des sujets souffrant de diabète de type II (non-insulinodépendant). Lorsque des chercheurs japonais ont étudié les taux de biotine et de glycémie chez des sujets diabétiques, ils ont découvert que plus le taux glycémique d'un sujet était élevé, plus son taux de biotine était bas. En outre, les patients diabétiques avaient des taux de biotine considérablement plus bas que les personnes non diabétiques.

Les chercheurs ne savaient pas vraiment comment interpréter ces faits, mais ils eurent l'idée de voir ce qui se passerait s'ils parvenaient à augmenter le taux de biotine chez les diabétiques. Durant un mois, ils ont donc administré chaque jour à 18 sujets diabétiques 9 milligrammes de biotine.

Résultat ? Trente jours plus tard, les taux de glycémie des participants s'étaient abaissés pour n'être plus qu'à près de la moitié des taux de départ. Veuillez vous reporter à la page 257 pour des détails plus complets sur l'utilisation des nutriments dans le traitement du diabète.

Faire bon usage de la biotine

La biotine est peut-être l'une des vitamines qui présentent le moins de danger. Même à des doses dépassant largement la Valeur quotidienne (300 microgrammes), aucun effet indésirable ou toxique n'a été signalé à notre connaissance.

Il est vrai que ce nutriment est détruit par certains processus industriels comme la salaison ou la mise en conserve. Par conséquent, il est toujours préférable de manger des fruits et des légumes frais et de la viande fraîche plutôt que d'opter pour des aliments en conserve ou des préparations salées ou fumées.

Calcium

◆◆◆

Valeur quotidienne : 1 000 milligrammes

Bonnes sources alimentaires : Lait écrémé, yoghurt maigre, fromages, feuilles vertes des crucifères, moutarde germée, chou frisé, brocoli, saumon en boîte avec ses arêtes, sardines avec leurs arêtes, tortillas de maïs assaisonnées de citron vert, aliments enrichis en calcium

◆◆◆

De nos jours, pratiquement tout le monde sait que le fait d'absorber suffisamment de calcium contribue à prévenir des maladies comme l'ostéoporose. En revanche, nous savons encore peu de choses sur le mode d'action de ce nutriment.

Chaque fois que nous buvons du lait ou que nous mangeons du fromage, le calcium que contiennent ces aliments est d'abord absorbé à travers l'intestin grêle, puis il passe dans le sang. L'équilibre des taux de calcium dans le sang est contrôlé par la parathormone, une hormone générée par les glandes parathyroïdes. Lorsque nous n'absorbons pas assez de calcium, cette hormone envoie aux os un signal pour qu'ils libèrent davantage de calcium dans le courant sanguin. « Une alimentation suffisamment riche en calcium freine la production de parathormone, si bien que nous conservons à la fois davantage de calcium et davantage de masse osseuse », souligne le Dr John Anderson, professeur de nutrition et de médecine.

Le calcium entre alors en synergie avec le phosphore pour constituer des substances dures et semblables au cristal qui forment la structure de base des os et des dents. En fait, 99 % du calcium de notre organisme est emmagasiné dans le squelette. Les chercheurs qualifient de remodelage osseux ce processus constant d'élimination et de remplacement de nos os.

Nous avons également besoin d'un taux stable de calcium sanguin pour que l'organisme ait un fonctionnement normal sur le plan des pulsations cardiaques, de la fonction nerveuse et musculaire et de la coagulation sanguine. Les cellules vivantes ont besoin de calcium pour deux raisons, en tant que messager et pour répondre aux hormones et aux neurotransmetteurs.

Quoique le calcium joue chez chacun d'entre nous un rôle vital pour la croissance et la maintenance osseuse, les experts ne préconisent pas une dose passe-partout valable pour tous. Voici les doses quotidiennes recommandées par la Conférence de consensus sur le développement des instituts nationaux de la santé à Bethesda, dans le Maryland.

- Nourrissons jusqu'à six mois : 400 milligrammes
- Nourrissons de 6 à 11 mois : 600 milligrammes
- Enfants de 1 à 10 ans : 800 à 1 200 milligrammes
- Adolescents et jeunes adultes, de 11 à 24 ans : 1 200 à 1 500 milligrammes
- Hommes de 25 à 65 ans : 1 000 milligrammes
- Femmes de 25 à 50 ans : 1 000 milligrammes
- Femmes enceintes et mères durant la lactation : 1 200 à 1 500 milligrammes
- Femmes périménopausées (âgées de 51 à 65 ans) prenant des œstrogènes : 1 000 milligrammes
- Femmes périménopausées (âgées de 51 à 65 ans) ne prenant pas d'œstrogènes : 1 500 milligrammes
- Hommes et femmes de plus de 65 ans : 1 500 milligrammes

Faire bon usage du calcium

Si vous êtes d'accord pour prendre un complément alimentaire riche en calcium, mais que vous préférez éviter d'ingérer de l'aluminium ou du plomb, mieux vaut écarter les compléments à base de carbonate de calcium, selon le Dr Richard Wood, professeur adjoint à l'école de nutrition et directeur du laboratoire de biodisponibilité minérale du centre Jean Mayer de recherches sur la nutrition humaine et le vieillissement du ministère américain de l'Agriculture (USDA), à l'université Tufts. « En effet, ils peuvent être contaminés par ces autres substances que vous préférez éviter d'ingérer », ajoute-t-il. La présence de ces métaux indésirables a été constatée même dans certaines formes de dolomite, un complément alimentaire complexe à base de calcium et de magnésium naturels.

En revanche, le carbonate de calcium de classe pharmaceutique ne devrait pas contenir ces métaux. Le gluconate de calcium, le lactate de calcium et le citrate de calcium sont également dénués de métaux, quoique chacun de ces types ne contienne qu'une forme moins concentrée de calcium. Le carbonate de calcium est également présent dans plusieurs marques de dragées anti-acides, et bien des gens utilisent ces dernières comme source de calcium. En revanche, certains anti-acides contiennent également de l'aluminium, un métal qui peut nuire à une bonne minéralisation osseuse. Veillez par conséquent à choisir des comprimés sans aluminium.

L'absorption du calcium se fait de manière optimale lorsqu'il est pris avec la nourriture, en dose ne dépassant pas 500 milligrammes. Cela signifie que si vous prenez un complément alimentaire dépassant cette dose, il est judicieux d'en fractionner la prise dans le courant de la journée. Il est également préférable d'éviter de prendre des compléments de calcium en même temps que des céréales riches en fibres et à base de son de blé, qui peuvent en diminuer de 25 % le taux d'absorption.

Une dose de calcium importante (plus de 2 000 milligrammes par jour) peut provoquer certains troubles tels que constipation et calculs rénaux, et inhiber l'absorption du fer et du zinc. Un taux élevé de ce minéral dans le sang amène l'excrétion du calcium excédentaire par l'organisme, entraînant à son tour une perte de magnésium.

Fer

◆

Valeur quotidienne : *18 milligrammes*

Bonnes sources alimentaires : *Bœuf, bouillie de blé, pommes de terre en robe des champs, graines de soja, graines de courge, palourdes*

◆

Il ne fait pas de doute que la plupart d'entre nous pourrions bénéficier d'un apport complémentaire de fer. En France, en effet, environ 5 % des hommes et près de 55 % des femmes souffrent d'une carence de ce minéral. Ce sont les femmes en âge de procréer qui risquent le plus de présenter une carence en fer.

« Je dirais que la femme doit être quelque peu plus attentive au fer que l'homme, comme on pourrait dire qu'elle devrait être plus attentive au calcium dans son alimentation afin d'éviter l'ostéoporose », déclare le Dr Adria Sherman, professeur titulaire du service des sciences de la nutrition à l'université Rutgers.

Le fer, dont l'absorption se produit dans l'intestin, se présente sous deux formes : l'hème ferreux (ou fer héminique) et le fer non héminique. La forme héminique, que l'on trouve dans la viande, est facilement absorbée par l'organisme. L'homme obtient environ deux tiers de ses besoins en fer à partir du fer héminique ; chez la femme, la quantité est variable. Le fer non héminique, présent dans les légumes, n'est pas aussi facilement absorbé par l'organisme.

La plus grande part du fer que nous ingérons sert à produire l'hémoglobine, la substance qui aide nos globules rouges à transporter l'oxygène depuis les poumons jusqu'au reste de l'organisme. Le fer excédentaire est ensuite emmagasiné dans la moelle épinière, le foie, la rate et divers autres organes.

Faire bon usage du fer

Le fait suivant concernant les compléments de fer mérite réflexion : des chercheurs canadiens, qui avaient analysé les statistiques sur dix ans dans un grand hôpital de Winnipeg (Manitoba), ont découvert qu'environ cinq cas d'empoisonnements par le fer y étaient recensés chaque année.

Le plus souvent, l'empoisonnement accidentel par le fer se produit chez l'enfant lorsque ce dernier a pris un complément (contenant du fer) destiné à des sujets adultes. Des taux de fer trop élevés, en revanche, peuvent également être toxiques chez l'adulte. Par conséquent, la plupart des experts déconseillent de prendre un complément de fer si votre médecin n'en a pas confirmé la nécessité sur la base d'une analyse de sang.

Une prise quotidienne de 25 milligrammes de fer ou davantage durant une période prolongée peut entraîner divers effets indésirables. L'empoisonnement aigu provoque des symptômes tels que douleurs, vomissements, diarrhées, ainsi qu'un état de choc. Cependant, les médecins recommandent généralement un complément de fer pour le nourrisson et la femme enceinte.

Parmi tout l'éventail des compléments contenant du fer, les experts affirment que ceux à base de sels ferreux sont plus facilement assimilables. Dans cette catégorie, le sulfate de fer est considéré comme préférable.

Le fer sous forme de dragées enrobées à libération prolongée provoque peut-être moins de diarrhées, de nausées et de douleurs abdominales, mais comme le site d'absorption maximale est à l'entrée de l'intestin grêle, l'effet retard diminue la quantité globale de fer absorbée par l'organisme. Pour atténuer les troubles gastriques, il serait en principe préférable de prendre ces comprimés au cours d'un repas ; mais là aussi, les aliments absorbés peuvent gêner l'absorption du fer. Par conséquent, afin de favoriser une absorption optimale, les experts recommandent de prendre les compléments de fer entre les repas si vous ne constatez pas d'effets indésirables ou si cette manière de procéder ne vous cause pas de problèmes.

Magnésium

❖

Valeur quotidienne : 400 milligrammes

Bonnes sources alimentaires : Riz complet, avocat, épinards, aiglefin, flocons d'avoine, pommes de terre en robe des champs, haricots blancs, haricots de Lima, brocolis, yoghurt, banane

❖

Imaginez une substance capable non seulement de jouer un rôle dans la prévention des crises cardiaques, mais également de soulager efficacement le syndrome prémenstruel, l'hypertension artérielle, l'arythmie cardiaque, l'asthme et les calculs rénaux.

Contrairement à ce que l'on pourrait croire, cette solution passe-partout à certains de nos pires problèmes de santé ne vient pas du laboratoire hyper-technologique de telle ou telle société pharmaceutique. Il s'agit en l'occurrence du magnésium, un minéral dont la réputation ne cesse de croître à mesure que s'accumulent les recherches scientifiques à son sujet.

« Il ne fait aucun doute qu'à l'heure actuelle, le magnésium est le minéral le plus étudié dans le domaine de la nutrition, déclare le Dr Herbert C. Mansmann, Jr., professeur de pédiatrie et professeur adjoint en médecine. Les comptes rendus s'y rapportant ne cessent de se multiplier. »

Peut-être s'agit-il d'un domaine tout nouveau pour les chercheurs qui s'y consacrent, mais le fait est que les vertus thérapeutiques du magnésium sont connues depuis longtemps. Les sels d'Epsom, baptisés d'après la ville d'Epsom en Grande-Bretagne où se produisit leur découverte, et qui sont constitués essentiellement de sulfate de magnésium, servent depuis longtemps à la préparation de bains de pieds chauds aux vertus apaisantes. Sous cette forme, le magnésium a la propriété de drainer l'eau accumulée dans les muscles et les tissus enflammés.

Dans l'organisme, le magnésium remplit un certain nombre de fonctions cruciales, notamment dans la transformation des aliments en énergie et la transmission des influx électriques par le biais des nerfs et des muscles. Ces influx sont à l'origine de la contraction neuromusculaire, c'est-à-dire ce qui amène les muscles à se contracter. En l'absence de magnésium, les muscles (notamment les muscles lisses qui ont pour rôle de contracter les vaisseaux sanguins) sont sujets à des crampes.

En outre, le magnésium est indispensable pour une bonne utilisation du calcium. En revanche, tout excès de calcium peut nous amener à perdre du magnésium par le biais de l'urine.

Les médicaments sur ordonnance pour l'asthme, les diurétiques (afin d'éliminer l'eau), la digitaline et d'autres médicaments cardiovasculaires, l'alcool et la caféine sont connus pour provoquer dans l'organisme une carence en magnésium. Les diabétiques dont le taux glycémique est élevé perdent de grandes quantités de magnésium par les urines. Même le stress peut priver notre organisme de magnésium.

« Il est très facile de ne pas absorber suffisamment de magnésium ou de perdre une partie de nos réserves. De plus, il est rare que cela soit diagnostiqué tant que le sujet ne présente pas une carence grave en magnésium, avec un taux sanguin de ce dernier particulièrement bas », déclare le Dr Mansmann. Des études ont montré que près de 90 % des Français ne reçoivent pas la Valeur quotidienne de magnésium, poursuit-il. Nul ne saurait préciser le chiffre exact de tous ceux qui souffrent de troubles de santé liés à une carence en magnésium non diagnostiquée, alors que leurs souffrances pourraient si facilement être évitées.

Une carence en magnésium se traduit par divers symptômes tels que nausées, faiblesse musculaire, irritabilité et changements électriques dans le muscle cardiaque.

Faire bon usage du magnésium

Peut-être pensez-vous que le choix d'un complément alimentaire de magnésium n'est pas une décision qui justifie des études particulièrement approfondies. Cependant, pour peu que vous ayez porté votre choix sur un produit qui ne vous convient pas, vous n'allez pas tarder à vous retrouver sans arrêt aux toilettes. À doses égales, le gluconate de magnésium ne provoque que le tiers des diarrhées dues à l'oxyde de magnésium et la moitié de la fréquence des diarrhées associées au chlorure de magnésium, toujours selon le Dr Mansmann.

Le gluconate de magnésium présente en outre d'autres avantages : il peut être pris à jeun, alors que les deux autres formes peuvent provoquer des troubles gastriques chez certaines personnes. Le gluconate de magnésium est absorbé plus rapidement que les autres formes. De plus, vous n'aurez besoin que d'une dose plus faible, car la quantité de magnésium que votre organisme peut assimiler à partir de chaque gélule ingérée est plus importante.

En règle générale, il nous faut environ 6 milligrammes de magnésium par kilo de poids corporel. Cela signifie que si vous pesez 68 kilos, vous devriez en prendre environ 400 milligrammes par jour. Si cela vous donne la diarrhée, fractionnez cette dose dans le courant de la journée ou diminuez la dose de 20 à 25 % jusqu'à ce que les selles redeviennent normales et molles, poursuit le Dr Mansmann.

Si vous avez des troubles rénaux ou cardiaques, demandez toujours l'avis de votre médecin avant de prendre un complément de magnésium.

Niacine

❖

Valeur quotidienne : *20 milligrammes*

Bonnes sources alimentaires : *Blanc de poulet, thon, veau, pain, et céréales additionnés de vitamines*

❖

Le parcours de la niacine au fil des ans est marqué tant par le succès que par divers désastres potentiels. Succès : une forme de niacine, l'acide nicotinique, diminue radicalement le risque de maladie cardiovasculaire, alors qu'il ne coûte qu'une fraction du prix des médicaments sur ordonnance. Revers de la médaille, les désastres possibles : employée à mauvais escient, la niacine à libération prolongée peut provoquer de graves effets indésirables et notamment des lésions hépatiques.

« Entre les mains de quelqu'un qui s'y connaît, il s'agit d'un remède extrêmement utile. Il abaisse le mauvais cholestérol et augmente le taux de bon cholestérol plus efficacement que n'importe quel médicament, souligne le professeur James McKenney, professeur à l'école de pharmacie de la faculté de médecine de l'université Virginia Commonwealth. Mais lorsqu'elle est prise sans précautions par une personne peu ou pas informée sur la question, sans l'aide d'un praticien pour surveiller l'évolution de son état de santé, cette substance peut être dangereuse. »

De nouvelles recherches doivent être entreprises, mais les chercheurs pensent d'ores et déjà que la niacine restreint, pour une raison encore mal connue, l'aptitude du foie à produire le cholestérol.

Une autre application moins controversée de ce nutriment permet toutefois d'obtenir des résultats positifs. En effet, la niacine prévient la pellagre, un trouble devenu rare de nos jours, qui se manifeste en général d'abord par une inflammation de la peau, aggravée ensuite par des diarrhées et une dépression, et qui finit par entraîner le décès du patient. Dans le sud profond des États-Unis, au début de ce siècle, plus de 100 000 personnes souffraient de ce trouble, dû principalement à leur alimentation presque exclusivement constituée de semoule de maïs.

En effet, non seulement le maïs contient une forme de niacine difficilement assimilable par l'organisme, mais une alimentation basée exclusivement sur cette céréale peut également provoquer un déséquilibre des acides aminés, selon le Dr Marvin Davis, président du service de pharmacologie de l'université du Mississippi.

Depuis que beaucoup de farines et de céréales sont enrichies en niacine, la pellagre est devenue rare, sauf chez les alcooliques et les sujets souffrant de graves troubles gastro-intestinaux, ajoute le Dr Davis.

Un apport complémentaire de niacine peut également diminuer l'incidence de respiration sifflante de type asthmatique ; cela s'explique peut-être par le fait que ce nutriment inhibe la libération d'histamine, une substance biochimique qui se libère généralement au cours des réactions allergiques. Des chercheurs de l'université Harvard ont découvert que les sujets qui absorbaient le plus de niacine par le biais de leur alimentation étaient considérablement moins exposés à la bronchite ou à la respiration sifflante que ceux qui en recevaient le moins. Une corrélation a également été signalée entre de faibles taux sanguins de niacine et une fréquence accrue de la respiration sifflante de type asthmatique.

Faire bon usage de la niacine

Il est pratiquement impossible d'ingérer trop de niacine par le biais de notre alimentation. En revanche, lorsque l'on en prend un apport complémentaire à des doses suffisantes pour améliorer les taux de cholestérol, divers effets indésirables peuvent se produire : rougeurs, démangeaisons, nervosité excessive, maux de tête, crampes intestinales, nausées et diarrhée. En outre, des doses élevées de niacine, surtout sous une forme à libération prolongée, peuvent provoquer des lésions hépatiques. C'est pourquoi cette thérapie ne doit être appliquée que sous la surveillance d'un médecin.

La nicotinamide (ou vitamine PP), une forme de niacine souvent présente dans les compléments de multivitamines et minéraux, ne provoque pas les mêmes effets indésirables que la niacine. En revanche, elle n'entraîne aucune baisse des taux de cholestérol dans le sang.

Oligo-éléments

◆

Nous aurions tort de penser que des oligo-éléments tels que le cuivre, l'iode et même le molybdène ont moins d'importance qu'un nutriment crucial tel que le calcium, dont chacun connaît le rôle majeur. La seule différence, c'est que nous avons besoin de doses quotidiennes plus faibles de ces nutriments ; en ce qui concerne certains oligo-éléments, cela peut être de l'ordre de moins de un milligramme par jour. En fait, les minéraux que l'on prend en doses si minimes sont souvent mesurés en microgrammes, c'est-à-dire en fractions d'un millième de milligramme.

Un certain nombre d'oligo-éléments, cuivre, chrome, cobalt, manganèse et molybdène, sont essentiels à la vie humaine, comme l'a vérifié la recherche scientifique. Cela signifie que nous ne saurions vivre sans eux, tout au moins pas très longtemps. En outre, il faut savoir que ces minéraux sont nécessaires pour que certaines réactions chimiques vitales puissent se produire dans l'organisme, et qu'il n'existe pas d'autres éléments susceptibles de les remplacer. Cela veut dire enfin que le *National Research Council* américain a mis au point des conseils généraux quant à la Valeur quotidienne souhaitable, afin que nous puissions veiller à en prendre en quantité suffisante.

La valeur de l'apport nutritionnel journalier considérée comme sûre et adéquate a été calculée pour divers nutriments essentiels (notamment de nombreux oligo-éléments), lorsqu'il existe déjà un certain nombre de travaux de recherche pour justifier une gamme de besoins, mais que les recherches ne suffisent pas encore pour en préciser l'Apport journalier recommandé (AJR) ou la Valeur quotidienne.

Heureusement, les oligo-éléments sont présents dans toutes sortes d'aliments ainsi que dans l'eau potable, si bien que nous les obtenons généralement en doses suffisantes pour que l'organisme puisse fonctionner correctement, même si nous n'en absorbons pas toujours une dose optimale.

Un certain nombre d'autres oligo-éléments, notamment le bore, le silicium et le vanadium, se sont révélés essentiels à la survie d'un certain nombre de bactéries, champignons microscopiques et autres micro-organismes. En outre, toutes les plantes ont besoin de bore pour leur croissance. À mesure que la technologie s'affine et que les recherches s'approfondissent, il est possible que ces minéraux se révèlent un jour indispensables à l'être humain également.

De nombreux oligo-éléments jouent le rôle de coenzymes, c'est-à-dire de catalyseurs dans des réactions chimiques. On pourrait dire qu'ils fonctionnent comme les bougies dans un moteur d'automobile, servant de déclencheurs à des réactions chimiques sans pour autant subir aucune modification. Ce fait a son importance, car notre organisme est une sorte de laboratoire extrêmement complexe où des milliards de réactions chimiques se produisent continuellement.

Les oligo-éléments jouent un rôle dans la production par l'organisme des transmetteurs chimiques (ou neuromédiateurs), c'est-à-dire de substances biochimiques qui transmettent divers messages à travers le système nerveux ; ils interviennent également dans la production des principales hormones sécrétées par la thyroïde et les surrénales, ainsi que dans l'aptitude de l'organisme à brûler les hydrates de carbone et les matières grasses pour les transformer en énergie et pour organiser des molécules afin de constituer les tissus appelés à devenir nos os, nos vaisseaux sanguins, notre épiderme et nos dents. En synergie avec divers autres constituants nutritionnels, les oligo-éléments contribuent à notre croissance, à notre reproduction et à la survie de notre corps à travers les années.

Pour obtenir suffisamment d'oligo-éléments, il est judicieux d'observer une règle nutritionnelle cruciale en mangeant une alimentation variée à base d'aliments complets. Céréales complètes, noix, graines, légumineuses, fruits et légumes frais, champignons, crustacés, aromates et épices sont nos meilleures sources d'oligo-éléments. Certains aliments industriels en contiennent également de grandes quantités : jambon, jus d'ananas en boîte, cacao et bière, cette dernière contenant des minéraux en provenance de la levure de bière servant à sa préparation. Le chocolat et la bière — en quantité modérée, bien sûr — ont donc leur place dans une alimentation saine. Nous sommes heureux de pouvoir vous l'apprendre, au cas où ce fait vous aurait échappé !

Si vous avez recours aux compléments pour pallier certaines insuffisances de votre alimentation habituelle, choisissez un bon complément de multi-vitamines et de minéraux qui vous fournisse divers oligo-éléments dosés selon les indications ci-dessous. Excepté certains cas plutôt rares, il n'existe aucune raison de prendre des compléments individuels d'oligo-éléments. En effet, la plupart d'entre eux sont toxiques à haute dose. « C'est la dose qui fait le poison », souligne le Dr Curtiss Hunt, chercheur et biologiste. Jusqu'à ce que nous en sachions davantage sur ces minéraux, et en particulier sur leur interaction avec d'autres nutriments, il est prudent de n'en prendre que des doses peu élevées, à propos desquelles les recherches ont confirmé l'absence de toxicité. De plus, si vous avez des troubles de santé, il est important d'obtenir l'avis préalable de votre médecin avant de prendre n'importe quel complément alimentaire.

Bore

❖

Valeur quotidienne jugée sûre et suffisante : Aucune

Bonnes sources alimentaires : Persil, pomme, cerise, raisin, légumes feuillus, noix, haricots secs

❖

Si d'aventure vous avez entendu parler du bore, peut-être s'agissait-il de l'aptitude supposée de ce minéral à construire notre ossature. Un certain nombre d'études ont en effet démontré que le bore contribuait à une meilleure assimilation de minéraux tels que le calcium et le magnésium.

« De plus, le bore semble jouer un rôle dans la capacité de l'organisme à générer de l'énergie, surtout lorsque l'on fait de l'exercice physique », souligne le Dr Hunt. Ce dernier s'est aperçu que les animaux qui faisaient régulièrement de l'exercice et dont l'alimentation comprenait suffisamment de bore prenaient plus de poids et parvenaient à une taille supérieure à celle des animaux qui prenaient de l'exercice mais dont l'alimentation ne comprenait qu'une faible teneur en bore.

Il est possible que l'efficacité du bore soit due au fait qu'il active certaines hormones, poursuit le Dr Hunt. Chez la femme postménopausée, on a constaté qu'un taux de bore adéquat permettait d'augmenter les taux sanguins tant d'œstrogène que de testostérone. Il est également possible qu'il contribue à transformer la vitamine D en substance active dans l'organisme.

Les culturistes qui ont eu recours au bore pour faire augmenter leur taux de testostérone, toutefois, ont été déçus. « Des quantités élevées de ce minéral n'ont aucune incidence sur les taux hormonaux des sujets qui en absorbent déjà une dose adéquate », commente le Dr Hunt.

Faire bon usage du bore

En ce qui concerne le bore, on n'a pas déterminé de valeur de l'apport nutritionnel journalier considéré comme sûr et adéquat. Dans ces conditions, est-il possible d'en indiquer la dose souhaitable ? Celle-ci correspond vraisemblablement à la quantité que vous absorbez déjà habituellement, à supposer que vous ayez une alimentation bien équilibrée comprenant au moins cinq portions de fruits et de légumes par jour, vous procurant quotidiennement entre 1,5 et 3 milligrammes de bore.

Le Dr Hunt ajoute qu'un apport complémentaire de bore n'est ni nécessaire, ni même souhaitable. « Nous n'en savons pas encore assez au sujet de ce minéral pour pouvoir déterminer si des doses supérieures à trois milligrammes par jour sont dénuées de toxicité », précise-t-il.

Chrome

Valeur quotidienne : 120 microgrammes

Bonnes sources alimentaires : Levure de bière, brocolis, jambon, jus de raisin

C'est un peu comme la pelle qui permet d'enfourner le charbon dans la chaudière. Cet oligo-élément se greffe sur l'insuline pour contribuer à véhiculer le glucose (sucre dans le sang) à travers les membranes des cellules et jusque dans ces dernières, où il pourra être brûlé pour se transformer en énergie. Les sujets souffrant d'une carence en chrome sont exposés à l'intolérance au glucose, un trouble entraînant des taux très élevés de glycémie (sucre dans le sang), souvent accompagnés d'un taux d'insuline également élevé. Les taux glycémiques élevés ne s'abaissent guère lorsque l'on administre un apport complémentaire d'insuline, mais ils descendent lorsque ces sujets reçoivent l'apport de chrome dont leur corps a besoin. L'intolérance au glucose est parfois un trouble précurseur du diabète de type II (non-insulinodépendant).

Parmi les signes de carence en chrome, on note divers symptômes proches de ceux du diabète comme des taux de cholestérol sanguin élevés et des troubles du taux d'insuline.

« Les sujets les plus susceptibles de voir une amélioration de leur état de santé grâce à un apport complémentaire de chrome sont les patients chez qui un diabète a récemment été diagnostiqué et qui présentent une légère intolérance au glucose et des taux sanguins de ce dernier légèrement excessifs », précise le Dr Richard Anderson, chercheur principal au Laboratoire des besoins et fonctions liés aux nutriments du centre de recherches sur la nutrition humaine, au sein du ministère américain de l'Agriculture. Le chrome ne s'est pas révélé aussi bénéfique pour les patients depuis longtemps diabétiques, ou plus gravement atteints.

Puisque le chrome augmente l'efficacité de l'insuline, il est également possible qu'il augmente les taux de glycémie chez les sujets souffrant d'hypoglycémie, comme le montrent certaines études effectuées par des chercheurs au sein du ministère américain de l'Agriculture.

En outre, il semble que le chrome contribue à faire augmenter le taux de cholestérol HDL, le « bon » cholestérol qui contribue à éliminer de l'organisme son homonyme indésirable.

Douceurs et sucreries épuisent les réserves de chrome de l'organisme. En revanche, des hydrates de carbone complexes tels que les pâtes ou les pommes de terre contribuent à conserver le chrome.

Faire bon usage du chrome

Même les exemples d'alimentation équilibrée proposés par les diététiciens contiennent moins de 50 microgrammes de chrome et ne comportent en moyenne qu'environ 15 microgrammes par 1 000 calories, soit beaucoup moins que les 120 microgrammes recommandés, selon une analyse effectuée par le Dr Anderson.

Le chrome à l'état trivalent, celui que l'on trouve dans les aliments et les compléments alimentaires, est considéré comme dénué de toxicité. « La preuve est largement faite que des doses pouvant aller jusqu'à 200 microgrammes par jour sont sans danger, et des études à très long terme faisant appel à des doses journalières atteignant 1 000 microgrammes n'ont pas mis en évidence d'effet toxique, précise le Dr Anderson. Il nous reste à déterminer le seuil de toxicité, car, jusqu'ici, aucune dose que nous ayons administrée ne s'est avérée toxique. »

Il est toutefois préférable de ne pas absorber plus de 200 microgrammes sous forme de compléments alimentaires sans être sous la surveillance d'un médecin.

En revanche, si vous êtes appelé à travailler en présence de substances complexes contenant du chrome, mieux vaut éviter de vous exposer aux émanations et à la poussière qu'elles peuvent générer. En effet, le chrome industriel est toxique, et il s'agit d'une forme entièrement différente de celle que l'on trouve dans les aliments.

Les diabétiques qui prennent un apport complémentaire de chrome doivent le faire sous surveillance médicale, car il pourrait devenir nécessaire de réduire leur dosage d'insuline à mesure que la glycémie s'abaisse.

De nombreuses études faisant état des avantages du chrome ont eu recours à du picolinate de chrome, qui est une forme plus assimilable de cet oligo-élément. Le nicotinate de chrome et le chrome sous forme d'acide aminé sont moins facilement absorbés que le picolinate de chrome, mais peuvent néanmoins fournir ce minéral en quantités adéquates. La forme la moins facilement assimilable est le chlorure de chrome, présent dans certains compléments de multivitamines et de minéraux. En effet, ce type de chrome se lie avec d'autres constituants des aliments et devient alors en grande partie inassimilable.

Le chrome est parfois vendu sous l'appellation de facteur de tolérance au glucose (*glucose tolerance factor* ou GTF), une association de chrome, d'acide nicotinique (une forme de niacine) et d'acides aminés. En revanche, la composition du GTF est susceptible de variations telles que cette substance ne saurait offrir une source fiable de chrome, souligne le Dr Anderson.

Cobalt

◆

Valeur quotidienne jugée sûre et suffisante : Aucune

Bonnes sources alimentaires : Produits laitiers et autres aliments d'origine animale

◆

Le cobalt, au centre de chaque molécule de vitamine B_{12}, est un nutriment crucial pour permettre la formation de globules rouges dans l'organisme. Ce rôle d'importance vitale est la seule fonction connue du cobalt chez l'être humain.

Faire bon usage du cobalt

En ce qui concerne le cobalt, aucune valeur n'a été déterminée quant à l'apport nutritionnel journalier considéré comme sûr et adéquat ; vous en obtiendrez la quantité nécessaire en prenant de la vitamine B_{12}. Quoique les carences en vitamine B_{12} soient assez courantes (certains végétariens stricts y sont plus particulièrement exposés), aucune carence en cobalt n'a jamais été constatée chez l'être humain.

Cuivre

❖

Valeur quotidienne : *2 milligrammes*

Bonnes sources alimentaires : *Crustacés (surtout les huîtres cuites), noix, graines, cacao en poudre, haricots secs, céréales complètes, champignons*

❖

Grâce à la petite monnaie brillante, nous savons tous que le cuivre est un métal orange vif. En revanche, la majorité d'entre nous ignore que nous avons besoin pour survivre d'absorber une certaine quantité de cuivre. Quiconque se préoccupe de troubles tels que les maladies cardiovasculaires ou l'ostéoporose (autant dire pratiquement tout le monde) ferait bien de s'intéresser de plus près au cuivre.

Ce dernier joue un rôle dans la formation par l'organisme de tissu conjonctif vigoureux et flexible, dans la production par le cerveau de substances neurochimiques et dans le fonctionnement des muscles, des nerfs et du système immunitaire.

« L'un des rôles du cuivre que nous connaissons le mieux à ce jour est sa fonction dans la création de liaisons transversales entre le collagène et l'élastine, explique le Dr Leslie Klevay, du centre de recherches sur la nutrition humaine de Grand Forks. Le cuivre contribue à tisser entre eux ces deux tissus conjonctifs majeurs, qui servent de base dans tout l'organisme pour la constitution de divers autres tissus. »

Lorsqu'un animal présente une carence en cuivre, son cœur et ses vaisseaux sanguins sont affaiblis et il peut succomber à une défaillance cardiaque ou à une déchirure de l'aorte, la principale artère qui part du cœur. Il présente également des malformations des os qui sont identiques à celles provoquées par l'ostéoporose. « Le cuivre est essentiel pour le réseau de tissu conjonctif des os dans lequel se déposent des minéraux tels que le calcium », explique le Dr Klevay. Un animal carencé en cuivre est également exposé à des défaillances du cartilage, comme celles qui se produisent dans l'ostéoarthrite.

Le cuivre a également une interaction avec le fer, si bien qu'une carence en cuivre finit généralement par entraîner une anémie.

Il est possible que la carence en cuivre soit plus courante que nous ne le supposons. Chez les sujets dont l'alimentation est normalement diversifiée, il pourrait s'agir d'un trouble marginal plutôt que d'une carence véritable, poursuit le Dr Klevay. Certains experts soupçonnent toutefois que beaucoup de gens n'en absorbent pas en quantité optimale, ce qui pourrait les rendre vulnérables à des troubles chroniques tels que les maladies cardiovasculaires et l'ostéoporose. Chez des femmes atteintes d'ostéoporose, on a constaté que les taux sanguins de cuivre étaient plus bas que chez d'autres femmes ayant une ossature solide.

Faire bon usage du cuivre

La majorité des compléments de multivitamines et de minéraux contiennent du cuivre. Si vous souhaitez prendre sous cette forme un apport complémentaire de cuivre, cherchez à obtenir un complément qui offre entre 1,5 et 3 milligrammes de chlorure de cuivre ou de sulfate de cuivre, conseille le Dr Klevay. « En règle générale, je préfère que le cuivre soit absorbé par le biais de l'alimentation », précise-t-il.

S'il est relativement difficile d'assimiler plus de 2 milligrammes de cuivre par jour à partir de nos aliments, une bonne partie de la population en absorbe quotidiennement moins de 1,5 milligramme — quantité que le Dr Klevay considère comme le minimum indispensable.

Le cuivre est toxique à haute dose (il risque surtout de provoquer des vomissements) et il n'existe par conséquent aucune raison valable d'en prendre plus de trois milligrammes par jour, conclut ce médecin.

Le zinc entrave l'assimilation du cuivre dans l'organisme et c'est pourquoi il est fréquent que les spécialistes qui préconisent un complément de zinc suggèrent parallèlement un apport complémentaire de cuivre, généralement à raison de 1 milligramme de cuivre pour 10 milligrammes de zinc. Par conséquent, si vous prenez 15 milligrammes de zinc (ce qui correspond à la Valeur quotidienne), vous devriez prendre également 1,5 milligrammes de cuivre par jour. Enfin, les compléments de cuivre sont formellement déconseillés aux patients atteints de maladie de Wilson, un trouble héréditaire entraînant une accumulation de cuivre dans le foie.

Fluor

◆

Valeur quotidienne jugée sûre et suffisante :
Adultes, 1,5 à 4 milligrammes.

Enfants jusqu'à 6 mois : 0,1 à 0,5 milligrammes ; de 6 à 11 mois : 0,2 à 1 milligramme ;
de un an à 3 ans : 0,5 à 1,5 milligrammes ; de 4 à 6 ans : 1 à 2,5 milligrammes ; de 7 à 18 ans : 1,5 à 2,5 milligrammes

Bonnes sources alimentaires : *Eau fluorée, thé, poissons d'eau de mer avec les arêtes, comme le saumon et le maquereau en boîte*

◆

Peut-être vous imaginez-vous que le fluor, puisqu'il est ajouté à l'eau du robinet et à la plupart des dentifrices, est un nutriment absolument indispensable à l'organisme. En réalité il n'en est rien, même s'il joue un rôle bénéfique amplement vérifié pour la prévention dentaire.

Le fluor absorbé par voie buccale et utilisé localement s'incorpore dans l'émail des dents, protégeant ce dernier qui risque moins ainsi de se dissoudre sous l'action des acides générés par les bactéries présentes dans le milieu buccal. Même chez l'adulte, le fluor a le pouvoir de renforcer les dents.

D'autre part, lorsque le fluor est absorbé par les tissus osseux, il les renforce eux aussi. En revanche, diverses études au cours desquelles on a utilisé du fluor pour renforcer les os de sujets atteints d'ostéoporose ont livré des résultats très variables. Les recherches les plus récentes ont toutefois permis de constater qu'un mélange de calcium et de fluor à libération prolongée avait permis de réduire de 50 % la tendance aux fractures chez des femmes postménopausées. Veuillez vous reporter à la page 530 pour des détails plus complets sur l'utilisation des nutriments dans la prévention et le traitement de l'ostéoporose.

Faire bon usage du fluor

Lorsque nous buvons de l'eau fluorée, cela nous procure environ un milligramme de fluor par litre d'eau. Ceux d'entre nous qui préfèrent ne pas boire l'eau du robinet, à moins de boire beaucoup de thé, pourraient n'obtenir qu'une très faible quantité de fluor par leur alimentation. Une tasse de thé contient en effet entre un et trois milligrammes de fluor.

Chez l'adulte, on considère qu'une dose sûre et dénuée de toxicité peut atteindre dix milligrammes par jour, dans la mesure où le fluor est fourni par l'eau de boisson et les aliments. Mieux vaut éviter de prendre plus de quatre milligrammes par jour sous forme d'apport complémentaire de fluorure de sodium à libération rapide, précise le Dr Khashayar Sakhaee, professeur de médecine interne. Une telle quantité suffit peut-être pour renforcer la dentition, mais elle reste sans effet s'il s'agit de fortifier une ossature affaiblie, ajoute le Dr Sakhaee.

Quoique certains compléments de fluor soient en vente libre, ajoute ce médecin, les formes à libération rapide ingérées à hautes doses peuvent présenter divers inconvénients, notamment des douleurs osseuses et, chez l'enfant, des dents tachées et brunies.

La forme de fluor à libération prolongée utilisée dans le cadre de diverses études pour prévenir l'ostéoporose est actuellement passée au crible par la *Food and Drug Administration* afin d'en établir l'innocuité et l'efficacité. « Si ce produit est agréé, il sera disponible sur ordonnance dans quelques années », conclut ce praticien.

Iode

Valeur quotidienne : 0,15 *milligramme*

Bonnes sources alimentaires : Sel iodé, langouste, crevettes, huîtres cuites, poissons d'eau salée, algues, pain, lait

La glande thyroïde a besoin d'iode pour fabriquer une hormone importante, la thyroxine, dont le rôle est de contribuer à la régulation de nombreuses fonctions : production d'énergie, température du corps, respiration, tonus musculaire, ainsi que le renouvellement et l'élimination des tissus. Une carence en iode entraîne généralement une hypertrophie de la glande thyroïde (ou goitre), qui se manifeste comme un gonflement visible à la partie antérieure du cou.

Faire bon usage de l'iode

Grâce au sel iodé, nous n'avons pas à nous préoccuper d'absorber suffisamment d'iode. La majorité de la population en prend habituellement plusieurs fois la Valeur quotidienne, sans effets indésirables.

Manganèse

◆◆◆

Valeur quotidienne : 2 *milligrammes*

Bonnes sources alimentaires : Jus d'ananas en boîte, son de blé, germe de blé, céréales complètes, graines, noix, cacao, crustacés, thé

◆◆◆

Le manganèse tire son nom du terme grec désignant la magie. Cet oligo-élément méconnu semble d'ailleurs capable de jouer un rôle quasi magique dans notre organisme.

Comme l'explique le Dr Jeanne Freeland-Graves, professeur de nutrition, le manganèse joue un rôle essentiel dans diverses réactions bio-chimiques affectant les os, le cartilage, le cerveau et la production d'énergie. « Il est certain que nous allons entendre parler de ce minéral bien plus souvent à l'avenir », ajoute-t-elle.

Le manganèse aide l'organisme à construire et à conserver une ossature solide. Il entre dans la composition de molécules appelées mucopoly-saccharides ; ces dernières font partie du collagène, le matériau conjonctif résistant et fibreux qui sert à construire les tissus dans tout l'organisme, notamment les os et le cartilage, qui sert pour ainsi dire de rembourrage élastique au point de jonction de deux os.

Dans l'ossature, une trame de collagène fournit le cadre sur lequel viennent se déposer le calcium, le magnésium et d'autres minéraux ayant le pouvoir de durcir les os. Lorsqu'un animal présente une carence en manganèse, il souffre de troubles des os comparables à ceux des sujets atteints d'ostéoporose. Au microscope, on peut constater que les os de tels animaux semblent percés d'une multitude de petits trous. Chez certains animaux ayant une carence en manganèse apparaissent des troubles des tendons.

Lors d'une étude, on a pu constater que des femmes souffrant d'ostéo-porose présentaient des taux sanguins de manganèse plus bas que d'autres femmes non atteintes de ce trouble. Une autre étude a mis en évidence qu'un apport complémentaire de calcium, manganèse, zinc et cuivre contribuait à stopper la perte osseuse, mais l'effet du manganèse pris isolément n'a pas encore été déterminé.

Le manganèse est également nécessaire au bon fonctionnement du cerveau. Une corrélation a pu être établie entre des taux trop faibles de manganèse et des troubles apparentés à des crises, telle l'épilepsie. Le manganèse aide également l'organisme à décomposer les hydrates de carbone et les matières grasses afin d'en tirer de l'énergie.

Aucune carence en manganèse n'a jamais été décelée chez des sujets ayant une alimentation adéquate. Le Dr Freeland-Graves ajoute toutefois qu'il reste à déterminer si cela tient au fait que la plupart des gens obtiennent suffisamment de ce minéral grâce à leur alimentation, ou si cela signifie que l'on ne sait pas reconnaître les symptômes de carence. « Au début de notre siècle, nous en obtenions environ huit milligrammes par jour grâce à une alimentation à base de céréales complètes, de noix et de graines », précise-t-elle. Mais aujourd'hui, l'individu moyen n'en absorbe plus que deux ou trois milligrammes par jour.

« Diverses études ont montré que pour conserver nos réserves, il nous faut au moins trois milligrammes, voire jusqu'à cinq milligrammes de manganèse par jour », souligne-t-elle.

Faire bon usage du manganèse

Les recherches indiquent que des doses de manganèse pouvant aller jusqu'à 10 milligrammes par jour sont dénuées de danger, ajoute le Dr Freeland-Graves. Il faut savoir en outre qu'il est inutile, selon ce médecin, d'en absorber plus de 3,5 à 5 milligrammes par jour.

Pour obtenir le manganèse dont nous avons besoin, il est préférable d'avoir recours à l'alimentation qui peut nous fournir suffisamment de cet oligo-élément, comme de tant d'autres. « Le jus d'ananas en boîte en est l'une des meilleures sources, car il contient environ trois milligrammes de manganèse par verre », précise-t-elle encore.

Certains compléments de multivitamines et de minéraux contiennent également du manganèse. Si vous optez pour un apport complémentaire sous cette forme, cherchez à vous procurer une formule qui ne contienne pas plus de deux milligrammes de chlorure de manganèse, car il est particulièrement bien assimilable sous cette forme, précise le Dr Freeland-Graves. Il n'existe pas de complément de manganèse seul et d'ailleurs, son apport ne serait pas souhaitable, car une dose trop élevée de cet oligo-élément pourrait être toxique.

Les compléments de calcium peuvent entraver l'aptitude de l'organisme à assimiler le manganèse. Dans le cadre d'une étude, une dose de 800 milligrammes de calcium inhibait l'absorption du manganèse. Si vous prenez du calcium sous forme de complément alimentaire, il pourrait être judicieux de manger des aliments riches en manganèse à d'autres moments de la journée, souligne le Dr Freeland-Graves. Elle suggère également de ne pas prendre votre complément alimentaire de calcium au même moment qu'un complément de multivitamines et minéraux contenant du manganèse.

La toxicité du manganèse a été constatée lors d'exposition industrielle à ce minéral, ainsi que chez des sujets qui avaient bu de l'eau de source contaminée. De grandes quantités de ce minéral peuvent provoquer des symptômes semblables à ceux qui caractérisent la maladie de Parkinson, avec notamment des tremblements, une démarche traînante et des mouvements très lents.

Molybdène

◆◆◆

Valeur quotidienne : 75 microgrammes

Bonnes sources alimentaires : Haricots secs, céréales complètes, céréales, lait et produits laitiers, légumes à feuilles vert sombre

◆◆◆

Allons, ce n'est pas si difficile à prononcer : mo-ly-b-dè-ne. Cet oligo-élément au nom bizarre est un constituant de trois enzymes qui jouent un rôle dans l'organisme pour déclencher certaines réactions chimiques majeures.

Le molybdène fait partie de la sulfite-oxydase, une enzyme qui aide l'organisme à détoxifier les sulfites — des substances chimiques complexes présentes dans les aliments riches en protéines et qui servent d'agents de conservation dans certains aliments et médicaments. Les sujets dont l'organisme est incapable de décomposer les sulfites présentent une accumulation toxique de cette substance chimique dans leur organisme, explique le Dr Judith Turnlund, du centre de recherches sur la nutrition humaine de type occidental du ministère américain de l'Agriculture. « Les nourrissons qui souffrent de ce trouble dès leur naissance sont très malades et, le plus souvent, ne survivent pas longtemps », précise-t-elle. Ces bébés, poursuit-elle, ont un trouble génétique rare qui interfère avec l'action des enzymes contenant du molybdène dans leur organisme, sans qu'un apport complémentaire de cet élément leur soit généralement d'un grand secours.

Il arrive que des sujets particulièrement sensibles aux sulfites utilisés comme additifs y réagissent par divers symptômes respiratoires graves, tels que l'asthme, pouvant mettre la vie en danger. « Malheureusement, un apport complémentaire de molybdène ne serait pas particulièrement béné-fique pour atténuer la sensibilité aux sulfites chez les asthmatiques », précise le Dr Turnlund.

Le molybdène se retrouve également dans deux autres enzymes, la xanthine-oxydase et l'aldéhyde oxydase. Toutes deux participent à la production de matériel génétique et de protéines dans l'organisme. La xanthine-oxydase aide également le corps à fabriquer l'acide urique, un produit de désassimilation de grande importance.

Les manifestations physiques d'une carence en molybdène sont considérées comme extrêmement rares, ajoute le Dr Turnlund. Un seul cas a jamais été confirmé, celui d'un patient nourri par sonde durant une période prolongée. La carence en molybdène est d'ailleurs difficile à provoquer, même chez l'animal. « Il n'existe tout simplement pas de carence en ce nutriment chez les personnes qui ont une alimentation à peu près normale », précise-t-elle. La plupart des gens en absorbent quotidiennement environ 180 microgrammes par le biais de leurs aliments.

Faire bon usage du molybdène

Des recherches à long terme ont permis d'établir qu'une dose de molybdène pouvant aller jusqu'à 500 microgrammes par jour était dénuée de toxicité, mais il n'existe aucune raison d'en prendre une telle quantité, commente le Dr Turnlund. Une dose supérieure à 500 microgrammes peut d'ailleurs entraver l'aptitude de l'organisme à métaboliser le cuivre, un autre oligo-élément essentiel.

Il est superflu de prendre un apport complémentaire de cet oligo-élément, souligne cette praticienne. Certains compléments de multi-vitamines et de minéraux contiennent également du molybdène. Vérifiez que le produit de votre choix n'en fournit pas plus de 75 à 250 micro-grammes.

Les sujets atteints de goutte ou ayant un taux sanguin élevé d'acide urique doivent obtenir l'avis de leur médecin avant de prendre un complément alimentaire contenant du molybdène.

Phosphore

◆◆◆

Valeur quotidienne : 1 000 milligrammes

Bonnes sources alimentaires : Flétan, yoghurt maigre, saumon, lait écrémé, blanc de poulet, bouillie d'avoine, bœuf haché extra-maigre, brocolis, haricots de Lima

◆◆◆

Que peuvent bien avoir en commun un adolescent et un tigre du Bengale ? En fonction de ce qu'ils mangent, il est possible que l'un comme l'autre absorbent trop de phosphore.

Il y a bien des années, après avoir remarqué que les grands félins de certains zoos se contentaient de rester allongés à longueur de journée dans leur cage, des chercheurs ont découvert que la nourriture fournie à ces fauves était trop riche en phosphore et dangereusement carencée en calcium. La preuve reste à faire qu'un déséquilibre du rapport entre le calcium et le phosphore est bien la raison pour laquelle les adolescents aiment tant se vautrer sans rien faire. En revanche, certains experts sont persuadés que les jeunes qui boivent trop de soda pourraient avoir un déséquilibre du phosphore susceptible d'entraîner l'ostéoporose des années plus tard.

Le phosphore est un minéral dont l'organisme a besoin pour de nombreuses réactions chimiques. Les substances complexes à base de phosphore contribuent à réguler la libération d'énergie qui fournit à notre corps le carburant dont il a besoin. En se liant au calcium, le phosphore contribue également à constituer des substances dures et semblables au cristal, qui créent la trame sur laquelle s'élaborent une ossature et une dentition solides. C'est d'ailleurs dans les os que se concentrent 85 % du phosphore de l'organisme.

Voilà qui explique peut-être les choses jusqu'à un certain point. Le mécanisme qui gère l'équilibre du calcium et du phosphore dans l'organisme est si finement calibré que lorsque nous absorbons trop de phosphore, une certaine quantité de calcium est prélevée sur notre ossature pour passer dans le sang. On a pu constater que la perte de calcium durant une période prolongée pouvait provoquer l'ostéoporose, un affaiblissement des os pouvant entraîner des fractures et la chute des dents.

Même si tous nos aliments — que ce soit le poulet ou les brocolis, le lait ou les fruits — contiennent plus ou moins de phosphore, ce n'est pas notre alimentation qui risque de nous fournir ce minéral en excès. En revanche, certains experts expriment leur inquiétude pour ceux d'entre nous qui boivent trop de boissons gazeuses (coca, et même boissons du genre limonade) ; en effet, de tels excès risquent de mettre en danger le délicat équilibre entre le calcium et le phosphore. De plus, en choisissant de boire du soda de préférence au lait, nous diminuons d'autant la quantité de calcium absorbée, souligne le professeur John Anderson.

« C'est là que nous nous faisons le plus de tort, car nous amplifions le problème en absorbant moins de calcium et davantage de phosphore », poursuit-il.

Il semble que le soda et de nombreux aliments industriels contiennent soit de l'acide phosphorique, soit une forme quelconque de phosphate, qui contiennent l'un comme l'autre énormément de phosphore.

« L'acide phosphorique est utilisé dans les boissons gazeuses telles que le coca pour leur donner un goût acide, précise le Dr Anderson. Lorsque l'on ajoute des phosphates aux aliments, c'est en guise d'agents de conservation ou peut-être même pour transformer la consistance et le goût des aliments. »

Dans certains cas plutôt rares, des sujets qui ont recours durant une période prolongée à des anti-acides contenant de l'hydroxyde d'aluminium peuvent présenter divers troubles tels que faiblesse, inappétence, malaises et perte osseuse. Il semblerait que cette substance chimique fasse obstacle à l'absorption de phosphore.

Faire bon usage du phosphore

Les experts affirment qu'il n'existe pratiquement jamais la moindre raison de prendre un apport complémentaire de phosphore. Il est facile d'en obtenir suffisamment par le biais de l'alimentation.

Potassium

❖

Valeur quotidienne : 3 500 milligrammes

Bonnes sources alimentaires : Abricots secs, pommes de terre en robe des champs, pruneaux séchés, melon cantaloup, banane, épinards

❖

Si les singes en liberté mangent autant de bananes que ceux qu'il nous arrive de voir à la télé, ils ne risquent pas d'avoir un jour de l'hypertension artérielle.

En effet, le potassium — en tout cas chez l'être humain — est un facteur clé pour que la tension artérielle atteigne son niveau idéal pour une bonne santé du cœur.

Par quel mécanisme le potassium peut-il réguler la pression artérielle ? Les chercheurs sont d'avis que cela tient peut-être au fait que le potassium est capable de pomper le sodium pour l'évacuer des cellules de l'organisme, diminuant ainsi les liquides physiologiques de l'organisme. En outre, il est possible que le potassium affecte le tonus (ou la résistance) des vaisseaux sanguins. Ou encore, il se peut que le potassium modifie la manière dont les vaisseaux sanguins réagissent aux hormones en circulation et ayant une incidence sur la pression sanguine, comme la vasopressine et la norépinéphrine.

Quoiqu'il en soit, l'aptitude du potassium à réduire la pression sanguine est si frappante que certains chercheurs en sont venus à penser que des taux alimentaires trop bas de ce minéral pourraient déclencher l'hypertension artérielle chez certaines personnes.

Mis à part son effet presque miraculeux sur la pression artérielle, le potassium est également nécessaire pour une bonne contraction musculaire, une saine activité électrique du cœur et la transmission rapide des influx nerveux à travers tout l'organisme. C'est la raison pour laquelle des irrégularités des battements cardiaques sont considérées comme un signe classique de carence en potassium. Il existe d'autres symptômes de carence, tels que faiblesse musculaire, insensibilité et picotements dans les extrémités, nausées, vomissements, confusion et irritabilité.

Faire bon usage du potassium

La plupart d'entre nous absorbons chaque jour 2 650 milligrammes de potassium, selon des chiffres publiés par le Centre national américain des statistiques de santé à Hyattsville, dans le Maryland. Cela reste insuffisant, et c'est pourquoi chacun d'entre nous devrait probablement ajouter au moins trois portions supplémentaires de fruits et de légumes riches en potassium à son alimentation quotidienne, souligne le Dr David McCarron, professeur de médecine et directeur de la section de néphrologie, hypertension et pharmacologie clinique de l'université des sciences de la santé de l'Oregon.

Pourquoi ne pas avoir tout simplement recours à un complément alimentaire ? Les experts sont d'accord pour dire que les sources alimentaires de potassium sont mieux tolérées que les préparations pharmacologiques, quoiqu'un apport complémentaire de potassium soit parfois nécessaire pour les sujets qui prennent des médicaments diurétiques. Ces remèdes aident en effet l'organisme à éliminer les liquides excédentaires, mais ils épuisent en même temps les réserves de potassium. (La digitale, utilisée comme médicament du cœur, peut également entraîner une élimination de potassium.) Si vous avez recours à des compléments en vente libre, le Dr McCarron précise qu'il est généralement préférable de limiter à 3 500 milligrammes la prise quotidienne de potassium absorbée par le biais de l'alimentation et sous forme de compléments.

S'il s'avère qu'un apport complémentaire de potassium est nécessaire, demandez à votre médecin ou à votre pharmacien quelle forme est préférable dans votre cas. Certains praticiens sont d'avis que le chlorure de potassium est plus facilement assimilable que le bicarbonate de potassium, le citrate de potassium ou le gluconate de potassium.

Tout excès de potassium (soit une dose dépassant 5 000 milligrammes par jour) peut nuire à l'équilibre des minéraux dans l'organisme et provoquer des troubles cardiaques et rénaux. D'autres effets indésirables peuvent également se produire, tels que faiblesse musculaire, picotements dans les extrémités ou la langue ainsi qu'un pouls irrégulier ou trop lent.

Les diabétiques et les sujets souffrant de troubles rénaux doivent consulter leur médecin avant de prendre un apport complémentaire de potassium, de même que les personnes qui prennent habituellement certains médicaments : anti-inflammatoires non-stéroïdiens, diurétiques d'épargne potassique, inhibiteurs de l'enzyme de conversion de l'angiotensine et certains remèdes pour le cœur tels que l'héparine.

Riboflavine

◆

Valeur quotidienne : 1,7 *milligramme*

Bonnes sources alimentaires : Volaille, poisson, graines et céréales *vitaminées, brocolis, verdure des navets, asperges, épinards, yoghurt, lait, fromage*

◆

Contrairement à des champions comme la vitamine C, le magnésium et la vitamine E, la riboflavine — également appelée vitamine B_2 — ne fera sans doute jamais la une des publications de santé. Il existe toutefois une poignée d'experts pour dire qu'il est temps d'accorder à ce nutriment l'attention qu'il mérite.

« La riboflavine n'est pas à la mode, si l'on peut dire, mais elle risque de faire bientôt parler d'elle », affirme le Dr Jack M. Cooperman, professeur clinicien en médecine communautaire et préventive.

Diverses recherches récentes montrent que la riboflavine peut jouer un rôle d'antioxydant, et pourrait donc contribuer à prévenir le cancer et à ralentir l'accumulation de cholestérol en aidant à lutter contre les radicaux libres nuisibles à la santé. Ces derniers sont des molécules dégénérées qui apparaissent spontanément dans l'organisme, nuisant aux molécules saines du corps dont elles dérobent des électrons afin de trouver leur propre équilibre. Les antioxydants neutralisent les radicaux libres auxquels ils offrent leurs propres électrons, protégeant ainsi les molécules saines.

La riboflavine participe à un certain nombre de processus chimiques importants dans le corps. Le folate et la vitamine B_6, par exemple, ont besoin de riboflavine pour subir les transformations chimiques nécessaires pour être utiles. La riboflavine aide à transformer les acides aminés en médiateurs chimiques (également appelés neurotransmetteurs), des substances chimiques essentielles pour les processus intellectuels et la mémoire. Dans certains cas, on a pu établir une corrélation entre un manque de globules rouges, provoquant des symptômes tels que l'anémie, et une carence en riboflavine. « Dans ce domaine, il faut essentiellement se souvenir que la riboflavine est l'une des vitamines essentielles du groupe B, éléments nécessaires pour toutes sortes de processus chimiques dans l'organisme comme par exemple la transformation des aliments en énergie », relève le Dr Cooperman.

Un déficit en riboflavine peut affecter la vue, rendant les yeux excessivement sensibles à la lumière et provoquant une fatigue oculaire. Sa carence peut également se manifester par d'autres symptômes comme une vision trouble et des démangeaisons des yeux, qui ont aussi tendance à larmoyer, à être douloureux ou injectés de sang. Une dermatite grave peut également être le signe d'une carence de cette vitamine.

L'enrichissement des céréales et des farines à l'aide de riboflavine est une pratique qui a vu le jour durant la Seconde Guerre mondiale, lorsque l'on fut amené à rationner les viandes et les produits laitiers, qui sont parmi les meilleures sources de ce nutriment. Les personnes qui préfèrent limiter leur consommation de viande et de produits laitiers pourraient donc s'exposer à une carence en riboflavine, même de nos jours. « Selon une étude que nous avons effectuée, il existe une corrélation entre la prise de lait en faible quantité et la carence en riboflavine, surtout au sein des populations d'adolescents afro-américains », précise le Dr Cooperman.

D'autre part, il est possible que les sujets qui font régulièrement de l'exercice n'obtiennent pas assez de riboflavine, car il semblerait que l'activité physique accélère le processus d'élimination de cette vitamine dans l'organisme.

Faire bon usage de la riboflavine

Nous n'avons pas à nous inquiéter de prendre cette vitamine en surdose, car tout excès est éliminé par l'organisme. En outre, contrairement à la plupart des autres vitamines, ce nutriment ne tarde pas à nous faire savoir que notre corps est parvenu à saturation. En effet, souligne le Dr Cooperman, deux heures après la prise d'un complément alimentaire contenant de la riboflavine, l'urine se teinte d'une belle couleur jaune vif.

Il a été démontré que des doses gigantesques de riboflavine, atteignant 2 000 fois la Valeur quotidienne, pouvaient provoquer des calculs rénaux, mais nous n'avons aucune raison d'en prendre des doses aussi élevées.

Les contraceptifs oraux et l'alcool semblent gêner l'absorption de riboflavine par l'organisme. Si vous prenez régulièrement l'un ou l'autre, il pourrait être judicieux d'adopter un complément alimentaire de vitamines du complexe B afin de couvrir les besoins élémentaires, conclut le Dr Cooperman.

Sélénium

***

Valeur quotidienne : 70 microgrammes

Bonnes sources alimentaires : Langouste, noix du Brésil, palourdes, crabe, huîtres cuites, céréales complètes

***

Il se pourrait que le sélénium soit un facteur de première importance, grâce auquel certains virus vivent harmonieusement dans le corps, au lieu de se transformer en pathogènes déchaînés capables de tuer.

Des études de laboratoire effectuées à l'université de Caroline du Nord, à Chapel Hill, ont d'abord semblé suggérer que le sélénium était le catalyseur qui déclenchait chez les virus un changement de personnalité analogue au célèbre cas du Dr Jekyll et de Mr Hyde. D'autres travaux, effectués ensuite à l'université de Géorgie à Athens (États-Unis), indiquent que la carence d'une cellule en sélénium pourrait être le facteur qui déclenche la transformation d'un virus anodin en virus VIH (le virus du sida) et qui marque le début des ravages de ce terroriste viral au sein de la cellule, jusqu'à l'annihilation de cette dernière. Ironiquement, le virus ne cherche pas à nuire. Il cherche seulement à obtenir plus de sélénium.

Si d'autres travaux ultérieurs parviennent à prouver que la carence en sélénium est véritablement le déclencheur qui pousse le virus du sida à se déchaîner, il se pourrait qu'une précaution toute simple permette de garder à distance ce virus particulièrement dangereux, suggère Will Taylor, qui dirigeait les recherches effectuées en Géorgie. Peut-être suffirait-il en effet de s'assurer que le corps absorbe des taux adéquats de sélénium. Veuillez vous référer à la page 645 pour des informations complètes sur le sélénium et le sida.

L'action du sélénium sur les virus représente probablement son exploit le plus spectaculaire, mais ce minéral joue également d'autres rôles importants dans l'organisme. Ainsi, il active des substances capables de protéger les yeux contre les cataractes, et le cœur contre les lésions musculaires. Il se lie à des substances toxiques telles que l'arsenic, le cadmium et le mercure, les rendant ainsi moins nocives. En outre, il amplifie les capacités de divers éléments du système immunitaire chargés de lutter contre les infections.

Enfin, et ce dernier rôle n'est pas le moindre, le sélénium protège contre les ravages des radicaux libres, des molécules dégénérées qui apparaissent spontanément dans l'organisme, nuisant aux molécules saines du corps dont elles dérobent des électrons afin d'établir leur propre équilibre. La vitamine E remplit le même rôle protecteur, et, à vrai dire, le sélénium et la vitamine E sont en synergie si étroite dans la lutte contre les radicaux libres qu'il leur arrive souvent de se substituer l'un à l'autre. C'est d'ailleurs la raison pour laquelle une carence dans l'un de ces nutriments peut souvent entraîner un manque de l'autre.

S'il n'existe pas de symptômes clairement définis de la carence en sélénium, certaines recherches ont suggéré qu'un taux trop bas de ce minéral pourrait jouer un rôle dans l'apparition des maladies cardiovasculaires.

Faire bon usage du sélénium

Dès le XIIIᵉ siècle, Marco Polo relevait déjà, en Chine occidentale, que les bêtes de ses troupeaux perdaient leurs sabots après avoir brouté un type d'herbe particulier.

Au cours des siècles suivants, les savants ont découvert que la cause en était un niveau toxique de sélénium dans les plantes broutées par les bêtes, et que des taux élevés de cet élément dans l'alimentation pouvaient affecter également l'être humain. La seule différence, c'est que ce dernier perd ses cheveux et ses ongles et non pas ses sabots. D'autres effets indésirables résultant d'une prise excessive de sélénium sont une odeur d'ail persistante de l'haleine et de l'épiderme, un goût de métal dans la bouche, des étourdissements et des nausées sans raison apparente.

Nous savons aujourd'hui que la Valeur quotidienne est de 70 microgrammes. Certains experts suggèrent de chercher à obtenir un complément de sélénium dont l'étiquette précise bien « l-sélénométhionine » car, contrairement à d'autres formes de sélénium, la l-sélénométhionine risque moins de provoquer des effets indésirables et, comme elle n'est pas antagoniste de la vitamine C, il n'y a pas d'obstacle à l'absorption du sélénium.

Pour lutter contre le virus du sida, certains spécialistes ont suggéré des doses thérapeutiques de 200 à 400 microgrammes. En revanche, les scientifiques mettent en garde contre toute dose de sélénium supérieure à 100 microgrammes par jour ; des doses aussi élevées ne doivent être prises que sous la surveillance d'un médecin.

Quant à savoir s'il est ou non préférable de prendre des compléments de sélénium, les experts ne sont pas d'accord sur ce point. Il se pourrait que les pluies acides et le recours aux combustibles fossiles épuisent à la longue la quantité de sélénium présente dans la chaîne alimentaire. En outre, nous absorbons moins de sélénium en raison des nombreux aliments industriels qui font aujourd'hui partie de notre alimentation habituelle. Pour toutes ces raisons, certains spécialistes affirment que la quantité optimale de sélénium pourrait être beaucoup plus élevée que ne le laisse penser la Valeur quotidienne proposée. Jusqu'à plus ample informé, la noix du Brésil est la meilleure source de sélénium dont nous disposons. Il suffit de manger chaque jour une ou deux de ces noix pour obtenir la Valeur quotidienne requise.

Si vous comptez sur vos aliments habituels pour vous fournir l'essentiel du sélénium dont vous avez besoin, ce qui suit donne matière à réflexion. Les plantes obtiennent le sélénium qu'elles contiennent directement à partir du sol dans lequel elles poussent. De manière générale, les sols français, et en particulier ceux du Massif central et de Bretagne, sont pauvres en sélénium. Par conséquent, les récoltes obtenues dans ces régions sont elles aussi très pauvres en sélénium. Le bétail est également affecté, car les végétaux dont se nourrissent les bêtes poussent sur le même sol que nos récoltes. Le fait de brûler des combustibles fossiles comme le charbon et le mazout ne fait qu'aggraver ce problème, car la combustion génère des ions qui acidifient le sol, faisant obstacle à l'absorption du sélénium et réduisant plus encore la quantité de sélénium présente dans les récoltes.

Sodium

Valeur quotidienne : *2 400 milligrammes*

Bonnes sources alimentaires : *Fromages et fromage blanc; la plupart des viandes, surtout le jambon et le bacon ; potages en boîte ; légumes en conserve ; viande de porc en conserve ; crustacés ; thon en boîte ; céréales ; pain ; produits de boulangerie ; vinaigrette ; chips ; conserves au vinaigre ; sauces. Remarque : une certaine quantité de sodium est nécessaire pour survivre, mais, néanmoins, la plupart des gens en absorbent trop et n'ont donc nul besoin d'un apport complémentaire.*

Malgré la publicité défavorable dont il fait l'objet, le sodium est un minéral nécessaire à l'organisme au même titre que n'importe quel autre nutriment. Il sert à réguler la quantité de fluide dans l'organisme, facilite la transmission des influx nerveux et musculaires, et, en conjonction avec le potassium, préserve la perméabilité des parois cellulaires. Ce rôle a une importance vitale pour que les nutriments et autres substances indispensables à la survie des cellules puissent circuler dans le corps en fonction des besoins.

Depuis des dizaines d'années, les chercheurs étaient persuadés que le sodium exerçait une influence directe sur la pression artérielle. Aujourd'hui, ce point de vue est très controversé. En effet, certaines recherches indiquent qu'en diminuant leur consommation de sodium, les sujets atteints d'hypertension artérielle peuvent abaisser leur tension d'environ cinq points. Le seul fait de réduire ainsi la pression de quelques points suffit pour atténuer le risque de maladie cardiovasculaire et d'accident vasculaire cérébral. En revanche, d'autres travaux indiquent qu'une alimentation peu salée n'abaisse pas la tension artérielle chez environ la moitié des sujets qui ont opté pour cette mesure.

Les médecins soupçonnent déjà depuis pas mal de temps que pour la plupart des gens, une alimentation pauvre en sel n'est pas nécessairement synonyme de bonne santé. Ayant toutefois constaté que ce type d'alimentation pouvait être bénéfique à certains sans pour autant faire de tort aux autres, ils ont néanmoins continué à recommander aux sujets atteints d'hypertension artérielle d'éviter de manger trop salé, relève le Dr David McCarron.

Mais cela pourrait changer. Des chercheurs de la faculté de médecine de l'université Cornell et du collège Albert Einstein, tous deux à New York City, ont décidé de recenser le nombre de crises cardiaques parmi les hommes atteints d'hypertension artérielle qui avaient habituellement une alimentation pauvre en sodium, afin de pouvoir comparer le chiffre ainsi obtenu avec le nombre de crises cardiaques parmi les sujets ayant de l'hypertension artérielle et dont l'alimentation était habituellement salée.

Devinez ce qu'ils ont constaté : les hommes dont l'alimentation contenait le moins de sodium étaient quatre fois plus exposés aux crises cardiaques que ceux qui en absorbaient le plus. En outre, le risque était d'autant plus élevé que la quantité de sodium absorbée était plus basse.

Il a bien fallu admettre que chez les sujets atteints d'hypertension artérielle, il existait une corrélation entre une alimentation pauvre en sodium et l'apparition du trouble que ce type d'alimentation était justement censé prévenir. Vous trouverez un complément d'information sur le sodium et l'hypertension artérielle à la page 341.

Faire bon usage du sodium

La quantité de sodium dont l'organisme a besoin pour que ce nutriment puisse remplir normalement ses fonctions et réguler adéquatement notre pression artérielle fait l'objet de débats houleux au sein de la communauté scientifique.

Certains chercheurs sont d'avis que nous n'avons pas besoin de plus de 500 milligrammes par jour de chlorure de sodium (la forme sous laquelle nous absorbons habituellement le sel dans nos aliments ou en puisant dans la salière). D'autres affirment au contraire que la constitution même de l'organisme le rend apte à assimiler tout naturellement, sans aucun problème, entre 4 000 et 5 000 milligrammes par jour. Certains autres soulignent que de toute manière, la quantité de sodium dans l'organisme à n'importe quel moment est déterminée par l'aldostérone, une hormone sécrétée par les reins. Puisque tel est le cas, pourquoi nous préoccuper de la quantité de sel dans nos aliments ? En cas d'excès de sodium dans l'organisme, les reins entreront en action afin d'en éliminer le surplus ; en revanche s'il y en a trop peu, ils feront en sorte que les liquides physiologiques de l'organisme conservent davantage de sodium.

Bien évidemment, d'autres recherches devront être effectuées pour déterminer le rôle du sodium dans le corps. Mais en attendant d'en savoir plus, combien de chlorure de sodium devrions-nous inclure dans notre alimentation ?

Quoi qu'il en soit, ne pensez pas que vous allez pouvoir impunément faire bombance à grands renforts de salami salé, anchois et autres aliments saturés de sel. Le Dr McCarron, qui a consacré presque quinze ans de sa carrière à poursuivre des recherches dans ce domaine, souligne qu'il est judicieux d'absorber par le biais de nos aliments entre 2 400 et 3 000 milligrammes de sel par jour. Une cuillerée à café de sel de table contient environ 2 000 milligrammes de sodium.

Soufre

◆

Valeur quotidienne : *Aucune*

Bonnes sources alimentaires : *Viande, volaille, poisson*

◆

La plupart d'entre nous pensent immédiatement au dioxyde de soufre, l'un des sous-produits malodorants générés par les moteurs automobiles et responsables de la pollution dans nos villes. En revanche, le soufre est également un minéral dont notre corps a besoin pour neutraliser les toxines.

Le soufre assimilable par l'organisme et que nous absorbons en mangeant des aliments riches en protéines, en buvant de l'eau, et même en respirant de l'air pollué, se lie à diverses toxines afin de constituer des substances chimiques complexes dénuées de toxicité que l'organisme parvient facilement à éliminer ensuite par la voie la plus directe.

De plus, le soufre se lie également aux protéines qui servent de structure au cartilage, aux tendons et à l'ossature du corps, de même qu'aux protéines de nos cheveux et de nos ongles.

Il n'y a aucun rapport entre le soufre et les médicaments de la famille des sulfamides ou les sulfites qui sont parfois ajoutés aux aliments.

Faire bon usage du soufre

Le soufre est si abondant dans les aliments, l'eau potable et l'air que nous respirons que le *National Research Council* n'a établi en ce qui le concerne aucun Apport journalier recommandé. D'autre part, il semble impossible d'absorber le soufre autrement qu'en quantité optimale et d'en assimiler soit trop, soit trop peu.

Thiamine

◆

Valeur quotidienne : 1,5 *milligramme*

Bonnes sources alimentaires : Son de riz, porc, bœuf, petits pois frais, haricots secs, germe de blé, jambon, oranges, pâtes vitaminées, pain, bouillie d'avoine et autres céréales

◆

Ce nutriment se dissimule fort discrètement dans les produits de boulangerie et les céréales. Sans doute ne saurions-nous même jamais que nous absorbons de la thiamine si cela ne figurait pas en toutes lettres sur l'étiquette de certains aliments. C'est pourtant bien cette vitamine hydrosoluble du groupe B qui nous permet de transformer en énergie les sucres et hydrates de carbone du petit déjeuner.

Contrairement à ce qui se fait couramment aux États-Unis, de nombreux pays du monde n'ont pas encore pris l'habitude d'enrichir les céréales à l'aide de thiamine, également appelée vitamine B_1.

S'il est vrai que l'on trouve de la thiamine à l'état naturel dans les aliments de base universels que sont le riz et les céréales complètes, les processus de raffinage et de transformation les privent de ce nutriment. Les populations dont l'alimentation habituelle est à base de riz et de céréales blanchis et dévitalisés ne tardent pas à présenter une carence en thiamine qui se manifeste sous forme d'une maladie appelée béribéri. Celle-ci provoque des symptômes tels que faiblesse, hypertrophie du cœur et œdème des membres pouvant même entraver la marche, précise le Dr Howerde Sauberlich, professeur au sein du service des sciences de la nutrition de l'université de l'Alabama. « J'ai moi-même vu de mes propres yeux des personnes qui avaient le plus grand mal à marcher, et qui, presque miraculeusement, quelques heures seulement après avoir pris de la thiamine, n'avaient plus aucune difficulté », ajoute-t-il.

Le fait que la thiamine puisse rendre l'énergie disponible pour l'organisme a également des implications pour le cerveau. « Lorsque l'on diminue radicalement la quantité de thiamine absorbée, on réduit du même coup l'aptitude du cerveau à tirer parti du glucose. Il en résulte alors une diminution des fonctions mentales », souligne le Dr Gary E. Gibson, professeur de neuroscience. Une carence grave en thiamine a non seulement pour effet d'anéantir les cellules du cerveau qui commandent la mémoire, mais peut en outre multiplier la protéine qui provoque la maladie d'Alzheimer, ajoute ce médecin.

Les chercheurs ont également pu constater qu'une carence en thiamine provoquait des sautes d'humeur, de vagues sentiments de malaise et de peur, une désorganisation des processus de raisonnement et divers autres signes de dépression — autant de symptômes ayant fréquemment une influence sur la mémoire.

Faire bon usage de la thiamine

Quoique la thiamine puisse être toxique à haute dose, s'accompagnant de divers symptômes tels que démangeaisons, picotements et douleurs, ces désagréments ont été constatés par suite de doses massives administrées par injection. Prise par voie buccale, la thiamine n'a jamais donné aucun signe de toxicité même lorsque des doses pouvant aller jusqu'à 500 milligrammes (soit 333 fois la Valeur quotidienne de 1,5 milligrammes) avaient été prises chaque jour pendant un mois. Les experts affirment que tout excédent de thiamine est facilement éliminé par les reins.

Vitamine A

◆

Valeur quotidienne : 5 000 *unités internationales*

Bonnes sources alimentaires : *Jus de carottes, citrouille, patate douce, carottes, épinards, courge-doubeurre, thon, feuilles vertes de pissenlits, melon cantaloup, mangue, verdure des navets, feuilles vertes de betteraves*

◆

Lorsque l'on administre 200 000 unités internationales de vitamine A à un enfant sous-alimenté dans des pays comme l'Indonésie, le Népal, l'Inde ou le Ghana, cela pourrait bien lui sauver la vie. En prenant chaque jour 25 000 unités internationales de bêtacarotène, un précurseur naturel de la vitamine A, un sujet adulte pourrait effectivement prévenir la dégénérescence maculaire, qui représente (après les cataractes) la principale cause de cécité chez les personnes de 50 ans et plus. Une étude, menée à bien à l'école Johns Hopkins d'hygiène et de santé publique à Baltimore, a montré que, chez des sujets mâles séropositifs, la prise journalière de 9 000 à 20 000 unités internationales de vitamine A pouvait ralentir d'environ 40 % l'évolution de la maladie vers le sida.

Quelle est donc cette substance quasi miraculeuse ? En réalité, on regroupe sous le terme générique de vitamine A un groupe de molécules naturelles appelées rétinoïdes. Comme le montrent de très nombreux travaux scientifiques, notre organisme fait usage de ces dernières, qui sont des substances complexes puissantes dérivées de sources végétales et animales, pour construire ou maintenir un système immunitaire vigoureux.

En l'absence d'une quantité suffisante de vitamine A, le corps est vulnérable à quantité de micro-organismes vecteurs d'infection pouvant provoquer toute une panoplie de troubles, depuis les oreillons jusqu'au sida. Les sujets dont le système de défense manque de vitamine A sont également exposés à un risque accru de cancer et de cécité.

Les symptômes de carence en vitamine A se manifestent sous diverses formes : cécité nocturne, difficulté à retrouver une vision normale (par exemple après avoir été ébloui par les phares d'une voiture venant en sens inverse), trouble de la perception des couleurs, sécheresse oculaire, manque d'appétit, perte de goût et d'odorat et troubles de l'équilibre statique.

Fort heureusement, la majorité de la population de nos pays absorbe suffisamment de vitamine A par le biais de l'alimentation. Les sujets les plus exposés au risque de carence sont les patients atteints des maladies suivantes : cancer, tuberculose, pneumonie, néphrite chronique, infection urinaire ou trouble de la prostate, car tous ces troubles peuvent augmenter les besoins de l'organisme en vitamine A. Les personnes souffrant de troubles digestifs provoquant une malabsorption des matières grasses, telles la maladie coeliaque et la mucoviscidose, sont également concernées.

La vitamine A est liposoluble, ce qui revient à dire qu'il convient de la prendre en même temps qu'un aliment contenant une petite quantité de matière grasse. Elle peut être prise sous forme de complément alimentaire, ou absorbée indirectement en mangeant une abondance de fruits et légumes riches en bêtacarotène. Notre organisme se charge ensuite de convertir ce dernier en vitamine A de manière à couvrir ses besoins.

De nombreux médecins préfèrent cette dernière méthode, pour deux raisons : tout d'abord, les aliments contiennent des centaines d'autres substances pouvant avoir des effets bénéfiques sur l'organisme. Deuxièmement, tout excès de vitamine A tend à être toxique, tandis que le bêtacarotène, en revanche, est dénué de toxicité même à haute dose. Une seule exception est à noter : la vitamine A et le bêtacarotène peuvent l'un et l'autre provoquer des lésions hépatiques chez un sujet qui boit habituellement à l'excès.

Faire bon usage de la vitamine A

Depuis des siècles, les explorateurs polaires, les Esquimaux et même les chiens polaires savent qu'ils peuvent tomber malades s'ils mangent du foie d'ours polaire.

Quelle peut bien en être la raison ? Il s'avère que le foie de cet animal est saturé de vitamine A en quantité suffisante pour empoisonner un être humain adulte. Un seul repas comportant entre 225 grammes et une livre de foie d'ours polaire contient la dose astronomique de 3 à 13 millions d'unités internationales de vitamine A, soit 6 à 26 fois le seuil requis pour provoquer un empoisonnement grave par hypervitaminose.

Il suffit de prendre à court terme 500 000 unités internationales de vitamine A pour provoquer divers symptômes tels qu'irritabilité, maux de tête, vomissements, douleurs osseuses, faiblesse et vision floue. La prise habituelle d'une dose dix fois plus faible, soit 50 000 unités internationales, peut provoquer perte de cheveux, faiblesse, maux de tête, hypertrophie du foie et de la rate, anémie, raideurs et douleurs articulaires. Au moins un cas de décès a été signalé après la prise régulière de 25 000 unités internationales par jour.

Les femmes en âge de procréer doivent être particulièrement prudentes avant d'envisager de prendre ce nutriment. On a en effet pu établir une corrélation entre l'absorption au cours du premier trimestre de la grossesse de doses journalières de 10 000 unités internationales (correspondant à ce que contiennent certains compléments alimentaires de multivitamines et de minéraux) et un risque élevé de malformation congénitale. Il est d'autre part vérifié que la prise quotidienne, en début de grossesse, de 25 000 unités internationales de vitamine A peut provoquer un avortement spontané. Pour toutes ces raisons, une femme enceinte ne doit jamais prendre journellement un complément alimentaire dont la teneur en vitamine A est égale ou supérieure à 10 000 unités internationales, et toute femme en âge de procréer doit consulter son médecin avant d'absorber une telle quantité de vitamine A. Il est également judicieux d'étudier les indications portées sur l'emballage des compléments de multivitamines et de minéraux, afin de s'assurer qu'ils contiennent moins de 10 000 unités internationales de vitamine A.

Que retenir de tout cela, en définitive ? En doses variables et en fonction des circonstances individuelles, la vitamine A peut se révéler soit un agent thérapeutique quasi miraculeux, soit une substance complexe traîtresse et particulièrement toxique. Par conséquent, il est toujours prudent de consulter un médecin avant d'envisager d'en prendre un apport complémentaire.

Vitamine B$_6$

Valeur quotidienne : *2 milligrammes*

Bonnes sources alimentaires : *Banane, avocat, poulet, bœuf, levure de bière, œufs, riz complet, graines de soja, avoine, blé complet, cacahuètes, noix*

Depuis plus de trente ans, la recherche concernant la vitamine B$_6$ occupe le plus clair de l'existence du Dr John Marion Ellis. Ce médecin retraité, originaire de Mount Pleasant (Texas), a dirigé des travaux de recherche et rédigé diverses communications sur ce sujet. Il a compilé des carnets contenant les dernières découvertes cliniques. Et, cela va sans dire, lui-même et son épouse prennent fidèlement leur complément alimentaire contenant de la vitamine B$_6$.

« Ce nutriment a autant d'importance pour notre organisme que l'eau et l'oxygène, déclare le Dr Ellis, avec néanmoins une seule réserve : il faut compter six semaines avant que la vitamine B$_6$ commence à fonctionner comme elle est censée le faire. »

Des recherches de plus en plus nombreuses s'accumulent pour confirmer ce point de vue, ajoute le Dr Ellis. Depuis le syndrome du canal carpien et la perte de mémoire jusqu'au diabète et au syndrome prémenstruel, la liste des troubles pour lesquels la vitamine B$_6$ (ou pyridoxine) commence à être reconnue comme traitement potentiel ne cesse de s'allonger.

La vitamine B$_6$ remplit un rôle important en s'assurant que les processus biologiques, notamment le métabolisme des matières grasses et des protéines, s'accomplissent adéquatement dans l'organisme. « En absence de vitamine B$_6$, il se produit une altération fondamentale du métabolisme », souligne le professeur Michael Ebadi, professeur de pharmacologie et de neurologie.

En outre, la vitamine B$_6$ joue un rôle important dans le fonctionnement du cerveau. Elle joue un rôle crucial dans la création des neurotransmetteurs, les substances chimiques grâce auxquelles les cellules cérébrales peuvent communiquer entre elles, ajoute le Dr Ebadi. Par conséquent, toute carence en vitamine B$_6$ compromet la mémoire, générant des troubles de l'aptitude à enregistrer, retenir et retrouver les informations.

Dans le domaine du diabète, on a pu établir une corrélation entre une carence en vitamine B$_6$ et un trouble appelé intolérance au glucose, qui provoque une augmentation anormalement élevée de la glycémie après un repas. Il est d'autre part possible qu'il porte atteinte à la sécrétion de l'insuline et du glucagon, l'hormone qui indique au pancréas à quel moment cesser de produire de l'insuline.

Un taux insuffisant de vitamine B$_6$ peut également provoquer des lésions nerveuses dans les mains et les pieds. Certaines études indiquent que les sujets atteints de diabète sont moins sujets à l'insensibilité et aux picotements provoqués par les lésions nerveuses dues à cette maladie lorsqu'ils prennent un apport complémentaire de vitamines du groupe B telles que les vitamines B$_6$ et B$_{12}$.

Quant au syndrome du canal carpien, « les preuves sont si concluantes que l'on ne saurait trop répéter l'importance de la vitamine B$_6$ pour soulager ce trouble », déclare le Dr Ellis. Ce médecin ajoute que l'enflure et l'absence d'élasticité de la gaine qui entoure un nerf du poignet pourraient être dues à un manque de vitamine B$_6$. « Cette dernière contribue à éliminer l'accumulation de fluides excédentaires qui provoquent le syndrome du canal carpien », précise-t-il. Selon une autre théorie, appuyée par deux études conduites en Europe, la vitamine B$_6$ pourrait pour ainsi dire court-circuiter l'aptitude d'un nerf irrité à transmettre les signaux douloureux.

Les recherches qu'il a lui-même effectuées, ajoute le Dr Ellis, montrent que l'insensibilité, les fourmillements, l'enflure et la douleur dans les genoux, les épaules et les bras — qu'il qualifie d'arthrite de la ménopause — pourraient également provenir d'un taux insuffisant de vitamine B$_6$.

Cette vitamine pourrait également avoir d'autres applications, notamment pour mettre fin aux crises d'asthme en abaissant les taux d'histamine dans l'organisme, et protéger contre l'athérosclérose en diminuant dans le sang la quantité d'une substance chimique qui provoque des lésions sur les parois artérielles. « Nous commençons tout juste à entrevoir quelque peu l'immense potentiel de cette vitamine », précise le Dr Ellis.

Faire bon usage de la vitamine B_6

Même les aliments les plus riches en vitamine B_6 — banane, avocat, levure de bière et viande de bœuf — fournissent à peine un milligramme de B_6. En revanche, cela ne justifie pas nécessairement la prise d'un complément alimentaire, car la Valeur quotidienne ne dépasse pas deux milligrammes.

En outre, si vous optez pour un apport complémentaire, la prudence s'impose. On a pu mettre en évidence une corrélation entre un excès de vitamine B_6 et certains troubles nerveux graves, ainsi qu'une hypersensibilité aux rayons du soleil pouvant provoquer éruptions cutanées et insensibilité.

Dans le cadre d'une étude, les participants ont pris chaque jour 6 000 milligrammes de vitamine B_6 pendant deux mois ; une autre étude impliquait la prise de 2 000 milligrammes par jour pendant deux mois ou davantage. Dans les deux cas, les résultats furent les mêmes : les participants présentaient des troubles graves de la coordination motrice et une faiblesse musculaire, ces symptômes disparaissant quelques mois après interruption de la prise de vitamine B_6. Les spécialistes recommandent par conséquent de consulter un médecin avant de prendre plus de 100 milligrammes de vitamine B_6 par jour. En outre, ils préconisent la prise de cette vitamine sous forme d'un complément de vitamines B complexe offrant la Valeur quotidienne de toute la panoplie des vitamines du groupe B.

Les personnes auxquelles a été prescrite une thérapie à base de lévodopa pour traiter la maladie de Parkinson doivent éviter tout apport complémentaire de vitamine B_6, car on a constaté que cette dernière diminuait l'efficacité du médicament prescrit.

En revanche, certains médicaments peuvent entraîner une carence en vitamine B_6 : l'isoniazide, pour la tuberculose ; la cyclosérine, un antibiotique pour la tuberculose ; et la pénicillamine, pour la maladie de Wilson, le saturnisme, les calculs rénaux et l'arthrite. Si l'un de ces médicaments vous a été prescrit, il est préférable de consulter votre médecin avant de prendre un complément de vitamine B_6.

Vitamine B$_{12}$

◆

Valeur quotidienne : 6 microgrammes

Bonnes sources alimentaires : *Palourdes, jambon, huîtres cuites, crabe, hareng, saumon, thon*

◆

Le manque de vitamine B$_{12}$ est l'un des plus sûrs moyens de court-circuiter l'organisme (excepté un accident toujours possible). En effet, la vitamine B$_{12}$ (aussi appelée cyanocobalamine) est cruciale pour la production de myéline, la gaine de tissu adipeux qui a pour rôle d'isoler les fibres nerveuses et de favoriser la transmission des influx nerveux à travers tout l'organisme.

En raison de la fonction neuroprotectrice importante de ce nutriment, on a pu établir un rapport entre le manque de vitamine B$_{12}$ et toutes sortes de troubles : perte de mémoire, confusion, hallucinations, épuisement, troubles de l'équilibre, diminution des réflexes, altération de la perception du toucher ou de la douleur, insensibilité et fourmillements dans les bras et les jambes, bourdonnements d'oreille et surdité par hypersensibilité au bruit. Il existe en outre une corrélation entre la carence en vitamine B$_{12}$ et des symptômes rappelant ceux de la sclérose en plaques et de la démence. « Lorsqu'il existe une carence grave, la gaine de myéline se détériore. C'est comme si elle était rongée par l'érosion », déclare le Dr John Pinto, directeur du laboratoire de nutrition du centre du cancer Memorial Sloan-Kettering et professeur adjoint en biochimie médicale.

Toutefois, cela ne donne qu'une faible indication de l'importance de la vitamine B$_{12}$. Les chercheurs ont en effet découvert qu'une carence a pour effet d'augmenter les taux sanguins d'une substance appelée homocystéine. Cette dernière est non seulement toxique à haute dose pour les cellules cérébrales, ce qui soulève d'ailleurs un certain nombre de questions graves quant à son rôle éventuel dans la maladie d'Alzheimer, mais il se pourrait en outre que l'homocystéine soit l'une des principales causes des maladies cardiovasculaires. « On a pu démontrer qu'elle déclenchait un processus de coagulation qui rend les globules blancs un peu plus collants, un peu plus adhésifs, ce qui les amène à se fixer sur les parois artérielles », ajoute le Dr Pinto.

Certains travaux laissent penser qu'il existe des sujets génétiquement prédisposés à l'accumulation d'homocystéine, tandis que chez d'autres personnes, ce phénomène est tout simplement le résultat d'une carence en vitamine B_{12}. Le même processus de coagulation et d'accumulation d'homocystéine semble également se produire en présence d'une carence en folate et en vitamine B_6.

Du fait que la vitamine B_{12} est également importante pour la production de globules rouges, une carence grave (appelée anémie pernicieuse ou anémie de Biermer) est susceptible d'entraîner une baisse d'énergie considérable. « Lorsqu'un sujet prend de la vitamine B_{12}, pour peu que le sang soit, comme on dit, fatigué, et que le taux de globules rouges ait fortement baissé, on constate presque immédiatement une activité redoublée dans la moelle osseuse — une multiplication des cellules — dénotant une aptitude accrue à fournir de l'oxygène aux tissus », souligne le Dr Pinto.

Puisque la vitamine B_{12} nous est fournie par les produits d'origine animale, les végétariens stricts (végétaliens), qui non seulement ne mangent pas de viande, mais écartent en outre les produits laitiers et les œufs, s'exposent au risque de carence en vitamine B_{12}. Une étude a d'ailleurs présenté plusieurs cas d'enfants, élevés par des parents végétaliens, qui présentaient un retard de croissance dû au manque de cette vitamine.

Même parmi les personnes qui mangent de la viande et des produits laitiers, près d'un tiers des sujets de plus de 60 ans sont dans l'impossibilité d'obtenir suffisamment de vitamine B_{12} par le biais de leur alimentation. En effet, leur estomac ne sécrète plus assez de suc gastrique, la substance capable de décomposer les aliments afin que la B_{12} puisse être mise en réserve dans le foie et les muscles en attendant d'entrer en action. En l'absence de suc gastrique, même un sujet dont l'alimentation habituelle contient suffisamment de vitamine B_{12} s'expose à une carence.

Faire bon usage de la vitamine B_{12}

Il est facile d'obtenir suffisamment de vitamine B_{12} grâce à nos aliments, car nous n'en avons pas besoin d'une très grande quantité. Par conséquent, tout apport complémentaire est superflu — sauf s'il vous a été recommandé par votre médecin.

Lorsque cela s'avère nécessaire, c'est souvent sous forme de piqûre que les médecins prescrivent la vitamine B_{12} aux sujets qui présentent une malabsorption de ce nutriment. En général, pour les patients carencés depuis déjà un certain temps, le traitement visant à normaliser les réserves en B_{12} comporte alors une piqûre de 100 à 1 000 microgrammes par jour pendant une ou deux semaines, puis une fois par semaine. Par la suite, le patient continue à recevoir une fois par mois une piqûre de 250 à 1 000 microgrammes.

Pour les personnes présentant des troubles de malabsorption, les médecins recommandent de prendre la vitamine B_{12} sous forme de comprimé sublingual à laisser dissoudre sous la langue. Cette présentation est en vente dans les magasins diététiques. Pour les personnes ne présentant pas de troubles de malabsorption, il existe des cachets à prendre par voie buccale, mais les médecins recommandent souvent de leur préférer des comprimés par voie sublinguale.

Les compléments alimentaires de vitamine B_{12} sont considérés comme pratiquement dénués de toxicité ; des doses excédentaires, même gigantesques, sont excrétées dans l'urine sans entraîner d'effets indésirables. Si votre médecin vous a prescrit des piqûres, il est possible que vous ressentiez une légère gêne locale au site de l'injection, et, dans certains cas isolés, les sujets particulièrement sensibles peuvent présenter une réaction allergique à la vitamine B_{12}. Consultez votre médecin avant d'avoir recours à ce nutriment si vous souffrez d'un des troubles suivants : carence en folate, carence en fer, toute infection, maladie de Leber, érythrémie ou urémie.

Vitamine C

◆

Valeur quotidienne : *60 milligrammes*

Bonnes sources alimentaires : *Ananas, brocolis, poivron, cantaloup, fraises, oranges, kiwi, pamplemousse rose*

◆

Linus Pauling nous a quittés, emporté par un cancer à l'âge de 93 ans. En revanche, à l'institut Linus Pauling de science et médecine à Palo Alto, en Californie, ainsi que dans divers laboratoires de recherches disséminés à travers l'ensemble du continent américain, son héritage scientifique se perpétue. Des équipes de chercheurs poursuivent les travaux afin de mieux préciser le pouvoir thérapeutique de la vitamine C, également appelée acide ascorbique.

« Nous menons à bien des projets de recherche explorant le rôle de la vitamine C dans les maladies cardiovasculaires, le cancer, le sida, les cataractes, les affections cutanées et divers autres troubles physiologiques et pathologiques », relève Stephen Lawson, directeur de l'institut Linus Pauling.

Il est vraisemblable que la poursuite des recherches sera plus fructueuse encore. Les sceptiques ont beau protester, il existe déjà des dizaines d'études qui suggèrent fortement que la vitamine C joue un rôle dans la prévention de toutes sortes de maladies. De plus, un nombre toujours croissant de médecins ont recours à ce nutriment pour traiter diverses maladies.

On attribue à la vitamine C un rôle protecteur contre le cancer de l'œsophage, de la cavité buccale, de l'estomac et du pancréas — ainsi peut-être que celui de l'utérus, du rectum et du sein. Mais comment remplit-elle ce rôle ?

D'après ce que nous savons, certaines formes de cancers proviennent des radicaux libres ; ces molécules dégénérées apparaissent spontanément dans l'organisme, nuisant aux molécules saines du corps (comme l'ADN, dans le cas du cancer) dont elles dérobent des électrons afin de trouver leur équilibre. La vitamine C et d'autres substances appelées antioxydants neutralisent les radicaux libres en offrant leurs propres électrons, ce qui minimise les dégâts d'oxydation envers l'ADN et diverses autres molécules, comme l'explique le Dr Balz Frei, professeur adjoint en médecine et biochimie. Les nitrites, qui sont des agents de conservation potentiellement cancérigènes utilisés dans certains aliments comme les hot dogs et la viande de porc en conserve, ainsi que les nitrates naturellement présents dans les légumes et l'eau potable, sont également neutralisés par la vitamine C.

Le pouvoir antioxydant considérable de la vitamine C pourrait même contribuer à prévenir les crises cardiaques. Dans le cadre d'études portant sur la vitamine C et les taux de cholestérol, des chercheurs ont découvert que les sujets qui avaient un taux sanguin de vitamine C particulièrement élevé étaient moins exposés aux maladies cardiovasculaires.

En outre, des expériences en laboratoire ont permis de constater que des concentrations élevées de vitamine C inhibaient la croissance cellulaire des muscles lisses dans les parois artérielles. L'activité de croissance anormalement élevée de ces cellules est considérée comme l'une des étapes préliminaires dans le développement des maladies cardiovasculaires, précise le Dr Vadim Ivanov, responsable du programme de recherches sur les maladies cardiovasculaires au sein de l'institut Linus Pauling.

Le rôle de la vitamine C en tant qu'antioxydant pourrait même contribuer à retarder ou à empêcher la formation de cataractes. La lumière ultraviolette et le stress lié à l'oxydation dans le cristallin de l'œil sont considérés comme des causes majeures de la formation de cataractes, ce qui pourrait expliquer l'efficacité de ce nutriment. La vitamine C contribue à prévenir les lésions provoquées par le stress oxydatif.

Depuis bien des années, les personnes sujettes à des refroidissements fréquents ne tarissent pas d'éloge quant à l'efficacité de la vitamine C dans ce domaine. Les recherches montrent qu'une prise élevée de cette vitamine hydrosoluble a pour effet de charger à bloc certaines des cellules de défense les plus importantes de notre système immunitaire, les aidant à se déplacer plus rapidement pour aller à la recherche de pathogènes en puissance comme les bactéries et les virus. Cela revient à dire que même si vous ne parvenez pas à prévenir un rhume en prenant de la vitamine C, vous obtiendrez au moins qu'il dure moins longtemps et s'accompagne de symptômes moins désagréables. De plus, on a également constaté que la vitamine C diminuait les taux d'histamine dans l'organisme ; cette substance chimique générée par le corps peut aller à l'encontre de la réponse immunitaire, précise le Dr Carol Johnston, professeur adjoint en alimentation et nutrition.

Cet effet antihistaminique pourrait également être très bénéfique aux sujets asthmatiques ou allergiques. Des chercheurs à la faculté de médecine Harvard ont découvert que les personnes qui absorbaient au moins 200 milligrammes de vitamine C par jour bénéficiaient d'une baisse de 30 % du risque de bronchite ou de respiration sifflante, par rapport aux sujets qui n'en absorbaient que 100 milligrammes par jour.

D'autres chercheurs, à l'institut Linus Pauling, ont découvert que la vitamine C, du moins dans des cellules infectées dans le cadre d'expériences en laboratoire, avait le pouvoir d'inhiber la réplication du virus de l'immunodéficience humaine (virus du sida).

Il est possible que les diabétiques eux aussi puissent un jour bénéficier des avantages de la vitamine C. Une étude portant sur des animaux de laboratoire semble indiquer que la vitamine C contribue à réguler la sécrétion d'insuline. En outre, une étude portant sur l'être humain a montré que la vitamine C empêche le sucre contenu dans les cellules de se transformer en une substance chimique, le sorbitol. Ce sucre à fonction alcool, qui s'accumule dans les cellules, est à l'origine de lésions de type diabétique touchant les yeux, les nerfs et les reins.

Comme si tout cela ne suffisait pas, la vitamine C est depuis longtemps connue comme protectrice des gencives, des articulations, des ligaments, des parois artérielles et de la peau. Elle améliore en outre la cicatrisation des blessures en aidant à la production de collagène, le matériau servant à la construction des tissus. « Le collagène représente environ le tiers des protéines de l'organisme, ce qui veut dire que nous sommes vraiment à plaindre si nous manquons de vitamine C », souligne le Dr Johnston.

Malgré toute la publicité faite autour des pouvoirs thérapeutiques de la vitamine C, il est possible que beaucoup d'entre nous soient carencés en ce nutriment essentiel. Dans le cadre d'une étude effectuée à l'université d'état d'Arizona, le Dr Johnson a constaté que 60 % des participants absorbaient environ 125 milligrammes de vitamine C par jour, soit plus de deux fois la Valeur quotidienne. En revanche, entre 18 et 20 % des patients présentaient une carence, et quelque 3 % avaient des taux sanguins de vitamine C indiquant qu'ils avaient probablement le scorbut, une maladie due à une carence alimentaire potentiellement mortelle, jadis fréquente chez les marins. « Nous avons constaté au sein de notre population que ceux qui présentaient une carence mangeaient moins d'une part de fruits et légumes par jour, alors qu'il est recommandé d'en consommer entre cinq et neuf portions », souligne le Dr Johnston.

Parmi les signes précurseurs d'une carence en vitamine C, on notera faiblesse et léthargie, puis cicatrisation particulièrement lente des plaies. Lorsque nos réserves sont totalement épuisées, ce qui est rarissime aujourd'hui, le scorbut fait son apparition. Cette maladie se manifeste par des symptômes tels que démence, saignement des gencives, perte de la dentition, hémorragies et douleurs musculaires, osseuses et articulaires.

Faire bon usage de la vitamine C

Pour peu que vous alliez faire un tour à la pharmacie du coin ou au magasin diététique le plus proche, vous pourriez bien y voir une plus grande diversité dans les présentations et les marques de vitamine C que de modèles de voitures neuves chez un concessionnaire.

Peu importe toutefois laquelle vous achetez. Au moins une étude montre que cela semble sans importance. Que vous ayez choisi la marque de vitamine C la plus coûteuse ou préféré le produit le plus avantageux, cela ne change rien à la quantité de ce nutriment utilisée par le corps. « J'ai comparé des marques chères avec d'autres qui coûtent trois fois rien, sans constater la moindre différence, relève le Dr Johnston. En d'autres termes, divers facteurs comme l'addition d'autres substances telles que le cynorrhodon, des transformations permettant d'obtenir un pouvoir tampon, le coût, n'avaient aucune influence sur la biodisponibilité. » Il pourrait malgré tout y avoir un avantage infime à prendre de la vitamine C tamponnée, car à dose élevée elle provoque légèrement moins de diarrhées que les autres formes.

En outre, même les doses élevées semblent dénuées de toxicité. Des mégadoses de vitamine C — entre 500 et 2 000 milligrammes toutes les quatre heures — sont parfois utilisées pour acidifier l'urine de manière à favoriser l'absorption de certains médicaments. Dans le cadre d'au moins cinq études cliniques, les participants ont pris 5 000 milligrammes par jour pendant plus de trois ans sans signaler aucun effet indésirable. Le Dr Pauling a pris des mégadoses de vitamine C chaque jour pendant plusieurs dizaines d'années sans aucun inconvénient.

On a cependant pu établir une corrélation entre la prise de 500 milligrammes par jour et l'apparition de calculs rénaux chez les sujets à risque. En outre, comme nous l'avons déjà dit, des doses élevées de vitamine C peuvent provoquer des diarrhées. (Si cela vous arrive, les experts recommandent de fractionner la dose et de la prendre au moment des trois repas de la journée.)

Le stress augmente le besoin de l'organisme en vitamine C, de même que la nicotine. Pour cette raison, la Commission de l'alimentation et de la nutrition du *National Research Council* américain recommande aux fumeurs de prendre 100 milligrammes de vitamine C par jour.

Cette vitamine peut également gêner l'absorption des antidépresseurs tricycliques, et elle interfère en outre avec les résultats de certaines analyses de sang et d'urine. Il est par conséquent judicieux de préciser à votre médecin que vous prenez de la vitamine C s'il vous a prescrit ces médicaments ou ces types d'analyses. Les sujets ayant un taux très bas d'une enzyme présente dans les globules rouges, appelée glucose-6-phosphate-déshydrogénase (G-6-PD), ne doivent pas prendre de vitamine C à doses élevées, car elle pourrait provoquer des lésions des globules rouges et entraîner une anémie. Ce déficit en G-6-PD est particulièrement courant au sein des populations d'origine africaine, méditerranéenne ou asiatique. Certains experts recommandent en outre de limiter l'utilisation de vitamine C sous forme de gomme à mâcher, car cette dernière peut altérer l'émail à la surface des dents et provoquer des problèmes dentaires.

Vitamine D

❖

Valeur quotidienne : *de 10 à 20 milligrammes ou 400 unités internationales*

Bonnes sources alimentaires : *Hareng, sardine, saumon, lait vitaminé, œufs, céréales vitaminés*

❖

Et si le D qui caractérise le nom de cette vitamine venait de l'adjectif *différente* ? Quel qualificatif s'applique mieux en effet au seul nutriment produit par l'organisme (la vitamine D étant synthétisée à travers l'épiderme par l'action des rayons ultraviolets du soleil) et qui doit malgré tout nous être fourni par nos aliments ?

Lorsque ce nutriment fait défaut, les conséquences peuvent être décrites par un autre terme commençant par D : *dévastatrices*. Les enfants carencés en vitamine D sont atteints de rachitisme ; ce trouble se manifeste par une enflure des chevilles et des poignets qui deviennent bosselés et noueux, et par un ramollissement de l'ossature des jambes, qui plient sous le poids du corps. De même, il peut se produire chez l'adulte un trouble appelé ostéomalacie, comparable au rachitisme mais affectant une ossature déjà adulte. Certains experts sont d'avis que le manque de vitamine D peut aggraver l'ostéoporose, ce trouble ayant pour effet d'affaiblir les os et pouvant entraîner fractures et chute des dents.

La vitamine D a pour rôle de transporter le calcium et le phosphore, indispensables à la construction des os, jusqu'aux endroits du corps où celui-ci en a besoin, afin de contribuer à la croissance des os chez l'enfant et de reminéraliser l'ossature adulte. Dans un premier temps, ce rôle de la vitamine D consiste à favoriser une bonne absorption de ces minéraux dans l'intestin ; puis elle facilite le passage du calcium depuis les os jusque dans le sang et, dans un troisième temps, elle aide les reins à réabsorber ces deux minéraux, explique le Dr Binita R. Shah, professeur de pédiatrie clinique et directeur de médecine pédiatrique d'urgence. « Lorsqu'un enfant est atteint de rachitisme, son corps cherche désespérément à fabriquer du tissu osseux, mais le calcium et le phosphore ne sont pas fournis à l'organisme en quantité suffisante. Les efforts fournis par le corps ne servent pas à grand-

chose. Le résultat est une masse d'accumulation osseuse non minéralisée »,
conclut le Dr Shah.

Le lait vitaminé est une source facilement utilisable de vitamine D, mais
il faudrait en boire un litre pour obtenir la Valeur quotidienne. Pourtant, il
n'est pas indispensable de se fier aux seuls aliments pour obtenir la dose
requise de vitamine D : l'exposition des mains et du visage pendant dix
minutes au soleil d'été suffisent à fournir une dose suffisante, souligne le
Dr H.F. DeLuca, président du service de biochimie de l'université du
Wisconsin-Madison.

« Tout dépend de l'endroit où vous vivez par rapport à l'équateur ; mais
dans les climats nordiques, durant l'hiver, les rayons nécessaires à la production de vitamine D ne pénètrent pas la peau suivant un angle permettant
de produire ce nutriment, ajoute le Dr DeLuca. Au cours de l'été, nous
pouvons emmagasiner pas mal de vitamine D dans nos cellules adipeuses. Si
notre alimentation est bien équilibrée, ces réserves peuvent probablement
durer tout l'hiver ». Attention, toutefois : il ne suffit pas d'être assis près
d'une fenêtre ensoleillée ou de conduire la voiture, car le verre filtre les
rayons bénéfiques.

Heureusement, les enfants viennent au monde avec des réserves de
vitamine D suffisantes pour neuf mois. Quand aux adultes, ils ont moins de
chance, comme le montre une étude effectuée à l'université Columbia à
New York City. Après avoir évalué les réserves en calcium et en vitamine D
de personnes du troisième âge sur le point d'être admises dans une maison de
retraite, les chercheurs ont constaté que la majorité d'entre elles avaient des
taux trop faibles de vitamine D. Près de 85 % de ces personnes présentaient
des symptômes d'ostéoporose.

« Des travaux de plus en plus nombreux montrent que la carence en
vitamine D chez les personnes du troisième âge est une épidémie silencieuse
qui entraîne perte osseuse et fractures », relève le Dr Michael F. Holick, chef
de la section d'endocrinologie, du diabète et du métabolisme et directeur du
centre général de recherche clinique du centre universitaire médical de
Boston.

La vitamine D joue également un rôle dans les fonctions immunitaires,
même si les chercheurs n'en connaissent pas encore très bien le mécanisme.

Faire bon usage de la vitamine D

Lorsque aux États-Unis, dans le Massachusetts, huit personnes qui n'avaient fait que boire du lait enrichi en vitamine D ont présenté des symptômes tels que nausées, faiblesse, constipation et irritabilité, les médecins en sont restés perplexes, jusqu'à ce qu'ils constatent que le lait avait été enrichi à raison de plus de 580 fois la quantité adéquate de vitamine D.

De tels cas d'hypervitaminose massive sont plutôt rares. En revanche, ils montrent avec éloquence ce qui peut se produire lorsque nous absorbons un excès de vitamine D. Comme ce nutriment est emmagasiné dans les cellules adipeuses, des doses anormalement élevées prises durant une période prolongée peuvent entraîner un dépôt de calcium dans les tissus mous de l'organisme, provoquant des dégâts irréversibles des reins et du système cardiovasculaire. Des doses quotidiennes de 1 800 unités internationales peuvent provoquer un arrêt de croissance chez le nourrisson et l'enfant en bas âge. Une dose excessive de vitamine D peut même engendrer le coma.

Puisque la vitamine D peut être aussi toxique, il est formellement déconseillé d'en prendre plus de 600 unités internationales par jour, sauf si votre médecin vous en a prescrit une dose particulièrement élevée.

Vitamine E

◆

Valeur quotidienne : de 12 à 20 milligrammes ou 30 unités internationales

Bonnes sources alimentaires : Huiles végétales et huiles d'oléagineux, notamment de soja, de maïs et de carthame ; graines de tournesol ; céréales complètes ; germe de blé ; épinards

◆

La vitamine E pourrait bien s'avérer l'un des nutriments les plus puissants sur cette terre.

Diverses études indiquent qu'elle combat les maladies cardiovasculaires, prévient le cancer, atténue les troubles respiratoires et augmente l'aptitude du système immunitaire à lutter contre les maladies infectieuses. Elle pourrait également prévenir certaines des lésions que le diabète peut provoquer dans l'organisme, et qui peuvent notamment affecter les yeux.

Comment une humble vitamine peut-elle obtenir des résultats aussi complexes ? La vitamine E remplit ses fonctions de plusieurs manières, mais un mécanisme d'une importance cruciale, observé en laboratoire, est son aptitude à neutraliser les radicaux libres, des molécules instables qui apparaissent spontanément dans l'organisme, nuisant aux molécules saines du corps dont elles dérobent des électrons afin d'établir leur propre équilibre.

Ce qui se produit en laboratoire semble correspondre à ce qui a lieu dans la réalité. Deux études conjointes, portant sur plus de 127 000 personnes, ont par exemple signalé que les participants qui avaient pris des compléments alimentaires de vitamine E présentaient un risque de maladie cardiovasculaire diminué de 40 % par rapport aux sujets qui n'en prenaient pas.

« Beaucoup de faits tendent à prouver les avantages potentiels de la vitamine E, mais ces études sont les premières à quantifier ces avantages en termes de diminution du risque de maladie et de crise cardiaque », souligne le Dr Meir Stampfer, chercheur à l'école de santé publique de Harvard, qui a pris part à ces recherches.

Et pourtant, malgré l'aptitude de cette vitamine à prévenir la maladie, 70 à 80 % des adultes d'un certain âge n'en obtiennent même pas la Valeur quotidienne de 30 unités internationales. Le Dr Stampfer maintient en outre qu'il pourrait bien être nécessaire d'en prendre une plus grande quantité dans un but préventif.

En revanche, la carence en vitamine E est très rare. Les sujets à risque sont les nourrissons dont le poids de naissance est faible, ainsi que les sujets présentant divers troubles tels que la mucoviscidose, qui empêche l'absorption normale des matières grasses. La carence se manifeste notamment par des troubles neurologiques et de la fonction de reproduction.

Si vous n'envisagez pas de boire deux litres d'huile de maïs ou de manger une livre de graines de tournesol chaque jour, la seule manière d'augmenter votre apport de vitamine E est de prendre des compléments alimentaires.

Cette vitamine se présente sous huit formes différentes. Celle désignée sous le terme de « d-alpha-tocophérol » est toutefois la plus efficace au moindre coût, car elle met davantage de vitamine E à la disposition de l'organisme que n'importe quelle autre forme de ce nutriment.

Le d-alpha-tocophérol s'altère lorsqu'il est exposé à l'air, à la chaleur et à la lumière, il convient donc de le conserver dans un endroit sombre et frais. Il doit être pris accompagné d'un repas contenant un peu de matière grasse, faute de quoi l'organisme est incapable de l'absorber adéquatement. En outre, il convient d'éviter de le prendre en même temps qu'un complément de fer, car il semblerait que ce dernier détruise la vitamine E avant qu'elle ait pu remplir son rôle bénéfique.

Faire bon usage de la vitamine E

Certaines études qui ont révélé le rôle préventif de la vitamine E dans diverses maladies ont également montré qu'il fallait en absorber entre 200 et 800 unités internationales pour qu'elle soit pleinement efficace.

Heureusement, cette vitamine semble être relativement dénuée de toxicité, même à des doses plus élevées. Divers travaux indiquent que des compléments quotidiens de 800 et 900 unités internationales ont été pris sans entraîner d'effets indésirables. Les sujets qui prennent des médicaments anticoagulants (parfois appelés anticaillots ou médicaments pour le cœur) ne doivent pas prendre de vitamine E sous forme de complément alimentaire, car cela pourrait leur être nuisible. Certains experts sont d'avis qu'il est judicieux pour les patients qui ont déjà subi un accident vasculaire cérébral ou qui ont tendance aux hémorragies de consulter leur médecin avant de prendre ce nutriment. La vitamine E peut également gêner l'absorption et l'action de la vitamine K, qui joue un rôle dans la coagulation sanguine.

En revanche, il est recommandé aux personnes qui prennent des anti-convulsivants, des médicaments pour abaisser la cholestérolémie, des médicaments pour la tuberculose ou pour les ulcères ou de la néomycine (un antibiotique) de demander à leur médecin s'il ne pense pas qu'elles devraient augmenter leur dose quotidienne de ce nutriment, car tous ces médicaments peuvent augmenter les besoins de l'organisme en vitamine E.

Vitamine K

❖

Valeur quotidienne : de 35 à 80 microgrammes

Bonnes sources alimentaires : Chou-fleur, brocolis et légumes verts feuillus comme les épinards et le chou frisé

❖

Seul un nouveau-né, juste après sa naissance, risque vraiment une carence en vitamine K.

L'organisme a besoin d'une si faible quantité de ce nutriment pour contribuer à la coagulation du sang en cas de blessure — car tel est en effet le rôle principal de la vitamine K — qu'il est plus que probable que vous en obtenez déjà largement assez sans même le savoir. Le corps est d'ailleurs capable de fabriquer sa propre vitamine K. La moitié environ de la quantité de ce nutriment nécessaire à l'organisme est normalement générée par nos propres bactéries intestinales.

Les nourrissons sont la principale exception dans ce domaine. Ils ne disposent pas encore des bactéries nécessaires pour générer la vitamine K, et il leur faut généralement un certain temps avant de commencer à absorber régulièrement des légumes verts feuillus. Si le lait maternel comporte bien une faible quantité de ce nutriment, il s'agit d'un des rares cas où ce lait n'est pas suffisant. C'est la raison pour laquelle on administre généralement aux nourrissons une piqûre de vitamine K dès la naissance.

Il existe une seule autre catégorie de personnes qui ont besoin d'une dose supplémentaire de vitamine K : les patients souffrant d'un trouble digestif tel que la mucoviscidose, ajoute le Dr James Sadowski, chef du laboratoire de la vitamine K du centre Jean Mayer de recherches sur la nutrition humaine et le vieillissement du ministère américain de l'Agriculture, à l'université Tufts.

Certaines personnes craignent cependant d'absorber trop de vitamine K. Beaucoup de sujets qui prennent des anticoagulants pour prévenir une crise cardiaque ou un accident vasculaire cérébral réduisent effectivement la quantité de légumes verts feuillus qu'ils absorbent car ils craignent que ces aliments ne provoquent précisément le trouble que leur médicament est censé empêcher.

« Cette attitude n'est absolument pas justifiée, affirme le Dr John W. Suttie, professeur titulaire en sciences de la nutrition. Les médecins recommandent à beaucoup de patients auxquels ils prescrivent des anticoagulants de limiter la quantité de vitamine K absorbée. J'ignore pour quelle raison ils procèdent de la sorte, mais c'est assez courant. Cela ne se justifie pourtant en aucune manière. »

Le Dr Sadowski est du même avis. « Si quelqu'un prend des anticoagulants par voie orale parce qu'il a subi une crise cardiaque, un accident vasculaire cérébral ou des caillots dans les jambes, cette personne doit veiller à maintenir chaque jour des taux à peu près constants de vitamine K dans son alimentation. En revanche, la dose absorbée quotidiennement n'a probablement pas grande importance, pourvu qu'elle reste constante d'un jour à l'autre.

Pourquoi ? La dose d'anticoagulant qui convient à chaque individu est calculée en fonction de ses besoins particuliers, explique le Dr Suttie. Ces besoins sont identifiés grâce à une série d'analyses sanguines au moment où se met en place le traitement à base d'anticoagulants. La dose de médicament prescrite a pour but de préserver un équilibre fragile, apportant à l'organisme suffisamment de vitamine K pour la coagulation et la cicatrisation des blessures, mais pas assez pour provoquer un caillot capable de provoquer une crise cardiaque.

Faire bon usage de la vitamine K

Puisque notre organisme ne peut absorber la vitamine K que lorsqu'elle est absorbée en présence de matières grasses alimentaires, il est préférable de manger vos légumes verts feuillus accompagnés d'un aliment en contenant au moins un peu. En ajoutant une cuillerée de vinaigrette à base d'huile à une assiette de crudités, ou même une portion de laitue à un steak haché maigre, vous ferez en sorte que la vitamine K soit disponible lorsque vous en aurez besoin.

Zinc

◆

Valeur quotidienne : 15 milligrammes

Bonnes sources alimentaires : Huîtres cuites, bœuf, agneau, œufs, céréales complètes, noix, yoghurt

◆

On pourrait dire que le zinc est synonyme de productivité. Ce minéral contribue en effet dans une large mesure à fabriquer les cellules dont l'organisme a besoin pour rester en bonne santé, qu'il s'agisse d'aider à renouveler les cellules de l'épiderme et du sperme ou de stimuler le système immunitaire.

« Cicatrisation, croissance, grossesse, allaitement — autant de situations où le corps a davantage besoin de zinc afin de construire davantage de cellules », souligne le Dr Adria Sherman, professeur titulaire du service des sciences de la nutrition à l'université Rutgers.

L'exemple classique est celui de nos défenses immunitaires. Afin que l'organisme puisse lutter contre un envahisseur indésirable, le zinc et des enzymes dont il est le cofacteur œuvrent en synergie pour contribuer à construire de nouvelles cellules de défense immunitaire qui sont ensuite expédiées sur le terrain de bataille. C'est la raison pour laquelle le zinc est utile pour lutter contre les infections virales.

En revanche, tout excès de zinc — selon une étude, la dose idéale peut être aussi faible que 25 milligrammes par jour — s'est révélé défavorable en diminuant l'immunité.

L'aptitude du zinc à favoriser la réplication des cellules est particulière-ment utile chaque fois que se produit une coupure ou une blessure. Elle est cruciale pour la production du collagène, le tissu conjonctif qui contribue à la cicatrisation des plaies, relève le Dr Richard Wood, professeur adjoint à l'école de nutrition et directeur du laboratoire de biodisponibilité minérale du centre Jean Mayer de recherches sur la nutrition humaine et le vieillissement du ministère américain de l'Agriculture (USDA) à l'université Tufts. « Et si nous n'absorbons pas suffisamment de zinc, la cicatrisation ne se fait pas normalement », précise-t-il.

Quoique les résultats des recherches restent peu nombreux, certains médecins recommandent le zinc pour traiter l'hypertrophie de la prostate, un trouble qui gêne le libre passage de l'urine chez l'homme. Aucun essai portant sur le zinc n'a encore été mené à bien dans le cadre d'études scientifiques à grande échelle, et, jusqu'à ce que cela soit fait, bien des médecins resteront sceptiques. Si vous souhaitez faire appel au zinc pour soigner un trouble de la prostate, il est important de vous adresser à un médecin qui s'intéresse à la nutrition.

Du reste, même la formation de certaines enzymes essentielles pour protéger et conserver la vue est impossible en l'absence de zinc. « Dans les yeux, ce dernier entre en interaction avec la vitamine A pour maintenir le processus normal d'adaptation à l'obscurité, permettant aux yeux de s'adapter à un niveau de lumière plus faible », ajoute le Dr Wood.

Même sans tenir compte des avantages présentés par le zinc, il est probable que la majorité de la population n'absorbe pas suffisamment de ce minéral. Une étude a d'ailleurs constaté que 30 % des sujets du troisième âge en bonne santé présentaient une carence en zinc ; d'ailleurs, ils ne sont peut-être pas les seuls, car dans leur enthousiasme pour les régimes pauvres en matières grasses, un plus grand nombre de gens que jamais évitent la viande rouge qui est justement une excellente source de ce nutriment essentiel à la vie.

Un autre problème peut se présenter : l'augmentation de la prise de calcium préconisée afin de prévenir l'ostéoporose prive l'organisme d'une certaine quantité de zinc, ajoute le Dr Wood. D'autre part, les régimes végétariens particulièrement riches en fruits et légumes peuvent entraver l'absorption du zinc, de même que l'alcoolisme, la prise de pénicilline par voie orale, et les médicaments diurétiques. On a également constaté que l'absorption du zinc est compromise chez les sujets ayant un déficit en vitamine B$_6$.

Parmi les signes indiquant une carence, on retiendra : diminution de l'immunité, perte de poids, œdème, inappétence, éruptions cutanées et divers autres changements de la peau, escarres, perte de cheveux, diminution du goût ou de l'odorat, absence de règles et dépression.

Faire bon usage du zinc

S'il est préférable d'obtenir le zinc à partir de nos aliments, il existe également diverses formes de compléments à base de zinc. Soyez toutefois attentifs à ne pas en prendre trop — plus ne veut pas nécessairement dire mieux. Des doses excessives peuvent provoquer nausées, maux de tête, léthargie et irritabilité. Il est d'ailleurs vérifié que la prise de plus de 2 000 milligrammes de sulfate de zinc peut provoquer une irritation gastrique et des vomissements.

En prenant entre 30 et 150 milligrammes de zinc chaque jour pendant plusieurs semaines, nous risquons de compromettre l'absorption du cuivre, et nous nous exposons à une carence en cet élément. (C'est pourquoi les médecins recommandent souvent que les sujets qui prennent un complément de zinc absorbent également un complément de cuivre, à raison de 1 milligramme de cuivre pour 10 milligrammes de zinc.) Le risque d'anémie augmente lorsque l'on prend habituellement plus de 30 milli-grammes de zinc par jour. En outre, il est vérifié que des doses aussi élevées abaissent les taux sanguins de HDL, le « bon » cholestérol, tout en faisant augmenter les taux de LDL, le cholestérol « nuisible ». (Il est toutefois possible qu'un médecin prescrive des doses de cet ordre pour traiter la maladie de Wilson, un trouble où le cuivre est en excédent dans l'organisme.) De plus, on a mis en évidence que l'augmentation du zinc dans l'alimentation diminuait considérablement les processus mentaux chez les patients atteints de maladie d'Alzheimer. En raison de ces dangers, les médecins recommandent que tout apport de zinc dépassant 15 milligrammes par jour soit effectué uniquement sous surveillance médicale.

Le zinc pouvant provoquer des troubles gastriques, il est préférable de le prendre au moment des repas. En revanche, les produits laitiers, les aliments à base de son ainsi que ceux qui contiennent beaucoup de calcium et de phosphore, comme le lait, peuvent faire obstacle à l'absorption du zinc. Mais les aliments riches en protéines tels que l'agneau, le bœuf et les œufs en favorisent l'absorption.

Les médicaments peuvent gâcher les bienfaits

Vous faites tous les efforts possibles pour avoir une alimentation diversifiée et équilibrée. Vous cherchez à obtenir tous les nutriments indispensables, ce qui signifie probablement aussi que vous prenez des compléments de vitamines et de minéraux. Et vous êtes persuadé d'apporter ainsi à votre organisme tous les nutriments dont il a besoin. Pourtant, en êtes-vous si sûr ?

Quiconque prend régulièrement des médicaments, qu'il s'agisse de remèdes sur ordonnance ou en vente libre, doit savoir que certains d'entre eux peuvent être de véritables voleurs de nutriments. Les chercheurs en nutrition savent à présent que l'interaction entre les médicaments et les nutriments peut être un problème grave. Certains médicaments risquent de priver l'organisme de tels ou tels nutriments, empêcher leur absorption ou affecter l'aptitude du corps à transformer les nutriments en sous-produits utilisables par l'organisme. Les scientifiques ont d'ailleurs établi qu'une bonne partie des médicaments le plus souvent prescrits sont susceptibles de provoquer des carences alimentaires parfois graves.

Le risque peut se révéler plus grand encore dans le cas des femmes enceintes ou qui allaitent, des nourrissons et des personnes du troisième âge, car ces catégories de personnes peuvent être déjà carencées en nutriments essentiels avant même de commencer à prendre les médicaments prescrits.

Le tableau des pages suivantes énumère un certain nombre de médicaments sur ordonnance couramment prescrits, ainsi que leurs interactions avec certains nutriments. Si vous prenez n'importe lequel

Type de médicament	Traitement pour...
Antiacides	Indigestion
Antibactériens	Bronchite chronique, tuberculose, infections urinaires

de l'alimentation la plus judicieuse

de ces médicaments, il pourrait être judicieux de voir avec votre médecin s'il convient d'augmenter la prise des nutriments affectés par le médicament.

Comment pouvons-nous prévenir les carences alimentaires résultant de la prise de certains médicaments ? Voici un certain nombre de suggestions proposées par le Dr Arthur I. Jacknowitz, professeur et président du service de pharmacie clinique de l'université de Virginie occidentale

Assurez-vous que vous comprenez la notice destinée aux patients qui vous aura été fournie avec votre médicament sur ordonnance. Si vous vous posez des questions, demandez l'avis de votre médecin ou de votre pharmacien.

Lorsque vous achetez un médicament en vente libre, vérifiez soigneusement l'étiquette. N'hésitez pas à demander des précisions si la liste des constituants ne vous paraît pas claire.

Suivez les indications de votre médecin quant à l'heure et la fréquence des prises.

L'efficacité de certains médicaments peut être soit renforcée, soit diminuée par divers types d'aliments ou de boissons. Pensez à questionner votre médecin ou votre pharmacien sur l'interaction du médicament prescrit avec vos aliments préférés, surtout si vous en mangez habituellement de grandes quantités.

Adoptez une alimentation équilibrée d'un point de vue nutritionnel et largement diversifiée.

Nom Générique	Interférence possible avec...
Hydroxyde d'aluminium, bicarbonate de soude	Calcium, cuivre, folate
Acide borique	Riboflavine
Isoniazide	Niacine, vitamine B_6, vitamine D
Triméthoprime	Folate

(à suivre)

Les médicaments peuvent gâcher les bienfaits

Antibiotiques	Infections bactériennes
Anticancéreux	Tumeurs
Anticoagulants	Caillots sanguins
Anticonvulsivants	Épilepsie, crises
Antihistaminiques de type H_2	Ulcère peptique
Antihypertenseurs	Hypertension artérielle
Anti-inflammatoires	Inflammation, enflure
Antipaludéens	Malaria
Diurétiques	Hypertension artérielle, rétention d'eau
Hypocholestérolémiants	Taux de cholestérol sanguin trop élevé
Laxatifs	Constipation
Tranquillisants	Dépression, troubles du sommeil

de l'alimentation la plus judicieuse — Suite

Gentamicine	Magnésium, potassium
Tétracycline	calcium
Cisplatine	Magnésium
Méthotrexate	calcium, folate
Warfarine	Vitamine K
Phénobarbital, phénytoïne, primidone	Vitamine D, vitamine K
Cimétidine, ranitidine	Vitamine B_{12}
Dihydralazine	Vitamine B_6
Aspirine	Folate, fer, vitamine C
Colchicine	Vitamine B_{12}
Prednisone	Calcium
Sulfasalazine	Folate
Pyriméthamine	Folate
Furosémide	Calcium, magnésium, potassium
familles des thiazidiques	Potassium
Triamtérène	Folate
Colestyramine	Folate, vitamine A, vitamine B_{12}, vitamine K
Huile minérale	Vitamine D, vitamine K
Phénolphthaléine	Potassium
Séné	Calcium
Chlorpromazine	Riboflavine

Deuxième partie

Prescriptions vitaminiques

Alcoolisme

◆

Remédier aux carences nutritionnelles

Sans doute connaissez-vous quelqu'un dans votre entourage pour qui l'alcool pose problème. (Et si c'était... vous ?)

Dans nos pays, l'alcoolisme est un trouble relativement courant. Les Français boivent en moyenne 68 litres de vin par an et, même si cette consommation a diminué de moitié en 30 ans, les problèmes liés à l'alcool touchent aujourd'hui près de 4 millions de personnes.

D'après le Dr Halsted, ceux qui se contentent de boire peu ou modérément sont probablement en excellente forme. (Les experts ne sont pas du tout d'accord quant à ce que signifie boire modérément ; certains parlent de quatre verres par semaine, d'autres d'un à deux verres par jour.) « Sans doute n'y a-t-il pas de danger à boire modérément et cela pourrait même être bénéfique, en abaissant le risque de maladie cardiovasculaire », précise-t-il.

En revanche, l'abus d'alcool est une autre histoire. Lorsque l'on boit habituellement à l'excès — plus de trois verres par jour chez la femme et plus de six chez l'homme — le risque de cancer augmente avec celui de lésions du foie, du pancréas, des intestins et du cerveau, souligne le Dr Halsted. Cela peut être cause de diarrhées, d'ostéoporose, de cécité nocturne et d'anémie et peut raccourcir la durée de vie d'une quinzaine d'années. En outre, l'abus d'alcool peut entraîner des carences alimentaires comme le scorbut et la pellagre. Rares dans nos pays, ces maladies se produisent généralement chez les alcooliques.

Sabotage liquide

De quelle manière l'alcool nuit-il à la santé ? Il gêne l'aptitude de l'organisme à assimiler, utiliser et emmagasiner les nutriments que contiennent les aliments, mais il tend aussi à prendre plus d'importance que la nourriture dans l'alimentation.

« L'ennui, c'est que les boissons alcoolisées ne contiennent ni vitamines, ni minéraux », souligne le Dr Charles S. Lieber, directeur du centre de recherche sur l'alcool pour les *National Institutes of Health/National Institute on Alcohol Abuse and Alcoholism*, professeur de médecine et pathologie à l'école de médecine Mount Sinai et directeur du centre de recherche et traitement de l'alcoolisme, la section des maladies hépatiques et de la nutrition et le programme de formation gastro-intestinale et hépatique du *Bronx Veterans Affairs Medical Center*. « Les boissons alcoolisées sont pleines de calories vides. En revanche, si vous avez l'habitude de boire à l'excès, ces calories vides se substituent à d'autres nutriments de votre alimentation. De plus, l'alcool exerce un effet toxique direct sur le tube digestif. »

Le résultat, c'est qu'une bonne partie, voire la plupart, des vitamines, minéraux et autres nutriments extraits de la nourriture au cours du processus de digestion, ne peut être absorbée à travers les parois intestinales pour passer dans le sang. Pour aggraver le problème, l'alcool est toxique pour le foie, l'organe qui a pour rôle de traiter les nutriments. Dans une situation normale le foie emmagasine les nutriments qu'il reçoit ou sinon, après les avoir transformés, il les renvoie dans le courant sanguin pour être utilisés dans l'ensemble du corps.

Lorsque le fonctionnement du foie est altéré, l'aptitude du corps à utiliser les vitamines est très diminuée. Cet organe n'est plus en mesure de traiter, d'emmagasiner ou d'utiliser un grand nombre des vitamines hydrosolubles telles que la thiamine, la vitamine B_6 et le folate (le précurseur naturel de l'acide folique). En outre, puisqu'un foie en dysfonctionnement génère moins de bile, une substance que l'organisme utilise pour préparer les vitamines liposolubles afin de les rendre assimilables par les intestins, le corps devient incapable d'utiliser les vitamines A, D et E.

Souvenez-vous d'autre part que le foie fabrique le système de transport qui véhicule les minéraux à travers tout l'organisme. Il fournit des protéines qu'utilisent les minéraux pour se déplacer aux endroits où le corps en a besoin. En revanche, si le foie est endommagé, les minéraux y restent emprisonnés. Il peut en résulter une carence en minéraux dans l'ensemble du corps, ainsi qu'une accumulation potentiellement toxique de minéraux dans le foie.

Les antioxydants protecteurs

Quoique l'alcool nuise à l'organisme à la fois directement à titre de toxine et indirectement en provoquant une perte de nutriments, les chercheurs commencent aujourd'hui à soupçonner qu'il pourrait également affecter le corps soit en détruisant les antioxydants (vitamine C, vitamine E et sélénium), soit en gênant l'utilisation qu'en fait l'organisme. Les antioxydants sont des substances capables de protéger les molécules saines du corps contre les lésions provoquées par les radicaux libres, qui sont des molécules instables.

Dans une étude effectuée en France et portant sur 102 alcooliques en voie de guérison, les chercheurs se sont aperçus que les taux sanguins de vitamine C, vitamine E et sélénium restaient plus bas chez les anciens alcooliques, même lorsque ces derniers avaient renoncé à boire et commencé à s'alimenter de manière équilibrée, que parmi un groupe de sujets comparables qui ne buvaient que de temps en temps. Les chercheurs ont également mesuré une concentration élevée de radicaux libres, ces molécules dégénérées qui nuisent aux molécules saines du corps dont elles dérobent des électrons afin de trouver leur propre équilibre.

Les scientifiques ne sont pas encore prêts à en tirer des conclusions définitives, mais il semblerait qu'au moins une partie des dégâts provoqués par l'alcool provient du fait qu'il n'y a pas assez d'antioxydants dans le sang pour venir à bout de ces vagabonds de radicaux libres. Les alcooliques en voie de guérison doivent être particulièrement attentifs à obtenir la Valeur quotidienne de ces nutriments si importants. La Valeur quotidienne pour la vitamine E est de 30 unités internationales, et, pour la vitamine C, elle s'élève à 60 milligrammes. Quant au sélénium, la Valeur quotidienne est de 70 microgrammes.

Les sujets portés sur la boisson ont également du mal à obtenir suffisamment de protéines et de calories pour garder un poids corporel sain. Cela mis à part, les principales carences alimentaires provoquées par l'excès de boisson concernent la vitamine A, la thiamine, le folate, la vitamine B6, le zinc et le magnésium, ajoute le Dr Halsted.

Vitamine A : trouver le juste milieu

La carence en vitamine A se produit parce que le métabolisme de l'alcool provoque l'excrétion de la vitamine A à travers la bile. Nous ne saurions donc nous étonner des résultats d'une étude effectuée à l'université de l'Illinois (à Urbana) et portant sur 28 alcooliques. Cette étude a permis de constater que 57 % des participants avaient des taux trop faibles de vitamine A. Celle-ci joue un rôle important dans la reproduction, le renouvellement cellulaire, la lutte contre les infections et (en raison de son rôle important dans la rétine) la vision nocturne. Une autre étude a permis de constater que la moitié des alcooliques souffrant de maladie hépatique grave étaient également atteints de cécité nocturne. (Parmi les sujets non atteints de maladie hépatique grave, 15 % présentent une cécité nocturne.)

On pourrait penser qu'il suffit d'un peu de bon sens pour compenser une carence en vitamine A par la prise de quelques petites pilules, mais il est très délicat d'administrer un complément alimentaire de cette vitamine aux sujets portés sur l'alcool, souligne le Dr Lieber.

« La vitamine A prise à haute dose peut être toxique pour le foie, mais il en va de même pour l'alcool. Ainsi, avant d'envisager un apport complémentaire de vitamine A chez un alcoolique, il faut d'abord s'assurer que l'on ne risque pas d'aggraver ainsi les effets toxiques de l'alcool, précise-t-il. Il est important de compenser cette carence, mais, d'autre part, il convient d'éviter tout excès. Le coefficient thérapeutique est très restreint. »

Pendant un certain temps, les chercheurs se demandaient s'il n'était pas possible de prévenir les effets toxiques d'un apport complémentaire tout en prévenant une carence en vitamine A en prescrivant du bêtacarotène, un précurseur de la vitamine A dénué de toxicité, qui est présent à l'état naturel dans les légumes à feuilles vert sombre et dans ceux de couleur orange et

---

Facteurs alimentaires

Lorsque l'alcool se substitue à la nourriture dans l'alimentation, comme c'est souvent le cas chez les sujets portés sur la boisson, il accélère le métabolisme et peut entraîner des troubles musculaires et une carence en protéine qui a pour effet de gêner la capacité de l'organisme à réparer les petites blessures, les troubles liés à l'usure et autres bobos bénins.

C'est la raison pour laquelle les buveurs chroniques ont tendance à perdre du poids, souligne le Dr Charles H. Halsted, chef du service de nutrition clinique et de métabolisme à l'université de Californie. Voici ce que vous pouvez faire pour améliorer les choses.

Tout d'abord, pratiquez l'abstinence. Cesser de boire est essentiel pour pouvoir corriger les déséquilibres alimentaires et retrouver la santé.

Mangez de bon appétit. Afin de compenser la perte de poids et la carence en protéines, le Dr Halsted suggère que les sujets portés sur la boisson absorbent entre 2 000 et 3 000 calories par jour. L'essentiel de ces calories, soit environ 60 %, devrait se présenter sous forme d'hydrates de carbone (pain, pâtes et autres aliments à base de céréales) ainsi que de fruits et de légumes. Sur le total des calories absorbées, 15 % devraient provenir de protéines, et les 25 % restants sont à tirer de matières grasses (dont 10 % d'origine animale).

jaune. En revanche, chez un alcoolique, le bêtacarotène présente le même inconvénient que la vitamine A elle-même, souligne le Dr Lieber. Même s'il semble dénué de toxicité pour tout le reste de la population, le bêtacarotène pris en excès peut provoquer des lésions hépatiques chez un alcoolique aussi facilement que la vitamine A.

Pour nous frayer un passage à travers l'étroit coefficient thérapeutique, c'est-à-dire trouver le juste milieu entre un excès et une carence en vitamine A, le Dr Lieber recommande aux sujets portés sur la boisson de corriger toute carence vérifiée en vitamine A par la prise d'un complément de multivitamines et de minéraux dont la teneur en vitamine A ne dépasse pas 5 000 unités inter-nationales (pour l'homme) ou 4 000 unités internationales (pour la femme). Il convient d'écarter tout complément dont la teneur en vitamine A dépasse cette dose, de même que toute préparation contenant une dose excessive de bêtacarotène (soit plus de 10 000 unités inter-nationales), précise-t-il.

Avec la vitamine A, la dose utile n'est pas très éloignée de la dose nocive, ajoute ce médecin. En revanche, si vous veillez à obtenir un complément de multivitamines et de minéraux dont la teneur ne dépasse pas 5 000 ou 4 000 unités internationales, ainsi que nous venons de le voir, vous vous ferez plus de bien que de mal.

Pensez à la thiamine pour le cerveau

La démarche hésitante, la confusion et les trous de mémoire qui nous semblent caractéristiques de quelqu'un qui a trop bu pourraient provenir autant d'un manque de thiamine que d'un excès de boisson.

« La thiamine joue un rôle important dans le fonctionnement du cerveau », explique le Dr Halsted. Les chercheurs ont l'impression que cette vitamine participe à la production et à la libération des neurotransmetteurs — des molécules dont le rôle est de véhiculer les messages dans les deux sens entre le cerveau et le corps —, ainsi qu'à la transmission d'influx électriques le long des nerfs.

Quoique le cerveau ait besoin d'être alimenté en thiamine sans interruption, l'organisme n'en emmagasine pas en très grande quantité. Les chercheurs signalent qu'entre 30 et 80 % des alcooliques ont une carence en thiamine.

Diverses études de laboratoire indiquent qu'une carence en thiamine liée à l'abus d'alcool perturbe l'aptitude des cellules cérébrales à fonctionner correctement, ce qui finit par altérer le fonctionnement des cellules, puis à les détruire. C'est ainsi que peut finalement se produire l'encéphalopathie de

Prescriptions vitaminiques

L'abus d'alcool provoque des lésions du foie, du pancréas, des intestins et du cerveau. Il s'agit de lésions réversibles, mais à condition de cesser de boire et d'adopter une alimentation équilibrée propre à fournir au moins la Valeur quotidienne d'un certain nombre de vitamines et de minéraux. Voici ce dont nous avons besoin, de l'avis des médecins. Si vous constatez que vous ne pouvez couvrir ces besoins élémentaires par votre alimentation, il pourrait être judicieux de prendre un complément alimentaire de multivitamines et minéraux.

Nutriment	Dose par jour
Acide folique	400 microgrammes
Magnésium	400 milligrammes
Sélénium	70 microgrammes
Thiamine	50 milligrammes
Vitamine A	4 000 unités internationales (pour la femme) 5 000 unités internationales (pour l'homme)
Vitamine B_6	2 milligrammes
Vitamine C	60 milligrammes
Vitamine E	30 unités internationales
Zinc	15 milligrammes

Prendre alternativement un complément de multivitamines et de minéraux fournissant l'apport recommandé de ces vitamines et minéraux

MISE EN GARDE : *Il est judicieux d'obtenir l'aide d'un professionnel si vous êtes vous-même porté aux excès de boisson.*

En cas de troubles du cœur ou des reins, consultez votre médecin avant de prendre un complément de magnésium.

Si des médicaments anticoagulants vous ont été prescrits, ne prenez pas de compléments de vitamine E.

Wernicke-Korsakoff, un trouble cérébral caractérisé par une démarche trébuchante et la perte de mémoire.

Certains médecins prescrivent à court terme aux alcooliques 50 milligrammes de thiamine par jour en guise d'apport complémentaire, mais nous ignorons si les lésions cérébrales dues à une carence en ce nutriment sont véritablement réversibles grâce une telle mesure, note le Dr Halsted.

Les blocs de construction du groupe B

L'excès d'alcool peut non seulement entraîner une carence en thiamine, mais également en vitamine B_6, un nutriment indispensable à la transmission des influx nerveux. Les médecins signalent que même une carence légère en vitamine B_6 modifie les ondes cérébrales, et qu'une carence grave peut provoquer des crises de convulsions.

« Il semblerait que l'alcool détruise la pyridoxine, ou vitamine B_6 », souligne le Dr Halsted. Plus de 50 % de ceux qui boivent en excès semblent présenter une carence de ce nutriment. Pour corriger le problème, il pourrait suffire d'adopter une alimentation équilibrée comprenant la Valeur quotidienne de vitamine B_6 (deux milligrammes), ajoute ce médecin — mais seulement si le sujet renonce à boire de l'alcool. De bonnes sources alimentaires de cette vitamine B sont notamment les pommes de terre, les bananes, les pois chiches, le jus de pruneau et le blanc de poulet.

Le folate, une autre vitamine du groupe B, est également en manque chez les sujets portés à boire, ajoute le Dr Halsted. Comme l'acide folique ne modifie guère le goût des boissons dans lesquelles il est dissout, certains ont même suggéré que les fabricants de boissons alcoolisées y ajoutent de l'acide folique avant la mise en bouteille ou en canette.

En attendant, il est certain qu'une alimentation équilibrée contenant une abondance de légumes verts feuillus, riches en folate, ou l'apport d'un complément alimentaire de multivitamines et de minéraux contenant la Valeur quotidienne (400 microgrammes d'acide folique) peut contribuer à corriger cette carence, conclut le Dr Halsted.

Compenser une carence en minéraux

Puisque l'alcool peut détériorer le système de transport qui a pour but d'escorter des minéraux tels que le zinc et le magnésium hors du foie afin de les déverser dans le courant sanguin, les chercheurs sont tous d'accord pour souligner qu'un sujet porté à boire s'expose également au risque de carence en zinc et en magnésium.

Ces deux minéraux sont excrétés en quantités relativement élevées lorsque l'on se livre aux excès de boisson, ajoute le Dr Halsted. Il est toutefois possible de les remplacer grâce à une alimentation bien équilibrée, ajoute-t-il. Les crustacés, la viande rôtie en cocotte et les œufs sont tous de bonnes sources de zinc, tandis que noix, céréales complètes, légumes et tofu sont des sources acceptables de magnésium.

Si vous êtes atteint de troubles du cœur ou des reins, il est important d'obtenir l'avis de votre médecin avant de prendre des compléments alimentaires de magnésium.

Les vitamines ne sauraient guérir la dépendance

Voici un certain nombre de choses à relever en matière d'alcool et de nutriments, ajoute le Dr Halsted.

Tout d'abord, il n'existe pas de nutriment capable d'atténuer le besoin impérieux d'alcool, contrairement à ce que pouvaient laisser entendre certains rapports scientifiques déjà anciens. « L'ensemble des données accumulées semble souligner l'existence d'un gène qui crée une forte dépendance et amène un sujet à faire des excès d'alcool, souligne-t-il. La nutrition ne saurait par conséquent y changer quoi que ce soit. »

Deuxièmement, puisque les niveaux de nutriments sont si variables d'un sujet à l'autre, quiconque doit faire face à un problème lié à l'alcool devrait demander à un médecin d'évaluer son statut nutritionnel individuel. Si votre médecin n'a pas l'air de savoir grand-chose sur la nutrition, prenez contact avec un nutritionniste.

La troisième constatation importante est la suivante : « Pour un alcoolique, le seul remède est l'abstinence, souligne le Dr Halsted. Il est futile de prendre des vitamines ou d'avoir une alimentation équilibrée aussi longtemps que vous continuez à boire. Vous aurez beau avoir une alimentation équilibrée et prendre des vitamines, si vous continuez à faire des excès de boisson pendant 10 à 15 ans, vous vous exposez au risque de maladie hépatique. »

Lorsque vous aurez cessé de boire, réjouissez-vous d'apprendre les bonnes nouvelles : « Une bonne partie des lésions déjà existantes sont réversibles à partir du moment où le sujet adopte une alimentation régulière et bien équilibrée, qui lui fournit l'Apport journalier recommandé en vitamines et en minéraux », conclut le Dr Halsted.

Allergies

❖

Des nutriments pour moins d'éternuements

Les allergies sont multiples. Elles peuvent se produire à peu près n'importe où dans notre organisme et entraîner une incroyable diversité de symptômes pouvant affecter le nez, les yeux, la gorge, les poumons, l'estomac, l'épiderme ou le système nerveux. Une allergie peut provoquer démangeaisons, éternuements et respiration sifflante, faire couler notre nez et larmoyer nos yeux, nous faire mal à la tête ou mal au ventre et même être une cause d'épuisement et de dépression.

Avec une telle panoplie de symptômes possibles, quelles sont les caractéristiques d'une allergie ? Autrement dit, que se passe-t-il donc dans notre corps en cas d'allergie ?

Les symptômes d'allergie apparaissent lorsque le système immunitaire réagit de manière excessive à certaines substances de notre environnement. La plupart des gens peuvent vivre sans inconvénient côte à côte avec quelques poils de chat et une modeste quantité de poussière ou de pollen, par exemple. (Selon les individus, le seuil de tolérance peut même être tout à fait surprenant !) Mais chez un sujet allergique, le système immunitaire peut réagir à peu près à n'importe quelle substance de l'environnement. « Il réagit à ces corps étrangers de la même manière qu'il le ferait en présence de bactéries ou de virus », explique le Dr Jeremy Kaslow, allergologue et professeur adjoint en médecine.

Les principales causes des symptômes habituels d'allergie sont l'histamine et les leucotriènes, des substances biochimiques libérées par le système immunitaire. Ce dernier est un ensemble incroyablement complexe de plusieurs sortes de cellules différentes qui agissent en synergie afin de remplir leur rôle. Les cellules hypersensibles impliquées dans les allergies sont principalement les mastocytes et les polynucléaires basophiles. Les premières sont présentes dans les tissus tels que la peau, les poumons, la gorge, l'estomac et l'intestin, tandis que les polynucléaires basophiles se trouvent dans les vaisseaux sanguins. Comme nous pouvons le voir, ces cellules sont présentes dans pratiquement chaque partie du corps.

Pourquoi nous avons le nez qui coule

L'histamine est généralement emmagasinée sous forme de granulés à l'intérieur des mastocytes. Lorsqu'une de ces cellules est exposée à une substance qui déclenche une réaction allergique, cependant, la cellule libère son histamine dans les tissus environnants.

« L'histamine joue un rôle important dans certains types de réactions allergiques, provoquant une dilatation des capillaires qui deviennent davantage perméables aux liquides organiques, explique le Dr Kaslow ; ces derniers passent alors du courant sanguin dans les tissus environnants, provoquant une congestion nasale, un larmoiement oculaire et parfois de l'urticaire. »

Sous l'effet de l'histamine se produit une contraction des muscles lisses des parois de nos poumons, des vaisseaux sanguins, de l'estomac, des intestins et de la vessie. Cette contraction entraîne à son tour des symptômes très variés. Dans les poumons, par exemple, l'histamine peut provoquer une respiration sifflante. Indirectement, la libération d'histamine stimule également la production d'un mucus épais et collant.

Libre à vous de rejeter la responsabilité de votre allergie sur vos parents, car il s'agit bien d'une tendance héréditaire. En revanche, certains médecins pensent qu'une alimentation saine et certains compléments alimentaires sont capables d'équilibrer le système immunitaire afin qu'il soit vigoureux, sans pour autant réagir à l'excès.

« Pour vaincre le problème sous-jacent, précise le Dr Kaslow, il faut d'abord un bon fondement nutritionnel basé sur l'alimentation. Si vous continuez à manger n'importe comment en vous contentant de prendre quelques compléments, vous ne risquez guère de constater une grande amélioration. »

Cela dit, voici les caractéristiques des différents nutriments capables de vous aider à lutter contre les allergies.

La vitamine C inhibe l'histamine

Il ne fait aucun doute que la vitamine C peut aider à apprivoiser les réactions allergiques, tout au moins en laboratoire. Divers travaux ont montré que des taux élevés de vitamine C contribuent non seulement à freiner la libération d'histamine par les mastocytes, mais aussi à éliminer plus rapidement l'histamine après la libération de cette dernière. En outre, diverses études ont également montré que la carence en vitamine C peut faire monter en flèche les taux d'histamine dans le sang.

Facteurs alimentaires

Certaines réactions allergiques parmi les plus graves — notamment un choc mortel — peuvent être liées à l'alimentation. Il existe des tests spécialisés grâce auxquels les individus souffrant d'allergies graves peuvent identifier les aliments qu'ils doivent écarter. Les constituants de certains aliments peuvent également contribuer à déclencher des allergies. Voici quelques faits à connaître.

Identifiez les aliments qui sont à l'origine de vos allergies. Si vous avez des raisons de penser que certains aliments sont responsables de vos allergies, les experts vous suggèrent de consulter un spécialiste qui pourra vous aider à déterminer quels aliments aggravent vos symptômes. On a pu établir une corrélation entre divers aliments — cacahuètes, noix, œufs, lait, soja, poisson et fruits de mer — et les réactions allergiques. Quant au gluten, une protéine présente dans le blé, le seigle, l'orge et l'avoine, il peut provoquer chez certains sujets des troubles intestinaux de type allergique.

Soyez attentif aux réactions croisées. Certains sujets souffrant d'allergies respiratoires deviennent allergiques aux aliments qui contiennent des substances similaires.

« Quelqu'un qui réagit au pollen de bouleau, par exemple, pourrait manger une pomme et avoir ensuite une enflure ou des démangeaisons des lèvres, de la langue, de la gorge ou du palais », signale le Dr John W. Yunginger, professeur de pédiatrie. Quant aux sujets allergiques aux ambroisies, ils pourraient avoir une réaction allergique aux melons, ajoute-t-il.

Quels sont les aliments les plus susceptibles de provoquer des réactions allergiques ? Il s'agit des fruits crus, des divers types de noix et des légumes.

Toutefois, deux études seulement ont été menées à bien avec des sujets humains. Une modeste étude réalisée par des chercheurs à l'hôpital méthodiste de Brooklyn a permis de découvrir que les sujets qui avaient pris 1 000 milligrammes de vitamine C par jour pendant trois jours avaient un taux d'histamine dans le sang considérablement plus bas.

Grâce à une autre étude, des chercheurs italiens ont découvert que les sujets atteints de rhume des foins parvenaient mieux à maintenir un volume stable d'air expulsé à chaque expiration lorsqu'ils prenaient 2 000 milligrammes de vitamine C par jour. (Dans beaucoup de réactions allergiques, les voies respiratoires se contractent et limitent l'influx d'air dans le corps.)

D'autres études ont montré que la vitamine C pouvait également contribuer à atténuer en partie l'inflammation liée aux allergies chroniques.

« J'ai souvent constaté que la vitamine C pouvait avoir quelques effets bénéfiques pour les allergies respiratoires et l'asthme, à condition d'être prise régulièrement », déclare le Dr Richard Podell, professeur clinicien en médecine générale et auteur du livre *When Your Doctor Doesn't Know Best : Errors That Even the Best Doctors Make and How to Protect Yourself.*

Il n'est pas prouvé que la vitamine C soit d'une grande utilité lorsqu'elle n'est prise qu'après l'apparition des symptômes, selon le Dr Podell. « Mais si vous en prenez avant d'avoir été exposé aux substances qui provoquent votre allergie, sans lui laisser le temps de pénétrer dans votre courant sanguin, elle est bénéfique, même si son efficacité n'est pas aussi spectaculaire que celle des médicaments habituels pour traiter l'asthme », précise-t-il.

Ce médecin recommande de prendre la vitamine C sous sa forme à libération prolongée — ester-C ou ascorbate de calcium — en doses de 500 à 1 000 milligrammes deux fois par jour. (Il ajoute que si vous prenez régulièrement de la vitamine C, vous obtiendrez les meilleurs résultats en absorbant plusieurs centaines de milligrammes trois ou quatre fois par jour.)

Quoique la Valeur quotidienne pour la vitamine C ne soit que de 60 milligrammes, ces doses plus élevées sont considérées comme sans danger pour la plupart des individus. Certaines personnes, en revanche, peuvent toutefois avoir des diarrhées à des doses ne dépassant pas 1 200 milligrammes. N'hésitez pas à diminuer la dose si vous ressentez le moindre inconfort.

Les bioflavonoïdes à la rescousse

Certains compléments de vitamine C contiennent en outre d'autres ingrédients, les bioflavonoïdes. Ces substances biochimiques complexes, très proches de la vitamine C, ont amené les chercheurs qui se penchent sur les allergies à se poser d'innombrables questions depuis plusieurs décennies. La structure chimique des bioflavonoïdes est similaire à celle du cromoglycate de sodium, utilisé dans les inhalateurs pour diminuer l'inflammation liée à l'asthme.

Les bioflavonoïdes pourraient contribuer à réduire dans l'organisme la libération d'histamine, qui provoque les symptômes allergiques, explique le Dr Elliott Middleton, Jr., professeur de médecine et pédiatrie.

« Malheureusement, notre expérience avec la quercétine, qui est l'un des bioflavonoïdes courants, suggère qu'elle n'est pas très assimilable, explique ce médecin. Nous devrons donc poursuivre les recherches afin de bien connaître son effet sur les réactions allergiques chez l'être humain. »

Les chercheurs continuent à examiner le rôle des bioflavonoïdes dans la prévention des allergies. Pour le moment, à en croire les experts, il est préférable de ne pas dépenser d'argent pour acheter des compléments alimentaires et de manger plutôt des aliments qui contiennent une abondance de bioflavonoïdes : agrumes, cerises, raisins noirs, brocolis, poivrons rouges et verts, et de boire des tisanes à base de plantes (l'ortie est spécifiquement recommandée dans les cas d'allergies). En procédant de la sorte, vous procurerez également à votre organisme quantité d'autres nutriments.

Le magnésium pourrait faciliter la respiration

Certains médecins appelés à traiter des sujets allergiques recommandent à leurs patients de prendre la Valeur quotidienne de magnésium, soit 400 milligrammes. Cela s'explique du fait que ce minéral essentiel a une

---

Prescriptions vitaminiques

Afin de soulager les allergies le plus efficacement possible, certains médecins suggèrent d'ajouter les compléments suivants à une alimentation saine et bien équilibrée.

Nutriment	Dose par jour
Magnésium	400 milligrammes
Vitamine C	1 000 à 2 000 milligrammes par jour (ester-C ou ascorbate de calcium), à fractionner en deux doses
Et un complément de multivitamines et de minéraux.	

MISE EN GARDE : *Si vous souffrez de troubles cardiovasculaires ou rénaux, demandez conseil à votre médecin avant de prendre des compléments de magnésium.*

Chez certaines personnes, une dose de vitamine C dépassant 1 200 milligrammes par jour peut provoquer des diarrhées.

action connue pour contribuer à soulager les bronchospasmes, c'est-à-dire le rétrécissement temporaire des bronches. Le magnésium est parfois utilisé par voie intraveineuse pour contribuer à soulager les symptômes de crises d'asthme potentiellement mortelles et résistantes aux médicaments. « Le fait que les médecins recommandent le magnésium pour de simples allergies nasales implique que cela pourrait également aider à soulager ces symptômes », explique le Dr Podell.

Une étude conduite par des chercheurs de l'université Brigham Young à Provo, dans l'Utah, a permis de découvrir que des animaux de laboratoire qui présentaient une carence grave en magnésium avaient des taux sanguins d'histamine bien plus élevés lorsqu'ils étaient exposés à des substances allergisantes que d'autres animaux non carencés en magnésium.

« L'entrée et la sortie du calcium à travers les cellules contribuent à réguler certaines fonctions cellulaires, explique Kay Franz, l'un des auteurs de cette étude. Il est donc possible qu'une carence en magnésium modifie la perméabilité de la membrane des mastocytes, facilitant la pénétration du calcium à l'intérieur des cellules. Il se produit alors une libération d'histamine. »

« Il ne fait aucun doute qu'une carence en magnésium aggrave la situation allergique », souligne le Dr Terry M. Phillips. Chez l'animal, la carence en magnésium provoque la libération de substances capables d'exercer une action sur les cellules immunitaires telles que les mastocytes et les polynucléaires basophiles, les rendant hyperactifs et donc plus susceptibles de libérer de l'histamine », précise-t-il. En outre, une carence en magnésium provoque dans l'organisme d'autres réponses immunitaires pouvant provoquer rougeurs, œdème et douleur.

Il n'est pas nécessaire de prendre une grande quantité de magnésium pour vaincre éternuements et respiration sifflante — et d'ailleurs si vous le faisiez, vous ne tarderiez pas à découvrir votre seuil de tolérance maximal à ne pas dépasser, car vous auriez des diarrhées. (C'est d'ailleurs bien pour cela que le lait de magnésium est un bon laxatif !)

Les médecins suggèrent de prendre la Valeur quotidienne de magnésium, c'est-à-dire 400 milligrammes. Diverses études montrent que les femmes n'absorbent que la moitié environ de cette dose, tandis que les hommes ont en général un déficit de quelque 100 milligrammes. Les meilleures sources de magnésium sont les divers types de noix, les légumineuses et les céréales complètes. Les légumes verts en contiennent également une quantité appréciable, ainsi que les bananes. La plupart des aliments industriels, en revanche, ne contiennent qu'une très faible quantité de ce minéral essentiel. (Si vous souffrez de troubles cardiovasculaires ou rénaux, vous devez impérativement demandez conseil à votre médecin avant de prendre un complément de magnésium.)

Des nutriments pour protéger les muqueuses

Le Dr Kaslow recommande en outre d'autres nutriments : de la vitamine A (ou son précurseur, le bêtacarotène), du sélénium et du zinc. En effet, ces nutriments jouent un rôle important dans la santé de nos muqueuses, c'est-à-dire la couche de peau tapissant les cavités de l'organisme.

« Lorsque nos muqueuses se portent bien, nous ne risquons guère d'avoir des allergies trop graves », ajoute le Dr Kaslow. Une muqueuse est une couche de cellules qui sécrète cette substance collante appelée mucus que nous connaissons tous et devrions considérer avec le respect qu'elle mérite, car elle est saturée de substances biochimiques destinées à lutter contre l'infection. En outre, le mucus a pour objet de protéger les cellules contre un contact direct avec les substances qui déclenchent les allergies au pollen et autres allergènes.

« Cette couche de mucus protège les cellules des effets néfastes de la pollution atmosphérique, précise le Dr Kaslow. Diverses études ont montré que les sujets exposés à la pollution atmosphérique ainsi qu'à des allergènes étaient plus susceptibles d'avoir des réactions allergiques graves que ceux qui n'avaient été exposés qu'à des allergènes. »

La réaction allergique elle-même provoque en outre la formation de molécules instables appelées radicaux libres, néfastes pour les molécules saines de l'organisme auxquelles elles volent des électrons afin d'établir leur propre équilibre. Au cours de ce processus, les radicaux libres nuisent aux mastocytes qu'ils peuvent rendre plus agités encore, si bien qu'ils libèrent davantage d'histamine, ajoute le Dr Kaslow. Les vitamines C et E, le bêtacarotène, le sélénium et d'autres antioxydants contribuent tous à neutraliser les radicaux libres en offrant leurs propres électrons, protégeant ainsi les molécules saines.

Le Dr Kaslow suggère de renoncer à tous les aliments industriels sans valeur nutritive et de manger de plus grandes quantités d'aliments fraîchement préparés afin d'obtenir toute la gamme de ces nutriments en quantité suffisante. Certains médecins recommandent de prendre un complément de multivitamines et de minéraux apportant en dose adéquate l'ensemble des nutriments nécessaires à l'organisme. Pour certaines personnes allergiques, le fait d'éviter tel ou tel aliment peut être radical pour soulager l'ensemble de leurs symptômes.

Anémie

◆

Retrouver un teint de rose

Depuis fort longtemps, des générations de médecins éclatent de rire en soulignant qu'avant toute chose, il convient de trouver le patient pâle bien caché au milieu d'un drap blanc. Cela souligne au moins une chose à propos de l'anémie : ce trouble tend à priver notre teint de sa coloration naturelle aussi sûrement qu'il épuise toutes nos ressources d'énergie.

L'anémie est un trouble du sang provenant d'un manque d'hémoglobine dans les globules rouges, les cellules en forme de soucoupe qui véhiculent l'oxygène dans toutes les parties du corps. Peu importe le type d'anémie (car il en existe plusieurs), les symptômes sont généralement toujours les mêmes. Épuisé, faible et pâle, le sujet manque de souffle, son rythme cardiaque s'affole parfois, et il peut avoir du mal à se concentrer.

Si de tels symptômes se produisent, c'est que, par suite du manque d'hémoglobine dans les globules rouges, toutes les parties du corps, et notamment le cerveau, manquent d'oxygène. Le cœur s'efforce alors de compenser en pompant davantage de sang plus fréquemment, explique le Dr Paul Stander, docteur en gestion de la qualité et directeur d'éducation médicale.

Les médecins peuvent généralement diagnostiquer l'anémie en examinant les globules rouges au microscope afin d'en déterminer la forme, la dimension et la quantité, ainsi qu'en se fondant sur des analyses pour mesurer les taux de divers composants du sang.

« Même après avoir déterminé le type d'anémie, il est important d'en découvrir la cause », souligne le Dr Stander. Ce trouble peut avoir en effet toutes sortes de causes, allant du fait de jouer trop souvent du bongo (car l'impact incessant sur les mains endommage les globules rouges) jusqu'aux températures polaires, en passant par les médicaments toxiques.

« En outre, les carences alimentaires sont une cause relativement fréquente d'anémie », ajoute le Dr Stander. Le coupable peut être une carence en fer, un manque de folate (le précurseur naturel de l'acide folique) ou de vitamine B_{12}. Dans certains cas plutôt rares, il s'avère que le trouble provient d'une carence en cuivre, en riboflavine ou en vitamines A, B_6, C ou E.

Voici ce qui ressort des recherches.

Vaincre le manque d'oxygène

Nous avons tous entendu parler de l'importance du fer pour le sang, et à juste titre. La carence en fer est de loin la cause d'anémie la plus courante. Il se pourrait que jusqu'à 58 % des femmes jeunes et en bonne santé manquent de fer, sans toutefois être nécessairement anémiques pour autant.

L'ennui, c'est que beaucoup de femmes n'absorbent pas régulièrement suffisamment de fer pour remplacer les quelque 2,5 milligrammes qu'elles évacuent chaque mois durant leurs règles. Quant à la femme enceinte, elle en a besoin de plus encore. Les adolescentes et les femmes approchant de la ménopause présentent souvent également un déficit en fer.

Les travaux scientifiques montrent que les femmes entre 18 et 24 ans n'absorbent qu'environ 10,7 milligrammes par jour de ce nutriment, ce qui est bien loin d'atteindre la Valeur quotidienne de 18 milligrammes.

Le manque de fer provoque une diminution de l'hémoglobine, la protéine à base de fer des globules rouges grâce à laquelle ces cellules peuvent aller chercher l'oxygène dans les poumons et le libérer dans les tissus manquant d'oxygène. « Ce n'est pas difficile à comprendre, poursuit le Dr Stander. Ces cellules sont alors tout bonnement incapables de transporter l'oxygène dont nous avons besoin. » Au microscope, on peut d'ailleurs constater que ces cellules semblent pâles.

Si vous souffrez d'anémie ferriprive, votre médecin vous prescrira initialement de grandes quantités de fer — souvent 200 à 240 milligrammes par jour —, généralement sous forme de sulfate de fer. (Les experts déconseillent de prendre des doses de fer aussi élevées sans surveillance médicale.) En outre, les spécialistes recommandent d'éviter de prendre des préparations en vente libre à base de fer, comme des dragées gastrorésistantes et entérosolubles ou des gélules contenant des granulés à libération prolongée, car ces deux formes peuvent entraver l'absorption du fer dans l'organisme. D'autre part, assurez-vous que votre médecin vous prescrit ce traitement durant une période suffisamment longue. Même si votre anémie est corrigée au bout de 3 à 4 mois, le traitement devra se poursuivre durant 6 à 12 mois encore avant que les réserves de fer de l'organisme se soient reconstituées.

L'alimentation à elle seule ne suffit pas à nous fournir la grande quantité de fer utilisée pour corriger l'anémie, précise Sally Seubert, professeur adjoint en nutrition. « Toutefois, nous recommandons toujours aux femmes de manger davantage d'aliments contenant du fer », souligne-t-elle en ajoutant que même le foie, un aliment quelque peu dédaigné depuis que l'on dit tant de mal du cholestérol, est recommandé de temps à autre aux femmes anémiques. « C'est en effet une source incomparable de fer aisément assimilable », conclut-elle.

Obtenir suffisamment de cuivre

Tout en reconstituant vos réserves de fer, il est important de veiller à obtenir deux milligrammes de cuivre (c'est-à-dire la Valeur quotidienne).

Pour fabriquer l'hémoglobine, notre corps a besoin non seulement de fer, mais aussi de cuivre. Quoique peu courante, la carence en cuivre peut provoquer une forme d'anémie comparable à l'anémie ferriprive, ajoute Mme Seubert. La plupart des gens en absorbent moins que la quantité considérée comme nécessaire pour maintenir l'équilibre adéquat du cuivre dans l'organisme, soit 1,6 milligrammes par jour. Parmi les aliments riches en cuivre, on peut mentionner les crustacés, les noix, les fruits, les huîtres cuites et les haricots secs.

Si vous prenez un complément de zinc, soyez particulièrement attentif à conjuguer cet apport avec une dose adéquate de cuivre. En effet, le zinc gêne l'absorption du cuivre. Assurez-vous que vous prenez 1 milligramme de cuivre pour 10 milligrammes de zinc absorbés. (Il faut savoir d'autre part que les personnes qui prennent plus de 30 milligrammes de zinc par jour s'exposent à un risque accru d'anémie. Il est donc prudent de ne pas prendre une dose supérieure à 30 milligrammes sans surveillance médicale.)

L'anémie due à la carence en B_{12}

Il ne fait aucun doute qu'une très petite quantité de vitamine B_{12} peut accomplir beaucoup. La Valeur quotidienne n'est que de six microgrammes, et c'est d'ailleurs, parmi toutes les vitamines, la plus faible dose qui soit conseillée. Mais en revanche, toute carence alimentaire de ce nutriment provoque des troubles majeurs.

L'anémie liée à une carence en vitamine B_{12} est qualifiée d'anémie pernicieuse. Jusqu'à 1934, cette forme d'anémie était inévitablement mortelle. Les victimes parvenaient à survivre pendant des mois ou même des années en perdant progressivement leurs forces, mais elles finissaient toujours par trépasser. C'est alors qu'en 1934, deux médecins de Boston ont remporté un prix Nobel pour avoir démontré qu'une alimentation comportant de grandes quantités de foie légèrement cuit, particulièrement riche en vitamine B_{12}, permettait de remédier à cette carence mortelle.

Que diriez-vous d'une petite bactérie ?

Saviez-vous que la vitamine B_{12} était produite par une bactérie ? Ces micro-organismes vivent dans l'intestin des animaux ainsi que dans les particules de terre présentes sur les céréales, les fruits et les légumes frais. S'il vous est jamais arrivé de manger une carotte qui venait tout droit du jardin, ou de vous abreuver directement à un ruisseau de montagne, il est probable que cela vous a procuré une faible quantité de B_{12}.

Il se pourrait même que cette « microcontamination » apporte suffisamment de vitamine B_{12} pour permettre à un végétarien strict d'éviter toute carence, ajoute Suzanne Havala, du *Vegetarian Resource Group*.

Les végétariens stricts (ou végétaliens) évitent la viande, le poisson, la volaille, les œufs et les produits laitiers, qui sont tous de bonnes sources de vitamine B_{12}.

Jusqu'à une date récente, on supposait que divers aliments à base de soja fermenté, dont les végétariens font volontiers usage, comme le tempeh et le miso, étaient de bonnes sources de cette vitamine. Mais nous savons aussi, à présent, que ces aliments contiennent cette vitamine sous une forme inerte, qui pourrait même faire obstacle à l'absorption de la forme particulière de B_{12} nécessaire à l'organisme.

Pour se protéger contre toute carence en vitamine B_{12}, les végétaliens peuvent avoir recours à du lait de soja et à des céréales additionnées de ce nutriment, ou tout simplement en prenant un complément alimentaire de B_{12} en vente libre, ajoute Mme Havala. (La Valeur quotidienne pour cette vitamine est de six microgrammes.)

Comme l'organisme utilise la vitamine B_{12} très lentement, et que la plupart des gens en ont dans leur foie des réserves considérables, il faut généralement au moins trois à cinq ans d'un régime végétarien strict (végétalien) avant qu'une carence en B_{12} se déclare. Une exception importante est toutefois à signaler : certains signes de troubles sanguins et nerveux liés à une carence en B_{12} ont été signalés, quelques mois seulement après leur naissance, chez certains bébés de mères végétaliennes qui les avaient nourris au sein. Par conséquent, si vous êtes végétarienne et que vous allaitez votre bébé, il est prudent d'obtenir l'avis de votre médecin.

La vitamine B_{12} est nécessaire dans tout l'organisme pour fabriquer l'ADN, le matériel génétique des cellules. Lorsque ce nutriment est insuffisant, la reproduction des cellules est donc compromise. En l'absence d'une quantité suffisante de B_{12}, explique le Dr Stander, les globules rouges souffrent de ce qu'on appelle un arrêt de maturation. « Ils grandissent sans jamais parvenir à maturité ni devenir des globules rouges capables de remplir leur rôle, ajoute-t-il. Souvent, ils ne réussissent même jamais à quitter la moelle osseuse où ils se constituent. »

L'épuisement n'est qu'un des symptômes possibles de l'anémie pernicieuse. Ce trouble se manifeste aussi par une sensation de brûlure de la langue, des fourmillements et une insensibilité des extrémités, le manque d'appétit, l'irritabilité, une légère dépression, des pertes de mémoire et de vagues maux d'estomac.

Les médecins savent à présent que la cause de ces troubles de carence n'est pas un manque de ce nutriment dans l'alimentation, mais l'inaptitude de l'organisme à absorber la vitamine B_{12} (trouble de malabsorption).

À mesure que l'on avance en âge, il est possible qu'une enzyme appelée facteur intrinsèque cesse d'être produite en quantité suffisante dans l'estomac. Le facteur intrinsèque escorte la vitamine B_{12} absorbée par le biais de l'alimentation à travers la muqueuse intestinale et jusque dans le courant sanguin. Lorsque les taux de facteur intrinsèque s'abaissent, l'organisme absorbe moins de vitamine B_{12} et puise alors dans ses réserves, qui ne tardent pas à s'épuiser.

« Les patients qui ont subi une opération touchant à l'estomac ou qui sont atteints de maladie de Crohn ou d'autres troubles gastriques ou intestinaux cessent parfois d'être en mesure d'absorber la vitamine B_{12} », ajoute le Dr Stander.

La plupart des gens qui souffrent de carence en vitamine B_{12} devront en recevoir par piqûres afin de rétablir un taux normal. « D'ailleurs la majorité de ces patients devront continuer à recevoir ce type de piqûre durant le restant de leur vie », précise le Dr Stander. Les seuls à pouvoir bénéficier d'un complément par voie buccale ou à pouvoir envisager d'augmenter la teneur en B_{12} de leur alimentation, afin d'en absorber journellement la Valeur quotidienne de six microgrammes, sont la petite minorité de sujets dont la carence en cette vitamine est due à une carence alimentaire, comme les végétariens stricts.

Prescriptions vitaminiques

L'anémie est un trouble qui ne se prête pas à l'autodiagnostic. Si vous êtes perpétuellement fatigué, vous devez impérativement consulter un médecin. Il est possible que ce dernier vous recommande l'un des protocoles suivants s'il constate que vous êtes atteint d'anémie liée à une carence alimentaire.

Nutriment	Dose par jour
Acide folique	400 microgrammes pour les personnes d'un certain âge 1 000 microgrammes pour l'ensemble de la population 2 000 à 3 000 microgrammes pour les femmes enceintes
Cuivre	2 milligrammes
Fer	200 à 240 milligrammes
Vitamine B_{12}	6 microgrammes pour les végétariens stricts

MISE EN GARDE : *Parlez à votre médecin avant de prendre plus de 400 microgrammes d'acide folique par jour. Des doses trop élevées de cette vitamine peuvent masquer les symptômes de l'anémie pernicieuse, un trouble lié à une carence en vitamine B_{12}.*

La plupart des experts recommandent de consulter un médecin avant de prendre plus que la Valeur quotidienne de fer (18 milligrammes). Une simple prise de sang suffira à votre médecin pour vous prescrire la quantité de ce minéral qui vous convient. La prise quotidienne de 25 milligrammes ou davantage pendant une période prolongée peut entraîner des effets secondaires indésirables.

Lorsqu'une carence en vitamine B_{12} est due à un trouble de malabsorption, les médecins administrent cette vitamine par le biais de piqûres afin de contourner le système digestif déficient.

Problèmes liés à une carence en folate

Certaines personnes se contentent trop souvent de thé et de pain grillé en guise de repas et se retrouvent ensuite atteintes d'anémie due à une carence en folate. Ce dernier est une vitamine du groupe B présente dans la levure de bière, les épinards et d'autres légumes à feuilles vert sombre (on retrouve d'ailleurs dans le mot « folate » la même racine que dans « feuille » ou « foliacés »).

L'organisme a besoin de folate pour pouvoir produire l'ADN. Lorsque nous manquons de folate, il se passe le même phénomène qu'en cas de carence en vitamine B_{12} : les globules sanguins ne parviennent jamais à maturité. Le Dr Stander précise qu'ils se transforment alors en grosses cellules ovoïdes, incapables de remplir leur rôle.

Contrairement à la vitamine B_{12}, le folate n'est pas emmagasiné en grande quantité dans le foie. Les réserves conservées dans ce dernier s'épuisent en deux à quatre mois, si bien que les symptômes d'anémie liée à un manque de folate peuvent se manifester bien plus rapidement que les symptômes de carence en B_{12}.

Grâce à des analyses de sang, il est possible de déterminer quelles vitamines sont présentes en taux insuffisants dans l'organisme. « Il est important de savoir avec précision quel est le nutriment en déficit. En effet, si l'on se contente d'apporter un complément d'acide folique alors qu'il s'agit en réalité d'une carence en vitamine B_{12}, cela peut masquer les symptômes et provoquer des lésions nerveuses liées à un manque de B_{12} », précise le Dr Stander. Il est par conséquent judicieux d'obtenir l'avis du médecin traitant avant de prendre un complément alimentaire d'acide folique.

On administre généralement aux sujets carencés un complément alimentaire de 1 000 microgrammes d'acide folique par jour afin de reconstituer les réserves dans les tissus de l'organisme. Chez la femme enceinte, il est parfois nécessaire d'en administrer jusqu'à 2 000, voire 3 000 microgrammes par jour, ajoute le Dr Stander. De telles quantités dépassent largement ce qu'il est possible d'obtenir par le biais des aliments, même les plus riches en folate.

Certaines recherches indiquent que les personnes du troisième âge, surtout lorsque leur état de santé laisse à désirer, parviennent mieux à conserver des taux sanguins normaux de folate lorsqu'elles en prennent 400 microgrammes par jour. Cette quantité correspond d'ailleurs à la teneur d'un grand nombre de compléments de multivitamines et de minéraux.

Facteurs alimentaires

Il est important, pour avoir un sang vigoureux, de manger judicieusement. Voici ce que préconisent les experts afin de prévenir l'anémie.

Ayez une prédilection pour le foie. La plupart des médecins conseillent à leurs patients d'éviter le foie, saturé de cholestérol. La seule exception concerne les sujets anémiques à qui l'on recommande d'en manger. Une portion de foie de bœuf pesant 85 grammes offre sept milligrammes de fer facilement assimilable et trois milligrammes de cuivre, ainsi que de grandes quantités de vitamine B_{12} et de folate (le précurseur naturel de l'acide folique). « Si vous appréciez le goût du foie, vous pouvez en manger une ou deux fois par mois sans compromettre un régime visant à abaisser le taux de cholestérol », souligne Sally Seubert, professeur adjoint en nutrition.

Choisissez des végétaux riches en fer. Les personnes qui préfèrent obtenir le fer à partir de sources non animales peuvent avoir recours, pour obtenir au moins une partie des nutriments indispensables, à des farines complètes ou enrichies, aux céréales complètes, aux légumes à feuilles vert foncé comme le chou frisé, la verdure des navets et les épinards, ainsi qu'à diverses légumineuses — haricots de Lima, pois chiches et haricots blancs. En revanche, ajoute Mme Seubert, les végétariens stricts pourraient avoir besoin d'un complément de fer.

Utilisez des casseroles en fonte. Préférez des casseroles et poêles en fonte aux ustensiles en acier inoxydable ou en aluminium, surtout pour les préparations mijotées comme les potages et les ragoûts. Les ustensiles de cuisson en fonte peuvent en effet ajouter un peu de fer à vos aliments, offrant ainsi une garantie supplémentaire contre une éventuelle carence, ajoute Mme Seubert.

Parmi les meilleures sources alimentaires de folate, on peut citer les épinards, les haricots blancs, le germe de blé et les asperges. Si vous comptez sur les légumes verts pour vous apporter ce nutriment, mangez des salades et des légumes légèrement cuits à la vapeur. En effet, le folate est détruit par une cuisson trop prolongée.

Angor

Desserrer l'étau

En réalité, l'angor n'est pas une maladie, il s'agit plutôt d'un symptôme. Cette douleur, parfois écrasante, parfois sourde, qui ressemble à une contusion dans la poitrine, attire notre attention sur le fait que notre muscle cardiaque ne reçoit pas tout l'oxygène dont il a besoin. La douleur se produit le plus souvent après une période d'exercice physique, une situation de stress, lorsqu'il fait excessivement froid, ou encore à la suite d'un repas copieux.

Tout comme la douleur qui accompagne une crise cardiaque, l'angor peut irradier jusque dans l'épaule gauche et redescendre à l'intérieur du bras gauche, passant ensuite dans le dos et la gorge, les mâchoires, et même le bras droit. Dans la plupart des cas, la douleur dure de une à vingt minutes. Au cas où elle se prolongerait davantage ou s'aggraverait, rendez-vous le plus vite possible à l'hôpital, car vous pourriez bien être victime d'une crise cardiaque.

Les personnes sujettes à l'angor (également appelé angine de poitrine) souffrent généralement de cardiopathie ischémique. Le diamètre des artères, grosses comme des spaghetti, qui véhiculent le sang jusqu'au muscle cardiaque, s'est rétréci sous l'effet de la plaque d'athérome, formée de cholestérol et de tissu cicatriciel. La plaque empêche le sang d'affluer jusqu'au muscle cardiaque et tend à provoquer des spasmes dans les artères, ce qui diminue d'autant plus le flux sanguin. En outre, lorsqu'un dépôt adipeux se rompt ou lorsqu'il s'y produit une fissure par laquelle le sang peut pénétrer, il en résulte une agrégation de plaquettes sanguines tendant à former un caillot. Cette situation catastrophique peut entraîner la formation d'un gros caillot de sang capable d'obstruer le courant sanguin et de provoquer une crise cardiaque.

« Divers médicaments tels que la nitroglycérine, les bêtabloquants et les inhibiteurs calciques apportent un secours fiable, commente le Dr Robert DiBianco, professeur clinicien adjoint en médecine. Ces médicaments dilatent les vaisseaux sanguins et diminuent les besoins du cœur en oxygène. La nitroglycérine et les bêtabloquants peuvent également contribuer à protéger le cœur contre les lésions provoquées par la privation d'oxygène immédiatement après une crise cardiaque. » Il arrive également que l'on prescrive des médicaments pour abaisser le cholestérol.

Le traitement habituel comporte en outre une alimentation dont moins de 30 % des calories proviennent des matières grasses totales absorbées, et dont la teneur en matières grasses saturées (d'origine animale) représente moins de 10 % des calories. Ce type de régime maigre correspond en fait à l'alimentation pauvre en matières grasses conçue pour réduire le risque de voir les artères s'obstruer davantage, précise le Dr DiBianco.

En revanche, certains experts médicaux considèrent que ces directives ne suffisent pas. Ils recommandent en effet que les calories en provenance de matières grasses ne dépassent pas 10 % de l'alimentation ; dans certains cas, ce type de régime permet de faire « fondre » les dépôts de cholestérol, et diminue souvent les contractions musculaires et l'apparition de caillots. De plus, ces experts préconisent des nutriments, telle la vitamine E, capables de contribuer à prévenir l'athérosclérose. Ils y ajoutent également d'autres nutriments, notamment le magnésium, dont on pense qu'il est d'autant plus bénéfique à la fonction cardiaque que la situation est plus critique.

D'après les recherches, voici ce qui peut être utile.

La vitamine E : globalement bénéfique pour le cœur

La vitamine E semble jouer un rôle lorsqu'il s'agit de vaincre les maladies cardiovasculaires. Une étude conduite par des chercheurs de l'université Harvard a permis de découvrir que le risque de maladie cardiovasculaire avait diminué d'environ 40 % chez les hommes d'un groupe qui avaient pris chaque jour, pendant deux ans ou plus, au moins 100 unités internationales de vitamine E. (Veuillez vous reporter à la page 414 pour des compléments d'information sur la vitamine E et d'autres nutriments pouvant prévenir et traiter les troubles cardiovasculaires.)

Comme l'angor est l'un des symptômes de l'infarctus, nous avons de bonnes raisons de penser que la vitamine E peut contribuer à soulager la douleur provoquée par l'angine de poitrine. Des chercheurs britanniques ont d'ailleurs constaté que les sujets ayant le taux sanguin de vitamine E le plus bas étaient deux fois et demi plus sujets à l'angor que ceux dont le taux sanguin était le plus élevé.

Il est possible que la vitamine E exerce une action directe pour empêcher l'accumulation de plaque adipeuse susceptible de freiner le flux sanguin jusqu'au muscle cardiaque, précise le Dr Balz Frei, professeur adjoint en médecine et biochimie. « Ce nutriment contribue à prévenir l'oxydation du cholestérol LDL (le « mauvais » cholestérol) dans les parois artérielles, ce qui marque souvent le début des troubles cardiovasculaires », ajoute-t-il.

Facteurs alimentaires

Pour combattre l'angor, optez pour des aliments capables de faciliter le flux sanguin dans vos artères. Voici comment.

Éliminez le gras jusqu'à l'os. Si vous constatez une baisse importante de votre taux de cholestérol après avoir entrepris de réduire à moins de 20 % la quantité de calories absorbées à partir de matières grasses, il est même possible que vous parveniez à déboucher quelque peu les artères obstruées, selon Dr Robert DiBianco, professeur clinicien adjoint en médecine. Le meilleur moyen d'avoir une alimentation extra-maigre ? Adoptez un régime pratiquement végétarien, avec du poisson une ou deux fois par semaine. Choisissez des produits laitiers écrémés ou à 0 % cent de matière grasse, et n'utilisez qu'un peu d'huile d'olive ou de colza pour assaisonner légumes et crudités.

Mastiquez du mucilage. Non, il ne s'agit pas d'une nouvelle sorte de colle à papier, mais de la fibre soluble, élastique et collante, que l'on trouve dans les graines de lin, le son d'avoine et beaucoup de fruits. (Le laxatif Spagulax, qui a pour effet d'augmenter le volume du bol fécal, est à base d'ispaghul, l'une de ces fibres solubles.) Le Dr DiBianco poursuit en expliquant que le mucilage absorbe la bile acide et saturée de cholestérol que le foie déverse dans l'intestin, ce qui a pour effet de réduire le taux de cholestérol, d'où un moindre risque d'occlusion des artères coronaires.

Par son action sur les plaquettes, la vitamine E contribue également à prévenir la formation dans les artères de caillots susceptibles de gêner le flux sanguin. Les plaquettes sont un élément du sang en forme de disque qui aide à réguler la coagulation, explique le Dr Frei. « Un taux adéquat de vitamine E inhibe la tendance des plaquettes à s'agglutiner et à se fixer sur la paroi interne des vaisseaux sanguins », ajoute-t-il encore.

Quelle est la quantité idéale de vitamine E pouvant soulager l'angor ? Les médecins qui recommandent ce nutriment suggèrent qu'elle se situe entre 100 et 400 unités internationales par jour. Des quantités aussi importantes impliquent forcément le recours à des compléments alimentaires, car la plupart des gens n'absorbent guère plus de 15 unités internationales par jour sous forme d'huile végétale, de noix et de graines, principales sources alimentaires de cette vitamine.

Ne craignez ni l'ail ni l'oignon. Divers travaux scientifiques ont montré que les composants chimiques de l'oignon et de l'ail contribuent à neutraliser la tendance accrue des plaquettes à s'agglutiner après un repas riche en matières grasses. Les plaquettes sont l'un des constituants du sang ; elles ressemblent à des disques et peuvent se coller les unes aux autres et se fixer sur les parois artérielles, provoquant ainsi des caillots.

Mangez du gingembre. Cette épice au goût relevé a également le pouvoir de diminuer la tendance des plaquettes à s'agglutiner. Des chercheurs indiens ont découvert qu'après un repas riche en matières grasses, deux ou trois cuillerées à café de gingembre en poudre neutralisaient efficacement la tendance des plaquettes à s'agglutiner.

Régalez-vous de maquereau. Les recherches suggèrent que les acides gras de type oméga 3 que l'on trouve dans le poisson gras (maquereau, thon, saumon et sardine) aident les vaisseaux sanguins à se détendre. Ces acides gras contribuent à diminuer les taux de deux types potentiellement nuisibles de graisses dans le sang : le cholestérol LDL et les triglycérides. Ils réduisent en outre la tendance du sang à se coaguler. « En revanche, il n'est pas question d'en manger trop souvent, car les huiles de poisson sont grasses et fournissent neuf calories par gramme », précise le Dr DiBianco.

Ajoutez du sélénium

Certains travaux suggèrent en outre que le sélénium, un minéral synergique avec la vitamine E, peut offrir une protection contre l'angor.

Dans le cadre d'une étude effectuée en Pologne, les chercheurs ont constaté que les sujets atteints d'angor instable, une forme d'angor particulièrement dangereuse, présentaient généralement des taux de vitamine E et de sélénium bien plus faibles que ceux des autres participants.

Une autre étude a permis de constater que les sujets atteints de maladies cardiovasculaires qui prenaient chaque jour 200 unités internationales de vitamine E et 1 000 microgrammes de sélénium (une dose aussi élevée nécessite impérativement une surveillance médicale) éprouvaient considérablement moins de douleurs liées à l'angor, par rapport au groupe témoin qui n'avait reçu qu'un placebo (une pilule similaire mais dénuée de toute valeur thérapeutique).

Prescriptions vitaminiques

Pour soulager la douleur provoquée par l'angor, certains médecins recommandent d'allier une alimentation pauvre en matières grasses avec les apports complémentaires suivants.

Nutriment	Dose par jour
Magnésium	400 milligrammes
Sélénium	50 à 200 microgrammes
Vitamine E	100 à 400 unités internationales

MISE EN GARDE : *Si vous êtes atteint d'angor, il est important que vous soyez sous surveillance médicale.*

Les sujets souffrant de troubles cardiaques ou rénaux doivent impérativement obtenir l'avis d'un médecin avant de prendre un complément de magnésium.

Toute prise de sélénium dépassant 100 microgrammes par jour nécessite une surveillance médicale.

Si vous prenez des médicaments anticoagulants, ne prenez pas de compléments de vitamine E.

Les médecins qui recommandent à leurs patients atteints de maladies cardiovasculaires un complément alimentaire de sélénium ne dépassent généralement pas 50 à 200 microgrammes par jour. Il est à noter, toutefois, qu'un complément dépassant 100 microgrammes par jour ne doit être pris que sous surveillance médicale. (L'apport journalier recommandé est de 70 microgrammes pour l'homme et de 55 microgrammes pour la femme.) Afin d'obtenir davantage de sélénium à partir de vos aliments, mangez des céréales complètes, des fruits de mer, de l'ail et des œufs.

Le magnésium peut être bénéfique

Le magnésium est bien connu pour son aptitude à détendre les muscles lisses (muscles involontaires). Ce groupe de muscles comprend ceux qui entourent les vaisseaux sanguins, les bronches et le tube digestif. C'est la raison pour laquelle le magnésium semble efficace dans le traitement de troubles liés à une contraction musculaire tels que l'hypertension artérielle, la maladie de Raynaud, la migraine et plusieurs types d'angor.

Diverses études ont permis de constater que le magnésium administré par voie intraveineuse était efficace pour couper court à l'angor de Prinzmetal, des spasmes des artères coronariennes qui se produisent sans qu'il y ait une obstruction permanente.

« Le magnésium pris par voie orale paraît également utile, au moins dans certains types d'angor », ajoute le Dr Burton M. Altura, chercheur réputé dans le domaine du magnésium et professeur de physiologie et de médecine.

Il apparaît malheureusement que la carence en magnésium n'est que trop courante chez les sujets atteints de maladies cardiovasculaires. Diverses études montrent que jusqu'à 65 % de tous les patients en unité de soins intensifs, et que de 20 à 35 % des sujets atteints d'insuffisance cardiaque sont en déficit de magnésium.

La carence en magnésium peut d'ailleurs être due à certains médicaments dont l'objet est précisément de soulager les problèmes cardiaques, ajoute le Dr Altura. Certains types de diurétiques (médicaments destinés à favoriser l'excrétion de l'eau) amènent l'organisme à excréter à la fois le magnésium et le potassium, de même que la digitaline, un médicament souvent prescrit pour le cœur. La carence en magnésium se manifeste par divers symptômes tels que nausées, faiblesse musculaire, irritabilité et changements électriques dans le muscle cardiaque.

Si vous êtes atteint d'angor, consultez votre médecin afin de voir avec lui si vos aliments habituels vous fournissent suffisamment de magnésium. Il est possible qu'il vous conseille de modifier quelque peu votre alimentation afin d'en augmenter la teneur en magnésium. Le Dr Altura précise que si le médecin constate par la suite que vous avez toujours un déficit en magnésium, il est possible qu'il vous en recommande alors un apport complémentaire. La quantité exacte de magnésium qu'il vous faut, explique ce praticien, dépend des résultats d'une analyse appelée épreuve de charge. Cette analyse nécessite la prise d'une dose élevée de magnésium, suivie d'une analyse d'urine qui permettra au médecin de vérifier la quantité de magnésium conservée par l'organisme. « Nous n'avons pas tous besoin de la même quantité de magnésium », ajoute le Dr Altura.

Quoique le magnésium soit considéré comme un minéral relativement dénué de toxicité, même en dose élevée, il est préférable de ne pas prendre de complément alimentaire de magnésium sans être sous la surveillance d'un médecin si vous êtes atteint de troubles rénaux ou cardiaques. En effet, toute prise intempestive pourrait entraîner une concentration dangereuse de magnésium dans le sang, ou ralentir excessivement le rythme cardiaque.

La Valeur quotidienne pour le magnésium est de 400 milligrammes. D'après les recherches effectuées par le Dr Altura, ce dernier a calculé que 70 % des hommes n'absorbent que 185 à 260 milligrammes de magnésium par jour, et que 70 % des femmes n'en obtiennent que 172 à 235 milli-grammes par jour.

Une alimentation basée sur une abondance de légumes et de céréales complètes offre une teneur en magnésium bien supérieure à celle d'un régime à base de viandes, de produits laitiers et de céréales blanchies ou raffinées.

Aphtes

Savoir atténuer les douleurs buccales

« Loin des yeux, loin du cœur », affirme un proverbe connu. Pourtant, lorsqu'il s'agit d'un aphte, rien de plus faux. De l'extérieur, impossible de voir ce petit bouton blanc entouré de rouge à l'intérieur de la bouche. Personne ne se douterait que tout n'est pas pour le mieux dans le meilleur des mondes. Mais vous, en revanche, êtes péniblement conscient de sa présence chaque fois que vous ouvrez la bouche pour parler ou pire — Aïïïe !!! — pour manger.

La stomatite aphteuse, pour rendre à ce trouble son appellation scienti-fique, demeure un mystère sur le plan médical. Personne ne sait vraiment pourquoi certaines personnes sont plus sujettes que d'autres à ces lésions cuisantes sur la langue, les gencives ou l'intérieur des joues. Il semblerait que l'hérédité joue un rôle, de même que le stress, certains aliments et le frottement (chez ceux qui portent un dentier, par exemple).

Sans aucun traitement, les aphtes disparaissent généralement au bout de 10 à 14 jours ; mais pourquoi continuer à souffrir aussi longtemps sans rien dire ? Les médecins peuvent prescrire un gel médicinal à base d'hydro-cortisone, à la fois apaisant et capable d'accélérer la guérison, ou même recommander une pommade en vente libre telle que Pansoral, pour endormir la douleur. En outre, si vous avez souvent des aphtes, une stratégie nutritionnelle appropriée pourra vous aider à empêcher ces vilains intrus de devenir trop fréquents. Voici ce que recommandent de nombreux experts.

Facteurs alimentaires

Vous savez déjà par expérience que certains aliments produisent des aphtes. Ces chips excessivement salées et croquantes, par exemple, vous font horriblement mal lorsque vous avez déjà un aphte. D'ailleurs vous n'imagineriez même pas d'en manger à ce moment-là. En revanche, saviez-vous que certains aliments peuvent bel et bien provoquer l'apparition d'un aphte ? Voici ce que les spécialistes en santé buccale recommandent de manger (ou non, selon les cas).

Évitez les agrumes. Les aliments acides comme les tomates et les agrumes peuvent à la fois aggraver un aphte existant et stimuler l'apparition de nouvelles ulcérations buccales, selon des recherches effectuées par l'Académie américaine d'oto-laryngologie-chirurgie de la tête et du cou. Si vous avez souvent des aphtes, évitez les aliments tels que le pamplemousse et les boissons comme la limonade.

Mangez davantage de yoghurt. En mangeant chaque jour du yoghurt, il est possible de prévenir l'apparition des aphtes, signale le Dr Julian Whitaker, président fondateur du *Whitaker Wellness Center*. Il recommande aux personnes qui ont souvent des aphtes de manger chaque jour au moins quatre cuillerées à soupe de yoghurt afin de prévenir une récidive. Pour guérir un aphte, il recommande de manger chaque jour au moins 230 grammes de yoghurt. Le Dr Whitaker ajoute que ce remède n'est efficace que si le yoghurt contient des ferments lactiques de souche *Lactobacillus acidophilus*. (Lorsque c'est bien le cas, ce fait est mentionné sur l'étiquette.)

La vitamine C apporte un soulagement

Même si des recherches restent à faire pour prouver son efficacité, la vitamine C sous forme de complément alimentaire connaît déjà sa part de succès. Les experts en santé buccale font l'éloge de cette vitamine comme d'un moyen efficace pour prévenir les aphtes.

« En réalité, elle est utile non seulement contre les aphtes, mais aussi contre les boutons de fièvre, ajoute Craig Zunka, dentiste et ancien président de l'Association dentaire holistique. L'apparition d'un aphte ne se percevant par aucun signe annonciateur, il est nécessaire de prendre de la vitamine C chaque jour plutôt que d'attendre l'apparition d'une ulcération, comme il est possible de le faire lorsqu'il s'agit de boutons de fièvre. »

Pour une protection optimale, de nombreux experts recommandent d'en prendre quotidiennement 500 milligrammes, sans interruption, surtout si l'on est exposé à un stress important ou si l'on est fumeur. Afin de traiter une nouvelle ulcération, prenez immédiatement 1 000 milligrammes de vitamine C, et continuez ensuite à en prendre 500 milligrammes trois fois par jour jusqu'à disparition de l'aphte, poursuit le Dr Zunka. (Certaines personnes peuvent avoir des diarrhées lorsqu'elles prennent plus de 1 200 milligrammes de

---

Prescriptions vitaminiques

Seul le temps est capable à coup sûr de faire disparaître les aphtes. En revanche, si vous souhaitez accélérer la guérison et éviter les récidives, certains experts mentionnent les nutriments suivants, susceptibles d'être bénéfiques.

Nutriment	Dose par jour/application
Voie orale	
Vitamine C avec bioflavonoïdes	500 milligrammes pour prévenir les aphtes
	1 000 milligrammes à prendre dès les premiers signes d'aphte ; ensuite, 1 500 milligrammes, à fractionner en trois doses, jusqu'à guérison

Plus un complément de multivitamines et minéraux contenant la Valeur quotidienne d'acide folique, de fer et de vitamine B_{12}.

Application locale	
Vitamine E	Ouvrir une gélule de vitamine E afin d'en appliquer le contenu directement sur l'aphte

MISE EN GARDE : *La vitamine C prise en doses dépassant 1 200 milligrammes par jour peut provoquer des diarrhées chez certaines personnes.*

vitamine C par jour.) « Veillez toutefois à prendre de la vitamine C additionnée de bioflavonoïdes, ajoute le Dr Zunka, car la vitamine C en elle-même est moins efficace. » Les bioflavonoïdes sont des substances chimiques complexes très proches de la vitamine C.

Quoique les oranges et pamplemousses soient d'excellentes sources tant de vitamine C que de bioflavonoïdes, tout excès d'agrumes risque d'avoir l'effet contraire en provoquant l'apparition d'aphtes chez les personnes sujettes à ces ulcérations douloureuses. Les spécialistes de santé buccale soulignent par conséquent qu'un apport complémentaire est le meilleur remède si l'on a souvent des aphtes.

Prenez un complément de multivitamines

Si vous avez l'impression que vos aphtes commencent à se faire trop fréquents, avec tous les inconvénients que cela suppose, peut-être devriez-vous augmenter votre dose habituelle non seulement de vitamine C, mais également d'autres nutriments. D'après les recherches, il se pourrait en effet que vous ayez certaines carences alimentaires.

Même si les résultats des recherches demeurent peu concluants, diverses études ont établi un rapport entre les aphtes et une carence en folate, en fer et en vitamine B_{12}, et certains médecins sont persuadés qu'en augmentant la dose de ces nutriments, il est possible de prévenir l'apparition des aphtes.

La meilleure solution, selon les spécialistes de santé buccale, consiste à prendre un complément de multivitamines et de minéraux couvrant tous les besoins essentiels et comprenant les Valeurs quotidiennes pour ces nutriments.

Videz une gélule de vitamine E

Et si, malgré tous vos efforts, un aphte douloureux fait son apparition redoutée, un peu de vitamine E pourrait être le remède idéal. En revanche, suggère le Dr Zunka, au lieu d'avaler une gélule de vitamine E ou d'intégrer à vos repas plus d'aliments qui en contiennent, il vaut mieux dans ce cas ouvrir une gélule de vitamine E pour en répandre l'huile directement sur l'aphte, afin d'obtenir un soulagement immédiat de vos douleurs.

Arythmie cardiaque

◆

Apaiser les orages du cœur

Jour après jour, notre cœur doit assumer la tâche apparemment sans fin de pomper le sang dans tout l'organisme à travers 100 000 km d'artères, de veines et de capillaires. Quelque soixante-dix battements par minute, soit 4 200 par heure ou 100 800 par jour — les chiffres deviennent vite astronomiques, sans pour autant que la plupart d'entre nous y soyons particulièrement attentifs.

En revanche, si d'aventure le rythme habituel : *pom, pom*, se transforme en *pom-pom-a-pom* ou *pom-a-pom-pom*, cela risque fort de retenir l'attention — la vôtre ou celle de votre médecin. Ce type de pulsation irrégulière (également appelée arythmie cardiaque) survient lorsque les nerfs qui gèrent les contractions du cœur se détraquent.

En général, une pulsation cardiaque se déroule de manière parfaitement coordonnée, sous l'impulsion d'influx nerveux synchronisés de façon séquentielle pour amener tour à tour chaque cavité du cœur à se contracter. Lorsque tout se produit normalement, les oreillettes et les ventricules du cœur se contractent tour à tour selon une séquence bien orchestrée, de manière à pomper le sang jusqu'aux poumons et dans le reste du corps. En revanche, si les choses se gâtent, il arrive que les influx nerveux se produisent avec quelque retard ou que les nerfs entrent en action plus souvent qu'à leur tour. Parfois aussi, les cavités cessent de se contracter selon la séquence habituelle. Résultat ? Le cœur ne parvient plus à pomper le sang de manière aussi efficace.

Dans le cas d'un certain Joel Levine de Pine Brook dans le New Jersey, par exemple, le flux sanguin était tellement perturbé qu'il arrivait à ce patient américain de perdre parfois connaissance. « Malgré plusieurs changements dans les médicaments prescrits, mon arythmie ne cessait d'empirer, dit-il. Finalement la situation s'était tellement dégradée que j'avais une crise tous les jours. » Bien entendu, c'était extrêmement gênant. M. Levine travaillait comme vendeur de tissus d'ameublement, et le fait qu'il ait réussi à conserver son poste malgré ses pertes occasionnelles de connaissance témoigne de son extrême compétence professionnelle. « Lorsqu'il sentait qu'il risquait de perdre connaissance, il s'arrangeait pour aller s'allonger un moment, explique Anne, son épouse. En revanche, il n'y avait pas moyen de cacher à ses collègues que quelque chose n'allait pas. »

L'arythmie peut se présenter sous toutes sortes de variantes. Certaines, comme par exemple la fibrillation auriculaire (une série de contractions désorganisées, comme tremblotantes), dont souffrait précisément Joel Levine, sont déconcertantes ou même inquiétantes. D'autres, comme la fibrillation ventriculaire, peuvent être mortelles.

« Les sujets atteints d'arythmie grave sont généralement suivis par un médecin », souligne le Dr Michael A. Brodsky, professeur adjoint en médecine. C'est d'ailleurs souvent un médecin qui s'aperçoit de ce trouble, ajoute-t-il, car l'arythmie ne se manifeste pas forcément par des symptômes perceptibles.

Pour quelle raison le cœur perd-il ainsi son rythme ? Selon le Dr Brodsky, dans les cas graves, cela est probablement dû à une détérioration des artères coronaires ou du muscle cardiaque. Dans d'autres cas souvent liés aux maladies cardiovasculaires, en revanche, certains déséquilibres minéraux ont pour effet de perturber le fonctionnement nerveux normal du cœur.

La nutrithérapie soigne l'arythmie en ayant recours essentiellement à deux minéraux, le magnésium et le potassium. Les cellules nerveuses ont besoin de l'un comme de l'autre pour pouvoir transmettre les influx nerveux au bon moment, et une carence de l'un ou l'autre de ces minéraux peut provoquer des troubles susceptibles de mettre la vie en danger.

Les médecins connaissent depuis pas mal de temps déjà l'importance vitale du potassium pour le déroulement normal des pulsations cardiaques. En revanche, le magnésium est une toute autre histoire. « Il semblerait qu'un grand nombre de médecins ne se soient pas encore rendu compte de l'importance de ce minéral pour certains patients atteints de troubles cardiaques, relève le Dr Carla Sueta, professeur adjoint en médecine et cardiologie. Nous recevons en consultation des patients que nous envoient des médecins un peu partout dans l'état de Caroline du Nord, et dont les taux de magnésium n'ont fait l'objet d'aucune vérification systématique. »

Voici ce que nous révèlent les recherches sur ces deux minéraux cruciaux pour la santé du cœur.

Le magnésium régularise le rythme cardiaque

Divers travaux ont montré qu'en présence de certains types d'arythmie, le magnésium pouvait littéralement faire la différence entre la vie et la mort.

L'une de ces études, conduite par le Dr Sueta et ses collègues, a permis de constater que le risque d'arythmie ventriculaire pouvant mettre la vie en danger diminuait de plus de moitié chez les patients atteints d'insuffisance cardiaque auxquels des doses élevées de magnésium étaient administrées par voie intraveineuse, par comparaison avec ceux qui ne recevaient pas ce minéral.

« Il s'agit d'une constatation importante, car l'arythmie ventriculaire peut dégénérer en fibrillation ventriculaire pouvant entraîner très rapidement le décès du patient », explique le Dr Sueta. On a pu montrer au cours de cette étude que le magnésium diminuait de 53 à 76 % l'incidence de plusieurs types d'arythmie ventriculaire.

Joel Levine a par exemple constaté que ses crises ont entièrement cessé dans les 24 heures qui ont suivi sa première dose de 400 milligrammes de magnésium (la Valeur quotidienne).

Le magnésium administré par voie intraveineuse, ajoute le Dr Sueta, est aujourd'hui considéré comme le traitement de fond pour deux types d'arythmie : les torsades de pointes, un type inhabituel d'arythmie ventri-

---

Facteurs alimentaires

L'équilibre minéral joue un rôle important dans la régulation des pulsations cardiaques. Cependant, d'autres facteurs alimentaires peuvent également perturber le fonctionnement du muscle qu'est le cœur. Voici deux aliments à éviter et un autre à incorporer dans votre alimentation afin de prévenir l'arythmie.

Mangez du poisson. L'arythmie est surtout susceptible de se produire si le flux sanguin jusqu'au cœur est obstrué, comme c'est le cas lors d'une crise cardiaque. Quoique la validité de ces constatations n'ait pas encore été vérifiée chez l'être humain, une étude portant sur des animaux de laboratoire a montré qu'une alimentation riche en huiles de poisson (acides gras de type oméga 3) contribuait à diminuer le risque d'arythmie cardiaque mortelle parfois associée à une crise cardiaque.

Les médecins suggèrent de remplacer les graisses saturées par de l'huile de poisson, en substituant plusieurs fois par semaine du maquereau ou du saumon à la viande de bœuf ou de poulet, ou aux produits laitiers. Si vous souhaitez prendre des compléments d'huile de poisson, obtenez l'avis de votre médecin quant aux doses souhaitables, suggère le Dr Michael A. Brodsky, professeur adjoint en médecine.

culaire, et l'arythmie ventriculaire que peut entraîner le médicament couramment prescrit pour le cœur, la digitaline.

Les chercheurs poursuivent en outre des travaux préliminaires afin d'établir si la prise par voie orale d'un apport complémentaire de magnésium peut diminuer le risque d'arythmie chez les sujets atteints de maladies cardiovasculaires. « Nous cherchons actuellement à déterminer le dosage capable d'augmenter suffisamment le taux de magnésium dans le sang de ces patients pour être bénéfique », commente le Dr Sueta.

En attendant, elle-même et le Dr Brodsky soumettent tous leurs patients atteints de maladies cardiovasculaires à des tests afin de vérifier s'il y a bien déplétion magnésienne. Ils prescrivent un apport complémentaire de magnésium par voie orale ou son administration par voie intraveineuse lorsque les taux sanguins sont trop bas, et parfois des compléments par voie orale en présence de taux sanguins normaux mais lorsque les symptômes

Préférez les tisanes au café. Une faible quantité de caféine (moins de 300 milligrammes par jour, soit à peu près trois tasses de café) ne semble pas causer trop de problèmes. En revanche, toute quantité supérieure peut aggraver les irrégularités du rythme cardiaque, selon les experts.

Fuyez les réceptions. Quant aux excès de boisson, les preuves sont incontestables : ceux qui s'adonnent à la boisson s'exposent non seulement à un risque accru d'irrégularités du rythme cardiaque, mais ils sont plus susceptibles de mourir brusquement et de manière inattendue, peut-être par suite d'une arythmie mortelle. Même le fait de boire modérément — seulement un ou deux verres par jour — pourrait augmenter le risque en épuisant les réserves de l'organisme en magnésium et potassium.

Le Dr Brodsky précise cependant qu'il n'est pas indispensable aux sujets atteints d'arythmie de renoncer totalement à boire. « Je conseille à mes patients de prendre note des aliments et des boissons absorbés ainsi que de leurs activités et des symptômes perçus, explique-t-il. Si nous voyons apparaître une tendance suffisamment nette, il peut s'avérer nécessaire d'adopter certaines modifications de comportement, comme de limiter la quantité d'alcool absorbée. »

suggèrent qu'une thérapie magnésienne pourrait être utile. « Lorsque les taux sanguins sont trop bas, on est à peu près certain que le sujet est en déficit, commente le Dr Brodsky. En revanche, certaines personnes peuvent avoir des réserves de magnésium insuffisantes dans les tissus de l'organisme alors que les taux sanguins sont normaux. »

Il est une chose au sujet de laquelle plus de médecins que jamais semblent d'accord, c'est qu'un bon nombre de patients atteints de troubles cardiaques se porteraient mieux s'ils absorbaient davantage de magnésium. « J'irais jusqu'à dire que 50 à 60 % des personnes que j'ai l'occasion d'examiner présentent au moins une légère carence en magnésium », souligne le Dr Brodsky.

Obtenir suffisamment de magnésium

Selon le Dr Sueta, diverses études ont montré que 65 % de tous les patients hospitalisés en unités de soins intensifs et 11 % des patients admis dans les autres services hospitaliers présentent une carence en magnésium. Il en va de même de 20 à 35 % des sujets atteints d'insuffisance cardiaque. « Il s'agit d'une carence bien plus courante que ne le pensent la plupart des gens », souligne-t-elle.

Le déficit en magnésium peut d'ailleurs être provoqué par les médicaments précisément destinés à soulager les troubles cardiaques. Certains types de diurétiques (remèdes pour éliminer l'eau), de même que la digitaline, amènent l'organisme à excréter non seulement le magnésium, mais aussi le potassium. En outre, la carence magnésienne est souvent la cause sous-jacente d'une carence induite en potassium, ajoute le Dr Brodsky. « Le taux de magnésium dans l'organisme détermine le taux d'une enzyme spécifique qui gère la quantité de potassium dans le corps, poursuit-il. Par conséquent, si vous êtes en déficit magnésien, il se peut que cela provoque une carence en potassium sans qu'aucun apport complémentaire de ce minéral soit capable de rétablir l'équilibre, à moins que vous puissiez obtenir suffisamment de magnésium. »

Si vous êtes atteint d'arythmie, le Dr Brodsky vous suggère de consulter votre médecin quant à la possibilité de prendre un complément de magnésium. Faites vérifier votre taux sanguin de ce minéral, et après avoir commencé à en prendre un complément, faites vérifier régulièrement vos taux sanguins de magnésium et de potassium, surtout si vous prenez l'un de ces minéraux en grande quantité.

« La quantité de magnésium qui vous est nécessaire dépend des résultats de vos analyses sanguines, précise le Dr Brodsky. Nous n'avons pas tous besoin d'en prendre la même dose. »

Le Dr Brodsky et le Dr Sueta administrent tous deux à leurs patients des compléments de lactate de magnésium. Ce dernier, ainsi que le gluconate de magnésium, sont deux formes facilement assimilables et risquant moins de provoquer des diarrhées que l'oxyde et l'hydroxyde de magnésium, les deux autres formes de magnésium. (L'hydroxyde de magnésium se trouve dans des produits comme Lubentyl à la magnésie, Moxydar et Maalox.)

Magné-B_6 et Oligosol magnésium sont des médicaments à base de lactate et de gluconate de magnésium. On peut en prendre jusqu'à 450 milligrammes par jour.

Le Dr Brodsky s'est aperçu que le magnésium pouvait augmenter l'efficacité de certains médicaments pour le cœur comme la digoxine. « La majorité des gens ne peuvent cesser complètement de prendre leurs médicaments, mais ils pourraient envisager d'en diminuer la dose », commente le Dr Brodsky, en ajoutant qu'il est important de réduire le dosage lentement et progressivement, sous la surveillance de son médecin. En effet, vos troubles cardiaques risqueraient de s'aggraver si vous cessiez d'un jour à l'autre de prendre vos médicaments.

Quoique le magnésium soit considéré comme un minéral relativement dénué de toxicité, même à doses élevées, n'en prenez pas sous forme de complément alimentaire sans surveillance médicale si vous êtes atteint de troubles rénaux ou cardiaques. En effet, vos rythmes cardiaque et respiratoire pourraient se ralentir à l'excès.

Diverses études ont montré que les hommes absorbaient 329 milligrammes de magnésium par jour, tandis que les femmes en obtiennent 207 milligrammes en moyenne. Les aliments ayant la teneur la plus élevée en magnésium sont les graines entières comme les haricots secs, les noix et les céréales complètes. Légumes verts et bananes en sont également une bonne source.

Le potassium est l'allié du cœur

Il ne fait aucun doute que le potassium est tout aussi important que le magnésium pour la régularité du rythme cardiaque, et les médecins en sont conscients. Chez les sujets atteints de troubles cardiaques, un déficit en potassium est le plus souvent diagnostiqué et rapidement corrigé. Un rythme cardiaque irrégulier, accompagné de faiblesse musculaire et de confusion, sont parmi les signes classiques d'une carence en potassium.

« Contrairement au magnésium, les taux de potassium sont étroitement régulés dans les reins, et l'organisme conserve généralement ce minéral », souligne le Dr Brodsky. Les sujets dont la fonction rénale est normale et le muscle cardiaque en bonne santé ont généralement des taux sanguins adéquats de potassium, même s'ils ne mangent qu'une ou deux portions de fruits et légumes par jour.

Ce n'est que lorsque quelque chose se produit pour entraver la tendance des reins à emmagasiner le potassium que l'on est exposé à une carence grave en potassium, pouvant provoquer une arythmie cardiaque. « Les individus qui prennent des diurétiques du type thiazidique ou de la digitaline, ceux

---

Prescriptions vitaminiques

Afin de prévenir les troubles que peut provoquer l'arythmie cardiaque, les experts recommandent de veiller à obtenir la Valeur quotidienne des deux nutriments suivants.

Nutriment	Dose par jour
Magnésium	400 milligrammes
Potassium	3 500 milligrammes

MISE EN GARDE : Si l'on a diagnostiqué chez vous une arythmie cardiaque, vous devez être sous la surveillance d'un médecin.

L'équilibre des taux minéraux est important pour la santé du cœur, mais les sujets atteints d'irrégularité des pulsations cardiaques ne doivent prendre des compléments de minéraux que sous la surveillance d'un médecin. En effet, la quantité de minéraux dont ils ont besoin dépend de leur taux sanguin, qui doit être surveillé de près.

Les sujets atteints de troubles rénaux doivent obtenir l'avis de leur médecin avant de prendre un complément de magnésium.

Les diabétiques, les personnes souffrant de maladie rénale et les sujets qui prennent régulièrement certains médicaments (notamment des anti-inflammatoires non stéroïdiens, des diurétiques d'épargne potassique, des inhibiteurs de l'enzyme de conversion de l'angiotensine, ainsi que des médicaments pour le cœur tels que l'héparine, ne doivent pas prendre de compléments de potassium.

dont la fonction rénale est déficiente ou encore les alcooliques, finissent souvent par avoir une carence en potassium, à moins d'en prendre sous forme de complément », relève le Dr Brodsky. Des diarrhées ou des vomissements prolongés, ainsi que l'abus de laxatifs, peuvent également causer une chute dangereuse du taux de potassium.

Là encore, la dose de potassium qui convient à telle ou telle personne varie en fonction des taux sanguins de ce minéral. L'excès de potassium ne vaut pas mieux que sa carence. Les compléments de potassium sont formellement déconseillés aux patients diabétiques ou atteints de maladie rénale et aux sujets qui prennent certains médicaments, notamment des anti-inflammatoires non stéroïdiens, des diurétiques d'épargne potassique, des inhibiteurs de l'enzyme de conversion de l'angiotensine, ainsi que des médicaments pour le cœur tels que l'héparine.

« Même si les médecins conseillent à leurs patients de manger davantage d'aliments riches en potassium, il est exclu, lorsqu'un sujet prend des doses élevées de diurétiques, qu'il puisse couvrir entièrement ses besoins en potassium par le biais de l'alimentation », souligne le Dr Sueta.

La Valeur quotidienne pour le potassium est de 3 500 milligrammes. Diverses études montrent que parmi l'ensemble de la population, la quantité absorbée varie considérablement, pouvant aller de 1 000 à 3 400 milligrammes par jour. Pour emmagasiner le plus possible de potassium, le meilleur moyen consiste à manger beaucoup de produits frais — fruits, légumes et viandes — et de boire des jus frais. Une banane moyenne fournit 451 milligrammes de potassium ; une tasse de melon cantaloup débité en morceaux en contient 494 milligrammes et une tasse de chou cuit, 146 milligrammes.

Asthme

◆

S'ouvrir pour mieux respirer

Vous voulez savoir ce que ressent un asthmatique ?

« Commencez par vous boucher le nez, puis essayez de respirer à travers une paille », suggère Nancy Sander, présidente de l'Association *Allergy and Asthma/Mothers of Asthmatics*. Efforcez-vous alors de monter un escalier ou de courir derrière quelque chose de rapide, un bambin débordant d'énergie par exemple. Vous ne tarderez pas à chercher votre respiration de la même manière qu'un asthmatique durant une crise. « Il y a de quoi se sentir terri-fié », commente Mme Sander.

Les conditions sont réunies pour provoquer une crise d'asthme lorsque notre système immunitaire est allergique (ou hypersensible) — c'est là une caractéristique héréditaire — et que nous sommes exposés à des déclencheurs ou allergènes dans notre environnement tels que squames d'animaux, moisissures et pollens, ou à divers déclencheurs liés à l'environnement tels que la pollution aérienne, l'air froid et la fumée de cigarette. Il existe encore d'autres facteurs déclencheurs : les infections respiratoires, le rhume, le rire, les larmes, la colère, l'exercice physique et le stress.

L'asthme présente deux aspects majeurs. Le premier est bruyant — respiration sifflante, toux, impression d'étouffer, de chercher sa respiration. C'est ce que la plupart des gens qualifient de crise d'asthme, ou bronchospasmes et congestion.

Le deuxième aspect de l'asthme ne fait pas de bruit. Il s'agit de l'inflammation — un élément de l'asthme toujours présent mais pas toujours perçu. Exactement comme en été, on s'aperçoit parfois seulement longtemps après être resté en plein air qu'on a pris un coup de soleil, l'inflammation des voies respiratoires passe inaperçue jusqu'à ce que les dégâts soient devenus si importants qu'une crise d'asthme se déclenche.

Au cours d'une crise, les muscles qui entourent les bronches se contractent, rétrécissant les voies respiratoires au point de rendre la respiration problématique.

Les asthmatiques chroniques ont également une inflammation des poumons. Les membranes recouvrant les parois internes des voies respi-ratoires deviennent congestionnées et perméables, et les glandes à l'intérieur des parois produisent trop de mucus. « Cela complique énormément la tâche des poumons qui est de permettre des échanges gazeux, recueillant l'oxygène de l'air et rejetant le gaz carbonique hors de l'organisme », explique le Dr Ronald Simon, chef de service en allergie et immunologie .

L'asthme est généralement traité à l'aide de médicaments conçus pour dilater les voies respiratoires et diminuer l'inflammation, ainsi qu'en respectant un certain nombre de précautions pour éviter de s'exposer aux substances susceptibles de déclencher une crise. Pour certains, cela impliquera de trouver un nouveau foyer pour leur animal domestique, d'échanger la moquette contre du linoléum ou d'éviter toute exposition à la fumée de tabac, aux gaz d'échappement des véhicules automobiles ainsi qu'aux émanations chimiques.

Un nutrithérapeute pourra conseiller à un patient asthmatique, surtout s'il s'agit d'un jeune enfant, de se soumettre à certains tests afin de déterminer les éventuels aliments auxquels il pourrait être allergique. En revanche, selon les experts, il est rare que l'on préconise aux asthmatiques un apport complémentaire de vitamines ou de minéraux.

Certaines recherches suggèrent néanmoins que divers nutriments pourraient jouer un rôle dans l'asthme en atténuant la sensibilité des voies respiratoires et l'inflammation.

Voici ce qu'ont montré les recherches.

(*Remarque* : Même si vous vous sentez suffisamment bien pour diminuer votre dose de médicaments contre l'asthme, les experts déconseillent formellement d'agir ainsi à moins d'être sous surveillance médicale. En effet, l'interruption brutale des médicaments contre l'asthme pourrait causer des problèmes.)

Le magnésium a son importance

« Certaines propriétés du magnésium semblent susceptibles d'être bénéfiques aux patients asthmatiques », note le Dr John Britton, maître de conférences en unité médicale respiratoire.

Ainsi que l'explique ce médecin, ce minéral essentiel contribue à diminuer l'inflammation en stabilisant les cellules immunitaires — mastocytes et lymphocytes T — afin qu'elles risquent moins de se désagréger en déversant dans les poumons les substances irritantes qu'elles contiennent. Il aide également l'organisme à éliminer certaines substances chimiques irritantes pour les poumons. En outre, le magnésium participe à la formation dans l'organisme de prostacyclines, qui sont des substances biochimiques anti-inflammatoires.

« Toutes ces fonctions pourraient contribuer à soulager chez les asthmatiques la congestion, la sensation d'étouffement et l'hypersensibilité, ainsi que d'autres troubles pulmonaires », souligne le Dr Britton.

Une étude conduite par ce spécialiste et ses collègues a permis de constater que les sujets qui obtenaient environ 480 milligrammes de magnésium par jour par le biais de l'alimentation parvenaient à expulser davantage d'air de leurs poumons que ceux qui n'en obtenaient qu'environ 200 milligrammes par jour. (Le volume d'air pouvant être expulsé est considéré comme un indicateur important de la santé des poumons.) Les sujets qui obtenaient la plus grande quantité de magnésium étaient également deux fois plus susceptibles de pouvoir supporter la dose maximale

(*suite page 120*)

Facteurs alimentaires

C'est sous forme de réaction aux protéines ou aux additifs utilisés dans certains aliments que le lien de cause à effet entre l'alimentation et l'asthme se manifeste le plus clairement. Divers autres facteurs tels que le sel et la caféine pourraient également jouer un rôle. Voici ce qu'il importe de savoir.

Cherchez à atteindre le poids corporel idéal. « Les asthmatiques trop corpulents ont du mal à respirer. Le surplus de poids entrave leur respiration, surtout lorsqu'ils doivent fournir un effort, en raison de la pression exercée sur le diaphragme par l'abdomen, explique la diététicienne Lana Miller. Leur préoccupation essentielle devrait être d'atteindre un poids raisonnable. C'est souhaitable chez 95 % de tous les asthmatiques. »

Les personnes qui prennent des stéroïdes oraux doivent être particulièrement vigilantes afin d'éviter une prise de poids, ajoute-t-elle, car ces médicaments peuvent stimuler l'appétit et entraîner la rétention d'eau.

Attention au guacamole. Grâce aux lois qui exigent de nos jours que la présence de sulfites soit indiquée sur les étiquettes, il est relativement facile pour les asthmatiques d'éviter cet agent de conservation potentiellement mortel. Les fruits et légumes séchés ou en boîte, les préparations instantanées et le vin sont les types d'aliments du commerce les plus susceptibles de contenir de grandes quantités de sulfites, souligne le Dr Martha White, directrice de recherches et de pédiatrie au sein de l'Institut pour l'asthme et l'allergie.

Malgré tout, il est toujours possible d'absorber des sulfites sans le savoir. Divers aliments tels que pommes de terre, fruits de mer, crevettes, crudités et guacamole (purée d'avocat) sont souvent traités par addition de sulfites. En outre, l'étiquette des bières et vins importés ne mentionne pas toujours la présence de sulfites, ajoute le Dr White. « C'est lorsque nous mangeons au restaurant que nous risquons le plus d'absorber des sulfites sans le savoir », ajoute-t-elle. En effet, nous n'avons aucun moyen de connaître l'origine des aliments ni la manière de les préparer.

Elle suggère de téléphoner à l'avance afin de déterminer quels aliments inscrits au menu d'un restaurant contiennent des sulfites, si toutefois c'est bien le cas.

Évitez le sel. Les personnes qui prennent des médicaments stéroïdiens pour soigner leur asthme pourraient avoir intérêt à surveiller la quantité de sodium absorbée, en raison des problèmes liés à la rétention d'eau, souligne Mme Miller.

La meilleure stratégie pour réduire la consommation de sel est d'éviter les aliments industriels. « Tout aliment contenant plus de 400 milligrammes de sodium par portion est considéré comme très riche en sel », précise-t-elle. Les potages en boîte, les plats préparés comme les macaroni au fromage, le fromage blanc et la viande de porc en conserve sont tous très riches en sodium.

Préférez le poisson. L'huile que contiennent les poissons gras comme le maquereau, le saumon et l'espadon est dotée d'un effet anti-inflammatoire pouvant être bénéfique à certains asthmatiques. Dans le cadre d'une étude menée à bien par des chercheurs britanniques, des asthmatiques qui prenaient chaque jour 18 gélules d'huile de poisson avaient moins de difficultés respiratoires quelques heures après avoir été exposés à un produit pour inhalation conçu pour faire apparaître des symptômes d'asthme. Certains médecins suggèrent tout simplement de consommer du poisson, une ou deux fois par semaine, au lieu de la viande ou de la volaille que vous mangez habituellement.

Identifiez les aliments déclencheurs. D'après le Dr White, certaines personnes, en particulier les enfants, peuvent avoir une crise d'asthme peu après avoir mangé certains aliments spécifiques : cacahuètes, œufs, poisson, fruits de mer, lait, soja, blé ou bananes.

Les personnes qui pensent avoir de telles allergies alimentaires — ou qui renoncent à donner certains aliments à leur enfant dans l'espoir d'améliorer ses symptômes — doivent être particulièrement attentives à conserver une alimentation équilibrée, poursuit-elle. « Si vous écartez les produits laitiers, par exemple, il est important de prévoir un apport complémentaire de calcium ».

Buvez du lait. Malheureusement, ajoute Mme Miller, certains parents continuent de croire que le lait et les produits laitiers génèrent une grande quantité de mucus dans les poumons, comme on le pensait autrefois. Cette diététicienne affirme avec force qu'il n'existe tout simplement aucune raison valable de priver les enfants asthmatiques de ces types d'aliments, si importants pour construire une ossature robuste.

d'un produit pour inhalation ayant pour effet de resserrer les voies respiratoires, ajoute le Dr Britton.

« D'autres travaux restent à effectuer pour confirmer que le magnésium peut effectivement contribuer à maîtriser l'asthme », ajoute ce médecin. Lui-même et d'autres chercheurs sont toutefois d'accord pour affirmer qu'il est judicieux d'en absorber la Valeur quotidienne, qui est de 400 milligrammes. Diverses études ont montré que la plupart des gens n'en obtiennent pas cette quantité.

« Je recommande de manger surtout des aliments complets n'ayant pas subi de transformation industrielle, comme des noix, des haricots secs et des céréales complètes », ajoute le Dr Britton. Il suggère également de boire « chaque jour 450 ml de bière brune (la stout des pays anglo-saxons, épaisse et forte), qui est une autre source intéressante de magnésium ». D'ailleurs, précise-t-il encore, n'importe quelle bière fera l'affaire.

Si vous envisagez de prendre un apport complémentaire de magnésium et que vous êtes atteint de troubles rénaux ou cardiaques, prenez la précaution d'obtenir au préalable l'avis de votre médecin.

Il est intéressant de noter que le magnésium est parfois administré par voie intraveineuse pour traiter des crises d'asthme particulièrement graves. Des doses élevées de ce minéral ont en effet la propriété de détendre les muscles qui entourent les vaisseaux sanguins et les voies respiratoires. Le magnésium intraveineux peut être bénéfique aux asthmatiques victimes d'un type de crise pouvant mettre la vie en danger, l'état de mal asthmatique, sur lequel les médicaments habituels restent sans effet. Les médecins du centre médical Wilford Hall à San Antonio, au Texas, précisent que l'efficacité de ce traitement semble liée à la rapidité de pénétration du magnésium dans l'organisme.

La vitamine C pourrait soulager la respiration sifflante

Certains asthmatiques prennent un apport complémentaire de vitamine C, car ce nutriment jouit d'une réputation légendaire pour lutter contre les virus. Selon certaines recherches, il semblerait effectivement que la vitamine C puisse diminuer la durée et la gravité des rhumes, un avantage important pour les asthmatiques dont les symptômes ont facilement tendance à s'aggraver dès l'apparition d'une infection respiratoire.

Mais il se pourrait que la vitamine C fasse mieux encore que de soulager reniflements et éternuements.

Une étude conduite par des chercheurs de l'école médicale Harvard a permis de constater que les fumeurs qui absorbaient chaque jour au moins

Prescriptions vitaminiques

La plupart des médecins traitent l'asthme à l'aide de médicaments, plutôt que d'avoir recours aux vitamines et minéraux. Ceux qui pratiquent la nutrithérapie conjuguent généralement cette approche avec l'usage de certains médicaments, en recommandant parallèlement d'éviter toute exposition à des substances capables de déclencher une crise d'asthme. Voici les nutriments que préconisent certains médecins.

Nutriment	Dose par jour
Bêtacarotène	25 000 unités internationales
Magnésium	400 milligrammes
Niacine	100 milligrammes
Sélénium	100 microgrammes
Vitamine B_6	50 milligrammes
Vitamine C	500 à 1 000 milligrammes
Vitamine E	800 unités internationales

MISE EN GARDE : *Si vous êtes asthmatique, vous devez être suivi par un médecin.*

Même si vous vous sentez suffisamment bien pour diminuer la dose de médicaments prescrits pour l'asthme, les spécialistes déconseillent formellement de le faire autrement que sous la surveillance d'un médecin. En effet, la cessation brutale des médicaments pour l'asthme pourrait entraîner divers problèmes.

Si vous êtes atteint de troubles rénaux ou cardiaques, obtenez l'accord de votre médecin avant de prendre un complément de magnésium.

Il est judicieux de consulter votre médecin avant de prendre la dose élevée de vitamine E préconisée ici. Si des médicaments anticoagulants vous ont été prescrits, vous ne devez pas prendre de vitamine E sous forme de complément alimentaire.

200 milligrammes de vitamine C (soit l'équivalent de trois oranges) bénéficiaient d'une diminution de 30 % du risque de bronchite ou de respiration sifflante, par comparaison avec les sujets d'un groupe témoin qui n'absorbaient qu'environ 100 milligrammes de vitamine C par jour.

Une autre étude effectuée par la même équipe de chercheurs a montré que la vitamine C contribuait à maintenir la santé des poumons. Les sujets qui absorbaient environ 200 milligrammes de vitamine C par jour obtenaient les meilleurs résultats à l'occasion de tests destinés à mesurer l'aptitude de leurs poumons à se dilater pour se remplir d'oxygène.

« Cette étude suggère qu'il existe une corrélation entre une alimentation fournissant à l'organisme une grande abondance de vitamine C et l'amélioration de la capacité pulmonaire », relève l'un des coauteurs de cette étude, le Dr Scott Weiss, professeur adjoint en médecine. « Le fait d'absorber suffisamment de vitamine C pourrait jouer un rôle important en diminuant le risque de maladie pulmonaire chronique et notamment d'asthme. »

Dans diverses autres études, on a constaté que le fait de prendre de la vitamine C bien avant l'apparition des symptômes diminuait la tendance des participants à subir une crise d'asthme lorsqu'ils faisaient de l'exercice physique.

La vitamine C pourrait protéger les poumons de plusieurs manières, ajoute le Dr Vahid Mohsenin, chercheur au laboratoire John B. Pierce.

En premier lieu, elle exerce un effet protecteur contre les effets nocifs des substances chimiques présentes dans la fumée ou le brouillard de type smog, neutralisant ces éléments chimiques qui cessent alors d'être nuisibles aux cellules. Cette action est importante, car l'asthme s'aggrave souvent lorsque le sujet est exposé à la pollution atmosphérique, souligne le Dr Mohsenin. La vitamine C peut également neutraliser les substances chimiques nuisibles générées par l'organisme et résultant de l'inflammation due à l'asthme, contribuant ainsi à prévenir l'apparition d'un cercle vicieux où chaque crise d'asthme est plus grave que la précédente.

Il semblerait en outre que la vitamine C joue le rôle d'antihistaminique naturel, c'est-à-dire qu'elle contribue à diminuer la sensibilité des poumons à l'histamine, une substance biochimique générée par les cellules au cours des réactions allergiques. « De plus, la vitamine C atténue la sensibilité des poumons à une substance biochimique appelée méthacholine, qui provoque un rétrécissement des voies respiratoires », ajoute le Dr Mohsenin. De surcroît, poursuit-il, la vitamine C entrave la production dans l'organisme des prostaglandines et des leucotriènes, deux agents biochimiques potentiellement nocifs pouvant provoquer une inflammation et un rétrécissement des voies respiratoires.

Les médecins qui recommandent la vitamine C à leurs patients asthmatiques qui font régulièrement de l'exercice en prescrivent entre 500 et 1 000 milligrammes par jour. Cette dose est considérée comme pratiquement dénuée de toxicité, mais l'absorption d'une dose plus élevée peut provoquer des diarrhées chez certaines personnes.

Les antioxydants protègent les poumons

Les chercheurs qui affirment que la vitamine C est bénéfique pour les asthmatiques soulignent que d'autres nutriments dotés de propriétés antioxydantes comparables pourraient également leur être utiles. Il s'agit notamment de la vitamine E, du sélénium et du bêtacarotène, un pigment jaune présent dans les carottes, le melon cantaloup et divers autres fruits et légumes. « Les travaux de laboratoire indiquent que ces trois nutriments contribuent à réduire les substances biochimiques qui produisent l'inflammation », ajoute le Dr Simon.

Jusqu'ici, cependant, une seule étude s'est intéressée à l'utilisation d'un de ces nutriments comme apport complémentaire chez les asthmatiques. Dans le cadre de cette étude, effectuée par des chercheurs suédois, des sujets asthmatiques qui avaient pris chaque jour pendant 14 semaines 100 microgrammes de sélénium avaient des poumons plus robustes et étaient moins sensibles aux produits inhalants ayant pour effet de rétrécir les voies respiratoires que ceux qui n'avaient reçu qu'un placebo (une pilule inerte).

L'organisme a besoin de sélénium pour produire une enzyme appelée glutathion péroxidase ; cette dernière contribue à protéger les cellules en décomposant les substances biochimiques qui sont à l'origine de l'inflammation.

« Il est encore trop tôt pour affirmer qu'un apport complémentaire de sélénium pourrait aider les asthmatiques », précise le Dr Simon. Les personnes souhaitant avoir recours à cette approche peuvent sans danger prendre 100 microgrammes de sélénium par jour, ce qui correspond à la dose qui s'est avérée bénéfique dans le cadre de l'étude suédoise, précise-t-il. (La Valeur quotidienne est de 70 microgrammes.)

Divers travaux ont montré qu'une alimentation suffisamment variée et bien équilibrée fournit à la majorité des gens environ 100 microgrammes de sélénium par jour. Les spécialistes en nutrition mettent en garde contre tout excès de ce nutriment, et précisent que le seuil maximal et dénué de toxicité, à obtenir journellement par le biais des aliments et d'un éventuel complément, ne doit pas dépasser 200 microgrammes.

Les personnes qui souhaitent prendre d'autres nutriments antioxydants peuvent sans danger y ajouter journellement jusqu'à 800 unités internationales de vitamine E et 25 000 unités internationales de bêtacarotène, ajoute le Dr Simon. Il est judicieux d'obtenir l'avis de votre médecin avant de prendre plus de 600 unités internationales de vitamine E par jour.

Le groupe B à la rescousse

Certaines vitamines du groupe B, notamment la vitamine B_6 et la niacine, se sont également révélées bénéfiques pour les asthmatiques. Une étude sur des enfants asthmatiques a permis de constater que des doses journalières de 100 ou 200 milligrammes de vitamine B_6 permettaient de diminuer radicalement la fréquence, la durée et la gravité des crises d'asthme. Au cours d'une étude ultérieure effectuée par des chercheurs du *National Jewish Center for Immunology and Respiratory Medicine* à Denver, on a toutefois constaté que le fait d'administrer 300 milligrammes de vitamine B_6 à des sujets adultes atteints d'asthme grave n'avait permis d'obtenir aucune amélioration par rapport aux sujets du groupe témoin qui n'avaient reçu qu'un placebo.

Malgré tout, certains médecins recommandent à leurs patients asthmatiques un apport complémentaire de 50 milligrammes de vitamine B_6 par jour. D'autre part, une étude effectuée par des chercheurs sud-africains a montré que les sujets qui prenaient leur dose quotidienne de théophylline, un médicament couramment prescrit aux asthmatiques, en même temps que 15 milligrammes de B_6, étaient moins exposés aux effets indésirables du médicament pharmaceutique : irritabilité, anxiété et tendance aux évanouissements. Des doses supérieures à 100 milligrammes de B_6 par jour peuvent causer une irritation nerveuse et il est formellement déconseillé d'en prendre davantage sans être sous la surveillance d'un médecin.

Diverses études ont permis de constater qu'un apport complémentaire de niacine diminuait l'incidence de respiration sifflante, peut-être parce que ce nutriment inhibe la libération d'histamine. Des chercheurs à l'université Harvard, par exemple, ont découvert que les sujets à qui l'alimentation fournissait le plus de niacine étaient considérablement moins exposés à la bronchite ou la respiration sifflante que les personnes qui en absorbaient le moins. Ils ont de plus découvert une corrélation entre des taux sanguins de niacine moins élevés et des épisodes plus fréquents de respiration sifflante.

Les médecins qui recommandent à leurs patients asthmatiques de prendre de la niacine suggèrent une dose d'environ 100 milligrammes par jour.

Outre les nutriments déjà mentionnés, certaines études laissent à penser que le calcium, le zinc, le cuivre et la vitamine D pourraient tous jouer un rôle auxiliaire en contribuant à soulager les symptômes asthmatiques. Autant de bonnes nouvelles ! « Je n'ai pas le moindre doute que les asthmatiques se porteront mieux à long terme s'ils adoptent une alimentation saine et bien équilibrée », conclut Mme Sander.

Bériberi

◆

Ingérer suffisamment de thiamine

Voici à peu près ce qui a dû se passer, à en croire la légende : au XIXᵉ siècle, un médecin de la marine hollandaise se retrouva en Extrême-Orient, où il fut amené à s'intéresser aux manifestations d'une étrange maladie. Il était en train de recevoir ses patients et venait d'appeler le suivant lorsqu'au lieu de voir celui-ci se présenter sur le seuil, il entendit une voix faible gémir « Bériberi » !

Une traduction approximative de ce terme cinghalais, la langue d'un minuscule pays appelé Sri Lanka, donnerait à peu près ceci : « Je ne peux, je ne peux ! » Le patient potentiel était tout simplement incapable de trouver la force musculaire nécessaire pour se lever et parvenir jusqu'au médecin. C'est ainsi que sa réponse est devenue le nom même de cette mystérieuse maladie.

Des années plus tard, un lien fut établi entre ce trouble, qui entraîne le déclin progressif de la coordination musculaire, et une carence en thiamine. Quoique le riz et les céréales complètes, qui constituent la base de l'alimentation dans ces régions de la planète, soient une source naturelle de thiamine, les processus de raffinage pour les rendre aptes à la consommation éliminent ce nutriment. Résultat : à force de se nourrir de riz et de céréales dévitalisées, les peuplades de ces pays finissent par avoir un déficit en thiamine. Cette carence ne tarde pas à provoquer divers symptômes tels qu'œdème et insensibilité des jambes, accumulation de fluide dans le muscle cardiaque, grave atrophie musculaire, irritabilité et nausée.

Aux États-Unis, l'addition de thiamine au riz et aux diverses farines a permis d'éliminer pratiquement toutes les formes de bériberi. « Même des aliments comme le pain blanc et les beignets — que personne n'oserait qualifier de très sains — sont modestement bénéfiques car ils sont enrichis en thiamine », souligne le Dr Robert Keith, professeur dans un service de nutrition et de science alimentaire.

Réparer les dégâts de l'alcoolisme

Hélas, l'abus d'alcool continue malgré tout à provoquer l'apparition de ce trouble. En effet, la cause la plus courante de béribéri dans les pays occidentaux est l'alcoolisme. « C'est bien simple, le métabolisme de l'éthanol épuise les réserves de thiamine dans l'organisme », commente le Dr Keith.

Par voie de conséquence, certains alcooliques présentent un trouble appelé syndrome de Wernicke-Korsakoff, proche du béribéri, se manifestant par divers symptômes : grave diminution de la mémoire, démarche mal assurée et perte d'appétit, ajoute le Dr Gary E. Gibson, professeur de neuroscience. « Lorsque l'on diminue radicalement la quantité de thiamine

---

Prescriptions vitaminiques

Les cas de béribéri sont rares aujourd'hui dans les pays occidentaux. Lorsque les médecins constatent qu'un patient est atteint de cette maladie liée à une carence en thiamine, ils administrent cette vitamine par voie intraveineuse ou intramusculaire.

La thiamine n'est administrée par voie intraveineuse qu'en cas de carence grave. Dans les cas bénins, les médecins prescrivent un apport de thiamine par voie buccale, ainsi que d'autres vitamines du complexe B.

Nutriment	Dose par jour
Thiamine	50 à 100 milligrammes, à administrer par voie intraveineuse ou intramusculaire durant 7 à 14 jours

MISE EN GARDE : *Si vous pensez avoir les symptômes du béribéri, il est important que vous consultiez un médecin afin d'obtenir un diagnostic précis ainsi qu'un traitement approprié.*

absorbée, on diminue également l'aptitude du cerveau à utiliser le glucose. Le résultat en est une diminution des capacités intellectuelles », explique ce médecin. Une carence grave en thiamine a non seulement pour effet de détruire les cellules cérébrales qui commandent la mémoire, mais il est possible qu'elle provoque l'augmentation d'une protéine qui semble jouer un rôle dans l'apparition de la maladie d'Alzheimer, ajoute le Dr Gibson.

De nos jours, lorsque les médecins rencontrent une carence grave en thiamine, ils administrent cette vitamine par voie intraveineuse ou intramusculaire, généralement en doses de 50 à 100 milligrammes par jour durant 7 à 14 jours. Veuillez vous reporter à la page 75 pour des informations très complètes sur l'utilité des nutriments dans le traitement de l'alcoolisme.

Bleus et ecchymoses

Gommer les taches inesthétiques

Rien de plus courant que les bleus. Il suffit de trébucher sur un coin de tapis ou de se cogner contre le montant du lit pour en avoir un. Et lorsque le téléphone sonne, mieux vaut éviter de se précipiter pour y répondre, sans se méfier du tiroir inférieur laissé ouvert par inadvertance. Aïïïe ! En voilà un qui fait diablement mal.

Chacun d'entre nous a déjà eu sa part de bleus. Il suffit en effet d'un coup franc et rapide pour que les vaisseaux sanguins juste sous la peau éclatent, répandant du sang dans les tissus environnants et créant ainsi cette palette de couleurs variées où l'on perçoit du noir, du bleu, du pourpre, du jaune et du vert et que nous qualifions de bleu. Avant que disparaisse ce souvenir pour le moins coloré, il faut que l'organisme réabsorbe tout l'épanchement de sang, ce qui peut prendre des jours ou même des semaines en fonction de l'étendue des dégâts.

Si, pour la majorité d'entre nous, les bleus ne sont qu'un inconvénient mineur, quoique parfois douloureux, pour certains, en particulier les personnes du troisième âge, cela peut devenir un véritable cauchemar. Avec le vieillissement, la peau s'affine et se fragilise, d'autant plus qu'elle a été exposée au soleil des années durant. Par voie de conséquence, les vaisseaux sanguins situés immédiatement sous l'épiderme sont plus vulnérables et s'altèrent plus facilement. C'est pour cette raison que les personnes âgées présentent souvent un trouble appelé purpura sénile, qui se manifeste au moindre contact par l'apparition de bleus sur les mains, les bras et parfois les jambes. Il faut ensuite des mois pour que la peau reprenne son aspect normal.

« Pratiquement toute personne septuagénaire ou octogénaire est plus ou moins affectée », souligne le Dr Melvin L. Elson, directeur médical d'un Centre de dermatologie, coauteur du livre *The Good Look Book* et responsable du périodique *Evaluation and Treatment of the Aging Face*.

Si vous avez facilement des bleus, un traitement d'urgence très simple peut vous aider à guérir. Utilisez une vessie de glace enveloppée dans une serviette éponge que vous appliquerez périodiquement sur le bleu au cours des 24 heures qui suivent son apparition. Le lendemain, faites des compresses chaudes. Mais si vous en avez vraiment assez d'avoir des bleus et que vous tenez à éviter leur apparition à l'avenir, de nombreux experts préconisent la prise de zinc et l'application locale d'un peu de pommade enrichie en

---

Facteurs alimentaires

Dans le traitement des bleus, il semble que les vitamines C et K aient retenu l'attention de la majorité des chercheurs. Certains d'entre eux, cependant, sont persuadés que les bioflavonoïdes — des substances chimiques complexes proches de la vitamine C et présentes dans les fruits et légumes — mériteraient peut-être d'être étudiés de plus près.

Mangez des agrumes. En mangeant une abondance d'oranges et d'autres agrumes, vous pouvez multiplier votre taux de rutine. Ce bioflavonoïde identifié par les chercheurs dans les années 1950 est capable de renforcer les capillaires trop fragiles et de minimiser les bleus qui accompagnent souvent ce trouble.

« Toutefois, il est important de noter que même si cette substance complexe peut parfois prévenir l'apparition des bleus, elle ne pourra pas les traiter après leur apparition », déclare Varro E. Tyler, professeur de pharmacognosie (l'étude des médicaments d'origine naturelle).

La rutine est également abondante dans le sarrasin. Quelle bonne excuse pour vous préparer de délicieuses crêpes de sarrasin au petit déjeuner !

vitamine C ou en vitamine K. Afin d'être mieux protégé encore, ils recommandent aussi d'augmenter la quantité de ces nutriments dans votre alimentation.

La vitamine K contre les bleus

La vitamine K, dont l'appellation est dérivée du terme allemand *koagulation*, est utilisée de longue date pour activer la coagulation sanguine et prévenir les saignements, surtout en cas d'intoxication à l'aspirine ou de surdose de médicament pour fluidifier le sang. Ce nutriment, également très apprécié en chirurgie plastique, est utilisé libéralement afin de prévenir l'apparition de bleus après une opération de chirurgie esthétique.

Aujourd'hui, ces atouts sont à la portée du grand public. La recherche a montré que l'application locale de vitamine K permettait d'atténuer progressivement et de faire disparaître les bleus, même ceux qu'entraîne le purpura sénile.

Dans le cadre d'une étude portant sur 12 personnes marquées de nombreux bleus, le Dr Elson, qui poursuit depuis longtemps des recherches sur ce nutriment, a administré aux participants un traitement consistant à étaler une pommade à base de vitamine K sur un seul bras, tandis que l'autre bras recevait une pommade identique mais sans vitamine K. Au bout d'un mois, chaque bras traité à l'aide de vitamine K portait beaucoup moins de bleus que le bras qui n'avait reçu qu'une pommade placebo.

« Nous avons également demandé à certaines personnes d'étaler de la pommade à base de vitamine K sur la moitié d'un bleu, sans traiter l'autre moitié. Cela nous a permis de constater que la partie traitée à l'aide de vitamine K guérissait en 5 à 7 jours, tandis que l'autre partie du bleu, non traitée, ne finissait par disparaître qu'au bout de 11 à 13 jours », ajoute le Dr Elson.

En outre, la vitamine K renforce les parois des vaisseaux sanguins et nous rend ainsi moins vulnérables aux bleus, explique le Dr Elson. Ce dernier a mis au point une pommade contenant 1 % de vitamine K, commercialisée aux États-Unis sous l'appellation de *Vitamin K Clarifying Cream*. « Certains patients du troisième âge m'ont dit que pour la première fois depuis qu'ils ont vieilli, ils sont à nouveau en mesure de sortir en manches courtes », ajoute ce médecin.

La question logique est bien entendu la suivante : si la vitamine K est efficace lorsqu'on l'utilise sous forme de pommade, ne pourrait-on pas éviter les bleus en mangeant plus d'aliments contenant une abondance de ce nutriment, tels que les légumes verts feuillus, les fruits, les graines et les produits laitiers ? « Nous n'avons pas de preuve absolue, mais les travaux semblent indiquer que c'est effectivement le cas », note le Dr Elson.

En revanche, souligne-t-il, même s'il peut être bénéfique d'absorber beaucoup de vitamine K dans notre alimentation (la Valeur quotidienne est de 80 microgrammes), lorsque nous avons un bleu ou si telle ou telle partie de notre anatomie est particulièrement sujette aux bleus, il est préférable d'appliquer de grandes quantités de vitamine K directement sur la partie du

---

Prescriptions vitaminiques

Certains experts sont d'accord sur le fait que divers minéraux et vitamines peuvent non seulement guérir les bleus mais également les prévenir. Ces nutriments sont surtout efficaces sous forme de pommade pour application locale, mais un complément alimentaire pris par voie buccale peut également être utile pour soulager les bleus. Voici ce que recommandent plusieurs médecins.

Nutriment	Dose par jour/application
Voie buccale	
Vitamine C	500 à 1 000 milligrammes
Vitamine K	80 microgrammes
Zinc	15 milligrammes
Application locale	
Vitamine C	lotion à 10 %
Vitamine K	crème à 1 %

MISE EN GARDE : *L'apparition fréquente et inexplicable de bleus, quoique rare, peut être soit le signe d'un trouble de la coagulation sanguine ou d'un problème de l'immunité, soit un effet secondaire lié à la prise de tel ou tel médicament. Si vous constatez que vous avez souvent et facilement des bleus, vous devez consulter votre médecin.*

corps concernée, et le meilleur moyen d'y parvenir est d'utiliser une pommade à usage local.

La vitamine C peut être bénéfique

La vitamine C, ce nutriment bien connu pour son efficacité contre le scorbut et que l'on trouve en abondance dans les agrumes et les brocolis, pourrait également contribuer à renforcer le collagène (substance intercellulaire) qui entoure les vaisseaux sanguins et aider ainsi à combattre les bleus.

« Nous devons poursuivre les travaux dans ce domaine, mais certaines recherches suggèrent qu'un complément de vitamine C, à raison de 500 à 1 000 milligrammes par jour, est assez utile pour lutter contre l'apparition de bleus liés au vieillissement », souligne le Dr Sheldon Pinnell, chef du service de dermatologie du centre médical de l'université Duke.

« Les publications médicales indiquent que dès l'âge de 55 ou 65 ans, beaucoup de gens risquent d'avoir une carence en vitamine C, ajoute ce médecin. Nous ignorons si ce déficit est dû à une prise insuffisante ou à un trouble de malabsorption, mais il semblerait qu'un complément alimentaire de vitamine C puisse y remédier. »

Pour obtenir de meilleurs résultats encore, ayez recours à une pommade ou une lotion pour usage local à base de vitamine C, ajoute le Dr Pinnell. Ce dernier a mis au point avec ses collègues une lotion à 10 % de vitamine C appelée Cellex-C. Au cours d'essais portant sur des personnes dont la peau était décolorée par endroits, auxquelles cette lotion était administrée sur une seule moitié du visage, cette préparation a permis de constater « une diminution spectaculaire » des bleus, précise le Dr Pinnell. « Cette lotion apporte localement à la peau 20 à 40 fois le taux de vitamine C que l'on absorberait en prenant ce nutriment par voie buccale. »

La lotion pourrait être particulièrement utile aux personnes du troisième âge, ajoute encore ce médecin. En effet, ces dernières sont particulièrement sujettes à une carence en vitamine C, de même qu'aux troubles cutanés comme les bleus qui se produisent par voie de conséquence.

Utilité du zinc

Même si son rôle dans la guérison des bleus n'a pas fait l'objet de recherches aussi poussées et ne semble pas non plus aussi convaincant que celui des vitamines C et K, le zinc est bien connu pour son importance dans la guérison des plaies en général, et pourrait également être utile dans le cas des bleus.

« Ce minéral, crucial pour la guérison des blessures et la cicatrisation de l'épiderme, est probablement plus important encore chez les personnes âgées », note le Dr Lorraine Meisner, professeur de médecine préventive.

Il suffit, pour obtenir la Valeur quotidienne de zinc (15 milligrammes), de manger régulièrement des fruits de mer et autres crustacés, des céréales complètes et de la viande maigre. Une huître cuite à la vapeur contient à elle seule une énorme quantité de zinc : 12,7 milligrammes.

Remarque : L'apparition fréquente et inexplicable de bleus, quoique rare, peut être l'un des signes d'un trouble de la coagulation ou d'un problème immunitaire, ou encore l'un des effets secondaires de certains médicaments. Ne manquez pas de consulter un médecin si vous constatez que vous avez souvent et facilement des bleus.

Bourdonnements d'oreille

◆

Faire taire le vacarme

Le Dr Susan J. Seidel, otologiste (spécialiste en audition), sait très exactement à quoi est dû le bruit continu dans son oreille gauche qui ressemble au vacarme des cigales.

« J'étais debout en plein air dans un aéroport, en attendant de monter à bord d'un avion, lorsqu'un appareil supersonique s'est approché lentement de notre piste, se souvient-elle. Alors qu'il se rapprochait, l'un de ses moteurs s'est mis brusquement à accélérer pour que l'avion puisse prendre un virage. Le bruit était si intense que j'ai serré les dents — je m'en souviens comme si c'était d'hier — en me disant : Seigneur, quel épouvantable vacarme ! »

Le bruit n'avait duré que quelques secondes, mais il a suffi pour déclencher un bourdonnement d'oreille qui continue à la perturber presque en permanence depuis plus de vingt ans. « J'ai fini par m'y habituer, et c'est aussi une chance que cela n'affecte qu'une seule oreille. Mais cela m'a sensibilisée à l'aide qui pourrait être apportée à tous ceux qui souffrent du même trouble », conclut-elle.

Tout comme elle, la plupart d'entre nous avons déjà eu l'occasion de constater que nos oreilles peuvent continuer à résonner pendant un certain temps après avoir été assourdies par un volume sonore trop fort, qu'il provienne de musique ou de machines, de feux d'artifice ou de coups de fusil. En général, le son résiduel est à peine perceptible et peut se prolonger un certain temps, de quelques minutes à un ou deux jours.

En revanche, chez les sujets atteints d'acouphènes (ou bourdonnements d'oreille), ces phénomènes sonores — sifflement, vrombissement, bruit de fond continu — sont présents en permanence. Le terme de tinnitus, employé dans les pays anglo-saxons pour désigner ce trouble, vient du latin et signifie « émettre un son de cloche ». Selon certains rapports, ces acouphènes peuvent atteindre des volumes sonores de 70 décibels, ce qui revient à peu près à transporter continuellement un aspirateur en marche à l'intérieur de son crâne.

Les bourdonnements d'oreille se produisent par suite de lésions des cellules nerveuses de la cochlée, la minuscule structure en forme d'escargot qui fait partie de l'oreille interne, explique le Dr Michael Seidman, directeur du centre des acouphènes de Detroit. Ces cellules nerveuses se prolongent par des cils vibratiles qui baignent à l'intérieur de la cochlée dans un fluide ; ce dernier se déplace à la manière de vagues en réponse aux divers sons qui se transmettent à travers l'oreille. Lorsqu'un son envoie des vagues à travers la cochlée, les cils vibratiles transmettent un influx nerveux vers le cerveau, et ce dernier l'interprète alors comme un son. Lorsque les sons deviennent trop forts et que les vagues dans la cochlée sont trop intenses, les minuscules terminaisons nerveuses peuvent être endommagées et générer alors des influx nerveux anormaux qui pourraient être à l'origine des sifflements et bourdonnements d'oreille.

Le bruit peut également provoquer des spasmes des minuscules artères ayant pour rôle d'alimenter l'oreille interne, endommageant les minuscules cils vibratiles en stoppant leur irrigation sanguine. En outre, les cellules nerveuses de l'oreille peuvent être endommagées par des virus, par l'hypertension artérielle, l'hypercholestérolémie, un taux d'insuline trop élevé, ainsi que par certains médicaments, notamment l'aspirine et tous les antibiotiques se terminant en -micine. Les aminosides tels que la gentamicine, souvent utilisés pour traiter la pneumonie, sont probablement les premiers responsables, souligne le Dr Seidman. Les acouphènes sont fréquemment l'un des symptômes de la maladie de Ménière, un trouble provoqué par l'accumulation de fluide excédentaire faisant pression sur l'oreille interne.

Enfin, la dégénérescence de l'oreille au cours de la vieillesse, généralement due à une mauvaise circulation, est à l'origine d'un pourcentage important de cas d'acouphènes.

Si vous souffrez de bourdonnements d'oreille, il est important de consulter un médecin afin de vous assurer que vous n'avez pas une tumeur sur un nerf auditif ou une lésion d'un tympan, ajoute le Dr Seidman. L'un comme l'autre, ces deux troubles peuvent être soignés après avoir été correctement diagnostiqués.

La majorité des médecins, il est vrai, ne songeraient pas à traiter les bourdonnements d'oreille par la nutrithérapie, mais un certain nombre de travaux de recherche assez fascinants, menés à bien essentiellement en Israël, semblent prometteurs pour quelques-uns au moins des sujets atteints de ce trouble. Voici ce qui pourrait être utile, selon plusieurs médecins.

La vitamine B_{12} constitue une gaine autour du nerf auditif

Le rôle de la vitamine B_{12} dans le domaine des nerfs est très particulier. Le corps a besoin de ce nutriment pour fabriquer la myéline, la gaine adipeuse qui entoure les fibres nerveuses, tant pour les isoler que pour les rendre aptes à transmettre normalement les influx nerveux.

Toute carence en vitamine B_{12} peut augmenter le taux sanguin d'homocystéine, un acide aminé présumé toxique pour les nerfs. Une corrélation a pu être établie entre des taux insuffisants de B_{12} et un certain nombre de troubles du système nerveux, notamment troubles de la mémoire, diminution des réflexes, altération des perceptions tactiles ou douloureuses — mais aussi, semble-t-il, les bourdonnements d'oreille et la perte auditive provoquée par le bruit.

Des chercheurs de l'Institut pour la recherche sur les dangers liés au bruit, au centre médical Chaim-Sheba à Ramat Gan, et le laboratoire *Evoked Potentials* de l'université de Tel Aviv, tous deux en Israël, après avoir examiné un groupe de 385 personnes souffrant d'acouphènes, ont constaté que 36 à 47 % d'entre elles présentaient une carence en vitamine B_{12}. Tous les sujets déficitaires en B_{12} ont reçu une fois par semaine pendant quatre à six mois des piqûres de 1 000 microgrammes de ce nutriment. À l'issue de cette période, la capacité auditive et les bourdonnements d'oreille des participants ont fait l'objet d'une évaluation. 54 % des sujets ont signalé une amélioration de leurs acouphènes, et environ un quart de tous les participants notaient une diminution de l'intensité mesurable de leurs bourdonnements d'oreille, selon le Dr Joseph Attias, directeur de l'Institut et l'un des principaux chercheurs ayant participé à ces travaux.

« Il semble y avoir un rapport entre la carence en vitamine B_{12} et les acouphènes chroniques, relève le Dr Attias. Il est possible qu'une exposition

Prescriptions vitaminiques

Les bourdonnements d'oreille comptent parmi les troubles souvent rebelles à tout traitement. La plupart des spécialistes de l'audition n'ont pas recours à la nutrithérapie pour prévenir ou traiter ce trouble. En revanche, quelques médecins sont d'avis que certains nutriments peuvent parfois jouer un rôle utile. Voici ce qu'ils préconisent.

Nutriment	Dose par jour
Bêtacarotène	100 000 unités internationales à fractionner en deux doses
Cuivre	1,5 milligramme (à raison d'un milligramme pour 10 milligrammes de zinc)
Magnésium	400 milligrammes
Sélénium	50 à 200 microgrammes
Vitamine B_{12}	1 000 microgrammes
Vitamine C	500 milligrammes à fractionner en deux doses
Vitamine E	400 unités internationales
Zinc	15 milligrammes

En outre, un complément de multivitamines et de minéraux contenant les Valeurs quotidiennes de toute la gamme des vitamines et minéraux indispensables

MISE EN GARDE : *Si vous êtes atteint de troubles cardiaques ou rénaux, ne manquez pas d'obtenir l'accord de votre médecin avant d'envisager un apport complémentaire de magnésium.*

Des doses de sélénium dépassant 100 microgrammes par jour peuvent être toxiques et ne doivent être absorbées que sous surveillance médicale.

Si vous prenez des médicaments anticoagulants, vous ne devez pas prendre de vitamine E sous forme de complément alimentaire.

prolongée au bruit épuise les réserves de l'organisme en B_{12} et rende les oreilles plus vulnérables aux lésions provoquées par le bruit. »

La plupart des participants à cette étude souffraient d'acouphènes depuis au moins six ans. « Peut-être qu'en commençant plus tôt le traitement visant à compenser une carence en B_{12}, il serait possible d'obtenir de meilleurs résultats encore dans le soulagement des acouphènes », ajoute le Dr Attias.

Si vous êtes sujet aux bourdonnements d'oreille, et à plus forte raison si vous avez également des troubles de la mémoire, demandez à votre médecin de vérifier vos taux sanguins en vitamine B_{12}, suggère ce médecin.

Quoique la plupart des gens obtiennent suffisamment de vitamine B_{12} par le biais de leur alimentation, des troubles de l'absorption peuvent provoquer une carence, surtout chez les personnes du troisième âge. Les végétariens stricts (ou végétaliens) qui ne mangent jamais d'œufs, de viande ou de produits laitiers, s'exposent également à une carence, puisque cette vitamine ne nous est fournie que par les aliments d'origine animale.

Peut-être votre médecin sera-t-il amené à constater que vous êtes atteint d'un trouble de malabsorption ; dans ce cas, vous devrez vous résigner à recevoir pour le restant de votre vie des piqûres de vitamine B_{12}. Lorsque l'absorption de ce nutriment se fait normalement, les experts disent qu'une prise quotidienne de 1 000 microgrammes de vitamine B_{12} ne présente aucun risque.

Le magnésium pourrait protéger les oreilles sensibles

Bien évidemment, aucun animal de laboratoire n'aura jamais à faire usage d'artillerie lourde ou d'une tronçonneuse. Nous sommes néanmoins redevables à ces petites créatures d'une autre recommandation nutritionnelle importante : le magnésium.

Les cobayes ayant un déficit en magnésium présentent en effet des lésions bien plus graves des cellules nerveuses de la cochlée que les animaux du groupe témoin dont l'alimentation comporte un apport suffisant en magnésium, souligne le Dr Attias. Que se passe-t-il dans ces cellules lorsque le niveau sonore devient excessif ? « Les minuscules cils vibratiles de ces cellules s'amalgament ou disparaissent et finissent par se désintégrer, de même que les cellules dont ils dépendent et que les fibres nerveuses conduisant à ces cellules », explique le Dr Attias. En présence d'un déficit en magnésium, l'exposition au bruit finit par épuiser les réserves d'énergie des cellules, entraînant l'épuisement des cellules endommagées de l'oreille interne qui finissent par être détruites, poursuit-il.

Tout déficit en magnésium peut également provoquer le rétrécissement des vaisseaux sanguins, et notamment des artères minuscules ayant pour fonction d'irriguer l'oreille interne. (Nous avons déjà vu plus haut que les vasospasmes provoqués par le bruit jouent vraisemblablement un rôle dans l'apparition des acouphènes.)

L'oreille humaine, même chez les êtres jeunes, normaux et en bonne santé, peut bénéficier d'un apport complémentaire de magnésium, ajoute le Dr Attias. Ce dernier a constaté que les soldats israéliens qui recevaient chaque jour 167 milligrammes de magnésium sous forme de complément alimentaire présentaient moins de lésions de l'oreille interne que d'autres soldats qui n'avaient reçu qu'un placebo (une pilule inerte d'apparence identique). Selon le Dr Attias, une étude plus récente a permis de constater qu'un apport complémentaire de magnésium offrait le même effet protecteur contre une exposition prolongée au bruit.

Si vous êtes exposé à un environnement bruyant, veillez à obtenir la Valeur quotidienne de magnésium qui est de 400 milligrammes, poursuit ce médecin. La plupart des gens n'en absorbent pas autant, car les hommes en obtiennent quelque 329 milligrammes par jour et les femmes, en moyenne, seulement 207 milligrammes. Les meilleures sources de magnésium sont les légumes verts, les céréales complètes, les noix et les haricots secs. (Si vous êtes atteint de troubles cardiaques ou rénaux, vous devez impérativement obtenir l'avis de votre médecin avant d'envisager la prise d'un complément alimentaire de magnésium.)

Il se peut que vous ayez non seulement des acouphènes, mais aussi l'impression d'avoir l'oreille bouchée ainsi que des troubles de l'équilibre ; dans ce cas, les experts vous recommandent d'absorber également une quantité adéquate de calcium et de potassium. De tels symptômes pourraient être le signe de la maladie de Ménière. (Veuillez vous reporter à la page 433 pour des informations détaillées sur le traitement de cette maladie par la nutrithérapie.)

Les antioxydants pourraient protéger les oreilles

Les acouphènes proviennent parfois d'une altération du débit sanguin jusqu'aux oreilles. Selon le Dr Seidman, ce phénomène peut se produire de deux manières : soit l'artère minuscule qui conduit à l'oreille interne finit par être obstruée par le cholestérol, ce qui provoque une sorte d'accident vasculaire dans l'oreille, soit des volumes sonores excessifs peuvent provoquer un spasme de cette artère, diminuant l'apport sanguin jusqu'à la cochlée, explique ce médecin. Dans les deux cas, une interruption de l'irrigation sanguine peut provoquer des troubles de l'audition.

C'est précisément là qu'interviennent les nutriments antioxydants — entre autres la vitamine C, la vitamine E et le bêtacarotène. « Les antioxydants ont pour effet d'aider à prévenir les lésions oxydatives des membranes cellulaires », explique le Dr Seidman. En outre, ces nutriments aident à maintenir les artères ouvertes et à prévenir l'accumulation de plaque athéromateuse, ajoutent les experts.

Le Dr Seidman et certains autres spécialistes de l'audition suggèrent de prendre toute une gamme de nutriments antioxydants : 400 unités internationales de vitamine E chaque jour, 250 milligrammes de vitamine C deux fois par jour, 50 à 200 microgrammes de sélénium par jour et environ 50 000 unités internationales de bêtacarotène deux fois par jour. Pris en doses supérieures à 100 microgrammes par jour, le sélénium peut être toxique et ne doit être absorbé que sous surveillance médicale.

Le zinc peut être bénéfique

Selon la partie du corps considérée, on constate la présence d'une concentration bien plus élevée de certains minéraux et vitamines que dans d'autres parties de l'organisme. Tel est précisément le cas de l'oreille interne, où se trouve une concentration élevée de zinc, tout comme dans la rétine de l'œil. Sur la base de cette constatation, certains médecins ont formulé l'hypothèse que la carence en zinc pourrait jouer un rôle dans les troubles de l'oreille interne, notamment les acouphènes.

« Nous ne connaissons pas bien l'action du zinc à l'intérieur de l'oreille interne, mais il est évident que la cochlée a besoin de zinc pour fonctionner adéquatement, explique le Dr George E. Shambaugh, Jr., professeur émérite en oto-laryngologie et en chirurgie de la tête et du cou. Les animaux de laboratoire qui ont reçu une alimentation pauvre en zinc perdent partiellement l'ouïe, et il semblerait que même le type de carence marginale en zinc que l'on constate fréquemment chez les personnes du troisième âge ait pour effet d'aggraver la perte d'audition associée aux lésions auditives résultant du bruit ou du vieillissement. » Le zinc participe à toutes sortes de fonctions dans l'organisme, et contribue notamment à maintenir la santé des membranes cellulaires et à protéger les cellules contre les lésions oxydatives.

Le Dr Shambaugh estime qu'environ 25 % de tous les sujets atteints d'acouphènes graves qu'il a l'occasion d'examiner sont carencés en zinc. Ils se plaignent également parfois d'inappétence, de calvitie, d'une diminution du goût ou de l'odorat ou de problèmes dermatologiques. Tous ces symptômes étant liés à une carence en zinc, il recommande à ces types de personnes un apport complémentaire de zinc ainsi qu'un complément de multivitamines et minéraux ayant une teneur élevée de divers autres nutriments.

Quoique ce médecin et d'autres spécialistes en oto-rhino-laryngologie puissent être appelés initialement à prescrire des doses élevées de zinc, de l'ordre de 150 milligrammes par jour, il est important de ne pas prendre plus de 15 milligrammes par jour de ce minéral en dehors d'une surveillance médicale. Avant d'en prescrire des doses plus élevées, les médecins vérifient en effet les taux sanguins en zinc, ce dernier pouvant être toxique à haute dose. En outre, le zinc est antagoniste du cuivre et si vous prenez des doses élevées de zinc, il pourrait être nécessaire d'y ajouter également un complément de cuivre (le rapport généralement préconisé est de 1 milligramme de cuivre pour 10 milligrammes de zinc). D'autre part, le cuivre peut être toxique lui aussi ; il est donc judicieux d'obtenir toujours l'avis d'un médecin.

La Valeur quotidienne pour le zinc est de 15 milligrammes. Selon le Dr Shambaugh, rares sont les personnes qui en obtiennent quotidiennement 15 ou même 10 milligrammes par le biais de leur seule alimentation, et chez les sujets de plus de 75 ans, il est rare que la dose absorbée quotidiennement dépasse 7 milligrammes. La viande et les fruits de mer sont de bonnes sources de zinc ; les huîtres cuites, le bœuf, le crabe et l'agneau en fournissent tous des quantités appréciables.

La vitamine A peut améliorer l'ouïe

Tout comme le zinc, la vitamine A est présente en concentrations élevées dans la cochlée. « Le bon fonctionnement de toutes les cellules sensorielles réceptrices, notamment la rétine de l'œil et les cellules à cils vibratiles de l'oreille interne, dépend de la vitamine A et du zinc », relève le Dr Shambaugh.

Une étude a mis en évidence une corrélation entre de faibles taux de vitamine A et une diminution de l'aptitude auditive. Divers autres travaux ont permis de constater qu'entre 24 et 74 % des sujets atteints de bourdonnements d'oreille signalaient une amélioration au moins partielle de leurs symptômes après avoir pris un complément de vitamine A.

« Je recommande le bêtacarotène, que l'on peut prendre sans s'inquiéter d'une éventuelle toxicité », poursuit le Dr Shambaugh. (L'organisme est capable de synthétiser la vitamine A à partir du bêtacarotène.) Ce médecin recommande de prendre deux fois par jour 30 milligrammes (soit environ 50 000 unités internationales) de bêtacarotène.

Boutons de fièvre

◆

Retrouver des lèvres appétissantes

D'après les rumeurs, lorsque l'actrice Michelle Pfeiffer se retrouva affligée d'un bouton de fièvre durant le tournage des *Sorcières d'Eastwick*, les cinéastes ont poursuivi le tournage sans même se donner la peine de le camoufler par des fards, parce que cela donnait plus de vérité à son personnage. Malheureusement, pour celles et ceux d'entre nous qui n'ont pas à jouer le rôle d'une héroïne ou d'un héros en détresse sur écran géant, un bouton de fièvre n'ajoute qu'une seule chose à notre personnage : le désarroi.

Cela risque aussi de nous rendre plutôt grincheux, bien sûr, car un bouton de fièvre est non seulement hideux mais aussi franchement douloureux. Au début, son arrivée s'annonce par une impression de brûlure et de picotements, bientôt suivie par l'apparition de pustules, toute une série de petits boutons remplis de pus qui s'imbriquent pour constituer un gros bouton suintant, prurigineux et brûlant. Ce dernier se recouvre peu à peu d'une croûte avant de disparaître sept à dix jours plus tard. Difficile de trouver cela glorieux.

Pire encore, il est rare qu'un bouton de fièvre n'apparaisse qu'une seule fois au cours d'une existence. Ces vilains intrus sont généralement causés par le virus *herpes simplex*. Pour peu que vous ayez été exposé une fois à ce virus, vous conserverez à vie cet « ami » plutôt importun. Fort heureusement, le virus reste discret la plupart du temps, mais un certain nombre de facteurs déclencheurs — le stress, la fièvre, un traumatisme ou l'exposition au soleil — peuvent suffire pour qu'il refasse une désastreuse apparition. D'ailleurs il ne se contente pas de nos lèvres ; les boutons d'herpès de type 1 peuvent apparaître à l'intérieur de la bouche ainsi que dans les narines, sur les doigts et même aux paupières. (Les boutons d'herpès de type 2 sont ceux qui surviennent sur les organes génitaux.)

Heureusement, tout désagréable que soit le virus qui provoque les boutons de fièvre, rien ne vous oblige à rester totalement à la merci de ce monstre défigurant. En apprenant à gérer le stress et en faisant usage d'un bon écran solaire, vous pouvez contribuer à prévenir l'apparition d'un bouton de fièvre, affirme Craig Zunka. En outre, les médecins soulignent que des pommades en

Facteurs alimentaires

Puisque le virus *herpes simplex* attend souvent pour apparaître que nous soyons stressé ou vulnérable à la maladie, les médecins soulignent qu'il est toujours judicieux pour prévenir une récidive de garder son calme et d'adopter une alimentation saine et nutritive. En outre, les experts se sont aperçus que certaines catégories d'aliments pouvaient soit prévenir, soit déclencher une récidive. Voici leurs recommandations.

Prenez de la lysine. Cet acide aminé inhibe la réplication du virus *herpes simplex*, ce qui limite par conséquent la fréquence des boutons de fièvre, selon Craig Zunka, dentiste et ancien président de l'Association dentaire holistique.

Pour obtenir davantage de lysine, prenez des pommes de terre, du lait, de la levure de bière, du poisson, du poulet et des haricots secs. La dose optimale pour prévenir l'apparition de boutons de fièvre pouvant toutefois être plus élevée que la quantité qu'il est possible d'absorber par l'alimentation, certains médecins préconisent également un apport complémentaire de lysine.

« Je recommande de prendre un ou deux comprimés de 500 milligrammes par jour, selon la gravité du cas », ajoute le Dr Zunka. Les compléments de lysine sont vendus en magasin diététique et en pharmacie.

Prudence avec l'arginine. Le revers de la médaille, lorsque l'on parle de lysine, c'est l'arginine, un acide aminé que l'on trouve dans divers aliments comme le chocolat, les petits pois, les céréales, les cacahuètes, la bière, la gélatine et les raisins secs. Pour se développer, il semblerait que le virus herpes ait besoin d'une certaine quantité d'arginine. Il pourrait être prudent de diminuer votre consommation de ces aliments de manière générale, et d'y renoncer entièrement lors de l'apparition d'un bouton de fièvre, suggère le Dr Zunka.

vente libre contenant de l'oxyde de zinc peuvent accélérer la guérison des boutons de fièvre lorsque ces derniers ont déjà fait leur apparition.

Certains médecins ont également mis au point des approches nutritionnelles qui — quoique des essais cliniques restent à faire pour en confirmer la validité — pourraient lutter contre les éruptions dues à l'herpès et en accélérer la disparition. Voici ce qu'ils recommandent.

Tuez-les dans l'œuf grâce à la vitamine C

Selon les experts, il pourrait suffire de prendre une dose élevée de vitamine C dès les premiers signes annonciateurs d'un bouton de fièvre pour prévenir l'apparition de ce dernier.

Prescriptions vitaminiques

Si vous avez tendance à avoir souvent des boutons de fièvre aux lèvres, certains experts en santé buccale sont d'avis que les nutriments suivants pourraient vous apporter un soulagement.

Nutriment	Dose par jour/Application
Voie buccale	
Vitamine C	1 000 milligrammes, à prendre dès le premier signe annonciateur ; puis 1 500 milligrammes pendant 1 ou 2 jours, à fractionner en trois prises par jour
Application locale	
Oxyde de zinc	sous forme de pommade en vente libre
Vitamine E	appliquer directement sur le bouton de fièvre le contenu d'une gélule d'huile

MISE EN GARDE : *Certaines personnes peuvent avoir des diarrhées lorsqu'elles prennent plus de 1 200 milligrammes de vitamine C par jour.*

« Aussitôt que vous commencez à percevoir les sensations de brûlure et de picotements qui précèdent l'éruption, prenez de la vitamine C additionnée de bioflavonoïdes. Ensemble, ces deux nutriments ont le pouvoir de stopper la progression du virus », affirme le Dr Zunka. Celui-ci recommande de prendre 1 000 milligrammes de vitamine C et la même dose de bio-flavonoïdes dès que l'on ressent les premiers picotements, puis 500 milli-grammes de chacun de ces deux nutriments trois fois par jour durant un ou deux jours. (Les bioflavonoïdes sont des substances chimiques complexes proches de la vitamine C. Certains compléments de vitamine C en contiennent aussi, mais il existe également des compléments alimentaires de bioflavonoïdes à proprement parler.)

« J'ai également eu l'occasion de constater chez certains sujets une dimi-nution radicale des récidives de boutons de fièvre qui tendaient auparavant à se reproduire souvent d'année en année, simplement parce qu'ils avaient remplacé les compléments de vitamine C qu'ils prenaient habituellement par de la vitamine C additionnée de bioflavonoïdes, ajoute le Dr Zunka. Si par la suite vous ressentez malgré tout les signes annonciateurs d'un bouton de fièvre, il suffira de continuer à prendre des doses élevées de ces deux nutriments en plus de vos compléments habituels. » Certaines personnes peuvent avoir des diarrhées lorsqu'elles prennent plus de 1 200 milligrammes de vitamine C par jour.

Vous pourriez tout aussi bien incorporer davantage de vitamine C et de bioflavonoïdes dans votre alimentation habituelle en mangeant quotidien-nement une abondance de fruits (surtout des agrumes), de légumes, de noix et de graines.

Zigouillez-les à l'aide de zinc

Lorsqu'un bouton de fièvre a déjà fait son apparition peu appréciée, il est possible de l'assécher et de l'encourager à se cicatriser plus rapidement en y appliquant directement une noisette de pommade à base d'oxyde de zinc, selon certains experts.

Le Dr Zunka précise que si un bouton de fièvre s'incruste pour de bon, il pourrait être judicieux de demander à votre médecin ou à votre dentiste de vous administrer une piqûre de zinc-protamine, une substance complexe protéinée à base de zinc.

« J'y ai recours à tout moment pour guérir des lésions dans la bouche, précise-t-il. Il suffit d'en injecter une petite quantité à l'endroit du bouton d'herpès, qui disparaît ensuite très rapidement. Le zinc est connu pour être capable de réduire de 30 à 40 % le temps de cicatrisation. »

Ajoutez-y un brin de vitamine E

Enfin, certains médecins ont constaté que l'application locale de vitamine E pouvait également apaiser un cuisant bouton de fièvre. Il suffit pour appliquer ce remède d'ouvrir une gélule de vitamine E et d'enduire l'éruption de l'huile qu'elle contient, précise le Dr Zunka.

Remarque : Si le bouton de fièvre se situe sur l'œil ou à proximité, il est prudent de consulter un médecin avant d'avoir recours à une application locale.

Brouillard et fumées

◆

Se protéger des pollutions

Des feux de camp aux émanations des avions supersoniques, la civilisation est synonyme de brouillard et fumées (ou smog, pour utiliser un terme anglais bien connu). Il s'agit d'un mélange de substances chimiques nocives, particules aussi légères que l'air, et d'humidité, qui restent en suspension sous forme de brouillard gris–jaune au–dessus des agglomérations urbaines. Le smog a pour effet non seulement de nous irriter les yeux et les poumons, mais aussi de ronger le nez des statues de marbre.

Le smog contient une quantité d'horreurs chimiques, notamment de l'ozone, du dioxyde d'azote, du dioxyde de soufre et de minuscules particules d'innombrables autres substances allant de l'amiante à la suie, qui peuvent se déposer en profondeur dans les poumons où elles provoquent d'énormes ravages. « Le smog est une sorte de soupe contenant toutes sortes d'éléments, et nous inhalons tout ce qui s'y trouve — un véritable cocktail de substances chimiques toxiques, relève le Dr Daniel Menzel, professeur en unité de médecine communautaire et de l'environnement. Il représente une menace grave pour la santé. »

La présence d'une concentration élevée de n'importe laquelle de ces substances chimiques ou le fait d'y être exposé longtemps peuvent provoquer des symptômes tels que souffle court, respiration sifflante, toux, bronchite, pneumonie, maux de tête, difficulté à se concentrer, douleurs dans la poitrine et parfois même le cancer du poumon.

Les dégâts du smog

Lorsque nous respirons ce mélange de brouillard et de fumées, le mode d'action des cellules pulmonaires en est affecté, explique le Dr Menzel. Chez certaines personnes, les poumons deviennent hypersensibles, réagissant à l'exposition au smog par une inflammation, des spasmes bronchiques, des quintes de toux, des crises d'asthme ou une augmentation de la production de mucus.

Le smog peut également rendre les cellules des poumons vulnérables aux bactéries et virus toujours présents dans l'air ambiant. Le smog est capable de

---

Facteurs alimentaires

Les nutriments antioxydants sont notre meilleure protection contre les dégâts provoqués par l'exposition aux substances chimiques. Parallèlement, une modeste réforme alimentaire peut également être bénéfique, selon les experts.

Renoncez aux graisses saturées. Des chercheurs du *National Cancer Institute* à Rockville, dans le Maryland, ont signalé une association étroite entre l'absorption de matières grasses saturées et l'adénocarcinome, un type de cancer du poumon affectant surtout les non-fumeurs. Ils ont constaté que les femmes qui absorbaient de très grandes quantités de matières grasses, principalement en mangeant des aliments industriels tels que hamburgers, cheeseburgers, pains de viande, fromages et fromages fondus, hot dogs, glaces et saucisses, multipliaient par six le risque de cancer du poumon par rapport aux femmes qui mangeaient moins de matières grasses.

Mangez cru. Des chercheurs de l'université Yale ont découvert que le risque de cancer du poumon parmi les hommes et les femmes qui mangeaient en abondance de la salade verte et des crudités, ainsi que des fruits frais, diminuait presque de moitié par rapport à ceux qui ne mangeaient pas ce type d'aliments.

détruire les cellules, rendant ainsi les poumons moins efficaces dans leur rôle d'échange gazeux (qui consiste à absorber de l'oxygène et à rejeter du gaz carbonique). En outre, certaines substances chimiques dans le smog peuvent entraîner des mutations génétiques dans les cellules, provoquant à la longue le cancer des poumons ou des voies aériennes.

Un grand nombre des interactions pernicieuses entre les substances nocives du smog et les cellules des poumons se produit au cours d'un processus chimique qualifié d'oxydation. Il s'agit du même processus qui fait que le beurre devient rance et que le fer finit par rouiller. Comme son nom l'indique, l'oxydation est une réaction chimique nécessitant de l'oxygène, ce dernier étant bien entendu présent en abondance dans les poumons. Durant le processus d'oxydation, les radicaux libres (molécules instables de substances chimiques nocives) dérobent des électrons aux molécules saines constituant les cellules afin d'établir leur propre équilibre. C'est alors le début d'une réaction en chaîne au cours de laquelle un nombre toujours croissant d'électrons est dérobé aux cellules saines. Il en résulte à la longue des lésions cellulaires graves.

La meilleure stratégie envers le smog, bien entendu, est de l'éviter autant que possible. N'allez pas pratiquer la course à pied le long d'une route à grande circulation. L'exercice vigoureux amène à respirer profondément, et, dans un environnement pollué, les substances nocives pénètrent jusqu'au plus profond des poumons. Il est en outre préférable de renoncer à la cigarette. La fumée expose en effet nos poumons à certaines de ces mêmes toxines que l'on trouve dans le smog, et rend de surcroît nos poumons plus sensibles aux effets de ce dernier.

S'il vous est impossible d'éviter complètement le smog, il pourrait être judicieux de vous protéger en prenant des nutriments capables d'offrir une certaine protection contre cette pollution interne : les vitamines A, C et E, le bêtacarotène et le sélénium.

La vitamine E protectrice

La vitamine E, que l'on trouve dans le germe de blé, certains légumes, les noix, les graines et les huiles végétales, est bien connue tant comme antioxydant que pour son aptitude à renforcer le système immunitaire. Les antioxydants mettent leurs propres électrons à la disposition des radicaux libres, désamorçant ainsi ces molécules dégénérées et préservant les molécules saines des lésions oxydatives.

« La vitamine E est l'antioxydant le plus puissant dans le corps, explique le Dr Menzel. Elle s'incorpore aux membranes des cellules, où elle protège les cellules des dégâts. Elle contribue à mettre fin à la réaction en chaîne qui se déclenche lorsque l'on est exposé au smog, et est donc très efficace pour limiter l'étendue des dégâts dans les cellules. »

Des chercheurs de la faculté de médecine de l'université Yale ont mis en évidence l'étonnante efficacité de la vitamine E dans les poumons. Ils ont en effet constaté que les non-fumeurs qui prenaient des compléments alimentaires de vitamine E ne présentaient que la moitié du risque normal d'avoir un cancer du poumon.

« Dans notre étude, nous n'avons pas réussi à déterminer les quantités de vitamine E que prenaient les participants, mais l'effet protecteur était évident et presque aussi important que lorsque l'on mange beaucoup de fruits

---

Prescriptions vitaminiques

Afin de protéger la santé de vos poumons, évitez les zones exposées au smog et complétez votre alimentation en prenant les nutriments suivants, que certains médecins recommandent comme protection contre la pollution atmosphérique.

Nutriment	Dose par jour
Bêtacarotène	25 000 unités internationales
Sélénium	50 à 200 microgrammes
Vitamine A	5 000 unités internationales
Vitamine C	1 200 milligrammes
Vitamine E	600 unités internationales

MISE EN GARDE : *Le sélénium pris journellement en doses supérieures à 100 microgrammes peut être toxique et ne doit être absorbé que sous surveillance médicale.*

Si vous prenez des médicaments anticoagulants, ne prenez pas de vitamine E sous forme de complément alimentaire.

et de légumes », souligne le Dr Susan Taylor Mayne, chercheur en unité d'épidémiologie et de santé publique .

Les médecins qui recommandent un apport complémentaire de vitamine E suggèrent d'en prendre 600 unités internationales par jour. Cette dose, considérée comme dénuée de toxicité, est supérieure à la quantité qu'il est possible d'obtenir même par le biais des meilleures sources alimentaires. Les recherches indiquent que la Valeur quotidienne pour la vitamine E (30 unités internationales) est insuffisante pour offrir la meilleure protection possible contre le smog, précise le Dr Menzel.

Les oranges sont nos alliées pour lutter contre la pollution

Un autre antioxydant bien connu est la vitamine C. Celle-ci contribue, tout comme la vitamine E, à mettre fin aux réactions en chaîne dues aux radicaux libres.

La vitamine C est utile pour maintenir un fonctionnement sain des poumons, aussi bien parmi l'ensemble de la population que chez les sujets asthmatiques, soulignent des chercheurs à l'école médicale Harvard. Ces derniers ont constaté que les personnes qui absorbaient quotidiennement au moins 200 milligrammes de vitamine C (la valeur d'environ trois oranges) obtenaient les meilleurs résultats à l'occasion de tests destinés à mesurer la capacité de leurs poumons à se dilater et à s'emplir d'oxygène.

« Cette étude démontre, pour la toute première fois, qu'il existe un rapport entre une alimentation basée sur une abondance d'aliments riches en vitamine C et un fonctionnement plus efficace des poumons, souligne le Dr Scott Weiss, professeur adjoint en médecine. Il se pourrait que l'absorption d'une dose suffisamment élevée de vitamine C joue un rôle important en diminuant le risque de maladie pulmonaire chronique. »

Une fois de plus, ajoute le Dr Menzel, les valeurs habituellement recommandées n'offrent pas forcément une protection adéquate. Les chercheurs qui préconisent la nutrithérapie pour contrer les effets de l'exposition au smog suggèrent d'obtenir environ 1 200 milligrammes de vitamine C par jour. Une telle dose est considérée comme inférieure au seuil de toxicité, mais il est certain qu'elle nécessite d'avoir recours à des compléments alimentaires.

Dans les poumons, les vitamines C et E ont une action synergique, et des chercheurs de l'université Yale ont montré qu'une association de ces deux nutriments contribuait à maintenir la santé des tissus pulmonaires. Une étude portant sur un groupe de sujets qui prenaient quotidiennement des compléments de 1 500 milligrammes de vitamine C et 1 200 unités internationales de vitamine E a permis de constater que les participants s'étaient constitué une réserve de la protéine protectrice destinée à empêcher les enzymes libérées lors du processus inflammatoire de détruire les propriétés élastiques des poumons. Les patients atteints d'emphysème, par exemple, dont les poumons ont perdu leur élasticité par suite d'années de tabagisme, cherchent leur souffle à chaque respiration.

Une carotte pour vos poumons

Les résultats de nombreuses recherches portant sur l'effet protecteur du bêtacarotène tendent de plus en plus à indiquer l'importance d'une alimentation basée sur une grande abondance de fruits et de légumes. Il semble que les fruits et légumes contenant du bêtacarotène, le pigment jaune présent dans les carottes, le cantaloup et autres fruits et légumes de couleur jaune ou orange, contribuent à protéger les poumons contre la pollution atmosphérique. « Diverses études de populations ont permis de constater que les aliments riches en bêtacarotène semblent offrir une protection importante contre le cancer du poumon, même parmi les non-fumeurs », souligne le Dr Mayne.

Malheureusement, une étude finnoise conduite en 1994 et portant sur des fumeurs a fait beaucoup de bruit, car les chercheurs avaient dû constater que la prise quotidienne de 20 milligrammes (environ 33 000 unités internationales) de bêtacarotène sous forme de complément alimentaire n'avait pas permis de diminuer l'incidence du cancer du poumon parmi les participants. Faut-il en conclure pour autant qu'il est inutile de prendre du bêtacarotène pour obtenir une meilleure protection de nos poumons contre le smog ?

Certains chercheurs sont d'avis que les doses de bêtacarotène employées dans le cadre de cette étude étaient non seulement trop faibles, mais administrées trop tard. Le Dr Menzel affirme avec ces scientifiques que l'étude finnoise ne change rien au fait que nous avons quantité de bonnes raisons d'absorber ce nutriment en dose suffisante. Il poursuit en expliquant que le bêtacarotène et la vitamine A aident l'un comme l'autre à maintenir la santé des cellules durant les processus de croissance et de division cellulaire (l'organisme transforme le bêtacarotène en vitamine A), contribuant ainsi à prévenir les mutations génétiques capables de dégénérer en cancer.

La majorité des experts recommande d'obtenir le bêtacarotène à partir de l'alimentation plutôt qu'en prenant des compléments, car nos aliments contiennent de nombreuses autres substances qui pourraient jouer un rôle important dans la prévention du cancer. Le Dr Menzel suggère de veiller à obtenir environ 25 000 unités internationales de bêtacarotène par jour à partir de l'alimentation ou en prenant des compléments. Cette dose correspond à peu près à la teneur d'une tasse d'épinards cuits hachés, d'un peu plus d'une grosse carotte ou d'un peu plus de 2 grosses patates douces. Certains médecins recommandent en outre d'absorber chaque jour la Valeur quotidienne de vitamine A, soit 5 000 unités internationales.

Le sélénium, bouclier de nos cellules

C'est au sélénium que les chercheurs consacrent le dernier volet de leur prescription vitaminique antipollution. « Le corps a besoin de ce minéral pour activer la glutathion peroxidase, une enzyme antioxydante très importante qui contribue à maintenir l'élasticité des tissus pulmonaires », explique le Dr Menzel.

Les médecins recommandent d'absorber quotidiennement de 50 à 200 microgrammes de sélénium à partir de l'alimentation et de compléments. Les divers travaux effectués montrent que la plupart des gens en obtiennent environ 108 microgrammes par jour par le biais de l'alimentation. (Parmi les meilleures sources alimentaires de sélénium, on peut mentionner les céréales, les graines et le poisson.) Par conséquent, il est probablement superflu de prendre un complément. Toutefois, si vous choisissez d'avoir recours à un apport complémentaire, ne dépassez pas 100 microgrammes par jour sans être sous surveillance médicale. En effet, le sélénium peut être toxique à doses élevées.

Brûlures

Réparer les dégâts

Un feu de cheminée crépitant. Une tasse de thé brûlant. La douce lumière des bougies. Tous les éléments sont réunis pour passer un moment agréable à bavarder tranquillement, en amoureux... Mais il a suffi d'un geste maladroit et vous vous êtes brûlé.

À vrai dire, les brûlures sont si fréquentes que nous les avons classées par degré de gravité : premier, deuxième et troisième degrés. La brûlure au premier degré est rouge et douloureuse, sans former de cloques, et disparaît après sept à dix jours (comme c'est le cas pour un coup de soleil bénin) ; au deuxième degré, une brûlure suinte ou forme des cloques et sa surface est moite et humide, douloureuse au toucher ; au troisième degré, la plaie laisse la peau carbonisée et de teinte blanche ou blanc-jaune.

Du fait que les brûlures au troisième degré endommagent les terminaisons nerveuses, il se pourrait qu'elles soient moins douloureuses que d'autres types de brûlures. Ne nous y trompons pas, cependant. Une brûlure au troisième degré peut mettre la vie en danger et nécessite des soins médicaux d'urgence, tout comme les brûlures étendues du premier et du second degré. En revanche, les brûlures au premier et au second degré dont l'étendue ne dépasse pas les dimensions d'une pièce de un franc chez l'enfant, ou d'une pièce de cinq francs chez l'adulte, peuvent généralement être soignées à la maison.

Pour bien soigner une brûlure sans passer par l'hôpital, les bons vieux remèdes traditionnels sont toujours valables : tremper la partie du corps où se trouve la brûlure dans de l'eau fraîche, puis l'enduire de pommade contre les brûlures avant de la recouvrir d'un bandage propre. Afin d'augmenter encore l'efficacité de ce traitement qui a fait ses preuves, pourquoi ne pas y ajouter quelque chose de relativement nouveau : les compléments alimentaires. La recherche indique en effet que certains nutriments peuvent non seulement accélérer la guérison des brûlures, mais également minimiser les cicatrices après leur guérison.

Anatomie d'une brûlure

Pour comprendre le rapport avec les nutriments, il est utile de savoir tout d'abord ce qui se passe lorsque nous nous brûlons.

Après une brûlure importante (recouvrant quelque 20 %, ou davantage, de la surface du corps), les besoins énergétiques de l'organisme augmentent

---

Prescriptions vitaminiques

Les médecins sont d'accord pour souligner qu'une nutrition judicieuse est importante dans la guérison des brûlures, quelle que soit leur étendue ou leur gravité. Voici les nutriments qu'ils recommandent comme ligne d'attaque principale lorsque vous êtes appelé à soigner une brûlure bénigne chez vous.

Nutriment	Dose par jour/Application
Voie buccale	
Bêtacarotène	5 000 à 25 000 unités internationales
Vitamine C	250 à 1 000 milligrammes
Vitamine E	30 unités internationales
Zinc	15 milligrammes
Application locale	
Vitamine E	utiliser l'huile contenue dans une gélule, ou une pommade comme Cicatryl ou la crème Aloe Grande, que l'on appliquera dès cicatrisation de la brûlure afin d'éviter que celle-ci marque la peau

MISE EN GARDE : *Il est important d'obtenir immédiatement des soins médicaux appropriés en cas de brûlure grave.*

Si des médicaments anticoagulants vous ont été prescrits, ne prenez pas de compléments de vitamine E.

et se multiplient par 1,5, voire même par 2 ; les tissus se détériorent rapidement, les dépôts adipeux diminuent et les protéines commencent à se décomposer, l'ensemble de ces phénomènes laissant le corps en déficit nutritionnel.

Fort heureusement, vous ne risquez pas une réaction aussi catastrophique de l'organisme après vous être brûlé la main en empoignant le manche plus ou moins chaud d'une casserole. Pourtant, même à l'échelle modeste d'une brûlure bénigne, les experts soulignent l'importance qu'il y a à obtenir suffisamment des nutriments indispensables — en particulier les vitamines A, C et E, ainsi que le zinc — afin de favoriser la guérison.

« Il n'existe pas de preuves scientifiques confirmant la nécessité d'une alimentation particulière pour les sujets victimes de brûlures bénignes, déclare le Dr Randolph Wong, spécialiste en chirurgie plastique et reconstructive et directeur d'une unité de grands brûlés. Le simple bon sens m'interdit toutefois de mettre en doute le bien-fondé d'augmenter la prise de ces nutriments afin d'être certain d'en obtenir la Valeur quotidienne. »

La vitamine E pour nourrir les brûlures

En matière de nutrition, tous les travaux effectués à travers le monde et relatifs aux brûlures ont donné des résultats très semblables. Certaines vitamines, les antioxydants, jouent un rôle crucial dans la guérison des brûlures en luttant contre les radicaux libres. Ces derniers sont des molécules instables qui dérobent des électrons aux molécules saines de l'organisme afin d'établir leur propre équilibre, causant ainsi toutes sortes de dégâts dans les cellules du corps. Nos activités habituelles comme la respiration et l'exposition aux rayons du soleil produisent inévitablement une certaine quantité de radicaux libres, mais ceux-ci se multiplient en cas de blessure et en particulier de brûlure. Des antioxydants tels que le bêtacarotène et les vitamines C et E neutralisent les radicaux libres en mettant à leur disposition leurs propres électrons, protégeant ainsi les molécules saines des lésions oxydatives.

Quoique le corps contienne en temps normal des réserves impressionnantes d'antioxydants, l'activité des radicaux libres s'accélère à tel point après une brûlure relativement grave que ces réserves ne tardent pas à s'épuiser, laissant libre cours aux dégâts liés à l'oxydation.

Des chercheurs à la section médicale de l'université du Texas et à l'institut Shriners des grands brûlés, tous deux situés à Galveston, ont découvert que les taux de vitamine E chez 13 personnes hospitalisées après avoir subi des brûlures graves n'atteignaient que le quart environ des taux de ce nutriment chez des personnes non brûlées. En outre, on pouvait constater chez les brûlés une activité plus de deux fois plus intense des radicaux libres par rapport à des sujets non victimes de brûlures. Pire encore, les taux de vitamine E chez les sujets brûlés ont continué de chuter durant les deux semaines que dura leur période d'hospitalisation, les laissant plus vulnérables à des lésions cellulaires et aux cicatrices.

Les huiles de tournesol, de germe de blé et de carthame comptent parmi les meilleurs aliments pour augmenter la dose de vitamine E dans notre alimentation. En outre, lorsqu'il s'agit de soigner une brûlure sans gravité, il peut être utile de prendre un complément de multivitamines et de minéraux afin d'être sûr d'obtenir la Valeur quotidienne de 30 unités internationales, suffisante selon les experts pour maintenir des taux adéquats de cet antioxydant lorsqu'il s'agit d'une brûlure bénigne.

Afin d'éviter de conserver une cicatrice, le Dr Wong ajoute qu'il est également possible, lorsque la brûlure a guéri, de l'enduire de vitamine E.

Facteurs alimentaires

Les brûlures ayant pour effet d'accélérer le métabolisme, nos besoins nutritionnels se trouvent du même coup considérablement augmentés. Nous avons donc besoin non seulement de plus de vitamines et de minéraux, mais également d'un supplément de protéines. Voici ce que préconisent les médecins pour soigner des brûlures importantes et ce qui peut être utile en cas de brûlure plus bénigne.

Davantage de protéines. La meilleure approche nutritionnelle pour les grands brûlés est une alimentation hautement calorique et protéinée, administrée en milieu hospitalier. En présence d'une brûlure sans gravité, l'organisme n'utilise de loin pas autant d'énergie pour se guérir que lorsque nous sommes victime d'une brûlure grave, et il est donc vraisemblablement superflu d'augmenter notre ration calorique. En revanche, « le simple bon sens indique qu'il est probablement judicieux d'absorber plus de protéines », souligne le Dr Randolph. Parmi les principales sources de protéines, on peut citer le thon, la dinde, la viande de bœuf maigre et le poulet.

« Nous avons recours à la vitamine E antioxydante pour circonscrire l'étendue de la cicatrice sur la peau, ajoute-t-il. Il suffit de vider une gélule de vitamine E dont on utilisera le contenu pour frictionner le site de la brûlure, qui guérira ainsi plus rapidement ; on peut aussi utiliser une pommade hydrosoluble à base de vitamine E telle que Cicatryl ou Aloe Grande. »

La vitamine C répare les dégâts

Un autre nutriment clé dans la lutte contre les radicaux libres, également capable d'accélérer la guérison d'une brûlure, est la vitamine C. L'un des rôles majeurs de la vitamine C est d'ailleurs de contribuer à construire le collagène (substance intercellulaire) dans le corps, d'après le Dr Michele Gottschlich, directrice des services de nutrition de l'institut Shriners des grands brûlés — et nous avons justement besoin de constituer davantage de collagène après une brûlure !

Des chercheurs au centre des grands brûlés de l'hôpital régional de Cook County à l'université de l'Illinois, à Chicago, ont découvert les preuves suivantes de l'aptitude de la vitamine C à cicatriser l'épiderme : les animaux de laboratoire qui avaient reçu des doses élevées de vitamine C après avoir subi une brûlure majeure perdaient beaucoup moins de fluide par leurs plaies ouvertes et suintantes que ceux qui n'avaient pas reçu de vitamine C. L'importance d'une cicatrisation rapide est vitale, car il est fréquent que les brûlés perdent une grande quantité de nutriments essentiels avant que leurs brûlures ne cicatrisent.

La Valeur quotidienne pour la vitamine C est de 60 milligrammes. En revanche, la majorité des experts disent tous que cette quantité est lamentablement inadéquate pour une santé optimale, surtout lorsque l'organisme est amené à faire face à un stress supplémentaire comme celui qu'occasionne une brûlure. Les spécialistes préconisent plutôt entre 250 et 1 000 milligrammes de vitamine C par jour, ce qui représente le seuil de toxicité. Nous pouvons augmenter la quantité totale de vitamine C absorbée grâce à une alimentation comprenant de généreuses quantités de brocolis, d'épinards et d'agrumes, ou en ayant recours à un complément alimentaire.

Pariez sur le bêtacarotène

Un autre nutriment entre en action après une brûlure : il s'agit du bêtacarotène, un antioxydant qui se transforme en vitamine A dans l'organisme.

En fait, après avoir étudié 12 hommes et femmes hospitalisés pour brûlures graves (recouvrant plus de 20 % du corps), des chercheurs aux hôpitaux de l'université du Michigan à Ann Arbor ont conclu que les patients recevant des soins par suite de brûlures graves devraient recevoir non seulement les vitamines C et E, mais également un apport complémentaire de bêtacarotène. Les chercheurs ont en effet constaté que lorsque ces patients ne recevaient pas de compléments, leur taux de bêtacarotène s'abaissait bien au-dessous du seuil normal, au détriment de leurs défenses contre les lésions oxydatives des radicaux libres.

Les fruits et légumes de couleur jaune et orange, comme les carottes et les melons cantaloup, sont d'excellentes sources de bêtacarotène. Les experts recommandent une prise quotidienne pouvant varier entre 5 000 et 25 000 unités internationales. Une grosse carotte contient environ 20 000 unités internationales de bêtacarotène ; un tiers de tasse de purée de patate douce, environ 5 000 unités internationales.

Le zinc favorise la cicatrisation

Ce minéral, présent dans divers aliments tels que les huîtres, le germe de blé et le crabe royal de l'Alaska, fait depuis quelque temps l'objet d'une attention considérable pour son rôle important dans la cicatrisation des blessures. Les études scientifiques ont permis de constater que les taux de zinc, exactement comme c'est le cas pour les nutriments antioxydants, diminuent après une brûlure grave.

« Le zinc est un minéral important pour la guérison des brûlures, quelle que soit leur étendue ou leur gravité », souligne le Dr Gottschlich, qui a recours à un apport complémentaire chez les patients gravement brûlés. « En cas de blessure bénigne, il suffit probablement d'absorber suffisamment d'aliments riches en nutriments essentiels pour couvrir les besoins. »

La Valeur quotidienne pour le zinc est de 15 milligrammes et rien ne vous empêche de dépasser cette dose en vous offrant une demi-douzaine d'huîtres cuites à la vapeur. Divers autres aliments sont riches en zinc, notamment les viandes de bœuf et d'agneau, les cacahuètes, le germe de blé et les flocons au son.

Calculs biliaires

❖

Évacuer ce gravier importun

C'était une femme boulotte, qui devait bien avoir neuf ou dix kilos de trop, ce qui ne l'empêcha pas de dévorer presque sans prendre le temps de respirer sa pizza et ses frites en les arrosant d'un milk shake, couronnant le tout d'une portion de gâteau au fromage blanc.

Trois heures plus tard elle se présentait aux urgences, se plaignant d'une vive douleur qui transperçait le quart supérieur droit de son abdomen.

Diagnostic ? Un vilain petit calcul biliaire de la grosseur d'un petit pois, coincé dans le canal qui relie la vésicule biliaire à l'intestin et bien décidé à y rester jusqu'à ce qu'il finisse par se faufiler dans l'intestin ou retombe dans la vésicule biliaire, ou jusqu'à ce qu'un chirurgien vienne l'y chercher avec son bistouri — procédant du même coup à l'ablation de la vésicule biliaire.

Manger pour évacuer

Même si aucun médecin ne vous a jamais regardé droit dans les yeux pour vous annoncer la présence d'une bille grosse comme un petit pois en train de se balader à travers votre système digestif, il est assez probable que vous ayez au moins un calcul biliaire. C'est en effet le cas pour près de 20 % des femmes et de 8 % des hommes. La plupart d'entre eux ont plus de 40 ans, les femmes y sont plus sujettes que les hommes, et la grande majorité des individus concernés ignorent complètement l'existence de cet intrus.

Les calculs biliaires se constituent lorsqu'un grain ou deux de calcium parvient dans la vésicule biliaire et y reste suffisamment longtemps pour se recouvrir soit de cholestérol, soit de bilirubine, une substance présente dans l'hémoglobine. On estime que 80 à 85% des calculs sont recouverts de couches superposées de cholestérol cireux mais, dans bien des cas, les deux substances s'y sont déposées. Une petite minorité de calculs se constitue exclusivement de biliburine jaune verdâtre.

Nous ignorons pour quelle raison se produit cette accumulation de cholestérol ou de bilirubine sur un fragment de calcium. En temps normal, la vésicule biliaire est une sorte de réservoir où est emmagasinée la bile plus ou moins gluante dont l'organisme a besoin pour digérer les matières grasses.

Lorsque nous mangeons de la matière grasse, l'estomac l'envoie à travers les intestins, et la vésicule biliaire l'arrose de bile afin de la décomposer. Puis l'organisme termine le processus digestif et le résidu du bol alimentaire se dirige vers la sortie.

Il arrive parfois, en revanche, que le corps se trompe. Dans ce cas, le processus au cours duquel s'enchaînent normalement ces diverses phases (alimentation, arrosage à l'aide de bile, expulsion) se détraque et le contenu visqueux de la vésicule biliaire se cristallise. C'est là que l'occasion se présente pour un fragment de calcium de se revêtir de couches superposées, toujours plus épaisses, de cholestérol ou de bilirubine.

Nous savons que les hormones de reproduction naturelles de l'organisme féminin favorisent ce processus en exerçant un effet retard sur la vésicule biliaire, l'empêchant de se vider trop rapidement, par exemple durant la

---

Facteurs alimentaires

Les experts médicaux soulignent l'importance cruciale d'une alimentation judicieusement équilibrée pour freiner la formation des calculs biliaires. Voici ce qu'ils recommandent.

Moins de cholestérol. Comme le recommande l'Association américaine du cœur, veillez à ne pas absorber plus de 300 milligrammes de cholestérol par jour ; c'est aussi ce que préconise le Dr Henry Pitt, vice-président du service de chirurgie de la faculté de médecine de l'université Johns Hopkins. En réduisant notre taux de cholestérol sanguin, nous pouvons freiner la tendance de l'organisme à s'en servir pour produire des calculs biliaires.

Le cholestérol de l'alimentation provient exclusivement de sources animales, viandes et produits laitiers. Pour réduire le taux de cholestérol, il faut non seulement réduire la part de ces aliments dans nos repas, mais également absorber moins de matières grasses saturées (c'est-à-dire toute matière grasse qui reste solide à température ambiante).

Moins de calories. Divers travaux indiquent que les femmes qui absorbent habituellement tant de calories qu'elles en deviennent obèses peuvent être jusqu'à six fois plus exposées au risque de calculs biliaires que les femmes de poids normal. C'est pourquoi le Dr Pitt

grossesse ou à l'occasion d'une cure d'amaigrissement. De plus, les implants anticonceptionnels à base de progestérone pourraient avoir le même effet, tandis que les pilules anticonceptionnelles à base d'œstrogènes semblent augmenter le taux de cholestérol dans la bile — ce qui ne fait rien non plus pour arranger les choses.

C'est la faute de l'hérédité — et de l'alimentation

L'ensemble de ces facteurs — les hormones, la grossesse, les périodes de régime et la pilule — suffit peut-être à expliquer pourquoi deux tiers de tous les calculs biliaires sont décelés chez des femmes. En revanche, à part le fait d'être une femme, quels sont les facteurs de risque dans ce domaine ? (Après tout, pas mal d'hommes ont aussi des calculs.)

nous suggère de veiller à maintenir un poids corporel sain et de suivre les recommandations de l'Association américaine du cœur, qui recommande de limiter à moins de 30 % la proportion de calories provenant de matières grasses.

Moins de sucre. Une étude néerlandaise portant sur 872 hommes a permis de constater qu'une alimentation à haute teneur en sucre pouvait pratiquement doubler le risque de calculs biliaires. Nul n'en connaît l'explication précise, mais les chercheurs sont d'avis que le sucre pourrait augmenter dans la vésicule biliaire le taux de cholestérol — la matière première à partir de laquelle se constituent la plupart des calculs biliaires.

Plus de poisson. Divers travaux effectués à la faculté de médecine de l'université Johns Hopkins à Baltimore, portant aussi bien sur des cobayes que sur des sujets humains, semblent indiquer que l'huile de poisson pourrait freiner la formation de calculs biliaires. « Nous ne saurions affirmer que nous sommes en mesure de dissoudre ces calculs, souligne le Dr Henry Pitt, mais il est certain que nous pouvons en ralentir la formation. Les sujets à haut risque, comme ceux qui se mettent souvent au régime et les femmes enceintes, pourraient donc envisager d'incorporer plus souvent du poisson dans leur alimentation. »

« C'est une question d'alimentation, mais aussi d'hérédité », répond le Dr Henry Pitt, vice-président du service de chirurgie de l'université Johns Hopkins à Baltimore. Il est d'ailleurs difficile de déterminer avec précision le rôle de chacun de ces facteurs. Jusqu'ici, la plupart des études scientifiques portant sur des groupes de population n'ont fait qu'ajouter à la confusion générale.

Au Chili, par exemple, 60 % des habitants âgés de plus de 80 ans ont des calculs biliaires. En revanche, les populations africaines sont à peine touchées : 1 à 2 % seulement des habitants du continent d'Afrique y sont sujets.

S'agit-il d'alimentation ou d'hérédité ?

Le Dr Pitt précise que cela pourrait être dû à l'un comme à l'autre, voire aux deux. Des études portant sur divers groupes ethniques qui n'ont que rarement des calculs biliaires indiquent que lorsque de telles ethnies quittent une région géographique, où leur alimentation était pauvre en cholestérol et en matières grasses, pour se rendre dans une autre région où elles adoptent une alimentation riche en cholestérol et en matières grasses, elles deviennent sujettes aux calculs biliaires.

Il semble donc essentiel d'absorber moins de calories et de matières grasses, mais un autre facteur diététique semble également jouer un rôle dans la formation des calculs biliaires : il s'agit d'un minéral, le calcium.

Le calcium est controversé

Une alimentation pauvre en matières grasses et en cholestérol peut effectivement contribuer à prévenir les calculs biliaires, selon le Dr Alan Hofmann, professeur à l'université de Californie, mais la condition essentielle d'une alimentation destinée à prévenir ces calculs est d'être peu calorique afin que le sujet demeure svelte. En revanche, le Dr Hofmann est également d'avis qu'il pourrait être utile de prendre un complément de calcium à titre préventif.

« Non seulement le calcium est bénéfique pour notre ossature, mais il exerce un effet positif sur le métabolisme des acides biliaires, explique le Dr Hofmann. Nous avons en effet constaté que dans l'intestin, des doses élevées de calcium absorbé par voie buccale se transforment en phosphate de calcium. » C'est le début d'une succession de phénomènes chimiques, précise-t-il, qui finissent par abaisser le taux de cholestérol dans la vésicule biliaire, diminuant ainsi la possibilité de formation de calculs.

Prescriptions vitaminiques

Il est évident que les deux principales mesures qu'il convient d'adopter pour prévenir les calculs biliaires consistent à diminuer la quantité de matières grasses alimentaires et le cholestérol, et à maintenir un poids corporel raisonnable. En revanche, il existe un minéral susceptible d'être utile, selon le Dr Alan Hofmann, professeur à l'université de Californie.

Nutriment	Dose par jour
Calcium	1 000 milligrammes

MISE EN GARDE : *Si vous avez déjà un calcul biliaire, il est impératif que vous soyez suivi par un médecin.*
Le Dr Hofmann est d'avis qu'un apport complémentaire de calcium peut être envisagé pour l'homme. En revanche, il faut savoir que chez la femme, le calcium peut contribuer à la formation de certains types de calculs biliaires. Ce médecin suggère donc aux femmes de consulter leur médecin avant d'envisager un apport complémentaire de calcium.

Cela semble expliquer d'autre part pourquoi une étude, menée durant vingt-cinq ans et portant sur 872 Hollandais âgés de 40 à 59 ans, avait permis de constater que plus les participants absorbaient de calcium durant la période considérée, moins ils étaient sujets aux calculs biliaires.

Une étude néerlandaise a d'ailleurs révélé que chez les hommes qui absorbaient quotidiennement plus de 1 442 milligrammes de calcium par le biais de leur alimentation, le risque de calcul biliaire diminuait de 50 %.

« Dans la mesure où la plupart des individus ne boivent plus beaucoup de lait après l'âge de 45 ans, il est judicieux d'envisager la prise d'un complément de calcium », souligne le Dr Hofmann. L'hypothèse selon laquelle des doses élevées de calcium sous forme de complément alimentaire pourraient prévenir les calculs biliaires n'a cependant pas encore été vérifiée expérimentalement. Il est vrai que le risque de calculs rénaux n'est pas affecté par la prise de doses normales de calcium, et qu'un apport complémentaire de ce minéral pourrait être bénéfique non seulement pour les os, mais également pour la bile. Des recherches restent à effectuer pour vérifier ce dernier point, comme pour confirmer qu'il n'existe pas de risque majeur associé à l'utilisation sur une longue période de compléments de calcium par voie orale, conclut le Dr Hofmann.

Les experts qui recommandent le calcium en prévention des calculs biliaires suggèrent de viser à en obtenir la Valeur quotidienne, qui est de 1 000 milligrammes. Toutefois, avant de vous précipiter à la pharmacie, le Dr Pitt vous suggère de prendre le temps d'obtenir l'avis de votre médecin, surtout si vous êtes une femme.

« Dans nos pays, le calcium pourrait jouer un rôle dans la formation de la majorité des calculs biliaires, précise le Dr Pitt. Il se trouve pratiquement dans n'importe quel caillou au bord de la route. Nous avons en outre constaté, grâce à nos études portant sur des animaux de laboratoire, qu'une alimentation riche en calcium semblait favorable à la formation de calculs pigmentaires (les calculs constitués de bilirubine). »

N'oublions pas non plus, ajoute ce médecin, les divers facteurs hormonaux affectant la femme. Il est tout à fait possible que le calcium prévienne les calculs biliaires chez l'homme, alors qu'il contribue à sa formation chez la femme.

Par conséquent, souligne le Dr Pitt, l'homme ne risque rien à prendre un complément alimentaire de calcium mais, en revanche, la femme doit consulter son médecin de famille afin d'obtenir son aide pour soupeser les risques par rapport aux avantages, compte tenu notamment des antécédents familiaux.

« Si toutes les femmes de votre famille ont des calculs biliaires sans qu'aucune ne soit atteinte d'ostéoporose, je dirais qu'il est préférable pour vous d'éviter de prendre du calcium », ajoute-t-il. En revanche, si toutes les femmes souffrent d'ostéoporose tandis qu'une ou deux femmes seulement ont un petit calcul biliaire tout à fait anodin, un apport complémentaire de calcium ne devrait poser aucun problème.

Calculs rénaux

◆

Dissoudre un problème douloureux

Il suffit d'examiner un calcul rénal au microscope pour comprendre pourquoi son expulsion provoque une douleur aussi phénoménale. La plupart des calculs rénaux sont hérissés de cristaux coupants comme des rasoirs. Comment s'étonner, dans ces conditions, que ceux qui sont déjà passés par là décrivent leurs souffrances comme un véritable coup de poignard dans le dos ?

Les calculs rénaux se produisent lorsque la concentration de minéraux et d'autres substances dissoutes dans l'urine devient si élevée que les minéraux retrouvent une consistance solide. Ces calculs peuvent également se constituer lorsque le pH (l'équilibre acido-basique) de l'urine est soit trop élevé, soit trop bas. Dans tous les cas, les minéraux constituent des cristaux insolubles et forment un précipité, c'est-à-dire qu'ils s'expulsent de l'urine, exactement de la même manière que le sucre excédentaire tombe tout au fond d'un verre de thé glacé. Les cristaux se rassemblent dans les conduits rénaux où ils se solidifient pour se transformer progressivement en calculs.

Afin de prévenir la formation de nouveaux calculs, la majorité des médecins ont aujourd'hui recours à une réforme alimentaire ainsi qu'à certains médicaments, notamment des diurétiques (qui diminuent le taux de calcium dans les urines en augmentant le débit urinaire).

Quel type de calcul fabriquez-vous ?

S'il est vrai que certaines mesures diététiques semblent utiles en contribuant à prévenir toutes sortes de calculs rénaux, d'autres ne sont efficaces que pour certaines catégories de calculs. Par conséquent, les médecins soulignent qu'il est important de connaître le type de calcul fabriqué par notre organisme. Le seul moyen de le savoir avec certitude est de soumettre un calcul déjà expulsé à des examens de laboratoire. Dans plus de 80 % des cas il s'agit d'un calcul constitué d'oxalate de calcium, le type le plus courant de calcul rénal.

(suite page 166)

Facteurs alimentaires

De nombreux médecins sont d'avis que les changements alimentaires ci-dessous ont fait leurs preuves pour prévenir efficacement les calculs rénaux. Voici ce qu'ils recommandent.

Buvez beaucoup d'eau. Plus nous buvons d'eau, moins les minéraux contenus dans l'urine risquent de former des cristaux susceptibles de se transformer en calculs. « Donnez-vous pour but de boire au moins deux litres à deux litres et demi d'eau chaque jour, c'est-à-dire environ un verre de 225 ml toutes les deux heures », précise le Dr Fred Coe, professeur de médecine et de physiologie et médecin chef en néphrologie. Si cela vous intéresse de mesurer vos urines, vous devriez pouvoir constater que vous en éliminez environ deux litres par jour. (Les grandes bouteilles de boissons gazeuses ont à peu près cette contenance.) Le fait de boire beaucoup d'eau contribue à prévenir toutes sortes de calculs, et c'est une pratique particulièrement importante pour tous ceux qui habitent dans une région dont le climat est chaud et sec.

Renoncez à trop saler. Tout excès de sel augmente les taux de calcium dans l'urine, accroissant le risque de calculs rénaux. Certains médecins recommandent de ne pas prendre plus de 2 400 milligrammes de sel par jour environ, soit à peu près la moitié de la dose habituelle. Afin de parvenir à cette dose réduite, il est prudent d'éviter la plupart des aliments industriels, en particulier la viande en conserve, les potages tout prêts et les repas surgelés. En outre, n'hésitez pas à jeter votre salière à la poubelle.

Évitez le sucre. « Sucreries et douceurs augmentent le taux de calcium dans l'urine tout en diminuant le volume de cette dernière, d'où une très grande concentration de calcium dans l'urine », explique le Dr Coe. Si vous ne parvenez pas à renoncer entièrement au dessert, diminuez-en la portion. En outre, il vaut mieux éviter de grignoter sucré entre les repas.

Passez-vous de viande. Selon certaines recherches, on a pu constater chez les gros mangeurs de viande une prédisposition aux calculs constitués d'oxalate de calcium. Les protéines d'origine animale augmentent dans l'urine la concentration de calcium et d'acide urique, ajoute le Dr Coe. « De nombreux patients souffrant de calculs rénaux ont une alimentation majoritairement carnée, ajoute-t-il. Nous nous efforçons de les encourager à prendre moins de 300 grammes de viande par jour, car moins ils en mangent et mieux cela vaut pour eux. »

Continuez à prendre suffisamment de calcium. Autrefois, on conseillait toujours aux patients ayant des calculs rénaux de limiter l'absorption de produits laitiers et d'autres aliments riches en calcium. Pourtant, les personnes qui obtiennent davantage de calcium par le biais de leur alimentation sont moins sujettes aux calculs rénaux que celles dont le régime alimentaire en comporte moins. Mais si vous prenez du calcium sous forme de complément alimentaire, ne dépassez pas 1 000 milligrammes par jour sans avoir au préalable obtenu l'accord de votre médecin, précise le Dr Coe.

Pas d'excès de vitamine C. La Valeur quotidienne de vitamine C ne dépasse pas 60 milligrammes, mais beaucoup de gens en prennent davantage pour bénéficier des considérables pouvoirs de guérison de ce nutriment. Pour les personnes qui ont déjà eu des calculs rénaux, en revanche, il est particulièrement important de ne pas manifester trop d'enthousiasme dans ce domaine. Certains médecins recommandent de rester au-dessous de 500 milligrammes si vous prenez de la vitamine C sous forme de complément alimentaire. En effet, l'un des sous-produits du métabolisme de la vitamine C pourrait être l'oxalate, qui représente la moitié des calculs rénaux les plus courants, souligne le Dr Coe.

Renoncez à toutes les sources d'oxalates. Légumineuses, cacao, café instantané, persil, rhubarbe, épinards et thé noir sont tous saturés d'acide oxalique, susceptible de provoquer des calculs. Peut-être votre médecin pourra-t-il vous remettre une liste d'autres aliments contenant des oxalates. « En ce qui nous concerne, poursuit le Dr Coe, nous remettons à nos patients une liste de la teneur en oxalates de quelque 200 aliments. »

Le café et la bière sont permis. Même si ces deux types de breuvages augmentent le taux de calcium excrété par le corps, ils accroissent aussi le volume de l'urine, dont la concentration en calcium n'est donc pas affectée. Certaines personnes ont même recours à la bière, fortement diurétique, pour évacuer les calculs rénaux, conclut le Dr Coe.

« Il est également important de savoir pour quelle raison votre organisme fabrique des calculs. Le seul moyen de le déterminer est de faire pratiquer des analyses de sang et d'urine et de mesurer les taux de certaines hormones telles que la parathormone, sécrétée par les glandes parathyroïdes, qui régule les taux de calcium dans l'organisme, explique le Dr Freda Levy, professeur clinicien adjoint. Les calculs se constituent dans l'organisme pour toutes sortes de raisons, notamment certaines anomalies métaboliques ou des infections. »

Avant d'adopter une de ces mesures, ajoute-t-elle, il convient d'obtenir d'abord l'avis de votre médecin pour être certain de choisir les meilleures modifications alimentaires compte tenu de votre cas particulier.

Le magnésium pourrait faire contrepoids au calcium

La formation de calculs rénaux est l'aboutissement d'un processus chimique complexe. Certains médecins sont d'avis que le rapport entre le calcium et le magnésium (un autre minéral essentiel) absorbés par le biais de l'alimentation est important. Ils recommandent que les sujets qui ont déjà expulsé au moins une fois des calculs constitués d'oxalate de calcium veillent à absorber régulièrement, au minimum, la Valeur quotidienne de magnésium (400 milligrammes) par le biais des aliments, et de compléments, si nécessaire.

En revanche, la plupart des spécialistes des reins sont persuadés que le magnésium n'a pas un très grand rôle à jouer dans le traitement des calculs rénaux. Peut-être recommanderaient-ils un apport complémentaire de ce minéral à un sujet dont l'urine ne contient qu'un faible taux de magnésium pour un taux élevé de calcium, ce qui est un cas rare, précise le Dr Fred Coe, professeur de médecine et de physiologie et médecin chef en néphrologie.

En revanche, certains chercheurs et divers médecins qui s'intéressent à la nutrition sont persuadés que le potentiel du magnésium dans la prévention des calculs n'a pas encore reçu toute l'attention qu'il mérite. Ils affirment que pour bien des gens, l'absorption régulière d'une dose optimale de ce minéral peut contribuer à prévenir les calculs.

« Si les médecins pensent que ce n'est pas efficace, c'est qu'ils n'ont jamais essayé », affirme le Dr Stanley Gershoff, professeur de nutrition et doyen honoraire de l'école de nutrition de l'université Tufts.

Dans le cadre d'une étude effectuée il y a des années par le Dr Gershoff, 149 sujets, qui avaient expulsé depuis cinq ans au moins deux calculs par an, ont eu l'heureuse surprise de constater, après avoir commencé à prendre 300 milligrammes de magnésium par jour, que la formation de calculs rénaux avait radicalement diminué. (Ils prenaient également 10 milligrammes de vitamine B_6 par jour, comme nous le verrons plus loin.) Le suivi s'est déroulé sur quatre ans et demi à six ans. Plus de 90 % des participants n'ont expulsé aucun calcul durant toute cette période, souligne le Dr Gershoff. Seules 12 personnes ont continué à fabriquer des calculs, quoique bien moins souvent, précise-t-il en ajoutant : « Je suis persuadé qu'il vaut vraiment la peine d'avoir recours à la thérapie magnésienne. »

Diverses études montrent également que les animaux de laboratoire qui présentent un déficit magnésien sont plus sujets que la moyenne aux cristaux d'oxalate de calcium, ce qui rend l'apparition de calculs plus probable.

Les travaux du Dr Gershoff ont permis de constater que l'urine de sujets qui prenaient un complément de magnésium était capable de contenir deux fois plus d'oxalate de calcium sous une forme soluble que l'urine de sujets qui ne prenaient pas de magnésium. Ce résultat restait inchangé même lorsque le pH et la quantité de calcium dans l'urine avaient été corrigés, afin d'être exactement les mêmes pour les deux groupes.

« Le magnésium contribue à empêcher la cristallisation de l'oxalate de calcium, mais nous ignorons encore par quel processus », commente le Dr Gershoff. D'après une hypothèse fascinante quoique non encore vérifiée, poursuit-il, le magnésium entre en compétition avec le calcium pour se lier avec l'oxalate et former une substance complexe soluble capable d'être excrétée hors de l'organisme.

Ce médecin recommande à tous ceux qui ont déjà expulsé un calcul constitué d'oxalate de calcium de prendre chaque jour 300 milligrammes de magnésium sous forme de complément alimentaire. « Selon une étude, cette dose est tout à fait adéquate », précise-t-il encore. D'autres médecins recommandent d'en prendre entre 400 et 500 milligrammes par jour.

Les recherches montrent que la plupart des hommes absorbent environ 329 milligrammes de magnésium par jour, tandis que pour la majorité des femmes, la dose quotidienne absorbée par le biais de l'alimentation est d'environ 207 milligrammes.

Commencez par prendre la dose la plus basse qui s'est avérée efficace dans votre cas, et faites-vous suivre régulièrement par un médecin, surtout si vous avez subi une lésion rénale ou si vous avez des troubles cardiaques, ajoute le Dr Gershoff.

Parmi les aliments les plus riches en magnésium, on peut citer les légumes verts, les noix, les haricots secs et les céréales complètes.

La vitamine B_6 protège contre les oxalates

Outre le magnésium, certains médecins recommandent également la vitamine B_6 aux personnes sujettes à des calculs rénaux.

« Lorsqu'il y a carence en vitamine B_6, tout le métabolisme de l'organisme se bloque, en quelque sorte, si bien que l'acide oxalique est généré en plus grande quantité et que les taux urinaires en deviennent d'autant plus élevés », explique le Dr Coe. L'acide oxalique se lie ensuite avec le calcium pour constituer l'oxalate de calcium insoluble, le matériau de base des calculs.

Dans le cadre d'une étude effectuée en Inde, des chercheurs ont constaté que des patients depuis longtemps sujets aux calculs rénaux et qui prenaient chaque jour 40 milligrammes de vitamine B_6 étaient bien moins susceptibles qu'auparavant d'avoir à nouveau des calculs. (Quelques participants, peu nombreux, eurent besoin d'en prendre jusqu'à 160 milligrammes par jour avant que cesse la formation des calculs.)

La majorité des spécialistes dans le domaine des calculs rénaux, toutefois, doutent que, dans nos pays, nous puissions être carencés en vitamine B_6 au point de fabriquer des calculs rénaux. « L'administration de ce nutriment pourrait se concevoir dans le cas d'un sujet dont l'urine contient une concentration élevée d'acide oxalique, mais à mon avis, la plupart des sujets qui ont tendance à fabriquer des calculs ne sont pas carencés en B_6 », commente le Dr Coe. Les patients atteints de calculs rénaux sont rarement soumis à des tests pour vérifier une éventuelle carence en B_6 ou questionnés quant à la quantité d'aliments riches en B_6 — poisson, bananes et noix — qu'ils mangent habituellement. (Les études montrent qu'en ce qui concerne la France, 80 % des adultes en absorbent une dose inférieure à la Valeur quotidienne de 2 milligrammes. Et nous savons que 30 à 50 % des femmes, qui sont plus souvent touchées que les hommes, consomment moins de 1,3 milligramme de vitamine B_6 par jour.)

Si vous prenez de la vitamine B_6 sous forme de complément alimentaire, n'en prenez pas plus de 50 milligrammes par jour à moins d'être sous la surveillance d'un médecin, souligne le Dr Coe. En effet, on a pu établir une corrélation entre des doses élevées de vitamine B_6 et certaines lésions nerveuses. Cessez immédiatement de prendre ce nutriment si vous vous apercevez que vos extrémités semblent insensibles ou que votre démarche devient instable. Les experts médicaux suggèrent en outre que la prise d'un apport complémentaire de B_6 devrait être associée à celle d'un complément de multivitamines et de minéraux bien équilibré comprenant toute la gamme des vitamines du complexe B. (Toutes les vitamines du groupe B sont synergiques entre elles.) Vérifiez cependant que la dose totale de B_6 fournie par ces deux compléments alimentaires ne dépasse pas 50 milligrammes par jour.

Prescriptions vitaminiques

Certains médecins recommandent les nutriments suivants, en doses variables, dans le cadre d'un programme global destiné à prévenir une récidive de calculs rénaux. Parlez-en d'abord avec votre médecin afin de déterminer si ces compléments peuvent vous être utiles.

Nutriment	Dose par jour
Magnésium	300 à 500 milligrammes
Potassium	3 500 à 4 500 milligrammes
Vitamine B_6	Jusqu'à 50 milligrammes (en tenant compte de la quantité fournie par un complément de multivitamines et de minéraux contenant les vitamines du complexe B)

MISE EN GARDE : *Aucun programme d'apport complémentaire ne saurait permettre de dissoudre des calculs rénaux lorsque ces derniers se sont déjà constitués.*

Si vous souffrez de troubles rénaux ou cardiaques, obtenez l'avis de votre médecin avant de prendre un complément alimentaire de magnésium.

Les personnes prenant des diurétiques d'épargne potassique ou souffrant de maladie rénale ou de diabète ne doivent pas prendre de complément alimentaire de potassium sans consulter au préalable leur médecin.

Certains praticiens soulignent la nécessité d'être sous surveillance médicale lorsque l'on prend plus de 50 milligrammes de vitamine B_6 par jour. Il a été constaté dans certains cas que des doses trop élevées de ce nutriment pouvaient provoquer des lésions nerveuses. Cessez de prendre la vitamine B_6 si vous constatez que vos mains ou vos pieds ont tendance à être insensibles ou que votre démarche devient incertaine.

Le potassium protecteur

Les spécialistes sont tous d'accord pour dire qu'une alimentation riche en céréales, légumes et fruits contribue à prévenir les calculs rénaux. Cela s'explique peut-être, du moins en partie, par le fait que l'alimentation végétarienne fournit à l'organisme une grande abondance de potassium. Le risque de formation de calculs augmente en effet lorsque ce minéral est en déficit.

« Aux sujets carencés en potassium, surtout ceux qui prennent des diurétiques de type thiazidiques qui amènent une baisse du potassium (hypokaliémie), le médecin pourra prescrire un apport complémentaire de potassium et préconiser l'augmentation d'aliments riches en cet élément dans l'alimentation », explique le Dr Lisa Ruml, professeur adjoint en médecine et chercheur en unité de métabolisme minéral. L'hypokaliémie peut entraîner une baisse du taux de citrate dans les urines, précisément la raison pour laquelle le risque de calcul s'accroît. »

Les médecins qui recommandent le potassium en prévention des calculs rénaux suggèrent généralement d'en absorber entre 3 500 et 4 500 milligrammes par jour. Vous n'aurez pas de mal à obtenir cette quantité en prenant chaque jour au moins cinq portions de fruits et légumes, avec une abondance d'agrumes et de jus frais.

Le citrate de potassium, une forme de ce minéral disponible sur ordonnance, pourrait être utile non seulement aux sujets présentant une baisse du taux de potassium (hypokaliémie), mais également à un grand nombre de ceux qui fabriquent des calculs constitués d'oxalate de calcium, ajoute le Dr Ruml.

Dans le cadre d'une étude effectuée par des chercheurs du centre médical Southwestern de l'université du Texas, à Dallas, les participants ont réduit pratiquement à zéro le risque de constituer de nouveaux calculs durant les trois ou quatre années que se poursuivit leur traitement faisant appel à une dose quotidienne de citrate de potassium.

« Ce dernier modifie le pH urinaire, car, en présence d'un taux de citrate plus élevé, l'urine peut contenir une plus grande quantité d'oxalate de calcium, sans pour autant que des calculs se constituent, explique le Dr Ruml. Au lieu de former des calculs, l'oxalate de calcium est excrété à travers l'urine. Nous avons recours actuellement au citrate de potassium pour tous nos patients dont les calculs sont constitués de calcium. »

Les compléments de citrate de potassium ne doivent être pris que sous surveillance médicale, précise le Dr Ruml. Les patients prenant des diurétiques d'épargne potassique ou atteints de maladie rénale ou de diabète doivent impérativement consulter leur médecin traitant avant d'avoir recours à un apport complémentaire de potassium sous quelque forme que ce soit.

Calvitie

◆

Conserver sa chevelure

Question majeure : existe-t-il un rapport entre ce que nous mangeons et le fait de conserver ou non notre chevelure ?

Pour les hommes, la réponse est un non catégorique. (Désolés, messieurs. Excepté les cas de malnutrition extrême, vous aurez beau prendre autant de vitamines et de minéraux que vous voudrez, cela ne saurait faire repousser vos cheveux.) En revanche, chez certaines femmes dont l'alopécie est liée à un traumatisme physique, à un régime excessif ou à des règles particulièrement abondantes, la réponse est oui.

À vrai dire, dans ce domaine-là, nous sommes tous perdants en permanence. Même celui (ou celle) dont le chef est couronné des boucles les plus magnifiques perd entre 50 à 150 cheveux par jour. Par rapport au chauve dont Charlie Chaplin prit le crâne pour un œuf à la coque dans un film célèbre, quel est donc le facteur magique qui fait toute la différence ? Chez ceux qui ont tous leurs cheveux, la repousse se produit continuellement afin de remplir tous les espaces dégarnis. L'aptitude plus ou moins grande du cuir chevelu à assurer cette repousse et à prévenir la calvitie est tout simplement héréditaire. En effet, les gènes sont à l'origine de ce que l'on qualifie d'alopécie, chez l'homme comme chez la femme.

Les chercheurs ont néanmoins découvert que certains nutriments semblent être chez la femme des facteurs déterminants pour la repousse des cheveux.

La jeune fille et le fer

Lorsqu'une femme subit une perte de fer par suite d'un traumatisme, d'une alimentation mal équilibrée ou de règles trop abondantes, il se produit un certain nombre de choses. Son corps, en particulier, cesse littéralement de fabriquer des cheveux jusqu'à ce que la prise de fer redevienne adéquate.

« Voilà plus de trente ans maintenant que je pratique la médecine, et d'après mon expérience, chez la majorité des femmes ayant des menstrues régulières, on constate une anémie ferriprive légère à grave », souligne le Dr Wilma Bergfeld, dermatologue et directeur d'une section de dermato-pathologie (l'étude des causes et effets des maladies et anomalies dermatologiques) et de dermatologie.

La Valeur quotidienne pour le fer est de 18 milligrammes. En revanche, il ne suffit pas d'absorber suffisamment de fer, précise le Dr Alexander Zemtsov, professeur adjoint en biochimie et biologie moléculaire.

Puisque l'absorption du fer est facilitée par la vitamine C, ce médecin vous recommande de demander à votre médecin de vous prescrire du Fer UCB à la vitamine C. Chaque ampoule contient 50 milligrammes de fer et 100 milligrammes de vitamine C. Vous pouvez également acheter un complément de fer en vente libre dosé à 50 milligrammes, et le prendre en même temps que 100 milligrammes de vitamine C. « Je vous conseille d'en

---

Facteurs alimentaires

Ce que nous mangeons pourrait bien avoir un effet sur l'apparence plus ou moins flatteuse de notre chevelure, mais il n'y a pas grand-chose à faire sur le plan de l'alimentation pour avoir une chevelure plus fournie. Voici un ou deux conseils donnés par des médecins pour préserver la santé des cheveux.

Attention aux régimes draconiens. Une perte de poids progressive et régulière est non seulement plus saine qu'un régime trop astreignant, mais elle ménage également notre chevelure. « Après avoir perdu 9 ou 10 kilos en trois mois, n'importe quelle femme se verra confrontée à une importante perte de cheveux », souligne le Dr Wilma Bergfeld. Mais comment maigrir sans danger et de manière efficace ? En limitant la perte de poids à une livre par semaine, pas davantage.

Prenez plus de fer. Afin d'augmenter l'absorption du fer, certains médecins recommandent également de boire du jus d'orange, très riche en vitamine C, chaque fois que vous absorbez des aliments contenant beaucoup de fer comme les brocolis et la viande rouge, relève le Dr Alexander Zemtsov, professeur adjoint en biochimie et biologie moléculaire.

prendre chaque jour une dose jusqu'à ce que les cheveux aient retrouvé leur aspect habituel, ce qui nécessite généralement deux à trois mois », ajoute le Dr Zemtsov.

Chez certaines personnes qui absorbent quotidiennement une dose de fer trop élevée, il peut se produire une surcharge en fer. Une dose dépassant la Valeur quotidienne (18 milligrammes) ne doit être prise, par conséquent, que sous surveillance médicale.

Une bonne assurance santé

Puisqu'une grande variété de nutriments, notamment la vitamine C, le fer, la biotine, le folate et le zinc, semblent jouer un rôle dans la croissance capillaire, certains experts recommandent de prendre un complément de multivitamines et de minéraux afin de couvrir tous les besoins essentiels.

Prescriptions vitaminiques

À moins de malnutrition grave, il ne semble pas que les vitamines et les minéraux affectent particulièrement la croissance capillaire chez l'homme. En revanche, la nutrithérapie pourrait s'avérer utile pour certaines femmes atteintes d'alopécie. Voici ce que recommandent les experts.

Nutriment	Dose par jour
Fer	50 milligrammes
Vitamine C	100 milligrammes

En outre, un complément de multivitamines et de minéraux offrant les Valeurs quotidiennes pour l'ensemble des vitamines et minéraux essentiels

MISE EN GARDE : *Chez certaines personnes qui absorbent quotidiennement une dose de fer trop élevée, il peut se produire une surcharge en fer. Par conséquent, une dose dépassant la Valeur quotidienne (18 milligrammes) ne doit être prise que sous surveillance médicale.*

« La biotine, par exemple, semble stimuler la croissance capillaire, épaissir les fibres et atténuer la perte de cheveux. En revanche, tous ces nutriments ont plus ou moins le même effet, note le Dr Bergfeld. C'est un peu comme s'il s'agissait de rassembler les pièces d'un puzzle. Tant de facteurs entrent en jeu qu'il est délicat de dire lequel est le plus important. »

Elle poursuit en soulignant que beaucoup de personnes du troisième âge n'obtiennent pas suffisamment de nutriments, un argument supplémentaire pour justifier la prise d'un complément de multivitamines et de minéraux. « Lorsqu'une femme approche des cinquante ou soixante ans, divers troubles médicaux peuvent accentuer la perte de cheveux : diminution des taux d'hormones féminines, troubles thyroïdiens et diabète. En outre, la nécessité d'avoir recours plus fréquemment à des médicaments pour soigner ces divers troubles peut également accélérer la chute des cheveux », ajoute-t-elle.

Promesses sans fondement

Et pourquoi ne pas nourrir les cheveux de l'extérieur ? Certaines publicités pour des shampooings et produits capillaires à base de nutriments donnent bel et bien l'impression que nos cheveux ont besoin d'une potion magique (offerte par ces types de produits, bien entendu) pour rester sains et brillants.

« Ces divers produits capillaires n'ont pas une grande utilité, remarque le Dr Bergfeld. Il est possible qu'ils donnent momentanément aux cheveux une apparence de volume et d'abondance en les faisant gonfler brièvement, mais c'est à peu près tout. »

Les produits capillaires ne peuvent pas encourager la repousse, car les cheveux qui recouvrent notre crâne sont déjà morts. La seule manière dont les nutriments peuvent affecter la croissance capillaire, c'est lorsqu'ils parviennent jusqu'au cuir chevelu, là où se produit la croissance des cheveux, explique le Dr Zemtsov. « Vous aurez beau enduire vos cheveux de tout ce que vous voudrez, poursuit-il, si la substance active ne pénètre pas à un demi-centimètre ou plus à l'intérieur du cuir chevelu, de manière à parvenir jusqu'au follicule pileux — et vous pouvez être sûr qu'elle n'y parviendra jamais —, cela restera sans effet. » Pour être efficace, la nutrition doit se faire depuis l'intérieur.

Cancer

◆

Commencer par soigner son assiette

Regardons les choses en face : le cancer ne prête pas matière à rire. Même les blagues d'un goût douteux que se permettent certains à propos de cette maladie mortelle ne font que nous rappeler cruellement notre propre mort.

L'un des aspects les plus réjouissants du cancer à l'heure actuelle est pourtant que nous pouvons avoir recours à toute une panoplie de mesures préventives afin de l'empêcher de se manifester. Les experts sont nombreux à penser qu'au moins 50 % de tous les cas de cancer pourraient être évités grâce à une réforme alimentaire. Cependant, comme la majorité des gens ont du mal à envisager un tel changement de leur mode d'alimentation, certains spécialistes sont d'avis qu'il pourrait être judicieux d'avoir recours à des compléments alimentaires afin de compenser d'éventuelles carences nutritionnelles.

« Il n'existe pas de pilule magique pour prévenir le cancer, mais la conjonction d'un certain nombre de changements alimentaires vous permettra incontestablement de diminuer votre risque de cancer », affirme le Dr Patrick Quillin, nutritionniste agréé, auteur du livre *Beating Cancer with Nutrition* et directeur du service de nutrition des centres américains de traitement du cancer.

Ce médecin souligne que plus tôt vous adopterez ces modifications alimentaires, plus vous augmenterez vos chances de n'être jamais confronté à cette maladie mortelle. « Le cancer se propage généralement lentement, par étapes successives », ajoute-t-il.

C'est au cours des phases précancéreuses initiales, appelées stades d'initiation et d'expansion, que la nutrition aura le plus d'impact. À ces stades, certaines modifications du matériel génétique des cellules, souvent liées aux lésions provoquées dans l'organisme par des réactions chimiques, sont encore susceptibles d'être inhibées ou même de régresser. En revanche, lorsque ces modifications génétiques ont déjà eu lieu et que les cellules à présent cancéreuses commencent à se multiplier, il serait utopique d'espérer pouvoir se soigner exclusivement par la nutrithérapie.

(Suite page 180)

Facteurs alimentaires

Presque tout ce que nous mangeons peut jouer un rôle — positif ou négatif — lorsqu'il s'agit du cancer. Vitamines et minéraux ont certes un rôle à jouer, mais cela ne suffit pas. Les experts proposent les suggestions diététiques suivantes afin de diminuer le risque.

Fuyez la graisse. Une alimentation riche en matières grasses augmente le risque de la plupart des formes de cancer.

Les experts affirment qu'une alimentation judicieuse pour prévenir le cancer ne doit pas contenir plus de 20 à 25 % de calories en provenance de matières grasses, soit environ la moitié de la quantité de matières grasses qu'absorbent la plupart des Français.

Afin de parvenir à ce but, nourrissez-vous principalement de fruits et de légumes, de céréales complètes et de légumineuses, de poissons et de crustacés, de viandes maigres et de produits laitiers demi-écrémés ou écrémés.

Modifiez la règle du tiers. Les experts ont longtemps suggéré que la dose quotidienne de matières grasses provenant des acides gras saturés, polyinsaturés et mono-insaturés ne devrait pas dépasser le tiers du total des lipides absorbés.

Les matières grasses saturées, qui restent solides à température ambiante, comprennent les matières grasses animales, par exemple le saindoux, le beurre, et les huiles végétales hydrogénées, généralement de couleur blanche et conditionnés en boîtes. (Un grand nombre d'aliments industriels contiennent des huiles végétales hydrogénées ; il convient de lire attentivement les étiquettes.)

Les matières grasses polyinsaturées désignent la plupart des huiles végétales, comme celles de maïs, de carthame, de tournesol et de soja. Les graisses mono-insaturées comprennent les huiles d'olive et de colza, ainsi que la matière grasse contenue dans les avocats.

En revanche, des recherches toujours plus nombreuses tendent à montrer que les huiles mono-insaturées peuvent contribuer à prévenir certaines formes de cancer. C'est la raison pour laquelle divers chercheurs suggèrent à présent de modifier la règle du tiers. Ils recommandent de limiter à un quart de la ration quotidienne de matières grasses la part des matières grasses saturées, un autre quart provenant d'acides gras polyinsaturés, la moitié restante se constituant de matière grasse mono-insaturée, bénéfique pour la santé. Pour augmenter votre ration d'acides gras mono-insaturés, adoptez pour cuisiner l'huile d'olive ou de colza de préférence à toute huile polyinsaturée, ou mélangez ces deux types de matière grasse.

Un expert souligne d'autre part l'importance de choisir l'huile la plus fraîche possible. Renoncez à utiliser un produit rance ; n'hésitez pas à jeter toute huile d'odeur suspecte. Les huiles deviennent rances lorsqu'elles s'oxydent, générant alors des radicaux libres nuisibles à la santé. Mieux vaut acheter l'huile par petites quantités et la conserver au réfrigérateur.

Ayez une prédilection pour la verdure. Le bêtacarotène a fait l'objet du plus grand nombre d'études, mais certains travaux laissent à penser que d'autres substances complexes contenues dans les légumes pourraient s'avérer tout aussi efficaces pour lutter contre le cancer. L'une d'entre elles, la lutéine, est présente dans les brocolis, les petits pois, le céleri, le chou frisé et les épinards.

Le cresson pourrait également être utile dans la prévention du cancer. Dans le cadre d'une étude, on a pu constater qu'une substance présente dans cette plante semblait capable de prévenir le cancer du poumon chez les animaux de laboratoire exposés à la fumée de cigarettes.

N'oubliez pas les tomates. Si ces dernières ne contiennent que peu de bêtacarotène, elles sont en revanche bourrées d'une autre substance qui en est proche, le lycopène. Des recherches effectuées en Italie ont mis en évidence une diminution de 60 % du risque de cancer de l'estomac, du côlon ou du rectum chez les sujets qui absorbaient chaque semaine au moins sept portions de tomates crues, par comparaison aux personnes qui n'en mangeaient que deux par semaine, voire moins. D'autres bonnes sources de lycopène sont les pamplemousses roses et les poivrons rouges.

Buvez beaucoup de thé. Il s'avère que le thé contient des substances appelées polyphénols. On a pu mettre en évidence que ces derniers, tout au moins chez les animaux de laboratoire, avaient la propriété de prévenir le cancer. « Exactement comme les vitamines,

(à suivre)

Facteurs alimentaires — Suite

ces substances jouent le rôle d'antioxydants et neutralisent les lésions cellulaires dues aux radicaux libres », explique le Dr Zhi Y. Wang, professeur adjoint aux recherches en service de dermatologie universitaire.

Le thé vert et le thé noir contiennent une abondance de polyphénols. Se basant sur ses recherches, le Dr Wang suggère d'utiliser du thé ordinaire, contenant de la théine, plutôt que du thé déthéiné, car le premier est plus efficace dans la prévention du cancer.

Soyez avide d'ail. Ce bulbe relevé n'a pas pour seul mérite de faire fuir les mauvais esprits. Une étude menée à bien par des chercheurs à l'université d'état de Pennsylvanie à University Park a permis de démontrer qu'en ce qui concerne le cancer du sein, l'ail inhibait la formation des cellules cancéreuses. D'autres chercheurs, dans l'Iowa, ont découvert que le fait de manger de l'ail au moins une fois par semaine réduisait d'un tiers le risque de cancer du côlon chez les femmes qui en mangeaient habituellement par rapport à celles qui n'en mangeaient jamais.

Divers composants chimiques complexes que l'on trouve dans l'ail, l'oignon et la ciboulette — tous membres de la famille des alliacés — jouent un rôle dans la production d'enzymes capables de neutraliser les substances chimiques nocives qui sont à l'origine du cancer.

Régalez-vous de poisson. Certaines recherches laissent à penser que les acides gras de type oméga-3 en provenance de poissons comme le maquereau et le saumon contribuent à prévenir le cancer. Au cours d'une étude, des animaux de laboratoire qui recevaient une alimentation riche en huile de poisson étaient moins exposés au risque d'un cancer du sein propageant des métastases dans les poumons. En outre, des chercheurs au collège Baylor de médecine, à Houston, ont découvert que les sujets qui absorbaient chaque jour de grandes quantités d'huile de poisson étaient moins exposés que l'individu moyen aux lésions cellulaires liées au cancer de la peau en cas d'exposition aux rayons ultraviolets.

Réservez la viande rouge aux grandes occasions. Une étude a permis de constater un rapport direct chez la femme entre l'apparition plus fréquente de polypes précancéreux du côlon et l'augmentation de la quantité de viande dans l'alimentation. Les femmes qui se nourrissaient de préférence de viande rouge, plutôt que de poulet ou de poisson, présentaient un risque presque deux fois plus élevé de polypes que celles dont l'alimentation comportait peu de viande rouge.

Selon les chercheurs de l'université Harvard, les femmes qui mangent chaque jour du bœuf, du porc ou de l'agneau pourraient diminuer leur risque de cancer du côlon de plus de moitié si elles ne mangeaient de la viande rouge qu'une fois par mois, lui préférant habituellement du poisson ou du poulet.

Adoptez les protéines de soja. L'étude de cellules animales et humaines explique que les graines de soja contiennent diverses substances chimiques dont l'activité anticarcinogène a pu être démontrée scientifiquement. L'un de ces agents chimiques, la génistéine, pourrait offrir une protection contre le cancer de la prostate en inhibant les hormones masculines qui encouragent la prolifération des cellules responsables de cette forme de cancer, selon des chercheurs de l'université de l'Alabama à Birmingham. D'après certaines recherches, il se pourrait également que le soja contribue à prévenir le cancer du sein.

Ne vous contentez pas de manger régulièrement du tofu, mais pensez aussi au lait et au fromage de soja, au miso et au tempeh.

Mangez plus de fibres. Dans l'intestin, les fibres accroissent le volume des selles, augmentent l'acidité et diminuent la concentration de substances nuisibles capables de provoquer le cancer. Les taux de cancer du côlon baissent en proportion de l'augmentation de la consommation de fibres. Une alimentation riche en fibres, semble-t-il, permet également de lutter contre les cancers hormonodépendants tels que le cancer de la prostate et celui du sein.

La plupart des Français mangent environ 15 grammes de fibres par jour. Les experts suggèrent d'augmenter l'apport de fibres à 20 grammes, voire 35 grammes par jour. Cela ne devrait pas être trop difficile, pour peu que vous mangiez chaque jour un bol de céréales riches en fibres, une portion de légumineuses, trois tranches de pain complet, quatre portions de légumes frais et deux fruits.

(à suivre)

Facteurs alimentaires — Suite

N'oubliez pas le romarin. L'extrait de cette plante aromatique est un conservateur si efficace qu'il est utilisé dans l'industrie alimentaire pour préserver la fraîcheur de certains aliments. Diverses études ont permis de montrer que les animaux qui mangeaient chaque jour du romarin, même en petite quantité, bénéficiaient d'une protection contre le cancer.

« Le simple fait d'utiliser chaque jour une fraction de cuillerée à café de plante séchée pourrait être bénéfique pour la santé », souligne le Dr Chi-Tang Ho, professeur au département de science alimentaire de l'université Rutgers. Pensez à ajouter du romarin aux préparations à base de poulet ou de pommes de terre, ou encore aux plats italiens.

Fuyez les préparations industrielles à base de viande. Saucisses cuites, jambons et salaisons, pâtés de viande, bœuf séché, viande boucanée, hot dogs, conserves de viande, poissons fumés : tous contiennent des nitrites. Ces agents de conservation se décomposent dans l'organisme en générant des nitrosamines cancérigènes. Les experts recommandent par conséquent de ne consommer ces types d'aliments que très occasionnellement.

S'il vous arrive d'en manger, prenez la précaution d'absorber également avec votre repas des vitamines C et E. La première neutralise les nitrosamines, tandis que la vitamine E inhibe leur formation.

Les chercheurs ne sont pas encore parvenus à déterminer dans tous les détails ce que devrait comporter une alimentation idéale pour prévenir le cancer, et il est vraisemblable qu'ils devront poursuivre les recherches encore longtemps dans ce domaine. Il arrive parfois que des résultats contradictoires viennent nous rappeler tout ce que nous ignorons encore sur le cancer et la nutrition. En revanche, certains nutriments apparaissent comme de véritables champions de la lutte contre le cancer. Voici ce qui se dégage des recherches.

Évitez le sucre. Le fait de manger habituellement beaucoup de sucre peut augmenter le risque de cancer, selon diverses études. Les experts soulignent qu'une alimentation riche en sucre est généralement trop riche en matières grasses, mais pauvre en fibres et autres nutriments bénéfiques.

Pas d'excès d'alcool. Le seul fait de boire de l'alcool peut multiplier par deux, voire par trois, le risque de cancer. Si l'on est également fumeur, une très faible quantité d'alcool suffit pour multiplier par 15 le risque de cancer de la bouche et la gorge, selon une étude. Il se peut que l'alcool irrite directement les tissus, provoquant en outre des carences alimentaires plus ou moins prononcées qui diminuent l'aptitude de l'organisme à se défendre contre le cancer.

Selon l'Institut américain pour la recherche sur le cancer, à Washington, D.C., si vous tenez à boire de l'alcool, faites-le avec modération. Pour l'homme, cela signifie deux canettes de bière de 350 ml, deux verres de vin de 120 ml ou deux doses de spiritueux. Pour la femme, boire modérément revient à ne pas prendre plus d'une de ces boissons par jour.

Soyez chou. Diverses substances complexes présentes dans le chou, les brocolis, les choux de Bruxelles et le chou-fleur aident l'organisme à diminuer les taux d'une catégorie d'œstrogènes soupçonnée de stimuler le cancer du sein. D'autres substances complexes bénéfiques dans ces légumes pourraient stimuler la production d'enzymes anticarcinogènes.

La vitamine C protège les cellules

Il s'agit bien sûr d'aliments savoureux, mais ce n'est pas la seule raison pour laquelle vous seriez bien inspiré de boire un verre de jus d'orange fraîchement pressée, de garnir votre salade verte de lamelles de poivron rouge frais ou de déguster une poignée de fraises parfumées. En effet, vous absorberez ainsi de généreuses quantités de vitamine C, capable d'offrir une protection puissante contre le cancer.

« Quelque 90 études scientifiques ont examiné le rôle des aliments riches en vitamine C dans la prévention du cancer, et la grande majorité de ces travaux a permis de constater des effets protecteurs statistiquement significatifs, note le Dr Gladys Block, chercheur à l'université de Californie. Les preuves sont particulièrement convaincantes en ce qui concerne les cancers de l'œsophage, de la cavité buccale, de l'estomac et du pancréas. Il existe en outre de nombreuses preuves de l'effet protecteur de la vitamine C contre les cancers de l'utérus, du rectum et du sein. »

Un travail de synthèse visant à analyser les résultats d'un certain nombre d'études a permis de déterminer que les femmes qui présentaient le risque le plus bas de cancer du sein absorbaient environ 300 milligrammes de vitamine C par jour, soit l'équivalent d'un peu plus de 4 oranges, ou trois verres de jus d'orange. Par rapport à d'autres femmes, leur risque était moins élevé de 30 %.

Dans le cadre d'une étude effectuée en Amérique latine, l'une des régions du monde où le cancer de l'utérus est le plus fréquent, les femmes qui absorbaient plus de 314 milligrammes de vitamine C par jour présentaient un risque de cancer de l'utérus 31 % plus bas que les femmes qui en obtenaient moins de 153 milligrammes par jour.

Une autre étude faite à la Nouvelle-Orléans a montré que les sujets qui absorbaient chaque jour par le biais des aliments au moins 140 milligrammes de vitamine C (soit environ deux oranges) étaient deux fois moins exposés au cancer du poumon que ceux qui en absorbaient moins de 90 milligrammes par jour.

« La vitamine C est un antioxydant puissant », commente le Dr Balz Frei, professeur adjoint en médecine et en biochimie.

Qu'est-ce qu'un antioxydant ?

« La vitamine C, ainsi que certains autres nutriments, poursuit le Dr Frei, a l'aptitude de neutraliser les radicaux libres, des molécules nuisibles qui apparaissent dans l'organisme au cours de certaines réactions chimiques liées à l'oxygène. »

Pour établir leur propre équilibre, les radicaux libres dérobent des électrons aux molécules saines de l'organisme, ce qui peut endommager la membrane cellulaire et le matériel génétique de la cellule. Les nutriments antioxydants tels que la vitamine C mettent leurs propres électrons à la disposition des radicaux libres, protégeant ainsi les cellules contre les lésions oxydatives. « Les lésions dues aux radicaux libres peuvent se produire par suite des processus normaux de l'organisme à mesure que nous prenons de l'âge, mais elles peuvent aussi résulter d'une exposition à des substances chimiques cancérigènes », explique le Dr Frei.

La vitamine C contribue à prévenir le cancer de la bouche, de la gorge, de l'estomac et de l'intestin en neutralisant des substances cancérigènes, les nitrosamines. Ces dernières sont générées au cours du processus de digestion des nitrites et des nitrates. Les premiers sont des agents de conservation que l'on trouve en concentrations particulièrement élevées dans les viandes industrielles telles que les hot dogs et le jambon, tandis que les nitrates sont présents à l'état naturel dans les légumes.

Un autre atout de la vitamine C dans la lutte contre le cancer est qu'elle contribue à maintenir la bonne santé du système immunitaire. En outre, il est possible qu'elle renforce aussi l'action de la vitamine E, un autre nutriment anticancer.

La plupart des experts sont persuadés que l'apport journalier moyen en vitamine C, qui tourne autour des 109 milligrammes chez l'homme et 77 milligrammes chez la femme, est insuffisant pour offrir une protection optimale contre le cancer. Il est vrai qu'un complément alimentaire de vitamine C peut facilement multiplier cet apport, mais le fait de manger régulièrement des aliments riches en vitamine C, tels que des agrumes et autres fruits tropicaux, des brocolis et des choux de Bruxelles, offre une protection supplémentaire contre le cancer grâce à la présence de nutriments tels que le folate (précurseur naturel de l'acide folique), le bêtacarotène, les bioflavonoïdes et les fibres. On retiendra en outre, comme le confirment de nombreux travaux, que les fruits et légumes riches en vitamine C sont considérablement plus efficaces dans la lutte contre le cancer que la vitamine C en elle-même.

La dose de vitamine C recommandée par les médecins à titre d'apport complémentaire afin d'obtenir la meilleure protection possible contre le cancer est très variable, allant de 50 à 5 000 milligrammes par jour, voire davantage. La plupart des médecins, toutefois, préconisent une dose située entre 250 et 1 000 milligrammes par jour, à fractionner en deux ou trois prises.

La vitamine E offre une protection supplémentaire

Germe de blé, amandes et graines de tournesol — autant d'aliments croustillants et agréables à manger, mélangés à un yoghurt ou à un plat de céréales cuites — fournissent en outre des doses très bénéfiques de vitamine E, un autre nutriment qui pourrait bien offrir une protection contre le cancer.

Prescriptions vitaminiques

Si vous êtes cancéreux, il est important que vous soyez suivi par un médecin. Les doses élevées de vitamines et de minéraux recommandées ici ne doivent être absorbées que sous la surveillance experte d'un praticien qualifié, et ne sauraient se substituer aux traitements classiques pour soigner le cancer.

Certains médecins recommandent ces nutriments, en doses variables, dans le cadre d'un programme global destiné à prévenir ou traiter le cancer.

Prévention

Nutriment	Dose par jour
Acide folique	400 à 800 microgrammes
Bêtacarotène	10 000 à 25 000 unités internationales
Sélénium	50 à 200 microgrammes (l-sélénométhionine)
Vitamine C	250 à 1 000 milligrammes, à fractionner en 2 ou 3 doses
Vitamine E	400 à 600 unités internationales

Plus un complément de multivitamines et minéraux

Traitement

Ce programme est utilisé par les centres américains de traitement du cancer, organismes nationaux de soins de santé dont le siège est à Arlington Heights dans l'Illinois, qui se consacrent exclusivement au traitement du cancer. Ces centres allient des programmes nutritionnels, psychologiques et pastoraux avec des thérapies

Les recherches portant sur des animaux de laboratoire montrent toutes que la vitamine E peut contribuer à protéger les cellules contre les lésions pouvant dégénérer en cancer. « Les résultats des études de population, en revanche, sont plutôt confus, probablement parce que la majorité des gens n'obtiennent pas suffisamment de vitamine E par le biais de leur alimentation

traditionnelles et innovatrices afin de mettre au point pour leurs patients des protocoles de traitement individualisés.

Nutriment	Dose par jour
Acide folique	400 microgrammes
Bêtacarotène	100 000 unités internationales
Sélénium	800 microgrammes (l-sélénométhionine)
Vitamine B$_{12}$	1 000 microgrammes
Vitamine C	2 000 à 12 000 milligrammes
Vitamine E	400 unités internationales (divers tocophérols naturels), en addition à des doses complémentaires de vitamine E sèche (succinate de tocophérol)

Plus un complément de multivitamines et de minéraux

MISE EN GARDE : *Demandez l'avis de votre médecin avant de prendre plus de 400 microgrammes d'acide folique par jour ; pris en doses trop élevées, ce nutriment peut en effet masquer les symptômes de l'anémie pernicieuse, un trouble lié à un déficit en vitamine B$_{12}$.*

Tout apport complémentaire de sélénium dépassant 100 microgrammes doit être pris exclusivement sous surveillance médicale.

Commencez par une faible dose de vitamine C, que vous augmenterez progressivement jusqu'à la dose supérieure. Des doses trop élevées peuvent provoquer des diarrhées chez certaines personnes.

Si des médicaments anticoagulants vous ont été prescrits, vous ne devez pas prendre de compléments alimentaires de vitamine E.

pour se protéger du cancer », note le Dr Quillin. Mais récemment, des études de population ayant examiné l'effet à long terme d'un apport complémentaire de vitamine E ont permis de constater un effet protecteur.

Dans le cadre d'une étude effectuée dans l'Iowa et portant sur des femmes (*Iowa Women's Health Study*), par exemple, les chercheurs ont découvert que les femmes atteintes de cancer du côlon étaient également celles qui absorbaient le moins de vitamine E, soit en moyenne moins de 36 unités internationales par jour. Les femmes qui en absorbaient régulièrement près de deux fois plus (environ 66 unités internationales sous forme d'apport complémentaire) ne présentaient que le tiers du risque d'avoir cette forme de cancer par rapport à celles qui en absorbaient le moins.

Une autre étude, conduite par des chercheurs à l'Institut national américain du cancer, à Rockville, dans le Maryland, a permis de constater que les sujets qui disaient avoir régulièrement recours à des compléments de vitamine E n'avaient que la moitié du risque normal de cancer de la bouche par rapport aux personnes qui ne prenaient pas de compléments de cette vitamine.

Les recherches consacrées aux taux sanguins en vitamine E ont également mis en évidence certains effets protecteurs. Des chercheurs britanniques, par exemple, se sont aperçus que le risque de cancer du sein chez les femmes qui avaient les taux sanguins de vitamine E les plus élevés n'était que le cinquième de celui chez les femmes dont les taux sanguins de vitamine E étaient les plus bas.

« Comme la vitamine C, la vitamine E est capable de protéger les molécules de l'organisme contre les lésions liées à des réactions chimiques et pouvant dégénérer en cancer, note le Dr Frei. Du fait que la vitamine E est elle-même liposoluble, elle est particulièrement efficace pour protéger les membranes des cellules adipeuses contre les lésions oxydatives. »

« Il est possible que des membranes cellulaires robustes soient particulièrement nécessaires dans le côlon, car les bactéries présentes dans ce dernier génèrent de grandes quantités de radicaux libres », ajoute le Dr Robert Bostick, professeur adjoint en épidémiologie et l'un des chercheurs de l'*Iowa Women's Health Study*.

La vitamine E pourrait également stimuler et renforcer le système immunitaire afin de l'aider à lutter contre les cellules précancéreuses et à inhiber la production de nitrosamines, précise ce médecin.

Étant donné la probabilité de son effet protecteur contre certains types de cancer, un nombre toujours croissant de chercheurs sont persuadés que la vitamine E pourrait s'avérer cruciale dans tout programme de prévention contre le cancer. Beaucoup de spécialistes recommandent d'en prendre entre 400 et 600 unités internationales par jour, mais il est impossible d'absorber des doses aussi élevées de vitamines E par le biais de nos seuls aliments. Même lorsque notre alimentation habituelle comporte des sources intéressantes de ce nutriment, comme le germe de blé et l'huile de carthame, cela ne saurait nous fournir plus de 30 à 40 unités internationales de cette vitamine par jour. « Seuls les compléments alimentaires peuvent apporter des doses de cette importance », souligne le Dr Quillin.

Sélénium et vitamine E : protection synergique

De nombreux travaux semblent indiquer qu'il existe un rapport de cause à effet entre une faible prise de sélénium et l'incidence accrue du cancer. En absorbant suffisamment de ce minéral essentiel, il semble possible d'abaisser le risque de la plupart des cancers : cancer du poumon, de la peau, du sein, de la prostate et divers autres types.

Des chercheurs à l'université de Limburg, aux Pays-Bas, ont mesuré le taux de sélénium dans les ongles des orteils d'un certain nombre de personnes. (Cela peut paraître tiré par les cheveux, mais la teneur en sélénium des ongles du pied est considérée comme l'indicateur le plus fidèle du taux de sélénium absorbé sur une période prolongée.) Ils ont constaté que les individus dont les ongles des orteils avaient la teneur en sélénium la plus élevée étaient moitié moins sujets au cancer du poumon que ceux dont les ongles des pieds avaient une faible teneur en sélénium.

L'effet protecteur de ce minéral était le plus évident chez les personnes qui n'absorbaient par ailleurs que de faibles quantités de bêtacarotène ou de vitamine C.

Une autre étude a montré que le risque de cancer de la peau était multiplié par quatre ou davantage chez les sujets ayant un taux sanguin très bas de sélénium, par rapport à ceux chez qui le taux de sélénium était le plus élevé.

« Le sélénium agit comme un antioxydant, ce qui signifie qu'il contribue à protéger les cellules des réactions nocives causées par les radicaux libres ; ces dernières se produisent lorsque la peau est exposée à la lumière du soleil ou lorsque les poumons sont exposés à la fumée de cigarette ou à des produits polluants », signale le Dr Karen E. Burke, spécialiste en dermatologie. Le sélénium agit en synergie avec la vitamine E, ajoute-t-elle ; le premier apporte une protection à l'intérieur de la cellule, tandis que la vitamine E protège les membranes cellulaires externes.

La Valeur quotidienne pour le sélénium est de 70 microgrammes. L'apport journalier moyen absorbé par le biais de l'alimentation est d'un peu plus de 100 microgrammes.

Le calcium aide à lutter

On peut dire de manière générale que lorsqu'un nutriment est utile pour lutter contre un type de cancer, il est également bénéfique pour tous les autres. Il arrive parfois, en revanche, qu'un nutriment semble être un véritable champion du fait du rôle qu'il joue dans la prévention d'un type de cancer spécifique. Tel est le cas du calcium. Ce minéral apparaît comme une sorte de héros dans la lutte contre le cancer du côlon. En effet, les études portant sur des groupes de population suggèrent que les sujets qui absorbent beaucoup d'aliments riches en calcium sont moins sensibles que d'autres à ce type de cancer.

D'après le Dr Bernard Levin, professeur de médecine et vice-président d'une unité pour la prévention du cancer au centre du cancer M.D. Anderson, il est possible que le calcium puisse prévenir le cancer du côlon en se liant à des substances cancérigènes comme certaines matières grasses, ainsi qu'à la bile, le suc digestif sécrété par le foie, neutralisant ainsi leurs effets toxiques et facilitant leur expulsion sans que les cellules des intestins subissent de lésions.

« Ces effets semblent plus marqués chez les sujets dont l'alimentation contient beaucoup de matières grasses et qui sont ainsi les plus exposés au cancer du côlon », ajoute le Dr Levin. Un apport complémentaire de calcium n'est pas aussi bénéfique pour les personnes ayant une alimentation pauvre en matières grasses et dont le risque est vraisemblablement peu élevé.

Un certain nombre d'études portant sur des individus exposés à un risque élevé de cancer du côlon, comme les sujets qui ont déjà eu

---

Les médecins qui pratiquent la nutrithérapie dans l'espoir de prévenir le cancer, notamment le Dr Burke, recommandent la prise de 50 à 200 microgrammes de sélénium par jour (en fonction de la région où vous vivez et de vos antécédents personnels et familiaux avec le cancer), à prendre sous forme de l-sélénométhionine. Il s'agit de la forme organique du sélénium, plus facilement assimilable et moins susceptible de provoquer des effets indésirables.

contre le cancer du côlon

des polypes (grosseurs bénignes pouvant dégénérer en tumeurs cancéreuses) suggèrent également que le calcium pourrait contribuer à réduire la possibilité de grosseurs anormales dans les cellules des parois du côlon.

Cependant, souligne le Dr Levin, ne vous attendez pas à des miracles. « Les effets sont relativement modestes et ne se produisent qu'à des quantités nettement supérieures aux doses habituelles », relève-t-il. La plupart des études faisaient appel à 1 250 milligrammes par jour, tandis que la prise journalière moyenne de calcium est inférieure à 800 milligrammes. La Valeur quotidienne pour ce minéral est de 1 000 milligrammes.

Le Dr Levin conseille d'adopter une alimentation maigre contenant une grande quantité de fibres, de fruits et de légumes. Par la suite, dit-il, vous pourrez si vous le souhaitez y ajouter suffisamment d'aliments riches en calcium (ainsi qu'un apport complémentaire, si nécessaire) pour que la dose absorbée journellement dépasse 1 000 milligrammes. Il recommande également d'éviter absolument de fumer et de ne pas faire d'excès d'alcool.

Notons au passage que les produits laitiers enrichis, comme le lait, pourraient fournir une protection supplémentaire. La vitamine D liposoluble, surtout connue pour aider à escorter le calcium jusque dans le courant sanguin, pourrait également jouer un rôle dans la protection des cellules contre les lésions génétiques susceptibles de provoquer un cancer, conclut le Dr Levin.

Pour traiter le cancer, les médecins des centres américains de traitement du cancer ont recours à une dose journalière de sélénium pouvant aller jusqu'à 800 microgrammes. À très haute dose, le sélénium peut cependant être toxique. Les experts déconseillent par conséquent de prendre des doses supérieures à 100 microgrammes par jour en l'absence de surveillance médicale.

Les aliments riches en sélénium comprennent les céréales complètes, les fruits de mer, les noix du Brésil, l'ail et les œufs. « Les aliments raffinés sont pauvres en sélénium », souligne le Dr Burke. Le riz complet, par exemple, contient quinze fois plus de sélénium que le riz blanc, et le pain complet deux fois plus que le pain blanc.

Indispensable bêtacarotène

Dans la lutte contre le cancer, les héros véritables sont sans conteste les fruits et les légumes. « Les études montrent unanimement que les sujets qui mangent une abondance de fruits et de légumes sont moins exposés au cancer que ceux qui choisissent de préférence d'autres aliments », remarque le Dr Block.

Lorsque l'on analyse les nutriments dont se constituent ces fruits et légumes, un certain nombre d'éléments constitutifs semblent se révéler particulièrement protecteurs contre le cancer. L'un d'eux, le bêtacarotène, est le pigment jaune présent dans un certain nombre de fruits et de légumes.

Une étude a notamment permis de constater que durant l'année précédant un diagnostic de cancer, les hommes qui absorbaient moins de 1,7 milligrammes (environ 2 800 unités internationales) de bêtacarotène par jour — soit la teneur d'un petit tronçon de carotte mesurant 2,5 cm — étaient deux fois plus susceptibles d'avoir un cancer que les sujets qui en absorbaient journellement plus de 2,7 milligrammes (soit environ 4 400 unités internationales).

Dans une autre étude, on pouvait constater que le risque de cancer du sein passait pratiquement du simple au double lorsqu'on comparait les femmes postménopausées qui absorbaient le beaucoup d'aliments riches en carotène avec celle qui en consommaient peu. Le risque semblait s'abaisser radicalement lorsque les femmes absorbaient régulièrement plus de 5 824 unités internationales de bêtacarotène par jour. Il suffit pour obtenir cette quantité de manger un peu plus du tiers d'une carotte ou de boire trois verres de 180 ml de jus de légumes variés.

Grâce à une autre étude, des chercheurs de l'université de l'Arizona à Tucson ont constaté une diminution des lésions buccales chez plus de 70 % des sujets atteints d'un état précancéreux appelé leucoplasie orale qui avaient pris 30 milligrammes (environ 50 000 unités internationales) de bêtacarotène par jour pendant six mois. Chez 18 des 25 participants à cette étude, l'ampleur des lésions avait diminué de moitié ou plus encore, et l'on put constater quatre rémissions complètes.

« Les études de laboratoire confirment le rôle anticancéreux du bêtacarotène, souligne le Dr Norman Krinsky, professeur de biochimie. Les animaux auxquels des doses importantes de bêtacarotène ont été administrées avant qu'ils soient exposés à un produit chimique cancérigène sont moins susceptibles d'avoir des tumeurs cancéreuses. »

Dans d'autres cas, le bêtacarotène a ralenti la progression de lésions précancéreuses et a même contribué à faire régresser des modifications précancéreuses des cellules, peut-être en stimulant les mécanismes cellulaires permettant la réparation du matériel génétique.

Le bêtacarotène n'est qu'une des nombreuses substances chimiques complexes dotées de pouvoirs curatifs qui constituent la catégorie des caroténoïdes. Très abondants dans les fruits et légumes, ces derniers sont des antioxydants puissants. Tout comme les vitamines C et E, ils contribuent à combattre les effets nocifs des redoutables radicaux libres.

Une partie du bêtacarotène que nous absorbons par la nourriture se transforme dans l'organisme en vitamine A, qui joue un rôle important dans la régulation de la croissance et la différentiation cellulaires, ajoute le Dr Krinsky. « Cela veut dire que la vitamine A aide les cellules à parvenir à maturité en leur permettant d'atteindre leur forme définitive, contribuant ainsi à les empêcher de dégénérer en cellules cancéreuses », poursuit-il.

Malheureusement, une étude finnoise a constaté que des fumeurs invétérés qui prenaient chaque jour un complément de bêtacarotène de 20 milligrammes (environ 33 000 unités internationales), au lieu d'être protégés, étaient davantage susceptibles de décéder d'un cancer du poumon. Certains médecins sont d'avis que ces résultats ne sont que le fruit du hasard, tandis que d'autres pensent qu'ils méritent d'être soigneusement examinés.

« Il s'agissait d'une étude si bien conçue, basée sur une telle ampleur statistique, que nous sommes bien obligés d'en tenir compte », souligne le Dr Jerry McLarty, président d'une unité d'épidémiologie et de biomathématique et l'un des principaux chercheurs dans une étude à très long terme consacrée au rapport entre le bêtacarotène et le cancer du poumon. « Il est incontestable que d'autres recherches doivent être entreprises pour tirer la chose au clair. »

Selon certains chercheurs, cette étude portait sur une dose trop faible et administrée trop tardivement, et les sujets qui avaient reçu ce complément présentaient vraisemblablement déjà un stade précancéreux de la maladie, indétectable par la radiographie. « Il ne fait aucun doute que les résultats de cette étude confirment l'argument selon lequel les seules vitamines ne

(Suite page 194)

Que faire si vous êtes vous-même cancéreux ?

La plupart des recherches portant sur la nutrition et le cancer s'intéressent à la prévention. Certains médecins sont en revanche persuadés qu'une alimentation judicieusement variée et équilibrée peut aider les cancéreux à prolonger leur existence tout en bénéficiant d'une meilleure qualité de vie.

Les médecins pour qui la nutrithérapie constitue un volet complémentaire important dans le traitement du cancer vont généralement beaucoup plus loin que la recommandation habituelle des diététiciens en milieu hospitalier, qui préconisent de prendre quotidiennement trois repas substantiels. Beaucoup de nutrithérapeutes recommandent à leurs patients cancéreux qui se portent relativement bien une alimentation maigre, peu sucrée, peu salée et principalement végétarienne.

« Ce type d'alimentation pourrait pourtant ne pas convenir aux cancéreux chez qui l'on constate une fonte musculaire et qui peuvent avoir besoin d'un supplément de protéines et de matières grasses », relève le Dr Patrick Quillin, nutritionniste agréé, auteur du livre *Beating Cancer with Nutrition* et directeur du service de nutrition d'un centre américain de traitement du cancer. En milieu hospitalier, il est fréquent d'administrer aux patients cancéreux chez qui l'on constate une perte de poids soit des boissons protéinées à base de petit-lait, soit une forme spécifique de nutrition totale par voie parentérale administrée au goutte-à-goutte sous forme de perfusion intraveineuse.

La plupart des médecins qui s'intéressent de près à la nutrition recommandent également un apport complémentaire de vitamines et de minéraux. Les médecins des centres américains de traitement du cancer, par exemple, recommandent à tous leurs patients de prendre un complément de multivitamines et de minéraux appelé Immuno Max, mis au point par ces centres et contenant plusieurs fois les Valeurs quotidiennes d'un grand nombre de nutriments. Ce produit n'est disponible qu'aux États-Unis. Ils prescrivent en outre une dose quotidienne de 2 000 à 12 000 milligrammes de vitamine C en poudre sous forme tamponnée, 400 unités internationales de vitamine E sous forme de tocophérols naturels mixtes et des doses complémentaires de vitamine E sèche (succinate de tocophérol), 100 000 unités internationales de bêtacarotène, 800 microgrammes de l-sélénométhionine, forme de sélénium à faible toxicité, et enfin 2 grammes d'acide eicosapentaénoïque et 400 milligrammes d'acide gamma-linolénique, deux formes d'acides gras dont on a pu vérifier en laboratoire qu'ils ralentissent la croissance tumorale.

Certains médecins de ces centres prescrivent également d'autres compléments qui ne sont pas des nutriments, comme 200 milligrammes de coenzyme Q10, 2 à 12 grammes d'arginine, 1 à 5 grammes de glutamine et une grande variété de plantes aromatiques. Si vous souhaitez ajouter des compléments à votre thérapie actuelle pour lutter contre le cancer, consultez votre médecin ou votre thérapeute habituel et précisez-lui les catégories de compléments et les doses que vous prenez.

Les publications scientifiques comportent encore peu de travaux portant sur l'efficacité d'un apport complémentaire de nutriments pour faire régresser un cancer déjà diagnostiqué, mais cela est en train d'évoluer très rapidement. Une étude particulièrement intéressante a permis de constater que les sujets auxquels une thérapie nutritionnelle était administrée, à la manière de celle que préconisent les centres américains de traitement du cancer, vivaient plus longtemps.

Cette étude, effectuée par les Drs Abram Hoffer et Linus Pauling, portait sur des sujets cancéreux qui étaient traités de manière traditionnelle par des traitements de pointe comme la chimiothérapie ou la radiothérapie.

Ceux qui continuaient de manger comme ils l'avaient toujours fait avant d'apprendre qu'ils avaient un cancer avaient en moyenne une durée de vie de 5,7 mois. Parmi ceux qui recevaient une thérapie nutritionnelle (mégadoses de vitamines et minéraux, ainsi que des conseils pour un choix d'aliments judicieux), 20 % furent considérés comme mauvais répondeurs. Malgré tout, leur temps de survie était presque le double de celui des patients qui n'avaient pas reçu ce soutien nutritionnel. Quant aux 80 % de patients qui furent considérés comme bons répondeurs, ils avaient en moyenne une durée de vie de six ans.

(à suivre)

Que faire si vous êtes vous-même cancéreux ? — Su

« Ce groupe comprenait des patients atteints d'un cancer particulièrement difficile à traiter — cancer du poumon, du pancréas ou du foie, par exemple », souligne le Dr Quillin. Ce sont les femmes atteintes de cancers du sein, des ovaires, de l'utérus ou du col de l'utérus qui bénéficiaient le plus de ce traitement. Leur durée de vie moyenne était de dix ans, soit 21 fois plus que pour les femmes qui n'avaient pas bénéficié de la nutrithérapie.

Une autre étude, réalisée par des chercheurs à la faculté de médecine de l'université de Virginie occidentale à Morgantown, a permis de constater une diminution de 40 % des récidives de tumeurs chez des hommes atteints de cancer de la vessie qui prenaient parallèlement à leur traitement habituel des mégadoses de vitamine A (40 000 unités internationales), de vitamine B_6 (100 milligrammes), de vitamine C (2 000 milligrammes), de vitamine E (400 unités inter-

sauraient réparer les dégâts causés par des années de mauvaises habitudes, ni remplacer une alimentation judicieusement variée et équilibrée », commente le Dr McLarty.

Un nombre toujours croissant de médecins sensibles à la nutrition recommande un apport complémentaire de bêtacarotène pour contribuer àprévenir le cancer, généralement entre 10 000 et 25 000 unités internationales par jour. Une carotte de 19 cm contient environ 20 000 unités internationales de bêtacarotène.

« Si nous recommandons ces compléments, ce n'est pas parce que la preuve est faite qu'ils préviennent le cancer, mais parce que nous sommes persuadés qu'il vaut mieux absorber un peu de bêtacarotène plutôt que pas du tout », souligne le Dr David Edelberg, animateur au centre holistique américain de Chicago, l'un des principaux centres de médecine parallèle des États-Unis. « Malheureusement, le fait est que beaucoup de gens ne mangent pas chaque jour suffisamment de légumes pour obtenir cette quantité pourtant relativement modeste de bêtacarotène. »

Même les médecins qui recommandent de prendre le bêtacarotène sous forme de complément alimentaire soulignent l'importance de manger beaucoup de légumes de couleur orange, jaune et à feuilles vert foncé, tels

nationales) et de zinc (90 milligrammes), en addition à un complément de multivitamines et de minéraux fournissant l'apport journalier recommandé (AJR) de toute la palette de ces nutriments, par rapport aux sujets du groupe témoin qui n'absorbaient que l'AJR pour ces nutriments. Cette étude a également montré qu'au bout de cinq ans, la survie sans récidive tumorale chez les hommes qui prenaient des doses élevées de nutriments était considérablement plus longue.

« Tout ceci nous amène à conclure que la nutrition n'est pas un remède miracle contre tous les types de cancers, souligne le Dr Quillin. Elle ne doit pas être utilisée comme unique thérapie. En revanche, elle peut améliorer spectaculairement la durée et la qualité de vie ainsi que les possibilités de rémission complète des patients cancéreux. »

que carottes, épinards, chou frisé, patates douces, courges d'hiver et melon cantaloup. Même si nous n'absorbons chaque jour qu'une seule portion de l'un de ces aliments, cela nous procure davantage de bêtacarotène que la moyenne nationale.

« Ces aliments contiennent en outre d'autres substances chimiques complexes encore moins bien connues, mais qui pourraient se révéler au moins aussi protectrices que le bêtacarotène contre le cancer du sein et d'autres formes de cancer », explique le Dr Krinsky.

Pour les patients qui ont eu un cancer du poumon, certains médecins peuvent recommander jusqu'à 500 000 unités internationales de bêtacarotène, ajoute le Dr Quillin. De telles doses sont considérées comme dénuées de toxicité, mais il est toujours préférable de consulter votre médecin ou un thérapeute compétent, précise-t-il encore.

L'acide folique est un allié puissant

Le chou frisé, les épinards, la laitue romaine : autant de légumes verts feuillus bourrés de nutriments anticancer. L'un de ces derniers en particulier, le folate, semble capable de protéger les cellules contre les lésions génétiques cancérigènes provoquées par certaines substances chimiques.

La nutrition et les traitements contre le cancer

Dans le domaine de la nutrition, le cancer peut cumuler les dégâts dans l'organisme. En effet, la maladie elle-même peut provoquer des carences nutritionnelles, mais son traitement aussi.

Le cancer et les traitements utilisés pour le vaincre peuvent provoquer perte d'appétit, nausées, troubles d'absorption intestinale et accélération du métabolisme (l'organisme brûle les calories plus vite), l'ensemble de ces effets pouvant provoquer malnutrition et perte de poids. « Si vous souffrez d'un cancer, il est important que votre médecin ait connaissance de ces problèmes et les corrige dans la mesure du possible », souligne le Dr Patrick Quillin, nutrithérapeute agréé, directeur du service de nutrition des centres américains de traitement du cancer et auteur du livre *Beating Cancer with Nutrition*. La malnutrition est l'une des principales causes de décès chez les sujets atteints d'un cancer.

Les études montrent que certains nutriments peuvent contribuer à protéger les cellules saines de l'organisme contre les effets nocifs de la chimiothérapie sans nuire à l'activité antitumorale de ces médicaments, dont ils augmentent même parfois l'efficacité. Dans une étude portant sur des animaux de laboratoire, la vitamine E, administrée avant le traitement à l'aide de bléomycine, un médicament souvent employé contre le cancer, contribuait à prévenir les lésions cicatricielles des tissus pulmonaires que peut provoquer ce traitement.

Dans le cadre d'études portant sur des animaux de laboratoire et sur des êtres humains, la niacine, la vitamine C et le sélénium semblaient également prometteurs pour diminuer la toxicité de la chimiothérapie et les lésions des tissus qu'elle peut provoquer. Il en allait de même de deux autres compléments, la cystéine et la coenzyme Q_{10}. Ces derniers sont des facteurs nutritionnels qui protègent l'organisme contre les radicaux libres, des molécules dégénérées qui apparaissent spontanément dans l'organisme, nuisant aux molécules saines du corps dont elles dérobent des électrons afin d'établir leur propre équilibre. Si vous devez subir une chimiothérapie, vous pourriez parler à votre thérapeute de la possibilité d'un apport complémentaire de ces nutriments. En revanche, il est préférable de ne pas entreprendre seul une telle nutrithérapie sans en parler à votre médecin.

« Une carence en folate peut provoquer des lésions affectant le matériel génétique d'une cellule, ce qui peut en soi générer le cancer et peut également rendre la cellule plus vulnérable aux substances chimiques cancérigènes », explique le Dr Tiepu Liu, professeur adjoint aux recherches en université. En présence d'une carence en folate, la cellule a également plus de difficulté à réparer son matériel génétique, ce qui contribue à préparer le terrain pour le cancer, selon le Dr Liu.

Dans une étude, des chercheurs de l'université de l'Alabama ont constaté que des fumeurs traités à l'aide d'une dose quotidienne de 10 milligrammes (10 000 microgrammes) d'acide folique et de 500 micro-grammes de vitamine B_{12} avaient nettement moins de cellules pré-cancéreuses que les sujets du groupe témoin. (La vitamine B_{12} avait été ajoutée non seulement parce que les fumeurs ont souvent un déficit de ce nutriment, mais également parce que l'acide folique a besoin de B_{12} pour être efficace.)

Dans une étude plus récente, des médecins japonais ont également constaté que l'acide folique et la vitamine B_{12} offraient une protection considérable. Des fumeurs qui prenaient chaque jour entre 10 et 20 milligrammes (10 000 à 20 000 microgrammes) d'acide folique et 750 microgrammes de vitamine B_{12} présentaient une réduction significative du nombre de cellules potentiellement précancéreuses qui se trouvaient à des emplacements anormaux de leurs voies respiratoires. Ces parties de leur anatomie ont fait l'objet, plusieurs fois au cours d'une année, d'un examen à l'aide d'un bronchoscope. D'ici à la fin de l'année, 70 % des points initialement suspects furent reclassifiés comme normaux, sans qu'une seule lésion se soit aggravée. En revanche, on releva les résultats suivants parmi les sujets d'un groupe témoin qui n'avaient pris aucun complément : 77 % de leurs taches suspectes étaient restées inchangées, 5 % s'étaient aggravées, et 18 % s'étaient améliorées.

Des chercheurs de l'école médicale Harvard ont constaté que les hommes qui absorbaient chaque jour 847 microgrammes d'acide folique et les femmes qui en prenaient chaque jour 711 microgrammes présentaient une diminution d'un tiers du risque de polypes précancéreux du côlon, par comparaison à des hommes qui en absorbaient quotidiennement 241 microgrammes et à des femmes qui en prenaient 166 microgrammes par jour.

Dans le cadre de recherches effectuées à l'université de l'Alabama, des chercheurs ont également constaté que parmi les femmes exposées à un virus potentiellement cancérigène, celles qui avaient un faible taux sanguin de folate étaient cinq fois plus susceptibles de voir se développer des modifications gênantes des cellules du col de l'utérus (dysplasie cervicale) que les femmes qui en avaient des taux plus élevés.

« Nous avons formulé une hypothèse selon laquelle des taux adéquats de folate pourraient contribuer à protéger le matériel génétique de la cellule contre une invasion virale », commente le Dr Liu. Malheureusement, précise encore ce médecin, les études effectuées jusqu'à présent montrent que chez les femmes qui ont déjà été atteintes de dysplasie cervicale, un apport complémentaire d'acide folique ne saurait faire régresser ce trouble. Vous trouverez à la page 206 des informations complémentaires sur l'usage des vitamines pour soigner la dysplasie cervicale.

La dose d'acide folique administrée à des fumeurs dans le cadre de l'étude effectuée par l'université de l'Alabama, soit 10 000 microgrammes, dépasse largement la Valeur quotidienne pour l'acide folique, qui n'est que de 400 microgrammes. Certains médecins sont d'avis qu'il est nécessaire d'absorber au moins 400 à 800 microgrammes d'acide folique par jour pour prévenir le cancer. Afin d'en obtenir cette quantité, il faudrait absorber chaque jour une abondance d'aliments qui en sont le plus riches : légumes à feuilles vert foncé, oranges, haricots secs, riz et levure de bière.

Les médecins qui ont recours à la nutrition pour traiter le cancer recommandent l'absorption d'environ 400 microgrammes d'acide folique, ainsi que 1 000 microgrammes de vitamine B_{12} par jour, précise le Dr Quillin. Cette dernière est présente dans certains aliments comme les fruits de mer et les légumes verts feuillus. Un apport complémentaire peut également être utile.

Il n'est pas toujours facile de trouver un médecin qui utilise l'acide folique dans le traitement (plutôt que la prévention) du cancer. Comme l'un des médicaments utilisé autrefois dans le traitement du cancer, le méthotrexate, était actif parce qu'il bloquait le métabolisme du folate, les cancérologues ont parfois exprimé l'inquiétude que l'acide folique ait pour effet de stimuler la prolifération cancéreuse. En réalité, cela n'est pas le cas, souligne le Dr Quillin. Dans les études portant sur des animaux de laboratoire, on constate que l'acide folique n'augmente pas la prolifération cancéreuse. Selon ce médecin, une carence en folate augmente le risque de voir le cancer se propager à d'autres parties du corps. Les médecins des centres américains de traitement du cancer incorporent à leur protocole de traitement 400 microgrammes d'acide folique.

Sachez que des doses élevées d'acide folique peuvent masquer les symptômes d'une anémie pernicieuse, provoquée par une carence en vitamine B_{12}. Il est donc préférable d'être suivi par un médecin lorsque l'on envisage de prendre une dose d'acide folique dépassant largement la Valeur quotidienne pour ce nutriment.

Cataractes

◆

Dissiper les nuages

Cassez un œuf dans une poêle à frire chaude. Vous ne tarderez pas à voir le blanc devenir rapidement opaque, puis franchement blanc. Cette transformation irréversible des protéines de l'œuf (habituellement transparentes) se produit sous l'effet de la chaleur.

Il se produit quelque chose d'assez comparable lorsque l'on a une cataracte. Les protéines du cristallin de l'œil perdent leurs propriétés cristallines et deviennent jaunes, opaques et à peu près aussi transparentes qu'un œuf au plat. Bien entendu, il faut de nombreuses années (et non pas quelques secondes) pour qu'une cataracte se forme. En outre, pour beaucoup de personnes, ce n'est pas la chaleur qui leur obscurcit la vue, mais le tabagisme, une accumulation de sucre dans le cristallin (généralement associée au diabète) et, surtout, des années d'exposition à la lumière du soleil.

De nombreux médecins sont aujourd'hui d'avis que la principale cause des cataractes provient des lésions oxydatives des cellules du cristallin. Ces lésions sont dues au même processus chimique que celui qui fait rouiller le fer et par lequel les huiles comestibles deviennent rances. Dans le cristallin, le processus d'oxydation peut se produire dans le contexte d'un métabolisme normal, de même qu'en présence de lumière, créant des molécules instables nocives appelées radicaux libres. Ces derniers dérobent des électrons aux molécules saines de l'organisme de manière à établir leur propre équilibre, provoquant des dégâts moléculaires toujours plus considérables qui finissent par nuire aux cellules saines.

Nutriments protecteurs pour le cristallin

Le cristallin est en mesure de se protéger jusqu'à un certain point contre ces lésions des radicaux, et il puise dans divers nutriments pour maintenir un système de défense adéquat. Les vitamines C et E, le bêtacarotène (un précurseur de la vitamine A) et des minéraux comme le sélénium, le zinc et le cuivre — qui sont tous des constituants d'enzymes antioxydantes présentes dans le cristallin — pourraient tous jouer un rôle protecteur. Même les vitamines du groupe B, telles que la riboflavine et la vitamine B12, ainsi que la cystéine, un acide aminé, pourraient être impliqués, quoique les travaux confirmant leur activité restent très peu nombreux, souligne le Dr Randall Olson, professeur et président d'un département d'ophtalmologie universitaire et directeur du centre de l'œil John A. Moran.

« Nous n'avons pas encore tous les faits à notre disposition, mais les travaux déjà effectués confirment essentiellement l'utilité de nutriments comme les vitamines C et E et le bêtacarotène, commente ce médecin. De plus, les recherches déjà effectuées semblent indiquer que ces nutriments sont synergiques, c'est-à-dire que leur efficacité est optimale lorsqu'ils sont utilisés ensemble. »

Facteurs alimentaires

Les médecins pourront recommander les mesures diététiques suivantes aux sujets exposés à une cataracte.

Réservez l'alcool aux grandes occasions. Les personnes qui boivent habituellement de l'alcool augmentent d'environ un tiers leur risque de cataracte par rapport à celles qui ne boivent que rarement.

Prenez-vous pour Popeye. Une étude de l'université Harvard a permis de constater chez les femmes qui mangeaient des épinards plus de cinq fois par semaine une diminution de 47 % du risque de chirurgie pour corriger une cataracte par rapport aux femmes qui en prenaient moins d'une fois par mois. (Il est vrai que, lorsque l'on mange des épinards cinq fois par semaine, cela finit par représenter une véritable montagne de ce légume, mais certaines participantes à cette étude en absorbaient réellement de telles quantités.) Il est possible qu'en matière de protection contre les cataractes, les épinards soient même supérieurs aux carottes. D'ailleurs, il est toujours judicieux de manger une grande variété de fruits et de légumes.

À vrai dire, diverses études de petite envergure suggèrent que les personnes qui prennent des compléments de multivitamines et de minéraux risquent moins d'avoir une cataracte que celles qui n'en prennent pas. Une étude effectuée par l'université Harvard, par exemple, a permis de constater que les médecins qui prenaient régulièrement des compléments de multivitamines et de minéraux pouvaient réduire d'un quart environ leur risque de cataracte par rapport à ceux qui ne prenaient pas d'apport complémentaire. D'autre part, une étude effectuée par des chercheurs canadiens a permis de constater que les compléments diminuaient d'environ 40 % la formation d'une cataracte.

Une étude menée depuis dix ans, appelée *Age-Related Eye Disease Study* (étude des maladies de l'œil liées à l'âge), et portant sur l'ensemble du territoire américain, a pour but d'évaluer si un mélange de vitamines, notamment E, C et bêtacarotène, est vraiment efficace pour conserver une vision nette. « Jusqu'à ce que nous disposions de tous les résultats de cette étude, nous ne saurions dire avec certitude si ces nutriments sont vraiment bénéfiques », souligne le Dr Emily Chew, chef de l'unité de biométrie et d'épidémiologie de l'Institut national de l'œil.

En attendant, voici quelques nutriments qui pourraient contribuer à ralentir le développement d'une cataracte, selon ce qu'ont montré les recherches.

La vitamine C améliore la vue

Les chercheurs savent depuis quelque temps déjà que le cristallin de l'œil peut contenir une certaine concentration de vitamine C. Dans le cristallin et dans l'humeur aqueuse, fluide semblable à de l'eau qui l'entoure, la concentration de vitamine C est de 10 à 30 fois supérieure au taux présent dans d'autres parties de l'organisme.

« Nous nous intéressons de très près à la possibilité d'un effet protecteur, étant donné surtout que la vitamine C est un antioxydant hydrosoluble et que le cristallin se compose essentiellement d'eau et de protéines », relève le Dr Allen Taylor, directeur du laboratoire pour la nutrition et la vue du centre Jean Mayer de recherches sur la nutrition humaine et le vieillissement.

D'après les résultats d'études portant sur des animaux de laboratoire, la vitamine C semble contribuer à protéger le cristallin de l'œil contre les lésions oxydatives dues à la lumière, au sucre et à certains médicaments, ajoute le Dr Taylor.

Mais qu'en est-il chez l'être humain ? « Il se pourrait que la majorité des gens n'obtiennent pas assez de vitamine C par le biais de l'alimentation pour que cela fasse une grande différence lorsqu'il s'agit de prévenir les cataractes », souligne le Dr Susan E. Hankinson, épidémiologiste adjoint au laboratoire Channing de l'hôpital Brigham and Women's. Il existe une ou deux études qui suggèrent qu'un apport complémentaire de vitamine C peut contribuer à prévenir les cataractes.

Lorsque le Dr Hankinson et une équipe de chercheurs de l'école de santé publique de Harvard ont passé au crible les statistiques concernant les nutriments absorbés par 50 828 infirmières, ils ont constaté que les femmes qui avaient pris un apport complémentaire de vitamine C pendant dix ans ou plus (à raison d'une dose moyenne de 250 à 500 milligrammes par jour) bénéficiaient d'une meilleure protection contre les cataractes. Par comparaison aux femmes qui ne prenaient jamais de compléments, les premières avaient un risque 45 % moindre de cataracte assez avancée pour nécessiter une intervention chirurgicale.

Dans une autre étude, des sujets qui prenaient entre 300 et 600 milligrammes de vitamine C par jour sous forme de complément alimentaire présentaient une diminution de 70 % du risque par rapport à ceux qui ne prenaient que peu de vitamine C.

« Nos constatations paraissent logiques, puisque les cataractes se constituent généralement sur une longue période, explique le Dr Hankinson. Il est raisonnable de penser que l'absorption pendant une période prolongée de nutriments préventifs tels que la vitamine C pourrait entraîner une réduction du risque. »

Les médecins qui recommandent un apport complémentaire de vitamine C aux sujets présentant un risque de cataracte suggèrent d'en prendre entre 500 et 3 000 milligrammes par jour. (Chez certaines personnes, la prise d'une dose supérieure à 1 200 milligrammes de vitamine C par jour peut provoquer des diarrhées.) « Les recherches devront se poursuivre afin de déterminer la dose optimale de vitamine C qu'il convient de prendre pour prévenir les cataractes, mais les études montrent d'ores et déjà que la concentration de vitamine C dans le cristallin de l'œil ne cesse d'augmenter chez les sujets qui en absorbent régulièrement une dose au moins égale à 500 milligrammes », note le Dr Taylor.

De nombreux médecins, il est vrai, sont persuadés que la vitamine C est dénuée de toxicité même à haute dose. En revanche, lorsqu'il s'agit des yeux, un chercheur affirme qu'il est préférable de ne pas dépasser 3 000 milligrammes.

« J'ai constaté qu'il existait une corrélation entre des doses égales ou supérieures à 3 000 milligrammes de vitamine C et une déformation par plissement de la macula, et, parfois aussi, un risque accru de décollement rétinien », souligne Ben C. Lane, directeur de l'Institut d'optométrie nutritionnelle. Des doses élevées de vitamine C semblent rendre plus liquide la substance gélatineuse contenue dans le globe oculaire, diminuant la

---

Prescriptions vitaminiques

Les médecins recommandent parfois les nutriments suivants pour contribuer à retarder le développement d'une cataracte.

Nutriment	Dose par jour
Bêtacarotène	25 000 unités internationales
Cuivre	1 milligramme pour 10 milligrammes de zinc, mais sans dépasser 2 milligrammes de cuivre
Sélénium	50 à 200 microgrammes
Vitamine C	500 à 3 000 milligrammes
Vitamine E	400 unités internationales
Zinc	15 à 50 milligrammes

MISE EN GARDE : Si vous êtes atteint de cataracte, vous devez être suivi par un médecin.

Ne prenez pas plus de 100 microgrammes de sélénium par jour en l'absence de surveillance médicale.

Chez certaines personnes, la prise d'une dose supérieure à 1 200 milligrammes de vitamine C par jour peut provoquer des diarrhées.

Si votre médecin vous a prescrit des médicaments anticoagulants, ne prenez pas de vitamine E sous forme de complément alimentaire.

Ne prenez pas plus de 15 milligrammes de zinc par jour sans être sous la surveillance d'un médecin.

pression contre la rétine qui se décolle alors plus facilement de son support, explique le Dr Lane. (Située à l'arrière du globe oculaire, la rétine est une membrane sensible à la lumière et conçue pour percevoir les images.)

Il pourrait être judicieux d'obtenir au moins une partie de notre dose quotidienne de vitamine C à partir d'agrumes. En effet, il semblerait que certaines substances chimiques complexes appelées bioflavonoïdes, très proches de la vitamine C et présentes dans les membranes blanches des oranges et des pamplemousses, offrent également une protection antioxydante ; il est même possible, ajoute le Dr Lane, que son rôle soit plus important encore que celui de la vitamine C.

Des carottes pour mieux voir

D'accord, la blague n'est pas nouvelle. Vous l'avez déjà entendue souvent, mais elle vaut la peine d'être répétée : la raison (tout au moins, une des raisons) pour laquelle on n'a encore jamais vu un lapin portant des lunettes pourrait bien tenir au fait que cette créature à longues oreilles aime tant grignoter des carottes et, pourquoi pas, des épinards.

Dans le domaine des cataractes, le bêtacarotène et cette bonne vieille vitamine A pourraient offrir une certaine protection. C'est du moins ce qu'ont constaté des chercheurs de l'école de santé publique Harvard lorsque, une fois de plus, ils se sont penchés sur les habitudes alimentaires de ces mêmes infirmières (vraiment étudiées de très près !). Ils ont découvert que le risque de cataracte assez grave pour nécessiter une intervention chirurgicale était 39 % moindre chez les femmes qui absorbaient le plus de bêtacarotène et de vitamine A que chez celles qui prenaient le moins de ces deux nutriments.

Il est possible que le bêtacarotène et la vitamine A contribuent tous deux à prévenir les lésions oxydatives du cristallin de l'œil. La vitamine A n'est pas à proprement parler un antioxydant. En revanche, explique le Dr Hankinson, « il est possible que les sujets qui absorbent suffisamment de vitamine A d'origine animale par le biais de leur alimentation disposent de plus de bêtacarotène et d'autres caroténoïdes pour servir d'antioxydants, puisque ces substances chimiques complexes ne sont converties en vitamine A que lorsque le corps en a véritablement besoin. » En d'autres termes, si vous absorbez suffisamment de vitamine A, votre organisme n'aura pas besoin de puiser dans ses réserves de bêtacarotène pour synthétiser cette vitamine. Les médecins qui préconisent des vitamines suggèrent environ 25 000 unités internationales de bêtacarotène par jour.

De nombreux médecins, notamment le Dr Hankinson, font toutefois remarquer que vu l'avancement actuel des recherches, il est encore trop tôt pour faire confiance à un seul complément, comme le bêtacarotène, pour prévenir les cataractes. Les aliments contenant beaucoup de vitamines semblent également avoir un rôle important à jouer. « Il est vrai que nous avons pu vérifier l'effet protecteur des carottes, mais nous avons aussi constaté que les épinards offraient une protection plus importante encore ; bien qu'ils ne contiennent pas beaucoup de bêtacarotène, ils sont en revanche une bonne source de substances complexes antioxydantes telles que la lutéine et la zéaxanthine », ajoute le Dr Hankinson.

En fonction de tout ce que nous savons aujourd'hui, quel est donc le meilleur conseil à retenir ? Mangez beaucoup de légumes verts feuillus ainsi que des fruits et des légumes de couleur orange et jaune.

Vitamine E bénéfique pour les yeux

Quel peut bien être le rapport entre le germe de blé, l'huile de tournesol et la santé de nos yeux ? Ces deux aliments sont de bonnes sources de vitamine E, un nutriment antioxydant qui pénètre les membranes cellulaires pour neutraliser les radicaux libres avant qu'ils aient la moindre chance de s'attaquer aux cellules.

« Les recherches portant sur des animaux de laboratoire, ainsi que diverses études en éprouvette, indiquent que la vitamine E pourrait contribuer à protéger le cristallin de l'œil contre les lésions oxydatives dues à la lumière, au sucre et à la fumée de cigarette », explique le Dr Olson.

Cela semble se vérifier également chez l'être humain. Dans le cadre d'une étude, on a constaté que les sujets qui prenaient 400 unités internationales de vitamine E par jour ne présentaient que la moitié du risque de cataracte par rapport aux sujets qui n'en prenaient pas. Au cours d'une autre étude, on a observé que des individus ayant des taux sanguins élevés de vitamine E présentaient à peu près la moitié du risque de cataracte par rapport à d'autres sujets ayant de faibles taux sanguins de vitamine E.

« La vitamine E est un antioxydant très actif, explique le Dr Olson. Nous avons de bonnes raisons de penser qu'en conjonction avec d'autres nutriments, elle pourrait contribuer à ralentir la progression de l'opacification du cristallin. »

Il faudrait avaler des bols entiers de germe de blé pour absorber 400 unités internationales de vitamine E, la dose fournie par certaines gélules. Le recours à un apport complémentaire est donc entièrement justifié.

« Je recommande 400 unités internationales par jour », précise le Dr Olson. La Valeur quotidienne pour la vitamine E est de 30 unités internationales, mais certaines personnes n'en absorbent quotidiennement qu'environ 10 unités par le biais de leur alimentation.

Le zinc est utile

Il arrive que les médecins ajoutent un peu de zinc, minéral essentiel, au protocole nutritionnel qu'ils recommandent pour prévenir les cataractes. Il semblerait en effet que le zinc joue un rôle important dans la fonction rétinienne et qu'il soit en mesure d'offrir une protection contre la détérioration de la rétine à mesure que nous avançons en âge. De plus, l'organisme a besoin de zinc pour fabriquer un certain nombre d'enzymes antioxydantes présentes dans l'œil, notamment la superoxyde dismutase et la catalase.

Les médecins qui préconisent le zinc pour prévenir ou ralentir les cataractes ont recours à une dose très variable, pouvant aller de 15 milligrammes par jour (la Valeur quotidienne) à 50 milligrammes par jour, la dose recommandée par le Dr Olson. Quant au Dr Lane, il se base sur certaines analyses pour calculer la dose initiale de zinc à prescrire, en fonction du taux de zinc présent dans l'organisme du patient. « Il peut être nécessaire d'administrer au départ à telle ou telle personne une dose relativement élevée, que l'on réduira ensuite à mesure que le taux de zinc dans l'organisme du sujet se rapprochera de la norme », relève-t-il.

En ce qui concerne le zinc, une chose est certaine : il serait erroné de croire qu'une dose plus élevée est nécessairement plus efficace, et une dose supérieure à 15 milligrammes ne doit être absorbée que sous surveillance médicale. Tout excès de zinc peut épuiser dans l'organisme les réserves de cuivre, un autre oligo-élément essentiel. Veillez à absorber environ 1 milligramme de cuivre pour 10 milligrammes de zinc. Même en doses relativement faibles, le cuivre peut être toxique, souligne le Dr Lane. Ce dernier déconseille formellement d'avoir recours durant une période prolongée à une dose de cuivre dépassant 2 milligrammes sans être suivi par un médecin.

Un bon antioxydant : le sélénium

Il arrive que les médecins ajoutent le sélénium à leur ordonnance d'antioxydants. Ce minéral participe à la fabrication dans l'organisme de glutathion-péroxydase, une autre enzyme protectrice présente dans l'œil et dans certaines autres parties du corps.

Le Dr Lane ne recommande un apport complémentaire de sélénium qu'aux sujets dont il a pu vérifier à l'aide de tests qu'ils présentent une faible activité de la glutathion-péroxydase ou un déficit en sélénium dans leurs globules rouges, ou qui ont subi une intoxication par le mercure. Le Dr Olsen ne recommande pas un apport complémentaire de sélénium à prendre isolément, mais il lui arrive de préconiser des formulations de multivitamines et de minéraux contenant du sélénium.

Les médecins qui préconisent un complément de sélénium suggèrent d'en prendre entre 50 et 200 microgrammes par jour au maximum. Même à faible dose, le sélénium peut être toxique, et il est donc préférable de ne pas dépasser 100 microgrammes par jour en l'absence de surveillance médicale.

Si vous appréciez l'ail, sachez que chaque gousse vous apporte une dose appréciable de sélénium. Parmi d'autres aliments riches en sélénium, on peut citer les oignons, les champignons, le chou, les céréales et le poisson.

Cécité nocturne

De la vitamine A plein les yeux

La cécité nocturne est un sujet complexe. Aujourd'hui, les médecins savent qu'elle peut avoir des causes diverses : facteurs nutritionnels ou génétiques, myopie non corrigée ou certaines maladies de l'œil telles que les cataractes, la dégénérescence maculaire ou la rétinite pigmentaire. En outre, tout ce qui peut affecter le métabolisme de la vitamine A — une maladie hépatique, une intervention chirurgicale portant sur l'intestin, un problème de malabsorption ou l'alcoolisme — peut également provoquer ce trouble.

Certaines formes de cécité nocturne peuvent être corrigées très simplement grâce à une nouvelle paire de lunettes, selon le Dr Friedlaender, directeur d'un service de chirurgie cornéenne et réfractive. D'autres formes de ce troubles nécessitent une opération chirurgicale. En revanche, certaines formes de cécité nocturne peuvent s'améliorer grâce à un remède tout simple, comme la vitamine A.

Le rôle des vitamines

Quel rapport entre la vitamine A et la vue ?

La réponse est complexe, répond le Dr Elias Reichel, professeur adjoint en ophtalmologie, mais elle concerne la partie de l'œil qui porte le nom de rétine.

« Cette dernière joue le même rôle dans l'œil qu'une pellicule dans un appareil photo, explique ce médecin. Elle sert à capter la lumière. » La rétine comporte des structures appelées cônes et bâtonnets et contenant quatre sortes de pigments, dont l'un se lie avec une forme de la vitamine A qui est bénéfique pour l'œil. Lorsque nous entrons dans une pièce ensoleillée et que la lumière pénètre dans le globe oculaire, ces pigments se transforment. La vitamine A dans l'œil change instantanément de forme et, ce faisant, excite les terminaisons nerveuses qui se mettent à envoyer des influx électriques jusqu'au cerveau afin de l'informer de ce qui se passe, c'est-à-dire, dans le cas présent, que nous venons de pénétrer dans un local très lumineux.

Si nous entrons dans un lieu mal éclairé, en revanche, la vitamine A change à nouveau de forme afin d'aider l'œil à percevoir qu'il s'agit d'un endroit obscur.

Mais rien n'est jamais totalement éclairé ou complètement sombre. C'est pourquoi nous avons plus de 130 millions de structures oculaires sensibles à la lumière et à l'obscurité, qui effectuent les corrections infinitésimales nécessaires à la perception de la lumière et de l'obscurité. Et toutes ces structures dépendent de la vitamine A pour remplir leur rôle.

Malgré cette forte demande de vitamine A de la part de l'organisme, il est plutôt rare dans nos pays que l'on soit carencé dans ce nutriment, car notre alimentation nous fournit quantité d'aliments qui en sont de bonnes sources. Des aliments courants comme le lait et la margarine sont enrichis en vitamine A, et les aliments de couleur orange et jaune comme les patates douces et les carottes sont d'excellentes sources de bêtacarotène. (Ce dernier est un précurseur de la vitamine A et se transforme en vitamine A dans l'organisme.) Nous dépendons de sources extérieures de vitamine A, car le corps n'est pas en mesure d'en fabriquer.

De plus, puisqu'un foie sain est généralement capable d'emmagasiner suffisamment de vitamine A pour toute une année, il faudrait être régulièrement privé de bonnes sources alimentaires de vitamine A pendant une longue période (comme c'est le cas de millions d'enfants dans les pays en voie de développement) pour que ce déficit affecte la vue.

« La cécité nocturne due à une carence en vitamine A est vraiment extrêmement rare parmi nos populations », souligne le Dr Reichel. Et même lorsque ce trouble se produit, il est facile de le faire régresser en moins d'une heure grâce à des piqûres de vitamine A.

Chez la plupart des sujets atteints de cécité nocturne, les yeux mobilisent la vitamine A si lentement qu'il leur faut un certain temps pour s'habituer à la lumière, poursuit ce médecin. C'est surtout en allant au théâtre ou en conduisant de nuit que la plupart des gens en prennent conscience.

Ralentir les dégâts génétiques

La vitamine A n'est pas seulement un traitement efficace pour la cécité nocturne due à une carence alimentaire, elle peut également ralentir l'évolution de ce trouble lorsque ce dernier est dû à l'hérédité. Il existe dans ce cas un ensemble de facteurs héréditaires généralement regroupés sous le terme de rétinite pigmentaire.

Cette dernière est considérée comme un trouble rare dans nos pays où il touche entre 50 000 et 100 000 personnes. En revanche, il s'agit de la plus courante de toutes les maladies des yeux d'origine génétique, affectant certains sujets atteints d'une mutation génétique ayant pour effet de détruire lentement les structures de l'œil sensibles à la lumière. Cette mutation est héritée de l'un des deux parents, qui continue bien souvent d'ignorer qu'il est porteur d'un gène capable de compromettre la vue chez sa progéniture.

Hélas, tel est pourtant bien le cas. Les sujets atteints de rétinite pigmentaire commencent généralement, dès leur entrée dans l'âge adulte, à perdre une partie de la vision périphérique diurne, et le trouble évolue ensuite en rétrécissement concentrique du champ visuel, aboutissant finalement à la cécité vers la quarantaine. En l'absence de traitement, la majorité des sujets atteints de rétinite pigmentaire n'auront plus, entre 50 et 80 ans, qu'une vision diurne considérablement réduite.

Fort heureusement, la recherche a permis de constater que la vitamine A pouvait ralentir les lésions rétiniennes susceptibles d'entraîner la cécité nocturne chez les adultes atteints de rétinite pigmentaire.

Dans le cadre d'une étude portant sur près de 600 personnes âgées de 18 à 49 ans, des chercheurs du *Massachusetts Eye and Ear Infirmary*, à Boston, ont signalé que la prise quotidienne d'un apport complémentaire de 15 000 unités internationales de vitamine A, venant s'ajouter aux quelque 3 000 unités internationales habituellement fournies par une alimentation suffisamment variée et équilibrée, pouvait ralentir l'évolution de la dégénérescence rétinienne qui peut provoquer une cécité nocturne chez les patients atteints de rétinite pigmentaire. Cette étude était dirigée par le Dr Eliot L. Berson, professeur d'ophtalmologie et directeur du laboratoire Berman-Gund de l'école médicale Harvard.

Cette étude a montré que l'évolution de la dégénérescence rétinienne se faisait plus rapidement chez les sujets qui absorbaient le moins de vitamine A, tandis que l'étendue de dégénérescence rétinienne était considérablement atténuée chez ceux qui prenaient chaque jour 18 000 unités internationales

---

Prescriptions vitaminiques

Les spécialistes affirment qu'il est possible de faire régresser la cécité nocturne due à une carence en vitamine A en absorbant davantage d'aliments riches en cette vitamine, ou en en prenant des compléments alimentaires.

La maladie génétique de l'œil qui porte le nom de rétinite pigmentaire est associée non seulement à la cécité nocturne, mais aussi à la perte de la vision diurne. Selon le Dr Eliot L. Berson, il est possible de ralentir l'évolution de ce trouble grâce à un apport complémentaire de vitamine A.

Nutriment	Dose par jour
Vitamine A	15 000 unités internationales (sous forme de palmitate)

MISE EN GARDE : Si vous avez des symptômes de cécité nocturne, il est impératif de consulter votre médecin afin d'obtenir un diagnostic précis et un traitement approprié.

Une corrélation a pu être établie entre certaines malformations congénitales et la prise, en début de grossesse, de vitamine A à raison de 10 000 unités internationales par jour. Si vous êtes une femme en âge de procréer, il convient d'obtenir l'avis de votre médecin avant de prendre les doses élevées de vitamine A mentionnées ici. Cette thérapie est formellement déconseillée chez la femme enceinte. En doses dépassant 25 000 unités internationales par jour, la vitamine A peut également provoquer des lésions hépatiques.

de ce nutriment. Cette dose de 18 000 unités internationales provenait à la fois de compléments alimentaires et de l'alimentation elle-même : 15 000 unités internationales sous forme de complément, plus une dose d'environ 3 000 unités internationales absorbée régulièrement par le biais de l'alimentation.

Quoiqu'elle ne constitue pas un remède susceptible de guérir ce trouble, la prise régulière d'une dose quotidienne de 15 000 unités internationales de vitamine A est considérée comme pouvant faire gagner au sujet moyen atteint de rétinite pigmentaire sept années supplémentaires de vue utile, pour peu qu'il entreprenne cette thérapie à l'âge de 32 ans.

En revanche, précise le Dr Berson, certaines formes de vitamine A ne peuvent remplir ce rôle. Bien qu'il existe plusieurs formes de vitamine A, elles ont toutes des fonctions différentes dans l'organisme et ne sont pas interchangeables entre elles. La forme utilisée dans le cadre de cette étude était le palmitate de rétinol.

On ne connaît aucun cas d'adulte atteint de rétinite pigmentaire, mais par ailleurs en bonne santé, qui serait tombé malade par suite de l'absorption quotidienne de 15 000 unités internationales de palmitate de rétinol, ajoute le Dr Berson. Cela ne veut pas dire en revanche qu'il n'y a pas d'inconvénient à dépasser cette dose, ou qu'une dose plus importante soit plus efficace. Prise en doses dépassant 25 000 unités internationales par jour, la vitamine A peut provoquer des lésions hépatiques. En outre, on a pu établir une corrélation entre certaines malformations congénitales et la prise en début de grossesse de vitamine A à raison de 10 000 unités internationales par jour.

La dose thérapeutique de 15 000 unités internationales dépasse très largement la Valeur quotidienne pour la vitamine A, qui est de 5 000 unités internationales. Si vous souhaitez avoir recours à ce nutriment en dose élevée, parlez-en d'abord à votre médecin, surtout si vous êtes une femme en âge de procréer. Cette thérapie est formellement déconseillée chez la femme enceinte.

La vitamine E accélère la perte visuelle

S'il est prouvé que la vitamine A peut ralentir l'évolution de la rétinite pigmentaire, les chercheurs ont en revanche accumulé les données tendant à montrer que la vitamine E exerce l'effet exactement inverse : à haute dose, elle détruit les cellules sensibles à la lumière en bloquant l'arrivée de vitamine A dans la rétine.

Dans l'étude du Dr Berson, par exemple, les sujets atteints de rétinite pigmentaire qui prenaient chaque jour 400 unités internationales de vitamine E semblaient perdre la vue plus rapidement que ceux qui ne prenaient pas cette dose de vitamine E. Sur la base de ces informations, les chercheurs ont estimé que si un sujet devait commencer dès l'âge de 32 ans à prendre des compléments de vitamine E, l'évolution de ce trouble pourrait s'accélérer.

Les chercheurs soulignent qu'ils n'ont découvert aucune indication laissant entendre que de petites quantités de vitamine E, comme celles que contiennent les compléments de multivitamines et de minéraux, pourraient nuire aux sujets atteints de rétinite pigmentaire.

Claudication intermittente

◆

Stimuler la circulation

Les efforts faits pour sauver la jambe gauche d'un certain H. Stanley Andrew, qui souffrait de claudication intermittente, ne semblent peut-être pas dignes de figurer au palmarès des grandes victoires médicales — jusqu'à ce que l'on sache ce qu'il est advenu de sa jambe droite. En effet, ne voyant guère d'autre solution, les chirurgiens ont fini par l'amputer.

Gertrude, l'épouse d'Andrew, était persuadée qu'il devait bien exister un meilleur moyen de lutter contre cette maladie circulatoire due à un trop faible débit sanguin dans les membres inférieurs. Elle-même atteinte de troubles cardiaques, elle se mit en quête de divers moyens, pour elle et son époux, de conserver la santé tout en évitant dorénavant le bistouri.

Aujourd'hui, ces deux habitants de Valrico en Floride ont perdu plusieurs kilos et n'éprouvent plus aucune douleur ; ils ont adopté une stratégie globale de santé axée sur une alimentation maigre et la prise de vitamines. Et dans leur esprit, comme dans celui de leur médecin, le Dr Donald J. Carrow, qui exerce à son cabinet privé à Tampa en Floride et s'intéresse de très près à la nutrithérapie, il n'y a pas le moindre doute qu'un apport complémentaire de vitamine E et d'huile de poisson a joué un rôle décisif pour aider ces deux personnes à retrouver la voie de la santé.

La pêche aux nutriments pour une journée

Mettez souvent du poisson au menu. Mais quel rapport peut-il bien y avoir entre le poisson et le fait d'améliorer notre aptitude à marcher plus loin et plus vite ?

Certains médecins recommandent d'absorber davantage d'acides gras de type oméga-3, présents dans l'huile de poisson, en raison de l'aptitude de ces types de lipides à faire diminuer les taux sanguins de matière grasse et à freiner la tendance qu'ont les plaquettes sanguines à s'agglutiner. Ces deux atouts contribuent à améliorer l'aptitude à la marche.

« Nous savons que l'huile de poisson peut faire régresser l'agrégation plaquettaire », souligne le Dr Donald J. Carrow.

En fonction de la gravité des symptômes de claudication intermittente, le Dr Carrow recommande de prendre chaque jour 2,1 grammes d'huile de poisson sous forme d'acide eicosapentaénoïque, à fractionner en trois doses. Cela représente au total sept gélules de 300 milligrammes (0,3 gramme) chacune. Vous pouvez prendre ces gélules au repas de midi, au cours du repas du soir et avant d'aller vous coucher.

Il est également possible d'absorber davantage de ces acides gras bénéfiques en mangeant plus souvent du poisson judicieusement choisi. Une portion de hareng de l'Atlantique pesant 85 grammes et grillé ou cuit à la vapeur fournit 1,82 gramme d'oméga-3. Une quantité comparable de saumon rose en boîte en apporte 1,45 gramme, et une part d'espadon, préparée de la même manière, 0,9 gramme. Mieux vaut en revanche éviter les fritures. Le poisson frit perd ses acides gras de type oméga-3, qui sont détruits dans le bain de friture. (De toute manière, si vous êtes atteint de claudication intermittente, il est préférable d'éviter les aliments gras.)

« Sa jambe devenait glaciale, souligne Gertrude Andrews. Aujourd'hui il n'a plus du tout mal, mais autrefois cela le faisait souffrir. Regardez-le : il a maintenant 82 ans et, en ce moment précis, il est en train de ratisser au jardin. »

Lorsque les circuits se bouchent

Il est rare que la claudication intermittente aille jusqu'à coûter une jambe à celui qu'elle touche. Le plus souvent, ce trouble donne lieu à des douleurs plus ou moins prononcées lorsque le patient se livre à des efforts physiques.

Les mêmes facteurs qui contribuent aux maladies cardiovasculaires, comme le tabagisme et une alimentation trop riche en matières grasses, contribuent également à la claudication intermittente. Des dépôts adipeux se constituent le long des parois artérielles, faisant obstacle à la circulation et diminuant la quantité de sang qui parvient jusqu'aux jambes.

Si vous êtes atteint de ce trouble, peut-être vous semblera-t-il tout d'abord que vous êtes en mesure de parcourir d'assez grandes distances sans éprouver plus que de petites douleurs bénignes. Peu à peu, en revanche, à mesure que le flux sanguin continue à s'amenuiser, même une courte promenade peut se révéler problématique. La peau s'affaiblit et se fragilise en raison du manque de sang, d'oxygène et de nutriments. Le sujet peut ressentir des douleurs dans les hanches, les cuisses, les mollets et les pieds.

Facteurs alimentaires

Les mêmes facteurs nutritionnels qui jouent un rôle dans le traitement des maladies cardiovasculaires sont également bénéfiques dans le cas de la claudication intermittente. En effet, ces troubles sont dus tous deux à un rétrécissement des artères. Voici ce que recommandent les médecins.

Mangez maigre. Il est bien connu que les aliments riches en matières grasses contribuent aux maladies cardiovasculaires et à divers autres aléas liés à la circulation, mais il est également prouvé que le fait d'adopter une alimentation dont seulement quelque 10 % des calories proviennent de matières grasses peut faire régresser les maladies cardiovasculaires. (De nos jours, les matières grasses représenteraient 42% de l'apport énergétique). Ce résultat peut être obtenu en mangeant très peu de viande rouge, et davantage de fruits et de légumes.

Lorsque l'évolution du trouble est déjà bien avancée, des plaies peuvent apparaître sur les orteils et les talons du patient.

La vitamine E aide à dilater les artères

Pour contribuer à rétablir la circulation du sang, les médecins sont de plus en plus nombreux à préconiser un nutriment qui semblait déjà prometteur il y a plusieurs décennies et qui attire à nouveau aujourd'hui l'attention des chercheurs : la vitamine E.

Très à la mode pour son rôle dans la prévention et le traitement des maladies cardiovasculaires, la vitamine E est également utilisée depuis assez longtemps pour soulager la claudication intermittente. Dès 1958, des chercheurs canadiens avaient réparti en deux groupes 40 hommes atteints de claudication intermittente : ils administrèrent aux sujets du premier groupe 954 unités internationales de vitamine E par jour, tandis que ceux du groupe témoin ne recevaient qu'un placebo (pilule inerte). Cette étude s'est poursuivie durant quarante semaines.

Quoique seulement 17 participants de chaque groupe soient parvenus jusqu'au terme de la période d'étude, 13 de ceux qui prenaient de la vitamine E étaient en mesure de marcher plus loin sans ressentir de douleur, par rapport aux sujets du groupe placebo. Les chercheurs qui dirigeaient ces travaux ont relevé un résultat qu'ils considéraient comme significatif : « Nous avons d'autre part constaté qu'il fallait un délai considérable avant de pouvoir constater la moindre réponse, et nous en concluons que ce genre de thérapie doit se poursuivre pendant au moins trois mois avant d'être abandonnée. »

Une étude à long terme en Suède, dont les résultats ont été publiés en 1974, est venue confirmer les résultats de l'étude canadienne. Pendant deux à cinq ans, des chercheurs suédois ont étudié 47 sujets atteints de claudication intermittente. La moitié des sujets prenait chaque jour 300 unités internationales de vitamine E, tandis que l'autre moitié prenait des médicaments conçus pour stimuler la circulation sanguine dans les membres inférieurs.

Au bout de 4 à 6 mois, 54 % de ceux qui prenaient de la vitamine E étaient en mesure de parcourir plus de un kilomètre et demi sans s'interrompre, alors que 23 % seulement de ceux qui prenaient des médicaments étaient capables de parcourir la même distance sans faire de pause. Après 12 à 18 mois, le débit sanguin artériel s'était également amélioré chez les sujets du groupe qui recevait de la vitamine E, et, après 20 à 25 mois, la quantité de sang qui s'écoulait à travers leurs membres inférieurs avait augmenté de 34 %.

Le Dr Mohsen Meydani, professeur adjoint en nutrition, souligne que les recherches portant sur des animaux de laboratoire semblent confirmer les assertions de ceux qui préconisent la vitamine E pour traiter la claudication intermittente. Sur la base d'expériences réalisées sur des animaux de laboratoire, des chercheurs de l'université Tufts ont constaté que lorsque les parois artérielles étaient enrobées de vitamine E, les cellules qui provoquent l'apparition de la plaque athéromateuse étaient moins susceptibles d'y adhérer que chez les cobayes qui n'avaient pas reçu

Se débarrasser de la claudication intermittente

Sans doute est-il plutôt difficile de voir un rapport entre les jambes puissamment musclées des sportifs de l'équipe professionnelle italienne de football et les membres inférieurs douloureux des personnes souffrant de claudication intermittente. Pourtant, il semblerait qu'un apport complémentaire de L-carnitine, une substance complexe appartenant à une catégorie proche des acides aminés et présente dans la viande rouge et les produits laitiers, pourrait être bénéfique dans l'un et l'autre cas.

En fait, depuis la victoire de l'Italie à la Coupe du monde de football en 1984, les chercheurs européens examinent les avantages de la L-carnitine pour la claudication intermittente. Ces recherches découlent dans une large mesure de cette victoire italienne.

« On a commencé à utiliser la L-carnitine pour toutes sortes de troubles liés à une faiblesse musculaire : crampes, tonus, endurance, remèdes en vente libre pour avoir davantage de force et autres choses du même genre », note le Dr Loran Bieber, professeur de biochimie.

Dans le cadre d'une étude, des chercheurs italiens ont administré pendant trois semaines à 20 personnes atteintes de claudication intermittente soit des placebos (pilules inertes), soit deux grammes de L-carnitine, avant de mesurer la distance qu'ils étaient en mesure de parcourir en marchant sur un tapis de jogging. Pendant les trois semaines suivantes, le type de pilule administré aux sujets de chaque

le traitement à base de cette vitamine, poursuit-il. « Il ne s'agit là que de ma propre observation clinique, je me dois de le préciser, mais il semble logique d'en conclure que la vitamine E est bénéfique », déclare le Dr Meydani.

Selon les experts, il existe au moins deux autres raisons pour lesquelles la vitamine E semble contribuer à améliorer la claudication intermittente. Même si le débit sanguin amoindri empêche un apport suffisant d'oxygène jusqu'aux muscles des jambes, la vitamine E aide ces muscles à faire le meilleur usage possible du peu d'oxygène qui leur parvient. En outre, elle aide les muscles à utiliser moins d'oxygène tout en remplissant leur rôle.

groupe fut interverti, puis les participants furent de nouveau soumis à ce test de marche. Les résultats montraient que parmi tous ceux qui avaient reçu la L-carnitine, 12 individus étaient en mesure de parcourir une distance 60 % plus grande, et 4 personnes, de marcher entre 25 à 59 % plus loin. Seuls 4 des participants à cette étude ne manifestèrent aucune amélioration.

Selon les chercheurs, à part l'augmentation du débit sanguin, la L-carnitine possède un mécanisme encore mal connu qui expliquerait son aptitude à augmenter la capacité de durée de marche tout en diminuant les douleurs. Chez un sujet atteint de claudication intermittente, l'aptitude du corps à fournir du carburant et de l'oxygène aux tissus est compromise, explique le Dr Bieber. « Mon hypothèse est que la L-carnitine pourrait nous aider à brûler le carburant un peu plus efficacement, ou à envoyer davantage d'oxygène jusqu'aux muscles ; c'est peut-être ce type de mécanisme qui est à l'œuvre ici. »

La L-carnitine est présente dans la viande, en particulier la viande rouge. Les végétariens peuvent obtenir suffisamment de ce nutriment à condition d'avoir une alimentation raisonnablement protéinée, souligne le Dr Bieber. Si vous optez pour un apport complémentaire, la L-carnitine est disponible sous forme de complément alimentaire dans la plupart des magasins diététiques.

Plus important encore, la vitamine E semble réduire l'aptitude des globules sanguins à s'agglutiner pour former des caillots. Il faut bien admettre toutefois qu'il est souhaitable que le sang soit en mesure de se coaguler pour constituer des caillots. « S'il m'arrivait de me couper à un doigt, je constaterais de mes propres yeux qu'au bout d'un certain laps de temps, le sang cesserait de couler, m'empêchant ainsi de mourir d'une hémorragie, souligne le Dr Carrow. Il s'agit d'un mécanisme de sécurité intégré, inhérent au bon fonctionnement de l'organisme. »

En revanche, ce même mécanisme de sécurité est source de problèmes lorsque les parois artérielles des jambes se sont recouvertes de ce que l'on appelle la plaque athéromateuse, une couche de dépôts adipeux à l'intérieur des artères. Au moindre signe de blessure là où s'est accumulée la plaque, les globules sanguins s'agglutinent comme des voitures à l'endroit d'un accident, formant des caillots et diminuant ainsi d'autant plus le flux sanguin.

La vitamine E lubrifiant, pour ainsi dire, les globules sanguins, qui auront donc moins tendance à coller, elle empêche le flux sanguin de s'amenuiser

---

Prescriptions vitaminiques

Certains médecins recommandent un nutriment, la vitamine E, pour prévenir et traiter la claudication intermittente.

Nutriment	Dose par jour
Vitamine E	1 600 à 4 000 unités internationales, à fractionner en 3 doses, ou 400 unités internationales par 18 kilos de poids corporel.

MISE EN GARDE : *Si vous êtes atteint de claudication intermittente, il est important que vous soyez suivi par un médecin.*

Prenez la précaution d'obtenir l'avis de votre médecin avant de prendre de la vitamine E en doses dépassant 600 unités internationales par jour. Si des médicaments anticoagulants vous ont été prescrits, vous ne devez pas prendre de vitamine E sous forme de complément alimentaire.

plus encore, et il est même possible qu'elle puisse faire régresser certaines lésions, note le Dr Carrow. « La plupart des sujets atteints de claudication intermittente s'aperçoivent qu'ils peuvent marcher jusqu'à un certain point au-delà duquel la marche devient inconfortable, mais qu'en persévérant au-delà de ce moment, l'inconfort finit par s'atténuer et qu'ils peuvent ensuite continuer à marcher, explique-t-il. Cela n'est pas forcément vrai aux stades avancés, mais lorsque le patient a recours à la vitamine E et aux huiles de poisson, c'est presque toujours le cas. »

Le Dr Carrow conseille généralement de prendre durant une période déterminée entre 1 600 et 4 000 unités internationales de vitamine E par jour, à fractionner en trois doses dans le courant de la journée.

La vitamine E est également recommandée par le Dr Paul J. Dunn, médecin à Oak Park dans l'Illinois, dans le cadre d'un protocole de traitement diversifié pour soigner la claudication intermittente. Il prescrit environ 400 unités internationales de vitamine E par jour et par 18 kilos de poids corporel.

Chacun de ces deux médecins commence par examiner le patient afin de diagnostiquer le trouble, avant de préconiser, s'il y a lieu, un apport complémentaire de vitamine E. Le diagnostic se base non seulement sur l'étude attentive des antécédents médicaux du sujet, mais aussi sur l'examen de ce dernier et sur un certain nombre d'analyses. « En fonction de l'ensemble de ces données, je conçois un programme global de traitement impliquant diverses approches et notamment des changements du mode de vie, certaines mesures diététiques, de l'exercice physique et des compléments alimentaires. Lorsqu'un patient vient me voir en se plaignant d'avoir mal aux mollets après avoir fait le tour de trois pâtés de maisons, je ne me contente pas de lui dire qu'il lui suffira de prendre de la vitamine E, souligne le Dr Dunn. Ce nutriment est un aspect utile du traitement, mais il ne saurait à lui seul résoudre le problème. »

Il est préférable d'obtenir l'avis de votre médecin avant de prendre de la vitamine E en doses supérieures à 600 unités internationales par jour.

Coups de soleil

◆

Se protéger des rayons nocifs

Vous voilà fin prêt pour une journée à la plage. Une serviette, la radio et un grand flacon d'huile pour bébé... euh, après tout, peut-être pas. Ce n'est pas de l'huile pour bébé qu'il vous faut. On vous a tellement rebattu les oreilles à propos des rayons ultraviolets et du cancer de la peau ! C'est peut-être plutôt d'un bon écran solaire que vous avez besoin, pas vrai ?

Bon, d'accord. Mais quoi que vous fassiez, comme pour la plupart des gens, sans doute vous arrive-t-il de temps à autre d'avoir un coup de soleil, que ce soit pour avoir lézardé trop longtemps à la chaleur de midi ou par étourderie, ayant oublié de remettre de la lotion solaire après un plongeon dans l'océan. Même si vous n'êtes pas devenu rouge comme un homard, comme cela vous arrivait parfois dans votre enfance, votre peau a pris une teinte rose vif. Mais il y a pire : les travaux scientifiques montrent que même si l'on n'oublie jamais de s'enduire d'écran solaire, à moins de parvenir à faire écran à 100 % des rayons ultraviolets, le seul fait de s'exposer aux rayons du soleil suffit à endommager l'épiderme même en l'absence de coup de soleil.

Dans ces conditions, que peut bien faire un adorateur du soleil ? Trimballer un parasol partout ? Selon les experts, c'est incontestablement une précaution utile. Il est absolument essentiel de limiter le temps d'exposition au soleil, surtout vers midi. Et pour bénéficier d'une protection supplémentaire, veillez aussi à prendre vos vitamines et minéraux. D'après les recherches, un apport complémentaire de vitamine E et de sélénium, absorbé par voie buccale, ainsi que l'application locale de vitamines C et E, peuvent renforcer votre écran solaire et empêcher, au moins partiellement, les lésions épidermiques qui se produisent par suite de l'exposition au soleil.

Facteurs alimentaires

Aucun aliment particulier ne peut protéger efficacement l'épiderme contre les méfaits du soleil, mais il est toutefois préférable d'éviter certains types d'aliments qui pourraient attiser le feu, en quelque sorte. Voici ce qu'il vaut mieux ne pas absorber avant d'aller passer la journée à la plage.

N'imitez pas les lapins. Il n'est bien entendu pas question de renoncer à manger des carottes, mais ces légumes, de même que le céleri, le persil, le panais et le citron vert (ou limette) contiennent des substances chimiques appelées psoralènes, qui peuvent rendre la peau particulièrement sensible au soleil.

« Même si, pour la majorité des gens, il faudrait manger des quantités gigantesques de ces types d'aliments avant d'avoir des problèmes, un certain nombre de sujets sont extrêmement sensibles à ces substances chimiques. Pour eux, les effets peuvent être désastreux », relève le Dr Douglas Darr, directeur de développement technologique.

Même si vous n'avez aucune sensibilité aux psoralènes, il est préférable de vous laver les mains après avoir touché les fruits et légumes mentionnés plus haut, car notre épiderme à tous peut être plus sensible aux brûlures du soleil après un contact direct avec cette substance chimique.

Comment le soleil accomplit ses méfaits

Afin de mieux comprendre pourquoi les vitamines et les minéraux peuvent contribuer à nous protéger des lésions du soleil, il est utile de savoir de quelle manière ces lésions se produisent.

La lumière du soleil expose la peau à deux types de rayons ultraviolets : les rayons UVA (ultraviolets A) et les UVB (ultraviolets B). Les rayons UVB sont des rayons de haute densité absorbés par la surface de la peau. Ils sont la principale cause des coups de soleil et des lésions épidermiques immédiates. Quant aux rayons UVA, de faible intensité, ils pénètrent plus en profondeur, provoquant des lésions à long terme comme l'apparition prématurée de rides.

Ces deux types de rayons ultraviolets provoquent des dégâts considérables en générant des radicaux libres, des molécules instables qui dérobent leurs électrons aux molécules saines de l'organisme afin d'établir leur propre équilibre. Il est vrai qu'une certaine quantité de radicaux libres se constitue inévitablement à l'occasion des fonctions courantes telles que la respiration, mais, en revanche, les facteurs de stress liés à l'environnement, comme l'exposition au soleil, en génèrent de très grandes quantités supplémentaires.

Même si nous disposons de certaines défenses contre les radicaux libres générés par l'exposition au soleil, elles restent bien souvent insuffisantes. Divers produits conçus pour faire écran aux rayons du soleil offrent une protection efficace, il est vrai, mais certaines marques font essentiellement écran aux seuls rayons UVB. Même les produits qui parviennent à bloquer à la fois les rayons UVA et UVB en laissent malgré tout passer une certaine quantité. Cherchez à vous procurer un écran solaire conçu pour offrir une protection à large spectre, suggère le Dr Douglas Darr, directeur de développement technologique. En outre, vérifiez que le produit contient les deux ingrédients suivants : oxybenzone et méthoxycinnamate, qui absorbent une certaine quantité de rayons UVA. Souvenez-vous que seuls les vêtements et l'oxyde de zinc sont capables d'offrir une protection complète contre les rayons UVB et UVA.

Heureusement pour notre peau et notre corps, il existe certaines substances chimiques capables d'éponger les radicaux libres en mettant à leur disposition leurs propres électrons, épargnant ainsi les molécules saines et les protégeant contre d'éventuelles lésions. Ces substances, appelées antioxydants, comprennent les vitamines C et E ainsi qu'un minéral, le sélénium. En revanche, l'exposition au soleil épuise rapidement les réserves de ces antioxydants dans l'épiderme.

Quoiqu'il soit possible d'obtenir un certain degré de protection grâce à un apport complémentaire de ces nutriments par voie orale, les chercheurs sont tous d'accord pour dire que la meilleure protection provient généralement d'une application locale. Pour le moment, il est nécessaire d'avoir recours non seulement à un écran solaire, mais en outre à une crème spéciale contenant ces nutriments ; notons que certains chercheurs espèrent que les écrans solaires de l'avenir comprendront également ces nutriments.

« Notre but n'est pas de pouvoir remplacer un jour les produits d'écran solaire par des vitamines, mais il est certain que ces dernières peuvent améliorer les performances de ces produits. De plus, il serait agréable de pouvoir remplacer par des vitamines une partie des produits chimiques

Prescriptions vitaminiques

Contrairement aux prescriptions habituelles, lorsqu'il s'agit de soigner un coup de soleil, il est souvent préférable d'utiliser les nutriments en application locale plutôt que de les absorber par voie orale. Voici les doses préconisées par certains médecins pour minimiser les méfaits du soleil.

Nutriment	Dose par jour/Application
Voie buccale	
Sélénium	50 à 200 microgrammes (l-sélénométhionine)
Vitamine E	400 unités internationales (d-alpha-tocophérol), à prendre avant de s'exposer au soleil
	2 000 unités internationales à fractionner en 5 doses pendant 1 ou 2 jours après l'exposition au soleil
Application locale	
Vitamine C	lotion à 10 %
Vitamine E	crème ou huile à 5%-100%, à appliquer après s'être exposé au soleil
Oxyde de zinc	à utiliser comme pommade

MISE EN GARDE : *Le sélénium peut être toxique à haute dose. C'est la raison pour laquelle les médecins déconseillent formellement d'en prendre une dose dépassant 100 microgrammes par jour sans surveillance médicale.*

Si vous prenez des médicaments anticoagulants, vous ne devez pas prendre de vitamine E sous forme de complément alimentaire.

Les pommades et les huiles à base de vitamine E contiennent ce nutriment sous forme d'ester, pouvant provoquer des réactions allergiques chez certaines personnes.

contenus dans les écrans solaires, note le Dr Darr. Pour le moment, notre peau absorbe tous ces produits chimiques qui se décomposent sous l'effet de la lumière en produisant toutes sortes de substances complexes inconnues. En l'absence d'études portant sur toute la durée de la vie, nous ne saurions affirmer que ces types de produits sont entièrement dénués de toxicité. »

Voici ce que disent les chercheurs sur la possibilité de compléter votre protection solaire par un certain nombre de vitamines et de minéraux.

Le rôle de la vitamine C

La vitamine C est bien connue pour son rôle de constructeur du collagène (substance intercellulaire) lorsqu'elle est utilisée en application locale. En outre, elle offre une superbe protection contre le soleil, selon les experts. En revanche, il ne s'agit pas de la substituer aux écrans solaires, souligne le Dr John C. Murray, professeur adjoint en médecine. Les crèmes à base de vitamine C ne sauraient absorber les rayons ultraviolets.

« L'écran solaire est une substance chimique qui agit comme une sorte de bouclier en absorbant les rayons ultraviolets, si bien que notre peau ne rougit pas autant, explique-t-il. La vitamine C, en revanche, est photoprotectrice. Il est possible qu'elle exerce son action en absorbant les radicaux libres générés par l'exposition au soleil. »

De plus, contrairement aux écrans solaires, il n'est pas possible d'éliminer la vitamine C en se lavant, ajoute le Dr Murray. « Lorsque l'épiderme en est recouvert, poursuit-il, elle pénètre à l'intérieur de la peau ; impossible de s'en débarrasser. »

Afin de mesurer l'efficacité de la vitamine C, des chercheurs du centre médical de l'université Duke ont étudié dix sujets ayant la peau très blanche. Ils se sont aperçus que lorsque ces bénévoles s'étaient enduit la peau d'une solution contenant 10 % de vitamine C, il fallait chez neuf d'entre eux davantage de lumière ultraviolette, à raison de 22 % de plus en moyenne, pour produire un coup de soleil. En outre, lorsqu'ils subissaient effectivement un coup de soleil, la moitié des participants avaient des brûlures beaucoup moins graves que ce n'eût été le cas s'ils n'avaient pas appliqué cette solution.

Mais alors, peut-on obtenir la même protection en mangeant beaucoup d'oranges ?

Hélas non, car il serait impossible d'en absorber suffisamment, répond le Dr Sheldon Pinnell, chef du service de dermatologie du centre médical de l'université Duke. Ce médecin a contribué à mettre au point une lotion, appelée Cellex-C, qui contient 10 % de vitamine C. Cette préparation apporte à l'épiderme une bien plus grande quantité de vitamine C — de l'ordre de 20 à 40 fois plus — qu'il ne serait possible d'en absorber par voie orale, précise-t-il.

Inutile aussi de vous arroser de jus d'orange ; vous ne réussiriez qu'à vous rendre affreusement collant, précise le Dr Murray. « La vitamine C est très instable, ajoute ce médecin. Pour conserver son efficacité, elle doit subir une préparation spéciale. »

Pour obtenir des résultats optimaux, il faudrait appliquer ce type de lotion chaque jour, après un coup de soleil ; il faudrait en même temps, avant de prendre un bain de soleil, utiliser un écran solaire et enduire le corps de ces deux préparations 15 à 30 minutes avant l'exposition au soleil. En effet, employée isolément, la préparation Cellex-C n'offre pas une protection suffisante pour la plage.

Protection supplémentaire grâce à la vitamine E

Tout comme la vitamine C, la vitamine E adore neutraliser les radicaux libres. Contrairement à la première, en revanche, la vitamine E est recommandée par les chercheurs pour une utilisation après l'exposition au soleil (plutôt qu'à titre préventif), tant pour adoucir la peau que pour prévenir un coup de soleil.

Quoiqu'il soit préférable d'en enduire la peau le plus tôt possible, elle est également bénéfique même lorsqu'on l'applique une demi-journée plus tard, affirment des chercheurs à l'université de l'Ontario de l'Ouest à London, Ontario. Dans le cadre d'études portant sur des animaux de laboratoire, les chercheurs ont constaté que l'acétate de vitamine E, qui se convertit en vitamine E dans l'organisme, permettait de prévenir l'inflammation, la sensibilité et les lésions cutanées lorsque ce précurseur de la vitamine E était appliqué jusqu'à huit heures après l'exposition aux UVB.

« Dans l'état actuel de nos connaissances, je ne recommanderais pas d'appliquer la vitamine E avant de s'exposer au soleil, car lorsque ce nutriment est exposé à la lumière ultraviolette, il génère une catégorie de radicaux libres pouvant provoquer des dégâts », souligne le Dr John R. Trevithick, professeur au service de biochimie à l'université de l'Ontario de l'Ouest. « En revanche, s'il vous arrive de vous assoupir en plein soleil et de vous réveiller avec un coup de soleil dont vous souhaitez alors atténuer la gravité, l'huile de vitamine E est tout indiquée. »

La vitamine E peut également être bénéfique lorsqu'elle est absorbée par voie orale. Un apport complémentaire de ce nutriment peut atténuer de manière significative l'inflammation et les lésions cutanées provoquées par l'exposition au soleil, affirme le Dr Karen E. Burke, chirurgien dermatologue et spécialiste en dermatologie. S'il devait vous arriver par mégarde de vous trouver exposé au soleil, prenez beaucoup de vitamine E : cinq gélules contenant chacune 400 unités internationales pendant un à deux jours, ajoute le Dr Burke. Pour une protection optimale, ce médecin recommande de prendre quotidiennement des compléments de 400 unités internationales de vitamine E sous forme de d-alpha-tocophérol. (Il n'y a aucun inconvénient à prendre la vitamine E par voie orale avant d'aller au soleil.)

Pour renforcer l'efficacité de la vitamine E prise par voie interne, pourquoi ne pas adopter aussi l'huile de tournesol ou de carthame pour cuisiner, et manger régulièrement davantage de noix, de céréales complètes et de germe de blé ? On trouve dans les pharmacies et certains supermarchés de l'huile à la vitamine E et des pommades enrichies de cette vitamine. Ces produits en vente libre contiennent toutefois la vitamine E sous forme d'ester, qui peut provoquer des allergies, souligne le Dr Burke, et ils ne sont pas très efficaces pour atténuer les lésions dues au soleil.

Le sélénium est bénéfique

Tout comme les vitamines C et E, le sélénium (un minéral) peut désamorcer les radicaux libres au niveau cellulaire, explique le Dr Burke, diminuant ainsi l'inflammation et les lésions cutanées provoquées par l'excès de soleil.

Ce médecin espère qu'une pommade ayant pour effet de renforcer l'efficacité des écrans solaires sera bientôt disponible ; mais en attendant, le Dr Burke précise qu'il est d'ores et déjà possible de bénéficier des atouts du sélénium en prenant celui-ci sous forme de complément alimentaire.

Pour des résultats optimaux, elle suggère de prendre 50 à 200 microgrammes de sélénium sous forme de l-sélénométhionine, en fonction de la région où vous vivez et des antécédents familiaux vis-à-vis du cancer. Les meilleures sources alimentaires de sélénium comprennent les poissons comme le thon et le saumon, ainsi que le chou. Pris en doses dépassant 100 microgrammes par jour, le sélénium peut être toxique ; une dose aussi élevée ne doit être absorbée que sous la surveillance d'un médecin.

Oxyde de zinc : très apprécié des maîtres nageurs

Vous savez bien, cette substance blanche que les maîtres nageurs se mettent sur le nez ? Il s'agit d'oxyde de zinc, et même si ce barbouillage leur donne une drôle d'allure, c'est un excellent moyen de se protéger la peau.

« Dans ce cas, le zinc remplit le rôle non pas de micronutriment mais d'écran physique imperméable aux rayons ultraviolets, explique le Dr Norman Levine, chef d'un service de dermatologie et professeur universitaire. Et je dois dire qu'il est extraordinairement efficace. »

Si l'idée de vous couvrir d'un masque blanc ne vous plaît pas, l'oxyde de zinc est aujourd'hui fractionné en particules presque invisibles que certains fabricants incorporent à des écrans solaires. On trouve aussi des produits teintés à base de zinc, pour ceux qui préfèrent se barioler de couleurs fantaisie.

N'oubliez pas en outre que le zinc remplit son rôle d'écran en application locale ; la prise de zinc par voie orale peut être bénéfique pour la santé, mais ne protège pas l'épiderme contre le soleil.

Crampes dans les jambes

Décontracter la zone sous pression

Perturbée par des troubles de santé divers, notamment des crampes dans les jambes intolérables au point de la réveiller régulièrement en pleine nuit, Geraldine Young finit par obtenir un conseil plutôt intéressant de la part de la dernière personne dont elle eût attendu pareille chose : son chirurgien. « Prenez chaque jour 400 unités internationales de vitamine E, et voyons ce que cela donnera. »

Sans doute n'avez-vous aucun mal à deviner la suite. Les crampes se firent de moins en moins fortes, et cette patiente, originaire de Lebanon dans l'Ohio, finit par tomber carrément amoureuse de la vitamine E. « C'est un nutriment absolument fantastique, dit-elle. Ma mère en prend aussi maintenant, et, comme moi, elle n'a plus du tout de crampes dans les jambes. »

Même si la vitamine E se montre très efficace pour beaucoup de personnes, elle est pourtant loin de représenter le seul et unique traitement des crampes dans les jambes, principalement parce que ce trouble douloureux mais sans gravité peut avoir des causes très diverses.

La cause des crampes

Il est relativement simple de définir une crampe : ce n'est rien de plus compliqué qu'une contraction musculaire brève et involontaire. L'un de nos muscles décide brusquement de se raccourcir et de rester un moment contracté — sans nous en demander la permission.

Mais il n'est pas si facile de comprendre exactement ce qui provoque cette manifestation rebelle. Tout d'abord, les chercheurs n'ont pas encore trouvé moyen d'obliger les muscles à produire des crampes sur commande. « S'il se produit une crampe au laboratoire, précisément au moment où l'on est le mieux à même d'étudier le phénomène de plus près, on peut vraiment

Facteurs alimentaires

Les quelques conseils diététiques qui vont suivre pourront vous aider à conserver là où vous en avez besoin (c'est-à-dire dans votre organisme) les nutriments qui contribuent à prévenir les crampes dans les jambes : le magnésium et la vitamine E.

Méfiez-vous des cocktails. Même une seule boisson contenant de l'alcool peut diminuer l'apport de magnésium à l'organisme, selon Lorraine Brilla, professeur adjoint en physiologie de l'exercice physique.

Mangez moins gras. Les matières grasses alimentaires nuisent à l'absorption dans l'organisme du magnésium, qui risque par conséquent d'être évacué avant d'avoir pu jouer un rôle bénéfique, explique le Dr Brilla.

Évitez les sucreries. Lorsque nous mangeons des aliments sucrés, l'organisme est contraint d'utiliser du magnésium afin de métaboliser ces douceurs, précise-t-elle encore.

Renoncez au coca. Les boissons gazeuses sucrées contiennent des phosphates, et, selon les experts, ces derniers ont également pour effet de piller les réserves de l'organisme en magnésium et en calcium.

dire qu'il s'agit d'un événement fortuit », souligne le Dr Lorraine Brilla, professeur adjoint en physiologie de l'exercice physique.

Les médecins savent que les sujets particulièrement musclés sont plus susceptibles d'avoir des crampes dans les jambes. Ils n'ignorent pas non plus que le fait de pointer les orteils d'une certaine manière durant une séance de natation peut provoquer des crampes. La même réaction peut d'ailleurs se produire lorsque nous nous retrouvons au lit entre des draps trop serrés, au point de nous emprisonner les jambes. En revanche, les exercices de musculation, la natation et les jeux de jambes pour se faire plus de place dans le lit sont vraiment les causes les plus bénignes de crampes dans les jambes.

Une corrélation a depuis longtemps été faite entre des taux trop faibles de certains minéraux appelés électrolytes — le magnésium, le potassium, le calcium et le sodium — et les crampes dans les jambes. (Les coureurs marathoniens qui transpirent à chaque kilomètre parcouru sont particulièrement exposés à ce type de trouble.) Certains médicaments, comme les diurétiques (pour éliminer les fluides) prescrits pour le cœur et l'hypertension artérielle ont également été mentionnés comme une cause possible des crampes dans les jambes. Les patients dialysés, dont le sang doit être filtré à travers un appareil parce que leurs reins ont cessé de fonctionner normalement, se plaignent souvent de crampes dans les membres inférieurs. Il semblerait en outre que la grossesse puisse provoquer ce trouble.

Que peut-il bien y avoir de commun entre ces quatre dernières causes de ce trouble ? Diverses études ont permis de constater que dans tous ces cas, l'utilisation d'un apport complémentaire de vitamines et de minéraux permet parfois de remédier aux crampes.

La victoire par la vitamine E

C'est à une banale éruption cutanée chez une patiente que le Dr Fred Whittier, professeur en médecine interne, doit d'avoir découvert l'univers de la vitamine E. Dans l'exercice habituel de sa profession, il avait été appelé à prescrire de la quinine à une patiente qui se plaignait de crampes dans les jambes. La quinine est habituellement un traitement efficace dans ce cas, mais pour cette femme, elle entraîna un effet indésirable particulièrement désagréable : sa peau se couvrit de boutons.

Le Dr Whittier et son équipe se mirent à la recherche d'autres traitements possibles, et trouvèrent alors dans une revue médicale une lettre mentionnant l'efficacité de la vitamine E pour soulager les crampes des membres inférieurs. Le médecin décida donc d'avoir recours à ce remède. Comme on pouvait s'y attendre, la patiente cessa très vite d'avoir des crampes après avoir commencé à prendre un apport complémentaire de cette vitamine.

Encouragés par ce succès, le Dr Whittier et son associé commencèrent à étudier de plus près les effets de la vitamine E sur les crampes dans les jambes. Dans le cadre d'une étude portant sur 40 patients dialysés qui se plaignaient régulièrement de crampes des membres inférieurs, ils prescrivirent aux participants soit 400 unités internationales de vitamine E, soit de la quinine à prendre au moment du coucher.

Un mois après le début de ce traitement, les sujets des deux groupes (qui se plaignaient jusqu'alors de 10 crampes par mois en moyenne) n'en avaient plus que 3,5 par mois en moyenne. En outre, les résultats semblaient légèrement meilleurs chez les sujets du groupe qui prenait de la vitamine E.

Le Dr Whittier n'a pas encore complètement tiré au clair les raisons de l'efficacité de la vitamine E chez ces patients, mais il a formulé une théorie. Le traitement par dialyse purifie sans doute le sang, mais il ne remplit pas ce rôle aussi efficacement que les reins. Par conséquent des toxines, et notamment des radicaux libres (molécules dégénérées qui nuisent aux molécules saines en leur dérobant des électrons afin d'établir leur propre équilibre) restent présents dans l'organisme, provoquant une irritation musculaire. De la même manière que la vitamine E neutralise les radicaux libres qui contribuent aux maladies cardiovasculaires et au cancer, suggère le Dr Whittier, il est possible également qu'elle ait un effet sur les radicaux libres qui sont à l'origine des crampes des membres inférieurs. « Nous savons que la vitamine E joue le rôle d'éboueur, souligne-t-il. On peut donc penser qu'elle absorbe ces substances irritantes. » Il est d'ailleurs tout à fait concevable, poursuit ce médecin, que ces mêmes irritants affectent aussi les muscles chez certaines autres personnes qui ne sont pas dialysées.

Les travaux du Dr Whittier ne portaient que sur des patients dialysés, mais un certain nombre d'études plus anciennes avaient déjà mis en évidence les avantages de la vitamine E chez des sujets ne souffrant pas de troubles des reins.

Dans l'une de ces études de très grande envergure, 103 sur 125 personnes qui avaient eu des crampes nocturnes dans les jambes et les pieds ont signalé un soulagement après avoir pris de la vitamine E. Une dose quotidienne de 300 unités internationales était efficace pour la moitié des participants, tandis que l'autre moitié avait besoin d'en prendre 400 unités internationales ou davantage pour obtenir un soulagement.

Les travaux n'ont pas unanimement démontré que la vitamine E est un traitement efficace pour les crampes des membres inférieurs, mais le Dr Whittier préconise néanmoins ce remède. « Je ne crois pas qu'il soit très rare, dans le domaine médical, de constater que deux études similaires parviennent à des résultats diamétralement opposés, dit-il. La vitamine E est un remède au moins aussi bon que la quinine et elle est probablement moins nocive. »

Lorsque les médecins ont recours à une thérapie à base de vitamine E, ils en prescrivent souvent plusieurs fois la Valeur quotidienne (30 unités internationales). Les aliments qui contiennent beaucoup de vitamine E sont le germe de blé (le quart d'une tasse fournit 39 % de la Valeur quotidienne), l'huile de carthame, l'huile de maïs, la bouillie d'avoine et les pâtes. En revanche, même ces sources relativement abondantes ne fournissent cette vitamine qu'en petite quantité.

Les études ont montré que certaines personnes peuvent tolérer jusqu'à 1 600 unités internationales de vitamine E par jour sans ressentir d'effets indésirables, mais certains experts déconseillent néanmoins d'en prendre plus de 600 unités internationales par jour.

L'utilité du magnésium

Sans doute avez-vous déjà vu à la télévision les publicités sportives montrant de grands gaillards baraqués, couverts de sueur, en train de boire des flacons entiers de liquide à base d'électrolytes. Ces derniers, qui comprennent le magnésium, le potassium, le calcium et le sodium, comptent parmi les nutriments les plus importants et les mieux connus dans la lutte contre les crampes. En revanche, la majorité des gens ignore que l'organisme risque d'être à court de magnésium avant de manquer de n'importe quel autre électrolyte.

« À vrai dire, la plupart des gens dans notre pays ne mangent pas assez d'aliments contenant du magnésium », souligne le Dr Robert McLean, professeur adjoint en médecine clinique et interne. Et même lorsque nous mangeons beaucoup de légumes verts feuillus et d'autres aliments riches en magnésium (comme des noix, des figues et des graines de courge), beaucoup de choses viennent dérober à notre corps ce nutriment si important. Certains médicaments utilisés pour traiter les maladies cardiovasculaires et l'hypertension artérielle, par exemple, drainent le magnésium et l'expulsent du corps.

Mais quel est le rapport entre le magnésium et les crampes des membres inférieurs ? Imaginez une clé et une serrure. Habituellement stocké dans les muscles et les os, le magnésium remplit le rôle d'une clé qui ouvre l'accès aux cellules musculaires, permettant au potassium et au calcium d'y pénétrer et d'en ressortir librement en fonction des besoins tandis que le muscle accomplit sa tâche.

Lorsque les taux de ces nutriments sont trop faibles, le muscle devient irritable, souligne le Dr McLean. « La comparaison est grossière, mais pour que les cellules musculaires restent suffisamment saines et vivantes, il faut que le potassium puisse pénétrer dans la cellule ; cependant, dans un premier

---

Prescriptions vitaminiques

Les médecins recommandent les nutriments suivants pour contribuer à soulager les crampes dans les jambes.

Nutriment	Dose par jour
Calcium	800 à 1 200 milligrammes
Magnésium	800 à 1 200 milligrammes, à fractionner en 2 ou 3 doses
Vitamine E	400 unités internationales

MISE EN GARDE : Une femme enceinte ne doit prendre aucun complément alimentaire sans avoir obtenu l'accord préalable de son médecin.

Si vous souffrez de troubles rénaux ou cardiaques, n'absorbez un complément de magnésium que sous la surveillance d'un médecin.
En outre, sachez qu'un excès de magnésium peut provoquer des diarrhées chez certaines personnes.

Les personnes auxquelles des médicaments anticoagulants ont été prescrits ne doivent pas prendre de vitamine E sous forme de complément alimentaire.

temps, il nous faut d'abord du magnésium pour ouvrir la porte et laisser entrer le potassium », explique ce médecin.

Ne nous y trompons pas : le potassium et le calcium sont tout aussi importants dans ce processus, mais l'organisme dispose généralement de réserves adéquates de ces deux électrolytes, note le Dr Brilla. Cette dernière ajoute que lorsque le corps est en déficit d'un électrolyte, il s'agit généralement du magnésium.

Les médecins s'émerveillent depuis longtemps de l'effet puissamment relaxant du magnésium sur les muscles. En doses massives administrées par voie intraveineuse, ce minéral est le meilleur traitement pour mettre fin aux contractions prématurées chez la femme enceinte, ainsi qu'à un trouble dangereux, le syndrome vasculo-rénal de la grossesse (ou prééclampsie), qui provoque chez les femmes enceintes un œdème très prononcé accompagné d'hypertension artérielle. (Remarque : il est formellement déconseillé à une femme enceinte de prendre des compléments alimentaires sans avoir obtenu au préalable l'accord de son médecin.)

Avant de recommander un apport complémentaire de magnésium pour soulager les crampes musculaires, le Dr McLean procède tout d'abord à une analyse sanguine afin de déterminer le taux sanguin en magnésium de la personne concernée, de manière à vérifier qu'il n'est pas considérablement plus élevé qu'on pouvait s'y attendre. Lorsque le taux sanguin est bas ou même normal, on peut supposer que les réserves en magnésium de l'organisme sont faibles. Malheureusement, un taux sanguin normal n'est pas une garantie que les réserves de magnésium dans l'organisme sont adéquates.

En fonction du résultat des analyses et en tenant compte des symptômes du sujet qui se plaint de crampes musculaires, le Dr McLean recommande généralement la prise, deux ou trois fois par jour, d'une gélule contenant 400 milligrammes de magnésium. « Je ne dépasserais pas cette dose, car tout excès de magnésium peut provoquer des diarrhées », précise-t-il. (Le sel de magnésium est l'ingrédient grâce auquel des produits laxatifs comme le Lubentyl à la magnésie remplissent leur office.)

Le Dr McLean ajoute toutefois un mot d'avertissement : si vous souffrez de troubles rénaux, la prise de compléments de magnésium pourrait amener votre organisme à accumuler trop rapidement ce minéral, ce qui pourrait être toxique. Si vous êtes atteint de troubles rénaux ou cardiaques, consultez votre médecin avant de prendre tout complément de magnésium.

Certaines personnes qui prennent ce minéral obtiennent un soulagement immédiat de leurs crampes des membres inférieurs, mais il faut parfois continuer à prendre un complément alimentaire durant des semaines pour compenser une carence établie de longue date, souligne le Dr Brilla. « Nous recommandons souvent de prendre un complément pendant quatre semaines, ajoute cette dernière. Il nous apparaît qu'un tel laps de temps est nécessaire pour mieux se rendre compte du résultat. »

Le calcium peut être bénéfique

Aujourd'hui, pratiquement chaque être humain sait que le calcium peut contribuer à prévenir l'ostéoporose. Il existe toutefois une autre bonne raison de veiller à absorber chaque jour au moins une tasse de lait écrémé ou un yoghurt maigre : le calcium peut aider l'organisme à mieux absorber le magnésium pris sous forme de complément alimentaire pour atténuer les crampes dans les jambes, souligne le Dr Brilla.

« Le calcium pris isolément n'est peut-être pas spécialement bénéfique pour soulager ce trouble, mais le calcium contribue à l'absorption du magnésium. Vous en absorberez davantage si ces deux minéraux sont pris ensemble », poursuit-elle.

Rien de plus simple que d'absorber suffisamment de calcium : il suffit pour cela de prendre votre complément alimentaire de magnésium en buvant un verre de lait écrémé. Un seul verre de lait écrémé fournit 350 milligrammes de calcium, soit 35 % de la Valeur quotidienne, relève le Dr Brilla. (La Valeur quotidienne pour le calcium est de 1 000 milligrammes.) Si vous préférez prendre le calcium sous forme de complément alimentaire, optez pour une présentation contenant entre 800 et 1 200 milligrammes de ce minéral. Vous pourriez également envisager de prendre un complément où le calcium et le magnésium sont réunis en un seul et même comprimé, conclut-elle.

Dégénérescence maculaire

◆

Protéger sa vue pour de longues années

Si l'on imagine l'œil comme un appareil photo, la rétine y joue le rôle de la pellicule. Il s'agit d'une fine couche de cellules sensibles à la lumière qui recouvrent l'arrière du globe oculaire. La rétine capte les images que le cristallin y concentre, convertit ces images en influx nerveux et transmet ces derniers directement au cerveau, qui doit ensuite déterminer si l'objet sur lequel notre regard vient de se poser est une chaussette, une contravention ou un chocolat glacé.

En plein milieu de la rétine se trouve une zone qui porte le nom de macula. Il s'y trouve une abondance de cellules ayant pour rôle de fournir au cerveau des images richement colorées jusque dans leurs moindre détails, car la macula est l'équivalent biologique d'un film Kodachrome. Difficile de faire mieux du point de vue technologique.

De toutes les parties de l'œil, la macula reçoit la lumière la plus nette. En revanche, aussi vitale que soit la lumière pour une bonne vue, elle comporte aussi ses inconvénients. À force de se concentrer continuellement sur la rétine, année après année, la lumière finit par avoir une interaction avec l'oxygène ; des lésions des cellules rétiniennes peuvent se produire, entraînant l'accumulation de déchets et parfois la croissance anormale de minuscules vaisseaux sanguins sous la rétine. Il arrive aussi que ces capillaires aient pour ainsi dire une fuite, devenant congestionnés et se couvrant de minuscules cicatrices qui peuvent nous brouiller définitivement la vue. Le terme de dégénérescence maculaire désigne l'ensemble de ce processus qui entraîne une détérioration progressive de la vue. Après les cataractes, il s'agit de la principale cause de cécité chez les personnes de 50 ans et au-delà.

La lutte pour garder la vue

Les symptômes mettent généralement longtemps à se manifester. « Le sujet a beaucoup de mal à voir nettement à une certaine distance, ou bien à voir de près, ou encore à distinguer clairement les visages ou les objets, ou la différence entre certaines couleurs ; c'est parfois même complètement impossible », explique le Dr Ronald Klein, professeur d'ophtalmologie.

Le traitement de la dégénérescence maculaire nécessite parfois d'avoir recours à un faisceau laser pour sceller les vaisseaux sanguins qui présentent des fuites ; ce processus a le mérite de mettre fin, au moins pour un temps, à l'évolution de ce trouble, mais, en revanche, il détruit un certain nombre de cellules rétiniennes, souligne le Dr Klein. Il est donc incontestablement préférable de prendre des mesures préventives afin d'éviter l'apparition du trouble.

Certaines indications tendent à laisser penser que les lésions rétiniennes pourraient être liées à des réactions chimiques oxydatives, le même type de réaction qui produit la rouille sur le fer et qui fait rancir l'huile. En langue anglaise, on parle d'ailleurs parfois de la dégénérescence maculaire comme de « rouille sur la rétine ».

Les réactions oxydatives se produisent lorsque l'oxygène entre en interaction avec d'autres substances, déclenchant une série d'interactions moléculaires, car certaines molécules instables perdent des électrons, puis s'emparent de ceux d'autres molécules afin de rétablir leur propre équilibre. Ces types de réactions oxydatives provoquent des lésions des membranes cellulaires et du matériel génétique.

Il semblerait en outre que les antioxydants, une catégorie de substances alimentaires, puissent contribuer à prévenir la dégénérescence maculaire. Les plus bénéfiques sont apparemment les vitamines C et E, ainsi que le bêtacarotène, un précurseur de la vitamine A. Ces nutriments peuvent bloquer les réactions oxydatives. Il se pourrait également que certains minéraux tels que le zinc, le cuivre et le sélénium soient impliqués dans ces processus. L'organisme a besoin de faibles doses de ces minéraux pour pouvoir générer des enzymes antioxydantes capables de protéger l'œil.

Les multivitamines ont leurs partisans

Un certain nombre de multivitamines et de minéraux vendus dans certains magasins spécialisés, un produit nommé Lutéine, par exemple, ont été étudiés spécialement pour les personnes atteintes de dégénérescence maculaire ou de cataracte. En outre, au moins deux études de petite envergure suggèrent que les compléments de multivitamines et de minéraux pourraient être utiles aux sujets atteints de dégénérescence maculaire.

Dans le cadre d'une étude, le tiers des personnes atteintes de dégénérescence maculaire ont obtenu de meilleurs résultats à des tests de la vue après avoir pris des compléments pendant six mois, tandis que parmi le groupe qui ne prenait pas de compléments alimentaires, 10 % seulement des participants obtenaient une amélioration des résultats. De plus, on dut constater chez environ 40 % des sujets du groupe qui n'avait pas pris de compléments que la vue continuait de se détériorer, tandis que parmi les participants qui avaient reçu des compléments, la vue s'était détériorée chez seulement 22 % des sujets.

« Il est incontestablement justifié de poursuivre les recherches concernant une éventuelle protection contre la dégénérescence maculaire grâce aux nutriments », souligne le Dr Klein. En revanche ce médecin est d'avis, comme un certain nombre d'autres chercheurs, que nous n'avons pas encore pour le moment suffisamment de preuves concrètes. Pour se prononcer avec davantage de certitude, ces scientifiques attendent les résultats de l'étude à long terme appelée *Age-Related Eye Disease Study* (étude des maladies de l'œil liées à l'âge). Cette étude sur dix ans, actuellement en cours et portant sur l'ensemble du territoire américain, a pour but de vérifier si un cocktail de vitamines et de minéraux, notamment les vitamines C et E, le bêtacarotène et le zinc, peut effectivement réduire le risque de dégénérescence maculaire.

« Si mes patients m'interrogent sur l'usage de nutriments pour soigner la dégénérescence maculaire, je leur fournis les faits connus : nous avons certaines indications positives, mais rien de concluant encore, ajoute le Dr Klein. Je me garde bien de les influencer dans un sens comme dans l'autre. »

D'autres ophtalmologues, en revanche, préconisent effectivement certains nutriments. « Je ne dis pas, moi non plus, que nous avons des preuves scientifiques. Pourtant, les faits constatés jusqu'ici semblent suffisamment prometteurs pour que je suggère à mes patients que tel ou tel nutriment pourrait leur être bénéfique », note le Dr Randall Olson, professeur d'ophtalmologie et directeur du centre John A. Moran de l'œil.

Facteurs alimentaires

Lorsqu'il s'agit de protéger la vue, ce sont les nutriments antioxydants qui semblent faire l'objet du maximum d'attention, mais les chercheurs s'intéressent également à certaines autres substances alimentaires moins bien connues. Voici ce qui semble prometteur.

Le glutathion paraît être bénéfique. Au cours d'expériences en éprouvette, ce micronutriment contribuait à enrayer les lésions oxydatives du tissu rétinien. (Il sert à constituer une enzyme antioxydante majeure, la glutathion péroxydase.) Veillez à absorber suffisamment de ce nutriment en mangeant beaucoup de légumes frais de couleur verte, jaune et rouge. Les légumes en boîte ou surgelés perdent tout leur glutathion au cours des processus de transformation.

D'après les recherches, voici ce qui pourrait être utile pour ralentir l'évolution de la dégénérescence maculaire.

Le bêtacarotène est bon pour les yeux

Il ne fait aucun doute que la vitamine A joue un rôle important pour la vue. Au niveau de la rétine, une forme de vitamine A contribue à convertir la lumière en influx nerveux. La carence en cette vitamine se manifeste notamment par deux signes caractéristiques : la cécité nocturne et la difficulté à retrouver une vue nette après avoir été momentanément aveuglé par une source de lumière vive, comme les phares d'un véhicule qui approche.

Lorsque l'on est atteint de dégénérescence maculaire, en revanche, il semblerait qu'une protection soit fournie par le bêtacarotène et peut-être par certaines autres substances complexes qui lui sont proches. Ces nutriments jouent le rôle d'antioxydants, bloquant les réactions en chaîne provoquées par les radicaux libres (molécules instables qui sont à l'origine de dégâts considérables dans l'organisme) en mettant à leur disposition leurs propres électrons.

Les preuves scientifiques se limitent à ce jour aux résultats d'un certain nombre d'études diététiques suggérant que les sujets qui absorbent une abondance de fruits et de légumes riches en bêtacarotène sont moins exposés que l'individu moyen à la dégénérescence maculaire. Une étude conduite par l'école médicale Harvard a notamment permis de constater que le risque d'être atteint de ce trouble était de 50 % moins élevé pour les sujets qui absorbaient chaque jour au moins 8 700 unités internationales de bêtacarotène que pour les personnes qui n'en absorbaient qu'une dose inférieure à ce chiffre.

Dans une autre étude, des sujets qui mangeaient chaque jour des aliments riches en bêtacarotène comme des carottes, du brocoli, des épinards et des abricots, ne présentaient que la moitié environ du risque de dégénérescence maculaire par rapport à d'autres personnes qui n'absorbaient que très rarement ces types d'aliments.

Les médecins qui préconisent un complément de bêtacarotène en vente libre afin de prévenir la dégénérescence maculaire ou d'en ralentir l'évolution en prescrivent une dose quotidienne de 25 000 unités internationales, précise le Dr Olson.

S'il est vrai qu'un certain nombre d'études actuellement en cours impliquent un apport complémentaire de bêtacarotène, la preuve n'est pas encore faite que ce complément contribue effectivement à prévenir la dégénérescence

Prescriptions vitaminiques

Certains médecins recommandent les nutriments suivants soit dans un but préventif, soit pour ralentir l'évolution de la dégénérescence maculaire.

Nutriment	Dose par jour
Bêtacarotène	25 000 unités internationales
Cuivre	1,5 à 9 milligrammes (à raison de 1 milligramme pour 10 milligrammes de zinc)
Sélénium	50 à 200 microgrammes
Vitamine C	500 milligrammes
Vitamine E	400 à 800 unités internationales
Zinc	15 à 90 milligrammes

En outre, un complément de multivitamines et de minéraux contenant les Valeurs quotidiennes pour l'ensemble des vitamines et des minéraux essentiels

MISE EN GARDE : Si vous êtes atteint de dégénérescence maculaire, il est prudent d'obtenir l'avis de votre médecin avant de prendre des compléments alimentaires.

Lorsque la dose dépasse 100 microgrammes par jour, le sélénium ne doit pas être pris en l'absence d'une surveillance médicale.

Il est judicieux de demander à votre médecin son avis avant d'avoir recours à un apport complémentaire de vitamine E en dose dépassant 600 unités internationales par jour. Les patients qui prennent des médicaments anticoagulants ne doivent pas prendre de vitamine E sous forme de complément alimentaire.

La prise d'une dose de zinc dépassant 15 milligrammes par jour est formellement déconseillée en l'absence d'une surveillance médicale.

maculaire. Il s'y ajoute une autre considération : c'est l'hypothèse selon laquelle les fruits et légumes contiennent non seulement du bêtacarotène, mais aussi divers autres nutriments susceptibles d'offrir également une protection. Pour toutes ces raisons, de nombreux chercheurs recommandent d'obtenir le bêtacarotène par le biais de l'alimentation plutôt qu'en absorbant un complément alimentaire. Pour être sûr d'absorber la dose élevée dont les recherches ont déjà constaté l'efficacité, il suffit de manger chaque jour cinq portions de légumes feuillus de couleur orange, jaune ou vert foncé.

Les oranges sont bénéfiques

Auriez-vous besoin d'un argument supplémentaire pour vous convaincre d'aller vous approvisionner au rayon des fruits et légumes frais la prochaine fois que vous irez faire vos courses ? Il est à peu près sûr que la vitamine C, un antioxydant qui se retrouve en concentration particulièrement élevée dans l'œil, pourrait contribuer à protéger les cellules rétiniennes des lésions oxydatives.

Divers travaux suggèrent que les sujets qui absorbent par le biais de la nourriture une abondance de vitamine C sont moins exposés à la dégénérescence maculaire que ceux dont l'alimentation est pauvre en vitamine C. Des chercheurs de l'université Harvard ont notamment constaté que la prise d'environ 80 milligrammes de vitamine C par jour permettait d'obtenir une diminution d'environ 30 % du risque de dégénérescence maculaire.

Les médecins qui recommandent la vitamine C pour prévenir ou ralentir l'évolution de ce trouble suggèrent d'en absorber au moins 500 milligrammes par jour, ce qui dépasse très largement la Valeur quotidienne (60 milligrammes). Un chercheur en particulier, le Dr Ben C. Lane, directeur de l'Institut d'optométrie nutritionnelle, est d'avis qu'il est judicieux de limiter la prise de vitamine C à moins de 3 000 milligrammes par jour. Il a en effet constaté une corrélation entre une dose aussi élevée de vitamine C et une déformation par plissement de la macula ainsi qu'un risque accru de décollement rétinien, c'est-à-dire que la rétine se détache de son support à l'arrière du globe oculaire. (Si vous êtes très myope, ajoute le Dr Lane, ne prenez pas plus de 1 000 milligrammes de vitamine C par jour. En effet, les myopes sont exposés à un risque plus élevé que la normale de décollement rétinien.)

La vitamine E protège les yeux

De même que la vitamine C et le bêtacarotène, la vitamine E est bien connue comme antioxydant. Incorporée aux membranes adipeuses qui entourent les cellules, la vitamine E protège ces dernières des lésions provoquées par les radicaux libres. Dans la rétine, la vitamine E pourrait contribuer à atténuer les réactions entre la lumière et l'oxygène, ce qui finirait peut-être par provoquer un dysfonctionnement des cellules rétiniennes.

Un certain nombre de travaux scientifiques suggèrent que la vitamine E peut être bénéfique pour prévenir la dégénérescence maculaire. Des chercheurs à la faculté de médecine de l'université Johns Hopkins, à Baltimore, ont notamment constaté que le risque de dégénérescence maculaire était moitié moindre chez les sujets ayant des taux sanguins de vitamine E particulièrement élevés, comparés à d'autres personnes ayant un faible taux sanguin de ce nutriment.

« Je suis d'avis que nous n'en savons pas encore assez sur le mode d'action dans la rétine de nutriments tels que la vitamine E pour pouvoir donner des recommandations quant à leur utilisation sous forme de compléments alimentaires », relève le Dr Sheila West, professeur adjoint en ophtalmologie et auteur principal de cette étude.

Les médecins qui préconisent la vitamine E, ajoute le Dr Olson, en recommandent généralement entre 400 et 800 unités internationales. Même en mangeant de grandes quantités d'aliments riches en vitamine E, comme le germe de blé et les amandes, il est impossible d'en obtenir des doses aussi élevées, et il est donc logique d'avoir recours à un apport complémentaire. La Valeur quotidienne pour la vitamine E est de 30 unités internationales. (Il est judicieux d'obtenir l'avis de votre médecin si vous envisagez d'en prendre plus de 600 unités internationales par jour.)

Le zinc pourrait limiter les dégâts

Il est bien connu que la rétine contient une grande concentration de zinc, un minéral essentiel. « Il semblerait que le zinc joue un rôle important dans le métabolisme de la rétine », souligne le Dr Lane. On peut constater chez les animaux carencés en zinc des signes de défaillance rétinienne, et les personnes qui présentent un déficit de cet élément semblent plus exposées que l'individu moyen à la dégénérescence maculaire. En revanche, rappelle le Dr Lane, le rapport entre le zinc et certains autres minéraux doit être équilibré, sans qu'il y ait d'excès de zinc.

Une étude conduite par le centre de l'œil de l'université d'état de Louisiane, à la Nouvelle-Orléans, semble indiquer que le zinc peut contribuer à maintenir une vue nette à mesure que nous prenons de l'âge. Cette étude portait sur 151 sujets d'un certain âge en bonne santé, chez qui l'on avait constaté divers signes précurseurs de dégénérescence maculaire. La moitié des sujets ont pris chaque jour pendant 18 à 24 mois 100 à 200 milligrammes de sulfate de zinc, tandis que les sujets du groupe témoin n'absorbaient qu'un placebo (pilule inerte dénuée de toxicité).

Chez les sujets des deux groupes, les yeux et la vue furent passés au crible avant et après cette étude. Chez ceux des participants qui avaient pris un apport complémentaire de zinc, on constata une perte d'acuité visuelle nettement moindre par rapport à ceux qui n'avaient pris qu'un placebo.

Les médecins qui recommandent le zinc pour prévenir ou ralentir la dégénérescence maculaire en suggèrent une dose pouvant aller de la Valeur quotidienne (15 milligrammes) jusqu'à 80 ou 90 milligrammes par jour. Le Dr Olson préconise 50 milligrammes, tandis que le Dr Lane calcule la dose initiale en fonction de la teneur en zinc mesurée dans le sang de chaque patient. « Il peut se révéler nécessaire de recourir initialement à une dose relativement élevée, qui sera ensuite diminuée à mesure que les analyses marqueront le retour à la normale du taux sanguin », précise-t-il. Des compléments en vente libre tels que le zinc organique, le gluconate de zinc et l'aspartate de zinc sont de bonnes sources de zinc, précise le Dr Lane.

Une chose est certaine lorsqu'il s'agit du zinc : il n'est pas nécessairement préférable d'en prendre davantage, et toute dose dépassant la Valeur quotidienne nécessite une surveillance médicale. Pour quelle raison ? Tout d'abord, le zinc entre en concurrence avec le cuivre dans l'organisme, si bien que tout excès de zinc peut entraîner une carence en cuivre. « Cela peut être grave, car il semblerait que le cuivre joue également un rôle dans la dégénérescence maculaire », relève le Dr Lane. (L'organisme a besoin de cuivre et de zinc pour générer une enzyme puissamment antioxydante, la superoxyde dismutase.)

Veillez donc à absorber un milligrammes de cuivre par dix milligrammes de zinc. En outre, de même que pour le zinc, mieux vaut éviter d'absorber de trop grandes quantités de cuivre. Même lorsque les doses de cuivre absorbées restent faibles, un surdosage, toujours possible, pourrait avoir des conséquences fâcheuses pour la santé.

Pouvoir antioxydant du sélénium

Il arrive que des médecins ajoutent le sélénium à leurs prescriptions à visée antioxydante. Ce minéral participe à la production dans l'organisme de la glutathion péroxydase, une autre enzyme protectrice présente dans l'œil et d'autres parties du corps.

« En théorie, le sélénium devrait être bénéfique pour prévenir la dégénérescence maculaire, mais il n'en existe encore à vrai dire aucune preuve concrète », explique le Dr Lane. Ce dernier ne recommande un apport complémentaire qu'aux sujets chez lesquels un déficit en sélénium a bien été constaté. Le Dr Olson ne préconise pas d'apport complémentaire de sélénium pris isolément, mais il prescrit en revanche certains compléments à base de multivitamines et de minéraux et contenant également du sélénium.

Les médecins qui recommandent un apport complémentaire de sélénium suggèrent une dose quotidienne de 50 à 200 microgrammes par jour. Il est formellement déconseillé d'en prendre une dose dépassant 100 microgrammes par jour en l'absence de surveillance médicale, car, même à faible dose, le sélénium peut être toxique. Parmi les aliments riches en sélénium, on peut mentionner l'ail, l'oignon, les champignons, le chou, les céréales et le poisson.

Dépression

◆

Faire place à la lumière

Bien sûr qu'il vous est déjà arrivé d'être déprimé. Ne le sommes-nous pas tous un jour ou l'autre ?

Eh bien croyez-le si vous voulez, la réponse est non.

Le terme de dépression est à ce point galvaudé dans nos conversations que beaucoup de gens n'imaginent pas à quel point il peut s'agir d'un trouble grave, souligne le Dr Harold Bloomfield, psychiatre et coauteur des ouvrages *How to Heal Depression* et *the Power of Five : Hundreds of Five-Second to Five-Minute Scientific Shortcuts to Ignite Your Energy, Burn Fat, Stop Aging and Revitalize your Love Life*.

« La dépression n'a rien à voir avec la tristesse ou le découragement, poursuit ce médecin. Ces états d'âme vont de pair avec le sentiment d'être en vie. La dépression, en revanche, est une maladie ; il est possible de la juguler à l'aide d'un traitement approprié, mais elle peut aussi bien ravager toute notre existence si nous ne parvenons pas à obtenir l'aide nécessaire. »

La dépression vous menace-t-elle ?

Peut-être la dépression a-t-elle toutes les apparences du cafard, mais elle dure bien plus longtemps et entraîne des conséquences bien plus dévastatrices dans notre existence. Une personne en état de dépression clinique est perpétuellement plongée dans une tristesse et un désespoir si démoralisants que toute activité normale semble impossible à entreprendre. Elle peut perdre tout intérêt pour ses amis ou ses passe-temps habituels, être hantée par des idées de suicide ou se culpabiliser démesurément parce qu'elle ne parvient pas à se secouer suffisamment pour retrouver une vie normale. La dépression peut nous ôter tout appétit, mais elle peut tout aussi bien nous donner l'envie de nous goinfrer sans cesse. Un sommeil excessivement prolongé, ou au contraire particulièrement court, ainsi que des troubles de la concentration, sont parmi les signaux d'alerte.

La dépression peut frapper n'importe qui. On évalue à environ 15 % de la population le nombre de personnes susceptibles de plonger au moins une fois au cours de leur existence dans une période de dépression suffisamment grave pour nécessiter des soins médicaux appropriés. Parfois, ce trouble s'installe par suite d'un traumatisme affectif comme un divorce ou le décès d'un être cher, mais il peut également se produire sans raison apparente.

Des antécédents familiaux de dépression peuvent également être un facteur de risque. « Nous constatons qu'il existe des familles de dépressifs, de même qu'il y a certaines familles où l'on est diabétique, et d'autres encore où l'on est atteint d'hypertension artérielle, souligne le Dr Bloomfield. Cela ne veut pas dire qu'il n'y a pas d'autres causes, mais des antécédents familiaux de dépression rendent un sujet plus susceptible à ce trouble. »

C'est souvent durant une période de transition que la dépression se manifeste, comme par exemple durant l'adolescence, vers la quarantaine ou au moment de la retraite. Les personnes du troisième âge sont particulièrement vulnérables : le Dr Bloomfield estime que les personnes de plus de 60 ans sont quatre fois plus sujettes à la dépression que les jeunes générations.

Les hormones peuvent également jouer un rôle. Pour certaines femmes qui prennent la pilule ou une hormonothérapie substitutive, le sentiment de dépression peut être lié à la prise d'hormones et elles doivent alors consulter leur médecin. En outre, la dépression prémenstruelle et la dépression du post-partum (après un accouchement) sont des troubles courants.

Nourrissez votre cerveau

Les carences nutritionnelles sont fréquentes chez les personnes déprimées, selon le Dr Bloomfield, même si les spécialistes n'ont pas encore clairement identifié le facteur déterminant — la carence, ou la dépression. « Lorsque l'on a mangé n'importe comment pendant des années, cela peut finir par se payer cher vers la quarantaine ou la cinquantaine. Et s'il s'agit en outre d'un sujet à tendance dépressive, il est fréquent que cette dernière se manifeste à peu près vers le même âge. »

S'il est vrai qu'une alimentation médiocre ne suffit pas à provoquer la dépression, il peut toutefois être bénéfique de corriger une carence si vous êtes dépressif, souligne le Dr Bloomfield. En revanche, la prise de compléments alimentaires ne saurait remplacer l'aide d'un spécialiste. « Si vous pensez que vous souffrez de dépression, conseille ce médecin, il est essentiel que vous alliez consulter un médecin ou un psychiatre afin de vous faire aider. »

Un coup de pouce grâce aux vitamines du groupe B

Un apport suffisant de vitamines du groupe B est important pour quiconque souhaite éviter la dépression, souligne le Dr Bloomfield. Toutes les vitamines du groupe B-complexe semblent jouer un rôle dans la santé affective et physiologique, mais un certain nombre de ces nutriments paraissent avoir un effet particulièrement marqué dans les cas de dépression.

« De nombreuses indications laissent à penser que lorsqu'il y a déficit en thiamine ou en riboflavine, cela finira à la longue par provoquer une dépression fonctionnelle de l'ensemble du corps, tant physique qu'affective », note le Dr Bloomfield.

Les symptômes de carence en thiamine se traduisent par la peur, le manque d'assurance, la confusion et les sautes d'humeur, qui peuvent être autant de signes de dépression. Une étude de l'université de Californie à Davis a permis de constater qu'un apport complémentaire de thiamine avait pour effet d'améliorer le sommeil, l'appétit et l'humeur chez des femmes d'un certain âge qui ne présentaient qu'une légère carence dans ce nutriment.

Une autre vitamine du groupe B qui semble jouer un rôle dans la dépression est le folate (la forme naturelle de l'acide folique). Les chercheurs

Facteurs alimentaires

Lorsqu'il s'agit de guérir la dépression, l'apport complémentaire de certains nutriments peut jouer un rôle, quoique limité. Selon certains experts, ce que nous mangeons et buvons a également une grande importance. Les conseils suivants nous viennent du Dr Larry Christensen, président d'une unité de psychologie universitaire et auteur du livre *The Food-Mood connection*.

Mangez moins sucré. Il est possible qu'une sucrerie nous donne momentanément l'impression de nous sentir mieux, mais cet effet est loin d'être durable. Certaines personnes éprouvent un « coup de pompe » et se sentent un peu fatiguées environ une heure après avoir mangé quelque chose de sucré. Cette baisse brutale est particulièrement prononcée chez les sujets déjà dépressifs, précise le Dr Christensen. Ce dernier estime que jusqu'à 30 % de ses patients dépressifs ont une sensibilité envers le sucre. Afin de déterminer dans quelle mesure le sucre contribue à vos dépressions, évitez pendant quelques semaines de manger des sucreries et soyez vigilant envers le sucre que peuvent contenir divers aliments du commerce. Quant aux édulcorants de synthèse, précise-t-il, ils ne présentent pas d'inconvénient.

Si la seule pensée de renoncer à tout jamais à vos biscuits préférés ne fait que vous déprimer davantage, rassurez-vous. Peut-être une minorité de gens sont-ils à ce point sensibles au sucre qu'il est préférable pour eux d'y renoncer entièrement, mais en revanche, affirme Dr Christensen, beaucoup d'autres peuvent en absorber de petites quantités. Réintroduisez très progressivement les mets sucrés dans votre alimentation afin de mieux pouvoir vérifier ce que votre organisme est capable de supporter sans dommage.

Évitez les coups de pompe liés à la caféine. Divers travaux ont montré que lorsque l'on est dépressif, il est illusoire de compter

savent que les sujets qui ont des taux peu élevés de folate sont plus susceptibles d'être déprimés que ceux qui en ont des taux normaux. Dans le cadre d'une étude de l'université de Toronto, des sujets déprimés ayant des

sur la caféine pour passer la journée. Le Dr Christensen conseille à ses patients d'éliminer le café, le thé, les boissons à base de cola et le chocolat ainsi que les analgésiques à base de caféine. « Il suffit généralement de quatre jours sans caféine pour que les personnes dépressives qui y sont sensibles perçoivent une amélioration », précise-t-il.

Si vous constatez que vous êtes sensible à la caféine, poursuit-il, il faudra choisir. « Pour certaines personnes, il n'y a pas d'inconvénient à prendre une tasse de thé par jour — à condition de ne pas dépasser cette quantité. Chacun devra faire ses propres essais afin de déterminer son seuil de tolérance. »

Mangez peu de matières grasses. Certaines recherches suggèrent qu'une alimentation pauvre en matières grasses peut non seulement améliorer notre état de santé, mais également contribuer à équilibrer notre humeur. Dans le cadre d'une étude sur cinq ans à l'université d'état de New York à Stony Brook, 305 hommes et femmes ont suivi un régime alimentaire dont les calories provenaient pour 20 à 30 % seulement des matières grasses absorbées. Non seulement ce régime a permis d'abaisser leur taux de cholestérol, mais les sujets étaient moins dépressifs et moins agressifs après avoir adopté ce régime maigre.

Il n'est pas très difficile de réduire la quantité de matières grasses que contient notre alimentation ; il s'agit pour cela d'éviter les fritures, de choisir des viandes maigres et d'éliminer la peau de la viande de volaille. Optez pour du lait écrémé ou demi-écrémé et des produits laitiers (fromage, yoghurt) maigres ou à 0% de matière grasse. Si, d'autre part, vous faites un effort pour manger davantage de fruits, de légumes et de céréales complètes, vous risquerez moins de vous bourrer d'aliments trop gras.

taux élevés de folate parvenaient à surmonter leur dépression plus rapidement que d'autres sujets qui en avaient un taux moins élevé.

Les experts soulignent qu'il est également important de veiller à obtenir suffisamment de vitamine B_6. Il est fréquent que les personnes déprimées soient en déficit de ce nutriment, selon une étude portant sur 101 hommes et femmes souffrant de dépression, évalués par l'institut psychiatrique de l'état de New York à New York City. Notre organisme a besoin de vitamine B_6 pour être en mesure de fabriquer la sérotonine, une hormone qui semble jouer un rôle dans la régulation de nos états d'âme.

Un grand nombre de médicaments, notamment ceux qui contiennent des œstrogènes, peuvent gêner l'absorption de la vitamine B6. Peut-être est-ce la raison pour laquelle certaines femmes se sentent déprimées après avoir commencé à prendre un contraceptif oral ou une hormonothérapie de substitution. La vitamine B6 pourrait être particulièrement utile aux femmes qui prennent la pilule ou à celles qui sont périodiquement en proie au syndrome prémenstruel, ajoute le Dr Bloomfield.

Certains chercheurs suggèrent que l'efficacité des vitamines du groupe B est renforcée lorsqu'elles sont prises en bloc. Une étude a permis de constater une amélioration plus marquée chez des personnes du troisième âge souffrant de dépression qui avaient pris des compléments de thiamine, de riboflavine et de vitamine B_6, ainsi qu'un antidépresseur, par rapport à d'autres sujets comparables qui n'avaient pris que des antidépresseurs.

Le moyen le plus sûr et le plus pratique d'absorber tous les nutriments du groupe B est d'opter pour un complément qui contienne toutes les vitamines du groupe B-complexe, ajoute le Dr Bloomfield. Cherchez à vous procurer un complément qui contienne au moins dix milligrammes de chacun des nutriments suivants : thiamine, riboflavine et vitamine B_6, ainsi que 100 microgrammes d'acide folique, suggère-t-il, et prenez-en deux fois par jour.

La vitamine C donne de la force

Les médecins savent que notre santé mentale et physique peut être compromise si notre alimentation ne nous fournit pas assez de vitamine C. La dépression est l'un des symptômes bien documentés du scorbut, une maladie provoquée par une carence grave en vitamine C. Quoique le scorbut soit relativement rare dans les pays développés, il est légitime de penser que même une carence légère en vitamine C peut affecter la santé mentale.

La vitamine C est cruciale pour renforcer le système immunitaire, ce dernier n'étant pas au sommet de sa forme chez les personnes déprimées. « Nous savons que les sujets déprimés sont plus vulnérables à la maladie, et tout ce qui peut renforcer le système immunitaire leur est par conséquent bénéfique », souligne le Dr Bloomfield. Ce dernier recommande un apport complémentaire de vitamine C en mégadoses allant jusqu'à 4 000 milligrammes

Prescriptions vitaminiques

Voici le programme d'apport complémentaire quotidien préconisé par le Dr Harold Bloomfield, psychiatre à Del Mar en Californie et coauteur des ouvrages *How to Heal Depression* et *The Power of Five: Hundreds of Five-Second to Five-Minute Scientific Shortcuts to Ignite Your Energy, Burn Fat, Stop Aging and Revitalize Your Love Life*, afin de vous assurer que votre organisme reçoit bien les nutriments dont il a besoin pour combattre la dépression.

Nutriment	Dose par jour
Complément B-complexe à prendre deux fois par jour, contenant :	
Acide folique	100 microgrammes
Riboflavine	10 milligrammes
Thiamine	10 milligrammes
Vitamine B_6	10 milligrammes
Vitamine C	1 000 à 4 000 milligrammes
Sélénium	70 microgrammes pour l'homme

MISE EN GARDE : Si vous avez des symptômes de dépression, vous devez consulter votre médecin afin d'obtenir un diagnostic précis et un traitement approprié.

Absorbée en dose dépassant 1 200 milligrammes par jour, la vitamine C peut provoquer des diarrhées chez certaines personnes, et il est par conséquent judicieux d'obtenir l'avis de votre médecin avant d'envisager d'en prendre des doses plus élevées. En outre, comme la vitamine C peut interférer avec l'absorption d'antidépresseurs tricycliques, il convient de discuter avec votre médecin d'un éventuel apport complémentaire de cette vitamine si vous prenez ce type de médicament.

par jour. De telles doses dépassent très largement la Valeur quotidienne, mais comme tout excès de vitamine C est excrété par le biais de l'urine, le Dr Bloomfield affirme que ces doses élevées sont sans danger.

Certaines personnes peuvent toutefois avoir des diarrhées en prenant de telles quantités de vitamine C, si bien que les experts recommandent d'obtenir l'avis du médecin traitant avant d'envisager d'en prendre plus de 1 200 milligrammes par jour. En outre, comme la vitamine C peut interférer avec l'absorption d'antidépresseurs tricycliques, il convient de discuter avec votre médecin d'un éventuel apport complémentaire de vitamine C si vous prenez ce type de médicament.

Le Dr Bloomfield recommande de prendre tout apport complémentaire de vitamine C en début de journée, au petit déjeuner ou au repas de midi, car une prise trop tardive de ce nutriment pourrait provoquer des difficultés d'endormissement chez certaines personnes.

Les minéraux ont leur importance

Nous manquons de preuves à ce sujet, mais au moins une étude suggère qu'un minéral, le sélénium, pourrait jouer un rôle dans la dépression. Des chercheurs du collège universitaire de Swansea, au pays de Galles, ont constaté que les sujets qui absorbaient chaque jour un complément de 100 microgrammes de sélénium se sentaient moins fatigués, moins anxieux et moins déprimés que ceux qui n'en prenaient pas.

Puisqu'il est trop tôt pour affirmer que le sélénium est vraiment utile dans la lutte contre la dépression, le meilleur conseil que l'on puisse donner est de veiller à obtenir au moins la Valeur quotidienne de ce minéral, qui est de 70 microgrammes. En ayant une alimentation équilibrée et en vérifiant que votre complément de multivitamines et de minéraux contient du sélénium, précise le Dr Bloomfield, vous serez certain de couvrir tous vos besoins nutritionnels.

Dermatite

◆

Dire adieu à l'irritation

Lorsqu'une querelle de ménage éclate entre une femme et son mari, il peut arriver que le rôti se retrouve en plein milieu des pétunias. De même, lorsque notre système immunitaire réagit à l'excès devant une substance irritante, nous sommes atteint de dermatite.

Ce trouble est simplement la forme sous laquelle le système immunitaire nous transmet son message : « J'en ai assez », en se manifestant sur l'épiderme par une éruption rouge prurigineuse. De plus, chez certains sujets particulièrement sensibles, il suffit de très peu de chose pour irriter la peau. On peut citer parmi les substances coupables le nickel, le latex, et même certains aliments. Il s'agit en outre d'un type d'éruption assez fréquent : 10 % de tous les enfants souffrent de dermatite à un moment ou à un autre de leur existence.

Aujourd'hui, en revanche, les médecins savent que les allergies et l'irritation du système immunitaire ne sont pas les seules causes d'une dermatite. Dans quelques rares cas, certaines carences en vitamines et minéraux peuvent également contribuer à l'apparition de ce trouble dermatologique. Pour peu que l'organisme soit en déficit de vitamine A, de biotine ou de toute autre vitamine du groupe B, de vitamine E ou de zinc, une éruption cutanée ne tardera pas à se manifester.

« Nous savons depuis des années que des carences mineures de certains nutriments peuvent provoquer des troubles de la peau, des cheveux et des ongles chez l'enfant comme chez l'adulte, souligne le Dr Wilma Bergfeld, dermatologue et directeur d'une section de dermatopathologie (l'étude des causes et effets des maladies et anomalies dermatologiques) et de recherches dermatologiques. Ce que nous connaissons moins bien, c'est le mécanisme qui provoque ces troubles. »

Le zinc est utile

La relation entre une dermatite et la carence en zinc est l'une des mieux connues de toutes les relations de cause à effet entre une carence nutritionnelle

(suite page 254)

Facteurs alimentaires

Il est rare que l'alimentation provoque l'apparition d'une dermatite, mais les experts soulignent que certains aliments sont plus susceptibles que d'autres de provoquer ce trouble. Voici les principaux coupables.

Le lait est une vacherie. Excellente source de protéines pour les organismes jeunes, le lait peut en revanche aggraver une dermatite atopique chez certains enfants allergiques, note le Dr Jon Hanifin, professeur de dermatologie.

« Cette allergie au lait et aux produits laitiers semble disparaître à mesure que le sujet avance en âge », précise-t-il.

Si vous pensez qu'une allergie est responsable de votre dermatite et si vous souhaitez écarter de votre alimentation le lait et les produits laitiers, prenez le temps de déchiffrer correctement les étiquettes des produits alimentaires. En effet, le lait peut entrer dans la composition de certains aliments où l'on s'attendrait le moins à en trouver, souligne le Dr Hanifin.

Des œufs, avec modération. Au cours d'une étude japonaise portant sur 27 personnes atteintes de dermatite, les chercheurs ont constaté chez 11 des participants l'apparition d'une éruption dans les deux heures qui avaient suivi l'absorption d'œufs. Si vous pensez que les œufs sont à l'origine de votre dermatite ou de votre eczéma, écartez-les de votre alimentation. Lorsque vous aurez à nouveau la peau lisse, faites un essai en recommençant à manger des œufs. Si la dermatite réapparaît, commente le Dr Hanifin, il serait sûrement judicieux d'éviter d'en consommer à l'avenir.

Renoncez au blé. Pour une petite minorité d'entre nous, le gluten — un constituant du blé — suffit à provoquer des éruptions rouges et prurigineuses sur les bras, les jambes et même parfois le cuir chevelu. Mais, dans ce cas au moins, le fait de connaître l'origine du problème ne nous fournit qu'une partie de la solution. « Ces sujets devront faire preuve d'une extrême vigilance, car il est très difficile d'éviter entièrement les produits à base de blé », souligne le Dr Stephen Schleicher, codirecteur d'un centre dermatologique. Heureusement, ajoute ce praticien, les fabricants proposent de plus en plus de produits sans gluten à l'intention des sujets sensibles au blé. (Le gluten est également présent — quoiqu'en quantités bien moins importantes — dans le seigle, l'orge et l'avoine.)

Évitez les fruits de mer. Les crevettes et le calmar (ou encornet) peuvent provoquer chez certains des dermatites épouvantables. Ne soyez en outre pas surpris si des fruits de mer tels que la langouste, les palourdes et les moules provoquent des démangeaisons, soulignent les experts. En effet, ces crustacés contiennent souvent les mêmes substances chimiques susceptibles de provoquer une dermatite.

Méfiez-vous du soja. Cette source de protéines bon marché, que l'on retrouve dans toutes sortes d'aliments industriels, est un autre déclencheur de dermatite atopique chez certains sujets, précise le Dr Hanifin.

Attention aux cacahuètes. Ce médecin fait encore remarquer que les arachides viennent s'ajouter à la liste des aliments qui sont le plus souvent à l'origine d'une dermatite ou d'eczéma.

L'huile de poisson est bénéfique. Les scientifiques n'ont pas fini d'en discuter, mais certains médecins signalent une diminution des démangeaisons et des squames chez les patients atteints d'eczéma qui avaient pris des gélules d'huile de poisson contenant des acides gras de type oméga 3. Certains experts sont persuadés que ces acides gras contribuent à maîtriser l'inflammation et la réponse immunitaire disproportionnée qui est à l'origine de la dermatite chez certaines personnes. Selon le Dr Melvyn Werbach, auteur du livre *Healing Through Nutrition*, la dose recommandée est de cinq grammes deux fois par jour, mais il est important d'obtenir l'avis de votre médecin avant de prendre ces compléments. Vous pouvez également manger plus souvent des poissons gras comme du saumon, des sardines et du thon.

et l'apparition d'une dermatite. Imaginez une maison dont la toiture ne serait pas recouverte de tuiles ou de bardeaux pour la protéger des éléments, et vous comprendrez mieux ce que peut être notre épiderme lorsqu'il est carencé en zinc.

Il suffit que la quantité de zinc absorbée habituellement reste pendant quelques semaines inférieure à la Valeur quotidienne de 15 milligrammes, souligne le Dr Bergfeld, pour que la couche superficielle de cellules cutanées (les « bardeaux » destinés à protéger l'épiderme) commence à se dissoudre. Sans cette couche protectrice, notre peau devient alors rugueuse et sèche, présentant un terrain particulièrement vulnérable aux bactéries, champignons microscopiques et autres sources d'infection, précise-t-elle.

« Lorsqu'il y a carence en zinc, la peau est tout simplement incapable de remplir sa fonction normale d'écran ou de barrière », relève le Dr Thomas Helm, professeur clinicien adjoint en dermatologie. « Le zinc est important pour réguler la production de protéines, d'acides gras et d'ADN. Une carence en zinc provoque des éruptions cutanées, une perte d'appétit et de goût et affaiblit le système immunitaire. »

C'est ainsi qu'une carence en zinc peut provoquer chez les enfants en bas âge une dermatite autour de la bouche et du rectum. Il est vrai que de telles carences ne sont pas très courantes, mais elles se produisent plus fréquemment que d'autres troubles liés à un déséquilibre nutritionnel, souligne le Dr Jon Hanifin, professeur de dermatologie.

D'autres personnes sont particulièrement sensibles à ce type de dermatite : celles qui souffrent du syndrome du côlon irritable (un trouble digestif très perturbant), les patients qui subissent une chimiothérapie, les alcooliques et certaines futures mères. « Dans l'ensemble de ces cas, les taux de zinc peuvent descendre plus bas que la normale, même lorsque le sujet en absorbe suffisamment, poursuit le Dr Helm. Il s'agit alors d'un trouble de malabsorption, ce nutriment n'étant pas absorbé comme il devrait l'être. »

Heureusement, il peut suffire pour soulager les troubles provoqués par une carence en zinc d'absorber davantage de ce minéral par le biais de l'alimentation ; veillez à en prendre la Valeur quotidienne de 15 milligrammes. Le Dr Helm souligne que même lorsqu'il existe un problème de malabsorption du zinc, une carence peut généralement être corrigée en mangeant davantage d'aliments riches en zinc.

« Lorsqu'un apport complémentaire de zinc est administré, la plupart des éruptions cutanées disparaissent immédiatement », renchérit le Dr Bergfeld.

Prenez de la vitamine E

Sans doute aurez-vous du mal à trouver une étude scientifique pour le confirmer, mais divers rapports cliniques semblent indiquer l'efficacité de la vitamine E dans certaines formes de dermatite.

La revue médicale britannique *The Lancet* a notamment rapporté le cas d'un sujet de 38 ans, par ailleurs en bonne santé, qui dut endurer pendant quatre ans une pénible dermatite sur les mains. Sous la surveillance attentive de son médecin, il essaya toutes sortes d'approches pour s'en débarrasser : changer de savon, remplacer le bracelet de sa montre et recouvrir le volant de sa voiture d'une housse, mettre des gants pour aller au club de gym et prendre un complément de multivitamines et de minéraux. Enfin, il se mit à prendre chaque jour 400 unités internationales de vitamine E.

La dermatite disparut à peine neuf jours après le début de ce traitement, souligne le médecin de ce patient, le commandant Patrick Olson, médecin épidémiologiste et spécialiste en médecine préventive au centre médical naval de San Diego. Depuis la parution de son article concernant ce cas, le Dr Olson ajoute qu'il a reçu au moins dix lettres de personnes d'un peu partout dans le monde, notamment de Grande-Bretagne, qui avaient obtenu le même genre de succès grâce à la vitamine E.

Toutes ces lettres sont plus convaincantes les unes que les autres, mais le Dr Olson ajoute que le témoignage qui l'a le plus frappé provenait d'un spécialiste en maladies infectieuses. Ce dernier lui écrivait depuis la Floride qu'après avoir lu son article, il avait recommandé à sa propre sœur d'envisager cette thérapie. « Elle a commencé à prendre 400 unités internationales de vitamine E par jour sous forme de gel liquide, et a pu ainsi obtenir une guérison totale pour la première fois depuis les six ou huit ans qu'elle était atteinte de dermatite, souligne le Dr Olson. Cela m'a fait chaud au cœur de lire ce témoignage. »

Le Dr Olson a formulé une théorie selon laquelle l'action antioxydante de la vitamine E prévient les lésions provoquées par les radicaux libres ; dans ce cas, les lésions se manifestent sous forme de dermatite. Les radicaux libres sont des sous-produits normaux de la vie des cellules ; ces molécules instables dérobent des électrons aux molécules saines de l'organisme afin de rétablir leur propre équilibre, provoquant ainsi des lésions cellulaires. Les antioxydants, en revanche, neutralisent les radicaux libres en leur offrant leurs propres électrons, protégeant ainsi les molécules saines.

Prescriptions vitaminiques

Le secret, pour soigner une dermatite, c'est bien sûr d'identifier ce qui nous irrite la peau afin d'éviter de nous y exposer. Il existe en outre divers nutriments qui peuvent s'avérer bénéfiques pour certaines personnes. Voici ce que préconisent plusieurs médecins.

Nutriment	Dose par jour
Vitamine C	3 500 à 5 000 milligrammes
Vitamine E	400 unités internationales
Zinc	15 milligrammes

MISE EN GARDE : *Certaines personnes peuvent avoir des diarrhées lorsqu'elles prennent une dose de vitamine C dépassant1 200 milligrammes par jour.*

Si vous prenez des médicaments anticoagulants, vous ne devez pas prendre de vitamine E sous forme de complément alimentaire.

« Ce n'est qu'une théorie, mais puisque l'innocuité de la vitamine E semble confirmée à ces doses, il y a toutes les raisons d'explorer ce type de traitement », souligne le Dr Olson.

Quoique la Valeur quotidienne pour la vitamine E ne soit que de 30 unités internationales, des doses pouvant aller jusqu'à 400 unités internationales sont considérées comme sans danger. Pour en obtenir une telle quantité par le biais de l'alimentation, il faudrait absorber une livre de graines de tournesol, plus de deux kilos de germe de blé ou plus de deux litres d'huile de maïs.

La vitamine C pourrait être bénéfique

Nul n'ignore qu'une carence en vitamine C peut provoquer des lésions des gencives et de la peau. En outre, au moins une étude a permis de constater qu'un apport complémentaire était bénéfique aux sujets atteints d'eczéma grave, selon le Dr Melvyn Werbach, auteur du livre *Healing Through Nutrition*. (L'eczéma est un type de dermatite qui se caractérise par

des failles suintantes dans l'épiderme, qui finissent par former des squames.)
Le Dr Werbach recommande de prendre entre 3 500 et 5 000 milligrammes
de vitamine C chaque jour pendant trois mois. Cela en représente une
grande quantité, d'autant plus que certaines personnes peuvent avoir des
diarrhées après n'en avoir pris que 1 200 milligrammes. Si vous souhaitez
avoir recours à ce traitement, il est prudent d'obtenir au préalable l'avis de
votre médecin.

La majorité des dermatologues ne suggèrent pas la vitamine C pour
traiter une dermatite, ajoute le Dr Helm, mais nous avons de bonnes raisons
de penser qu'elle pourrait être bénéfique. Pour commencer, les médecins
viennent tout juste de découvrir que la vitamine C semble protéger la peau
contre les lésions dues au soleil. Elle accélère la guérison des blessures et
prévient les lésions cutanées que les radicaux libres peuvent provoquer sous
l'effet de la lumière ultraviolette. Diverses études ont montré chez les
animaux de laboratoire qui recevaient un apport complémentaire de
vitamine C un moindre vieillissement cutané photo-induit et une moins
grande susceptibilité aux coups de soleil, souligne le Dr Helm. « Il paraît
donc assez logique de penser que la vitamine C puisse aider la peau à rester
saine lorsqu'elle est exposée à d'autres stress nuisibles que les rayons
ultraviolets », conclut ce médecin.

Diabète

◆

Aider l'organisme à maîtriser le sucre

Lorsqu'elle se décida enfin à consulter son médecin, trois mois après
avoir pris conscience de ses symptômes pour la première fois, Allene Harris
de Valley Mill (Texas) fut très étonnée d'apprendre qu'elle avait du diabète.
Personne d'autre dans sa famille n'était atteint de ce trouble.

« Je ne me sentais pas du tout dans mon assiette, se souvient-elle. J'étais
très fatiguée, et je mettais cela sur le compte de tout le stress auquel j'avais
dû faire face lorsque ma mère est morte. En revanche, j'ai appris avec soulagement que cette maladie pouvait être maîtrisée grâce à une alimentation
adaptée. Mon médecin m'a bien précisé que dans la mesure où j'étais dis-
posée à changer certaines choses dans ma façon de me nourrir, je n'aurais
probablement pas besoin de prendre de l'insuline. »

Elle a donc adopté une alimentation soigneusement équilibrée à base d'hydrates de carbone, de protéines, et de matières grasses, mais à prédominance de fibres et pauvre en matières grasses saturées et en sucre. Ce régime, soigneusement calculé de manière à lui fournir juste assez de calories pour maintenir son poids, eut non seulement pour résultat de faire baisser sa glycémie, mais ne tarda pas à lui rendre sa bonne humeur. Il ne fallut que quelques jours pour qu'elle se sente mieux.

« Je me doutais bien que ce trouble n'allait pas s'améliorer tout seul ; j'ai donc pris un maximum de renseignements sur les différentes manières d'y faire face, et j'ai commencé à mettre tout cela en pratique », ajoute-t-elle. Une bonne partie des précisions nutritionnelles qui lui ont servi de base provient d'un groupe de soutien aux diabétiques comportant également un nutrithérapeute.

Une telle approche responsable et bien informée peut faire toute la différence entre une longue vie saine en dépit du diabète, ou un avenir compromis par toutes les séquelles possibles : maladies cardiovasculaires, cécité, lésions des nerfs et des reins, troubles de la circulation dans les extrémités.

« Il ne fait pas le moindre doute que l'alimentation est la pierre angulaire du traitement chez les diabétiques, note le Dr Mary Dan Eades, directeur médical du centre Arkansas pour la santé et la maîtrise du poids. L'amélioration de l'état de santé chez un diabétique peut être spectaculaire lorsqu'il a reçu et mis en pratique des conseils nutritionnels bien adaptés. »

Le sucre doublement incriminé

La majorité des gens savent que les diabétiques ont trop de sucre dans l'organisme. Pourtant, quelques explications supplémentaires permettront de mieux comprendre cette maladie complexe. Il faut savoir tout d'abord que le diabète peut se présenter sous deux formes différentes.

Le diabète de type I, autrefois appelé diabète juvénile, provient d'un manque d'insuline. Cette hormone permet aux cellules d'absorber le glucose en circulation dans le courant sanguin (le glucose est le sucre simple que le corps utilise comme carburant). Le diabète de type I est également appelé diabète sucré insulinodépendant. Le manque d'insuline est dû à des lésions des cellules du pancréas, dont le rôle est de fabriquer l'insuline. Ces lésions peuvent être dues à un virus ou à une réaction auto-immune, dans laquelle le système immunitaire du corps attaque les cellules de l'organisme lui-même.

Le diabète de type II, ou diabète non-insulinodépendant (autrefois appelé diabète de la maturité), se produit lorsque le sucre ne parvient plus à pénétrer dans les cellules ; on parle alors d'insulinorésistance. La plupart des diabétiques de type II ont suffisamment d'insuline, du moins lorsque la maladie en est encore au stade initial. En revanche, un dysfonctionnement des sites récepteurs des membranes cellulaires empêche le sucre de pénétrer dans les cellules. Personne ne connaît la raison précise de ce phénomène, mais les recherches indiquent que cette anomalie des récepteurs se produit vraisemblablement par suite de lésions dues à une exposition chronique à des taux d'insuline anormalement élevés.

Dans les deux types de diabète, le résultat final est la présence dans le sang d'un excès de sucre. « Ce dernier provoque dans l'organisme un stress oxydatif considérable, ce qui entraîne toutes sortes de problèmes », explique le Dr Joe Vinson, professeur de chimie et de nutrition. Cela veut dire simplement que les molécules de sucre réagissent avec l'oxygène pour former des molécules instables, les radicaux libres. Ces derniers sèment la pagaille en dérobant des électrons aux molécules saines du corps afin d'établir leur propre équilibre.

Ce pillage moléculaire provoque des lésions cellulaires et prépare le terrain non seulement aux maladies cardiovasculaires, mais aussi à diverses lésions pouvant affecter les reins, l'œil et les nerfs. « Nous avons de bonnes raisons de penser que les lésions oxydatives jouent un rôle dans toutes les complications du diabète », souligne le Dr Vinson.

En outre, le sucre excédentaire s'agglutine aux protéines, modifiant radicalement leurs propriétés structurelles et fonctionnelles. « Nous avons là une autre cause majeure des complications du diabète, poursuit le Dr Vinson. C'est une des raisons pour lesquelles les diabétiques ont souvent du mal à guérir après une plaie ouverte ou une opération. En effet, leur organisme a du mal à générer un collagène de bonne qualité. Le collagène est la substance intercellulaire qui est la principale protéine structurelle dans l'organisme. »

Le traitement du diabète par la nutrithérapie consiste à couvrir tous les besoins nutritionnels. Il est ainsi possible de faire baisser la glycémie et les taux de lipides dans le sang, de restituer des réserves de nutriments aux sujets qui ne maîtrisent pas bien leur diabète, et d'offrir une protection contre les lésions oxydatives.

Une réforme alimentaire est considérée comme le traitement habituel du diabète, surtout celui de type II. En outre, certains nutriments individuels semblent jouer un rôle particulièrement important. Voici ce qui pourrait être bénéfique, sur la base des plus récentes recherches.

Facteurs alimentaires

L'alimentation est considérée comme la pierre angulaire du traitement des diabétiques. En revanche, ne vous attendez pas à ce que votre médecin soit en mesure de vous préciser tous les détails nécessaires.

« Je vous suggère de demander à votre médecin qu'il vous réfère à un diététicien, car je suis persuadée que ce dernier en sait bien plus long sur la diététique que la majorité des médecins et qu'il dispose aussi de plus de temps pour bien vous expliquer les choses », souligne le Dr Kathleen Wishner, ancienne présidente de l'Association américaine du diabète.

Voici donc les principales mesures à prendre sur le plan diététique.

Moins de calories. Pour les personnes corpulentes, il est préférable de perdre un peu de poids. En revanche, il n'est pas indispensable d'atteindre le poids idéal pour remporter la victoire sur le diabète. « Chez certains sujets, le seul fait de perdre 5 à 7 kilos suffit pour obtenir une amélioration sensible », note le Dr Wishner.

Si votre glycémie est élevée, il vous suffira d'adopter pendant un jour ou deux un régime à calories réduites pour la voir s'abaisser. (Par conséquent si vous prenez de l'insuline, votre médecin devra en diminuer la dose.) Il faut savoir d'autre part qu'à l'époque où l'insuline n'était pas encore disponible, les diabétiques étaient parfois traités à l'aide d'un régime basses calories et pauvre en hydrates de carbone ou au moyen de jeûnes répétés, car les médecins s'étaient aperçus que leurs patients diabétiques se portaient mieux lorsqu'ils s'alimentaient moins.

La plupart des médecins recommandent à leurs patients diabétiques de perdre du poids en restreignant la quantité de matières grasses dans leur alimentation. Chez certains diabétiques, en revanche, il est plus efficace de diminuer la quantité d'hydrates de carbone, souligne le Dr Mary Dan Eades, directeur médical du centre Arkansas pour la santé et la maîtrise du poids.

Mangez des haricots secs et de l'orge. Ces deux types d'aliments sont bourrés de fibres, et la plupart des experts recommandent aux diabétiques de multiplier par deux leur dose quotidienne de fibres alimentaires, la faisant ainsi passer à 30 grammes par jour. Le Dr Eades suggère d'en absorber jusqu'à 50 grammes par jour en ayant recours au psyllium, la sorte de fibre gélatineuse que l'on trouve dans un produit comme le Spagulax.

Les fibres ralentissent l'absorption du sucre dans l'intestin, ce qui a pour effet de régulariser les taux glycémiques. Dans bien des cas, les diabétiques parviennent à se passer d'insuline en adoptant une alimentation riche en fibres et en hydrates de carbone, précise le Dr James W. Anderson, professeur de médecine et nutrition clinique à la faculté de médecine de l'université du Kentucky à Lexington et pionnier dans le domaine des recherches sur les fibres alimentaires. Dans le cadre d'une étude, on a pu constater une baisse de la glycémie de l'ordre de 14 à 20 % après une prise alimentaire chez des diabétiques qui absorbaient avant le petit déjeuner et le dîner 6,8 grammes (soit environ deux cuillerées à soupe pleines) de fibre de psyllium.

Afin d'absorber davantage de fibres, mangez des céréales complètes, des haricots secs, des fruits et des légumes. Voici quelques-unes des meilleures sources de fibres : poires séchées (11,5 grammes pour cinq moitiés), son de blé (7,9 grammes pour deux cuillerées à soupe), mûres (7,2 grammes par tasse) et pois chiches (7 grammes par demi-tasse).

Préférez les acides gras mono-insaturés. Quelques recherches suggèrent que pour certains patients atteints de diabète de type II (non-insulinodépendant), il est préférable d'adopter une alimentation comprenant une proportion relativement élevée d'acides gras mono-insaturés, comme ceux que l'on trouve dans l'huile d'olive et l'huile de colza, plutôt qu'un régime traditionnel basé essentiellement sur une grande quantité d'hydrates de carbone et une faible proportion de matières grasses (30 %).

Des chercheurs au centre médical Southwestern de l'université du Texas à Dallas ont constaté qu'une alimentation conçue pour fournir 45 % du total des calories à partir de matières grasses (à raison de 25 % d'acides gras mono-insaturés, et 10 % respectivement d'acides gras saturés et polyinsaturés) permettait d'obtenir des taux sanguins plus bas de triglycérides (des matières grasses favorables aux maladies cardiovasculaires), de glucose et d'insuline qu'une alimentation classique à base de beaucoup d'hydrates de carbone. Les patients

(à suivre)

Facteurs alimentaires — Suite

diabétiques qui obtenaient les meilleurs résultats grâce à cette réforme alimentaire étaient ceux qui avaient un taux élevé de triglycérides et un faible taux de cholestérol HDL, le « bon » cholestérol.

« Il apparaît qu'une alimentation particulièrement riche en acides gras mono-insaturés permet à certaines personnes de maîtriser le glucose, même si nous n'en comprenons pas encore très bien la raison », commente le Dr Abhimanyu Garg, principal chercheur à l'origine de ces travaux.

Si vous souhaitez avoir recours à ce type d'alimentation, commencez par remplacer les matières grasses saturées (de consistance dure à température ambiante) et les matières grasses polyinsaturées (huiles végétales comme celles de maïs, de soja, de tournesol et de carthame) par de l'huile d'olive ou de colza, suggère le Dr Garg. L'avocat et certaines sortes de noix sont également d'excellentes sources de matières grasses mono-insaturées. Il est toujours préférable de consulter un nutrithérapeute afin de mettre au point un programme nutritionnel qui ne risque pas d'ajouter trop de calories excédentaires.

Buvez avec modération. On a longtemps recommandé aux diabétiques de ne pas boire d'alcool. Après tout, ce dernier est une source de calories vides dont la plupart des diabétiques n'ont vraiment pas besoin.

Puisqu'il n'existe pas de preuves concluantes montrant que l'ingestion de boissons alcoolisées en quantité modérée provoque une augmentation sensible de la glycémie, et puisque beaucoup de diabétiques apprécient au moins de temps à autre de déguster un petit verre en bonne compagnie, l'Association américaine du diabète offre les conseils suivants.

- Ne prenez pas plus de deux verres deux fois par semaine, sachant qu'un verre représente 45 ml de spiritueux, 120 ml de vin sec, 60 ml de sherry sec ou 360 ml de bière.
- Buvez uniquement lorsque vous mangez.
- Évitez les boissons alcoolisées sucrées (liqueurs, vins doux et cocktails sucrés).
- Buvez par petites gorgées, en faisant durer le plaisir.

La vitamine C préserve les cellules

Ce n'est pas le diabète en lui-même qui provoque la mort. Les redoutables complications de ce trouble, telles que les maladies cardiovasculaires et la cécité, peuvent en revanche transformer en cauchemar l'existence du diabétique. Et c'est précisément là que la vitamine C peut jouer un rôle important.

Divers travaux ont montré que cette vitamine contribue à empêcher le sucre contenu dans les cellules de se transformer en sorbitol, un sucre à fonction alcool que les cellules sont aussi incapables de brûler pour en tirer de l'énergie que d'expulser hors de l'organisme. La vitamine C pourrait également être utile pour limiter les dégâts radiculaires subis par les protéines.

« On a pu établir une corrélation entre l'accumulation de sorbitol et les lésions de l'œil, des nerfs et des reins, note le Dr John J. Cunningham, professeur de nutrition. En s'accumulant dans les cellules, le sorbitol perturbe une pléthore de réactions biochimiques. » En d'autres termes, il entrave bel et bien le fonctionnement de tout l'organisme.

Dans le cadre d'une étude effectuée par des chercheurs de l'université du Massachussetts à Amherst, le taux de sorbitol dans les globules rouges sanguins de diabétiques de type I avait diminué de moitié, retrouvant un niveau normal lorsque ces patients eurent pris pendant 58 jours une dose quotidienne de 100 ou 600 milligrammes de vitamine C.

« Cette constatation est importante, car elle semble suggérer qu'à long terme, les diabétiques qui absorbent suffisamment de vitamine C pourraient avoir moins de complications, explique le Dr Cunningham. Comme ce nutriment est capable de pénétrer dans tous les tissus de l'organisme et que son niveau de toxicité est très faible, nous sommes persuadés que cette vitamine est bien préférable aux médicaments capables d'avoir le même effet. »

Le sorbitol, soit dit en passant, est utilisé comme édulcorant dans certains aliments diététiques, mais cela ne représente aucun danger pour les diabétiques, précise le Dr Cunningham. « Pour commencer, le sorbitol alimentaire n'est pas bien absorbé par l'organisme, souligne ce dernier. En outre, il n'est pas véhiculé jusqu'à l'intérieur des cellules — le seul endroit où il pourrait provoquer des dégâts. »

Les médecins qui recommandent la vitamine C à leurs patients diabétiques suggèrent une dose pouvant aller de 100 à 8 000 milligrammes par jour. Le Dr Cunningham a constaté grâce à ses travaux qu'un apport complémentaire de 100 milligrammes de vitamine C par jour était tout aussi

Prescriptions vitaminiques

Les médecins confirment qu'une nutrition judicieuse est importante pour les diabétiques. Toutefois, ils ne sont pas tous d'accord sur ce qu'il convient de considérer comme une alimentation judicieuse. Voici les doses suggérées par ceux des médecins qui préconisent un apport complémentaire.

Nutriment	Dose par jour
Biotine	15 000 microgrammes
Calcium	1 000 milligrammes
Chrome	200 microgrammes (chrome associé à la niacine à du picolinate de chrome)
Vitamine du complexe B	100 milligrammes
Magnésium	500 milligrammes
Vitamine C	100 à 8 000 milligrammes
Vitamine E	100 à 800 unités internationales

De plus, un complément de multivitamines et de minéraux contenant les Valeurs quotidiennes de tous les minéraux et vitamines essentiels

efficace que 600 milligrammes par jour chez les sujets qui en absorbaient déjà au moins la Valeur quotidienne (60 milligrammes) par le biais de leur alimentation. Ce médecin suggère de consulter vos conseillers paramédicaux, notamment un nutrithérapeute, afin d'établir la dose qui vous convient. Chez certaines personnes, une dose en excès de 1 200 milligrammes par jour peut provoquer des diarrhées.

Les agrumes sont l'une de nos meilleures sources de vitamine C. Si vous préférez, faites-vous plaisir en mélangeant du jus d'orange à une tasse de goyave ou de papaye coupée en dés. Ce mélange succulent vous fournira pratiquement 200 milligrammes de vitamine C.

MISE EN GARDE : *Il est préférable de vous adresser à un médecin qui connaît bien la nutrition avant d'envisager l'utilisation de compléments alimentaires en addition à votre protocole de traitement du diabète. En effet, votre glycémie et la posologie de vos médicaments doivent être étroitement surveillées.*

Si vous êtes diabétique et que vous souhaitez prendre un complément de chrome, faites-le exclusivement sous la surveillance de votre médecin. En effet, ce dernier pourra être appelé à modifier votre dose d'insuline en fonction de l'abaissement de votre glycémie.

Les sujets atteints de troubles cardiaques ou rénaux doivent obtenir l'avis de leur médecin avant d'envisager un apport complémentaire de magnésium.

Une dose de vitamine C dépassant 1 200 milligrammes par jour peut provoquer des diarrhées chez certaines personnes.

Il est judicieux de parler à votre médecin avant de prendre plus de 600 unités internationales de vitamine E par jour. Si vous prenez des médicaments anticoagulants, vous ne devez pas prendre de vitamine E sous forme de complément alimentaire.

La vitamine E est bénéfique pour le cœur

La vitamine E est bien connue pour son rôle dans la prévention des maladies cardiovasculaires. Il s'agit là d'un atout important pour les diabétiques, dont le risque de maladie cardiovasculaire est deux à quatre fois plus élevé que la moyenne.

Ce risque élevé provient essentiellement des lésions radiculaires aux lipides véhiculés dans le sang, explique le Dr Sushil Jain, professeur de pédiatrie, de physiologie et de biochimie.

Ces lésions, appelées péroxydations, finissent par boucher les kilomètres de minuscules capillaires qui sillonnent le corps tout entier, abrégeant l'existence des globules rouges et provoquant en outre un phénomène appelé agrégation plaquettaire, c'est-à-dire que les globules sanguins ont tendance à s'agglutiner et à coller aux parois des vaisseaux sanguins, provoquant de sérieux embouteillages.

« Il est possible que les diabétiques aient besoin d'une meilleure protection antioxydante que celle fournie par une alimentation normale », relève le Dr Jain. Dans le cadre de ses travaux, on pouvait constater une baisse de 25 à 30 % du taux de triglycérides nuisibles (matières grasses dans le sang, constituées essentiellement de sucre) chez les sujets diabétiques qui prenaient chaque jour un apport complémentaire de 100 unités internationales de vitamine E. Cette dernière permettait également d'atténuer la tendance du sucre à coller aux protéines dans le sang, ajoute le Dr Jain.

Les médecins qui prescrivent la vitamine E à leurs patients diabétiques recommandent entre 100 et 800 unités internationales par jour. « Je commence par une dose de 100 unités internationales, et il peut arriver que j'augmente la dose jusqu'à 800 », note le Dr Eades, en soulignant qu'il est très important de parler à son médecin avant d'en faire autant. « Si vous prenez de l'insuline, votre praticien pourrait être amené à diminuer la dose d'insuline parallèlement à l'augmentation de la dose de vitamine E. De plus, il est important de surveiller votre pression artérielle, car certains spécialistes pensent que la vitamine E pourrait la faire augmenter chez certaines personnes. »

Même les meilleures sources alimentaires (germe de blé, noix, huiles extraites de graines oléagineuses) ne suffiraient pas à fournir les doses élevées de vitamine E utilisées dans le traitement du diabète. Seul un apport complémentaire peut en apporter des quantités aussi considérables. Une dose dépassant 600 unités internationales par jour ne doit être prise que sous la surveillance d'un médecin.

Le magnésium : pas seulement pour les yeux

Il pourrait bien s'agir du minéral le plus injustement délaissé. En réalité, le magnésium n'est pas un oligo-élément, mais un nutriment nécessaire pour chaque fonction biologique majeure de l'organisme. En outre, il offre une longue liste d'atouts potentiels dans le traitement du diabète. On a pu établir une corrélation entre un faible taux de magnésium et la dégénérescence rétinienne, l'hyperglycémie, l'hypertension artérielle et des problèmes de coagulation pouvant déboucher sur les maladies cardiovasculaires.

Des recherches scientifiques restent à faire pour déterminer si un apport complémentaire de magnésium peut prévenir certaines complications du diabète telles que les lésions rétiniennes, mais divers travaux indiquent déjà qu'il pourrait être bénéfique.

En Italie, des médecins ont notamment constaté chez des patients atteints de diabète de type II, qui prenaient chaque jour un apport complémentaire de 450 milligrammes de magnésium, une production accrue d'insuline et une meilleure évacuation du sucre véhiculé dans le courant sanguin, par rapport aux chiffres relevés avant que ces patients aient commencé à prendre du magnésium.

Diverses études montrent que les diabétiques, surtout s'ils doivent prendre de l'insuline ou lorsque leur glycémie est difficile à maîtriser, sont souvent en déficit de magnésium. Le quart d'entre eux présente la sorte de carence marginale qui passe souvent inaperçue, même lorsqu'ils ont une alimentation adéquate. « Il est fréquent que les diabétiques perdent le magnésium par le biais de l'urine », explique le Dr Eades.

« Je prescris à mes patients une prise de 1 000 milligrammes de magnésium deux fois par jour pendant quatre semaines afin de pouvoir évaluer leur réponse », ajoute ce médecin, qui prescrit parallèlement 1 500 milligrammes de calcium par jour durant cette période. En revanche, elle déconseille d'en prendre de pareilles doses sans en avoir parlé d'abord au médecin traitant. Cette précaution est particulièrement importante si vous êtes atteint de problèmes cardiaques ou rénaux. Au cours de ce traitement, la plupart des gens constatent une amélioration plus ou moins marquée de la glycémie et de la pression artérielle, et ils se sentent moins fatigués. Au bout de quatre semaines, ce médecin diminue la dose à 500 milligrammes par jour (soit 100 milligrammes de plus que la Valeur quotidienne), couplée avec la prise de 1 000 milligrammes de calcium.

Les aliments riches en magnésium comprennent les céréales complètes, les amandes, les noix de cajou, les épinards, les haricots secs et un poisson, le flétan.

Le chrome renforce l'efficacité de l'insuline

Le chrome est un oligo-élément. Ce minéral, qui sert à faire briller le pare-choc d'une voiture flambant neuve, joue également un rôle essentiel dans le métabolisme du sucre. En effet, le chrome se lie à l'insuline pour contribuer à escorter le sucre à travers la membrane cellulaire et jusque dans la cellule. Toute carence en chrome rend la cellule insulinorésistante et provoque un taux de glycémie élevé. Sur 15 études qui ont étudié l'effet d'un apport complémentaire de chrome sur l'aptitude de l'organisme à métaboliser le sucre, 12 font état de résultats encourageants.

Au cours d'une étude, des diabétiques qui prenaient chaque jour 200 microgrammes de chrome, ou neuf grammes de levure de bière contenant une forte proportion de chrome, avaient des taux sanguins de glycémie, d'insuline, de triglycérides et de cholestérol total plus bas qu'avant de commencer à prendre l'apport complémentaire de chrome.

« Non seulement une carence en chrome peut aggraver le métabolisme du sucre, mais elle peut contribuer à l'apparition de divers désagréments liés au diabète, comme l'insensibilité, la douleur et les fourmillements dans les pieds, les jambes et les mains », note le Dr Eades. Cette dernière recommande des doses quotidiennes de 200 microgrammes soit de chrome associé à de la niacine ou du picolinate de chrome, une forme facilement assimilable de ce minéral, soit encore de 9 grammes (deux cuillerées à café) de levure de bière enrichie en chrome.

Le chrome, il est vrai, n'améliore la tolérance envers le glucose (c'est-à-dire l'aptitude de l'organisme à maintenir des taux normaux de glycémie après une prise alimentaire) que chez les sujets déjà déficients. Il faut bien admettre en revanche que beaucoup de gens correspondent à cette catégorie, souligne le Dr Richard Anderson, chercheur au laboratoire des besoins et fonctions liés aux nutriments du centre de recherches sur la nutrition humaine, au sein du ministère américain de l'Agriculture et chercheur dans le domaine du chrome. Le Dr Anderson a en effet constaté que la plupart des gens n'absorbaient que 25 à 30 microgrammes de chrome par jour, soit une quantité bien inférieure à la Valeur quotidienne de 120 microgrammes. Ce médecin calcule qu'il faudrait absorber au moins 3 000 calories par jour pour obtenir 50 microgrammes de chrome, et 7 200 calories par jour pour parvenir à 120 microgrammes.

« Nul ne sait combien de diabétiques sont en déficit de chrome, et il n'existe aucun moyen fiable d'évaluer le taux de cet oligo-élément dans l'organisme », admet le Dr Kathleen Wishner, ancienne présidente de l'Association américaine du diabète. On compte parmi les aliments riches en chrome le brocoli, les céréales enrichies en son, les céréales complètes et le pain complet, les haricots verts et un certain nombre de fruits. Le fait de manger du sucre épuise les réserves en chrome de l'organisme.

Si vous êtes atteint de diabète et souhaitez avoir recours à un apport complémentaire de chrome, il vous est formellement déconseillé d'envisager cette thérapie sans être suivi par votre médecin. En effet, ce dernier pourra être appelé à corriger votre dose d'insuline en fonction de l'abaissement de votre glycémie.

Les vitamines du groupe B pourraient être bénéfiques pour les nerfs

Nous savons depuis longtemps que les vitamines du groupe B-complexe — niacine, thiamine, acide folique, vitamine B_6, et d'autres nutriments encore — sont essentiels pour permettre à l'organisme de convertir en énergie sucres et féculents. Ces vitamines participent à beaucoup de réactions chimiques nécessaires à cette transformation, appelée métabolisme des hydrates de carbone.

Une carence en n'importe quelle vitamine du groupe B peut être à l'origine de divers problèmes. Une corrélation a par exemple été établie entre un déficit en vitamine B_6 et un trouble appelé intolérance au glucose, qui consiste en une augmentation anormale de la glycémie après une prise alimentaire. Un lien a également été constaté entre cette carence et une détérioration de la sécrétion d'insuline et de glucagon, deux hormones cruciales pour la régulation du taux de glycémie.

Un déficit en vitamines du groupe B peut également provoquer des lésions nerveuses dans les mains et les pieds. Certaines études indiquent que les patients diabétiques qui absorbent un apport complémentaire de vitamines du groupe B telles que B_6 et B_{12} sont moins sujets à l'insensibilité et aux fourmillements dus aux lésions nerveuses provoquées par le diabète.

La plupart des diabétiques sont plus ou moins carencés en vitamines du groupe B, peut-être en partie parce que le diabète lui-même épuise les réserves de ces nutriments, mais aussi parce que le diabète mal maîtrisé entraîne l'excrétion de ces nutriments par le biais de l'urine.

« En général, je recommande de prendre chaque jour 100 milligrammes d'une formule B-complexe, commente le Dr Eades. Par la suite, lorsqu'un patient présente des symptômes de lésions nerveuses liées au diabète, je détermine si cette personne a besoin de doses plus élevées de certaines vitamines spécifiques du groupe B, comme la thiamine, la B_6 et la B_{12}. »

Dans ce cas, ce médecin peut prescrire jusqu'à plusieurs centaines de milligrammes par jour, ou des piqûres s'il s'agit de vitamine B_{12}, jusqu'à disparition des symptômes ; à ce moment-là, elle réduit à nouveau les doses.

En ce qui concerne la vitamine B_{12}, elle prescrit des piqûres hebdomadaires de 300 à 500 microgrammes jusqu'à obtention d'une amélioration des symptômes, puis des doses de 500 microgrammes administrées une fois par mois et renouvelables indéfiniment. (S'il vous est impossible d'obtenir des piqûres de B_{12}, elle suggère d'en prendre 500 à 1 000 microgrammes par voie sublinguale. Ces compléments sont en vente libre.)

Demandez son avis à votre médecin avant de prendre une dose de n'importe quelle vitamine du groupe B dépassant la Valeur quotidienne, car toute surdose pourrait provoquer des effets indésirables. On a par exemple déjà constaté que des doses de B_6 supérieures à 200 milligrammes par jour pouvaient provoquer des lésions nerveuses.

Certaines personnes pourraient également bénéficier d'un apport complémentaire de biotine, une autre vitamine du groupe B, à des doses pouvant aller jusqu'à 15 milligrammes (15 000 microgrammes) par jour, ajoute le Dr Eades. Une étude effectuée par des chercheurs japonais a permis de constater que cette vitamine aide les cellules des tissus musculaires à métaboliser plus efficacement le sucre.

Couvrir tous les besoins

Outre ces vitamines spécifiques, certains médecins pourront également recommander à leurs patients diabétiques de prendre un complément de multivitamines et de minéraux contenant la Valeur quotidienne de chacun des nutriments essentiels. Sans doute cela se justifie-t-il. Les recherches suggèrent en effet que les diabétiques pourraient présenter une carence dans toute une multitude de nutriments — zinc, cuivre, manganèse, sélénium, calcium, vitamine D et vitamine A.

Diarrhée

◆

Gaspillage nutritionnel

Vos collègues doivent se demander si vous n'avez pas perdu la tête, car vous voilà une fois de plus en train de courir dans le couloir pour vous précipiter aux toilettes. Déjà trois fois en une matinée ! Quant à vous, tout en frôlant les lavabos dans votre hâte de parvenir au cubicule le plus proche, vous ne cessez de vous interroger sur la cause possible d'une pareille explosion de diarrhée. Débordement de bactéries en provenance des côtes de porc à la mode chinoise que vous avez dégustées hier soir ? Invasion virale due à l'épidémie de grippe qui sévit au bureau ? Plancton plus ou moins mystérieux après avoir fait trempette à la plage ?

Peut-être ne connaîtrez-vous jamais le fin mot de l'histoire.

« La diarrhée peut avoir un million de causes différentes », souligne le Dr Joel B. Mason, professeur adjoint de médecine et de nutrition. Heureusement, une diarrhée peu prolongée — lorsque le trouble disparaît en un jour ou deux, voire trois — ne risque pas dans la majorité des cas d'épuiser les réserves nutritionnelles de l'organisme au point d'entraîner des conséquences nuisibles, ce qui peut être l'un des pires effets de ce trouble pour la santé.

« Une diarrhée infectieuse aiguë, couramment appelée grippe intestinale, est généralement liée à une infection virale ou bactérienne, note le Dr Mason. Elle s'épuise d'elle-même et finit par prendre fin en quelques jours à une semaine. Le seul danger immédiat est la perte de fluides et d'électrolytes, notamment de sel, de magnésium, de potassium et de calcium. »

Ces nutriments assurent en effet la régulation d'un grand nombre de processus essentiels dans l'organisme : tension artérielle, rythme cardiaque, conduction nerveuse et mouvements musculaires. Sans ces nutriments, nous sommes exposés à divers troubles : irrégularités du rythme cardiaque, hypotension artérielle et faiblesse ou crampes musculaires.

Quand faut-il chercher de l'aide ?

« Si vous ne pouvez pas absorber tel ou tel nutriment pendant quelques jours, cela ne porte pas à conséquence », souligne le Dr Mason. En revanche, il existe deux exceptions majeures : les enfants en bas âge et les personnes de plus de 70 ans, qui ressentent généralement très rapidement les effets de la perte d'électrolytes et de fluides.

« N'oublions pas qu'aujourd'hui encore, des centaines d'enfants décèdent chaque année des suites d'une diarrhée aiguë, ajoute le Dr Mason. La raison essentielle en est que les enfants en bas âge, ceux qui ne vont pas encore à l'école, sont très vulnérables à la déshydratation. »

« Chaque fois qu'une diarrhée se prolonge plus de 6 à 8 heures chez un enfant très jeune ou une personne très âgée, ou plus de 12 heures chez un adulte en bonne santé, il convient d'ajouter à son alimentation des fluides et des électrolytes », précise le Dr William B. Ruderman, médecin en exercice auprès du *Gastroenterology Associates of Central Florida*, à Orlando. Il en va de même pour quiconque présente des symptômes de déshydratation, comme par exemple sécheresse buccale, peau sèche, diminution des mictions et une tendance de l'épiderme à garder le pli lorsqu'on le pince.

« En présence de ces symptômes, on est en droit de supposer qu'un apport complémentaire d'électrolytes et de fluides est nécessaire », souligne le Dr Ruderman.

Facteurs alimentaires

Une diarrhée aiguë a beau n'avoir qu'une durée relativement courte — un à deux jours — elle peut malgré tout vous donner l'impression d'être devenu faible et vulnérable comme un grand malade. Voici quelques conseils pour vous remettre sur pied et vous rendre la pleine forme.

Écoutez votre corps. La diarrhée devrait commencer à s'atténuer environ 24 heures après la première prise de liquides absorbés par petites gorgées, selon le Dr William B. Ruderman, médecin en exercice auprès du *Gastroenterology Associates of Central Florida*, à Orlando. Lorsqu'elle commence à disparaître, soyez d'autant plus attentif aux messages de votre corps. Lorsque ce dernier vous dit qu'il a... , disons..., juste une petite faim, c'est le moment de recommencer à vous alimenter.

Choisissez des aliments fades. Les premiers aliments à réintroduire sont les hydrates de carbone complexes de goût fade comme les pâtes, le pain blanc et la compote de pommes, ajoute le Dr Ruderman. Commencez par absorber environ le quart de ce qui serait pour vous une portion habituelle, et attendez de voir comment vous le supportez. Pourvu que vous n'éprouviez pas d'inconfort abdominal et que les diarrhées ne reviennent pas, vous pourrez ensuite augmenter la quantité de nourriture absorbée au prochain repas.

Soyez patient avec vous-même. Augmentez progressivement la dose de nourriture ingérée jusqu'à retrouver des portions normales, poursuit le Dr Ruderman. Si vous ressentez le moindre inconfort abdominal, ou si la diarrhée devait réapparaître, revenez à une portion plus modeste lors du prochain repas.

Vous pourrez reprendre votre alimentation habituelle lorsque vous supporterez sans inconfort d'absorber des aliments courants, comme les céréales complètes, conclut le Dr Ruderman.

Heureusement, les électrolytes sont faciles à remplacer. « Les pertes de sodium et de potassium sont les plus importantes, et il convient par conséquent d'absorber tout d'abord du sodium, du potassium, des fluides et un sucre simple, ajoute ce médecin. Le sucre aide l'organisme à absorber les fluides et les nutriments. Le moyen le plus commode d'obtenir tout cela dans notre monde surmené est d'aller au supermarché le plus proche pour y acheter une de ces boissons conçues pour les sportifs, comme Gatorade. »

« Lorsque la diarrhée s'accompagne de nausées ou de vomissements, attendez d'abord la disparition de ces troubles, poursuit le Dr Ruderman. Ensuite seulement, commencez la réhydratation. Au départ, n'absorbez que de petites quantités : 120 ml toutes les heures tant que la diarrhée persiste. » Cela devrait suffire à compenser les méfaits nutritionnels de la plupart des diarrhées peu prolongées, ajoute-t-il.

Prescriptions vitaminiques

Pour la plupart des gens, une crise de diarrhée ne porte pas à conséquence. Les exceptions sont les enfants en bas âge et les personnes de plus de 70 ans. En règle générale, selon les experts, toute diarrhée se prolongeant au-delà de 8 heures chez les enfants en bas âge ou les personnes âgées, ou plus de 12 heures chez un adulte par ailleurs en bonne santé, nécessite que l'on veille à remplacer les fluides ainsi qu'une catégorie de nutriments essentiels, les électrolytes. Voici ce que recommandent ces experts.

Nutriment	Dose par jour
Potassium et sodium	Boisson conçue pour les sportifs, 120 ml à boire toutes les quatre heures aussi longtemps que la diarrhée persiste (le mieux est de boire sans cesse, mais toujours par petites gorgées)

MISE EN GARDE : *Lorsqu'une diarrhée persiste plus de 12 à 24 heures chez un enfant en bas âge ou une personne du troisième âge, il convient de consulter un médecin.*

Si vous êtes un adulte par ailleurs en bonne santé, vous devez consulter votre médecin en cas de diarrhée persistant plus de trois jours ou de diarrhée accompagnée de fièvre ou de léthargie, si vous constatez la présence dans les selles de sang ou de pus, ou si certains signes de déshydratation persistent malgré tous vos efforts pour remplacer les fluides.

Lorsque la diarrhée se poursuit pendant plus de 12 à 24 heures chez un enfant en bas âge ou une personne du troisième âge, il est important d'obtenir des soins médicaux appropriés. Les symptômes suivants doivent vous amener à consulter votre médecin si vous êtes un adulte en bonne santé : diarrhée persistant pendant plus de trois jours ; diarrhée s'accompagnant de fièvre ou de léthargie ; selles sanguinolentes ou accompagnées de pus, ou encore lorsque les signes de déshydratation persistent malgré vos efforts pour remplacer les fluides.

Dysplasie cervicale

◆

Remettre les cellules en rang

On le gratte pour effectuer un frottis cervical, on s'y cogne pendant les rapports sexuels, il se dilate tout grand ouvert lors de l'accouchement et il lui arrive même parfois d'être recouvert de latex ou aspergé de mousse lorsqu'une grossesse n'est pas souhaitée. À part ces quelques détails, le col de l'utérus ne joue pas vraiment un rôle central dans la vie d'une femme. Loin des yeux, loin du cœur, pas vrai ?

Peut-être. Jusqu'à ce que votre gynécologue vous dise que quelque chose ne va pas.

Chaque année, pour 1 femme sur 250, ce quelque chose se résume à ce terme barbare de « dysplasie cervicale » — un trouble à cause duquel les cellules recouvrant la membrane du col de l'utérus cessent de s'aligner en belles couches horizontales bien régulières en fonction de leur ancienneté, depuis les plus jeunes jusqu'aux plus vieilles.

Au lieu de cette belle organisation habituelle, un certain nombre de cellules plus âgées semblent se mettre en tête de rester avec les plus jeunes et finissent par provoquer des troubles, à mesure que leur ampleur grandissante les empêche de trouver harmonieusement place parmi leurs collègues plus jeunes. Elles bousculent donc les autres cellules, semant en fin de compte le chaos dans les rangs.

Heureusement, cette indiscipline cellulaire est perceptible grâce au frottis vaginal. En fonction du nombre de ces délinquants juvéniles, un technicien de laboratoire qualifiera le test soit de « lésion squameuse intra-épithéliale de faible degré », pour définir les perturbations bénignes d'une dysplasie légère, soit de « lésion squameuse intra-épithéliale de haut degré », pour les perturbations plus marquées d'une dysplasie modérée à grave. Quant au cancer *in situ* ou cancer au stade 0, une autre forme de lésion squameuse intra-épithéliale de haut degré, malgré son nom trompeur, il ne s'agit pas d'une sorte de cancer. La dysplasie dégénère en cancer lorsque les cellules délinquantes cessent de bousculer leurs congénères pour envahir le col utérin.

Bien entendu, c'est cela qui fait si peur à la majorité des femmes lorsqu'elles apprennent qu'elles sont atteintes de dysplasie cervicale. S'il est vrai que la dégénérescence en cancer du col de l'utérus ne se produit pas toujours, la majorité des médecins préfèrent pratiquer l'ablation chirurgicale des cellules atteintes ou les détruire, car ils sont d'avis qu'une dysplasie est la première étape conduisant au cancer.

Pourtant, cette conception des choses est en train de se modifier.

« Les chercheurs étudient à la fois l'évolution de la dysplasie vers le cancer et son retour à la normale (qui est d'ailleurs bien plus fréquent) », souligne le Dr Nancy Potischman, qui travaille au *National Cancer Institute*. Alors, au lieu de se poser simplement la question : « Pourquoi ces modifications cervicales dégénèrent-elles en cancer ? », les chercheurs se demandent aujourd'hui : « Qu'est-ce qui empêche le retour à la normale du col de l'utérus ? ».

« La cause principale du cancer du col utérin est vraisemblablement le virus du papillome humain (*Human Papillomavirus*, ou HPV), auquel viennent s'ajouter divers autres facteurs génétiques et environnementaux tels que la fumée de cigarette », note le Dr Potischman. Il pourrait cependant y avoir certains facteurs nutritionnels qui affectent le retour à la normale (ou non, selon les cas) des cellules dysplasiques. Sur la base de ses constatations à ce jour, ajoute le Dr Potischman, « il se pourrait que la vitamine C, la vitamine E, le bêtacarotène et certains autres caroténoïdes jouent un rôle dans le retour à la normale du col de l'utérus. »

Le dénominateur commun entre les vitamines C et E et le bêtacarotène tient au fait que ces nutriments renforcent la fonction immunitaire. En outre, ce sont des antioxydants, c'est-à-dire qu'ils protègent les molécules saines de l'organisme en neutralisant les molécules instables, appelées radicaux libres, qui apparaissent spontanément dans l'organisme, nuisant aux molécules saines du corps dont elles dérobent des électrons afin de trouver leur propre équilibre.

Facteurs alimentaires

Le bêtacarotène, un précurseur de la vitamine A, est important pour prévenir et traiter la dysplasie cervicale. En revanche, il ne représente qu'une seule facette de l'approche nutritionnelle. Divers autres membres de la famille des caroténoïdes — lycopène, lutéine, zéaxanthine, bêtacryptoxanthine et alphacarotène, par exemple — pourraient jouer un rôle tout aussi important. Les chercheurs dans le domaine médical affirment qu'un grand nombre de ces caroténoïdes, qui sont à l'origine des pigments jaunes et rouges de nombreux aliments, pourraient être dotés d'un pouvoir de guérison.

Les progrès technologiques ont fourni aux savants les outils nécessaires pour permettre de mesurer individuellement ces caroténoïdes. Voici un certain nombre d'aliments riches en caroténoïdes qui pourraient être bénéfiques.

Mangez des tomates. Dans une étude effectuée à la faculté de médecine Albert Einstein à New York City, les chercheurs ont cons-

Efficacité des antioxydants

Un nombre impressionnant de travaux indique que les vitamines antioxydantes peuvent faire régresser la dysplasie.

Dans le cadre d'une étude menée à bien à la faculté de médecine Albert Einstein de New York, par exemple, des chercheurs ont effectué des prélèvements sanguins chez 43 femmes atteintes de dysplasie cervicale, afin de les comparer avec ceux de femmes qui n'étaient pas atteintes de ce trouble. Cette comparaison permit de constater que des taux plus bas de bêtacarotène et de vitamine E correspondaient à un risque nettement plus élevé de dysplasie cervicale.

Mais ce qui stupéfia tout particulièrement les chercheurs fut la découverte d'un rapport direct de cause à effet entre le taux de bêtacarotène et de vitamine E dans le sang et le stade plus ou moins avancé de cette anomalie cervicale.

En d'autres termes, commente le responsable de cette étude, le Dr Prabhudas R. Palan, professeur adjoint en obstétrique et gynécologie à la faculté Albert Einstein, moins il y a de bêtacarotène et de vitamine E dans l'échantillon de sang et plus le col utérin est dysplasique.

taté que le lycopène, un caroténoïde présent dans les tomates, exerçait un effet direct sur l'évolution de la dysplasie cervicale. Les recherches se poursuivent, ajoute le Dr Prabhudas R. Palan, professeur adjoint en obstétrique et gynécologie à la faculté Albert Einstein, responsable de cette étude. Au stade actuel des connaissances, il semble toutefois que plus une femme mange de tomates, moins elle est exposée à la dysplasie.

Régalez-vous de légumes verts feuillus. Le chou frisé, les épinards crus et le persil frais sont de bonnes sources de lutéine et de zéaxanthine, deux caroténoïdes.

Mangez davantage de fruits. La papaye fraîche, les mandarines et les pêches séchées sont de bonnes sources d'un autre caroténoïde, la bêtacryptoxanthine.

Mangez des légumes de couleur orange. Les carottes et la citrouille sont de bonnes sources d'alphacarotène.

Une étude plus ancienne concernant la vitamine C, également effectuée dans ce même établissement, avait déjà mis en évidence des résultats similaires. Au cours de cette étude, des chercheurs avaient calculé la quantité de vitamine C dans l'alimentation de 87 femmes atteintes de dysplasie, avant de comparer ce chiffre avec la quantité de vitamine C dans l'alimentation d'autres femmes qui n'étaient pas atteintes de ce trouble. Les chercheurs avaient ainsi constaté que les femmes qui absorbaient moins de 30 milligrammes de vitamine C par jour était dix fois plus susceptibles d'être atteintes de dysplasie que celles qui en absorbaient davantage.

Est-il possible toutefois de contribuer à guérir une dysplasie en prenant une dose plus importante d'antioxydants ?

Peut-être, répond le Dr Palan, qui dirige d'autres recherches afin de vérifier scientifiquement ce fait. Dans l'étude actuellement en cours, qui se poursuivra sur neuf mois, les chercheurs administrent chaque jour à des femmes atteintes de dysplasie 30 milligrammes (environ 50 000 unités internationales) de bêtacarotène pur.

Quoi qu'il en soit, les indications sont encourageantes, car d'autres travaux ont déjà démontré qu'une alimentation contenant beaucoup de

Prescriptions vitaminiques

Les chercheurs ont constaté qu'une palette très variée de nutriments présents dans les fruits, les jus de fruits, les légumes verts feuillus et les légumes de couleur rouge et orange permettait de diminuer le risque de dysplasie cervicale.

À titre préventif, certains experts recommandent en outre d'absorber chaque jour les nutriments suivants soit par le biais de l'alimentation, soit sous forme de complément alimentaire.

Nutriment	Dose par jour
Acide folique	400 microgrammes Jusqu'à 800 microgrammes pour la femme enceinte
Bêtacarotène	50 000 unités internationales
Vitamine C	500 milligrammes
Vitamine E	100 unités internationales

MISE EN GARDE : *Vous devez être suivie par un médecin si on a diagnostiqué chez vous une dysplasie cervicale.*
Si vous prenez des médicaments anticoagulants, vous ne devez pas prendre de vitamine E sous forme de complément alimentaire.

bêtacarotène, de vitamine C et de vitamine E pouvait prévenir le cancer du col de l'utérus.

Dans une étude qui s'étendait sur quatre pays d'Amérique latine et portait sur 748 femmes atteintes de cancer du col de l'utérus, par exemple, les chercheurs ont constaté que les femmes qui absorbaient plus de 300 milligrammes de vitamine C et 6 000 microgrammes (environ 10 000 unités internationales) de bêtacarotène par jour par le biais de fruits frais et de jus de fruits étaient environ 30 % moins susceptibles d'avoir un cancer du col de l'utérus que les femmes qui absorbaient ces nutriments en moindres quantités.

Nous ignorons encore de quelle manière le bêtacarotène, la vitamine C et la vitamine E jouent un rôle préventif dans la dysplasie cervicale, ajoute le Dr Palan. Certains chercheurs ont formulé une hypothèse selon laquelle ces nutriments stimuleraient l'aptitude du système immunitaire à lutter contre des envahisseurs tels que le HPV, bien connu pour augmenter le risque de dysplasie. D'autres supposent que ces nutriments jouent un rôle bénéfique en augmentant la quantité de vitamine A mise à la disposition des cellules.

« Nous avons pu constater que les propriétés antioxydantes jouent un rôle important », souligne le Dr Palan.

Ce médecin fait remarquer que le fait d'avoir recours uniquement à des compléments alimentaires n'offre pas la meilleure prévention contre la dysplasie cervicale. En effet, les fruits et légumes frais, qui sont de bonnes sources de vitamines capables de protéger le col de l'utérus, et en particulier de bêtacarotène, pourraient également contenir d'autres substances bénéfiques.

En revanche, les compléments alimentaires peuvent offrir un atout supplémentaire lorsque l'alimentation habituelle comprend déjà cinq portions de fruits et légumes par jour. De nombreux nutritionnistes recommandent de prendre chaque jour des compléments ayant une teneur en bêtacarotène de 50 000 unités internationales et contenant en outre 500 milligrammes de vitamine C et 100 unités internationales de vitamine E.

Indispensable acide folique

Il est certain que des antioxydants tels que le bêtacarotène, la vitamine C et la vitamine E jouent un rôle crucial dans la protection du col de l'utérus contre la dysplasie, mais le folate (le précurseur naturel de l'acide folique) pourrait être plus important encore.

Les chercheurs étudient depuis des années les effets du folate sur la dysplasie cervicale, mais la relation entre les taux de folate et la dysplasie est tellement complexe que les résultats des travaux restent peu concluants. Certaines études indiquent qu'un faible taux de folate dans l'organisme augmente le risque de dysplasie ; d'autres semblent montrer le contraire.

Pourtant, les chercheurs commencent à percevoir que ces contradictions apparentes, aussi frustrantes soient-elles, pourraient être une piste qui leur indique la direction à suivre. Au lieu de se contenter de calculer combien de femmes ayant un faible de taux de folate sont atteintes de dysplasie, par rapport au nombre de femmes atteintes de ce trouble ayant un taux de folate élevé, les chercheurs étudient actuellement le lien entre les taux de folate et certains facteurs de risque tels que le tabagisme, la pilule anticonceptionnelle, la grossesse et les infections à Papillomavirus. En effet, la relation entre ces divers facteurs et la dysplasie est bien connue.

Dans une étude conduite à l'université de l'Alabama de Birmingham, les chercheurs ont comparé le taux de folate dans les globules rouges sanguins de 294 femmes atteintes de dysplasie cervicale avec le même taux chez d'autres femmes n'ayant pas ce trouble. Ils ont ensuite questionné les participantes pour savoir si elles fumaient, prenaient la pilule, avaient eu des enfants ou une infection à Papillomavirus. Dans chaque cas, ils ont pu constater que le facteur de risque était plus susceptible d'être associé à une dysplasie lorsque le taux de folate était peu élevé. Les femmes ayant un faible taux de folate et qui avaient eu une infection à Papillomavirus, par exemple, étaient cinq fois plus susceptibles d'avoir une dysplasie que celles dont le taux de folate était très élevé.

« Les micronutriments tels que le folate participent à la synthèse et à la réparation de l'acide nucléique. En outre, la carence en folate est une cause de rupture des chromosomes », souligne le Dr Tom Becker, professeur adjoint en médecine à l'université du Nouveau-Mexique à Albuquerque, qui étudie ce nutriment. Il se peut que lorsque l'ADN des cellules cervicales a été endommagé par suite d'un déficit en folates, d'autres facteurs tels que les sous-produits de la fumée de cigarette ou une infection à Papillomavirus provoquent alors d'autres dégâts pouvant dégénérer en dysplasie, et que les cellules soient incapables de se régénérer. Dans l'impossibilité de redevenir normales, il est possible qu'elles dégénèrent alors en cancer. »

Connaissant cette possibilité, il pourrait bien être plus risqué encore d'avoir une carence en folate que d'avoir de faibles taux d'antioxydants, ajoute le Dr Becker. « Les recherches suggèrent qu'une alimentation comprenant une abondance de céréales, de fruits et de légumes verts feuillus, ainsi que des légumes de couleur orange et rouge, contribue effectivement à prévenir la dysplasie cervicale », ajoute-t-il. Voilà donc une raison supplémentaire d'apprendre à apprécier ces légumes agréablement colorés.

L'apport journalier recommandé pour l'acide folique est de 400 microgrammes par jour, mais une femme enceinte devrait en absorber deux fois autant. Malheureusement, la majorité des femmes de nos pays n'en absorbent qu'environ 236 microgrammes par jour.

Endométriose

Vivre sans avoir mal

Imaginez une fleur de pissenlit montée en graine, toute ronde et se dispersant au vent, avec des multitudes de petites semences en forme de parachute qui viennent se planter dans votre pelouse pour y devenir autant de nouveaux pissenlits. Et à présent, imaginez que vous cherchiez à vous débarrasser de ces mauvaises herbes aux racines si profondes qui ne cessent de revenir même après avoir été arrachées, tondues et aspergées de désherbant. Rappelez-vous également à quel point vous avez mal partout après une journée à genoux en train de vous bagarrer avec ces envahissants intrus jaunes.

Cette comparaison vous donnera une idée assez précise de ce que signifie l'endométriose : il s'agit d'un trouble qui se propage facilement, est incroyablement difficile à guérir et terriblement douloureux.

Bien évidemment, l'endométriose est beaucoup plus difficile à supporter qu'un gazon envahi de pissenlits et quasiment intolérable pour beaucoup de femmes dont le cycle menstruel se transforme régulièrement en cauchemar, tant elles sont torturées par les crampes et les saignements. Mais les experts affirment que le soulagement pourrait bien être en vue, et d'ailleurs pas plus loin qu'au supermarché le plus proche.

« Nous avons constaté que le fait d'adopter un mode de vie sain jouait un rôle important dans la prévention de l'endométriose et le soulagement des symptômes qui l'accompagnent » , déclare le Dr Susan M. Lark, auteur de *Chronic Fatigue and Tiredness*, directeur du centre *PMS and Menopause Self-Help* et médecin spécialiste de la santé des femmes. Dans l'exercice de sa profession, le Dr Lark aide les femmes atteintes d'endométriose à vivre sans douleur grâce à une grande diversité de régimes diététiques et de compléments nutritionnels ou à base de plantes.

Mais avant d'entreprendre de remplir votre garde-manger, il est utile de comprendre ce qui provoque l'endométriose et comment ce trouble affecte le corps de la femme.

Facteurs alimentaires

La meilleure stratégie diététique pour les femmes atteintes d'endométriose est une alimentation saine, comportant une abondance de fruits, de céréales et de légumes, et dénuée d'aliments gras susceptibles d'aggraver ce trouble. Voici ce que recommandent de nombreux experts.

Moins de produits laitiers. L'une des recommandations le plus souvent formulée par les spécialistes de l'endométriose est d'éliminer (ou tout au moins de limiter) la consommation de produits laitiers.

Ces derniers contiennent des graisses saturées, qui créent un stress pour le foie et augmentent les taux d'œstrogènes en circulation, commente le Dr Susan M. Lark, auteur de *Chronic Fatigue and Tiredness*, directeur du centre *PMS and Menopause Self-Help* et médecin spécialiste de la santé des femmes. Les matières grasses saturées génèrent en outre une substance appelée prostaglandine F2-alpha, qui a pour effet de contracter les muscles et peut provoquer une aggravation considérable des crampes et de l'inflammation liées à l'endométriose, souligne le Dr Lark.

Beaucoup de légumes. Comme les viandes contiennent également des matières grasses saturées, les experts recommandent d'obtenir chaque fois que possible vos nutriments à partir de céréales complètes et de sources végétales.

D'étranges tissus bizarrement placés

L'endométriose est tout simplement la prolifération de tissus là où ils n'ont rien à faire. Au cours des règles, lorsque tout se passe normalement, les cellules de l'endomètre (la muqueuse de l'utérus) se détachent et sont expulsées à travers le vagin. Chez une femme atteinte d'endométriose, ces cellules se réfugient dans les trompes de Fallope, à partir desquelles elles poursuivent leur périple jusque dans la cavité pelvienne où elles finissent par aller prendre racine, à la manière des graines de pissenlit, en des lieux où il vaudrait mieux qu'elles ne se trouvent pas, comme le col de l'utérus et l'intestin. Puisqu'il s'agit de tissus utérins, ces implants répondent à la stimulation hormonale, se congestionnant et saignant chaque mois exactement comme ils le feraient s'ils étaient toujours à l'intérieur de l'utérus. Le seul ennui, c'est que ce sang-là ne peut être évacué par le biais

Mangez bio. Lorsque vous allez vous approvisionner en légumes, achetez dans toute la mesure du possible des produits provenant de l'agriculture biologique ; lorsque cela vous est impossible, brossez ou pelez soigneusement fruits et légumes avant de les manger. Diverses études ont en effet mis en évidence chez les animaux de laboratoire un lien direct de cause à effet entre l'exposition à la dioxine, une substance chimique présente dans les pesticides, et l'incidence de l'endométriose.

Moins de caféine. Cette dernière épuise les réserves de l'organisme en vitamines du groupe B et nuit au bon fonctionnement du foie, ce qui peut entraîner une augmentation des taux d'œstrogènes et aggraver les symptômes d'endométriose. Il est préférable pour la femme de ne pas boire trop de café, de thé noir, de chocolat et de boissons gazeuses contenant de la caféine, ajoute le Dr Lark.

Pas d'alcool. Puisqu'une fonction hépatique optimale est essentielle pour éponger tout excès d'œstrogènes et maîtriser l'endométriose, il est formellement déconseillé de boire de l'alcool, souligne ce médecin, qui explique que l'élimination de ce dernier crée un stress supplémentaire pour le foie. Le Dr Lark recommande aux femmes atteintes d'endométriose d'éviter totalement d'en ingérer, si cela leur est possible.

du vagin. Il reste enfermé dans la cavité pelvienne, pouvant provoquer divers symptômes tels que douleurs, inflammation, kystes, tissu cicatriciel et même des lésions structurelles, voire la stérilité.

Nul ne sait pour quelle raison ce phénomène se produit chez telle femme plutôt que chez telle autre. Certains chercheurs pensent qu'un excès d'œstrogènes en circulation pourrait être responsable de ce trouble. D'autres disent qu'un système immunitaire affaibli en est vraisemblablement la cause.

Les périodes difficiles nécessitent une bonne nutrition

Voilà pourquoi la nutrition est si importante, précisent les experts. Quel que soit coupable — excès d'œstrogènes ou affaiblissement du système immunitaire — toutes les fonctions de l'organisme doivent se dérouler avec une efficacité optimale pour réguler correctement les hormones, maintenir l'immunité et empêcher l'apparition de ce trouble.

Cela ne veut pas dire que des traitements médicaux comme les hormones bloquant l'ovulation et l'ablation chirurgicale des grosseurs dues à l'endométriose ne sont pas efficaces, ajoute le Dr Lark. Ils permettent au contraire d'obtenir de bons résultats. En revanche, il est trop fréquent que les implants dus à l'endométriose reviennent même après une ablation chirurgicale.

« Les stratégies nutritionnelles sont particulièrement efficaces chez les femmes qui ont récemment été soignées au moyen de traitements traditionnels, ajoute le Dr Lark. Je pense qu'il peut être bon d'avoir recours aux

Prescriptions vitaminiques

Les spécialistes de l'endométriose sont de plus en plus nombreux à découvrir le pouvoir thérapeutique de la nutrition. En revanche, comme les doses utiles peuvent être élevées et sont variables d'une femme à l'autre, ils recommandent de consulter un médecin avant d'adopter une stratégie basée sur un apport complémentaire de vitamines et minéraux.

Puisque l'obtention de la Valeur quotidienne de tous les nutriments essentiels est particulièrement importante si vous êtes atteinte d'endométriose, les médecins qui ont recours à une stratégie nutritionnelle recommandent de commencer par un bon complément de multivitamines et de minéraux, puis d'y ajouter d'autres compléments en fonction des besoins.

Nutriment	Dose par jour
Acide folique	400 microgrammes
Acide pantothénique	50 milligrammes
Bêtacarotène	25 000 à 50 000 unités internationales
Biotine	200 microgrammes
Niacine	50 milligrammes

médicaments, car le traitement par les hormones peut être vraiment utile pour atténuer l'endométriose. En revanche, pour prévenir la réapparition des douleurs, les stratégies basées sur la nutrition sont très efficaces. »

Les nutriments suivants correspondent aux recommandations de nombreux experts pour maîtriser l'endométriose.

Remarque : Les doses requises étant élevées et variant d'une femme à l'autre, il est judicieux de consulter votre médecin avant d'adopter une stratégie nutritionnelle. En outre, il est particulièrement important pour la femme atteinte d'endométriose d'obtenir la Valeur quotidienne de toute la gamme de nutriments essentiels. C'est pourquoi les médecins qui ont recours à une stratégie nutritionnelle recommandent de prendre tout d'abord un

Riboflavine	50 milligrammes
Sélénium	25 microgrammes
Thiamine	50 milligrammes
Vitamine B$_6$	30 milligrammes
Vitamine B$_{12}$	50 microgrammes
Vitamine C	1 000 à 4 000 milligrammes
Vitamine E	400 à 2 000 unités internationales

MISE EN GARDE : Si vous avez des symptômes d'endométriose, il est important de consulter un médecin afin d'obtenir un diagnostic précis et un traitement approprié.

La prise quotidienne de plus de 1 200 milligrammes de vitamine C peut provoquer des diarrhées.

Avant de prendre la quantité élevée de vitamine E recommandée ici, consultez votre médecin. Chez certaines personnes, la prise quotidienne de doses de vitamine E dépassant 600 unités internationales peut provoquer des effets indésirables. Si vous prenez des médicaments anticoagulants, vous ne devez pas prendre de vitamine E sous forme de complément alimentaire.

complément de multivitamines et de minéraux bien équilibré, auquel on ajoutera divers autres compléments en fonction des besoins.

Les vitamines du groupe B abaissent le taux d'œstrogènes

Si vous cherchez une manière naturelle de maintenir de faibles taux d'œstrogènes et de limiter ainsi les récidives de l'endométriose, les experts suggèrent d'augmenter la dose de vitamines du groupe B.

« Le foie est chargé de décomposer l'excédent d'œstrogènes et de l'éliminer, explique le Dr Lark. Les vitamines du groupe B sont importantes pour réguler les taux d'œstrogènes, car elles favorisent la santé du foie. Certaines études, qui remontent aux années 1940, montrent que lorsque l'on supprime les vitamines du groupe B de leur alimentation, les animaux de laboratoire ne peuvent plus métaboliser l'œstrogène. » D'autres travaux ont également montré qu'un apport complémentaire de vitamines du groupe B soulageait divers symptômes liés à un taux d'œstrogènes trop élevé, comme le syndrome prémenstruel et la mastose sclérokystique, ajoute-t-elle.

Pour certaines femmes, il semble que les compléments suffisent à soulager ce trouble. C'est ainsi que, se basant sur sa propre expérience, une nutritionniste londonienne, Dian Mills, auteur du livre *Female Health : The Nutrition Connection*, a pris parti avec enthousiasme pour les compléments de vitamines du groupe B.

« J'avais si mal que je me traînais presque à genoux à travers la maison. Aucun des traitements traditionnels ne parvenait à soulager mes douleurs », se souvient Mme Mills. Son médecin lui avait même recommandé une hystérectomie, qu'elle avait refusé tout net. « Je suis donc allée consulter à Londres des médecins spécialistes en nutrition, et, depuis, je n'ai plus jamais eu mal. »

Les compléments alimentaires recommandés à Mme Mills comprenaient les vitamines du groupe B, notamment la thiamine, la riboflavine et la vitamine B_6. Non seulement ses douleurs ont disparu, mais le succès de sa propre stratégie nutritionnelle l'enthousiasma au point qu'elle se consacra ensuite à l'étude de la nutrition clinique à l'*Institute of Optimum Nutrition* de Londres ; elle poursuit actuellement une maîtrise en éducation de la santé à l'université de Brighton en Grande-Bretagne.

Le Dr Lark recommande aux femmes atteintes d'endométriose de prendre considérablement plus que la Valeur quotidienne de vitamines du groupe B. Elle suggère approximativement 50 milligrammes de chacun des nutriments suivants : thiamine, riboflavine, niacine et acide pantothénique,

30 milligrammes de vitamine B_6, 50 microgrammes de vitamine B_{12}, 400 microgrammes d'acide folique et 200 microgrammes de biotine.

Vous pouvez également enrichir votre alimentation en vitamines du groupe B grâce à des repas à base de céréales complètes, de pâtes et de riz et en mangeant des figues, des légumineuses et tous les légumes verts feuillus.

Les antioxydants à la rescousse

Une autre manière d'atténuer les effets de l'endométriose consiste à augmenter la quantité de nutriments antioxydants : vitamines C et E, bêtacarotène (qui se transforme en vitamine A dans l'organisme) ainsi qu'un minéral, le sélénium. Les antioxydants sont surtout connus pour leur aptitude à lutter contre les radicaux libres, des molécules instables qui apparaissent spontanément dans l'organisme, provoquant des lésions dans les tissus en dérobant des électrons aux molécules saines afin de trouver leur propre équilibre. Les médecins savent que les antioxydants peuvent également renforcer l'immunité, atténuer les crampes et réduire les saignements menstruels trop abondants. Tous ces aspects sont très utiles dans le traitement de l'endométriose.

« Lorsque l'on éprouve des douleurs très vives, il ne faut pas s'attendre à obtenir un soulagement immédiat après avoir pris ces compléments, souligne le Dr Lark, mais je me suis aperçue qu'un apport complémentaire d'antioxydants, allié à certaines modifications alimentaires, pouvaient offrir une solution au problème de l'endométriose chronique. »

Le Dr Lark recommande de prendre chaque jour 1 000 à 4 000 milligrammes de vitamine C, 25 000 à 50 000 unités internationales de bêtacarotène, 400 à 2 000 unités internationales de vitamine E et 25 microgrammes de sélénium. Ces posologies sont celles qu'elle a pu déterminer après de nombreuses années de traitement des troubles de santé féminins.

Comme les doses recommandées pour la vitamine C et la vitamine E dépassent très largement la Valeur quotidienne de ces nutriments, il est important d'obtenir l'avis de votre médecin avant d'entreprendre cette thérapie. En doses quotidiennes supérieures à 1 200 milligrammes, la vitamine C peut provoquer des diarrhées.

En outre, ajoute le Dr Lark, il ne faut pas s'imaginer que l'amélioration des symptômes marque le moment où l'on peut cesser de prendre ces compléments.

Les antioxydants peuvent exercer un effet spectaculaire sur la régulation des saignements, tout en diminuant la douleur et les crampes qui accompagnent souvent l'endométriose, relève encore ce médecin. « La vitamine C est utile pour diminuer les saignements trop abondants, explique-t-elle. Les chercheurs ont également vérifié que la vitamine A diminuait les saignements menstruels très abondants. De plus, la vitamine E exerce un effet antispasmodique, utile pour maîtriser la douleur. »

Pour augmenter la quantité d'antioxydants dans votre alimentation, commencez par faire un tour au marché. Les brocolis, les épinards et le melon cantaloup sont d'excellentes sources de vitamine C et de bêta-carotène ; le chou, le céleri et le concombre sont de bonnes sources de sélénium. Pour augmenter encore la quantité de vitamine E absorbée, pourquoi ne pas préparer ces légumes variés en les faisant sauter à l'huile de tournesol ou de carthame ? Vous pourriez aussi mâcher une poignée d'amandes, une autre bonne source de vitamine E.

Épilepsie

Apaiser un cerveau court-circuité

Comme n'importe quel tissu nerveux, notre cerveau dépend d'influx électriques pour recevoir et envoyer des messages. C'est grâce aux courants électriques qui parviennent jusqu'au cerveau par le biais de la moelle épinière ou des nerfs optiques que nous sommes en mesure de traiter des milliards de données et de réagir à notre environnement, que ce soit pour nous gratter là où ça nous démange, pour donner un coup de volant à temps afin d'éviter un chat sur la route ou pour ajouter une virgule ici... ou ne serait-ce pas plutôt là ?

Lorsque tout se passe bien, les courants électriques traversent le cerveau de manière organisée et restreinte. Chez les épileptiques, en revanche, les courants sont court-circuités et circulent de manière chaotique et déréglée, pour des raisons très diverses. Il en résulte une explosion d'activité électrique qui provoque une crise, pouvant aller d'un long moment passé à regarder fixement dans le vide (appelé crise d'absence) jusqu'à une crise épileptique convulsive à proprement parler, aussi appelée grand mal, au cours de laquelle le patient perd connaissance après avoir agité convulsivement bras et jambes de manière chaotique.

Des raisons multiples peuvent provoquer l'épilepsie. « Un traumatisme crânien accidentel, un accident vasculaire cérébral ou une privation d'oxygène à la naissance, l'abus d'alcool, une intoxication, une grave infection virale ou bactérienne comme par exemple une méningite ou une encéphalite, ou encore une fièvre très élevée sont autant de déclencheurs possibles d'une crise d'épilepsie » , relève le Dr James Neubrander, un médecin qui s'intéresse de très près à la relation entre l'épilepsie et la nutrition.

Les nutriments peuvent jouer un rôle

Moins fréquemment, il peut arriver que les crises épileptiques soient le résultat d'une maladie métabolique, un trouble héréditaire entraînant l'incapacité pour l'organisme d'utiliser correctement un nutriment donné, comme une vitamine ou un acide aminé. « Les crises liées à des maladies métaboliques commencent généralement peu après la naissance et n'apparaissent que rarement après l'âge de six ans » , souligne le Dr Robert J. Gumnit, président du *Minnesota Comprehensive Epilepsy Program* et directeur du Centre de recherches cliniques sur l'épilepsie.

Dans la moitié de ces cas environ, il est parfaitement possible de déterminer la nature du trouble métabolique. « Un spécialiste, un pédiatre neurologue, pourra envisager entre 20 et 80 troubles métaboliques différents parmi ceux que l'on associe le plus souvent avec les crises épileptiques » , déclare le Dr Gumnit. Il est parfois possible de maîtriser les crises grâce à une alimentation sélective. Les enfants atteints d'un trouble appelé phényl-cétonurie, par exemple, doivent éviter la phénylalanine, un acide aminé très abondant dans l'aspartame (un succédané du sucre).

Pour certains autres épileptiques, le fait d'augmenter la dose de tel ou tel nutriment peut être bénéfique. Lorsqu'un enfant a des crises d'épilepsie parce que son organisme a du mal à métaboliser la vitamine B_6, par exemple, il pourra prendre chaque jour un apport complémentaire de 25 à 50 milligrammes de B_6, une dose suffisamment élevée pour compenser les blocages métaboliques.

Si vous pensez qu'un trouble du métabolisme est à l'origine des crises de votre enfant, le Dr Gumnit recommande de consulter un spécialiste afin d'obtenir un diagnostic. Il est formellement déconseillé d'entreprendre de traiter par soi-même un désordre métabolique.

Les crises peuvent également provenir de carences alimentaires. « La majorité des médecins sont toutefois d'avis qu'une carence nutritionnelle

(*suite page 293*)

Facteurs alimentaires

Dans la plupart des cas, une réforme alimentaire ne suffit pas à traiter l'épilepsie, même si certains individus ont ainsi obtenu d'excellents résultats. Voici un certain nombre de suggestions qui pourraient se révéler bénéfiques.

Demandez à votre médecin de vous indiquer un régime cétogène. Une alimentation pratiquement sans féculents ni sucre et comportant une grande proportion de matières grasses s'est révélée utile dans le traitement de certains enfants dont l'épilepsie ne répondait pas aux médicaments, ou auxquels il eût fallu en administrer des doses si élevées que les effets indésirables seraient vite devenus intolérables.

« Ce type d'alimentation oblige l'organisme à brûler des matières grasses — plutôt que du sucre — afin d'obtenir l'énergie dont il a besoin, et ce processus génère des cétones, une catégorie de déchets qui semble contribuer à empêcher les crises de se produire » , explique le Dr John M. Freeman, professeur de neurologie pédiatrique. Diverses études suggèrent qu'environ 30 % des enfants qui adoptent ce type d'alimentation n'ont pratiquement plus de crises ; chez 40 % des autres, les avantages constatés justifient de conserver ce mode d'alimentation. Certains parviennent à prendre moins de médicaments, d'autres ont des crises moins fréquentes, tandis que d'autres encore sont mieux à même de faire face à la vie quotidienne.

La plupart des enfants pour lesquels ce mode d'alimentation extrêmement sélectif s'est révélé bénéfique continuent à s'alimenter de la sorte durant deux ans, recommençant ensuite très progressivement à manger davantage de féculents et de sucre. Lorsque le moment vient où ces enfants cessent par la suite de s'alimenter de cette manière, il n'est pas rare que les crises aient complètement cessé.

Un apport complémentaire de vitamines et de minéraux doit être administré aussi longtemps qu'un sujet s'alimente de cette manière, car un tel régime ne comporte qu'un très faible taux de vitamines liposolubles et de calcium. Les adversaires de cette thérapie soulignent qu'il s'agit d'une alimentation trop riche en matières grasses, plutôt malsaine pour un enfant en pleine croissance. En revanche, souligne le Dr Freeman, « nous n'avons observé ni symptômes de maladies cardiovasculaires ni cas de troubles de croissance. »

Évitez l'aspartame. Voici l'opinion officielle, exprimée par le centre pour la sécurité alimentaire et la nutrition appliquée de la FDA : l'aspartame n'est pas susceptible de provoquer des crises d'épilepsie. (Une exception importante mérite mention : cet édulcorant provoque des crises chez les sujets atteints de phénylcétonurie, un trouble du métabolisme qui gêne la décomposition dans l'organisme de la pénylalanine, un acide aminé présent dans l'aspartame.) Malgré tout, quelques cas de crises épileptiques liées à cet additif alimentaire ont été signalés chez des sujets apparemment en bonne santé.

Un rapport du Dr Ralph G. Walton, ancien chef du service de psychiatrie de l'hôpital général Jamestown, à New York, décrit le cas d'une femme qui avait commencé à mettre de l'aspartame dans son thé glacé au lieu de sucre ainsi qu'elle le faisait jusqu'alors. Comme elle buvait plus de 4 litres 1/2 de thé glacé par jour, elle absorbait ainsi des doses élevées d'aspartame. Ayant de la sorte continué à absorber chaque jour pendant plusieurs semaines cette boisson édulcorée, elle devint sujette à des crises d'épilepsie sans que les médecins parviennent à en trouver la cause. Les crises cessèrent dès qu'elle recommença à sucrer son thé comme autrefois.

Faites preuve de bon sens, suggèrent les experts. « Si vous absorbez habituellement plus qu'une ou deux doses d'aspartame par jour, écartez-le complètement de votre alimentation pendant une semaine au moins afin de vérifier si vous obtenez ainsi une amélioration » , suggère le Dr Neubrander, un médecin qui s'intéresse de très près à la relation entre l'épilepsie et la nutrition.

Peu d'alcool. Le risque d'épilepsie peut se multiplier par trois chez les sujets qui font des excès d'alcool, ces derniers étant alors aussi exposés à ce trouble que les traumatisés crâniens ou les personnes qui ont eu une infection du système nerveux central. L'abus d'alcool provoque des symptômes épileptiques chez le quart des adultes chez lesquels on a diagnostiqué une épilepsie récente, notent des chercheurs de l'université Columbia à New York City.

Moins de café. « Même si la majorité d'entre nous peut boire sans inconvénient deux à trois tasses de café ou de thé par jour, un petit

(à suivre)

Facteurs alimentaires — Suite

nombre de sujets épileptiques particulièrement sensibles à la caféine doivent éviter d'en absorber » , souligne le Dr Robert J. Gumnit, président du Minnesota Comprehensive Epilepsy Program et directeur du Centre de recherches cliniques sur l'épilepsie.

Identifiez les aliments déclencheurs. Certaines allergies alimentaires peuvent provoquer des crises épileptiques, surtout chez les individus ayant des antécédents personnels ou familiaux d'allergies alimentaires ou de sensibilité marquée envers certains aliments, relève le Dr Neubrander. Ces personnes pourraient présenter des symptômes supplémentaires tels que migraines, douleurs abdominales récidivantes, diarrhée et hyperactivité. « En revanche, nous sommes tous différents les uns des autres et une réaction peut se produire vis-à-vis de n'importe quel aliment auquel l'organisme est sensible » , souligne le Dr Neubrander.

Comme il peut être difficile d'identifier les aliments coupables, mieux vaut consulter un allergologue qui sera en mesure de pratiquer des tests d'allergies. Il est parfaitement possible d'être allergique à un aliment sans le savoir. En outre, il est fréquent qu'un individu allergique absorbe régulièrement chaque jour, sans s'en douter, l'aliment même auquel il est sensible, note le Dr Neubrander.

Dans le cadre d'une étude effectuée par des chercheurs à l'hôpital des Enfants malades, à Londres, les médecins ont constaté que les substances alimentaires les plus susceptibles de provoquer des crises chez les enfants épileptiques étaient le lait de vache, les fromages, les agrumes, le blé et deux additifs alimentaires, la tartrazine et l'acide benzoïque. Toujours selon le Dr Neubrander, la tartrazine (un colorant alimentaire identifié par le chiffre E102) et l'acide benzoïque (un conservateur représenté par le chiffre E210) sont présents dans des milliers d'aliments, et le meilleur moyen de les éviter est de lire les étiquettes. « Quoique certains aliments soient plus souvent incriminés dans ce domaine, il est important de noter que chaque personne est biologiquement différente et, par conséquent, aura des réactions très variables vis-à-vis de n'importe quel aliment ou additif alimentaire » , conclut le Dr Neubrander.

n'est que rarement la cause de crises d'épilepsie récidivantes » , souligne le Dr Gumnit. Chez certains sujets, un lien de cause à effet a pu être établi entre les crises épileptiques et une carence en magnésium, en thiamine, en vitamine B_6 et en zinc. Ces nutriments, parmi d'innombrables autres, sont nécessaires au déroulement normal des réactions chimiques du cerveau.

Le soutien nutritionnel pouvant être apporté aux personnes sujettes à des crises d'épilepsie est par conséquent axé sur la correction des troubles du métabolisme et des carences alimentaires. Dans certains cas, il peut être utile d'absorber des quantités plus importantes de certains nutriments afin de contribuer à fournir une protection contre les effets indésirables des médicaments, et (du moins en théorie) contre les lésions que peuvent entraîner les crises elles-mêmes.

« Il n'existe absolument aucune raison qui nous empêche d'allier au traitement habituel un soutien nutritionnel judicieusement équilibré », souligne le Dr Neubrander.

Voici ce qui semble bénéfique.

La vitamine E contribue à prévenir les crises

Il est vraisemblable que la vitamine E puisse être utile pour certains types de crises. Les animaux de laboratoire qui reçoivent de la vitamine E sont plus résistants aux crises provoquées par l'oxygène sous pression, le fer et certaines substances chimiques. En outre, les études cliniques montrent que les personnes qui prennent des médicaments antiépileptiques ont des taux sanguins de vitamine E plus faibles.

C'est pourquoi des chercheurs de l'université de Toronto ont décidé de tester la vitamine E chez 24 enfants épileptiques dont les crises ne répondaient pas aux médicaments.

Ils ont pu constater une diminution de plus de 60 % de la fréquence des crises chez 10 des 12 enfants qui prenaient un apport complémentaire de vitamine E. (Les participants de ce groupe en avaient pris 400 unités internationales par jour pendant trois mois, en plus de leurs médicaments habituels.) Chez 6 d'entre eux, on put constater une diminution de 90 à 100 % des crises. En revanche, aucune amélioration ne fut signalée chez les 12 enfants du groupe témoin qui n'avaient reçu qu'un placebo (une substance dénuée d'activité) en plus de leurs médicaments.

Mieux encore, lorsque les enfants qui avaient reçu jusque-là un placebo ont commencé à prendre de la vitamine E, on put constater chez l'ensemble du groupe une diminution de 70 à 100 % de la fréquence des crises. Les chercheurs ajoutent que cette thérapie n'entraînait aucun effet indésirable.

« Il ne semble pas que la vitamine E exerce une action antiépileptique directe », commente le Dr Paul A. Hwang, professeur adjoint en neurologie et chercheur responsable de cette étude. En d'autres termes, lorsqu'une crise se produit, la vitamine E ne peut pas être utile. « En revanche, elle peut jouer le rôle de neutralisant des radicaux libres dans certaines formes d'épilepsie,

---

Prescriptions vitaminiques

Un certain nombre de nutriments ont fait la preuve de leur efficacité dans la prévention des crises épileptiques. Veuillez en revanche prendre note de ce qui suit : ces compléments ont pour but de fournir un soutien nutritionnel optimal, et ne sauraient à eux seuls constituer un traitement. Il est important d'obtenir les avis éclairés d'un médecin qui s'intéresse à la nutrition, surtout lorsqu'il s'agit d'administrer des compléments alimentaires à un enfant. Voici les apports nutritionnels préconisés par un certain nombre de médecins.

Nutriment	Dose par jour
Acide folique	Pas plus de 2 500 microgrammes chez les enfants de 5 à 15 ans
	400 à 5 000 microgrammes chez l'adulte 1 600 microgrammes chez la femme en âge de procréerqui prend des médicaments antiépileptiques
	3 000 microgrammes chez la femme qui prend des médicaments antiépileptiques et envisage une grossesse, à prendre 3 mois avant la cessation des mesures anticonceptionnelles
Sélénium	50 à 150 microgrammes chez l'enfant
	50 à 200 microgrammes chez l'adulte

comme les crises épileptiques post-traumatiques, contribuant ainsi à protéger les membranes des cellules cérébrales. »

Les radicaux libres sont des molécules instables générées par certaines réactions chimiques liées à l'action de l'oxygène. Ces molécules sont potentiellement nuisibles, car elles dérobent des électrons aux molécules saines qui constituent les membranes des cellules, provoquant des dégâts dans les membranes protectrices. Le Dr Hwang poursuit en expliquant que

Vitamine E	400 unités internationales chez l'enfant de 3 ans ou plus (acétate de d-alpha-tocophérol)
	400 à 600 unités internationales chez l'adulte (acétate de d-alpha-tocophérol)

De plus, un complément de multivitamines et de minéraux comportant la Valeur quotidienne de l'ensemble de ces éléments essentiels.

MISE EN GARDE : *Si l'on a diagnostiqué chez vous une épilepsie, vous devez être suivi par un médecin.*

Il est formellement déconseillé de prendre plus de 400 microgrammes d'acide folique par jour en l'absence de surveillance médicale. Des doses élevées de ce nutriment peuvent en effet masquer les symptômes d'anémie pernicieuse, un trouble lié à la carence en vitamine B_{12}.

Ne prenez pas sans surveillance médicale une dose de sélénium dépassant 100 microgrammes par jour.

Il est déconseillé d'absorber plus de 600 unités internationales de vitamine E par jour en l'absence de surveillance médicale. En outre, il est formellement déconseillé d'en administrer plus de 50 unités internationales par jour aux très jeunes enfants de moins de un an. Si vous prenez des médicaments anticoagulants, vous ne devez pas prendre de vitamine E sous forme de complément alimentaire.

les neutralisants des radicaux libres comme la vitamine E, également appelés antioxydants, mettent leurs propres électrons à la disposition des radicaux libres, épargnant ainsi aux membranes cellulaires les dégâts provoqués par ces derniers.

Chez les animaux de laboratoire, les crises d'épilepsie peuvent être provoquées par des substances chimiques qui génèrent des radicaux libres (comme par exemple le chlorure de fer). De la même manière, le fer sanguin qui parvient jusqu'au cerveau par suite d'une hémorragie due à traumatisme crânien peut provoquer des crises d'épilepsie, souligne le Dr Hwang. « En outre, la crise elle-même génère un surcroît de radicaux libres, ce qui pourrait être le point de départ d'un cercle vicieux provoquant des crises répétitives », ajoute-t-il.

Le Dr Hwang et ses collègues continuent à utiliser la vitamine E avec de bons résultats chez leurs patients épileptiques qui ne répondent pas aux antiépileptiques habituels. « Ce n'est pas une panacée, mais ce complément peut être très bénéfique, ajoute-t-il. Il faut trois mois environ avant de savoir si telle ou telle personne va pouvoir bénéficier d'un apport complémentaire de ce nutriment. »

Ce médecin a constaté qu'une dose quotidienne de 400 unités internationales d'acétate de d-alpha-tocophérol, la forme de vitamine E dotée de la plus grande activité biologique, était à la fois efficace et dénuée de toxicité même chez des enfants très jeunes, âgés de trois ans seulement. (Les nutritionnistes déconseillent formellement d'administrer aux enfants en bas âge n'ayant pas encore atteint leur première année plus de 50 unités internationales par jour de vitamine E.) La plupart des adultes peuvent sans danger ni inconvénient en prendre jusqu'à 600 unités internationales, mais en revanche, il est préférable de ne pas absorber une dose plus élevée de ce nutriment en l'absence d'une surveillance médicale. Le Dr Hwang précise que nos seuls aliments ne suffiraient pas à nous en fournir de telles mégadoses.

« Il est important d'obtenir l'avis éclairé d'un médecin dans ce domaine, ajoute le Dr Hwang. Dans certains cas, toujours sous surveillance médicale, on pourra même envisager de diminuer la dose de certains médicaments antiépileptiques. »

Le sélénium pourrait venir à bout des crises

Un autre nutriment doté de propriétés anti-oxydantes est un minéral, le sélénium. Il semblerait que ce dernier contribue à faire diminuer la fréquence des crises chez certains enfants, d'après le Dr Georg Weber, professeur adjoint dans un service de pathologie universitaire et chercheur à l'institut Dana-Farber du cancer.

Ce médecin s'est aperçu que certains enfants, sujets à des crises épileptiques graves et incontrôlables ainsi qu'à des infections répétées, avaient de faibles taux sanguins de glutathion peroxidase, une enzyme antioxydante dont le sélénium est un cofacteur.

« Nous avons constaté qu'en administrant à ces enfants entre 50 et 150 microgrammes de sélénium par jour, il était possible d'atténuer sensiblement leurs crises, commente ce médecin. Nous pensons que ces enfants ont un trouble du métabolisme qui les empêche d'utiliser de manière correcte le sélénium, et qu'il pourrait s'agir d'un problème bien plus fréquent qu'on ne le pensait jusqu'ici. »

Obtenez l'avis de votre médecin avant de prendre vous-même un apport complémentaire de sélénium, et surtout avant d'en donner à votre enfant si ce dernier est épileptique, souligne le Dr Weber. Ce dernier a pu constater que des doses pouvant aller jusqu'à 150 microgrammes par jour étaient sans inconvénient pour des enfants en déficit grave, mais il souligne que les besoins individuels de chaque enfant sont très variables et dépendent du taux mesurable de carence ; le fait d'administrer une dose trop élevée de sélénium pourrait nuire à la santé d'un enfant.

Aux adultes épileptiques, les experts qui font appel à la nutrithérapie recommandent de prendre entre 50 et 200 microgrammes de sélénium par jour afin de maîtriser les crises. En revanche, il est formellement déconseillé d'en prendre plus de 100 microgrammes par jour en l'absence d'une surveillance médicale. Vous obtiendrez de généreuses quantités de ce minéral en mangeant beaucoup d'ail, d'oignons, de céréales complètes, de champignons, de brocolis, de chou et de poisson.

Absorbez suffisamment d'acide folique

D'après les chercheurs, il est plutôt rare que la carence en folate (le précurseur naturel de l'acide folique) joue un rôle dans l'apparition des crises. En revanche, certains médicaments antiépileptiques épuisent les réserves de cette vitamine du groupe B, ce qui peut avoir pour résultat certaines anomalies dans la formation des globules rouges.

« La carence en folate peut également provoquer de graves malformations congénitales, appelées malformations du tube neural, explique le Dr Gumnit. Ces dernières se produisent en tout début de grossesse, souvent à un moment où la femme elle-même ne sait pas encore qu'elle est enceinte. » (Veuillez vous référer à la page 458 pour des informations complémentaires sur les malformations congénitales.)

C'est la raison pour laquelle toute femme en âge de procréer et qui prend des médicaments antiépileptiques devrait également absorber 1 600 microgrammes d'acide folique par jour, ajoute le Dr Gumnit. D'autre part, toute femme qui prend ce type de médicament et qui envisage une grossesse devrait prendre trois milligrammes (3 000 microgrammes) d'acide folique chaque jour pendant trois mois avant de cesser d'avoir recours à des mesures anticonceptionnelles, précise-t-il encore.

Pour toute autre personne qui prend des médicaments antiépileptiques, il suffit d'en prendre 400 microgrammes, c'est-à-dire la dose d'acide folique contenue dans les compléments de multivitamines et de minéraux ordinaires, poursuit le Dr Gumnit. Un certain nombre de médecins en recommandent jusqu'à 5 000 microgrammes par jour chez l'adulte.

Il est judicieux d'être suivi par un médecin lorsque l'on en prend plus de 400 microgrammes, car une dose élevée d'acide folique peut masquer les symptômes d'anémie pernicieuse, un trouble lié à la carence en vitamine B_{12}.

Certains experts affirment que les enfants âgés de 5 à 15 ans peuvent sans danger absorber jusqu'à 2 500 microgrammes d'acide folique par jour, souligne le Dr Gumnit, mais il est toujours préférable d'obtenir à ce sujet l'avis d'un médecin.

De nombreux médecins recommandent en outre à leurs patients épileptiques un complément de multivitamines et de minéraux, ce qui est probablement judicieux. Certaines recherches suggèrent qu'une carence en vitamine B_6, zinc et magnésium pourrait également jouer un rôle dans les troubles épileptiques.

Épuisement

◆

Comment faire face
quand nos réserves viennent à manquer

Que trouve-t-on infailliblement dans toutes les salles d'attente des médecins, à part des piles de vieux magazines ?

Des tas de gens fatigués.

D'après les sondages, la fatigue est l'une des raisons les plus courantes de consultation du médecin de famille. Cela n'est guère surprenant lorsque l'on pense au nombre de troubles, graves ou bénins, dont l'épuisement est l'un des principaux symptômes. Ainsi que le souligne le Dr Susan M. Lark, auteur de *Chronic Fatigue and Tiredness*, directeur du centre *PMS and Menopause Self-Help* et médecin spécialiste de la santé des femmes, le stress, la dépression, les troubles thyroïdiens, l'anémie et les allergies alimentaires peuvent tous provoquer une fatigue persistante. En outre, beaucoup de femmes se sentent particulièrement fatiguées avant leurs règles, ou aux alentours de la ménopause.

De plus, même si cela peut sembler évident, beaucoup d'entre nous ne dormons tout simplement pas assez. « S'il est vrai qu'un petit nombre de personnes peuvent se contenter de quatre ou cinq heures de sommeil par nuit, la plupart des gens ont besoin de dormir de six à neuf heures chaque nuit », note le Dr Peter Hauri, directeur du programme de recherches sur l'insomnie au centre des désordres du sommeil de la clinique Mayo. C'est notre humeur durant la journée et la manière dont nous parvenons à faire face à la vie quotidienne qui confirment si nous avons suffisamment dormi la nuit.

Lorsque l'état d'épuisement se prolonge durant six mois ou plus et nous empêche de faire face à nos obligations habituelles, il pourrait s'agir du syndrome de fatigue chronique, une maladie mystérieuse provoquant des symptômes semblables à ceux de la grippe, des douleurs musculaires persistantes ainsi que des troubles de la mémoire et la concentration. Relativement rare, le syndrome de fatigue chronique touche principalement des sujets âgés de 25 à 50 ans. Selon les experts, sur l'ensemble des personnes qui ressentent un épuisement justifiant d'aller consulter un médecin, une sur 30 seulement est atteinte de ce syndrome.

Facteurs alimentaires

Pour lutter contre l'épuisement, les aliments que l'on évite ont autant d'importance que ceux que l'on mange.

Renoncez à l'alcool. « L'alcool a un effet dépresseur sur le système nerveux central, et c'est bien la dernière chose qu'il nous faut lorsque nous sommes atteint d'épuisement chronique » , souligne le Dr Susan M. Lark, auteur de Chronic Fatigue and Tiredness, directeur du centre *PMS and Menopause Self-Help* et spécialiste des troubles de santé des femmes.

Moins de caféine. Il est particulièrement tentant de se préparer une tasse de café bien fort au saut du lit, lorsque l'on parvient à peine à garder les yeux ouverts. Pourtant, si l'on boit à longueur de journée du café, du thé ou des boissons à base de coca, cela peut nous faire plus de mal que de bien, relève le Dr Lark. Peut-être la caféine nous fournit-elle momentanément un surcroît d'énergie, mais après quelques heures, nous serons à nouveau aussi épuisé qu'avant — voire même davantage.

Pour remplacer le café, le Dr Lark recommande de prendre une infusion de plantes sans caféine additionnée de racine de gingembre. « Ce breuvage de goût agréable est légèrement stimulant, mais sans

---

Enfin, il existe un certain nombre de vitamines et de minéraux qui peuvent nous aider à éviter l'épuisement.

Le coupable est généralement le fer

L'une des causes d'épuisement les plus courantes est l'anémie ferriprive, souligne le Dr Lark. Ce médecin pense que 20 % des femmes qui ont encore leurs règles sont anémiques en raison du sang évacué chaque mois. « Les femmes qui ont des règles très abondantes sont les plus exposées à l'anémie », souligne-t-elle. Ce trouble est également courant chez les adolescents, les femmes enceintes et les femmes périménopausées.

Si vous avez des raisons de penser que vous êtes anémique, la première chose à faire est de prendre rendez-vous chez votre médecin, souligne le Dr Lark. C'est le seul moyen d'être fixé.

effet rebond » , souligne-t-elle. Les tisanes à base de plantes additionnées de gingembre sont en vente dans la plupart des supermarchés.

Résistez à l'envie de sucre. Les sucres simples comme ceux
contenus dans les biscuits, bonbons et desserts sucrés provoquent une
brusque poussée des taux glycémiques, ce qui peut donner momentanément l'impression d'un regain d'énergie. En revanche, après
cette poussée initiale, le taux de sucre dans le sang s'affaisse brutalement et c'est alors que peut se produire un « coup de pompe »,
conclut le Dr Lark.

Mangez moins de matières grasses. « Les aliments gras,
notamment la plupart des viandes, sont très difficiles à digérer, relève
le Dr Lark. Lorsque l'on mange de la viande deux ou trois fois par jour,
c'est comme si l'on engloutissait un festin de Noël 21 fois par semaine.
Notre organisme doit ensuite consacrer toute son énergie à la digestion de ces aliments lourds et trop riches ». Ce médecin préconise une
alimentation pauvre en matières grasses et riche en céréales complètes, légumineuses et fruits et légumes frais — le même type d'alimentation que l'on recommande pour prévenir les maladies cardiovasculaires et certaines formes de cancer.

En revanche, sans pour autant nous rendre anémiques, une légère
carence en fer peut suffire à saper notre énergie ; un apport complémentaire
de fer par le biais de l'alimentation est donc généralement bénéfique,
poursuit le Dr Lark. Les experts qui préconisent ce minéral pour combattre
l'épuisement suggèrent généralement d'en prendre entre 12 et 15 milligrammes par jour. Les meilleures sources de fer sont les produits d'origine
animale ; choisissez par conséquent des viandes maigres, des huîtres cuites et
des palourdes. Certains légumes, comme les épinards, ainsi que les légumineuses, comme les haricots verts, les haricots de Lima et les haricots
Pinto, sont également de bonnes sources de fer, quoique le type de fer qu'ils
contiennent soit moins assimilable que celui contenu dans les aliments
d'origine animale.

Pour les végétariens, le fait de boire un peu de jus d'orange ou de prendre
un apport complémentaire d'au moins 75 milligrammes de vitamine C au

Prescriptions vitaminiques

Voici ce que recommandent les experts pour nous aider à vaincre la fatigue.

Nutriment	Dose par jour
Fer	12 à 15 milligrammes
Magnésium	100 à 200 milligrammes
Potassium	100 à 200 milligrammes
Vitamine C	4 000 milligrammes

MISE EN GARDE : *Toute personne souffrant de troubles cardiaques ou rénaux doit consulter un médecin avant de prendre un apport complémentaire de magnésium.*

Les sujets atteints de troubles rénaux ou de diabète doivent consulter leur médecin avant de prendre un complément alimentaire de potassium.

Des doses élevées de vitamine C peuvent provoquer des diarrhées chez certaines personnes.

moment où l'on mange des légumes riches en fer aidera l'organisme à absorber davantage de fer par le biais de l'alimentation, note le Dr Lark. Le pain et les diverses céréales destinées au petit déjeuner que l'on trouve dans le commerce sont également enrichis en fer.

Potassium et magnésium : un alliage puissant

Deux autres minéraux, le potassium et le magnésium, peuvent également être utiles aux sujets qui ressentent une fatigue persistante, ajoute le Dr Lark. « Au cours d'études au cours desquelles le potassium et le magnésium étaient administrés ensemble, 90 % des participants ont signalé une amélioration de leur niveau d'énergie » , précise le Dr Lark. Il recommande d'absorber entre 100 et 200 milligrammes de chacun de ces deux minéraux pendant une période pouvant aller jusqu'à six mois afin de constater s'ils permettent d'obtenir une amélioration. De telles doses sont dénuées de toxicité pour toute personne en bonne santé, précise-t-elle, mais les diabétiques et les patients atteints de troubles cardiaques ou rénaux ne doivent pas prendre ces minéraux sans avoir obtenu au préalable l'avis d'un médecin.

Retrouvez votre entrain grâce à la vitamine C

Les chercheurs devront poursuivre les travaux dans ce domaine, mais certaines études déjà anciennes suggèrent qu'un apport trop faible de vitamine C peut également contribuer à la fatigue. Une étude datant de 1976, portant sur 411 dentistes et leurs épouses, a permis de constater que les participants qui n'obtenaient habituellement qu'une faible dose de vitamine C signalaient deux fois autant de symptômes de fatigue que ceux qui en absorbaient le plus. En outre, des études portant sur des adolescents a montré que même ceux qui n'avaient qu'une légère carence en vitamine C avaient davantage de tonus après avoir pris durant trois mois un apport complémentaire de vitamine C.

Le Dr Lark recommande aux personnes qui se plaignent d'une fatigue persistante de prendre environ 4 000 milligrammes de vitamine C par jour. Elle souligne qu'une dose aussi élevée peut momentanément provoquer des diarrhées chez certaines personnes. « Si c'est votre cas, ajoute-t-elle, il suffira de diminuer la dose jusqu'à ce que la diarrhée disparaisse. »

Escarres

◆

Nourrir une peau sous pression

N'est-il pas étonnant de penser qu'en quelque deux mille ans, l'humanité n'a pas encore réussi à trouver un remède pour soigner un trouble aussi courant que les escarres ? Des traces de ces plaies douloureuses sont en effet visibles sur certaines momies de l'Égypte ancienne, mais, aujourd'hui encore, nous tâtonnons pour prévenir les escarres chez les sujets contraints de garder le lit durant une période prolongée.

Bien entendu, la qualité des matelas s'est passablement améliorée depuis le règne de Toutankhamon. Mais alors, pourquoi les escarres continuent-elles d'être si problématiques ? Selon les experts, cela tient au fait que ces lésions (également appelées ulcères de décubitus lorsqu'elles se produisent par suite d'un alitement prolongé) n'ont pas grand-chose à voir avec la qualité du lit, tandis qu'elles sont étroitement liées à la nutrition. Et sur ce plan, hélas, de grands progrès restent à faire, même à l'heure actuelle, surtout chez les personnes âgées.

« Il faut savoir qu'un sujet malnutri est particulièrement exposé aux escarres », explique le Dr Mitchell V. Kaminski, Jr., chirurgien et professeur clinicien en chirurgie. Ce dernier est l'auteur de nombreuses recherches et d'innombrables publications consacrées à la relation entre l'alimentation et les escarres. « D'ailleurs, plus un sujet est malnutri, plus graves seront les ulcères de décubitus. Je suis persuadé que la dénutrition est probablement l'élément le plus important dans l'apparition du type d'escarres le plus fréquent dans nos pays à l'heure actuelle », ajoute-t-il.

Anatomie d'une escarre

Dans la majorité des cas, une escarre se produit parce que l'épiderme étouffe sous le poids du corps. Lorsqu'une personne reste longtemps couchée ou assise sans changer de position, comme c'est le cas des patients alités pour cause de maladie ou contraints de rester assis dans un fauteuil roulant, la peau qui recouvre les saillies osseuses comme les hanches et le coccyx est comprimée contre des surfaces dures. Cette compression interrompt l'irrigation sanguine qui fournit de l'oxygène et des nutriments aux tissus. À la longue, les petits vaisseaux sanguins finissent par s'obstruer ; une lésion douloureuse et rouge fait alors son apparition et, en l'absence de soins adéquats, peut devenir une plaie ouverte plus ou moins profonde et toujours douloureuse. Dans le pire des cas, une érosion en profondeur des tissus peut se produire, allant jusqu'à exposer les muscles et les os.

L'une des meilleures précautions d'ordre préventif consiste à changer continuellement de position. Les médecins recommandent de bouger tous les quarts d'heure, si possible, ou au moins toutes les deux heures lorsque l'on est alité, ou chaque heure si l'on est en fauteuil roulant. Les escarres peuvent apparaître en très peu de temps, surtout lorsque l'épiderme est peu épais et fragile, que la cicatrisation des plaies s'effectue lentement et que le sujet ne bouge pas beaucoup, comme c'est le cas de nombreuses personnes âgées.

Voilà pourquoi une nutrition judicieuse est si importante. Plus la peau est saine et épaisse, mieux elle peut supporter le poids du corps et moins on est exposé aux escarres.

Facteurs alimentaires

Il est vrai que les escarres apparaissent souvent en cas d'alitement prolongé, mais la nutrition — comme le fait de changer régulièrement de position — a plus d'importance que la qualité du matelas lorsqu'il s'agit de prévenir ces lésions douloureuses. Voici ce que recommandent la majorité des experts pour conserver une peau saine et sans escarres.

Les protéines protectrices. « Les protéines sont d'importance capitale pour une bonne cicatrisation, souligne le Dr Mitchell V. Kaminski, Jr., chirurgien et professeur clinicien en chirurgie. En présence d'ulcères de décubitus, il est absolument capital d'augmenter l'apport de protéines. »

Des chercheurs de l'université du Maryland, à College Park, ont administré à 28 patients atteints d'escarres un complément alimentaire contenant soit 14 %, soit 24 % de protéines. Ils ont ensuite pu constater chez ceux qui avaient reçu le complément le plus concentré en protéines une réduction marquée de la surface des escarres, tandis que l'état des participants qui n'avaient reçu que 14 % de protéines demeurait pratiquement stationnaire.

Afin de prévenir ou de traiter les escarres, le Dr Kaminski recommande d'absorber environ 0,70 gramme de protéines pour 500 grammes de poids corporel. Ce chiffre représente environ le double des besoins en protéines de l'organisme en temps normal. Pour obtenir suffisamment de protéines afin d'éviter l'apparition d'escarres, une femme grabataire pesant 63,5 kilos devrait absorber 95 grammes de protéines, soit la teneur d'environ quatre boîtes de thon de 360 grammes.

« Lorsqu'il est trop difficile d'absorber une telle quantité de protéines par le biais des aliments, il est tout aussi efficace de prendre une boisson à base de poudre protéinée » , suggère le Dr Kaminski. Ces types de produits sont vendus en pharmacie.

Remarque : Quoiqu'un apport complémentaire nutritionnel puisse accélérer la guérison des escarres, il est très important que ces dernières soient traitées sous la surveillance d'un médecin. Les patients diabétiques doivent être particulièrement vigilants dans ce domaine. L'aggravation des escarres peut se produire extrêmement rapidement.

Les multivitamines protectrices

Certains médecins recommandent des compléments de multivitamines et de minéraux pour la plupart des sujets à risque, car c'est là une bonne manière de s'assurer qu'ils absorbent chaque jour un apport nutritionnel équilibré.

Un tel complément de multivitamines et de minéraux est particulièrement important pour les personnes âgées qui doivent garder le lit ou sont contraintes de rester assises à longueur de journée dans un fauteuil roulant. En effet, souligne le Dr Kaminski, de tels patients présentent souvent une carence prononcée en vitamines et minéraux.

La vitamine C joue un rôle majeur

L'une des carences les plus courantes chez les personnes du troisième âge est le déficit en vitamine C. Un taux trop faible de ce nutriment conduit à une fragilisation de la peau et des capillaires et, par conséquent, aux escarres.

Prescriptions vitaminiques

Les recherches montrent qu'une peau robuste et un peu d'activité physique constituent notre meilleure protection pour lutter contre les escarres. Voici ce que préconisent de nombreux experts pour renforcer et cicatriser la peau.

Nutriment	Dose par jour
Vitamine C	1 000 milligrammes
Zinc	15 milligrammes
En addition, un complément de multivitamines et de minéraux	

MISE EN GARDE : *Il est important que le traitement des escarres soit appliqué sous surveillance médicale.*

Certaines études semblent même indiquer que la carence en vitamine C pourrait être le principal facteur nutritionnel lié à l'apparition des escarres. En Angleterre, des chercheurs de l'hôpital universitaire St. James's ont étudié 21 patients âgés ayant subi une fracture de la hanche ; ces chercheurs ont signalé que sur les 10 patients qui finirent par avoir des escarres, tous présentaient une carence en vitamine C. À vrai dire, leur taux de vitamine C n'atteignait que la moitié de celui des participants qui n'avaient pas eu d'escarres, alors qu'ils avaient des taux comparables pour les autres vitamines.

« La carence en vitamine C peut doubler le temps nécessaire à la cicatrisation, poursuit le Dr Kaminski. J'administre systématiquement 1 000 milligrammes de vitamine C par jour à mes patients qui ont déjà des escarres ou sont des sujets à risque. La vitamine C n'apporte pas d'amélioration lorsqu'il n'y a pas de carence, mais, en revanche, un surplus de ce nutriment ne saurait faire de mal. »

Le zinc accélère la guérison

Comme pour la vitamine C, diverses études ont établi un rapport entre le zinc et la prévention des escarres ou leur cicatrisation.

« Lorsqu'il y a déficit en zinc, la période nécessaire à la cicatrisation est multipliée par deux, souligne le Dr Kaminski. Comme dans le cas de la vitamine C, un apport complémentaire de zinc ne sert à rien lorsqu'il n'y a pas de carence, mais la carence en zinc est si courante que, dans ce cas également, j'en administre systématiquement un apport complémentaire. »

La Valeur quotidienne pour le zinc est de 15 milligrammes, et cette dose peut être obtenue soit par le biais de l'alimentation, soit en prenant un complément alimentaire. Vous absorberez davantage de zinc en ayant plus fréquemment recours à d'excellentes sources alimentaires telles que les crustacés et les fruits de mer, le germe de blé, les céréales complètes et le pain complet.

Excès de cholestérol

◆

Se protéger contre le mauvais cholestérol

Si vous êtes un individu lambda, sans doute vous efforcez-vous déjà d'abaisser votre taux de cholestérol jusqu'à un niveau acceptable. Vous avez probablement renoncé définitivement aux œufs et au foie, et réduit considérablement votre consommation de viande rouge. En outre, vous pratiquez l'art de déchiffrer attentivement les étiquettes de produits alimentaires afin d'écarter de votre alimentation les graisses saturées et le cholestérol. Et, sans aucun doute, toute cette vigilance vous a déjà permis d'obtenir des résultats encourageants. Votre taux de cholestérol sanguin a diminué, ainsi que le risque de maladies cardiovasculaires et d'accident vasculaire cérébral.

Vous êtes donc à présent persuadé qu'après avoir mis en place toutes ces bonnes habitudes si favorables à la santé, vous pouvez bien cesser de vous faire du souci et vous remettre à jouir de la vie, pas vrai ?

Eh bien cela reste à voir. Notre taux de cholestérol sanguin s'exprime généralement par trois chiffres au moins. L'un de ces chiffres reflète la quantité totale de cholestérol en circulation dans le sang. Un autre chiffre correspond à la proportion de cholestérol total contenant du cholestérol LDL, le « mauvais » cholestérol, qui adhère à nos artères et contribue à provoquer le processus dégénératif susceptible de causer une crise cardiaque ou un accident vasculaire cérébral. Et le troisième chiffre reflète la quantité de cholestérol HDL, le « bon » cholestérol, dont on a pu vérifier qu'il neutralise le « mauvais » en l'escortant jusqu'au foie où il peut être éliminé.

Certains médecins recommandent de maintenir le taux de cholestérol total en dessous de 200. D'autres, comme le Dr William Castelli, ancien directeur de l'étude *Framingham Heart Study* et à présent directeur médical de l'institut cardiovasculaire Framingham, suggèrent de chercher à en abaisser le taux davantage encore. « Nous devons nous souvenir que 35 % de toutes les crises cardiaques se produisent chez des sujets dont le taux de cholestérol total est inférieur à 200 », commente ce médecin.

Chez les hommes comme chez les femmes, en l'absence de tout autre facteur de risque, le Dr Castelli est à l'affût d'un taux de HDL supérieur à 35 et d'un chiffre inférieur à 160 pour le LDL. Si vous présentez au moins deux facteurs de risque — par exemple si certains membres de votre famille ont été atteints de maladies cardiovasculaires, ou si vous êtes fumeur ou diabétique —, votre taux de LDL devrait être inférieur à 130, précise-t-il. Ce médecin relève que chez toute personne dont le taux de cholestérol total dépasse 150, c'est la proportion de HDL par rapport au cholestérol total qui compte. « Si ce rapport atteint ou dépasse quatre, le risque que vous soyez atteint de maladie cardiovasculaire est progressif et il serait bon pour vous d'observer un régime et de pratiquer un programme d'exercice physique recommandé par votre médecin, poursuit-il. En revanche, si votre cholestérol total est inférieur à 150, vous n'avez aucun souci à vous faire », conclut le Dr Castelli.

La vitamine C joue un rôle essentiel

Les savants savent déjà depuis pas mal de temps que le secret pour abaisser le taux de cholestérol LDL consiste à surveiller attentivement la quantité de matières grasses absorbées, ainsi que le cholestérol fourni par les aliments. Pour ce qui est du cholestérol, la règle est simple : il s'agit d'en absorber moins de 300 milligrammes par jour. Quant aux matières grasses, la règle du jeu est un peu plus compliquée. Nous avons tous entendu dire plus d'une fois qu'une alimentation optimale est celle qui fournit moins de 25 % des calories totales à partir de matière grasse. En revanche, cela n'est pas valable pour un sujet ayant un taux de cholestérol trop élevé. Les recherches ont montré qu'une alimentation qui contient trop peu de matières grasses aura pour résultat d'abaisser non seulement le taux de « mauvais » cholestérol LDL, mais également celui de « bon » cholestérol HDL. Il est préférable, pour un sujet atteint d'hypercholestérolémie, d'adopter une alimentation dont 30 % des calories proviennent de matières grasses, car cela permettra d'abaisser les taux de cholestérol LDL sans affecter ceux de HDL.

S'il est important de veiller à éviter une baisse du taux de HDL, il est également judicieux de prendre certaines mesures afin d'augmenter le taux de ce « bon » cholestérol. Les chercheurs commencent tout juste à entrevoir comment s'y prendre pour parvenir à ce résultat.

Certaines études indiquent que trois stratégies contribuent à augmenter les taux de HDL : un peu d'alcool (un ou deux verres par jour), un peu d'exercice physique, plusieurs fois par semaine, pour faire travailler le cœur plus rapidement, et renoncer au tabac. Diverses études effectuées par des

Facteurs alimentaires

La plupart des stratégies pour abaisser le cholestérol LDL, nuisible aux artères, et augmenter son cousin HDL, capable de nettoyer ces dernières, passent généralement par une réforme alimentaire. Voici de quelle manière les experts vous suggèrent de parvenir à ce résultat.

Soyez attentif aux chiffres. Diminuez le cholestérol dans votre alimentation de manière à en absorber moins de 300 milligrammes par jour. La plupart des experts sont d'accord pour dire que si l'on veut maintenir un taux peu élevé de cholestérol, il est judicieux d'éviter de manger du foie, de limiter la consommation d'œufs, de diminuer les quantités de viande rouge et d'additionner les quantités de cholestérol indiquées sur les aliments en paquets ou en boîtes, afin de mieux les surveiller.

Moins de matières grasses. La stratégie essentielle pour abaisser les taux de cholestérol consiste à diminuer la quantité de matières grasses saturées dans notre alimentation de manière à ce qu'elle ne représente que 10 % des calories, selon Nancy Ernst, coordinatrice de la nutrition à l'Institut national du cœur, du poumon et du sang. En effet, l'excès de matières grasses saturées provoque une surcharge des mécanismes d'évacuation du cholestérol de l'organisme, et peut obstruer les artères.

Afin de diminuer la quantité de matières grasses saturées que vous absorbez, optez pour le poisson, la volaille et les viandes rouges très maigres, en prenant la précaution d'éliminer de ces dernières tout gras visible ; utilisez des produits laitiers semi-écrémés et déchiffrez bien les étiquettes afin d'être fixé sur la teneur exacte en matières grasses de ces types d'aliments.

Modifiez la répartition des matières grasses. Les chercheurs suggèrent qu'il est possible d'abaisser le cholestérol LDL en modifiant la proportion des matières grasses dans l'alimentation. Quelle est la formule idéale ? Pour quelqu'un dont le taux de cholestérol est trop élevé, elle correspond à 7-10-13. Réduisez les matières grasses saturées — du type de celles que l'on trouve dans la viande, par exemple — à moins de 7 % et les acides gras polyinsaturés, comme ceux qui se trouvent dans les huiles végétales, à moins de 10 % des calories fournies par votre alimentation. En revanche, augmentez jusqu'à 13 % la proportion des acides gras mono-insaturés, ceux que l'on trouve dans l'huile de colza ou l'huile d'olive.

Souvenez-vous que pour chaque diminution de un pour cent des graisses saturées dans l'alimentation, le taux de cholestérol s'abaisse pratiquement de deux points. Il ne s'agit pas pour autant d'abaisser excessivement le taux global des matières grasses dans l'alimentation, ce qui pourrait entraîner une baisse excessive du « bon » cholestérol HDL, avertit le Dr Margo Denke, spécialiste pour les femmes et le cholestérol et membre d'un comité d'experts sur le HDL et les maladies cardiovasculaires. Les recherches ont montré qu'une alimentation qui tire 30 % de ses calories de la matière grasse est optimale pour bien maîtriser le cholestérol.

Mangez souvent du poisson. Divers travaux, visant à mesurer l'incidence des acides gras de type oméga-3 (présents dans des poissons comme le thon, le maquereau, le saumon et les sardines) sur le taux du « bon » cholestérol HDL, indiquent que le fait d'ajouter régulièrement du poisson à notre alimentation — peu importe que ce soit une fois par semaine ou chaque jour — est un bon moyen de diminuer la prise de matières grasses saturées.

Mieux encore, une étude australienne portant sur plus de 100 hommes âgés de 30 à 60 ans a permis de constater que le fait de manger une fois par jour du poisson permet de compenser la baisse du taux de « bon » cholestérol HDL, qui peut se produire lorsque l'alimentation habituelle ne contient pas assez de matières grasses.

Absorbez davantage de fibres. Vous pourrez également diminuer votre taux de cholestérol LDL en mangeant régulièrement des aliments riches en fibres tels que des céréales complètes et du pain complet. Assurez-vous en revanche que ces types d'aliments contiennent véritablement le plus de fibres possible, car les nutritionnistes soulignent qu'il faut absorber chaque jour entre 15 et 30 grammes de fibres pour qu'une telle mesure ait une incidence sur les taux de cholestérol. Vous y parviendrez en ajoutant une tasse de mûres ou de framboises à vos céréales au petit déjeuner, en mangeant une demi-tasse de petits haricots de Lima au repas de midi, une tasse de spaghetti complets lors du dîner et en prenant cinq moitiés de pêches séchées entre les repas.

(à suivre)

Facteurs alimentaires — Suite

Adoptez le soja. Les produits à base de soja, comme le tofu, et les protéines végétales texturées, qui entrent souvent dans la composition de plats à base de viande hachée, contiennent des substances phytochimiques naturelles, les isoflavones. Divers travaux indiquent que ces dernières pourraient contribuer à évacuer de l'organisme le cholestérol nuisible à nos artères.

chercheurs de l'université Tufts à Medford, dans le Massachusetts, indiquent en outre que plus le taux de vitamine C dans le sang est élevé, plus le taux de HDL augmente.

Au sein de cet établissement, les chercheurs ont mesuré les taux sanguins en vitamine C et en HDL chez 1 372 hommes et femmes. Ceux qui avaient le plus de vitamine C dans le sang avaient 10 % plus de HDL que ceux dont les taux sanguins de vitamine C étaient les plus faibles.

Dans le cadre d'une étude au centre de recherches Jean Mayer sur la nutrition humaine et sur le vieillissement du ministère américain de l'Agriculture, à l'université Tufts de Boston, 138 hommes et femmes, âgés de 20 à 65 ans, ont absorbé pendant huit mois 1 000 milligrammes de vitamine C. « Nous avons constaté une augmentation marquée du taux de cholestérol HDL — de l'ordre de 7 % en moyenne — parmi les participants qui avaient au départ un faible taux sanguin de vitamine C », commente le Dr Paul Jacques, épidémiologiste au centre et l'un des auteurs de cette étude. En France, un adulte sur deux reçoit moins de l'apport quotidien recommandé, ce qui équivaut à ce que l'on observe aux États-Unis. En effet, selon le Dr A. Jacob, expert en vitamine C, chimiste chargé de recherches sur les micro-nutriments au centre de recherches sur la nutrition humaine de type occidental du ministère américain de l'Agriculture, plus de la moitié des Américains d'âge adulte qui ne prennent aucun complément alimentaire contenant de la vitamine C ont de faibles taux sanguins de ce nutriment. Le Dr Jacob suggère d'augmenter ces taux en prenant « chaque jour trois ou quatre portions d'aliments particulièrement riches en vitamine C, comme par exemple : agrumes, pommes de terre, brocolis, chou-fleur, fraises, papaye et légumes à feuilles vert foncé. »

Les chercheurs qui assurent le suivi de ces travaux dans le cadre de l'étude longitudinale sur le vieillissement de Baltimore, entreprise par l'institut national sur le vieillissement de Bethesda dans le Maryland, sont entièrement d'accord. Ils ont en effet mesuré les taux sanguins de vitamine C chez 316 femmes et 511 hommes âgés de 19 à 95 ans, avant de questionner chacun des participants sur la quantité de vitamine C absorbée par le biais de l'alimentation ou de compléments nutritionnels.

Résultat ? Les chercheurs ont constaté que plus un sujet absorbait de vitamine C, plus son taux de HDL était élevé — mais seulement jusqu'à un certain point. L'étude a permis de déterminer que les femmes qui absorbaient 215 milligrammes de vitamine C par jour et les hommes qui en prenaient quotidiennement 346 milligrammes augmentaient leur taux de HDL au niveau maximal.

Les médecins qui préconisent la vitamine C pour augmenter le taux de « bon » cholestérol suggèrent d'en prendre 250 milligrammes par jour, soit plus de quatre fois la Valeur quotidienne (60 milligrammes) ; cette dose élevée est néanmoins considérée comme totalement dénuée de toxicité.

Prescriptions vitaminiques

Afin de lutter contre les maladies cardiovasculaires, il est essentiel d'abaisser les taux de cholestérol. Quoique les chercheurs n'aient pas encore réussi à identifier tous les modes d'action très divers des nutriments, les travaux scientifiques indiquent que les deux vitamines suivantes peuvent être utiles.

Nutriment	Dose par jour
Vitamine C	250 milligrammes
Vitamine E	100 à 400 unités internationales

MISE EN GARDE : *Si l'on a diagnostiqué chez vous des taux de cholestérol trop élevés, il est important que vous soyez suivi par un médecin.*

Les personnes auxquelles des médicaments anticoagulants ont été prescrits ne doivent pas prendre de vitamine E sous forme de complément alimentaire.

La niacine : nutriment ou médicament ?

Les médecins commencent seulement à soupçonner que la niacine pourrait ne pas être, comme ils l'avaient toujours pensé jusqu'alors, la solution de rechange « naturelle » et sans risque aux médicaments ultramodernes destinés à faire baisser le taux de cholestérol.

Il est vrai qu'elle fait baisser le cholestérol. Diverses études montrent que des doses quotidiennes de 2 000 à 3 000 milligrammes de niacine permettent de diminuer le cholestérol total et le « mauvais » LDL, celui qui nous obstrue les artères, à raison de 20 à 30 % en moyenne.

Voilà qui n'est pas si mal. En revanche, ce sont les effets indésirables de ce nutriment qui posent problème. « Lorsque, dans le but d'abaisser le taux de cholestérol, la niacine est administrée en doses 100 fois plus élevées que celles dont l'organisme a besoin sur le plan nutritionnel, cette substance doit véritablement être considérée comme un médicament, car elle entraîne certains effets indésirables », souligne le Dr Frank M. Sacks, professeur adjoint de médecine et de nutrition.

« En mégadoses, la niacine provoque couramment des effets indésirables gênants, quoique sans gravité. Il y a notamment des bouffées de chaleur comme celles qu'ont les femmes au moment de la ménopause. On peut également observer des éruptions cutanées. Mais il y a pire : la niacine peut également avoir des conséquences plus gênantes, comme d'entraîner une aggravation de la goutte ou d'un ulcère. »

Rôle neutralisant de la vitamine E

La vitamine C est une vitamine hydrosoluble présente dans le sang et dans diverses humeurs aqueuses de l'organisme. En revanche, la vitamine E est une vitamine liposoluble, c'est-à-dire qu'elle s'intègre à une particule de LDL dans le courant sanguin. La vitamine E contribue à empêcher le LDL de s'oxyder ou de devenir rance, ce qui pourrait ensuite obstruer les artères, explique le Dr Balz Frei, professeur adjoint en médecine et en biochimie. En présence d'une grande quantité de vitamine E, les particules de LDL circulent librement à travers les parois artérielles au lieu de s'agglutiner en

Parmi ceux qui entreprennent d'absorber une dose élevée de niacine, 25 % finissent par renoncer à ce nutriment en raison de tels effets indésirables. Une forme retard de cette vitamine, en revanche, s'est révélée moins problématique dans ce domaine.

Les chercheurs ont néanmoins constaté que la niacine sous forme de pilule à libération prolongée s'accompagnait de troubles spécifiques. Lorsque des savants de la faculté médicale de Virginie, à l'université Virginia Commonwealth de Richmond, ont fait équipe avec des chercheurs de la faculté de médecine de l'université d'état de Pennsylvanie à Hershey afin de comparer deux formes de la niacine, celle à libération prolongée et celle à libération rapide, ils ont constaté que les taux d'enzymes hépatiques étaient trois fois plus élevés que la normale chez la moitié des sujets qui prenaient de la niacine à libération prolongée. Chez 25 % d'entre eux, on trouvait bel et bien des symptômes de dysfonctionnement hépatique, accompagnés de fatigue, de nausées et d'une perte d'appétit.

Heureusement, il suffisait de cesser de prendre la niacine pour que le foie retrouve, après quatre semaines seulement, un fonctionnement normal.

Quoi qu'il en soit, concluaient ces chercheurs, nul ne devrait prendre de niacine à libération prolongée ou immédiate sans être sous la surveillance attentive d'un médecin.

plaques athéromateuses. La vitamine C joue un rôle contributif en régénérant la vitamine E lorsque les réserves s'en sont amenuisées.

La Valeur quotidienne pour la vitamine E est de 30 unités internationales. Les médecins qui préconisent un complément de vitamine E pour prévenir les maladies cardiovasculaires, en revanche, recommandent généralement d'en prendre au moins 100 unités internationales par jour. La dose dénuée de toxicité peut aller jusqu'à 600 unités internationales par jour, selon les experts, mais les personnes qui prennent des médicaments anticoagulants ne doivent pas prendre de vitamine E sous forme de complément alimentaire.

Gingivite

◆

Mieux connaître le rôle de la vitamine C

Peut-être vous est-il déjà arrivé de vous brosser les dents et de manier le fil dentaire à tour de bras, sans pour autant cesser d'avoir des saignements ou une inflammation accompagnée de rétraction des gencives.

Il s'agit d'un cas rebelle de gingivite, et c'est relativement grave. Lorsque des particules de nourriture demeurent ne serait-ce qu'un court moment en contact avec les gencives, elles se liguent avec les bactéries pour former la plaque dentaire ; se durcissant à la surface des dents, celle-ci a pour effet d'irriter les gencives. Ces dernières finissent alors par saigner et se rétracter, constituant comme une poche par-dessus la dent où d'autres débris alimentaires viennent s'accumuler. En peu de temps, la plaque dentaire s'attaque à la racine des dents ainsi qu'aux mâchoires ; c'est à ce moment-là que la gingivite se transforme en un problème de gencives plus grave encore, la parodontite. Si cette dernière s'étend rapidement sans qu'une intervention médicale appropriée vienne y faire obstacle, elle peut même entraîner la perte de plusieurs dents.

La plupart des dentistes mettent avec raison l'accent sur la nécessité de se nettoyer régulièrement les dents par des brossages et à l'aide de fil dentaire afin d'avoir des gencives saines. En outre, il ne fait aucun doute que l'alimentation joue également un rôle.

« Après tout, la bouche est inséparable du reste du corps, souligne Cherilyn Sheets, docteur en chirurgie dentaire et porte-parole de l'Académie de soins dentaires courants. Tout ce qui peut améliorer la santé globale et l'aptitude de l'organisme à résister aux maladies sera bénéfique pour la bouche. » Elle ajoute qu'il suffit de négliger quelque peu notre alimentation ou de se complaire à des comportements nuisibles comme le tabagisme ou l'excès de boisson pour que tout l'organisme en soit affecté et notamment la bouche.

Facteurs alimentaires

Voici quelques conseils diététiques pour conserver de belles gencives saines et roses.

Moins de boissons gazeuses. Le soda en boîte contient trop de phosphore ; ce minéral, pouvant provoquer une fuite de calcium osseux, est une cause possible d'ostéoporose. Certains chercheurs pensent que cette perte de calcium pourrait affecter en premier lieu non pas les hanches ou la colonne vertébrale, mais bien les mâchoires, entraînant ainsi la perte de dents, commente le Dr Ken Wical, professeur de chirurgie dentaire.

« Nous avons l'occasion d'examiner pas mal de jeunes adolescentes chez qui l'on peut constater, par suite sans doute de mauvaises habitudes alimentaires comme le fait de boire souvent des sodas édulcorés et d'absorber trop peu de calcium, que l'état des gencives correspond à celui de femmes d'âge bien plus avancé, commente le Dr Wical. Vers la trentaine, ces jeunes femmes en sont réduites à porter un dentier. »

Moins de sucre. Non seulement le sucre favorise les caries, mais on le soupçonne également d'être nuisible aux gencives. De nombreux dentistes sont persuadés que le sucre alimente les bactéries responsables de l'infection sous-jacente à la gingivite, même s'il n'existe pas encore d'étude vraiment convaincante pour le prouver.

Prenez de la vitamine C et constatez une amélioration

« Il ne fait aucun doute que de tous les nutriments, la vitamine C est celui dont il est prouvé qu'il exerce un effet tout à fait positif sur la bouche lorsqu'il est présent en taux adéquats dans l'organisme, et un effet négatif lorsque les taux dans l'organisme en sont trop bas », souligne le Dr Sheets. Certains des pires problèmes de gencives et de dentition que les dentistes ont l'occasion de voir affectent des personnes qui présentent un déficit en vitamine C.

Afin de mesurer l'effet de la carence en vitamine C sur la santé des gencives, des chercheurs de l'école d'odontologie de l'université de Californie à San Francisco ont administré à 11 hommes, durant 14 semaines, une alimentation alternée dont les fruits et les légumes avaient été délibérément

Prescriptions vitaminiques

Le Dr Mary Dan Eades, directeur médical du centre Arkansas pour la santé et la maîtrise du poids, souligne qu'il est possible d'obtenir une amélioration considérable de la santé des gencives en prenant simplement la précaution de se brosser régulièrement les dents, de faire usage de fil dentaire et d'absorber chaque jour une quantité adéquate de vitamine C. Voici les recommandations de ce médecin pour une bonne santé buccale.

Nutriment	Dose par jour
Vitamine C	1 000 à 2 000 milligrammes (gélules à libération prolongée), à fractionner en deux doses
	1/2 cuillerée à café (vitamine C en poudre), à mélanger avec une boisson sans sucre à base d'agrumes pour s'en servir d'eau dentifrice deux fois par jour (se rincer énergiquement la bouche pendant 1 minute)

MISE EN GARDE : *Si vous souffrez de gingivite, il est important de consulter votre dentiste.*

Il est démontré que la vitamine C sous forme de pastilles à mâcher et de poudre peut ronger l'émail des dents, et, par conséquent, il est préférable d'utiliser ce nutriment sous forme de cristaux pour s'en rincer la bouche. Il s'agit d'un problème grave, pouvant également rendre les dents excessivement sensibles. Certains dentistes conseillent plutôt de pratiquer le rinçage buccal pendant trois à cinq jours d'affilée. Après chaque rinçage, continuez à vous rincer la bouche mais à l'aide de plusieurs verres d'eau fraîche.

En doses supérieures à 1 200 milligrammes, la vitamine C peut également provoquer des diarrhées.

exclus. De la vitamine C était ajoutée à cette alimentation sous forme de complément alimentaire mélangé à du jus de raisin, mais seulement durant certaines semaines. À l'issue de cette étude, les chercheurs ont constaté qu'à mesure que les taux de vitamine C chez les participants s'abaissaient, leurs gencives saignaient davantage. Durant les périodes durant lesquelles ils recevaient davantage de vitamine C, leurs gencives saignaient moins.

D'autres recherches portant sur des animaux de laboratoire ont confirmé que la carence en vitamine C provoquait une enflure des gencives, une baisse du taux de minéraux dans la mâchoire et le déchaussement des dents.

Comment expliquer de tels dégâts ? Il s'avère que la vitamine C joue un rôle crucial dans la production du collagène, l'élément constitutif protéiné de base qui sert à la structure fibreuse de tous les tissus et notamment des gencives, explique le Dr Mary Dan Eades, directeur médical du centre Arkansas pour la santé et la maîtrise du poids. « La vitamine C renforce les tissus gingivaux affaiblis et rend les muqueuses des gencives plus résistantes à la pénétration bactérienne », précise ce médecin.

Le Dr Eades recommande de lutter contre la gingivite en utilisant la vitamine C de deux manières : en guise d'eau dentifrice et en l'absorbant sous forme de complément alimentaire. « Faites dissoudre une demi-cuillerée à café de poudre de vitamine C dans une boisson sans sucre à base d'agrumes, rincez-vous énergiquement la bouche avec cette préparation durant une minute, avant de l'avaler ; répétez cela deux fois par jour », conseille-t-elle. Après chaque rinçage buccal, rincez-vous plusieurs fois la bouche à l'eau fraîche.

La vitamine C sous forme de poudre est disponible partout. (La vitamine C à mâcher ou effervescente peut ronger l'émail des dents. Il est donc préférable d'utiliser ce nutriment sous forme de poudre lorsqu'il est destiné à servir d'eau dentifrice.)

Vous pourrez également prendre des gélules de vitamine C à libération prolongée titrées à 500 milligrammes, une ou deux le matin et une ou deux le soir, ajoute le Dr Eades. (Certains sujets peuvent avoir des diarrhées après avoir pris des doses de vitamine C dépassant 1 200 milligrammes par jour.) Parallèlement, n'oubliez pas de vous brosser les dents et d'utiliser régulièrement le fil dentaire !

Glaucome

❖

Soulager la pression

Thomas Goslin présentait les symptômes classiques du glaucome : une accumulation progressive de fluide dans les globes oculaires, entraînant une pression excessive et une perte de la vision périphérique.

Sur l'ordre de son ophtalmologue, M. Goslin — pasteur presbytérien retraité à Wildwood Crest dans le New Jersey — finit par se résigner à utiliser régulièrement des gouttes oculaires sur ordonnance, l'un des traitements les plus courants. Sa réticence venait du fait qu'il avait déjà eu des réactions allergiques aux médicaments, et, comme on pouvait s'y attendre, dès le premier soir d'administration de ces gouttes, il était prêt à tenter presque n'importe quoi d'autre.

C'est alors qu'on l'adressa au Dr Ben C. Lane, directeur de l'Institut d'optométrie nutritionnelle. Avant de créer cet institut, le Dr Lane avait poursuivi des recherches sur le rapport entre la nutrition et les maladies des yeux à l'université Columbia de New York City.

« Le Dr Lane m'affirma qu'au fil des ans, il avait obtenu d'excellents résultats dans le traitement du glaucome, lorsque celui-ci ne présente pas de complications, principalement grâce à la nutrition et à l'alimentation, et j'ai donc pensé que cela valait la peine d'essayer », commente M. Goslin. Après avoir procédé à un examen approfondi de l'œil ainsi qu'à une analyse nutritionnelle, basée notamment sur des analyses sanguines et une récapitulation du mode d'alimentation de ce patient au cours des années, le Dr Lane fit à ce dernier certaines recommandations spécifiques et notamment la prise d'un apport complémentaire de vitamine C et d'un minéral, le chrome.

Il fallut un an pour que M. Goslin commence à remarquer une amélioration marquée, mais depuis lors il a même récupéré la vision périphérique qu'il pensait avoir perdue à jamais. « Je suis convaincu que c'est au traitement proposé par le Dr Lane que je dois l'amélioration de ma vue », affirme-t-il aujourd'hui.

M. Goslin ajoute qu'il a continué à prendre un apport complémentaire de chrome jusqu'à ce que le Dr Lane s'aperçoive que son organisme ne l'assimilait pas correctement, en raison de l'action antagoniste de certains

Facteurs alimentaires

Voici quelques conseils pour soulager le glaucome.

Évitez le vanadium. Cet oligo-élément très courant, antagoniste du chrome, peut en effet épuiser les réserves de ce dernier de l'organisme. Le chrome joue quant à lui un rôle important, car il aide à normaliser la pression à l'intérieur du globe oculaire. Le vanadium est présent dans le kelp, la dulse et diverses autres algues, ainsi que dans des poissons comme le requin, l'espadon, le thon, le poulet et la dinde d'élevage intensif (ces volailles ayant souvent été alimentées à l'aide de farine de poisson), le vinaigre, les champignons, les conserves au vinaigre, le chocolat et la caroube.

Moins de sucre. Tout apport de sucre alimentaire nécessite l'intervention du chrome, alors que ce dernier pourrait servir à normaliser la pression à l'intérieur du globe oculaire, souligne le Dr Ben C. Lane, directeur de l'Institut d'optométrie nutritionnelle.

autres nutriments qu'il absorbait en même temps. À présent, il prend chaque jour par voie sublinguale deux gouttes de chrome aqueux, soit 30 minutes avant un repas, soit plus de trois heures après une prise alimentaire, mais jamais au même moment que la vitamine C.

L'importance de l'alimentation

Pour lutter contre le glaucome, qui peut finalement dégénérer en cécité, la plupart des ophtalmologues prescrivent des gouttes spéciales pour les yeux ou font appel à la chirurgie afin de soulager la pression à l'intérieur des globes oculaires.

Les gouttes oculaires sur ordonnance et la chirurgie peuvent s'imposer dans certains cas, souligne le Dr Lane, mais nos connaissances actuelles dans le domaine de la nutrition nous laissent penser que beaucoup de sujets atteints de glaucome pourraient obtenir une amélioration simplement en modifiant quelque peu leur manière de s'alimenter.

« Cela n'est pas valable pour tout le monde, précise ce médecin, mais lorsqu'un sujet atteint de glaucome absorbe durant plusieurs années une palette de nutriments judicieusement dosée, il est fréquent qu'il puisse - ensuite abandonner progressivement ses médicaments ou en prendre nettement moins. »

Le chrome est bénéfique

Outre prendre la précaution de s'assurer que nos lunettes sont vraiment efficaces, poursuit le Dr Lane, l'un des meilleurs moyens d'abaisser la pression dans les globes oculaires est un minéral, le chrome.

Dans le cadre d'une étude effectuée par l'université Columbia, le Dr Lane a demandé à plus de 400 personnes atteintes de maladie des yeux de lui énumérer en détail les aliments absorbés au cours des deux mois précédents. Les chercheurs procédèrent ensuite à des tests pour mesurer les taux sanguins des participants en vitamines et minéraux. On put ainsi constater que les sujets qui n'absorbaient pas assez de chrome et dont l'alimentation habituelle comportait trop d'aliments riches en vanadium étaient exposés à un risque plus élevé de glaucome. (Le vanadium est un autre minéral très courant, contenu dans de nombreux aliments et notamment le kelp, la dulse et d'autres algues, ainsi que les grands poissons marins.)

« Quel groupe de muscles utilisons-nous davantage à notre époque qu'à n'importe quelle autre période dans toute l'histoire de l'humanité ? Les muscles oculaires qui servent à la mise au point, commente le Dr Lane. Et quel nutriment contribue à faciliter l'aptitude des muscles oculaires à se focaliser ? Il faut retenir que la majorité d'entre nous avons besoin de plus de chrome, surtout si notre alimentation habituelle comportait jusqu'ici des aliments raffinés et sucrés. » Des taux de chrome adéquats sont nécessaires pour contribuer à fournir aux muscles de l'œil servant à la focalisation l'énergie dont ils ont besoin, ajoute ce médecin.

Mais quel est le rapport entre les muscles oculaires et le glaucome ? Le Dr Lane poursuit en expliquant que lorsque nous accomplissons des tâches qui nécessitent une mise au point intense et prolongée, comme la lecture, un excès de fluide peut s'accumuler à l'intérieur des globes oculaires. Chez certaines personnes, ajoute-t-il, le drainage de ce fluide ne s'effectue pas correctement et la pression intra-oculaire augmente, ce qui contribue au glaucome.

Les sujets atteints de diabète de type II (non-insulinodépendant) semblent davantage sujets au glaucome, ajoute le Dr Lane en soulignant que

Prescriptions vitaminiques

Il est important d'être suivi par un médecin compétent si vous avez un glaucome. En l'absence de soins, cette maladie peut en effet déboucher sur la cécité.

Pour traiter le glaucome, les médecins prescrivent généralement des médicaments sous forme de gouttes oculaires. Si vous souhaitez avoir recours à des compléments alimentaires parallèlement à votre traitement, parlez-en au préalable à votre ophtalmologue.

Certains médecins recommandent les nutriments suivants dans le cadre du traitement préconisé pour soigner le glaucome.

Nutriment	Dose par jour
Chrome	120 microgrammes
Vitamine C	750 à 1 500 milligrammes, à fractionner en deux doses

MISE EN GARDE : *Le traitement du glaucome par la nutrithérapie n'est pas très courant, et n'est pas valable pour tous. Il est important, si vous avez un glaucome, d'être suivi par un médecin et de continuer à prendre les médicaments qui vous ont été prescrits.*

Si vous souhaitez avoir recours à un apport complémentaire de chrome, parlez-en d'abord à votre médecin. Cette précaution est particulièrement importante si vous êtes diabétique, car le chrome peut affecter votre taux de glycémie. En outre, beaucoup de gens font l'erreur de prendre leur complément de chrome en même temps que la vitamine C ; il faut savoir que cette dernière fait obstacle à l'assimilation du chrome.

Chez certaines personnes, la prise d'une dose de vitamine C dépassant 1 200 milligrammes par jour peut provoquer des diarrhées.

ce n'est guère surprenant, puisque l'on a constaté chez les diabétiques, comme chez les personnes ayant un glaucome, des taux de chrome trop faibles.

Parmi les meilleures sources de chrome, on peut mentionner le jaune d'œuf, la levure de bière et la plupart des aliments non raffinés qui sont de bonnes sources d'énergie. Par conséquent, les fruits et légumes frais bien mûrs, de goût sucré et de consistance farineuse, contiennent également de généreuses quantités de chrome, ajoute ce médecin.

La Valeur quotidienne pour le chrome est de 120 microgrammes.

Si vous envisagez de prendre un apport complémentaire de chrome, parlez-en d'abord à votre médecin. Cette précaution est particulièrement importante si vous êtes diabétique, car le chrome peut entraîner une baisse de la glycémie et réduire le besoin d'insuline. Votre médecin devra surveiller étroitement votre taux d'insuline aussi longtemps que vous prendrez des compléments alimentaires.

Le Dr Lane relève également que beaucoup de gens font l'erreur de prendre un complément de chrome en même temps que de la vitamine C. En effet, cette dernière est antagoniste du chrome.

La vitamine C soulage la pression

Tout comme le chrome, la vitamine C semble également diminuer la pression intra-oculaire, quoique d'une autre manière. Les études ont montré que ce nutriment semble augmenter le taux d'acidité du sang, explique le Dr Lane. « Cela semble suffisant pour contribuer à normaliser la pression à l'intérieur du globe oculaire », poursuit ce médecin. (La pression intra-oculaire est la pression à l'intérieur du globe oculaire ; chez les personnes atteintes de glaucome, cette pression est trop élevée, faisant obstacle à l'irrigation sanguine de l'œil.)

La vitamine C comporte en outre un autre effet bénéfique pour l'œil, car elle augmente l'efficacité de l'utilisation de l'énergie par les muscles oculaires, précise le Dr Lane. La dose optimale semble comprise entre 750 et 1 500 milligrammes de vitamine C par jour. En dépassant cette dose, on s'expose à un risque accru de voir la substance gélatineuse à l'intérieur de l'œil se liquéfier progressivement, ce qui l'amène finalement à se détacher de la rétine et des structures rétiniennes du fond de l'œil, souligne le Dr Lane. (La rétine contient une couche de cellules sensibles à la lumière dont le rôle est d'enregistrer les perceptions visuelles.) En outre, la prise d'une dose de vitamine C supérieure à 1 200 milligrammes par jour peut provoquer des diarrhées chez certaines personnes.

Le Dr Lane conseille d'absorber une partie de la dose quotidienne de vitamine C avec du jus de fruits avant le petit déjeuner, puis de laisser passer au moins un repas avant de prendre le reste. La vitamine C a tendance à faire obstacle à l'absorption d'autres nutriments tels que le cuivre et le chrome, précise ce médecin.

Il est relativement rare que le glaucome soit traité par la nutrithérapie, et un tel traitement ne convient pas à tous. Si vous avez un glaucome, il est important d'être suivi par un médecin et de continuer à prendre les médicaments que ce dernier vous a prescrits. En revanche, n'hésitez pas à faire part de vos éventuels soucis à votre médecin.

Goût et odorat (problèmes de)

Manger pour le plaisir des sens

Imaginez la privation de ne pouvoir savourer le délicat parfum d'un bosquet de chèvrefeuille en fleurs le long d'une route de campagne, ou d'être incapable de goûter l'arôme subtil d'une framboise fraîchement cueillie. Ne serait-ce pas bien amer pour la plupart d'entre nous de devoir renoncer à ces plaisirs tout simples ?

Pourtant, c'est malheureusement ce qui arrive aux personnes atteintes de troubles du goût et de l'odorat. (Ces deux sens sont si étroitement liés qu'il est fréquent que quelqu'un qui a perdu l'odorat se plaigne aussi de ne plus percevoir le goût des aliments.)

Chez certains, ces deux sens vitaux peuvent perdre de leur acuité, sans raison apparente, avec le vieillissement de l'organisme. Chez d'autres, le goût et l'odorat disparaissent brutalement d'un jour à l'autre, par suite d'une infection virale, d'un traumatisme crânien ou de traitements du cancer ; parfois ces troubles entrent dans la catégorie des effets indésirables liés à la prise de certains médicaments.

Il peut aussi arriver que l'on perçoive des modifications déroutantes de l'appareil sensoriel, comme un goût métallique, amer ou salé qui peut survenir spontanément ou se déclencher par suite de l'absorption de certains aliments (les agrumes sont souvent en cause). Dans certains cas, les perceptions sensorielles reviennent après quelque temps, mais il arrive qu'elles ne retrouvent plus jamais leur acuité antérieure.

Quoique la majorité des praticiens connaissent mal ce type de trouble, il est toujours judicieux de consulter un médecin si vous constatez une

Prescriptions vitaminiques

Les médecins qui admettent l'importance de la nutrition sont d'accord pour dire que la plupart des troubles du goût et de l'odorat ne sont pas provoqués par la seule carence en zinc, quoique celle-ci puisse y contribuer. Voici ce que recommandent ces médecins.

Nutriment	Dose par jour
Zinc	30 milligrammes (acétate de zinc ou gluconate de zinc)

MISE EN GARDE : *Il est formellement déconseillé de prendre une dose de zinc dépassant 15 milligrammes par jour en l'absence d'une surveillance médicale, car toute surdose de ce minéral peut être toxique.*

modification du goût ou de l'odorat. Vous pourrez soit consulter votre médecin de famille, soit aller voir un oto-rhino-laryngologiste, ou encore appeler l'hôpital universitaire le plus proche pour savoir s'il comporte un service spécialisé dans les problèmes du goût et de l'odorat. Dans ce type de centre, divers spécialistes sont disponibles pour aider à identifier et soigner ces troubles.

S'il existe un certain nombre de traitements auxquels votre médecin pourra faire appel, sachez qu'on a également pu vérifier l'existence d'une corrélation entre un nutriment et les troubles du goût et de l'odorat : il s'agit du zinc, un minéral essentiel, selon le Dr Robert Henkin, chercheur et directeur d'une clinique du goût et de l'odorat. Voici les plus récentes théories concernant cette corrélation, ainsi que les arguments contraires.

Le zinc semble renforcer le goût

Dans nos pays, très peu d'individus présentent une carence marquée en zinc ; il ne fait pourtant aucun doute que les personnes ayant un grave déficit en zinc perdent souvent le goût. Beaucoup des médecins qui sont appelés à traiter les troubles du goût et de l'odorat ignorent toutefois une chose (ou bien préfèrent la nier, pour des raisons diverses) : une carence en zinc, même légère, suffit en effet pour provoquer des troubles, selon le Dr Ananda Prasad, professeur de médecine et chercheur de pointe dans le domaine de la recherche sur le zinc.

« Il y a des années de cela, en Iran, nous avons constaté des aberrations du goût chez de jeunes garçons carencés en zinc. Non seulement ils avaient un retard de croissance et de maturité, mais ils mangeaient de l'argile, explique ce médecin. Plus récemment, nous avons découvert que des volontaires chez qui les chercheurs avaient provoqué une légère carence en zinc avaient également perdu une partie de leur acuité gustative. » (Le fait de manger de l'argile est un bizarre symptôme de carence qui porte le nom scientifique de géophagie.)

Le Dr Prasad ajoute que ces volontaires étaient tous des jeunes gens en bonne santé, chez qui l'on n'avait provoqué qu'une légère carence en zinc. Ils absorbaient une alimentation végétarienne que l'on pourrait qualifier d'assez typique, comportant environ cinq milligrammes de zinc par jour, soit un tiers de la Valeur quotidienne. Le soja était leur principale source de protéines. « Le soja et les céréales contiennent des phytates ; ces substances complexes gênent l'absorption d'un certain nombre de nutriments, notamment celle du zinc », explique le Dr Prasad. Après une période de six mois durant laquelle ils n'avaient absorbé que ce régime légèrement carencé, les volontaires commencèrent à signaler une diminution du goût. (Ils eurent également des troubles de la vision nocturne.)

Lorsque l'on commença à leur administrer 30 milligrammes de zinc par jour, ils retrouvèrent des sensations gustatives normales après un laps de temps de deux à trois mois.

Comme les papilles gustatives, les cellules olfactives (de l'odorat), situées à l'arrière et en haut de la fosse nasale, sont des cellules spécialisées. Leur croissance et leur survie dépendent d'un certain nombre de nutriments et notamment du zinc, explique le Dr Prasad.

Les papilles gustatives ont tout particulièrement besoin de zinc, ajoute le Dr Henkin. Ce dernier a constaté que les cellules des glandes salivaires servaient à fabriquer une protéine dépendant du zinc, la gustine, qui est sécrétée dans la salive. « La gustine joue un rôle important dans le maintien du goût, poursuit ce médecin. Elle exerce une influence sur les cellules souches des papilles gustatives, provoquant la différenciation de ces cellules et les amenant à se diviser pour donner lieu à de nouvelles cellules gustatives. »

Le Dr Henkin est persuadé qu'environ 20 à 25 % de tous les troubles du goût et de l'odorat sont liés à une carence en zinc ; cette dernière ne se produit pas nécessairement parce que les individus concernés n'absorbent pas assez de zinc, mais parce que leur organisme est incapable d'assimiler correctement ce minéral. « Chez environ la moitié de ces sujets, un apport complémentaire de zinc sera bénéfique, mais les autres n'obtiendront aucune amélioration, quelle que soit la quantité de zinc qu'ils absorbent », poursuit-il. Selon lui, l'organisme de ces personnes a du mal à fabriquer la gustine.

Si vous avez des raisons de penser que votre trouble du goût ou de l'odorat est lié à une trop faible absorption de zinc, parlez-en à votre médecin. En outre, souligne le Dr Prasad, si votre médecin vous prescrit des analyses sanguines, souvenez-vous que les analyses les plus courantes (celles du plasma sanguin et des taux sériques de zinc) ne permettent de détecter que les carences graves et non un déficit léger à moyen. Ce médecin mesure quant à lui le taux de zinc des lymphocytes (globules blancs) ; il s'agit alors d'un type d'analyse beaucoup plus pointu. Le Dr Henkin, quant à lui, mesure le taux de zinc dans la salive, cette dernière reflétant l'activité de l'enzyme dont le zinc est un cofacteur et dont le rôle est de stimuler la croissance et le développement des cellules gustatives. Puisqu'il ne s'agit pas, là non plus, d'une analyse courante, il est donc conseillé de s'adresser à un laboratoire spécialisé dans le dosage des métaux.

Le Dr Prasad est persuadé que la plupart des individus peuvent sans aucun danger absorber jusqu'à 30 milligrammes de zinc par le biais de l'alimentation et d'un apport complémentaire. « Une dose plus élevée pourrait gêner l'absorption du cuivre et nécessite par conséquent un apport complémentaire de cuivre à raison de 1 à 2 milligrammes par jour, ainsi que des analyses sanguines périodiques afin de vérifier qu'il n'y a pas d'anémie », souligne-t-il. En outre, il est préférable de consulter un médecin avant de prendre plus de 15 milligrammes de zinc par jour, car toute surdose de ce minéral peut être toxique.

Les fruits de mer et la viande fournissent la forme de zinc la plus facile à assimiler. Les huîtres en sont de loin la meilleure source, car six huîtres cuites de dimension moyenne apportent environ 76 milligrammes de zinc. Une portion de bœuf, de veau, d'agneau, de crabe ou de porc, pesant environ 85 grammes, fournit quelque 7 milligrammes de zinc. Si vous optez pour un complément alimentaire, l'acétate de zinc et le gluconate de zinc provoquent moins de troubles gastriques que le sulfate de zinc, relève le Dr Prasad.

Ce médecin ajoute qu'il devrait être possible de constater une amélioration au bout de trois mois environ, si toutefois le zinc est bien le traitement approprié pour votre trouble du goût. S'il n'y a aucune amélioration après ce laps de temps, cela veut probablement dire que le zinc ne va pas y changer grand-chose. Dans ce cas, continuez néanmoins d'en prendre chaque jour la Valeur quotidienne (15 milligrammes), mais envisagez d'autres causes à votre trouble, suggère-t-il encore.

Les anomalies sensorielles liées à une carence en zinc, poursuit le Dr Prasad, notamment la diminution de l'acuité du goût et de l'odorat et les perturbations de la vision nocturne, ont été associées à un certain nombre de troubles : maladie hépatique, maladie rénale, maladie de Crohn, mucoviscidose, maladie de Parkinson, troubles thyroïdiens, sclérose en plaques, brûlures graves, diabète de type II (non-insulinodépendant), infections grippales, anémie drépanocytaire et anorexie. Ces types d'anomalies ont également été signalés chez des sujets qui prenaient de la pénicillamine, un médicament destiné au traitement de la polyarthrite chronique évolutive. En outre, le Dr Prasad est persuadé que beaucoup de végétariens, ainsi que les personnes âgées qui ne mangent souvent que de petites quantités et très peu de viande, sont fréquemment carencés en zinc. « Une carence légère est beaucoup plus courante que la majorité des gens ne l'imaginent », conclut-il.

Goutte

◈

Contre-attaquer par une réforme alimentaire

Ce trouble a souvent été associé à une alimentation trop abondante et trop riche. Pourtant, le fait d'être atteint de goutte ne signifie pas forcément qu'on est un homme obèse d'âge moyen qui s'adonne volontiers à des excès de bière et de viande de bœuf, et dont le gros orteil est incroyablement douloureux.

« Il n'y a rien à faire, mon organisme réagit à la viande, en particulier la viande rouge, ainsi qu'aux sauces et à d'autres aliments gras et riches », commente Mme Frances George, de Cusick dans l'état de Washington. Cette dernière met son trouble sur le compte de l'hérédité, car elle ne pense pas qu'il soit lié à de mauvaises habitudes. « Mon père avait la goutte, et il en va de même de mon fils », poursuit-elle. D'ailleurs, avant que l'on diagnostique la goutte chez son fils adolescent, elle ne s'était jamais rendu compte que la douleur persistante dans sa cheville avait la même origine.

« En ce qui me concerne, je n'ai jamais eu de douleurs dans les orteils, ajoute-t-elle, et cela m'a d'ailleurs mise sur une mauvaise piste pendant quelque temps. »

La goutte est une forme d'arthrite caractérisée par les mêmes symptômes : douleurs et enflure dans les articulations. En général, la douleur reste localisée, soit dans la première phalange du gros orteil, soit dans d'autres articulations du pied, du genou ou parfois du poignet et du coude.

La douleur survient lorsque des cristaux acérés d'acide urique se constituent dans le fluide qui entoure une articulation. Ce phénomène provient de taux sanguins trop élevés d'acide urique — ou, paradoxalement, d'une baisse trop rapide de ces mêmes taux. L'alcool, les aliments trop riches, les médicaments destinés à faire baisser la pression sanguine, le saturnisme, et même certains troubles métaboliques héréditaires peuvent provoquer la goutte. L'acide urique peut aussi se cristalliser dans les reins et d'autres tissus mous, provoquant des lésions. Par conséquent, il est important de prévenir les crises de gouttes pour des raisons qui dépassent largement la simple prévention des douleurs.

Une crise de goutte se déclare souvent la nuit ; l'articulation concernée devient alors de plus en plus chaude, enflée et douloureuse. « Les crises peuvent survenir très vite, commente Mme George. En général, elles ne me réveillent pas la nuit, mais je peux très bien m'être couchée en pleine forme et m'éveiller le matin avec la cheville raide et enflée. » Pour elle, une telle crise peut se produire après avoir mangé de la viande pendant plusieurs jours d'affilée, ou après un excès dans un restaurant qu'elle apprécie, où chacun se sert à volonté au buffet où l'on sert des côtes de bœuf de premier choix. « Ce n'est pas que je mange davantage que n'importe qui, mais je suis la seule à avoir la goutte », se lamente-t-elle.

Mme George est bien consciente que ses symptômes finissent par disparaître lorsqu'elle se met à un régime végétarien pauvre en matières grasses. C'est donc là ce qu'elle met en pratique chaque fois que sa cheville lui cause des misères.

Le Dr Joseph Pizzorno, Jr., naturopathe et président de l'université Bastyr, souligne que la plupart des cas de goutte répondent sans problème à une réforme alimentaire bien conduite. « Pour la plupart des gens, une modification de l'alimentation suffit à maîtriser les symptômes de goutte », affirme-t-il. Chez certains, il suffit d'éviter l'alcool. D'autres devront limiter la consommation non seulement d'alcool, mais également de certains ali-

Prescriptions vitaminiques

Une réforme alimentaire et certains médicaments — plutôt que
les vitamines — sont considérés comme les principales stratégies
pour prévenir les crises de goutte. Un certain nombre d'experts
considèrent toutefois que les vitamines suivantes pourraient
offrir une protection supplémentaire.

Nutriment	Dose par jour
Acide folique	10 000 à 40 000 microgrammes
Vitamine E	400 à 800 unités internationales

De plus, un complément de multivitamines et de minéraux offrant la
Valeur quotidienne de toutes les vitamines du groupe B

*MISE EN GARDE : Si vous avez des symptômes de goutte, il est
important de consulter un médecin afin d'obtenir un diagnostic précis et un
traitement approprié.*

*La dose d'acide folique mentionnée plus haut, qui dépasse largement la
Valeur quotidienne (400 microgrammes), ne peut être obtenue que sur
ordonnance. Une dose aussi élevée ne doit être absorbée que sous
surveillance médicale. Des doses élevées d'acide folique peuvent en effet
masquer les symptômes d'anémie pernicieuse, un trouble lié à la carence
en vitamine B$_{12}$.*

*Si vous envisagez de prendre plus de 600 unités internationales de
vitamine E, il est judicieux d'en parler au préalable à votre médecin. En
outre, n'absorbez pas de vitamine E sous forme de complément alimentaire
si vous prenez des médicaments anticoagulants.*

ments, notamment les viandes. Ces aliments contiennent beaucoup de
purines, des constituants protéiniques qui se transforment en acide urique
dans l'organisme.

Ironiquement, la goutte peut également survenir chez les sujets qui
observent une alimentation très peu calorique, qui suivent certains régimes
draconiens, par exemple, régimes pouvant également augmenter les taux

Facteurs alimentaires

Même si les médicaments vous permettent d'obtenir un soulagement, certains médecins sont persuadés qu'il est judicieux de modifier vos habitudes alimentaires afin d'éviter la réapparition des crises. Vous pourrez ainsi renoncer aux médicaments, avec leur cortège d'effets indésirables. De plus, vous absorberez une alimentation bénéfique pour le cœur.

Dans la plupart des cas, une réforme alimentaire permet de maîtriser la goutte de manière satisfaisante. Voici ce que préconisent de nombreux médecins.

Évitez les purines. Divers aliments — foie, viandes de bœuf, d'agneau, de veau, crustacés, levure, hareng, sardines, maquereau et anchois — contiennent tous une grande quantité de purines, des constituants des protéines qui se décomposent en acide urique. Les médecins recommandent d'éviter ces aliments durant une crise de goutte et d'en limiter la consommation en temps normal.

Adieu l'alcool. Lorsque l'on boit de l'alcool, l'acide urique s'accumule dans l'organisme ; en effet, non seulement l'alcool augmente la production d'acide urique, mais il en freine l'élimination. C'est bien la raison pour laquelle de nombreux sujets atteints de goutte paient chèrement le moindre écart. « Pour beaucoup de gens, il suffit de renoncer à l'alcool pour ne plus avoir de crises », souligne le Dr Joseph Pizzorno, Jr., naturopathe et président de l'université Bastyr. S'il vous arrive de boire de temps à autre, choisissez de préférence un alcool fort ou du vin, qui contiennent moins de purines que la bière.

Mangez des cerises. Beaucoup de sujets atteints de goutte affirment qu'il est possible de surmonter rapidement les crises en mangeant des cerises. Il n'existe en revanche qu'une seule étude, publiée en 1950, ayant permis de vérifier que l'absorption quotidienne

sanguins d'acide urique à mesure que l'organisme commence à décomposer les tissus, explique le Dr Jeffrey Lisse, professeur adjoint en médecine et directeur d'un service de rhumatologie.

Quoique les nutriments, administrés individuellement, ne puissent être considérés comme le principal traitement diététique de la goutte, en voici un certain nombre qui peuvent se révéler bénéfiques.

d'environ une demi-livre de cerises griottes fraîches ou en boîte contribuait à faire baisser le taux d'acide urique. Mais cela vaut sûrement la peine d'essayer.

« Les cerises, le fruit de l'aubépine, les myrtilles et diverses autres baies de teinte rouge sombre ou bleue sont d'excellentes sources d'anthocyanidines et de proanthocyanidines », explique le Dr Pizzorno. Ces substances complexes semblent contribuer à renforcer les tissus conjonctifs qui constituent les articulations et à en prévenir la destruction, tout en inhibant les enzymes générées par les cellules immunitaires au cours d'une inflammation et qui peuvent détruire les tissus, poursuit-il.

Buvez de l'eau. En buvant beaucoup d'eau, non seulement nous avons la garantie que notre urine sera bien diluée, mais nous éliminons aussi de plus grandes quantités d'acide urique, explique le Dr Jeffrey Lisse, professeur adjoint en médecine et directeur d'un service de rhumatologie. Il est particulièrement important de boire beaucoup de fluides non alcoolisés durant une crise de goutte, car cela empêche les reins de constituer des cristaux d'acide urique, pouvant provoquer des dégâts et donner lieu à des calculs rénaux.

Perdez du poids. Si vous êtes corpulent, le fait de perdre du poids permettra également d'abaisser le taux d'acide urique, note le Dr Pizzorno. « Une alimentation riche en fibres et pauvre en matières grasses — axée autour de fruits, de légumes, de céréales complètes, de légumineuses etc. — est idéale », souligne-t-il.

Il est toutefois capital que la perte de poids se fasse très progressivement, ajoute le Dr Lisse ; lorsque l'on maigrit trop vite, le résultat en est une augmentation du taux d'acide urique pouvant même provoquer une crise de goutte.

L'acide folique dissout les cristaux

Quelques médecins recommandent l'acide folique, une vitamine du groupe B capable à haute dose d'inhiber la xanthine oxydase, l'enzyme responsable de la production d'acide urique dans l'organisme. D'ailleurs, l'allopurinol (Zyloric), un médicament sur ordonnance utilisé dans le traitement de la goutte, a également pour effet d'inhiber cette enzyme.

« Je n'aurais pas recours uniquement à l'acide folique, mais ce dernier pourrait être bénéfique à certains sujets dans le cadre d'un protocole global comprenant divers changements alimentaires et un apport complémentaire de certains nutriments », commente le Dr Pizzorno. L'acide folique ne saurait soulager une crise de goutte aiguë, lorsque les cristaux d'acide urique se sont déjà constitués à l'intérieur d'une articulation. En revanche, il pourrait contribuer à prévenir une récidive.

La dose recommandée varie entre 10 000 et 40 000 microgrammes d'acide folique par jour (soit 25 à 100 fois la Valeur quotidienne, qui est de 400 microgrammes) ; ce chiffre dépasse largement ce qu'il est possible d'absorber par le biais des meilleures sources alimentaires. « Une dose aussi élevée ne peut être obtenue qu'en prenant des compléments alimentaires », souligne le Dr Pizzorno. Par conséquent, si vous souhaitez avoir recours à l'acide folique à titre de mesure préventive, il faudra en parler à votre médecin.

Voici une autre bonne raison pour ne prendre des doses élevées de ce nutriment que sous surveillance médicale : les travaux scientifiques n'ont pas unanimement constaté que des mégadoses d'acide folique entraînaient des effets indésirables, mais dans le cadre d'une étude qui s'est conclue par cette constatation, des sujets qui en prenaient 15 milligrammes (15 000 microgrammes) par jour se plaignaient de nausées, d'œdème, de troubles du sommeil et d'irritabilité. Des doses élevées d'acide folique peuvent également masquer les symptômes d'anémie pernicieuse, un trouble lié à la carence en vitamine B_{12}.

Certains experts affirment qu'en prenant une dose élevée de n'importe laquelle des vitamines du groupe B, on s'expose à un déficit d'autres nutriments de ce même groupe ; il est donc probable que votre médecin vous fera également prendre un complément réunissant l'ensemble des nutriments du groupe B.

La vitamine E possède des vertus anti-inflammatoires

Certains médecins ajoutent la vitamine E au protocole nutri-thérapeutique destiné à soulager la goutte. S'il est vrai qu'aucune étude n'a encore montré que la vitamine E utilisée isolément pouvait mettre fin à une crise de goutte ou la prévenir, cette vitamine est néanmoins capable de contribuer à soulager l'inflammation, souligne le Dr Pizzorno. Ce dernier suggère d'en prendre entre 400 et 800 unités internationales par jour, tant durant une crise de goutte qu'entre deux crises. (Si vous envisagez d'absorber plus de 600 unités internationales de vitamine E par jour, il est judicieux d'en parler au préalable avec votre médecin.)

Deux vitamines à éviter

Deux vitamines qu'il vaut mieux éviter de prendre en excès durant une crise de goutte sont la vitamine C et la niacine. « L'une comme l'autre augmentent les taux d'acide urique dans l'organisme », relève le Dr Pizzorno. Signalons au passage, ajoute d'autre part le Dr Lisse, que de faibles doses d'aspirine (un médicament anti-inflammatoire courant) augmentent également les taux sanguins d'acide urique. Mieux vaut donc éviter d'y avoir recours pour soulager les douleurs provoquées par une crise de goutte. « N'importe quel autre analgésique non-stéroïdien est sans danger », précise-t-il.

Herpès génital
◆
Prévenir les récidives

Avant les rapports, prenez vos précautions. Partout autour de nous, ce message se transmet : si vous avez des rapports sexuels, ne serait-ce qu'une seule fois, ayez recours à une protection.

En dépit de ces avertissements nombreux et répétés, au fil des ans, des millions de gens se retrouvent avec des infections récidivantes, dont la plus courante est le virus *herpes simplex* de type II, appelé aussi herpès génital.

Même à l'heure actuelle, malgré toutes les connaissances dont nous disposons, on estime qu'un tiers de la population est atteint d'un herpès génital. Et lorsque ce virus s'installe, c'est pour de bon. Même s'il demeure ensuite en veilleuse la plupart du temps, il lui arrive de temps à autre de se réveiller, juste pour nous rappeler son existence. Fort heureusement, après la poussée infectieuse initiale, qui provoque des douleurs de type grippal ainsi qu'une éruption de pustules douloureuses sur les organes sexuels ainsi qu'aux alentours, les récidives d'herpès génital sont généralement bien moins pénibles. En revanche, les poussées se caractérisent généralement par une petite éruption de pustules génitales qui démangent, brûlent, suintent et nous empoisonnent l'existence aussi longtemps qu'elles persistent — généralement une semaine.

Nul ne sait pour quelle raison précise une récidive se déclenche, mais les spécialistes pensent que le stress y est pour quelque chose, ainsi que divers autres facteurs pouvant mettre au défi le système immunitaire, comme les règles, la fièvre ou les traumatismes physiques.

La nutrition peut être utile

Quoique les chercheurs procèdent actuellement à des essais pour tester un vaccin, il n'existe aucun traitement pour guérir l'herpès génital. En revanche, un remède relativement efficace est l'aciclovir (Zovirax), un médicament délivré sur ordonnance. Certaines études montrent que lorsque ce dernier est administré au cours de la poussée initiale, il peut contribuer à réduire la fréquence des récidives.

La nutrithérapie propose certaines stratégies pour traiter l'herpès génital, mais les experts se sont aperçus que les résultats ne sont pas très fiables : certains sujets obtiennent un succès considérable, tandis que d'autres n'ont aucune amélioration. « Aucun de ces traitements n'a fait l'objet de recherches approfondies, et nous ne saurions les recommander systématiquement à tout un chacun car les succès obtenus semblent particulièrement aléatoires, note le Dr Stephen Tyring, professeur de dermatologie, microbiologie et immunologie et de médecine interne. En revanche, si le remède est sans danger et s'il paraît bénéfique pour telle ou telle personne, je me garderais bien d'en déconseiller l'usage. »

Cela dit, voici ce que recommandent certains médecins en guise de traitement nutritionnel possible.

La vitamine C renforce l'immunité

Puisque l'herpès a tendance à se réveiller lorsque nous sommes plus vulnérables, certains médecins recommandent d'absorber davantage de vitamine C, car il est vérifié que ce nutriment aide les globules blancs du corps à remplir leur rôle (qui est de lutter contre l'infection).

« De nombreux travaux scientifiques laissent à supposer que la vitamine C peut renforcer le système immunitaire, et que par conséquent elle devrait être utile. En revanche, certains sujets qui prennent des mégadoses de vitamine C obtiennent un soulagement, tandis que d'autres

Facteurs alimentaires

Pour prévenir une récidive de l'herpès génital, il est judicieux d'apprendre à mieux maîtriser le stress ; parallèlement, voici un certain nombre de stratégies nutritionnelles qui peuvent contribuer à prévenir une récidive, selon de nombreux experts. Voici ce qu'ils préconisent.

Absorbez de la lysine. Les chercheurs ont constaté que la lysine, un acide aminé nécessaire au bon fonctionnement de l'organisme, faisait obstacle à la réplication du virus *herpes simplex*. Il semble également possible de diminuer la fréquence des crises en augmentant la dose de lysine absorbée.

Le poisson, le poulet, le fromage, les pommes de terre, le lait, la levure de bière et les haricots secs sont tous de bonnes sources de lysine.

Moins d'arginine. On entend souvent dire qu'à chaque force correspond une force contraire. Dans le cas de la lysine, celle-ci est représentée par l'arginine, un autre acide aminé nécessaire au bon fonctionnement de l'organisme.

Une corrélation a pu être établie entre l'arginine et les crises d'herpès génital. L'arginine est abondante dans divers aliments comme les cacahuètes et d'autres noix et graines, ainsi que dans le chocolat et la gélatine. Il n'est pas indispensable d'écarter entièrement ces aliments, mais certains médecins laissent entendre que durant les périodes de stress, il est généralement préférable d'en limiter la consommation.

n'ont pas le moindre résultat, avertit le Dr Tyring. Il est vraisemblable qu'un apport complémentaire soit surtout efficace chez les sujets qui n'obtiennent pas suffisamment de vitamine C par le biais de leurs aliments. »

La plupart des médecins qui recommandent des mégadoses de vitamine C ont recours à des doses de 1 000 à 4 000, voire 8 000 milligrammes, à fractionner dans le courant de la journée durant toute la période infectieuse aiguë. De telles doses sont considérablement plus élevées que la Valeur quotidienne pour la vitamine C, qui n'est que de 60 milligrammes, et certains effets indésirables (en particulier la diarrhée) peuvent se produire

Prescriptions vitaminiques

Aucun traitement ne semble infaillible lorsqu'il s'agit de soigner l'herpès génital, mais certaines personnes ont des récidives moins fréquentes et moins graves lorsqu'elles absorbent certains nutriments en plus grande quantité. Voici ce que préconisent de nombreux experts.

Nutriment	Dose par jour/Application
Voie buccale	
Cuivre	3 à 6 milligrammes (à raison de un milligramme pour 10 milligrammes de zinc)
Vitamine A	50 000 unités internationales
Vitamine C	1 000 à 8 000 milligrammes à fractionner dans la journée durant toute la phase aiguë de l'infection
Zinc	30 à 60 milligrammes

chez certains sujets à partir de 1 200 milligrammes. Il est par conséquent judicieux d'obtenir l'avis de votre médecin avant d'avoir recours à des doses élevées de vitamine C sous forme de complément alimentaire.

Si vous pensez être de ceux qui n'absorbent pas suffisamment de vitamine C, pourquoi ne pas augmenter la quantité d'aliments qui sont de bonnes sources de ce nutriment si important en mangeant davantage de fruits et de légumes, en particulier des oranges, des brocolis et des poivrons rouges ?

Le soulagement par le zinc

Le zinc (un minéral) joue un rôle double dans la lutte contre l'herpès, car son action s'effectue non seulement depuis l'intérieur mais également depuis l'extérieur du corps.

Application locale

Oxyde de zinc
sous forme de pommade à base de zinc,
en application directement
sur les pustules
(valable uniquement pour l'homme)

MISE EN GARDE : Si vous présentez des symptômes d'herpès génital, il est important de consulter votre médecin afin d'obtenir un diagnostic précis et un traitement approprié.

La vitamine A peut être toxique à dose élevée. Consultez votre médecin avant de dépasser 15 000 unités internationales par jour (ou 10 000 unités internationales par jour si vous êtes une femme en âge de procréer). Cette thérapie est formellement déconseillée aux femmes enceintes.

Une dose de vitamine C dépassant 1 200 milligrammes par jour peut provoquer des diarrhées chez certaines personnes.

Vous devez obtenir l'avis de votre médecin avant d'absorber une dose de zinc dépassant 15 000 milligrammes par jour.

Comme la vitamine C, le zinc est essentiel pour renforcer le système immunitaire et surtout pour favoriser la production de lymphocytes T « killer » (ou cellules suppressives), une ligne de défense importante de l'organisme contre les infections virales. Tout en admettant que l'efficacité du zinc contre l'herpès reste à prouver, les médecins qui préconisent un protocole nutritionnel pour prévenir une récidive d'herpès génital suggèrent souvent un apport complémentaire de zinc.

La dose précise qu'il convient de prendre varie en fonction du spécialiste consulté, mais se situe le plus souvent entre 30 et 60 milligrammes par jour — dépassant largement la Valeur quotidienne de 15 milligrammes. (Il est impératif de consulter un médecin avant d'absorber un complément de zinc dépassant 15 milligrammes par jour.) En outre, puisque le zinc peut faire obstacle à l'absorption du cuivre, les médecins suggèrent également de prendre 1 gramme de cuivre pour 10 milligrammes de zinc.

Si vous souhaitez augmenter la teneur en zinc de votre alimentation, mangez plus souvent des fruits de mer. Six huîtres de taille moyenne cuites à la vapeur fournissent environ 76 milligrammes de zinc.

De plus, pour un homme atteint d'herpès génital, certains médecins recommandent d'avoir sous la main une préparation locale à base d'oxyde de zinc. Appliquée directement sur les pustules, cette pommade soulagera la sensation de brûlure en asséchant plus rapidement les cloques. En revanche, les médecins déconseillent aux femmes d'utiliser ce produit en cas d'herpès vaginal, car les produits asséchants ne doivent pas être utilisés sur les muqueuses.

« Cette pommade ne remplit pas le rôle d'agent antiviral, note le Dr Tyring, mais elle peut soulager les douleurs et les démangeaisons. »

La vitamine A protectrice

Même s'il ne s'agit pas là d'un traitement très courant, certains médecins recommandent de prendre des mégadoses de vitamine A pour renforcer l'immunité et prévenir une récidive.

« La vitamine A aide le système immunitaire à lutter contre les virus, si bien que les symptômes s'atténuent et que les récidives se produisent moins fréquemment », explique le Dr Jonathan Wright, médecin spécialiste en nutrithérapie qui a également rédigé l'ouvrage *Dr Wright's Guide to Healing with Nutrition*.

Pour lutter contre l'herpès génital, le Dr Wright recommande d'en prendre 50 000 unités internationales par jour durant toute la période infectieuse ; une telle dose dépasse très largement la Valeur quotidienne (5 000 unités internationales). Avant d'avoir recours à une telle dose, obtenez au préalable l'avis de votre médecin. La vitamine A peut être toxique à haute dose, et peut également s'accumuler dans l'organisme.

On a pu établir une corrélation entre un risque élevé de malformations congénitales et la prise en début de grossesse de 10 000 unités de vitamine A. Si vous êtes enceinte, il vous est formellement déconseillé d'avoir recours à cette thérapie. En outre, si vous êtes une femme en âge de procréer, obtenez au préalable l'avis de votre médecin avant d'envisager de prendre un apport complémentaire de vitamine A.

Hypertension artérielle

◆

L'abaisser par la magie minérale

Non, vous n'allez pas manger ces frites. Pas question. Vous les ôtez de votre assiette où le serveur les avait si joliment empilées pour les verser en vrac dans une autre assiette, en exigeant qu'il les emporte loin de votre vue.

Dans votre cas, cela n'a rien à voir avec une quelconque ruse pour perdre du poids, mais il s'agit en revanche de la lutte perpétuelle pour maîtriser votre tension artérielle. Le médecin de famille ne cesse-t-il pas de vous répéter que les aliments salés comme les frites, les amandes salées et la viande de porc en conserve sont la raison pour laquelle votre père finit par avoir de l'hypertension, puis un infarctus ? Vous êtes donc bien décidé à ne plus absorber la moindre petite frite salée afin de ne pas vous exposer au même problème. Ce genre de chose ne va tout simplement pas vous arriver, à vous.

C'est bien sûr une excellente précaution que de s'efforcer d'abaisser la tension artérielle afin d'éviter le risque d'accident vasculaire cérébral, de crise cardiaque ou de maladie rénale, les trois principales maladies auxquelles nous expose l'hypertension artérielle. En revanche, ce type de stratégie visant à absorber moins de sel pourrait se retourner contre nous, car, aujourd'hui, un certain nombre de chercheurs affirment qu'en évitant le sel, nous risquons de créer précisément la menace pour la santé que nous cherchons à éviter. En revanche, l'hypertension artérielle peut tout aussi bien être due à de faibles taux de potassium, de magnésium et de calcium dans l'organisme.

Redécouvrir le sel

Jusqu'à une date relativement récente, nul ne savait vraiment ce qui provoque l'augmentation ou la baisse de la pression artérielle. Mais les choses commencent à changer dans ce domaine.

« Lorsque la pression artérielle augmente, cela signifie qu'il faut augmenter la quantité de minéraux fournis par l'alimentation, et non pas qu'il faut absorber moins de sel, relève le Dr David McCarron, professeur de médecine et chef d'un service universitaire de néphrologie, hypertension et pharmacologie clinique. Il est tragique de constater combien de gens, aujourd'hui encore, restent persuadés que le sel est mauvais pour la pression artérielle. »

Si cette idée fausse est si répandue, c'est parce que toute une génération de médecins ne disposait pas des recherches qui nous permettent aujourd'hui de comprendre le lien entre le sel, qui comporte environ 40 % de sodium et 60 % de chlorure, et divers autres nutriments. Le Dr McCarron précise que beaucoup de médecins, loin de se contenter de prescrire des médicaments, donnaient en outre le même conseil chaque fois qu'ils étaient confrontés à un taux de pression artérielle dépassant 14/9 mHg : renoncez au sel.

« Les spécialistes sont loin d'être tous d'accord en la matière, car les effets du chlorure de sodium sur la pression artérielle sont très complexes, poursuit le Dr McCarron. En revanche, d'après les recherches effectuées dans nos laboratoires, il semblerait qu'une réaction à l'absorption de sodium ne se produise qu'en l'absence de potassium, de calcium et de magnésium chez les sujets dont la pression artérielle augmente lorsqu'ils absorbent du chlorure de sodium.

« En d'autres termes, l'excès de sel n'a rien à voir avec une augmentation de la pression artérielle, et n'a jamais joué aucun rôle dans ce domaine », poursuit le Dr McCarron. En toute vraisemblance, le problème est dû à une carence en potassium, en calcium et en magnésium.

Le sel, ce minéral méconnu

Avec le recul, il est assez facile de comprendre pourquoi les médecins n'ont pas su interpréter correctement les effets du chlorure de sodium sur la pression artérielle.

Nul ne savait ce qui provoque la plupart des cas d'hypertension artérielle. C'est pourquoi, dans leurs efforts pour découvrir la raison de cette montée en flèche des taux de pression artérielle, les chercheurs ont engagé une série d'études consistant à mesurer la pression artérielle chez un groupe de sujets qui étaient ensuite questionnés sur leurs habitudes alimentaires ; les résultats ainsi obtenus furent ensuite passés au crible à l'aide d'un ordinateur.

Les conclusions de ces recherches semblaient indiquer que les sujets qui absorbaient habituellement de grandes quantités de sel avaient des taux de pression artérielle légèrement plus élevés. Pourtant, ces sujets avaient pratiquement la même pression artérielle que ceux qui s'efforçaient de limiter le sel dans leur alimentation. D'ailleurs, même lorsque les individus qui mangeaient auparavant très salé eurent réduit de façon draconienne la quantité de sel absorbée, les taux de pression artérielle restèrent inchangés chez un si grand nombre d'entre eux — jusqu'à 67 % selon une étude — que les chercheurs commencèrent à se demander s'il fallait considérer certaines personnes comme particulièrement sensibles au sel, tandis que d'autres y seraient insensibles.

Il ne fait aucun doute que certaines personnes sont plus sensibles au sel que d'autres, affirme le Dr McCarron. « En revanche, ajoute ce dernier, c'est plus probablement un déficit marginal d'autres minéraux dans l'alimentation — notamment potassium, calcium ou magnésium — qui fait qu'un sujet sera sensible au sel plutôt qu'un autre. »

Comment peut-il en être si sûr ?

Pour apporter un début de réponse à cette question, disons que contrairement à l'attente des spécialistes, l'adoption d'une alimentation très peu salée n'a permis de constater aucune atténuation marquée des conséquences graves pour la santé que peut entraîner l'hypertension artérielle.

Dans le cadre d'une étude réalisée à la polyclinique de l'université de médecine de Bonn, en Allemagne, des chercheurs ont imposé pendant sept jours une alimentation pauvre en sel à 147 hommes et femmes âgés de 19 à 78 ans et dont la pression artérielle était normale. La quantité de sel absorbée chaque jour se limitait à 1 000 milligrammes (soit moins d'une demi-cuillerée à café). Les chercheurs comparèrent ensuite la pression artérielle des participants avec les chiffres obtenus après sept jours d'alimentation très salée, comportant plus de 15 000 milligrammes (ou 7 cuillerées à café 1/2) de sel par jour.

Les chercheurs ont constaté que le régime peu salé avait effectivement pour conséquence d'abaisser la pression artérielle chez 17 % des participants. En revanche, le taux de pression artérielle restait inchangé chez 67 % des sujets, tandis que ce taux avait augmenté chez 16 % d'entre eux. En outre, les taux de « mauvais » cholestérol LDL, qui prépare le terrain aux maladies cardiovasculaires et à l'infarctus, avaient considérablement augmenté.

Que faut-il en conclure ? Chez quelque 80 % des participants à cette étude allemande, une alimentation peu salée n'a pas réussi à abaisser la pression artérielle. Bien au contraire, ces recherches ont montré que chez des sujets ayant une pression artérielle normale, un tel régime risquait autant d'en faire monter le chiffre que de l'abaisser, et que, de plus, il pouvait

Facteurs alimentaires

Il ne fait aucun doute que les vitamines et les minéraux jouent un rôle important dans la prévention et peut-être le traitement de l'hypertension artérielle, mais diverses autres stratégies diététiques peuvent également contribuer à maîtriser la pression artérielle.

Moins de calories. L'obésité est l'un des principaux facteurs de risque d'hypertension artérielle, selon le *National Heart, Lung and Blood Institute* à Bethesda, dans le Maryland. Les personnes ayant une surcharge pondérale sont deux à six fois plus exposées à ce trouble que les sujets moins corpulents. C'est pourquoi cet institut nous suggère de perdre du poids en ôtant de notre alimentation 500 calories par jour et en ayant une activité physique accrue afin d'en brûler davantage.

Mangez du poisson. Les poissons gras comme le maquereau et le saumon contiennent des acides gras de type oméga-3, une catégorie de matière grasse qui semble avoir la propriété d'abaisser la tension artérielle lorsqu'elle est absorbée en doses élevées. Une étude a permis de constater que le taux de pression artérielle avait baissé de deux à quatre points chez des sujets atteints d'hypertension artérielle légère qui avaient pris chaque jour six grammes d'huile de poisson pendant 12 semaines. Le *National Heart, Lung and Blood Institute* recommande de manger le plus souvent possible du poisson gras. Pourvu que ce

accroître le taux de cholestérol LDL au point d'augmenter le risque de maladies cardiovasculaires.

En fait, cela pourrait expliquer pourquoi une étude, menée à la faculté de médecine Albert Einstein et à la faculté de médecine de l'université Cornell, toutes deux à New York City, a montré que les hommes atteints d'hypertension artérielle qui absorbaient chaque jour la plus faible quantité de sel (environ 5 000 milligrammes, ou 2 cuillerées à café 1/2) étaient quatre fois plus exposés à une crise cardiaque — alors qu'une alimentation pauvre en sel est justement censée prévenir ce trouble — que ceux qui absorbaient chaque jour plus de deux fois cette dose de sel. Le nombre de femmes participant à cette étude était trop restreint pour permettre d'en tirer des conclusions définitives susceptibles d'être étendues à toutes les femmes, mais les chercheurs font néanmoins remarquer que les mêmes constatations sont vraisemblablement valables pour la femme.

dernier ne soit pas frit, le surcroît d'acides gras n'ajoute rien de nuisible au budget total de matières grasses, puisqu'il remplace vraisemblablement des matières grasses saturées, nuisibles à la santé.

Évitez l'alcool. L'effet de l'alcool sur l'hypertension artérielle est si marqué que selon certains chercheurs, jusqu'à 5 % de tous les cas d'hypertension artérielle pourraient lui être attribués. Des chercheurs à l'école médicale Harvard ont découvert que, parmi 3 275 infirmiers et infirmières qui étaient âgés de 34 à 59 ans au début d'une étude qui a duré quatre ans, ceux qui prenaient chaque jour deux à trois boissons alcoolisées augmentaient de 40 % leur risque d'hypertension artérielle. Si vous buvez habituellement de l'alcool, le *National Heart, Lung and Blood Institute* vous suggère d'en limiter la quantité à deux verres par jour au maximum.

Mangez moins de sucre. « Les travaux de mon laboratoire montrent que le sucre — aussi bien celui que contient le sucrier que le sucre des aliments — a pour effet d'augmenter la pression artérielle », déclare le Dr Harry Preuss, professeur de médecine. Les chercheurs n'ont pas encore déterminé la quantité de sucre au-delà de laquelle des problèmes risquent d'apparaître. « Il est toujours judicieux cependant de consommer le sucre avec modération », conclut le Dr Preuss.

Le Dr McCarron souligne à quel point il est absurde d'imaginer qu'un minéral pourtant nécessaire à la survie de l'organisme, comme le sodium, puisse être si nuisible.

« Il existe un besoin biologique de chlorure de sodium, explique ce médecin. À mon avis, les sujets en bonne santé semblent avoir besoin d'en absorber entre 3 500 et 4 200 milligrammes par le biais de leur alimentation. Si l'on supprimait totalement le sel, la pression artérielle tomberait au plus bas et l'on risquerait de perdre conscience.

« Notre organisme comporte même certains mécanismes physiologiques — tout un ensemble de systèmes hormonaux complexes — pour emmagasiner le chlorure de sodium ; cela montre bien combien ce dernier est indispensable à notre survie », poursuit le Dr McCarron. Ces systèmes ne se seraient pas mis en place au fil de l'évolution, explique-t-il, si nous n'avions pas besoin de ce nutriment. Il est d'ailleurs curieux de constater que la quantité de sel absorbée est à peu près constante d'un individu à l'autre, et même d'un pays à l'autre à travers le monde. On a parfois rejeté le blâme sur les aliments industriels comme la viande de porc en conserve et les « mégaburgers » des établissements de restauration rapide, accusés d'être responsables des quelque 3 500 milligrammes de sel que l'individu moyen avale chaque jour, mais il faut savoir que la plupart des gens absorbent à peu près la même quantité de sel, quels que soient les aliments qu'ils mangent habituellement. « Certains rapports montrent que la consommation moyenne de sel aux États-Unis n'a guère changé depuis les années 1870, c'est-à-dire longtemps avant l'apparition des potages en boîte et des établissements de restauration rapide », souligne le Dr McCarron.

« Tous les sondages scientifiques, non seulement aux États-Unis mais au Mexique, en Europe, au Canada et en Asie, montrent que la quantité de sodium absorbée reste à peu près équivalente, poursuit le Dr McCarron. Chaque groupe de population absorbe entre 3 500 et 4 200 milligrammes de sodium. »

Il faut bien admettre que « si sur l'ensemble de notre planète, on laissait l'animal humain libre de récolter autour de lui les aliments dont il a besoin, cette quantité représente la dose de sodium qu'il chercherait à obtenir, même si nous en ignorons la raison », conclut le Dr McCarron.

Puissance du potassium

Incontestablement, le corps a besoin d'une certaine quantité de sodium pour maintenir la pression artérielle, mais il lui faut en outre un taux précis de divers autres minéraux, notamment le potassium, afin d'empêcher les taux de sodium dans l'organisme de s'élever outre mesure, souligne le Dr McCarron.

« La plupart des chercheurs sont d'accord pour dire que nous devrions absorber chaque jour la Valeur quotidienne de 3 500 milligrammes de potassium », poursuit ce médecin. En revanche, ce taux est-il capable d'abaisser la pression artérielle ?

La réponse est oui. Au cours d'une étude effectuée par les institutions médicales Johns Hopkins à Baltimore, ayant duré trois semaines et portant sur 87 hommes et femmes de race afro-américaine, des chercheurs ont mesuré la pression artérielle des participants avant de les diviser en deux groupes. Ils administrèrent ensuite chaque jour à l'un des groupes un apport complémentaire de potassium de 3 120 milligrammes, tandis que l'autre groupe ne recevait qu'un placebo (pilule inerte).

Résultat ? La pression artérielle systolique, le premier chiffre cité chaque fois qu'il est question de pression artérielle, s'abaissa en moyenne de 6,9 points chez les sujets qui avaient reçu ce complément. La pression diastolique, correspondant au chiffre le plus bas, descendit en moyenne de 2,5 points. Aucun changement de la pression artérielle ne fut constaté chez les sujets qui n'avaient pris qu'un placebo.

Nul ne sait exactement par quel processus le potassium abaisse la pression artérielle, relève le Dr Frederick L. Brancati, professeur adjoint en médecine et épidémiologie à Johns Hopkins, qui dirigeait cette étude. Une théorie suggère que le potassium détend les capillaires sanguins, tandis qu'une autre laisse entendre que ce minéral aide l'organisme à éliminer l'eau et le sel.

Puisque la plupart des gens n'absorbent que quelque 2 600 milligrammes de ce nutriment par jour, le Dr McCarron suggère que la majorité d'entre nous devrions ajouter à notre alimentation quotidienne au moins trois portions de fruits et légumes riches en potassium, tels que des bananes, des pommes de terre et des produits laitiers (un verre de lait contient presque autant de potassium qu'une banane).

Les diabétiques et les sujets atteints de troubles rénaux, ceux qui prennent des médicaments anti-inflammatoires, des diurétiques d'épargne potassique (médicaments destinés à favoriser l'élimination de l'eau), des inhibiteurs de l'enzyme de conversion de l'angiotensine ou des médicaments pour le cœur comme l'héparine ne doivent pas prendre d'apport complémentaire de potassium en l'absence de surveillance médicale.

Magie du magnésium

Tout comme le potassium, le magnésium semble jouer un rôle important dans le maintien d'une pression artérielle basse, surtout lorsque l'on a déjà un déficit en magnésium.

Dans le cadre d'une étude suédoise portant sur 71 individus ayant une pression artérielle légèrement trop élevée, les chercheurs ont constaté qu'en administrant environ 350 milligrammes de magnésium à ceux qui avaient un déficit, il était possible d'abaisser de plusieurs points les chiffres de la pression artérielle.

Que se passe-t-il dans le cas d'individus atteints d'hypertension artérielle sans avoir forcément une carence ?

Certaines études indiquent qu'un apport complémentaire de magnésium ne changera pas grand-chose à quoi que ce soit, tandis qu'au moins une étude laisse penser qu'il pourrait être bénéfique. Cette étude, effectuée par des chercheurs en Belgique et aux Pays-Bas, portait sur les chiffres de la pression artérielle chez 47 femmes atteintes d'hypertension artérielle. Après avoir administré à ces femmes 485 milligrammes de magnésium chaque jour pendant six mois, les chercheurs purent enregistrer une baisse de 2,7 points en moyenne du chiffre correspondant à la pression systolique, tandis que la pression diastolique avait diminué de 3,4 points. Quelques-unes de ces femmes avaient un faible taux sanguin de magnésium, mais ce n'était pas le cas de la majorité d'entre elles.

Une telle baisse ne semble pas considérable, mais pour un sujet atteint d'hypertension limite, elle peut refléter le fait que la personne concernée mange fréquemment du saumon, qui contient beaucoup de magnésium, évitant ainsi d'avoir à prendre des médicaments.

La plupart des gens devraient absorber chaque jour entre 300 et 400 milligrammes de magnésium pour maintenir la permanence des chiffres de la pression artérielle, poursuit le Dr McCarron. (La Valeur quotidienne pour ce minéral est de 400 milligrammes.) En France, 60 % des hommes et 80 % des femmes ne reçoivent pas les apports conseillés. Les aliments riches en magnésium comprennent les légumes verts feuillus, le poisson, les céréales complètes, le riz, les légumineuses et les noix.

Si vous avez des troubles cardiaques ou rénaux, vous devez obtenir l'avis de votre médecin avant de prendre un apport complémentaire de magnésium.

Du calcium pour la mère et l'enfant

Un certain nombre d'études laissent à penser que le calcium pourrait jouer un rôle dans la régulation de la pression artérielle ; en revanche, un comité d'experts aux instituts nationaux de la santé à Bethesda dans le Maryland en est venu à la conclusion que la majorité des travaux scientifiques n'attribuent à ce minéral qu'un rôle mineur, et que, dans l'état actuel des connaissances, il n'est pas justifié dans la plupart des cas de préconiser un apport complémentaire de calcium afin de stabiliser la pression artérielle.

« Avec probablement deux exceptions : les femmes enceintes atteintes d'hypertension artérielle durant leur grossesse et les enfants déficients en calcium », relève le Dr Matthew W. Gillman, professeur adjoint en soins ambulatoires et préventifs à l'école médicale Harvard, qui a effectué des recherches sur la relation entre le calcium et l'hypertension artérielle.

Dans le cadre d'une étude au centre de santé de Floride à Jacksonville, par exemple, les chercheurs ont constaté qu'un apport complémentaire de 2 000 milligrammes de calcium par jour permettait de diminuer de 54 % l'apparition en cours de grossesse de l'hypertension artérielle chez la femme enceinte.

Toutefois, poursuit le Dr McCarron, jusqu'à ce que les spécialistes aient réussi à déterminer plus clairement à quelles catégories d'individus le calcium peut réellement être bénéfique, chaque personne doit veiller à en obtenir la Valeur quotidienne optimale.

Les instituts nationaux de la santé recommandent d'absorber chaque jour la dose optimale suivante :

- Hommes de 25 à 65 ans : 1 000 milligrammes
- Femmes de 25 à 50 ans : 1 000 milligrammes
- Femmes enceintes ou qui allaitent : 1 200 à 1 500 milligrammes
- Femmes périménopausées (âgées de 51 à 65 ans) qui ne prennent pas d'œstrogènes : 1 500 milligrammes
- Hommes et femmes de plus de 65 ans : 1 500 milligrammes
- Il faut malheureusement constater, d'après les sondages effectués par le gouvernement fédéral américain, que les femmes de 25 à 50 ans n'absorbent chaque jour qu'entre 685 et 778 milligrammes de calcium par le biais de leur alimentation. Les hommes d'âge adulte en obtiennent une dose plus proche de la valeur optimale, soit dans la plupart des cas entre 700 et 1 000 milligrammes par jour.

La vitamine C a son rôle à jouer

Un certain nombre d'études indiquent que la vitamine C pourrait également contribuer à diminuer la pression artérielle.

Lorsqu'ils ont procédé à l'analyse des résultats de quatre études différentes effectuées à l'université Tufts de Medford dans le Massachusetts, les chercheurs ont constaté que moins l'alimentation comportait de vitamine C, plus la pression artérielle risquait d'être élevée.

Prescriptions vitaminiques

Diverses substances nutritives pourraient jouer un rôle régulateur de la pression artérielle. Voici les quantités que les chercheurs recommandent d'obtenir, dans la mesure du possible, par notre alimentation, ou en prenant si nécessaire des compléments alimentaires de vitamines et de minéraux.

Nutriment	Dose par jour
Calcium	1 000 milligrammes pour l'homme de 25 à 65 ans, la femme de 25 à 50 ans et la femme périménopausée (âgée de 51 à 65 ans) qui prend des œstrogènes
	1 200 à 1 500 milligrammes pour la femme enceinte ou qui allaite
	1 500 milligrammes pour la femme périménopausée (âgée de 51 à 65 ans) qui ne prend pas d'œstrogènes, et pour l'homme et la femme de plus de 65 ans
Magnésium	300 à 400 milligrammes
Potassium	3 500 milligrammes
Vitamine C	240 milligrammes

MISE EN GARDE : *Si l'on a diagnostiqué chez vous de l'hypertension artérielle, il est important que vous soyez suivi par un médecin.*

En cas de troubles cardiaques ou rénaux, consultez votre médecin avant de prendre un complément alimentaire de magnésium.

Les sujets atteints de diabète ou de troubles rénaux, ainsi que ceux qui prennent des médicaments anti-inflammatoires, des diurétiques d'épargne potassique, des inhibiteurs de l'enzyme de conversion de l'angiotensine, ou des médicaments pour le cœur comme l'héparine, s'abstiendront de prendre un apport complémentaire de potassium en l'absence de surveillance médicale.

Dans le cadre d'une de ces études, les chercheurs ont relevé que le risque d'hypertension artérielle s'abaissait de 50 % chez les individus qui absorbaient chaque jour au moins 240 milligrammes de vitamine C, par rapport à ceux qui en prenaient moins de 60 milligrammes par jour.

De nouveaux travaux sont en cours afin de vérifier si le fait d'enrichir l'alimentation en vitamine C peut véritablement faire baisser la pression artérielle. En attendant, la quantité de vitamine C ayant servi de base à l'étude Tufts, soit environ 240 milligrammes par jour, est considérée comme dénuée de toxicité, note le Dr McCarron. (Quoique la Valeur quotidienne pour la vitamine C ne soit que de 60 milligrammes, l'absorption quotidienne d'une dose ne dépassant pas 240 milligrammes par jour reste dans des limites tout à fait acceptables et sans danger.)

Immunité

◆

Renforcer nos défenses

Celui qui veut apprendre à faire la guerre pourrait commencer par étudier les stratégies des plus glorieux généraux de l'histoire sur le champ de bataille.

Mais il pourrait tout aussi bien se pencher sur le fonctionnement de son propre système immunitaire, un système de défense interne extrêmement compliqué conçu pour protéger notre organisme contre les agressions d'une foule d'intrus de toute sorte, porteurs d'une pléthore de maladies.

Notre système immunitaire mène une lutte sans fin contre des assauts qui ne lui laissent pas le moindre répit : invisibles virus du rhume et de la grippe, tout hérissés et véhiculés par l'air, qui s'efforcent de s'installer dans le nez et la gorge. Particules cancérigènes absorbées par les poumons. Champignons microscopiques qui collent à nos orteils après une bonne douche au club de gym. Et même ces innocentes bactéries qui pullulent dans le sandwich à la viande de bœuf prévu pour la pause de midi, et que nous n'avons pas pu mettre au frais.

Notre système immunitaire, véritable armée défensive du corps, est constamment sur le pied de guerre, sans espoir de répit. Mais pouvons-nous faire quoi que ce soit pour aider les troupes à soutenir plus vaillamment le combat ? Oh oui, et comment !

À tout soldat la ration qu'il lui faut

Les chercheurs médicaux connaissent depuis longtemps le rapport entre une nutrition judicieuse et la robustesse du système immunitaire. Ils savent par exemple que dans les pays pauvres, diverses maladies comme la rougeole, la pneumonie et la diarrhée entraînent chaque année la mort de millions d'enfants qui avaient absorbé trop peu de vitamine A pour pouvoir maintenir un système immunitaire suffisamment robuste.

Quoiqu'elles n'atteignent généralement pas ce degré de gravité, les carences nutritionnelles peuvent créer des troubles du système immunitaire même dans nos pays. Certains experts pensent que des carences marginales en vitamines et minéraux, ainsi que les besoins accrus en nutriments à diverses périodes de la vie, peuvent compromettre le rôle si important du système immunitaire.

Facteurs alimentaires

Une alimentation judicieuse peut nous aider à conserver un système immunitaire vigoureux. Bien entendu, il est toujours préférable de baser notre alimentation sur une abondance de céréales complètes, de fruits et de légumes frais, mais voici en outre ce que recommandent les experts.

Davantage de fer. En accompagnant un repas de viande ou de céréales complètes d'un verre de jus d'orange riche en vitamine C, vous aiderez votre organisme à mieux absorber le fer fourni par les aliments. Ne croyez pas cependant que les oranges doivent être votre seule source de ce nutriment. En mangeant au cours du même repas non seulement un steak accompagné de brocolis ou d'épinards, mais aussi du melon cantaloup ou des fraises, vous obtiendrez le même résultat, souligne le Dr Adria Sherman, professeur titulaire au service des sciences de la nutrition à l'université Rutgers.

Moins de sucre. Diverses études ont permis de constater que la production d'anticorps diminue lorsqu'un sujet a absorbé ne serait-ce que 18 grammes de sucre, soit à peu près la quantité contenue dans la moitié d'une boîte de boisson gazeuse.

« Nous savons par exemple que chez de nombreuses personnes âgées, la réponse immunitaire est affectée, note le Dr Adria Sherman, professeur titulaire du service des sciences de la nutrition à l'université Rutgers. Nous ignorons s'il s'agit là d'une caractéristique inévitable du vieillissement, d'un processus physiologique, de l'accumulation d'années successives de carences nutritionnelles, de mauvaises habitudes alimentaires ou de besoins accrus. » Le Dr Sherman n'est pas, et de loin, la seule à exprimer cette opinion.

« Divers sondages montrent que près d'un tiers des personnes âgées apparemment en bonne santé n'absorbent qu'une dose réduite d'un certain nombre de nutriments », souligne le Dr Ranjit Kumar Chandra, professeur au service universitaire de recherches et directeur du centre de l'OMS pour l'immunologie nutritionnelle. « Les carences les plus courantes sont celles de fer, de zinc et de vitamine C. Lorsque le sujet parvient à corriger ces carences en appliquant certaines directives nutritionnelles ou en prenant des compléments alimentaires ou médicinaux, il obtient une amélioration marquée de son statut immunitaire. »

Même s'ils ne disposent pas encore de toutes les données, les chercheurs commencent à reconnaître peu à peu l'importance de certains nutriments spécifiques dans la prévention de la maladie et l'infection.

La vitamine A renforce l'immunité

La vitamine A semble être le champion des nutriments vitaux pour conserver un système immunitaire vigoureux.

Le Dr Chandra, qui étudiait les effets de la vitamine A chez l'enfant, a pu se rendre compte que même une carence très marginale suffisait à amoindrir les défenses immunitaires de l'appareil respiratoire chez l'enfant. La carence en vitamine A entraîne des lésions des muqueuses protectrices qui ont pour rôle de présenter une barrière naturelle destinée à ménager les voies respiratoires, et l'on pense que les bactéries et virus profitent de ces lésions pour s'y introduire.

Comment cela peut-il affecter la santé d'un enfant ? Après un premier assaut du virus de la grippe, par exemple, dans des circonstances normales, les muqueuses de la gorge sont capables de se régénérer et de guérir. En revanche, il n'en va pas de même chez les sujets carencés en vitamine A. « Il se pourrait, dans ce cas, qu'une cellule auparavant saine soit alors remplacée par une cellule anormale, note le Dr Charles B. Stephensen, professeur adjoint dans un service universitaire de santé internationale. Cela pourrait nous prédisposer à subir un épisode infectieux plus grave ou à contracter une infection opportuniste venue se greffer sur une infection virale. »

« La relation entre la carence en vitamine A et la gravité d'un trouble respiratoire est très bien connue », souligne le Dr Susan Cunningham-Rundles, professeur adjoint en immunologie et rédacteur pour la publication *Nutrient Modulation of the Immune Response.*

De telles carences sont fréquentes dans les pays pauvres, où les aliments qui sont de bonnes sources de vitamine A, comme les légumes verts feuillus et le lait vitaminé, ne sont pas très courants ou n'entrent pas dans l'alimentation habituelle. Par conséquent, les autorités sanitaires prescrivent systématiquement un apport complémentaire de vitamine A par mesure de prévention contre la rougeole et diverses autres maladies infectieuses potentiellement mortelles, et tout particulièrement la diarrhée. Dans certains pays, cette stratégie a permis de réduire de 30 % les décès liés à des carences alimentaires.

Beaucoup d'experts sont persuadés que même dans nos pays, de nombreux enfants sont atteints de carences en vitamine A pouvant menacer le système immunitaire. Il se pourrait qu'environ 28 % de tous les enfants américains soient déficitaires en vitamine A, selon le Dr Martha Rumore, professeur adjoint au collège de pharmacie et de sciences de la santé Arnold et Marie Schwartz. Passant en revue les divers travaux consacrés à la vitamine A, le Dr Rumore s'est aperçue que les chercheurs avaient constaté une corrélation entre la carence en vitamine A et une moindre résistance envers la pneumonie, la tuberculose, la coqueluche et la diarrhée infectieuse.

Une autre étude, portant cette fois sur 20 enfants américains atteints de rougeole, a révélé que la moitié d'entre eux étaient carencés en vitamine A.

Comment est-il possible que les enfants d'un pays où l'on propose tant de milk-shakes et de buffets de salades variées soient en déficit de vitamine A ? Il faut savoir tout d'abord que la rougeole épuise les réserves de l'organisme en vitamine A. En outre, beaucoup de gens, et tout particulièrement les enfants, n'ont pas spécialement l'habitude de manger des aliments contenant de la vitamine A.

« Cela ne fait pas le moindre doute. Tous les sondages permanents portant sur la consommation alimentaire de la population ont montré que les enfants absorbent peu de vitamine A, surtout parmi les groupes les plus pauvres », souligne le Dr Adrianne Bendich, chercheur clinicien dans un service de recherches sur la nutrition humaine.

Mais combien de vitamine A faut-il absorber pour en prendre suffisamment ? La Valeur quotidienne pour la vitamine A est de 5 000 unités internationales.

Le bêtacarotène renforce l'immunité

Le bêtacarotène est le pigment qui donne leur belle couleur aux carottes, melons cantaloup et autres fruits et légumes de teinte orange ou jaune. Aujourd'hui, les chercheurs découvrent cependant que ce nutriment accomplit bien davantage que d'ajouter de la couleur à vos fruits et légumes préférés.

Diverses études ont d'ailleurs montré qu'à lui tout seul, le bêtacarotène réussit à renforcer considérablement le système immunitaire.

Dans le cadre d'une étude, les chercheurs ont constaté que chez des volontaires — tous des hommes — qui avaient absorbé pendant deux semaines 180 milligrammes (près de 299 000 unités internationales) de bêtacarotène par jour, le nombre de cellules T « helper » avait augmenté de 30 %. (Les cellules T « helper » sont un élément important du système immunitaire.)

Dans le cadre d'une autre étude, effectuée cette fois à l'université de l'Arizona à Tucson, les chercheurs ont administré pendant deux mois à différents groupes d'hommes et de femmes des doses quotidiennes variables de bêtacarotène : 15 milligrammes (soit 25 000 unités internationales, ou UI), 30 milligrammes (environ 50 000 UI), 45 milligrammes (environ 75 000 UI) ou 60 milligrammes (près de 100 000 UI), selon le Dr Ronald R. Watson, professeur chargé de recherches dans cette université. Une réponse immunitaire accrue était visible dès 30 milligrammes, avec des quantités plus importantes tant des cellules à activité naturelle tueuse que de lymphocytes activés, deux autres éléments importants du système immunitaire.

Dans le cadre d'études portant sur des sidéens, comme au cours d'autres études consacrées à des patients plus âgés atteints de lésions précancéreuses de la bouche, un effet immunologique similaire put être observé grâce à l'administration de 30 milligrammes de bêtacarotène par jour sur une période de trois mois. En revanche, cet effet s'atténuait par la suite.

Les doses ayant fait l'objet d'essais cliniques varient entre 50 000 et 100 000 unités internationales par jour. De telles doses sont considérées comme dénuées de toxicité tout en étant vraisemblablement efficaces aussi bien dans le traitement du cancer que dans celui des maladies cardio-vasculaires.

En ce qui concerne le bêtacarotène, les recherches n'ont à ce jour mis en évidence aucun seuil de toxicité à ne pas dépasser. Un effet indésirable possible est un jaunissement de la peau, mais il s'atténue dès que l'on diminue la dose.

La plupart des recherches ont permis de constater que les fumeurs sont ceux qui bénéficient le plus d'un apport complémentaire de bêtacarotène, car le cancer du poumon est généralement associé très étroitement avec un faible taux de cet élément. En outre, le risque de cancer du poumon est réduit au maximum chez les fumeurs qui absorbent de grandes quantités d'aliments riches en bêtacarotène, ou qui prennent ce nutriment sous forme de complément alimentaire. La majorité des médecins et des chercheurs, en revanche, recommandent toujours une alimentation plus riche en fruits et légumes et encouragent leurs patients à renoncer au tabagisme.

Aucune Valeur quotidienne n'a été déterminée pour le bêtacarotène, mais les nutritionnistes recommandent fréquemment d'en absorber entre 8 300 et 10 000 unités internationales par jour. La majorité de la population en absorbe habituellement chaque jour entre 1 600 et 3 300 unités internationales par le biais de l'alimentation.

La vitamine B_6 : il en faut parfois davantage

Des chercheurs à l'école de nutrition de l'université Tufts à Medford, dans le Massachusetts, ont découvert que si l'on ôtait pratiquement toute la vitamine B_6 de l'alimentation de personnes âgées en bonne santé, la réponse immunitaire de ces sujets s'abaissait. Plus éloquent encore : la quantité de vitamine B_6 nécessaire pour rendre à leur système immunitaire toute sa vigueur dépassait la Valeur quotidienne de 2 milligrammes. Lorsque les participants commencèrent à recevoir chaque jour 50 milligrammes de vitamine B_6, leur immunité se trouva renforcée pour atteindre un niveau élevé dépassant celui mesuré avant le début de cette étude.

« Ces résultats nous apprennent deux choses, commente le Dr Bendich. La première est que la Valeur quotidienne pour la vitamine B_6 n'est pas suffisamment élevée pour permettre le fonctionnement optimal de l'organisme chez les personnes âgées. La deuxième est qu'un apport complémentaire de vitamine B_6 renforce l'immunité. »

En fait, diverses autres études ont révélé que les personnes âgées en général ne semblent pas absorber suffisamment de cette vitamine. Une étude portant sur des résidents âgés de New Mexico a montré que ces derniers absorbent journellement à peine le quart de la dose de B_6 dont leur organisme a besoin.

Que l'on soit jeune ou âgé, il est facile d'absorber davantage de ce nutriment en agrémentant plus souvent ses menus de pois chiches, de jus de pruneau, de dinde, de pommes de terre et de bananes. Une banane fournit 33 % de la Valeur quotidienne de B6, tandis qu'un verre de jus de pruneau d'une contenance de 225 ml en apporte 28 %.

La vitamine C est toujours appréciée

Il existe au sein de la communauté médicale une sorte de consensus selon lequel la vitamine C est vitale pour la production de globules blancs, les fantassins du système immunitaire.

« Parmi toutes les recherches dont j'ai eu connaissance, les meilleures suggèrent que la vitamine C réussit d'une manière ou d'une autre à stimuler les globules blancs, ce qui a pour résultat d'améliorer leur fonctionnement », explique le Dr Elliot Dick, professeur de médecine préventive et chef d'un laboratoire universitaire de recherches sur les maladies respiratoires d'origine virale et l'un des chercheurs de pointe aux États-Unis dans le domaine de la recherche sur le rhume. « Les globules blancs attaquent la cellule infectée, se rassemblent autour d'elle, la détruisent et font ensuite le ménage. »

Parallèlement, au moins une étude a montré qu'il n'est pas nécessaire, pour qu'une carence marginale entraîne un déclin des fonctions immunitaires, que les taux de vitamine C soient très faibles, même chez des hommes par ailleurs en bonne santé âgés de 25 à 43 ans. Au cours d'une étude sur trois mois, des chercheurs du centre de recherches sur la nutrition humaine de type occidental du ministère américain de l'Agriculture à San Francisco ont constaté que lorsque le taux de vitamine C absorbé quotidiennement ne dépassait pas 20 milligrammes, cela retardait la réaction à un test cutané conçu pour provoquer une réponse immunitaire à un problème, comme une enflure ou une éruption. De plus, « les chercheurs furent incapables de ramener les taux de vitamine C au même niveau qu'avant l'introduction de l'alimentation carencée, jusqu'à ce que l'on entreprenne d'administrer aux volontaires 250 milligrammes de vitamine C par jour pendant trois semaines », souligne Robert A. Jacob, chimiste chargé de recherches sur les micronutriments dans ce centre et l'un des chercheurs ayant participé à cette étude.

Même si la Valeur quotidienne pour la vitamine C (60 milligrammes) est plus basse que les quantités utilisées dans un grand nombre de ces études, il est malheureusement vérifié que beaucoup de gens n'en absorbent même pas cette faible quantité.

« On peut sans aucun mal recenser un nombre considérable de personnes qui n'absorbent même pas 75 % de la Valeur quotidienne de vitamine C, alors que le moins qu'on puisse dire est que cette vitamine est extrêmement abondante », souligne le Dr Vishwa Singh, directeur du service de recherches sur la nutrition humaine de la société Hoffmann-La Roche. Ce spécialiste maintient que nul ne devrait être en déficit de vitamine C alors que tant de fruits et légumes en sont si abondamment pourvus. Un verre de jus d'orange d'une contenance de 225 ml en apporte 200 % de la valeur quotidienne, par exemple, tandis qu'une demi-tasse de poivrons rouges coupés en dés en fournit 158 %.

En revanche, la Valeur quotidienne de vitamine C est-elle suffisante pour permettre un fonctionnement optimal du système immunitaire ? C'est là toute la question. Quant à la réponse, les chercheurs ne la connaissent pas encore. De nombreux nutritionnistes recommandent toutefois d'en absorber au moins 500 milligrammes par jour.

La vitamine D pourrait être bénéfique

La vitamine D est également en passe de se faire une réputation en tant que nutriment clé pour la santé du système immunitaire. Lorsque des chercheurs à l'université du Wisconsin-Madison ont testé des animaux de laboratoire carencés en vitamine D, ils se sont aperçus qu'une glande, le thymus, ne remplissait pas son rôle qui est normalement de générer un nombre suffisant de cellules immunitaires. Il fallut huit semaines d'une alimentation comportant des taux adéquats de vitamine D pour retrouver chez ces cobayes un niveau normal d'immunité.

La Valeur quotidienne pour la vitamine D est de 400 unités internationales. Ce nutriment est présent dans les œufs et le lait vitaminé. En outre, l'organisme est également capable d'en fabriquer, par une réaction naturelle qui se produit lorsque la lumière du soleil touche notre épiderme.

Dans ces conditions, quelle sorte de personne pourrait bien en être déficitaire ? Les experts font remarquer que les sujets qui n'absorbent pas de lait en raison de certains troubles gastriques, ou qui évitent d'aller au soleil de crainte d'avoir des rides, pourraient s'exposer à une carence. « Cela risque d'être plus grave chez les personnes âgées que chez les sujets plus jeunes,

Prescriptions vitaminiques

Une nutrition judicieuse joue un rôle important dans la santé du système immunitaire. Les experts recommandent de prendre un complément de multivitamines et de minéraux apportant la Valeur quotidienne de toutes les vitamines et de la plupart des minéraux. Si votre complément de multivitamines et de minéraux ne contient pas les doses recommandées des nutriments mentionnés ci-dessous, il pourrait être nécessaire de prendre un apport complémentaire, selon le Dr Adrianne Bendich, chercheur clinicien en service de recherches sur la nutrition humaine.

Nutriment	Dose par jour
Bêtacarotène	8 300 à 10 000 unités internationales
Fer	18 milligrammes
Vitamine A	5 000 unités internationales
Vitamine B_6	2 à 50 milligrammes
Vitamine C	500 milligrammes
Vitamine D	400 unités internationales
Vitamine E	400 unités internationales
Zinc	15 milligrammes

MISE EN GARDE : *Si vous prenez des médicaments anticoagulants, vous ne devez pas prendre de vitamine E sous forme de complément alimentaire.*

souligne le Dr Bendich. En effet, nous constatons que les personnes du troisième âge ne parviennent plus à fabriquer la vitamine D au niveau de l'épiderme aussi bien que les sujets plus jeunes. Non seulement elles ne s'exposent plus autant au soleil, mais elles utilisent davantage de produits pour protéger la peau, et les écrans solaires empêchent la formation de vitamine D. De plus, elles ne boivent pas beaucoup de lait. » Selon le

Dr Bendich, les personnes âgées doivent obtenir leur Valeur quotidienne de vitamine D en prenant un complément de multivitamines et de minéraux.

La vitamine D est présente dans la plupart des multivitamines et minéraux ainsi que dans la majorité des compléments de calcium, et elle est dénuée de toxicité aux doses fournies par de tels compléments, conclut le Dr Bendich.

Un allié bien connu : la vitamine E

La corrélation entre la vitamine E et l'immunité est connue depuis longtemps et très marquée. Au fil des ans, les chercheurs ont découvert qu'un apport complémentaire de vitamine E permettait d'obtenir des effets immunostimulants tout à fait spectaculaires, notamment des taux plus élevés d'interféron et d'interleukine. Ces deux substances biochimiques sont générées par le système immunitaire afin de lutter contre l'infection.

Dans le cadre d'une étude, des chercheurs de l'université Tufts ont réparti en deux groupes des volontaires d'un certain âge : 18 d'entre eux absorbaient chaque jour 800 milligrammes d'un complément de vitamine E, tandis que 14 ne prenaient qu'un placebo (pilule inerte d'apparence identique). Au bout de 30 jours, les chercheurs ont constaté chez les sujets qui prenaient la vitamine E une augmentation de 69 % du taux d'inter-leukine-2 et une diminution du taux de prostaglandine, une substance susceptible de réduire le nombre de globules blancs qui sont pour ainsi dire les soldats chargés d'assurer la surveillance dans tout l'organisme.

« Les recherches effectuées à l'université Tufts montrent clairement qu'en administrant aux personnes âgées un apport complémentaire de vitamine E, il est possible d'améliorer leur réponse immunitaire », commente le Dr Singh.

En outre, la vitamine E contribue à prévenir dans l'organisme les lésions oxydatives qui semblent contribuer à affaiblir la réponse immunitaire. Les chercheurs pensent qu'en remplissant leur rôle, qui est d'attaquer et d'absorber toutes sortes d'intrus — virus, bactéries et autres envahisseurs nocifs —, les cellules tueuses du système immunitaire et notamment les macrophages génèrent un sous-produit redoutable, les radicaux libres. Afin d'établir leur propre équilibre, ces molécules instables dérobent des électrons aux molécules saines du corps, qui restent alors affaiblies ou endommagées. La vitamine E apprivoise en quelque sorte les radicaux libres en mettant à leur disposition ses propres électrons, ce qui contribue à protéger les cellules saines.

Combien de vitamine E faut-il prendre pour obtenir cet effet immuno-stimulant ? Les experts recommandent généralement 400 unités internationales par jour.

Rien ne vaut le fer pour renforcer l'immunité

Non seulement le fer est un minéral important pour le fonctionnement optimal du système immunitaire, mais la carence en fer est en outre relativement courante, relève le Dr Sherman. Une telle carence peut se produire lorsque l'alimentation ne contient pas assez d'aliments riches en fer, comme la viande rouge et les légumes verts feuillus. Chez la femme jeune non encore ménopausée, il est fréquent que les réserves de fer s'épuisent en raison de la déperdition de sang riche en fer qui se produit périodiquement à l'occasion des règles. En outre, divers troubles gastriques (par exemple les ulcères) peuvent également entraîner une perte de sang, de même que les infections parasitaires et, bien entendu, les blessures graves, poursuit-elle.

Emmagasiné dans le foie, la rate et la moelle osseuse, le fer sert principalement à fabriquer l'hémoglobine dans le sang. Selon le Dr Sherman, un individu n'est considéré comme ayant une carence en fer qu'à partir du moment où ses taux sanguins d'hémoglobine commencent à baisser.

La Valeur quotidienne de 18 milligrammes de fer passe pour suffisante afin de maintenir le bon fonctionnement du système immunitaire. De nombreux chercheurs déconseillent d'en absorber davantage, car une surdose peut provoquer divers troubles tels que douleurs abdominales, diarrhées ou constipation.

N'oublions pas le zinc

Tout comme le fer, le zinc est essentiel pour s'assurer que les lymphocytes, qui constituent pour ainsi dire le front d'attaque de nos défenses immunitaires, soient présents en nombre suffisant.

« Lorsque l'organisme est menacé par un quelconque pathogène, l'un des phénomènes qui se produit est que les cellules immunitaires commencent à proliférer. Cela marque le début de toutes les étapes conduisant à la destruction de l'intrus, commente le Dr Sherman. Il faut savoir que le zinc et le fer participent tous deux à ce processus. » Lorsque le taux de zinc est trop faible, non seulement les lymphocytes réagissent plus lentement devant l'envahisseur étranger, mais ils sont en outre moins nombreux à parvenir jusqu'au champ de bataille.

Heureusement, les carences graves en zinc sont rares. Un déficit marginal en zinc, en revanche, est beaucoup plus courant. Les végétariens stricts sont souvent les plus exposés à une carence en zinc, car ils ne mangent ni viande, ni fruits de mer, les meilleures sources de zinc.

Pour maintenir un fonctionnement adéquat du système immunitaire, il devrait suffire d'absorber la Valeur quotidienne de zinc (15 milligrammes). Il n'est pas très difficile d'en obtenir cette quantité, sachant que 85 grammes de n'importe quelle viande rouge maigre fournit environ 32 % de ce chiffre, tandis que six huîtres cuites à la vapeur apportent cinq fois la quantité de zinc nécessaire à l'organisme.

Les multivitamines, une bonne assurance santé

La prise quotidienne d'un complément de multivitamines et de minéraux est amplement justifiée, comme le confirment de très nombreux travaux. Au cours d'une étude sur une année portant sur 100 habitants du Canada déjà âgés, par exemple, le Dr Chandra avait administré chaque jour à la moitié des participants un complément de multivitamines et de minéraux, ainsi que de la vitamine E et du bêtacarotène. Le groupe témoin ne recevait chaque jour qu'un placebo. À l'issue de cette étude, le Dr Chandra put constater que le groupe qui avait reçu un complément alimentaire avait moitié moins de rhumes, grippes et autres maladies d'origine infectieuse que les participants du groupe témoin qui n'avaient reçu qu'un placebo. Et même s'ils tombaient malades, ceux du groupe qui avaient pris un complément retrouvaient la santé en moyenne deux fois plus rapidement.

Depuis lors, une autre étude consacrée aux multivitamines et aux minéraux a permis d'enregistrer des résultats similaires. Les chercheurs avaient eu recours à des tests cutanés afin de mesurer la réponse immunitaire aux protéines des bactéries et champignons microscopiques qui sont à l'origine de la tuberculose, de la diphtérie, du tétanos et de diverses autres maladies. Après une année, les participants qui avaient pris un complément avaient un système immunitaire nettement plus vigoureux que les sujets du groupe témoin qui n'avaient reçu qu'un placebo durant cette même période, selon le Dr John Bogden, professeur universitaire et chercheur responsable de cette étude.

Comment se fait-il qu'un simple complément de multivitamines et de minéraux puisse améliorer à ce point le fonctionnement du système immunitaire ? Le Dr Bogden croit avoir trouvé la réponse à cette question, du moins pour ce qui est des personnes âgées. « Nous percevons deux explications possibles : soit les personnes du troisième âge ont des besoins accrus en nutriments, soit l'apport journalier recommandé, ou les taux qui s'en approchent, ne suffisent pas à maintenir l'efficacité optimale du système immunitaire », précise-t-il.

Infections mycosiques

◆

En finir avec les démangeaisons

Les paumes vous démangent-elles ? Pour certains, cela signifie que l'argent va vous tomber du ciel. Mais ne s'agirait-il pas plutôt du démon de midi ? Si c'est le cas, prenez le temps d'avoir un entretien approfondi avec votre conjoint. Ou encore, quelque démangeaison vraiment indiscrète... vous voyez sans doute où nous voulons en venir ? — peut-être préféreriez-vous ne pas aborder ce sujet-là. Nous abordons ici l'un des troubles féminins les plus courants : le combat que doit mener le corps de la femme contre les infections dues à des micro-organismes (ou mycoses).

Ces troubles sont si courants que trois femmes sur quatre auront l'occasion de se demander au cours de leurs années de procréation ce qu'elles ont bien pu faire pour mériter les démangeaisons, les sensations de brûlure, l'odeur et les pertes désagréables qui accompagnent les infections vaginales liées à une mycose. Bien entendu, elles chercheront aussi à savoir exactement comment s'y prendre pour éviter toute récidive de ce trouble particulièrement gênant.

Quelques explications

Fort heureusement, un certain nombre de précautions peuvent contribuer à prévenir chez la femme la réapparition de ces désagréables démangeaisons. Mais, tout d'abord, il est utile de mieux comprendre pour quelles raisons une infection mycosique se produit.

Dans la majorité des cas, ce trouble empoisonnant est dû à un champignon appelé *Candida albicans* ; ce dernier peut rester longtemps en veilleuse dans le vagin, dans la bouche et dans les intestins. En temps normal, le système immunitaire, aidé par une bactérie appelée *Lactobacillus acidophilus* (courante dans le vagin où elle crée un milieu acide que le champignon candida n'apprécie pas du tout), empêche ce micro-organisme de proliférer, et il se contente alors de subsister en petites colonies inoffensives. En revanche, lorsque quelque chose intervient pour déranger le bel équilibre de cet écosystème, les *candida* se multiplient très rapidement et il peut en résulter une infection mycosique.

Un certain nombre de choses suffit à bouleverser ce délicat équilibre, dans le genre maillot de bain mouillé, collant, jeans trop serrés et maillot de gym. De tels vêtements créent un milieu chaud et humide que les candida trouvent très à leur goût. En outre, la femme enceinte est également parti-

---

Facteurs alimentaires

Sans doute savez-vous déjà qu'en ôtant rapidement un maillot de bain mouillé ou des sous-vêtements dans lesquels nous avons transpiré, nous faisons beaucoup pour prévenir les infections mycosiques, puisque les micro-organismes qui les provoquent aiment tant les milieux humides. Mais saviez-vous ce que les médecins ont souvent constaté : le simple fait d'inclure dans notre alimentation certains types d'aliments ou d'en retrancher certains autres peut aussi contribuer à lutter contre ces gênantes démangeaisons. Voici leurs recommandations diététiques afin d'éviter ces ennuis.

Mangez régulièrement du yoghurt. La femme inconnue qui a découvert le vieux remède populaire consistant à soigner une infection mycosique en s'administrant une douche vaginale à l'aide de yoghurt n'était pas loin d'avoir raison. Seulement, ce n'est pas là qu'elle aurait dû le mettre ! Il convient en revanche d'absorber une tasse de yoghurt par jour, et il doit contenir des cultures vivantes de *Lactobacillus acidophilus*. (Si tel est bien le cas, l'étiquette en fait mention.)

Dans le cadre d'une étude effectuée au *Long Island Jewish Medical Center* à Hyde Park à New York et portant sur 33 femmes, des chercheurs ont constaté que les participantes, souvent sujettes à des

culièrement exposée aux infections mycosiques, de même que la femme juste avant les règles et durant la ménopause. De plus, les *candida* prolifèrent lorsqu'une femme prend des antibiotiques, car ces médicaments détruisent souvent non seulement les bactéries nuisibles mais aussi trop de bactéries utiles, comme celles de type *lactobacillus*, laissant ainsi la voie libre à l'essor des *candida*.

Une bonne nutrition crée un milieu hostile aux *candida*

Lorsque la prolifération des *candida* a donné lieu à une infection mycosique en bonne et due forme, les médecins prescrivent couramment des médicaments en vente libre comme le miconazole (Daktarin), le

---

infections mycosiques, parvenaient à diviser par trois la fréquence des récidives en mangeant 225 ml de yoghurt par jour.

Renoncez aux sucreries. Le champignon *Candida albicans* (ce terme médical désigne le type de levure à l'origine des infections mycosiques) est particulièrement avide de sucre. Lorsque nous mangeons trop d'aliments sucrés et de douceurs, cela peut faire grimper notre taux glycémique et créer le milieu idéal pour favoriser la prolifération des candida, selon le Dr William Crook, médecin, auteur de l'ouvrage *The Yeast Connection and The Woman*.

Moins d'aliments à base de levure. Les recherches dans ce domaine restent à faire, mais certains médecins signalent que leurs patientes sujettes aux infections mycosiques présentent parfois ce trouble après avoir mangé des aliments à base de levure. Le Dr Crook suggère d'éviter les aliments comme la pizza et la bière, ainsi que les préparations à longue conservation comme le vin, le fromage et les viandes fumées.

Chassez les vampires. L'ail contient un agent antimicrobien, l'allicine. Divers travaux suggèrent que les candida abhorrent littéralement l'ail. Certaines femmes se sont aperçues qu'en mangeant une gousse d'ail par jour, elles parvenaient mieux à prévenir les infections mycosiques, précise le Dr Tori Hudson, médecin, professeur au Collège national de médecine naturopathique.

clotrimazole (Trimysten) ou le nouveau fluconazole (Triflucan), médicament à dose unique délivré uniquement sur ordonnance ; tous ces remèdes sont efficaces et vous permettront de vous asseoir à nouveau sans la moindre gêne en moins d'une semaine. En revanche, comme ces médicaments ne peuvent éliminer définitivement les infections mycosiques, et puisque les récidives sont très courantes, les médecins soulignent qu'il faut apprendre à leur présenter un milieu défavorable afin de mieux leur résister.

« C'est souvent une perte de temps et d'argent que de chercher à traiter uniquement le vagin, souligne le Dr William Crook, médecin, auteur de l'ouvrage *The Yeast Connection and the Woman*. Quoique les suppositoires vaginaux puissent être utiles, une femme doit également veiller à absorber une alimentation judicieuse afin de remédier aux causes de ce trouble. »

Selon les experts, cela implique de renforcer notre immunité grâce à une alimentation variée et équilibrée ainsi qu'à des compléments alimentaires, notamment de vitamines A, C et E et d'un minéral, le zinc. Voici ce que préconisent les médecins.

Remarque : Quoique le micro-organisme appelé *Candida albicans* soit le plus souvent à l'origine des infections vaginales, il n'en est pas la seule et unique cause possible. Par conséquent, si vous n'avez jamais encore eu ce genre de trouble, il est judicieux de consulter votre médecin afin d'obtenir un diagnostic précis avant d'entreprendre par vous-même un quelconque traitement.

Le zinc empêche la prolifération des levures

C'est un minéral, le zinc, qui pourra dans bien des cas nous offrir une aide puissante pour lutter contre ce trouble. Il stimule en effet la production de lymphocytes T, les cellules du système immunitaire dont le rôle est d'évacuer les cellules envahies par l'infection. D'après les recherches médicales, cela fait du zinc un défenseur de choix contre les *Candida albicans*.

Il faut ajouter par ailleurs qu'un apport complémentaire de zinc est vraisemblablement bénéfique, même lorsque les taux de ce minéral dans l'organisme sont normaux, selon une étude effectuée en Inde. Les chercheurs ont utilisé des animaux de laboratoire qui n'avaient pas de carence en zinc, auxquels ils ont administré un apport complémentaire de ce minéral à haute dose. Ils ont ensuite pu constater que ces cobayes étaient considérablement plus résistants à l'infection due à *Candida albicans* que ceux qui n'avaient pas reçu de zinc.

« Ce dernier est essentiel pour prévenir les infections, souligne le Dr Crook. Et quoiqu'il soit toujours préférable d'absorber les vitamines et les minéraux dont l'organisme a besoin par le biais d'une alimentation saine, un apport complémentaire nutritionnel est probablement justifié lorsque l'on considère la déperdition considérable en nutriments essentiels que subissent nos aliments avant de parvenir jusqu'à nous : traitements industriels, conditionnement, transport, mise en vente, etc. »

Pour lutter contre les *candida*, le Dr Tori Hudson, médecin, professeur au Collège national de médecine naturopathique, suggère de prendre la Valeur quotidienne de zinc, soit 15 milligrammes. Si vous souhaitez augmenter la quantité de zinc fournie par l'alimentation, mangez plus souvent des huîtres cuites. En effet, une demi-douzaine d'huîtres apporte à l'organisme envi-ron 76 milligrammes de zinc.

La vitamine C crée un milieu acide

Dans la lutte contre le micro-organisme *Candida albicans*, la vitamine C remplit un double rôle.

Tout d'abord, les recherches ont montré que la vitamine C renforce l'immunité en donnant de la vigueur aux globules blancs chargés de lutter contre la maladie, rendant l'organisme plus apte à résister à l'infection, en particulier aux infections opportunistes telles que celles dues aux *candida*, qui profitent d'un affaiblissement du système immunitaire pour proliférer. En prime, la vitamine C crée dans le vagin un milieu acide. « C'est en milieu acide que prolifère notre allié *lactobacillus*, explique le Dr Roy M. Pitkin, professeur d'obstétrique et de gynécologie. Il peut donc être utile de prendre de la vitamine C, quoiqu'une telle mesure ne suffise pas en elle-même à enrayer totalement ce trouble. »

Pour obtenir des résultats optimaux, le Dr Hudson recommande de prendre chaque jour 4 000 milligrammes de vitamine C, à fractionner en deux doses de 2 000 milligrammes chacune, dont l'une est à prendre le matin et la deuxième le soir, afin de favoriser une bonne assimilation. Cette dose est considérablement plus élevée que la Valeur quotidienne, qui ne dépasse pas 60 milligrammes. Quoique des doses aussi élevées de vitamine C soient considérées comme dénuées de toxicité, une dose quotidienne de 1 200 milligrammes seulement peut provoquer des diarrhées chez certaines personnes. Il est donc préférable de parler d'abord à votre médecin avant de

Prescriptions vitaminiques

En cas d'infection mycosique, certaines crèmes médicinales peuvent apporter un soulagement rapide dans les zones particulièrement sensibles du corps, mais il vous faudra aussi renforcer votre immunité par le biais de la nutrition si vous souhaitez prévenir une récidive. Voici ce que suggèrent de nombreux experts.

Nutriment	Dose par jour/Application
Voie buccale	
Vitamine A	25 000 unités internationales
Vitamine C	4 000 milligrammes, à fractionner en deux doses
Vitamine E	400 unités internationales
Zinc	15 milligrammes
Application locale	
Vitamine A	Gélule de gélatine, à utiliser comme suppositoire

MISE EN GARDE : *Si vous n'avez encore jamais eu d'infection mycosique, il est judicieux de consulter un médecin afin d'obtenir un diagnostic précis avant d'entreprendre par vous-même un quelconque traitement.*

La vitamine A peut être toxique si elle est ingérée en doses supérieures à 15 000 unités internationales par jour, et il a été constaté qu'elle pouvait provoquer des malformations congénitales lorsqu'elle était prise en début de grossesse et en doses supérieures à 10 000 unités internationales. C'est pourquoi la posologie recommandée ici ne doit être administrée que sous la surveillance d'un médecin, surtout si vous êtes une femme en âge de procréer. Cette thérapie est formellement déconseillée chez la femme enceinte.

Certaines personnes ont des diarrhées lorsqu'elles prennent plus de 1 200 milligrammes de vitamine C par jour. Par conséquent, obtenez d'abord l'avis de votre médecin avant d'en prendre une dose aussi élevée.

Si vous prenez des médicaments anticoagulants, vous ne devez pas prendre de vitamine E sous forme de complément alimentaire.

songer à absorber cette mégadose dans le but de prévenir les infections mycosiques.

Il est utile de manger beaucoup de fruits et de légumes afin d'augmenter la quantité de vitamine C fournie par l'alimentation. Une tasse de brocolis, de jus d'orange ou de choux de Bruxelles apporte environ 100 milligrammes de ce nutriment.

Les vitamines A et E renforcent l'immunité

Aux femmes qui sont fréquemment victimes des *candida*, le Dr Hudson recommande d'ajouter à ce protocole deux autres nutriments dotés de propriétés immunostimulantes : les vitamines A et E.

« La vitamine A peut être utilisée de deux manières différentes », note le Dr Hudson. Une femme peut absorber un apport complémentaire de 25 000 unités internationales de vitamine A par jour, sachant que cette dose, cinq fois supérieure à la Valeur quotidienne, ne devra être prise que sous surveillance médicale. Cette mise en garde est particulièrement importante pour une femme en âge de procréer, car on a pu vérifier l'existence d'une corrélation entre l'absorption de doses quotidiennes de 10 000 unités internationales de vitamine A en début de grossesse et certaines malformations congénitales. Pour cette raison, il est formellement déconseillé à la femme enceinte d'avoir recours à cette thérapie. Lorsqu'une femme préfère ne pas absorber une dose aussi élevée par voie orale, elle peut également utiliser une gélule de vitamine A en guise de suppositoire vaginal.

« L'insertion vaginale de vitamine A stimule le système immunitaire à l'intérieur même du vagin, poursuit le Dr Hudson. Il suffit d'y enfoncer une gélule de vitamine A, même si les compléments alimentaires n'ont pas le même pouvoir thérapeutique que les suppositoires à base de vitamine A proposés par un certain nombre de firmes pharmaceutiques. »

En guise de précaution supplémentaire, elle recommande en outre de prendre 400 unités internationales de vitamine E.

Si vous êtes fréquemment victime d'infections mycosiques et si vous souhaitez augmenter la quantité de ces nutriments fournie par votre alimentation, prenez l'habitude d'utiliser des huiles végétales pour faire la cuisine et de manger des céréales complètes afin d'absorber davantage de vitamine E ; buvez du lait vitaminé écrémé afin d'obtenir beaucoup de vitamine A, et mangez davantage de légumes de couleur orange et jaune vif de manière à obtenir plus de bêtacarotène (une substance qui se convertit en vitamine A dans l'organisme).

Infections urinaires

◆

Liquider le problème

Pour certaines femmes, les symptômes sont bien trop familiers : sensation de brûlure cuisante lors de la miction et envie perpétuelle d'uriner alors qu'on vient à peine de quitter les toilettes. Leur urine est parfois trouble et malodorante, voire teintée de sang. Cela tient généralement à une infection urinaire, due à des bactéries qui se sont infiltrées dans l'urètre et jusque dans la vessie où elles se sont installées pour de bon.

Parmi toutes les infections qui peuvent toucher la femme, les infections urinaires viennent au deuxième rang après les rhumes, car l'anatomie féminine est particulièrement propice à ce genre de trouble. (Chez l'homme, les infections urinaires sont bien moins courantes mais potentiellement plus graves, car elles sont souvent liées à des troubles de la prostate.)

Les femmes particulièrement sujettes aux infections urinaires, surtout celles qui semblent incapables d'y résister, pourraient présenter un trouble des muqueuses de la vessie, relève le Dr Robert Moldwin, professeur adjoint en urologie. Il semblerait que ces cellules aient subi une transformation qui favorise l'adhérence des bactéries sur les parois de la vessie, ainsi que sur les parois du vagin. Dès lors qu'elles ont réussi à se fixer sur les parois vaginales, les bactéries n'ont pas de mal à remonter jusqu'à la vessie.

« En temps normal, les bactéries qui réussissent à s'introduire dans la vessie se font expulser immédiatement, mais, dans ce cas précis, cela ne se produit pas », souligne le Dr Moldwin.

Les médecins recommandent un certain nombre de précautions afin de minimiser le risque d'infection pour les femmes sujettes à des récidives fréquentes de ce trouble. Ils préconisent notamment d'uriner avant les rapports, ainsi qu'immédiatement après. Réfléchissez bien aussi avant d'adopter le diaphragme. Les femmes qui ont recours à cette méthode anticonceptionnelle sont deux à trois fois plus sujettes que les autres à des infections vaginales récidivantes, car l'irritation des muqueuses vaginales provoquée par le diaphragme facilite l'adhésion des bactéries, toujours selon ce médecin.

La majorité des praticiens ont recours aux antibiotiques pour traiter les infections vaginales, généralement avec de bons résultats. « En outre, ajoute le Dr Moldwin, nous recommandons souvent à nos patientes sujettes à de fréquentes récidives de prendre une pilule antibiotique chaque fois qu'elles ont des rapports. »

Parallèlement à ces mesures, certains médecins proposent également quelques conseils de nutrithérapie.

La vitamine C crée un milieu acide

Certains médecins pensent qu'en augmentant le pH urinaire (l'équilibre acide-base) afin de le rendre légèrement plus acide, il est possible d'atténuer une infection urinaire en ralentissant la prolifération des bactéries dans la vessie. « Certains médecins recommandent dans ce but un apport complémentaire de vitamine C », note le Dr Moldwin. Les spécialistes ignorent de quelle manière les choses se passent, et il n'existe aucune étude pour le prouver, ajoute-t-il, mais cela semble néanmoins bénéfique pour certaines femmes.

« La vitamine C pourra également être prescrite lorsqu'une femme prend un antiseptique urinaire à base de méthénamine comme Uraseptine ou Saprol,

---

Prescriptions vitaminiques

Pour traiter ou prévenir une infection urinaire, la plupart des médecins ont recours à autre chose qu'à des vitamines, mais d'autres préconisent la vitamine C, surtout si vous prenez un médicament dont l'efficacité est accrue lorsque l'urine est acide. Vous pouvez fractionner la dose afin d'en prendre deux fois par jour, selon le Dr Kristene Whitmore, chef d'un département universitaire d'urologie et coauteur du livre *Overcoming Bladder Disorders*.

Nutriment	Dose par jour
Vitamine C	1 000 milligrammes

Facteurs alimentaires

En cas d'infection urinaire, la plupart des médecins conseillent de boire davantage d'eau, mais c'est à peu près la seule précaution diététique qui fasse l'unanimité. Certains recommandent de manger plus d'aliments acides, l'urine acide pouvant empêcher la prolifération bactérienne. D'autres sont d'avis que c'est chose difficile à faire, car l'équilibre acide de l'urine peut se modifier d'heure en heure. « Une femme sera peut-être appelée à faire empiriquement ses propres essais avec divers aliments afin de voir quelle sorte d'alimentation lui cause le moins d'ennuis dans ce domaine », note le Dr Robert Moldwin, professeur adjoint en urologie. Les aliments alcalins peuvent contribuer à traiter certains symptômes tels que l'urgence et la fréquence de ce trouble, mais ils ne sauraient traiter des infections bactériennes spécifiques, ajoute ce médecin.

Voici ce que préconisent les médecins. (Note : Ces mesures diététiques ne sauraient guérir une infection urinaire déclarée, mais elles pourraient contribuer à prévenir une récidive ou vous apporter un soulagement lors des mictions.)

Buvez abondamment. La mesure diététique la plus importante pour prévenir les infections urinaires (comme pour accélérer la guérison d'une infection déjà installée) est de boire beaucoup d'eau — environ six à huit verres de 225 ml par jour. En prenant ainsi la précaution de bien vous hydrater, vous évacuez également les bactéries de la vessie.

Adoptez le jus de canneberge. Les femmes connaissent depuis longtemps les mérites du jus de canneberge pour prévenir les infections urinaires. Aujourd'hui, nous détenons des preuves scientifiques venant à l'appui de ce remède traditionnel très ancien. En revanche, ajoute le Dr Moldwin, si vous avez déjà une infection, ce remède ne saurait en améliorer beaucoup le traitement.

Dans le cadre d'une étude conduite par des chercheurs de l'école médicale Harvard, 153 femmes du troisième âge (moyenne d'âge : 78 ans) ont été divisées en deux groupes. Les femmes de l'un des groupes recevaient chaque jour 300 ml de jus de canneberge sucré à l'aspartame, tandis que l'on administrait à celles de l'autre groupe une boisson neutre ayant exactement l'apparence et le goût du jus de canneberge. Des échantillons d'urine furent prélevés chaque mois pendant six mois. Chez celles qui buvaient le jus authentique, on constata que la fréquence des infections vaginales ne représentait que 42 % par rapport au groupe placebo.

« On avait autrefois une théorie selon laquelle le jus de canneberge aurait pour effet d'acidifier l'urine, décourageant ainsi la prolifération des bactéries », explique le Dr Jerry Avorn, professeur adjoint en médecine à l'école médicale Harvard et principal chercheur ayant conduit ces travaux.

« Mais au cours de cette étude, l'urine n'est pas devenue plus acide, ce qui semble étayer une autre théorie selon laquelle le jus de canneberge contiendrait une substance capable d'empêcher les bactéries d'adhérer à la paroi interne de la vessie, les rendant plus faciles à évacuer tout en faisant obstacle à leur prolifération », explique le Dr Avorn.

Des chercheurs en Israël se sont aperçus que le jus de myrtille avait le même effet. En revanche, d'autres sortes de jus également testés — pamplemousse, orange, goyave, mangue et ananas — ne contiennent pas ce mystérieux constituant anti-adhésif.

Neutralisez votre urine. Certains médecins pensent que les aliments acides ralentissent la guérison d'une infection vaginale parce que l'acide pourrait contribuer à irriter une vessie déjà enflammée. Ils recommandent par conséquent de neutraliser votre urine grâce à une alimentation peu acidifiante, faisant également appel à des antiacides ou à la prise, deux fois par jour, d'une cuillerée à café de bicarbonate de soude à dissoudre dans un verre d'eau.

Débusquez les aliments nuisibles. Peut-être soupçonnez-vous que tel ou tel aliment est à l'origine des crises. Si c'est bien le cas, le Dr Kristene Whitmore, chef d'un département universitaire d'urologie et coauteur du livre *Overcoming Bladder Disorders*, vous suggère de voir s'il vous est possible d'obtenir une amélioration en écartant divers aliments suspects : aliments à base de caféine (café, thé, chocolat, coca et certains médicaments), jus de goyave, agrumes, pommes, melon cantaloup, raisins, pêches, ananas, pruneaux, fraises, tomates, aliments

(à suivre)

Facteurs alimentaires — Suite

épicés, boissons alcoolisées, boissons gazeuses et vinaigre. Il pourrait également être judicieux d'éliminer les aliments qui contiennent les acides aminés suivants : tyrosine, tyramine, tryptophane et aspartame. Voici quelques aliments de cette catégorie : aspartame, avocat, banane, bière, fromage, foie de poulet, chocolat, pâté de bœuf en conserve, haricots de Lima, mayonnaise, noix diverses, oignons, pruneaux, raisins secs, pain de seigle, saccharine, crème aigre, sauce soja et yoghurt.

dont l'efficacité s'accroît lorsque l'urine est plus acide », ajoute le Dr Moldwin. De tels médicaments sont le plus souvent prescrits comme thérapie à long terme afin de prévenir les infections récidivantes ou résistantes aux antibiotiques.

Les médecins qui recommandent la vitamine C pour prévenir ou traiter les infections urinaires suggèrent généralement d'en prendre 1 000 milligrammes par jour. Il faudrait absorber environ 14 oranges par jour pour en obtenir une telle quantité. D'ailleurs, les oranges et leur jus ne sont pas notre meilleure source de vitamine C dans ce cas, et pas seulement parce que cela nous ferait absorber de gigantesques quantités de jus d'orange.

« En raison de la manière dont l'organisme métabolise le jus d'orange, ce dernier n'acidifie pas l'urine aussi efficacement que les compléments alimentaires », souligne le Dr Whitmore.

Il est facile de vérifier l'acidité de l'urine grâce à des bandes de papier pH vendu en pharmacie. Suivez les indications figurant sur l'emballage.

Insomnie

◆

Remettre les pendules à l'heure du sommeil

Vous avez l'impression de mieux connaître le présentateur du dernier programme télé de la nuit que la plupart de vos proches. Vous voyez si souvent le caissier du magasin de proximité, ouvert tard le soir, que vous le tutoyez. Vous ne savez plus depuis combien de temps vous avez cessé de payer plein tarif pour appeler vos connaissances dans des pays lointains ; d'ailleurs, vous ne seriez pas fâché d'élargir votre cercle d'amis dans d'autres zones horaires, car vous seriez sûr ainsi de les trouver éveillés lorsque vous l'êtes encore vous aussi.

S'il vous arrive parfois d'avoir du mal à trouver le sommeil, sachez que vous n'êtes pas le seul, loin de là. Quelque 30 % des adultes ont de temps à autre une mauvaise nuit qui les empêche d'être entièrement efficaces le lendemain. C'est d'ailleurs ce critère précis qui permet aux spécialistes de déterminer si vous souffrez véritablement d'insomnie.

« Ce qui compte, ce n'est pas le nombre d'heures de sommeil, mais comment on se sent le lendemain, commente le Dr Peter Hauri, directeur du programme d'insomnie au centre des désordres du sommeil de la clinique Mayo. Certains ont l'habitude de n'avoir que quatre heures de sommeil chaque nuit, mais sont en pleine forme dans la journée. Ceux-là ne souffrent pas d'insomnie. »

En revanche, si une nuit perturbée de temps à autre ne risque pas de nous empoisonner la vie, une série de nuits sans sommeil peut donner lieu à des ennuis plus graves. Certains des pires accidents industriels de ce siècle ont été attribués à des erreurs commises par des travailleurs en manque de sommeil, d'après le Dr Hauri. Si vous appartenez à la catégorie des 10 % de Français qui souffrent d'insomnie chronique, vous savez par votre propre expérience à quel point les nuits sans sommeil compromettent notre bonne humeur, notre efficacité au travail et tous nos rapports avec autrui.

Fouiller sous la surface

« L'insomnie n'est pas une maladie. C'est simplement un signe que quelque chose ne tourne pas rond », commente le Dr Hauri. Dans à peu près la moitié des cas, le problème sous-jacent est psychologique. La dépression, un travail par trop stressant ou des troubles conjugaux peuvent tous être à l'origine d'insomnies.

Parfois la cause est physique, comme dans le cas d'une allergie ou de douleurs chroniques, poursuit le Dr Hauri. Si tel est le cas, il suffira de trouver un traitement efficace de ces symptômes pour mettre fin du même coup à l'insomnie.

Les nuits blanches peuvent aussi provenir de facteurs liés à l'environnement (bruit), de mauvaises habitudes de sommeil (faire la grasse matinée en fin de semaine) et de perturbations du rythme circadien (avoir envie de dormir au mauvais moment).

Facteurs alimentaires

Si vous souffrez d'insomnie, sachez que les types d'aliments que vous évitez pourraient avoir autant d'importance que ceux qui constituent votre ordinaire. Voici comment vous assurer que votre alimentation ne perturbe pas votre sommeil.

Écartez les principaux suspects. Il s'agit notamment du café, du thé, des boissons à base de coca et de tout autre aliment contenant de la caféine. Chacun sait qu'un excès de caféine peut entraîner des perturbations du sommeil ; à chacun de juger quel est son seuil de tolérance. « Certains insomniaques sont particulièrement sensibles à la caféine, et, pour eux, même une ou deux tasses de café sont déjà trop », commente le Dr Peter Hauri, directeur du programme de recherches sur l'insomnie au centre des désordres du sommeil de la clinique Mayo.

Renoncez aux boissons alcoolisées avant d'aller vous coucher. S'il est vrai qu'un cocktail pris à une heure tardive est l'un des plus vieux remèdes traditionnels contre l'insomnie, car il favorise l'endormissement, il risque en revanche de nous réveiller au cours de la nuit, souligne le Dr Hauri.

Mangez léger. Lorsque nous prenons un repas trop copieux avant d'aller nous coucher, cela peut stimuler notre système digestif au point de compromettre le sommeil. Prenez un dîner léger mais suffisamment rassasiant, suggère le Dr Hauri, en évitant les aliments qui provoquent chez vous des brûlures d'estomac.

Renoncez à piller le réfrigérateur. Si vous avez l'habitude de vous lever la nuit pour aller grignoter, efforcez-vous d'y mettre fin, recommande le Dr Hauri. Et s'il vous arrive fréquemment de vous réveiller en ayant faim, prenez juste avant d'aller vous coucher une collation riche en protéines comme du yoghurt ou un bol de céréales accompagnées de lait, ce qui permet dans bien des cas d'éviter les tiraillements de faim nocturnes.

Enfin, des recherches de plus en plus nombreuses montrent que le sommeil peut être affecté, en bien comme en mal, par les aliments que nous absorbons. « Il y a tant d'autres facteurs — maladie, stress, dépression, mode de vie — qui peuvent avoir sur le sommeil des effets bien plus marqués que la nutrition, commente le Dr James G. Penland, chercheur principal au centre de recherches sur la nutrition humaine du ministère de l'Agriculture des États-Unis. En revanche, lorsque ces facteurs ont été écartés, nos recherches suggèrent que le fait d'absorber certains nutriments en plus ou moins grande quantité peut améliorer la qualité du sommeil. »

Le cuivre est bénéfique

Une étude effectuée par le ministère de l'Agriculture des États-Unis a permis de constater l'existence d'une corrélation entre de faibles taux de cuivre et des perturbations du sommeil chez les femmes préménopausées. Les femmes qui absorbaient une alimentation carencée en cuivre (leur apportant moins de un milligramme de cuivre par jour) étaient plus longues à s'endormir et elles se sentaient moins reposées le matin venu que d'autres femmes qui avaient la même alimentation mais prenaient en outre chaque jour un apport complémentaire de deux milligrammes de cuivre, commente le Dr Penland, qui dirigeait cette étude.

La Valeur quotidienne pour le cuivre est de deux milligrammes — cette quantité pourtant minuscule dépasse toutefois la dose moyenne absorbée par les Français. La majorité d'entre nous absorbons environ un milligramme de cuivre par jour. Le déficit ainsi encouru ne suffit pas à provoquer des symptômes très marqués, mais pourrait être à l'origine de certains troubles du sommeil. Les meilleures sources alimentaires de cuivre sont le homard et les huîtres cuites. Les graines, noix, fèves et champignons contiennent également du cuivre, ajoute le Dr Penland, mais il faudrait en manger plusieurs portions chaque jour pour obtenir la Valeur quotidienne de cuivre.

Le fer apporte un soulagement

Un autre minéral, le fer, semble avoir un effet sur la qualité du sommeil. Une étude effectuée par le ministère américain de l'Agriculture a permis de constater que les femmes qui n'absorbaient qu'un tiers de l'apport journalier recommandé (AJR) de fer se réveillaient plus souvent la nuit et dormaient moins profondément que celles qui en absorbaient la totalité. Le Dr Penland souligne que s'il est vrai qu'une alimentation pauvre en fer, tout comme un régime pauvre en cuivre, peut prolonger la durée totale du sommeil, cela n'est pas nécessairement une bonne chose. « Lorsqu'on est malade, on dort généralement davantage, précise-t-il. Une durée de sommeil total plus longue indique souvent que l'organisme s'efforce de faire face à un quelconque défi, ce qui pourrait bien être le cas lorsque nous n'absorbons pas suffisamment de cuivre ou de fer. »

Si vous avez des raisons de penser qu'une légère carence en cuivre ou en fer affecte votre sommeil, un complément de multivitamines et de minéraux est un moyen simple et sans danger d'y remédier, commente le Dr Penland. Vérifiez simplement que le complément de votre choix contient bien 2 milligrammes de cuivre ainsi que l'apport journalier recommandé de fer, qui est de 15 milligrammes pour la femme ayant encore ses règles et de 10 milligrammes pour l'homme et les femmes postménopausées.

L'aluminium peut nuire au sommeil

Un autre minéral semble affecter la qualité du sommeil, l'aluminium. Le Dr Penland et ses collègues ont comparé la qualité du sommeil chez des femmes qui absorbaient plus de 1 000 milligrammes d'aluminium par jour, avec la qualité du sommeil chez d'autres femmes qui n'en absorbaient que 300 milligrammes par jour. Les femmes qui absorbaient plus d'aluminium signalaient davantage de perturbations du sommeil.

Nous absorbons tous de petites quantités d'aluminium dans l'air que nous respirons, l'eau de boisson et les ustensiles de cuisine en aluminium, poursuit le Dr Penland, ainsi que par certains produits antiperspirants, quoiqu'en doses vraisemblablement trop faibles pour provoquer des troubles. En revanche, si vous prenez habituellement un antiacide, surtout sous forme liquide, sachez que de nombreuses marques contiennent jusqu'à 200, voire 250 milligrammes d'aluminium par cuillerée à café. Si vous avez l'habitude de prendre un antiacide et s'il vous arrive souvent de vous éveiller au milieu de la nuit, pourquoi ne pas cesser d'en prendre pendant quelques semaines afin de vérifier si la qualité de votre sommeil s'améliore, suggère le Dr Penland. Vous pourriez aussi avoir recours à des comprimés, qui ne contiennent généralement pas d'aluminium. Vérifiez les principes actifs mentionnés sur l'étiquette afin d'en être sûr.

Le tryptophane favorise le sommeil

Il n'y a de cela que quelques années, le principal remède nutritionnel pour soigner l'insomnie était un acide aminé, le tryptophane. Ce complément, vendu en magasin diététique, fut utilisé avec succès par des milliers de sujets à qui il permit d'obtenir un sommeil réparateur. Tout cela devait changer vers 1990, lorsque plusieurs personnes se trouvèrent atteintes d'un trouble rare du sang et des muscles qui fut attribué à un complément de tryptophane contaminé en provenance d'un fabricant japonais.

« Si je pouvais avoir l'assurance qu'il s'agit bien de tryptophane pur, je n'hésiterais pas à recommander ce complément aujourd'hui encore », commente le Dr Peter Hauri, directeur du programme de recherches sur l'insomnie au centre des désordres du sommeil de la clinique Mayo. En revanche, même si les compléments de tryptophane ne sont plus vendus aux État-Unis, certaines personnes ont pu constater que le fait d'absorber juste avant l'heure du coucher des aliments qui en contiennent semble les aider à mieux dormir, poursuit ce médecin. « Ce n'est pas valable pour tout le monde, mais il vaut vraiment la peine de mettre cela en pratique durant une semaine ou deux afin de voir si c'est efficace. » Les aliments qui contiennent beaucoup de tryptophane comprennent la viande de dinde, les épinards et le lait, et c'est d'ailleurs peut-être la raison pour laquelle une tasse de lait chaud juste avant d'aller se coucher est un remède populaire si largement répandu.

Indispensable magnésium

Un certain nombre de recherches suggèrent qu'un faible taux de magnésium peut également donner lieu à un sommeil moins profond et perturbé par des éveils nocturnes plus fréquents. « Un déficit en magnésium révèle que la quantité de magnésium absorbée quotidiennement est très faible et probablement inférieure à 200 milligrammes par jour, commente le Dr Penland. C'est loin d'être très rare, surtout parmi les sujets qui ont une alimentation à calories réduites, comme les personnes âgées ou celles qui suivent un régime d'amaigrissement. »

Prescriptions vitaminiques

Certains médecins recommandent les nutriments suivants pour vous aider à mieux vous laisser aller dans les bras de Morphée.

Nutriment	Dose par jour
Cuivre	2 milligrammes
Fer	10 milligrammes pour l'homme et pour la femme postménopausée,
	15 milligrammes pour la femme aussi longtemps qu'elle a ses règles
Magnésium	400 milligrammes

MISE EN GARDE : *Les personnes sujettes à des troubles cardiaques ou rénaux doivent consulter leur médecin avant de prendre un complément alimentaire de magnésium.*

Même si vous absorbez suffisamment de magnésium, certains médicaments peuvent empêcher votre organisme d'absorber efficacement ce minéral. Les plus courants sont probablement les diurétiques (médicaments destinés à favoriser l'élimination de l'eau) prescrits dans le traitement de l'hypertension artérielle. Si vous en prenez, votre médecin devra surveiller votre taux de magnésium. Veillez à informer votre praticien des médicaments que vous prenez, surtout si vous êtes traité par plusieurs médecins.

La Valeur quotidienne pour le magnésium est de 400 milligrammes. Si vous optez pour un apport complémentaire de ce minéral, cette dose devrait suffire à prévenir les troubles du sommeil, commente le Dr Penland. Ne manquez pas d'obtenir l'avis de votre médecin avant de prendre un apport complémentaire de magnésium si vous êtes atteint de troubles cardiaques ou rénaux.

Insuffisance mitrale

◆

Soulager les symptômes cardiopathiques

En temps normal, les valvules qui assurent la régulation du débit sanguin à travers le cœur se ferment ponctuellement avec une sorte de claquement sourd que nous percevons comme un battement, qui semble rythmé par un poum-poum régulier.

En cas d'insuffisance mitrale, en revanche, un claquement supplémentaire vient se greffer sur ce rythme, ce qui donne à peu près poum-clic-poum. Ce son surnuméraire se produit parce que la valvule entre les deux parties gauches du cœur — l'oreillette et le ventricule — est déformée en raison d'une pression sanguine trop élevée dans le cœur lorsque celui-ci se comprime. La valvule remonte d'un coup, presque comme un parachute emporté par un brusque coup de vent. Ce phénomène se produit lorsque l'un des cordons fibreux qui maintiennent la valvule en place s'étire à l'excès, ou lorsque l'une des deux valves qui constituent la valvule s'allonge, s'épaissit ou devient flasque. Si la valvule ne se ferme pas parfaitement, il peut se produire un épanchement sanguin en retour et c'est ce qui donne alors lieu au bruissement que les médecins qualifient de murmure du cœur.

« Les troubles liés au syndrome de l'insuffisance mitrale sont considérés comme héréditaires », explique le Dr Kristine Scordo, infirmière et professeur adjoint en université, directrice du Programme de traitement de l'insuffisance mitrale à Cincinnati et auteur du livre *Taking Control : Living with the Mitral Valve Prolapse Syndrome*. « Les sujets atteints de ce trouble — les femmes sont d'ailleurs trois fois plus nombreuses que les hommes — sont souvent grands et élancés, ils ont la poitrine menue et les bras et les phalanges particulièrement longs. »

Quoique l'insuffisance mitrale ne mette généralement pas la vie en danger, elle a pu être associée à toutes sortes de symptômes perturbants : palpitations cardiaques, douleurs de la poitrine, manque de souffle, vertiges, grande fatigue, anxiété, maux de tête et sautes d'humeur... Les médecins décrivent l'ensemble de ces symptômes sous le terme collectif de syndrome d'insuffisance mitrale. « Ces symptômes ne sont pas causés par la valvule

Facteurs alimentaires

Les modifications diététiques suivantes ne suffiront pas à corriger une valvule mitrale déficiente, « mais elles contribueront à soulager bon nombre de symptômes associés à ce trouble », explique le Dr Kristine Scordo, infirmière, professeur adjoint en université, directrice du Programme de traitement de l'insuffisance mitrale à Cincinnati et auteur du livre *Taking Control : Living with the Mitral Valve Prolapse Syndrome*.

Ces changements alimentaires sont tout aussi importants que de prendre des compléments de vitamines ou de minéraux, soulignent les experts. Deux consignes diététiques en particulier peuvent aider l'organisme à conserver ses indispensables réserves de magnésium : moins de caféine et moins de sucre.

Renoncez à la caféine. Certains des symptômes les plus désagréables de l'insuffisance mitrale — anxiété, douleurs dans la poitrine et manque de souffle — s'aggravent lorsque l'on absorbe trop de caféine. « Il s'agit d'un stimulant dont les effets ressemblent à ceux de l'adrénaline, ce qui accentue les troubles liés à l'insuffisance mitrale, commente le Dr Scordo. Nous recommandons aux sujets concernés d'éviter totalement le café, le cola, le thé et le chocolat, si toutefois cela leur est possible. »

elle-même, ajoute le Dr Scordo, mais ils font souvent partie d'un ensemble. »

Il semblerait que ces symptômes proviennent de perturbations du système nerveux autonome, c'est-à-dire du système neurovégétatif, qui opère sans que nous en soyons conscients et gouverne les glandes, le muscle cardiaque et le tonus des muscles lisses comme les muscles des systèmes digestif et respiratoire, ainsi que la peau.

« Les patients atteints d'insuffisance mitrale ont souvent un système neurovégétatif excessivement réactif, explique le Dr Sidney M. Baker, généraliste à Weston dans le Connecticut, qui s'intéresse tout particulièrement à l'insuffisance mitrale. Leur organisme a du mal à s'adapter aux changements de leur environnement. Ils peuvent par exemple être particulièrement sensibles à la lumière et au bruit. »

Pas de sucreries. On parle souvent des coups de pompe qui suivent l'ingestion de sucre, et ce n'est pas une plaisanterie, poursuit le Dr Scordo. Les aliments contenant du sucre à absorption rapide, comme les bonbons, biscuits, boissons gazeuses etc., encouragent l'organisme à fabriquer de l'insuline. Celle-ci augmente considérablement l'activité du système nerveux sympathique, qui est pour ainsi dire l'« accélérateur » du corps, aggravant donc les symptômes.

Huit verres par jour. Bien entendu, il s'agit de verres d'eau, qui auront pour effet de maintenir une pression sanguine normale. « Même une déshydratation légère peut aggraver les symptômes d'étourdissements et de vertiges, souligne le Dr Scordo. La plupart des gens peuvent obtenir un soulagement de ces symptômes en deux semaines environ, simplement en absorbant suffisamment de liquides et de sel. »

Mettez-vous au régime, mais en douceur. Les régimes draconiens ou à la mode n'ont strictement aucun effet à la longue. L'essentiel de la perte de poids qu'ils permettent d'obtenir se produit par une déperdition d'eau, et c'est exactement l'inverse de ce dont a besoin un sujet présentant des symptômes d'insuffisance mitrale. S'il vous est indispensable de perdre du poids, les médecins suggèrent de chercher à perdre régulièrement environ une livre par semaine.

« Les spécialistes pensent que les symptômes sont provoqués par divers changements physiologiques et qu'il est souvent possible de les soulager grâce à un certain nombre de changements diététiques. Une simple réforme alimentaire suffit d'ailleurs fréquemment pour que tout rentre dans l'ordre », ajoute le Dr Scordo.

Voici ce que préconisent les médecins.

Le magnésium joue un rôle

Il ne fait pas de doute que les minéraux jouent un rôle important dans le fonctionnement normal du corps. Les muscles qui coordonnent les battements cardiaques, comme ceux qui se contractent pour faire circuler le sang à travers le cœur, ont besoin de magnésium pour accomplir leur tâche.

Un minéral a retenu l'attention des chercheurs dans le domaine de l'insuffisance mitrale, c'est le magnésium. Diverses études ont en effet permis de constater qu'un pourcentage élevé de sujets atteints de ce trouble avaient des taux de magnésium plus faibles que la normale.

En outre, une étude effectuée par des chercheurs de la faculté de médecine de l'université de l'Alabama, à Birmingham, est parvenue à la conclusion qu'un apport complémentaire de magnésium permettait de soulager de nombreux symptômes associés à ce trouble.

Cette étude, portant sur 94 personnes atteintes d'insuffisance mitrale, a permis de constater que 62 % d'entre elles avaient un faible taux de magnésium dans leurs globules rouges sanguins. En outre, les individus concernés étaient davantage susceptibles de présenter divers autres symptômes : crampes musculaires, migraines, ainsi qu'un trouble appelé hypotension orthostatique, provoquant une chute de la tension artérielle au sortir du lit, ce qui les rendait sujets à des étourdissements.

Cinquante des 94 participants ont reçu chaque jour un complément alimentaire de 250 à 1 000 milligrammes de magnésium, en addition à leur traitement habituel, pendant une période pouvant aller de quatre mois à quatre ans.

Sur l'ensemble du groupe, les chercheurs ont constaté une diminution de 90 % des crampes musculaires, une réduction de 47 % des douleurs dans la poitrine, mais aussi une nette diminution des spasmes des vaisseaux sanguins chez les personnes qui prenaient également du magnésium, souligne le Dr Cecil Coghlan, professeur de médecine dans cet établissement et principal chercheur chargé de cette étude. Les palpitations avaient aussi sensiblement diminué, et un type particulier d'arythmie cardiaque, appelé extrasystole décalante, avait diminué de 27 %. Les sujets qui prenaient du magnésium ont également signalé moins de migraines et une moins lourde fatigue.

La carence magnésienne peut être due précisément aux médicaments qui ont pour but de soulager les troubles cardiaques, comme la digitaline et certains types de diurétiques (médicaments destinés à favoriser l'élimination de l'eau). Ces médicaments amènent en effet l'organisme à excréter le magnésium et le potassium, laissant l'individu en déficit de ces nutriments.

Selon le Dr Scordo, certains sujets sont plus particulièrement exposés à une carence en magnésium : ceux qui boivent beaucoup de boissons gazeuses ou alcoolisées, les sujets stressés et toute personne dont l'alimentation est mal équilibrée et dont l'apport calorique provient de quantités excessives de

Prescriptions vitaminiques

Selon les spécialistes, un seul nutriment, le magnésium, est considéré comme bénéfique pour soulager les symptômes liés à une insuffisance mitrale. En revanche, les vitamines synergiques au magnésium, notamment la vitamine B_6, sont également souvent recommandées par certains experts.

Nutriment	Dose par jour
Magnésium	200 à 800 milligrammes
Vitamine B_6	jusqu'à 100 milligrammes

MISE EN GARDE : *Si l'on a diagnostiqué chez vous une insuffisance mitrale, il est important que vous soyez suivi par un médecin.*

Les sujets atteints de troubles cardiaques ou rénaux ne doivent pas prendre de magnésium sous forme de complément alimentaire en l'absence de surveillance médicale.

sucre ou de matières grasses. « La grande majorité des spécialistes qui s'intéressent au magnésium sont d'avis que la carence magnésienne est l'une des plus courantes et portant le plus à conséquence dans nos pays », souligne le Dr Baker. Une alimentation peu judicieuse en est la cause.

« Nous recommandons à nos patients de veiller à absorber la Valeur quotidienne de magnésium, qui est de 400 milligrammes, soit par l'alimentation, soit sous forme de compléments », ajoute le Dr Scordo. Mais puisque chaque personne peut avoir recours à un certain nombre de modifications alimentaires afin d'obtenir un soulagement de ses symptômes, « il est très difficile pour nous d'établir avec certitude que c'est effectivement le magnésium qui est bénéfique », précise-t-elle.

Le Dr Baker recommande d'absorber chaque jour entre 200 et environ 800 milligrammes de magnésium, en même temps que d'autres nutriments synergiques avec le magnésium, comme la vitamine B_6. « Il suffira de quelques jours pour qu'une personne puisse constater une amélioration de ses symptômes, si toutefois le magnésium est bien le remède qui lui convient », ajoute ce dernier.

Quoique le magnésium soit considéré comme un minéral à peu près dénué de toxicité, même à haute dose, les sujets atteints de troubles cardiaques ou rénaux ne doivent en prendre un apport complémentaire que sous surveillance médicale. Tout excès de magnésium pourrait en effet provoquer une dangereuse accumulation de ce minéral dans le sang.

Il faut savoir que même lorsque les taux sanguins de magnésium sont normaux, les réserves de ce minéral dans les tissus de l'organisme peuvent néanmoins être insuffisantes. Si vous êtes atteint de carence grave, il pourrait être bénéfique, dans un premier temps, de vous faire prescrire des piqûres de magnésium par voie intraveineuse ou d'en prendre des mégadoses par voie buccale, suggère le Dr Baker. Bien entendu, ce traitement devra vous être prescrit par votre médecin.

Diverses études montrent que 60 % des hommes et 80 % des femmes ont un apport en magnésium inférieur à l'apport conseillé, notamment les femmes enceintes dont 78 % absorbent moins de 400 mg par jour. Les viandes sont une bonne source de magnésium, mais si vous préférez des sources plus bénéfiques pour le cœur, mangez plus souvent du flétan et du maquereau grillé ou cuit à la vapeur, du riz complet, des noix, des graines, du tofu et des légumes verts feuillus tels que des épinards et des côtes de bettes.

« En outre, puisque le magnésium présent dans les végétaux dépend de la quantité de magnésium dans le sol, je recommande d'utiliser de préférence les produits provenant de l'agriculture biologique : ils offrent un meilleur équilibre de minéraux que les produits de l'agriculture intensive fertilisés à l'aide d'engrais potassiques inorganiques », ajoute le Dr Baker.

Contrairement au magnésium, la vitamine B_6 peut être toxique à haute dose. Par conséquent, ne prenez pas plus de 100 milligrammes par jour de ce nutriment sous forme de complément alimentaire en l'absence d'une surveillance médicale.

Intervention chirurgicale

◆

Prendre sa convalescence en main

Cela ne fait aucun doute : un acte chirurgical est toujours une violation faite au corps. Une opération a beau être effectuée dans les meilleures intentions possibles et dans un environnement propre et stérile, notre organisme doit ensuite fournir un effort considérable pour se remettre, même si l'intervention était parfaitement bénigne. En outre, durant la période de convalescence, le corps est plus vulnérable que d'habitude à toutes sortes de troubles : pneumonie, escarres, infections urinaires et bien d'autres.

C'est pourquoi une bonne nutrition est cruciale avant et après tout acte chirurgical. « Elle fournit à l'organisme les matériaux indispensables pour lutter contre l'infection, remplacer le sang perdu et réparer les tissus, autant de facteurs pouvant faciliter et accélérer la guérison tout en atténuant le plus possible les douleurs et l'inconfort d'une convalescence », explique le Dr Ray C. Wunderlich, Jr., auteur du livre *Natural Alternatives to Antibiotics* et médecin. Il s'intéresse tout particulièrement à l'usage de la nutrithérapie en médecine préventive et à tout ce qui peut favoriser le maintien de la santé.

Les spécialistes savent bien que tous les nutriments dont l'organisme a besoin en temps normal sont d'autant plus indispensables lorsque nous devons affronter une intervention chirurgicale, et cela vaut pour l'ensemble des éléments nutritifs, depuis l'apport calorique et les protéines jusqu'au cuivre et à la vitamine B_6. « N'oublions pas que l'état de santé au moment où l'on se prépare à subir un acte chirurgical varie en fonction de chaque individu, et que les vitamines et minéraux prescrits par le médecin traitant, s'il le juge utile, sont donc fonction de chaque cas particulier, souligne le Dr Joanne Curran-Celentano, professeur adjoint en sciences de la nutrition. Étant donné les problèmes et circonstances extrêmement variés qui peuvent entrer dans le cadre de la chirurgie, il est fortement recommandé à toute personne devant subir un acte chirurgical d'obtenir au préalable l'avis de son médecin avant de prendre un quelconque complément alimentaire. »

Tous les médecins n'ont pas la même approche envers la nutrithérapie et la chirurgie. Si vous devez subir un acte chirurgical et souhaitez avoir recours à certains nutriments potentiellement bénéfiques, peut-être vous faudra-t-il chercher un médecin qui pratique des méthodes en accord avec votre conception de la santé.

Voici quelques-uns des nutriments clés que certains médecins considèrent comme importants pour favoriser la guérison du corps.

Emportez vos compléments alimentaires à l'hôpital

Vous faites tout ce qui est en votre pouvoir pour rester en bonne santé, notamment en prenant des compléments alimentaires. Et s'il vous arrive de devoir entrer à l'hôpital pour y subir un acte chirurgical, il vous paraît donc logique d'emporter vos compléments avec vous. Pourtant, tout le monde s'empresse alors de vous déconseiller d'agir ainsi, et vous vous demandez bien pourquoi.

Voici l'explication : « Une fois à l'hôpital, vous ne pouvez tout simplement plus prendre les pilules que vous preniez avant d'y entrer, même s'il ne s'agit que de vitamines », explique Alexandra Gekas, directeur de la *National Society for Patient Representation and Consumer Affairs*, de l'Association nationale américaine des hôpitaux. « Les vitamines peuvent être considérées comme des médicaments, et, durant votre séjour en hôpital, toute l'équipe médicale surveille votre traitement ».

Alors, comment s'y prendre dans un tel environnement ? « Afin d'éviter toute complication, il est dans votre intérêt de bien préciser à votre médecin ainsi qu'au personnel soignant tout ce que vous prenez », poursuit Mme Gekas. Avant de vous soumettre à l'acte chirurgical prévu, ajoute cette dernière, obtenez l'autorisation de votre médecin de prendre les compléments que vous jugez bénéfiques. Demandez-lui de mettre par écrit son autorisation sur votre dossier d'hospitalisation. Cela vous permettra de répondre facilement à d'éventuelles questions en référant à votre dossier toute personne qui vous questionne à ce sujet.

En revanche, n'oubliez pas que les consignes exigeant de rester à jeun avant l'intervention concernent également, bien entendu, les compléments alimentaires.

La vitamine C accélère la guérison

Les médecins savent que tout traumatisme, ce qui inclut également la chirurgie, peut épuiser les réserves de l'organisme en vitamine C. Après un acte chirurgical, les taux sanguins de vitamine C s'abaissent très rapidement. Ce n'est un secret pour personne qu'une carence en vitamine C ralentit la guérison des plaies. Il y a de cela des centaines d'années, un ralentissement de la cicatrisation avait déjà été constaté chez les marins atteints de scorbut, une mystérieuse maladie qui, lorsqu'elle fut mieux connue, se révéla n'être rien d'autre qu'une grave carence en vitamine C. « Aujourd'hui, il est plus vraisemblable que les gens n'obtiennent tout simplement pas assez de vitamine C pour favoriser une guérison optimale », souligne le Dr Wunderlich.

De nombreuses études ont montré que la vitamine C est essentielle à l'organisme afin de favoriser la production de collagène, la substance intercellulaire qui favorise la cicatrisation et sert à constituer la structure fibreuse de base de nombreux tissus, notamment l'épiderme, les os et les vaisseaux sanguins. La vitamine C est également nécessaire pour que la peau puisse fabriquer de l'élastine, un tissu qui permet aux plaies de se dilater sans s'ouvrir.

En outre, la vitamine C contribue au maintien d'un système immunitaire vigoureux, essentiel pour quiconque doit subir un acte chirurgical, souligne le Dr Wunderlich.

Une étude conduite par des chercheurs russes a notamment permis de constater que les sujets ayant subi une opération portant sur la vésicule biliaire, qui avaient reçu chaque jour un apport complémentaire de vitamine C variant entre 200 et 250 milligrammes, étaient en mesure de quitter l'hôpital un ou deux jours plus tôt que d'autres personnes qui n'obtenaient leur vitamine C que par l'alimentation.

Dans la plupart des hôpitaux, les patients sont censés obtenir leur vitamine C en absorbant des aliments comme les jus d'agrumes et les fruits. Un verre de 225 ml de jus d'orange en apporte par exemple environ 124 milligrammes, tandis qu'une orange en fournit environ 70 milligrammes.

En revanche, certains médecins recommandent des doses de vitamine C bien plus élevées que ce qu'il est habituellement possible d'obtenir par les seuls aliments. Le Dr Wunderlich est convaincu qu'une telle mesure est particulièrement importante durant la période de convalescence qui suit une opération.

Manger sainement à l'hôpital

Est-il vrai que l'alimentation en milieu hospitalier est plutôt déplorable ? La réponse obtenue dépend de la personne interrogée. « Elle n'est pas aussi mauvaise qu'autrefois, mais dans la majorité des hôpitaux, il reste beaucoup à faire pour améliorer les choses dans ce domaine », commente Don Miller, diététicien chargé de la recherche et du développement et chef de cuisine, ayant pour rôle d'aider le personnel de cuisine en milieu hospitalier à rendre les repas plus savoureux et plus appétissants.

Aujourd'hui, n'importe quel hôpital est capable de produire un repas pauvre en matières grasses, peu salé ou végétarien, sans qu'il soit nécessaire d'avoir recours à un fournisseur extérieur, affirme M. Miller. L'ennui, c'est que, parfois, le goût en est franchement mauvais. Selon ce diététicien, l'évolution des tendances en milieu hospitalier transforme actuellement l'apparence et le goût des repas.

Au lieu de trouver dans votre assiette des haricots verts baignant dans l'eau de cuisson, quelques feuilles de laitue fatiguées ou de la viande cuisinée industriellement, vous pourriez y trouver des légumes cuits à la vapeur, une belle romaine bien fraîche ou du riz complet, précise-t-il. Et vous pourriez également choisir sur le menu les aliments qui vous paraissent les plus équilibrés et les plus nutritifs.

Optez par exemple pour ces aliments de base offerts par la plupart des hôpitaux : yoghurt, pain complet, épinards, carottes, brocolis, jus d'orange ou de pamplemousse, jus de légumes (V-8), flocons d'avoine, céréales au son, fruits, fèves, lait écrémé, pruneaux cuits, pommes de terre au four, poisson et poulet cuit au four ou grillé.

Si vous vous faites du souci pour un membre de votre famille ou un ami qui est à l'hôpital et n'a pas d'appétit, il est possible que votre visite à l'heure du repas lui soit bénéfique, suggère Melanie Roberts Afrikian, conseillère diététique. « Si cela vous est impossible, parlez-en discrètement aux auxiliaires paramédicaux afin d'obtenir leur concours », ajoute-t-elle.

Ainsi que l'indique ce médecin à ses patients, « si vous pouvez prendre 1 000 milligrammes de vitamine C tamponnée ou sous forme retard toutes les huit heures pendant deux semaines avant l'intervention, en continuant de le faire plusieurs semaines après l'acte chirurgical, vous parviendrez très probablement à maintenir le taux sanguin de vitamine C à un niveau capable de créer les meilleures conditions possibles pour une convalescence optimale. » Certaines personnes peuvent avoir des diarrhées et d'autres troubles digestifs après avoir absorbé des doses aussi élevées de vitamine C. La vitamine C tamponnée ou sous forme retard (une forme à libération prolongée), précise le Dr Wunderlich, est moins susceptible de causer des ennuis gastriques. En revanche, la vitamine C peut brouiller les résultats de certaines analyses sanguines et urinaires effectuées à des fins diagnostiques, et il est donc important d'avoir un entretien avec votre médecin avant d'envisager d'en prendre un apport complémentaire.

Ce praticien recommande en outre à certains de ses patients de prendre 1 000 milligrammes de bioflavonoïdes par jour. Ces substances chimiques complexes liées à la vitamine C sont souvent présentes dans les mêmes aliments que cette dernière, en particulier les agrumes. Le Dr Wunderlich affirme que les bioflavonoïdes peuvent contribuer à maintenir la robustesse des vaisseaux sanguins et à maîtriser l'inflammation.

La vitamine A répare l'épiderme

C'est à juste titre que l'on qualifie parfois ce nutriment de vitamine de la peau. Aux centres des grands brûlés, comme par exemple l'institut Shriners des brûlés à Cincinnati, de grandes quantités de vitamine A sont mélangées à des préparations liquides conçues pour prévenir toute infection tout en stimulant la croissance de peau neuve.

Diverses études portant sur des animaux de laboratoire ont permis de constater que la vitamine A stimule la cicatrisation lorsque celle-ci a été retardée par divers facteurs comme l'administration de stéroïdes, un déficit immunitaire, le diabète ou la radiothérapie, relève le Dr Thomas K. Hunt, professeur de chirurgie en université.

« Les modes de fonctionnement de la vitamine A sont très divers, souligne ce médecin. Cette vitamine est nécessaire pour la croissance et la différenciation cellulaire, c'est-à-dire l'aptitude d'une cellule à parvenir jusqu'à maturité en trouvant sa forme définitive. C'est très important pour que l'organisme soit en mesure de fabriquer de nouveaux tissus. » Il

Facteurs alimentaires

Les protéines, les fibres et divers autres éléments constitutifs des aliments sont tout aussi importants pour bien récupérer après une opération que les vitamines et les minéraux. Voici ce que recommandent les médecins.

Mangez plus de fibres. Tout patient en convalescence après une intervention chirurgicale attend avec impatience de pouvoir aller à la selle, et si cela ne se produit pas spontanément, il faudra envisager des mesures afin de provoquer le processus. « C'est la raison pour laquelle les fibres sont si importantes », souligne Joanne Driver, diététicienne chargée de recherche et développement en service de soins intensifs et chirurgicaux.

« Je suggère des pruneaux, du jus de pruneaux, des fruits, des légumes, des légumineuses et des céréales complètes, car ce sont là les types de fibres qui sont bénéfiques pour prévenir la constipation », précise-t-elle. Si vous restez constipé malgré tout, ayez recours au psyllium, une autre sorte de fibre utilisée dans certains produits laxatifs, comme le Spagulax, fibre qui a pour effet d'augmenter le volume du bol fécal.

Buvez beaucoup. Certains experts recommandent d'absorber l'équivalent de six à huit verres de 225 ml de liquides par jour, sauf si votre médecin vous a dit que vous devez limiter l'absorption de fluides. En buvant beaucoup, vous éviterez la déshydratation, vous augmenterez l'efficacité des fibres et vous favoriserez l'irrigation de la vessie, qui s'infecte facilement lorsqu'une sonde urinaire a été mise en place.

Faites souvent des repas légers. Durant la convalescence après une opération chirurgicale, la plupart des patients préfèrent des repas légers et peu copieux, et c'est précisément ce qu'il convient de leur proposer, souligne Mme Driver. « Inutile d'essayer de convaincre un récent opéré d'ingurgiter de grandes portions à chaque repas ; cela le mettrait vraiment mal à l'aise. »

Mieux vaut servir cinq ou six mini-repas chaque jour, suggère-t-elle. Beaucoup de gens apprécient tout particulièrement le pain complet grillé, la crème anglaise, les entremets, le yoghurt, les fruits, le sorbet, le potage, les mini-sandwiches et les préparations vitaminées à base de lait

semblerait en outre que la vitamine A puisse activer la fabrication de tissu conjonctif et notamment du collagène, poursuit-il, en stimulant la croissance de nouveaux vaisseaux sanguins. Cela est important aussi pour nourrir les tissus nouvellement constitués.

« Il est vraiment essentiel à quiconque doit subir un acte chirurgical d'obtenir suffisamment de vitamine A », renchérit le Dr Wunderlich. Ce dernier recommande jusqu'à 25 000 unités internationales de vitamine A hydrosoluble (vendue en magasin diététique) pour certains patients devant subir une opération. Cette vitamine peut être toxique en doses dépassant 15 000 unités internationales par jour ; par ailleurs, lorsqu'elle est prise tout en début de grossesse en doses dépassant 10 000 unités internationales par jour, elle risque de provoquer des malformations congénitales. Pour cette raison, la dose élevée de vitamine A recommandée ici ne doit être absorbée que sous surveillance médicale, surtout si vous êtes une femme en âge de procréer. Cette thérapie est formellement déconseillée chez la femme enceinte.

Les études montrent que la plupart des gens obtiennent environ 5 000 unités internationales de vitamine A par jour en absorbant des aliments tels que carottes, œufs et lait vitaminé.

Le zinc favorise la cicatrisation

Les recherches médicales montrent que chez les sujets carencés en zinc, un apport complémentaire de ce minéral peut accélérer de manière tout à fait spectaculaire la guérison des incisions chirurgicales. Dans le cadre d'une étude effectuée par des chercheurs à la base aérienne Wright-Patterson dans l'Ohio, des sujets qui prenaient 220 milligrammes de sulfate de zinc trois fois par jour ont été totalement guéris en quarante-six jours environ, tandis qu'il fallut à un groupe comparable qui ne recevait pas de zinc environ quatre vingts jours pour récupérer entièrement.

Tout comme les vitamines A et C, le zinc joue des rôles très divers dans l'organisme, souligne le Dr Wunderlich. Il est nécessaire à la production du collagène, le tissu conjonctif grâce auquel les cicatrices se constituent. Il entre en interaction avec la vitamine A de manière à rendre cette dernière généralement disponible dans le corps. De plus, il joue un rôle crucial dans la fonction immunitaire.

Les sujets les plus exposés à un déficit en zinc sont ceux qui ont perdu une grande quantité de fluides ou qui ont perdu du poids parce qu'ils n'avaient pas d'appétit, ceux qui ont perdu leur acuité gustative et ceux qui ont contracté de nombreux rhumes et infections, souligne le Dr Keith Watson, ostéopathe, professeur de chirurgie et doyen adjoint en affaires cliniques en milieu universitaire. « Les signes d'une carence en zinc peuvent se traduire non seulement par un ralentissement de la cicatrisation, mais aussi par l'apparition d'escarres, un changement d'aspect de l'épiderme et un état dépressif. »

Il est malaisé de déterminer si tel ou tel sujet est véritablement en déficit de zinc, ajoute le Dr Watson. « Par conséquent, nous administrons parfois à un patient non seulement du zinc, mais également d'autres nutriments, puisqu'une carence isolée en zinc est rare, poursuit-il. Par la suite, si l'état du patient ne s'améliore pas très rapidement, nous vérifions son taux de zinc afin de déterminer si la dose que nous lui administrons est suffisante pour ramener ses taux sanguins à la normale. »

Le Dr Wunderlich recommande à un certain nombre de ses patients devant subir un acte chirurgical de prendre deux fois par jour 15 milligrammes de citrate de zinc (une forme particulièrement assimilable de ce nutriment). Il est toutefois préférable de ne prendre une dose aussi élevée de zinc que sous la surveillance de votre médecin, car toute dose dépassant 15 milligrammes de zinc par jour peut être toxique.

La vitamine E pour guérir le cœur

Certains médecins ajoutent la vitamine E à leur protocole destiné à favoriser la convalescence, surtout pour les patients qui ont subi une opération cardiaque. En effet, certains travaux laissent penser que la vitamine E contribue à stopper le processus de l'athérosclérose, c'est-à-dire l'accumulation de dépôts graisseux dans les artères. L'une de ces études, effectuée par des chercheurs à l'université de Toronto, suggère d'ailleurs que ce nutriment peut également contribuer à circonscrire les lésions tissulaires qui se produisent à l'occasion d'un pontage coronarien.

Dans le cadre de cette étude, les chercheurs ont divisé en deux groupes un certain nombre de sujets devant subir un pontage coronarien ; ceux du premier groupe ont pris de la vitamine E avant leur opération. L'autre groupe ne recevait qu'un placebo (une pilule inerte). Après l'opération, on pouvait constater chez les patients qui avaient pris durant deux semaines avant l'acte chirurgical 300 unités internationales par jour de vitamine E une

Prescriptions vitaminiques

Chaque nutriment a son importance lorsqu'il s'agit de retrouver la santé après une opération. L'ennui, c'est que les besoins nutritionnels sont extrêmement variables d'un individu à l'autre, en fonction à la fois du statut nutritionnel de chaque personne et du type de l'opération envisagée. La meilleure chose à faire est d'aborder franchement avec votre médecin la question de la nutrition, si possible longtemps avant l'intervention. De nombreux médecins recommandent à leurs patients de prendre un complément de multivitamines et de minéraux avant et après l'acte chirurgical. Certains d'entre eux suggèrent en outre un apport complémentaire de certains nutriments. Précisez bien à votre médecin quels sont les compléments que vous absorbez actuellement afin qu'il puisse vous indiquer s'il convient d'y changer quoi que ce soit.

amélioration « modeste mais significative » de la fonction cardiaque, en comparaison aux sujets du groupe témoin qui n'avaient reçu qu'un placebo.

« Les cellules du cœur peuvent subir des lésions lorsque leur irrigation sanguine est d'abord interrompue, pour être ensuite remise en route ; on parle dans ce cas de syndrome de reperfusion », explique le Dr Donald Mickle, professeur universitaire de biochimie clinique et l'un des auteurs de cette étude. Lorsque le sang fraîchement oxygéné circule à travers le cœur privé d'oxygène, les radicaux libres qui peuvent se générer sont susceptibles d'endommager les cellules cardiaques, précise-t-il. (Les radicaux libres sont des molécules instables qui cherchent à établir leur propre équilibre en dérobant des électrons aux molécules saines de l'organisme.)

La vitamine E s'est fait une réputation en tant qu'antioxydant. Au bon endroit et au bon moment, elle neutralise les dangereux radicaux libres auxquels elle abandonne ses propres électrons, épargnant par là même les molécules saines.

« Notre étude suggère que pour les sujets à risque élevé — ceux par exemple qui sont atteints d'angor instable — l'administration de vitamine E peu avant un pontage coronarien pourrait être bénéfique », note le Dr Mickle. (Pour les personnes qu'il faut opérer sans attendre, précise ce médecin, une forme hydrosoluble de vitamine E pouvant être administrée par voie intraveineuse juste avant l'acte chirurgical, voire durant l'opération, est actuellement à l'étude.)

Les médecins qui recommandent à leurs patients de prendre de la vitamine E en prévision d'une opération en prescrivent souvent 400 unités internationales par jour. En revanche, n'en prenez pas plus de 600 unités internationales par jour sans avoir au préalable obtenu l'accord de votre médecin, surtout si vous avez déjà subi une crise cardiaque ou des troubles hémorragiques. « En doses élevées, c'est-à-dire dépassant 800 unités internationales par jour, la vitamine E peut accentuer les troubles hémorragiques », souligne le Dr Wunderlich. Si vous prenez des médicaments anticoagulants, il est préférable de ne pas prendre de vitamine E sous forme de complément alimentaire.

À vrai dire, pour quiconque s'apprête à subir une intervention chirurgicale, il est judicieux de s'assurer qu'aucun des éventuels compléments nutritionnels absorbés habituellement ne risque de nuire à la coagulation sanguine, précise le Dr Wunderlich. « Certains de mes patients cardiaques prennent de l'ail, et puisque ce dernier peut entraîner des troubles hémorragiques, je leur recommande de cesser la prise d'ail quelques semaines avant la date prévue pour l'intervention chirurgicale », ajoute-t-il.

« Souvenez-vous que l'absorption de n'importe quel complément pourrait entraver le déroulement de l'opération et compromettre la convalescence, souligne le Dr Curran-Celentano. Il est toujours préférable, dans ces circonstances, de ne prendre des compléments que sous surveillance médicale. » Quelques semaines avant l'opération, songez à vous entretenir avec votre médecin des compléments alimentaires que vous avez l'habitude de prendre.

Quel est le conseil que l'on entend le plus souvent, que ce soit de la bouche des médecins ou des diététiciens ? Demandez à votre médecin s'il est utile pour vous de prendre un complément de multivitamines et de minéraux offrant la Valeur quotidienne de toute la gamme de nutriments essentiels. En outre, veillez à absorber suffisamment de protéines et de calories en complétant vos repas, si nécessaire, par l'addition de liquides nutritionnels spécialement étudiés.

Lupus

❖

Faire face à une attaque de son propre système immunitaire

La plupart du temps, notre système immunitaire est notre meilleur ami, luttant contre les invasions microbiennes et préservant notre santé. Mais il peut arriver, comme dans le cas des sujets atteints de lupus, que le système immunitaire dérouté ne sache plus trop quel est l'ennemi.

Ce trouble douloureux et potentiellement mortel se produit lorsque le système immunitaire, retournant pour ainsi dire sa veste, se met à attaquer les tissus de l'organisme lui-même, provoquant inflammation et dégâts. Toutes les parties de l'organisme peuvent être concernées, depuis la peau jusqu'aux reins, en passant par les vaisseaux sanguins, les yeux, les poumons, les nerfs et les articulations.

Simultanément, dans les cas graves, il peut arriver que le système immunitaire cesse de remplir ses fonctions protectrices habituelles, ce qui facilite l'apparition de toutes sortes d'infections. « Nul ne sait quelle est la cause initiale de ce dérèglement du système immunitaire, mais il se pourrait qu'il s'agisse d'un déclencheur extérieur, peut-être viral », explique le Dr Sheldon Paul Blau, professeur clinicien en médecine universitaire et coauteur du livre *Living with Lupus*.

Ce trouble affecte une personne sur 2 000 ; il s'agit le plus souvent de femmes entre la puberté et la ménopause (de 13 à 48 ans environ) et, dans la plupart des cas, de femmes de race afro-américaine. Certaines présentent la forme la plus courante de ce trouble, le lupus érythémateux aigu disséminé, qui affecte l'organisme tout entier. Une autre forme de ce trouble, le lupus érythémateux discoïde, peut provoquer une atteinte défigurante de la peau. Ces deux formes de lupus peuvent se manifester par des flambées épisodiques, suivies de rémissions.

Le lupus peut être soigné à l'aide de corticoïdes à base de prednisone (Cortancyl), qui soulagent l'inflammation et inhibent la réponse immunitaire. « En revanche, la majorité des gens chez qui un lupus a récemment été diagnostiqué n'ont pas besoin de stéroïdes, note le Dr Blau. Il pourrait

Facteurs alimentaires

Une sérieuse réforme alimentaire peut faire beaucoup pour vous aider à maîtriser les symptômes de lupus et prévenir les problèmes cardiaques et les lésions rénales qui en sont les pires conséquences, souligne le Dr Sheldon Paul Blau, professeur clinicien en médecine universitaire et coauteur du livre *Living with Lupus*.

Pas de matières grasses saturées. « Divers travaux suggèrent que ce type de matières grasses contribue à l'inflammation en faisant le lit des maladies cardiovasculaires ; voilà une bonne raison d'écarter les matières grasses de notre alimentation, dans toute la mesure du possible », souligne le Dr Blau. Pour cela, ne consommez que de petites portions de viande maigre, réduisez la quantité d'huile dans les vinaigrettes, achetez du fromage maigre et mangez davantage de céréales complètes, de fruits et de légumes.

Évitez la luzerne. Selon le Dr Blau, la luzerne (aussi appelée alfalfa) sous toutes ses formes — graines germées, gélules ou tisane — contient une substance complexe immunostimulante, la canavanine. En grande quantité, cette substance peut provoquer des troubles immunitaires, note le Dr Blau.

suffire dans leur cas de prendre des anti-inflammatoires non stéroïdiens comme de l'aspirine, ou même d'effectuer quelques changements dans leurs habitudes alimentaires. »

Il reste malgré tout important de consulter un médecin, de préférence un rhumatologue (spécialiste de l'arthrite et des maladies auto-immunes), ajoute le Dr Blau, afin d'obtenir une évaluation précise et un suivi à long terme. Il existe à cela au moins une bonne raison : les sujets atteints de lupus peuvent par la suite avoir une inflammation des reins, des vaisseaux sanguins et de divers autres organes, sans avoir aucun symptôme très reconnaissable jusqu'à ce que les lésions soient déjà graves. Votre médecin sera en mesure de vérifier périodiquement l'état de vos reins grâce à des analyses de sang et d'urine.

Dans le cas du lupus, la nutrithérapie consiste à corriger les carences liées à la prise de certains médicaments et à absorber une alimentation équilibrée afin de contribuer à prévenir les maladies cardiovasculaires. Les femmes atteintes de lupus sont beaucoup plus exposées à ces dernières que

Il n'y a que deux cas signalés de personnes ayant subi une brusque aggravation de leurs symptômes après avoir absorbé de la luzerne. L'une d'entre elles en avait pris pendant neuf mois 15 comprimés par jour, tandis que l'autre en avait absorbé pendant plus de deux ans 8 comprimés chaque jour. Comme la luzerne pourrait provoquer des troubles chez les personnes atteintes de lupus, le Dr Blau recommande à ses patients de l'éviter.

Renoncez aux viandes salées ou fumées et aux hot dogs. Ces préparations industrielles contiennent en effet des substances chimiques complexes ; en doses élevées, ces dernières peuvent aggraver les symptômes chez les sujets atteints de lupus, souligne le Dr Joseph McCune, professeur adjoint en rhumatologie.

Pas d'excès de champignons ou de fèves. Ils confèrent un goût savoureux à n'importe quelle préparation culinaire, mais contiennent en revanche des substances complexes, les hydrazines et les amines, qui peuvent aggraver les symptômes du lupus lorsqu'elles sont absorbées en grande quantité, poursuit le Dr Blau.

Mangez beaucoup d'ail. De nombreux travaux montrent que l'ail possède une remarquable aptitude à réduire les taux de cholestérol sanguin, prévenant la coagulation du sang dans les artères.

les autres femmes. Les sujets atteints de troubles rénaux doivent également appliquer un certain nombre de consignes visant à limiter la quantité de protéines absorbées.

De plus, certains médecins recommandent une catégorie de nutriments appelés antioxydants, qui pourraient contribuer à réduire l'inflammation et protéger contre les maladies cardiovasculaires. « Beaucoup de travaux semblent indiquer que les vitamines C et E peuvent contribuer à prévenir les maladies cardiovasculaires, et puisque ces troubles sont un risque si grave, même chez des femmes encore jeunes, je considère que ces vitamines sont indispensables », souligne le Dr Blau.

Certains médecins recommandent également l'huile de poisson, qui contribue à réduire l'inflammation.

Voici quelques uns des nutriments qui pourraient aider à soulager les symptômes de ce trouble.

(suite page 402)

Devriez-vous manger du poisson ?

Si vous êtes atteint de lupus, peut-être avez-vous entendu parler des avantages possibles de l'huile de poisson pour soigner ce trouble. Les médecins suggèrent parfois du poisson gras pour soulager un certain nombre de troubles liés à une maladie auto-immune, notamment le lupus, la polyarthrite chronique évolutive, la maladie de Raynaud, le psoriasis et la sclérodermie. (Les maladies auto-immunes sont liées à un dérèglement du système immunitaire, qui se retourne alors contre l'organisme lui-même.) Ces types de trouble entraîne soit une inflammation, soit des douleurs accompagnées d'enflure touchant les articulations, la peau et divers organes vitaux. En revanche, puisqu'il n'y a pas d'infection, les médicaments comme les antibiotiques ne sont généralement d'aucune utilité.

« Il semblerait que l'huile de poisson soulage l'inflammation en prenant la place de certaines autres matières grasses lorsque le corps génère des substances biochimiques inflammatoires », explique le Dr William Clark, professeur de médecine en université et l'un des principaux chercheurs dans le domaine du lupus et de l'huile de poisson.

À partir des matières grasses dont il dispose, notre organisme génère deux groupes de substances biochimiques pouvant avoir un effet inflammatoire, les prostaglandines et les leucotriènes. Lorsque nous mangeons habituellement de la viande et des œufs, notre corps utilise l'acide arachidonique, l'un des constituants des matières grasses contenues dans ces aliments, pour générer des formes très puissantes de ces substances biochimiques inflammatoires. (L'organisme est également en mesure, quoiqu'à un bien moindre degré, de se servir de l'huile de maïs, de carthame et de tournesol pour fabriquer ces mêmes substances.) Lorsqu'il dispose d'huile de poisson en abondance, en revanche, l'organisme s'en sert pour générer des formes de prostaglandines et de leucotriènes moins susceptibles de provoquer l'inflammation.

L'huile de poisson contribue-t-elle vraiment à maîtriser les symptômes de lupus ? « Plusieurs études portant sur des souris atteintes de lupus, auxquelles avaient été administrées de grandes quantités d'huile de poisson en lieu et place d'autres matières grasses, ont permis de montrer que ce type d'alimentation contribue vraiment à diminuer l'inflammation en améliorant la fonction rénale et l'immunité, souligne le Dr Richard Sperling, professeur adjoint en médecine à l'école médicale Harvard et rhumatologue. En revanche, les quelques études portant sur l'être humain qui ont été réalisées à ce jour n'ont donné que des résultats décevants, sans avantages marqués. »

Nous ne saurions toutefois en conclure que l'huile de poisson ne sert à rien, ajoute ce médecin, car il est possible que les participants à ces études aient reçu trop peu d'huile de poisson par rapport à de trop grandes quantités d'autres matières grasses. Il est également possible qu'ils aient commencé à absorber ce type d'alimentation trop tard dans le cours d'évolution de la maladie, poursuit-il, ou que l'étude se soit poursuivie sur une période trop courte pour permettre de percevoir d'éventuelles améliorations.

Si vous êtes atteint de lupus et souhaitez avoir recours à l'huile de poisson, les experts font remarquer que la meilleure chose à faire pourrait être de remplacer la viande et les œufs par du poisson gras (grillé ou poché, mais pas de fritures !). Des quantités aussi minimes que 6 grammes par jour pourraient suffire à réduire l'inflammation, mais jusqu'à 15 ou 18 grammes par jour pourraient être nécessaires pour offrir une bonne protection cardiovasculaire, ajoute le Dr Clark. Une gélule d'huile de poisson ne contient qu'environ 300 milligrammes (0,3 grammes) d'huile de poisson, si bien qu'il faudrait absorber environ 60 gélules par jour pour en obtenir 18 grammes !

Une portion de 200 grammes de maquereau, de saumon du Pacifique ou de thon albacore contient 5 grammes d'acides gras de type oméga-3, soit à peu près la quantité contenue dans 16 gélules. (Les acides gras oméga-3 sont la partie bénéfique de l'huile de poisson.) La même quantité de hareng de l'Atlantique fournit à l'organisme 4,24 grammes d'acides gras oméga-3 ; les anchois en boîte, 4,1 grammes ; le saumon rose en boîte, 3,38 grammes ; et le thon rouge, environ 3 grammes.

Certains médecins craignent que le fait de prendre de l'huile de poisson en même temps que certains médicaments anti-inflammatoires

(à suivre)

Devriez-vous manger du poisson ? — Suite

tels que l'aspirine n'ait pour effet de retarder la coagulation du sang. En revanche, dans le cadre d'une étude portant sur des sujets atteints de polyarthrite chronique évolutive et qui avaient pris régulièrement des médicaments anti-inflammatoires tels que l'aspirine, souligne le Dr Sperling, les chercheurs n'ont constaté aucune prolongation des saignements.

Les antioxydants pourraient offrir une protection

L'inflammation génère des molécules instables, les radicaux libres, qui provoquent des lésions cellulaires en dérobant des électrons aux molécules saines de la membrane externe des cellules. Les antioxydants contribuent à faire cesser ces dégâts radicalaires en offrant généreusement leurs propres électrons.

Il ne fait aucun doute que l'inflammation génère des radicaux libres. Quant au lupus, il produit une inflammation, parfois sur tout le corps. Les médecins qui préconisent les vitamines C et E, le sélénium (un minéral) et le bêtacarotène (le pigment jaune présent dans les carottes, le melon cantaloup et d'autres fruits et légumes de couleur orange ou jaune) pour les personnes atteintes de lupus espèrent que l'absorption de ces nutriments durant une période prolongée permettra de diminuer l'inflammation en épongeant une partie de ces radicaux libres.

« Des études portant sur des animaux atteints de lupus ont montré que ces nutriments peuvent contribuer à stopper les dégâts provoqués par l'inflammation, poursuit le Dr Blau. Je prescris pour ma part ces nutriments à tous mes patients, dès le premier jour. »

Il recommande de prendre chaque jour 1 000 milligrammes de vitamine C, 1 000 unités internationales de vitamine E, 25 000 unités internationales de bêtacarotène et un complément incorporant 50 microgrammes de sélénium et 15 milligrammes de zinc, dont l'organisme se sert pour générer une enzyme capable de noyer les radicaux libres. Le Dr Blau recommande à tous les sujets atteints de lupus de s'entretenir avec leur médecin d'un éventuel traitement faisant appel à des vitamines et des minéraux.

Au cours de deux études, des patients atteints de lupus discoïde (une forme de lupus caractérisée par des éruptions rouges et enflammées en forme

Prescriptions vitaminiques

La plupart du temps, les patients atteints de lupus sont soignés à l'aide de médicaments et non pas de compléments alimentaires. En revanche, un certain nombre d'experts sont d'avis que les nutriments suivants pourraient contribuer à soulager les symptômes de ce trouble.

Nutriment	Dose par jour
Bêtacarotène	25 000 unités internationales
Calcium	1 000 milligrammes
Sélénium	50 microgrammes
Vitamine C	1 000 milligrammes
Vitamine D	400 unités internationales
Vitamine E	1 000 unités internationales
Zinc	15 milligrammes

MISE EN GARDE : *Toute personne atteinte de lupus doit obtenir l'avis de son médecin avant d'avoir recours à un apport complémentaire de vitamines ou de minéraux.*

La vitamine D peut être toxique à haute dose ; il est donc formellement déconseillé d'en prendre en l'absence de surveillance médicale.

Il est judicieux de consulter votre médecin avant de prendre de la vitamine E en doses dépassant 600 unités internationales par jour. Si vous prenez des médicaments anticoagulants, vous ne devez pas prendre de vitamine E sous forme de complément alimentaire.

typique de papillon sur le nez et les joues), qui avaient pris plus de 300 unités internationales de vitamine E par jour (la plupart en prenaient chaque jour entre 900 et 1 600 unités internationales) ont constaté que leur peau redevenait lisse et saine. En outre, un médecin britannique a signalé que des doses élevées de bêtacarotène (50 milligrammes, ou 83 000 unités internationales, trois fois par jour) avaient permis de faire entièrement disparaître des éruptions cutanées liées à l'exposition au soleil chez trois de ses patients atteints de lupus discoïde.

Les vitamines C et E et le bêtacarotène sont considérés comme dénués de toxicité, même en doses relativement élevées. Le sélénium et le zinc, en revanche, ont des marges de sécurité bien plus étroites. Selon les experts, il est préférable de ne pas dépasser 100 microgrammes de sélénium ou 15 milligrammes de zinc par jour en l'absence de surveillance médicale.

Renforcez votre ossature par le calcium et la vitamine D

Dans bien des cas, les sujets atteints de lupus grave doivent prendre des corticostéroïdes comme la prednisone. Ces médicaments permettent de maîtriser l'inflammation, mais le patient le paye cher, puisqu'ils entraînent certains effets indésirables, notamment une perte osseuse.

« Si ces médicaments sont administrés à une femme d'une vingtaine ou d'une trentaine d'années, à une période de sa vie où il est important pour elle de maintenir une masse osseuse optimale, il est probable qu'elle présentera des signes précoces d'ostéoporose vers l'âge de quarante ou cinquante ans », relève le Dr Joseph McCune, professeur adjoint en rhumatologie. L'ostéoporose, qui signifie littéralement ossature poreuse, peut entraîner des fractures douloureuses, laissant la personne très diminuée.

C'est pourquoi les médecins qui traitent le lupus recommandent que toute personne devant prendre des corticostéroïdes pour le traitement de ce trouble obtienne au moins 1 000 milligrammes de calcium par jour grâce à l'alimentation et, si nécessaire, à un apport complémentaire. Ces médecins surveillent également le taux de vitamine D, visant à en faire absorber par le même patient la Valeur quotidienne de 400 unités internationales afin de faciliter l'absorption du calcium. Certains médecins préconisent des compléments alimentaires de vitamine D, d'autres réservent un apport complémentaire de ce nutriment aux individus qui présentent déjà des signes d'ostéoporose sur des clichés radiographiques spéciaux permettant de mesurer la densité osseuse. La vitamine D pouvant être toxique en doses élevées, il est formellement déconseillé d'en prendre un apport complémentaire sans l'accord spécifique de votre médecin.

Un verre de lait écrémé, en revanche, constitue une excellente source de calcium dont il contient 300 milligrammes ; il vous faudra donc boire un peu plus de trois verres de lait par jour pour en obtenir 1 000 milligrammes. Ce même volume de lait offre en outre près de 400 unités internationales de vitamine D. Le jaune d'œuf et le poisson gras comme le saumon sont également d'excellentes sources de vitamine D.

Maladie d'Alzheimer

◆

S'attaquer au voleur de mémoire

Peu de troubles de santé inspirent autant de crainte que la maladie d'Alzheimer. Quatrième principale cause de décès chez l'adulte (après les maladies cardiovasculaires, le cancer et les accidents vasculaires cérébraux), cette maladie touche environ 280 000 personnes en France. En outre, on s'attend à voir ce chiffre plus que tripler d'ici le milieu du siècle à venir.

C'est de manière très sournoise, sans faire de bruit, que la maladie d'Alzheimer s'insinue dans l'existence d'une personne âgée, dont elle grignote peu à peu la mémoire et la personnalité. La victime finit par être incapable de s'assumer et sa survie dépend alors des soins que peuvent lui prodiguer sa famille ou le personnel paramédical d'un établissement spécialisé. N'y a-t-il donc aucun espoir ?

Il existe bien pourtant quelques raisons d'être optimiste. Même s'il est certain qu'une véritable guérison n'est pas pour demain, c'est pourtant un fait que dans le domaine hypertechnologique de la recherche sur le cerveau humain, certains des protocoles de traitement les plus prometteurs font tout simplement appel notamment à un certain nombre de vitamines.

Apprendre à mieux connaître un ennemi sournois

Quelques explications sont utiles afin de mieux comprendre ce qui se passe dans le cerveau d'un sujet atteint de la maladie d'Alzheimer, et ce qui provoque la perte de mémoire et les troubles de la personnalité liés à cette maladie. Par quel processus des cellules cérébrales autrefois saines s'embrouillent-elles pour former des nœuds, avant de finir par s'éteindre ?

Ce que les spécialistes n'ont pas encore découvert, c'est la raison pour laquelle ces cellules meurent. Des années durant, l'essentiel des recherches s'est concentré sur des plaques microscopiques, constituées d'une substance appelée amyloïde, qui s'accumulent progressivement dans la région du

Facteurs alimentaires

Les recherches à ce jour n'ont pas révélé grand-chose sur l'impact de la nutrition dans le développement de la maladie d'Alzheimer. Si vous êtes inquiet à l'idée d'absorber trop d'aluminium, prenez la précaution de faire analyser votre eau potable et renoncez aux casseroles en aluminium.

Attention à l'eau. L'éventuelle relation de cause à effet entre la maladie d'Alzheimer et l'aluminium demeure controversée et fait l'objet de débats animés. Un grand nombre d'aliments contiennent de l'aluminium en provenance de levains chimiques tels que la levure chimique, mais c'est surtout l'eau qui fait l'objet de craintes quant à la présence d'aluminium. L'eau du robinet contient un certain nombre de métaux, notamment d'aluminium, dont la quantité varie selon les régions et les systèmes de traitement des centrales de distribution. Faut-il en conclure que la présence d'aluminium dans l'eau potable du robinet pourrait être une cause d'inquiétude ? C'est possible.

« Si l'eau est correctement purifiée, cela ne devrait poser aucun problème », relève le Dr Daniel Perl, directeur d'un service universitaire de neuropathologie. Lorsque l'assainissement de l'eau est bien conduit, poursuit ce médecin, le processus élimine à la fois l'aluminium naturel et celui qui sert à la purification de l'eau. « En revanche, nous devons nous poser la question de savoir dans quelle mesure ce processus est vraiment bien conduit. Pour ma part, je serais bien embarrassé pour y répondre. »

N'hésitez pas à faire analyser l'eau du robinet si vous pensez qu'elle peut contenir de l'aluminium. Vous pouvez par exemple demander à la mairie ou la préfecture une analyse de l'eau courante distribuée au robinet : B1 et C3 (analyses les plus courantes); C4c et C4d (moins courantes et très onéreuses, mais portant les taux de métaux lourds, de pesticides, d'hydrocarbures, de PCB, de détergents) ; ces analyses sont riches d'enseignement, mais il faut insister pour les obtenir.

cerveau responsable du fonctionnement de la mémoire et de l'intellect. C'est lorsque ces plaques commencent à durcir que les ennuis commencent.

D'après ce que nous savons à l'heure actuelle, il est probable que l'amyloïde ne soit pas seule en cause. Un autre coupable pourrait d'ailleurs

Examinez vos casseroles. Une étude a permis de constater que le fait de préparer des aliments acides dans une casserole en aluminium augmentait la teneur des aliments de ce minéral. Ne croyez pas pour autant que le Dr Perl vous recommande de jeter vos casseroles en aluminium ; les recherches ne justifient pas encore une telle mesure. Lui-même possède au moins une poêle à frire en aluminium. « Et comme j'ai eu l'occasion de le préciser à un journaliste du magazine *Newsweek*, mes mains ne tremblent pas à chaque fois que j'ai l'occasion de l'utiliser », souligne-t-il. Les boîtes de conserve ne posent pas de problème, relève encore ce spécialiste. En effet, elles sont revêtues de plastique afin d'éviter que l'acide de la boisson gazeuse ou du jus qu'elles contiennent n'ait pour effet de décomposer l'aluminium.

Mangez avec les doigts. Un simple sandwich peut avoir bien des avantages ! Lorsqu'une diététicienne, membre du personnel d'une maison de retraite de Toledo, dans l'Ohio, s'est aperçue que les pensionnaires dans son établissement qui étaient atteints de la maladie d'Alzheimer perdaient beaucoup de poids, elle a eu l'idée de réduire le nombre d'aliments nécessitant l'usage d'ustensiles — comme de la viande qu'il faut couper — et d'inclure dans leurs menus davantage de préparations comme des sandwiches de pâté, bien plus faciles à manger.

Un professeur en alimentation et nutrition de l'université d'état Bowling Green de l'Ohio a ensuite passé en revue les dossiers de ces mêmes patients, pour constater que ces changements diététiques avaient contribué à maintenir le poids des individus concernés. Non seulement ces aliments d'un genre nouveau aidaient à diminuer le sentiment de frustration mais ils étaient bons pour le moral des patients et, par conséquent, encourageaient ces derniers à manger davantage — ce qui est toujours le meilleur moyen d'absorber les vitamines et minéraux indispensables à l'organisme.

se cacher dans votre hérédité familiale. Certaines formes d'une protéine sanguine appelée apolipoprotéine E (apo E), chargée en temps normal de véhiculer le cholestérol dans le courant sanguin, semblent avoir pour effet d'entraîner une accumulation plus importante d'amyloïde dans le cerveau et pourraient en outre aider cette substance à durcir, note le Dr Leonard Berg, président du Conseil consultatif médical et scientifique de l'association Alzheimer et directeur du Centre de recherches sur la maladie d'Alzheimer. Il existe d'ailleurs des preuves convaincantes selon lesquelles une forme de cette protéine sanguine, l'apolipoprotéine E-4 (apo E-4), serait un facteur de risque de la maladie d'Alzheimer. Les sujets ayant deux gènes d'apo E-4 sont en effet huit fois plus susceptibles d'avoir la maladie d'Alzheimer que ceux qui n'ont hérité que de l'apo E-2 ou de l'apo E-3. Dans le cadre d'une étude portant sur 46 adultes atteints de la maladie d'Alzheimer, les chercheurs ont pu vérifier que 21,4 % des participants possédaient effectivement deux gènes d'apo E-4, tandis que 2,9 % seulement n'avaient aucun gène apo E-4.

D'autres chercheurs pensent que le zinc peut avoir pour effet d'augmenter la quantité d'amyloïde toxique déposée dans le cerveau. Au cours d'expériences en laboratoire, des chercheurs à l'hôpital général du Massachusetts, à Boston, ont constaté qu'il suffisait de deux minutes après une légère augmentation de l'apport en zinc pour que l'amyloïde « forme des caillots gluants ». Selon le principal chercheur responsable de cette étude, le Dr Rudolph Tanzi, directeur du service de génétique et vieillissement dans cet établissement hospitalier ainsi qu'à l'école médicale Harvard, le rôle du zinc absorbé par le biais de l'alimentation et de compléments alimentaires n'est pas encore suffisamment connu. Les chercheurs disposent en revanche de preuves suffisantes pour justifier une mise en garde contre la prise de mégadoses de zinc sous forme d'oligo-élément. Puisqu'il est démontré qu'une augmentation de l'apport de zinc diminue considérablement les fonctions cérébrales chez les sujets atteints de la maladie d'Alzheimer, le Dr Tanzi suggère que ces derniers n'absorbent pas plus que la Valeur quotidienne de zinc, soit 15 milligrammes.

Au cours d'études durant les années 1960, les chercheurs ont constaté, chez des animaux de laboratoire qui avaient reçu des piqûres d'aluminium, la présence de nœuds cérébraux similaires à ceux que l'on peut observer chez les patients atteints de la maladie d'Alzheimer. Depuis lors, diverses études faisant appel à des appareils de mesure ultramodernes ont permis de constater la présence d'aluminium en concentration élevée dans le tissu cérébral provenant de sujets décédés de la maladie d'Alzheimer, souligne le Dr Daniel Perl, directeur d'un service universitaire de neuropathologie. « Nous ne savons pas encore d'où vient cet aluminium, ni ce qu'il fait là, mais nous nous efforçons de déterminer s'il joue un rôle actif dans l'apparition de la maladie », poursuit-il.

Lorsque le cerveau se rouille

Quelle que soit vraiment la cause de la maladie d'Alzheimer, certains chercheurs sont convaincus que les lésions oxydatives subies par le cerveau au cours d'une existence jouent également un rôle dans l'apparition de ce trouble. Le processus de combustion de l'oxygène qui sert à produire de l'énergie a également pour effet de générer des molécules chimiquement instables, appelées radicaux libres. Ces derniers dérobent des électrons aux molécules saines de l'organisme afin d'établir leur propre équilibre, provoquant ainsi des lésions dans toutes sortes de cellules, notamment celles du cerveau.

Un certain nombre de facteurs contribuent à la production de radicaux libres : la pollution, la fumée de cigarette, l'alcool — autant dire la vie au XXᵉ siècle. « Une chose m'amène à penser que les lésions oxydatives jouent un rôle important, c'est que l'un des principaux facteurs de risque de la maladie d'Alzheimer est le vieillissement, poursuit le Dr Berg. Les lésions oxydatives s'accumulent au cours de la vieillesse, par le simple fait du métabolisme normal des cellules cérébrales. »

C'est un fait que dans la tranche d'âge englobant les personnes de 65 ans et plus, 10 % des sujets sont atteints de la maladie d'Alzheimer, tandis que 20 % de ceux qui ont plus de 75 ans en sont atteints. Ce pourcentage passe à 40 % à partir de 85 ans — une augmentation spectaculaire.

Une théorie laisse entendre que le processus oxydatif pourrait rendre l'amyloïde plus dangereuse encore — et pourrait même à lui tout seul tuer un certain nombre de cellules cérébrales.

Divers autres facteurs viennent compliquer la quête d'un remède capable de guérir la maladie d'Alzheimer : l'apo E-4, le zinc, l'aluminium, l'oxydation et même l'inflammation pourraient chacun contribuer, dans une faible mesure, à l'apparition de cette maladie chez tous les sujets atteints. « Il est probable que les recherches ne déboucheront pas sur une seule solution valable pour tous, poursuit le Dr Berg. Les mêmes symptômes et les mêmes plaques et nœuds sont en effet le résultat de multiples causes très différentes. »

La vitamine E pourrait apporter une protection

Tandis que les recherches se poursuivent afin d'explorer diverses approches, toujours dans l'espoir de vaincre la maladie d'Alzheimer, une équipe de chercheurs s'est penchée sur les implications d'une découverte capitale dans le domaine des vitamines pour le traitement des accidents vasculaires cérébraux.

Lorsqu'un tel accident se produit, les cellules cérébrales endommagées produisent un médiateur chimique (ou neurotransmetteur), l'acide glutamique. Cette substance chimique provoque une réaction en chaîne conduisant à la destruction d'un nombre toujours plus grand de cellules cérébrales, générant à leur tour des quantités croissantes de cette substance dangereuse qu'est l'acide glutamique.

En laboratoire, lorsque l'on expose des cellules cérébrales à la vitamine E, cela semble les protéger contre les effets d'un accident vasculaire cérébral, souligne le Dr David Schubert, professeur de neurobiologie à l'institut Salk d'études biologiques. « La vitamine E exerce un effet protecteur sur les cellules cérébrales, limitant le nombre d'entre elles que l'acide glutamique va détruire », explique ce médecin.

Prescriptions vitaminiques

Les médecins étudient actuellement un ou deux nutriments susceptibles d'offrir un traitement possible dans la maladie d'Alzheimer. Voici leurs recommandations, sachant que les recherches n'en sont encore qu'à leur début.

Nutriment	Dose par jour
Thiamine	5 000 milligrammes
Vitamine E	400 unités internationales

MISE EN GARDE : *Toute personne atteinte de la maladie d'Alzheimer doit être suivie par un médecin.*

Une telle dose de thiamine, dépassant plusieurs milliers de fois la Valeur quotidienne, a provoqué des nausées chez certains sujets auxquels elle avait été administrée. Avant d'avoir recours à cette thérapie, vous devez impérativement obtenir l'accord de votre médecin traitant.

Si vous prenez des médicaments anticoagulants, vous ne devez pas prendre de vitamine E sous forme de complément alimentaire.

Dans une autre étude, l'équipe de chercheurs du Dr Schubert a pu démontrer en laboratoire qu'en immergeant les cellules cérébrales dans un bain de vitamine E, il était possible de les protéger contre une protéine toxique présente dans les plaques d'amyloïde.

Comment pareille chose est-elle possible ? De même que lorsque l'on arrose une pomme pelée de jus de citron, il est possible de l'empêcher de s'oxyder et de brunir, les antioxydants comme la vitamine E ont le pouvoir de protéger les cellules cérébrales en neutralisant les radicaux libres.

En revanche, l'utilisation de la vitamine E pour prévenir et traiter la maladie d'Alzheimer n'est pas sans inconvénient ; en effet, ce nutriment ne traverse pas très facilement ce que l'on appelle la barrière hémato-encéphalique. Ce mécanisme naturel de protection a pour rôle de protéger le cerveau contre la plupart des substances. « C'est un vrai problème. La vitamine E n'est pas la substance idéale à laquelle on peut avoir recours dans n'importe quel type de thérapie visant à soigner la maladie d'Alzheimer », souligne le Dr Schubert.

Dans leurs tentatives pour découvrir un remède capable de soigner la maladie d'Alzheimer, les chercheurs s'efforcent de faire fusionner la vitamine E avec une autre substance, comme par exemple un stéroïde, afin qu'elle puisse plus efficacement traverser la barrière hémato-encéphalique, poursuit le Dr Schubert.

Il est encore trop tôt pour affirmer avec certitude qu'un apport complémentaire de vitamine E, utilisé isolément, peut contribuer à prévenir la maladie d'Alzheimer. En revanche, le Dr Schubert note que les résultats des recherches sont suffisamment probants pour que cela justifie d'en prendre un complément. « La vitamine E est plutôt difficile à obtenir par le biais de l'alimentation, car elle est surtout présente dans les huiles végétales, poursuit ce médecin. Et pour peu que l'on ne mange pas suffisamment, les taux de vitamine E dans le sang et le cerveau s'abaissent à mesure que l'on prend de l'âge. Mais il est possible de faire remonter ces taux grâce à un apport complémentaire de vitamine E. »

Ce spécialiste ajoute qu'il est bien évidemment judicieux de consulter au préalable son médecin, mais qu'un complément d'environ 400 unités internationales de vitamine E par jour devrait s'avérer suffisant pour la majorité des gens. La Valeur quotidienne pour la vitamine E est de 30 unités internationales.

Le rôle de la thiamine

Tandis que les chercheurs qui se penchent sur la vitamine E s'efforcent de protéger le cerveau contre les ravages des plaques d'amyloïde, ceux qui étudient la thiamine ont adopté une autre approche : améliorer la mémoire des sujets atteints de la maladie d'Alzheimer.

Dans le cadre d'une étude, 11 personnes présentant des symptômes d'Alzheimer ont reçu la consigne de prendre trois fois par jour durant trois mois soit 1 000 milligrammes de thiamine, soit un placebo (pilule similaire sans effet thérapeutique). (Une telle dose représente une quantité considérable de thiamine, la Valeur quotidienne n'étant que de 1,5 milligramme !) Des tests effectués avant et après cette étude ont montré que la mémoire s'était légèrement améliorée chez les participants qui avaient pris de la thiamine.

Ces résultats ne vous paraissent peut-être pas très impressionnants. Pourtant, chez la plupart des sujets atteints de la maladie d'Alzheimer en fin d'évolution, il se produit à peu près tous les six mois une diminution marquée des fonctions cérébrales. « Nous avons relevé certains résultats positifs peu visibles mais cliniquement mesurables », souligne le Dr John Blass, directeur du service de recherches sur la démence à l'Institut Burke de recherche médicale.

Dans le cadre d'une autre étude inspirée par le travail du Dr Blass, des chercheurs à la faculté de médecine de Géorgie, à Augusta, ont traité pendant cinq mois 18 patients atteints de la maladie d'Alzheimer à l'aide de mégadoses de thiamine allant de 3 000 à 8 000 milligrammes par jour, ces doses étant modifiées d'un mois à l'autre.

À la fin de chaque mois, les participants faisaient l'objet d'un bref examen clinique comportant diverses questions portant sur la date, le nom de l'hôpital et de la ville, le *county*, ainsi que sur l'état américain dans lequel se trouvait l'hôpital, explique le Dr Kimford Meador, directeur d'un service universitaire de neurologie du comportement. Lorsque les résultats furent analysés, poursuit le Dr Meador, les chercheurs purent constater chez certains participants une légère amélioration de leur état à l'issue du mois durant lequel ils avaient reçu 5 000 milligrammes de thiamine par jour.

« Dans l'ensemble, même chez ceux dont l'état avait diminué, la dégradation n'était pas aussi rapide qu'on pouvait s'y attendre », commente le Dr Meador. En d'autres termes, ce médecin s'attendait plutôt à constater une dégradation marquée de l'état des sujets aux derniers stades d'évolution de la maladie ; mais aussi longtemps qu'ils continuaient à prendre ce nutriment, ils étaient en meilleure forme que ne le laissait présager l'évolution normale de la maladie.

« Lors d'un examen clinique, on peut notamment s'attendre à une baisse de trois points pratiquement tous les quatre à six mois. Nous n'avons pourtant rien constaté de tel chez ces patients, explique-t-il. Les individus concernés parvenaient soit à maintenir le *statu quo*, soit à ne perdre qu'un ou deux points, ce qui représente une diminution très faible par rapport à ce que l'on pouvait anticiper. À ce stade d'avancement des recherches, c'est à peu près le mieux que l'on puisse espérer. »

Comment un nutriment tel que la thiamine est-il capable d'aider à protéger la mémoire ? Il est possible que la thiamine contribue à favoriser dans le cerveau la présence suffisamment abondante d'un neurotransmetteur important, l'acétylcholine, dont le rôle est de faciliter la transmission des influx nerveux porteurs de pensées d'une cellule cérébrale à l'autre, explique le Dr Meador. Les chercheurs ont en effet constaté que les taux d'acétyl-choline étaient plus bas chez les sujets atteints de la maladie d'Alzheimer. Les recherches ont mis en évidence un fait très intéressant, poursuit-il : en effet, jusqu'à 37 % des personnes du troisième âge ont une carence en thiamine.

Cela veut-il dire que les sujets atteints de la maladie d'Alzheimer pourraient bénéficier d'un apport complémentaire de thiamine administré en mégadoses ? Des recherches bien plus approfondies doivent encore être faites avant que nous puissions répondre avec certitude à cette question, relève le Dr Meador. « L'effet de ce traitement n'a rien en soi de parti-culièrement impressionnant, mais il s'agit néanmoins d'une mesure sans danger, qui pourrait même apporter une amélioration légère, souligne-t-il. Je tiens à rappeler qu'il ne s'agit pas d'une réponse définitive et que nos recherches portaient sur des groupes de population très restreints. En revanche, jusqu'à ce que les chercheurs trouvent mieux, pourquoi pas ? » La prise de 5 000 milligrammes de thiamine par jour ne provoquait que de légères nausées, et seulement chez certains participants, ajoute le Dr Meador. Si vous souhaitez avoir recours à cette thérapie pour vous-même ou pour un membre de votre entourage, prenez au préalable la précaution d'en parler à votre médecin.

Maladies cardiovasculaires

❖

Les risques des carences nutritionnelles

Votre ami Louis vient d'avoir une crise cardiaque. Il jouait au golf, comme il le faisait d'habitude chaque samedi matin, et s'apprêtait à viser la balle placée sur le 17ᵉ tee, lorsqu'il a brusquement laissé tomber sa canne de golf, pour aller se précipiter en trébuchant jusqu'à la voiture de golf où il s'est affalé sur le siège.

Il était terrassé par la douleur. Ses partenaires de golf ont pourtant réussi à le conduire à l'hôpital en un temps record. Les chirurgiens ont incisé une artère obstruée afin de la déboucher, et il n'a pas tardé ensuite à se remettre.

Pourtant, ces événements dramatiques ont quelque peu secoué non seulement votre ami, mais vous aussi. Louis n'a en effet que 45 ans. Il adore l'exercice physique, sait équilibrer judicieusement dans sa vie le travail et les loisirs et surveille son taux de cholestérol. En voilà un qui n'est pas tombé de la dernière pluie.

Alors, pourquoi donc a-t-il eu une crise cardiaque ?

Depuis au moins une décennie, les médecins savent que les principales mesures préventives pour empêcher une crise cardiaque consistent à éviter la fumée de tabac, à adopter une alimentation contenant peu de cholestérol et un minimum de matières grasses alimentaires, à faire au moins trois fois par semaine de l'exercice physique assez vigoureux pour que cela nous fasse transpirer, et à diminuer le stress chaque fois que possible.

Aujourd'hui, en revanche, les médecins commencent aussi à comprendre que certains nutriments spécifiques — notamment les vitamines C et E et le bêtacarotène — pourraient être tout aussi importants.

Nul ne sait si une carence dans l'un ou l'autre de ces nutriments pourrait provoquer des troubles cardiovasculaires, mais il est certain que les résultats des recherches semblent le confirmer. Dans l'étude, actuellement en cours, portant sur la santé des infirmiers et infirmières (*Nurses' Health Study*), conduite simultanément à l'école médicale Harvard et à l'hôpital Brigham and Women's de Boston, les chercheurs, qui avaient comparé l'alimentation de plus de 73 000 infirmiers et infirmières, ont constaté qu'une alimentation riche en vitamine E permettait de diminuer de 52 % le risque de crise cardiaque, qu'une alimentation contenant beaucoup de vitamine C réduisait le risque à raison de 43 % et qu'une alimentation riche en bêtacarotène (l'un des nutriments qui confèrent leur belle couleur orange ou jaune à divers légumes) en diminuait le risque de 38 %. De plus, le risque de crise cardiaque diminuait de 63 % chez les participants qui absorbaient habituellement de grandes quantités de l'ensemble de ces nutriments.

Quel est le mode d'action de ces nutriments ?

« Nul ne le sait vraiment, commente le Dr Howard N. Hodis, directeur d'une unité universitaire de recherches sur l'athérosclérose. À l'heure actuelle, les chercheurs ont davantage de théories que de réponses à proposer. Il semblerait pourtant que ces trois nutriments pourraient jouer un rôle en neutralisant le cholestérol LDL, le « mauvais » cholestérol qui obstrue nos artères, avant qu'il puisse faire des dégâts.

Comprendre la maladie

Afin de comprendre quelle protection puissante ces nutriments peuvent offrir à nos artères, il faut examiner tout d'abord ce qui provoque les maladies cardiovasculaires.

Dans la plupart des cas, notamment dans l'angor ou les problèmes électriques qui peuvent entraîner un décès soudain dû à un arrêt du cœur, ces troubles proviennent de l'athérosclérose. Cette dernière signifie que le cholestérol et les cellules en circulation dans le courant sanguin s'accumulent sur les parois des artères coronaires, provoquant le rétrécissement de ces dernières. Le débit sanguin vers le cœur s'en trouve diminué, ce qui augmente le risque de formation d'un caillot sanguin (agrégat de cellules sanguines) qui pourrait venir boucher l'artère. Lorsque ce phénomène se produit, ou si une artère est brusquement sujette à un spasme, le débit sanguin vers le cœur s'interrompt et une crise cardiaque se produit.

L'athérosclérose, parfois définie comme un durcissement des artères, est un processus sournois qui peut commencer dès l'enfance. Ce processus se met en route lorsque les cellules recouvrant les parois artérielles sont endommagées par suite des battements incessants dus à l'hypertension artérielle, ou en raison d'une exposition répétée à des substances chimiques toxiques comme celles que contient la fumée de cigarette, ou par suite d'exposition répétée à de fortes concentrations de cholestérol LDL, ou même d'une infection bactérienne ou virale.

Facteurs alimentaires

Le risque de maladie cardiovasculaire dépend dans une large mesure des aliments que nous absorbons (ou que nous évitons de manger). Voici quelques conseils pour vous aider à prévenir ces maladies responsables de la majorité des décès dans notre pays.

Moins de matières grasses. « Nous devons appliquer le premier volet des directives de l'Association américaine du cœur, affirme le Dr Howard N. Hodis, directeur d'une unité universitaire de recherches sur l'athérosclérose. En général, cela signifie qu'il faut limiter l'apport de cholestérol total à moins de 300 milligrammes par jour, et que les matières grasses absorbées ne doivent pas dépasser 30 % de l'apport énergétique quotidien. »

La majorité des Français obtiennent entre 30 et 40 % de leur apport énergétique à partir de matières grasses. Vous parviendrez sans peine à réduire la quantité de matières grasses alimentaires en diminuant la part faite aux viandes grasses et aux produits laitiers entiers, en évitant les aliments industriels servis dans les établissements de restauration rapide, ainsi que les sucreries et la plupart des produits de boulangerie, et en consommant davantage de fruits et de légumes.

Davantage de poisson. Dans le cadre d'une étude portant sur plusieurs milliers de fumeurs, tous des hommes, les chercheurs du programme de recherches sur le cœur de Honolulu, à l'université de Hawaii, à Manoa, ont constaté que ceux qui mangeaient du poisson plus de deux fois par semaine réduisaient de moitié leur risque de décès par maladie cardiovasculaire.

Lorsque des lésions se sont produites, l'organisme fait son possible pour les réparer. Le cholestérol LDL et les phagocytes mononucléés (un type de cellule sanguine) sont attirés vers le site de la lésion, où ils s'efforcent de réparer les dégâts. En cas d'échec de ces tentatives, des cellules en provenance d'autres parties de la paroi artérielle arrivent sur le site afin de constituer sur la lésion une couche protectrice, généralement appelée plaque athéromateuse. La plaque durcit à mesure qu'elle absorbe du calcium, et continue à s'épaissir jusqu'à constituer une saillie à l'intérieur creux de l'artère. En fin de compte, la plaque peut rétrécir le diamètre interne de

« Il se pourrait que le poisson soit l'un des remèdes magiques contre les maladies cardiovasculaires, note le Dr William Castelli, ancien directeur de l'étude *Framingham Heart Study* et actuel directeur médical de l'institut cardiovasculaire Framingham. Les ethnies dont l'alimentation se constitue essentiellement de poisson ont la plus faible incidence de crises cardiaques. »

Mangez suffisamment de fruits et de légumes. Une étude hollandaise portant sur plus de 800 hommes âgés de 65 à 84 ans a permis de constater que plus les participants absorbaient de bioflavonoïdes (en provenance de thé, d'oignons et de pommes), moins ils risquaient de succomber aux maladies cardiovasculaires.

Les bioflavonoïdes sont des substances chimiques complexes, liées à la vitamine C, qui semblent avoir la propriété de neutraliser le cholestérol LDL (le « mauvais » cholestérol) et de diminuer la tendance qu'ont les globules rouges du sang à s'agglutiner en bouchant nos artères ; ces substances sont présentes dans presque toutes les plantes, et les fruits et légumes en sont donc vraisemblablement de bonnes sources.

Régalez-vous de soja. Les produits à base de soja comme le tofu contiennent des isoflavones ; ces substances naturelles pourraient prévenir la formation de plaque athéromateuse sur les parois artérielles.

N'oubliez pas l'ail. Un certain nombre d'études indiquent que le fait de manger chaque jour la moitié d'une gousse d'ail, voire une gousse entière, peut contribuer à abaisser le cholestérol total de manière significative. Un taux trop élevé de cholestérol est un facteur majeur de risque de maladie cardiovasculaire.

l'artère au point de ralentir le débit sanguin vers le cœur, préparant ainsi le terrain pour une crise cardiaque.

Les trois mousquetaires entrent en jeu

Depuis des années, les médecins s'efforcent de prévenir l'apparition de l'athérosclérose en recommandant à leurs patients de renoncer à tous les facteurs de risque susceptibles d'endommager les artères : « Renoncez à la cigarette ! » « Pas d'aliments trop riches en cholestérol ! » « Cessez de manger trop gras ! » Il n'est toutefois pas exclu que les médecins puissent faire mieux encore d'ici quelques années en indiquant à leurs patients comment stopper la formation de la plaque athéromateuse, quelle qu'en soit la cause.

C'est là une affaire très compliquée que les scientifiques commencent seulement à mieux comprendre. D'après le Dr Balz Frei, professeur adjoint en médecine et biochimie, il semblerait que le cholestérol LDL soit dans l'impossibilité de contribuer à la formation de plaque athéromateuse, à moins que la matière grasse contenue dans une particule de LDL soit devenue rance après avoir été exposée à l'oxygène dans la paroi artérielle ; il s'agit d'un processus appelé oxydation.

Fort heureusement, les études de laboratoire indiquent que deux nutriments au moins peuvent empêcher l'oxydation des particules de LDL, et c'est pourquoi ces nutriments sont appelés des antioxydants, explique le Dr Frei.

Quels sont ces nutriments ? La vitamine C et la vitamine E, c'est-à-dire les mêmes nutriments dont les scientifiques ont déjà vérifié l'efficacité dans la prévention des maladies cardiovasculaires lorsque l'alimentation en fournit une quantité suffisante. Au départ, les chercheurs pensaient que le bêtacarotène exerçait lui aussi un effet protecteur, empêchant l'oxydation du cholestérol LDL, mais le Dr Frei précise que divers travaux ont démenti cette théorie. « Les chercheurs explorent actuellement d'autres mécanismes susceptibles d'expliquer les effets bénéfiques du bêtacarotène dans la prévention des maladies cardiovasculaires ; peut-être sommes-nous ici en présence d'un phénomène de réjuvénation par la vitamine E », poursuit-il.

La vitamine E neutralise le cholestérol

Quoique ces trois nutriments semblent jouer un rôle préventif empêchant l'apparition de l'athérosclérose, la vitamine E pourrait être la plus bénéfique.

Dans le cadre d'une étude au centre médical Southwestern de l'université du Texas, à Dallas, 24 hommes ont reçu soit un placebo (pilule inerte), soit un complément alimentaire contenant 800 unités internationales de vitamine E, 1 000 milligrammes de vitamine C et 30 milligrammes (soit environ 50 000 unités internationales) de bêtacarotène. Trois mois plus tard, les chercheurs ont constaté qu'il fallait deux fois plus de temps aux particules pour s'oxyder chez les sujets qui prenaient le complément, par rapport aux hommes du groupe témoin qui n'avaient reçu qu'un placebo. En outre, on put mesurer chez les sujets qui avaient pris le complément alimentaire une diminution de 40 % du taux de particules de LDL oxydées, par rapport aux sujets du groupe placebo. Ces résultats semblent indiquer que l'apport complémentaire d'antioxydants utilisé dans le cadre de cette étude pourrait ralentir, voire même prévenir, l'athérosclérose.

Curieux de découvrir quel nutriment est l'antioxydant le plus actif, les chercheurs sont repartis de zéro afin de comparer le groupe qui avait pris le « cocktail » antioxydant avec un groupe similaire constitué d'hommes qui n'avaient pris que de la vitamine E.

Quels résultats, à votre avis ?

Aucune différence marquante.

Les chercheurs en ont conclu qu'on ne saurait affirmer pour autant que la vitamine C et le bêtacarotène ne remplissaient pas leur rôle. En revanche, il est possible que l'action de ces deux nutriments ait été littéralement éclipsée par le pouvoir extraordinaire de la vitamine E.

Divers travaux scientifiques indiquent que la vitamine E grimpe à bord de la particule de LDL lorsque celle-ci se constitue dans le foie, puis pénètre dans le courant sanguin. Une fois qu'elle s'est intégrée à la particule de LDL, la vitamine E l'empêche de rancir et de former ensuite la plaque pouvant obstruer les artères, explique le Dr Frei. Au contraire, la particule de LDL et la vitamine E qu'elle véhicule passent à travers la paroi artérielle où elles commencent à faire le ménage. Aussi longtemps que l'organisme dispose d'un apport abondant de vitamine E et d'autres antioxydants pour continuer à remplacer la vitamine E à mesure que cette dernière est sollicitée, la particule de LDL devrait rester inoffensive.

Tout au moins en théorie. Heureusement, la vitamine E semble tout aussi efficace pour prévenir les maladies cardiovasculaires chez des sujets en chair et en os que pour prévenir la plaque athéromateuse au laboratoire.

Dans le cadre de l'étude de suivi des professionnels de la santé, portant sur près de 40 000 hommes et organisée par des chercheurs de l'école de santé publique de Harvard, on a pu constater que les hommes qui avaient absorbé au moins 100 unités internationales de vitamine E par jour avaient ainsi diminué de 37 % leur risque de maladie cardiovasculaire. Une étude parallèle portant sur plus de 87 000 infirmiers et infirmières âgés de 34 à 59 ans a permis d'obtenir des résultats comparables.

Il semblerait même que la vitamine E puisse être bénéfique à ceux qui sont déjà atteints de troubles cardiovasculaires à un stade avancé.

Une étude effectuée dans un hôpital d'Albuquerque, au nouveau Mexique, et portant sur 440 sujets qui avaient subi une angioplastie, c'est-à-dire une intervention destinée à ouvrir les artères obstruées, a permis de montrer que l'incidence de récidive d'obstruction d'une artère fut inférieure, pour moitié environ, chez les 57 individus qui avaient absorbé en moyenne 574 unités internationales de vitamine E par jour, par rapport aux sujets qui n'avaient pas pris ce nutriment.

La même constatation semble se vérifier chez les patients qui ont subi un pontage coronarien. Lorsque des scientifiques de l'université de la Californie du Sud ont interrogé 162 hommes âgés de 40 à 59 ans qui avaient subi une opération de pontage coronarien afin de découvrir quelles vitamines ils absorbaient habituellement, ils ont découvert que l'accumulation de plaque athéromateuse, susceptible d'obstruer les artères, se produisait considérablement plus lentement chez les hommes qui disaient absorber plus de 100 unités internationales de vitamine E par jour.

Que pouvons-nous en conclure ? « La réponse que nous pouvons apporter à cette question reste partielle, répond le Dr Frei. Diverses études suggèrent qu'une augmentation de l'apport quotidien de vitamine E jusqu'à environ 100 unités internationales, voire davantage, offre une protection contre les maladies cardiovasculaires. Il est impossible d'obtenir une telle dose de vitamine E par la seule alimentation, et nous devons par conséquent avoir recours à des compléments. En revanche, je pense qu'il est prématuré de proposer une recommandation spécifique, même si je dois vous dire qu'après la publication des résultats de l'étude portant sur la santé des infirmiers et infirmières et de l'étude de suivi des professionnels de la santé, un grand nombre de médecins ont commencé à prendre de la vitamine E.

« Il s'agit là d'une situation plutôt paradoxale : les preuves scientifiques semblent suffisamment convaincantes pour que de nombreux médecins se mettent à prendre de la vitamine E, sans pour autant être assez probantes pour les amener à recommander ce nutriment à leurs patients », souligne le Dr Frei.

Quoique certains médecins impliqués dans les recherches portant sur la vitamine E ne préconisent pas un apport complémentaire de ce nutriment, d'autres sont d'avis que 100 à 200 unités internationales de vitamine E par jour pourraient se révéler bénéfiques. Le Dr Frei précise que si la Valeur quotidienne pour la vitamine E n'est que de 30 unités internationales, une telle dose est néanmoins considérée comme dénuée de toxicité. Si vous êtes atteint de maladie cardiovasculaire, il est judicieux d'obtenir l'avis de votre médecin quant à un apport complémentaire de vitamines.

Le bêtacarotène prévient les crises cardiaques

Au laboratoire, il se peut que le bêtacarotène soit quelque peu relégué au second plan par la vitamine E, mais ce nutriment, qui confère aux carottes leur superbe couleur, est un véritable champion dans notre assiette lorsqu'il s'agit de lutter contre les maladies cardiovasculaires.

Toutes les études, les unes après les autres, font ressortir les bénéfices du bêtacarotène pour la santé du cœur, à commencer par l'étude de santé des médecins (*Physicians' Health Study*) effectuée à l'école médicale Harvard. Dans le cadre de cette étude, 333 hommes âgés de 40 à 84 ans, atteints de cardiopathie grave, ont reçu tous les deux jours 50 milligrammes (83 000 unités internationales) de bêtacarotène. Au cours de la première année, l'administration de ce complément resta sans effet sur l'état de santé des participants. En revanche, à partir de la deuxième année, leur risque de crise cardiaque fut divisé par deux.

D'autres chercheurs ont constaté que les effets protecteurs du bêtacarotène pourraient être plus prononcés encore chez les sujets présentant des facteurs de risque qui les prédisposaient aux maladies cardiovasculaires, comme par exemple le tabagisme et l'excès de cholestérol.

Dans le cadre d'une étude conduite à la faculté de médecine de l'université Johns Hopkins à Baltimore, par exemple, les chercheurs ont comparé les taux sanguins en bêtacarotène et autres caroténoïdes chez 123 sujets âgés de 35 à 65 ans, qui avaient déjà subi une crise cardiaque, aux taux sanguins d'autres individus d'âge similaire, qui n'avaient jamais eu de crise cardiaque.

« Cette étude a permis de constater que les fumeurs ayant le plus faible taux de bêtacarotène présentaient un risque de crise cardiaque à peu près 3,5 fois plus élevé que les sujets qui ne fumaient pas et dont le taux de bêtacarotène était élevé », souligne le Dr Debra A. Street, alors responsable de ces recherches dans cet établissement et qui travaille actuellement comme épidémiologiste au sein de la FDA.

Les sujets atteints d'hypercholestérolémie pourraient eux aussi constater que le bêtacarotène et ses cousins les caroténoïdes exercent un effet protecteur du cœur. Dans le cadre d'une étude sur 13 ans conduite parallèlement à l'université de Caroline du Nord à Chapel Hill, et à l'université du Tennessee à Memphis, les chercheurs ont surveillé plus de 1 800 hommes, âgés de 40 à 59 ans, ayant un taux élevé de cholestérol. Sur l'ensemble des participants, 282 hommes ont par la suite subi une crise cardiaque. Comparant ces sujets avec les hommes restés en bonne santé, les chercheurs ont découvert que le risque de crise cardiaque était 40 % plus faible chez ceux des participants qui avaient, au début de l'étude, un taux sanguin élevé de bêtacarotène et d'autres caroténoïdes, par rapport à ceux dont les taux sanguins de ces nutriments étaient plus bas.

N'allez pas croire que cela vous autorise à fumer des cigarettes ou à faire des excès d'aliments trop riches en cholestérol, souligne le Dr Dexter Morris, professeur adjoint dans cet établissement universitaire, qui dirigeait cette étude. En revanche, « plus le taux de caroténoïdes est élevé, plus faible est le risque de crise cardiaque », ajoute-t-il.

Gélule ou carotte ?

Les chercheurs sont unanimes à nous recommander avec insistance d'absorber chaque jour au moins cinq portions de fruits et de légumes, notamment plusieurs portions contenant des caroténoïdes, afin de nous protéger contre les maladies cardiovasculaires. En revanche, ils ne préconisent guère de prendre un apport complémentaire de bêtacarotène.

Pour quelles raisons le bêtacarotène fourni par l'alimentation serait-il préférable au bêtacarotène sous forme de complément alimentaire ? « Selon une hypothèse, qu'un certain nombre d'études semblent confirmer, ce n'est pas seulement le bêtacarotène qui est bénéfique, d'autres substances jouent également un rôle », commente le Dr Morris. Le bêtacarotène ne représente qu'un cinquième des caroténoïdes les plus courants que l'on trouve dans les fruits et légumes de couleur orange et jaune. Il est donc tout à fait possible que ces autres caroténoïdes contribuent eux aussi à certains des effets jusqu'ici attribués au seul bêtacarotène.

« Il existe une deuxième possibilité : le bêtacarotène pourrait être associé à un coefficient thérapeutique, poursuit le Dr Morris. En d'autres termes, il existerait un seuil à ne pas dépasser, au-dessous duquel ce nutriment est bénéfique, mais au-delà duquel il pourrait causer des problèmes. Selon une théorie, par exemple, des doses élevées de bêtacarotène pourraient entraver les effets protecteurs d'une autre substance encore non déterminée. » La nature exacte de cette dernière relève pour le moment de la spéculation pure et simple, précise-t-il.

La majorité de ces mises en garde n'ont rien à voir avec les avertissements habituels auxquels on peut s'attendre de la part de scientifiques habitués à la prudence. Au contraire, elles se basent sur une étude de très vaste envergure portant sur 29 000 fumeurs finlandais, conçue pour évaluer le rôle du bêtacarotène et d'autres compléments de synthèse dans la prévention du cancer et des maladies cardiovasculaires.

L'ennui, c'est que la plupart des chercheurs s'attendaient à constater soit que les compléments alimentaires diminuaient chez les participants le risque de cancer et de maladies cardiovasculaires, soit qu'ils n'avaient aucun effet. Contre toute attente, les chercheurs ont au contraire constaté que les fumeurs (tous des hommes) qui avaient pris chaque jour 20 milligrammes (environ 33 000 unités internationales) de bêtacarotène synthétique présentaient un risque accru de ces deux maladies graves.

Certains chercheurs attribuent ces résultats au fait que beaucoup de grands fumeurs sont en outre portés sur la boisson, et que les excès d'alcool détruisent le bêtacarotène dans l'organisme. D'autres chercheurs considèrent que le fait d'absorber des doses élevées de bêtacarotène pourrait inhiber l'absorption ou l'effet d'autres antioxydants.

D'autres encore restent perplexes.

« Même si la plupart des experts considèrent que les résultats de cette étude finlandaise sont à ranger dans une catégorie à part, cela ne nous permet pas d'écarter ces données, commente le Dr Hodis. Il nous faut attendre que de nouvelles données soient disponibles. Dans l'intervalle, je suis persuadé que les fumeurs doivent renoncer à la cigarette et qu'il est capital d'absorber une alimentation bien équilibrée, apportant à l'organisme la Valeur quotidienne de toutes les vitamines et minéraux. »

Action antioxydante de la vitamine C

Les chercheurs commencent à mieux comprendre les rôles respectifs de la vitamine E et du bêtacarotène dans la prévention de l'athérosclérose, mais celui de la vitamine C n'est pas encore entièrement connu.

Certaines études en conditions réelles indiquent qu'après une décennie de résultats encourageants en laboratoire, il se pourrait que la vitamine C ne soit pas aussi bénéfique que les scientifiques pouvaient l'espérer. En revanche, d'autres études indiquent qu'elle contribue nettement à prévenir les maladies cardiovasculaires.

Lorsque des chercheurs à l'université de Californie de Los Angeles ont vérifié les quantités de vitamine C absorbées par plus de 11 000 hommes et femmes âgés de 25 à 74 ans, par exemple, ils ont constaté que les sujets qui prenaient chaque jour un complément de multivitamines et minéraux et

(suite page 426)

Prescriptions vitaminiques

Même si, à l'heure actuelle, les chercheurs sont généralement d'avis que des taux trop faibles de vitamine E, de bêtacarotène et de vitamine C peuvent exposer l'organisme à un risque accru de maladie cardiovasculaire, la majorité de ces scientifiques sont peu disposés à recommander des quantités spécifiques de ces nutriments, qu'il convient d'obtenir par l'alimentation ou sous forme de compléments alimentaires.

Les chercheurs précisent qu'il y a deux raisons à cela. La première est que l'on n'a pas mené à bien suffisamment d'études de grande envergure portant sur de très grands nombres d'individus auxquels on administrait une quantité spécifique de tel ou tel nutriment avant de tester les participants pour en vérifier les effets. La deuxième tient au fait que la quantité de tel ou tel nutriment qu'il convient d'absorber sous forme d'aliment ou de complément pour obtenir des doses thérapeutiques est très variable, car chacun absorbe ces substances nutritives de manière tout à fait individuelle.

Toutefois, un chercheur a su prendre le taureau par les cornes.

Dans une étude publiée en Grande-Bretagne, le Dr K.F. Gey, de l'institut de biochimie et de biologie moléculaire de l'université de Berne, en Suisse, s'est penché sur un certain nombre d'études sur les nutriments effectuées dans le monde entier. Se fondant sur l'analyse de ces nombreux travaux, ce chercheur avance que dans leur ensemble, ces derniers tendent à indiquer qu'il convient de viser à obtenir les quantités mentionnées ci-dessous pour les principaux antioxydants (bêtacarotène, vitamine C et vitamine E), afin de se protéger contre les maladies cardiovasculaires. Le Dr Gey précise qu'il est préférable d'absorber tous ces nutriments par le biais d'une alimentation équilibrée, plutôt qu'en les prenant isolément sous forme de compléments alimentaires.

Nutriment	Dose par jour
Bêtacarotène	10 000 à 25 000 unités internationales

| Vitamine C | 60 à 250 milligrammes |
| Vitamine E | 60 à 100 unités internationales |

Divers autres nutriments jouent également un rôle dans la santé du cœur. Il semblerait que des taux trop faibles de ces substances puissent augmenter le risque de maladie cardiovasculaire, et la plupart des médecins nous recommandent par conséquent de veiller à obtenir les Valeurs quotidiennes de ces nutriments grâce à une alimentation judicieusement équilibrée, à laquelle on ajoutera si nécessaire un complément de multivitamines et minéraux.

Nutriment	Dose par jour
Acide folique	400 microgrammes
Fer	18 milligrammes
Sélénium	70-100 microgrammes
Zinc	15 milligrammes

MISE EN GARDE : *Si vous êtes atteint de maladie cardiovasculaire, obtenez l'avis de votre médecin sur l'éventuel apport complémentaire de vitamines et de minéraux qui pourrait vous être bénéfique.*

Les recommandations concernant les antioxydants que sont la vitamine C et la vitamine E dépassent les Valeurs quotidiennes pour ces deux nutriments. Pour chacune de ces vitamines, les doses mentionnées laissent une grande marge, car la quantité exacte absorbée varie d'une personne à l'autre.

Si vous prenez des médicaments anticoagulants, vous ne devez pas prendre de vitamine E sous forme de complément alimentaire.

absorbaient en outre plus de 50 milligrammes de vitamine C par jour parvenaient ainsi à diminuer de 28 % leur risque de décès pour cause de maladie cardiovasculaire.

Ces constatations semblent indiquer que la vitamine C est tout aussi importante que la vitamine E et que le bêtacarotène pour prévenir l'athérosclérose, ce qui paraît logique lorsque l'on examine le mode d'action de chacun de ces nutriments et la manière dont ils œuvrent en synergie les uns avec les autres.

Pour comprendre la valeur de ces nutriments, « il convient de faire la distinction entre les deux catégories d'antioxydants, explique le Dr Frei. L'une de ces catégories est un groupe d'antioxydants hydrosolubles qui comprend la vitamine C. L'autre catégorie constitue un groupe d'antioxydants liposolubles qui comprend la vitamine E.

« Leur mode d'action est similaire, mais ils exercent leur fonction dans différentes parties du corps, ajoute le Dr Frei. Les antioxydants hydrosolubles sont présents dans le sang et d'autres humeurs aqueuses de l'organisme, tandis que les antioxydants liposolubles sont véhiculés à l'intérieur des particules de LDL. » Les antioxydants liposolubles sont transportés jusque dans les tissus adipeux du corps, explique le Dr Frei, et à bord des particules de LDL, ils parviennent jusqu'aux parois artérielles.

La vitamine C semble aussi avoir un autre rôle à jouer dans la lutte contre l'athérosclérose, ajoute ce médecin. Lorsqu'une particule de LDL a épuisé sa réserve de vitamine E, la vitamine C est en mesure de régénérer la vitamine E, lui rendant ainsi son efficacité dans la prévention de l'athérosclérose. Jusqu'ici, cela n'a pu être observé qu'en laboratoire, précise-t-il, mais il n'y a aucune raison de penser que la même chose ne se produise pas chez l'être humain.

La quantité précise de vitamine C dont l'organisme a besoin pour bénéficier d'un effet protecteur n'a pas encore été déterminée, poursuit le Dr Frei, mais de nombreux cardiologues recommandent d'en prendre entre 250 et 500 milligrammes par jour.

L'acide folique contre les maladies cardiovasculaires

S'il est clair que les antioxydants sont les principaux nutriments appelés à défendre notre organisme contre l'athérosclérose, le folate (le précurseur naturel de l'acide folique) pourrait lui aussi avoir un rôle important à jouer.

En effet, il y a un certain nombre d'années, des chercheurs ont découvert que les sujets qui avaient un taux sanguin élevé d'homocystéine (un acide aminé présent dans la viande et susceptible d'endommager les parois artérielles, contribuant ainsi à l'apparition de l'athérosclérose) sont souvent atteints d'athérosclérose grave et subissent des crises cardiaques dès le début de l'âge adulte, à partir de vingt ou trente ans.

Chez certains sujets, il semblerait exister un défaut génétique qui fait que l'organisme est incapable de métaboliser l'homocystéine. En revanche, certains autres semblent être déficitaires en vitamines B_6 et B_{12} ou en folate.

Les chercheurs n'ont pas encore découvert avec certitude quelle est la cause d'un taux élevé d'homocystéine dans le sang, mais ils commencent à mieux comprendre comment faire baisser ce taux.

« Le folate empêche l'accumulation d'homocystéine », précise le Dr Frank M. Sacks, professeur adjoint de médecine et nutrition.

Dans le cadre d'une étude, des chercheurs de l'université Tufts à Medford, dans le Massachusetts, de l'institut de recherches cliniques de Montréal et de l'hôpital Hôtel-Dieu, également à Montréal, ont obtenu la coopération de 150 hommes et femmes âgés de 28 à 59 ans atteints de cardiopathie. Les chercheurs ont constaté qu'il était possible de faire baisser le taux d'homocystéine en absorbant chaque jour soit 50 milligrammes de vitamine B_6, soit 5 000 microgrammes d'acide folique.

Puisque de telles quantités représentent entre 12 et 25 fois la Valeur quotidienne pour ces vitamines, les chercheurs ont préféré ne pas recommander de telles doses tant que d'autres études n'en ont pas révélé les effets à longue échéance. (Il est d'ores et déjà vérifié que des doses élevées de vitamine B_6 peuvent provoquer des lésions nerveuses.) Des doses moins élevées pourraient d'ailleurs s'avérer tout aussi efficaces, mais les essais cliniques sont encore en cours, note le Dr Jacques Genest, Jr., directeur d'un laboratoire de génétique cardiovasculaire et responsable de cette étude.

En attendant d'en savoir plus, suggère le Dr Sacks, « mangez des épinards ou prenez régulièrement un complément de multivitamines et minéraux ». Vous aurez ainsi davantage de chance d'absorber la Valeur quotidienne d'acide folique (400 microgrammes) tout en maintenant un faible taux d'homocystéine, de manière à prévenir toute accumulation de cette substance.

Le trio gagnant

Une alimentation bien équilibrée, comportant une abondance de légumes, n'a pas seulement pour effet de nous fournir suffisamment de folate ; il est également possible qu'elle contribue à prévenir les maladies cardio-vasculaires pour d'autres raisons encore.

Les chercheurs ont constaté que le risque de maladie cardiovasculaire semble augmenter lorsqu'un sujet présente des taux trop faibles d'au moins trois éléments trace : sélénium, zinc et fer. Ces nutriments sont présents dans la viande, les fruits de mer, les céréales et les légumes.

Dans le cadre d'une étude effectuée au Danemark et portant sur près de 3 000 hommes âgés de 53 à 74 ans, les chercheurs ont constaté que le risque de maladie cardiovasculaire augmentait de 55 % chez ceux des participants qui avaient les plus faibles taux de sélénium dans leur alimentation. Plus encore, les chercheurs soupçonnaient que près de 19 % des crises cardiaques touchant des hommes ayant participé à cette étude pourraient être dues à de trop faibles taux de ce nutriment.

La Valeur quotidienne pour le sélénium est de 70 microgrammes. La plupart des chercheurs affirment toutefois que l'on peut sans danger en absorber jusqu'à 100 microgrammes par jour.

Le zinc pourrait également jouer un rôle dans la prévention de l'athéros-clérose, selon les chercheurs. Des études en laboratoire à l'université du Kentucky, à Lexington, indiquent que le zinc pourrait être nécessaire pour protéger les parois artérielles du cœur contre les lésions causées par l'hyper-tension artérielle, l'hypercholestérolémie et la fumée de tabac, qui déclenchent tout le processus de l'athérosclérose.

Le zinc contribue à réparer les lésions des cellules qui constituent les parois artérielles du cœur et à renforcer ces cellules. Il est donc possible que cet élément contribue à prévenir l'athérosclérose, en préservant une si bonne santé des parois artérielles que le cholestérol et les acides gras soient dans l'impossibilité d'y pénétrer pour y constituer la plaque qui finit par obstruer nos artères.

La Valeur quotidienne pour le zinc est de 15 milligrammes par jour.

Un troisième minéral qui pourrait être utile dans la lutte contre les maladies cardiovasculaires est le fer. Une étude portant sur plus de 4 000 hommes et femmes, menée à bien par la branche de Hyattsville (dans le Maryland) des centres pour la maîtrise et la prévention des maladies sous les auspices des Instituts nationaux de la santé à Bethesda, dans le Maryland, a révélé que les sujets dont le courant sanguin contenait des taux adéquats de fer étaient moins exposés à décéder de causes cardiovasculaires que les individus qui en avaient des taux plus faibles. Les chercheurs ont en outre souligné que, d'après ces données, des taux adéquats de fer pourraient également offrir une protection contre la cardiopathie ischémique.

D'autres chercheurs, en revanche, sont persuadés que des taux élevés de fer pourraient être liés à un risque accru de maladie cardiovasculaire. L'éventuel bénéfice d'un apport complémentaire de fer demeure donc une question controversée et pour l'instant sans réponse.

La Valeur quotidienne est de 18 milligrammes.

Maladie coeliaque

◆

Lutter pour absorber suffisamment de nutriments

Faible et pâle d'épuisement, une femme attend patiemment dans la salle d'examen le retour de son médecin. Elle est persuadée qu'il ne s'agit que d'une banale fatigue. Le praticien, en revanche, a déjà pu observer ce type de symptômes et il sait qu'il s'agit d'un problème plus grave. Son diagnostic : anémie ferriprive due à la maladie coeliaque.

Déclenchée par une sensibilité envers le blé, le seigle, l'orge et l'avoine, la maladie coeliaque provoque souvent des troubles gastro-intestinaux comme des gaz et des diarrhées. Le coupable en est le gluten, un ingrédient de ces céréales qui provoque des lésions de l'intestin grêle, engendrant une inflammation et gênant l'absorption des nutriments, explique le Dr Jerry S. Trier, professeur en médecine à Harvard.

Quoique les chercheurs n'aient pas fini d'analyser ces mécanismes chimiques, certains experts sont d'avis qu'une carence enzymatique entraîne une mauvaise digestion du gluten, avec pour effet l'accumulation d'une substance toxique. Cette toxine endommage alors la muqueuse de l'intestin grêle, explique Mme Jean Guest, chargée de recherche et de développement, ancienne conseillère diététique auprès de l'association Sprue de la maladie coeliaque et ancienne diététicienne pédiatrique.

Comme une éponge qui a perdu son pouvoir absorbant, la muqueuse endommagée ne parvient plus à absorber les nutriments indispensables,

Facteurs alimentaires

La maladie coeliaque étant provoquée par une substance présente dans la plupart des céréales, la priorité essentielle consiste à éviter cette substance. Voici comment s'y prendre.

Sélectionnez vos céréales. En renonçant au pain et aux pâtes, vous ferez un grand pas pour vous libérer du gluten. En revanche, si vous souhaitez maintenir votre indépendance vis-à-vis du blé, du seigle, de l'orge et de l'avoine, il vous faudra également lire attentivement les étiquettes de produits alimentaires. Un grand nombre d'aliments industriels utilisent le blé dans des buts très divers, comme épaississant ou pour améliorer le goût par exemple. Cet ingrédient peut alors apparaître sur l'étiquette sous des appellations telles que « arôme végétal hydrolisé » ou « protéine végétale texturée », explique le Dr Jerry S. Trier, professeur de médecine à Harvard.

L'étiquette ne donne pas toujours d'indications très précises, ajoute Mme Jean Guest, chargée de recherche et développement, ancienne conseillère diététique auprès de l'association Sprue de la maladie coeliaque et ancienne diététicienne pédiatrique. Sans aucun aver-tissement, on ajoute de la farine à la gomme à mâcher ou aux tortillas de maïs pour les empêcher d'adhérer à l'emballage aluminium ou au

notamment fer, zinc, folate (le précurseur naturel de l'acide folique), magnésium et calcium, ce qui provoque diarrhée et fatigue, poursuit Mme Guest. Même les matières grasses et les vitamines liposolubles telles que A, D, E et K ne font que passer à travers l'organisme, ajoute-t-elle, tandis qu'une fraction seulement en est assimilée. Chez un sujet atteint depuis longtemps de maladie coeliaque sans que le trouble ait été diagnostiqué, une carence en calcium peut entraîner l'apparition du trouble caractérisé par une fragilisation osseuse que l'on appelle ostéoporose, précise-t-elle encore.

L'utilité d'un bon travail de détective

Dans la majorité des cas, le traitement consiste à éviter le gluten, ce qui n'est pas toujours facile. Même la colle de certaines enveloppes contient du gluten. « Certains individus sont prodigieusement sensibles au gluten, au

tapis roulant de la chaîne de fabrication. Même des aliments sans gluten, mais préparés dans les friteuses des restaurants ou sur un grill où l'on met à cuire d'autres aliments recouverts de panure à base de blé peuvent provoquer une réaction, souligne-t-elle.

« Pour toutes ces raisons, il s'agit d'un régime plutôt difficile à respecter, souligne le Dr Trier. Même certains médicaments pharmaceutiques contiennent du blé qui sert d'agent de texture. »

Attention au lait. Beaucoup de sujets atteints de maladie coeliaque sont également sensibles à un autre aliment : ils sont incapables de digérer un sucre du lait, le lactose. C'est la raison pour laquelle certains médecins suggèrent de limiter la quantité de produits laitiers dans l'alimentation jusqu'à guérison complète, précise le Dr Trier. « Vous pouvez mettre un peu de crème dans votre café, et même du lait sur vos céréales à base de riz ou de maïs, mais il est judicieux d'éviter tout excès de produits laitiers pendant quelque temps », souligne-t-il. Lorsque vous serez guéri, plus rien ne vous empêchera d'absorber autant de produits laitiers que vous voudrez, pourvu que vous ne soyez pas atteint d'intolérance au lactose. (Vous saurez que vous en êtes atteint si les produits laitiers vous donnent des gaz.)

point que même une quantité minuscule comme celle qui peut être présente dans la colle d'une enveloppe peut provoquer une réaction, quoique cela soit plutôt rare », précise le Dr Trier.

En revanche, les efforts nécessaires pour éviter le gluten peuvent s'avérer payants. Dès que l'individu concerné a réussi à éliminer complètement le gluten de son alimentation, les troubles de malabsorption ne tardent pas à disparaître. Dans le cadre d'une étude sur une année conçue pour examiner dans quelle mesure une alimentation sans gluten pouvait être bénéfique aux enfants atteints de maladie coeliaque, les chercheurs ont constaté que la croissance osseuse des enfants qui absorbaient une alimentation sans gluten était plus rapide que celle d'autres enfants en bonne santé. Puisque les enfants atteints de maladie coeliaque avaient pris du retard par rapport à leurs congénères en termes de croissance osseuse, le fait d'exclure certaines céréales a suffi pour encourager leur organisme à rattraper ce retard.

Prescriptions vitaminiques

Le traitement clé pour toute personne atteinte de maladie coeliaque consiste à éliminer les aliments qui créent des problèmes. De nombreux experts conseillent en outre de prendre les nutriments suivants.

Nutriment	Dose par jour
Calcium	1 000 à 2 000 milligrammes

De plus, un complément de multivitamines et minéraux contenant les Valeurs quotidiennes de toute la gamme de vitamines et minéraux essentiels.

MISE EN GARDE : *Si vous êtes atteint de maladie coeliaque, vous devez être suivi par un médecin.*

Un régime sans gluten étant particulièrement strict, il est judicieux de prendre un complément de multivitamines et de minéraux, ajoute Mme Guest, afin de s'assurer que l'on absorbe tous les nutriments indispensables.

Un apport complémentaire de calcium est utile

En outre, puisque l'absorption de calcium peut être radicalement réduite par la maladie coeliaque, le Dr Trier recommande à un grand nombre de ses patients de prendre un apport complémentaire de calcium.

« C'est une précaution utile, précise-t-il. Les sujets chez qui l'on a diagnostiqué ce trouble sont souvent en déficit de calcium. » Dans la plupart des cas, ajoute ce médecin, entre 1 000 et 2 000 milligrammes par jour suffisent pour reconstruire les réserves de calcium. La Valeur quotidienne pour le calcium est de 1 000 milligrammes.

Maladie de Ménière

❖

Mettre fin aux vertiges

S'il vous est déjà arrivé d'être ivre au point d'avoir l'impression que la pièce tourbillonne autour de vous, vous savez exactement ce que l'on peut ressentir lors d'une crise aiguë due à la maladie de Ménière. Ce trouble affecte la partie de l'oreille interne qui gouverne l'équilibre, un minuscule groupe de membranes et de terminaisons nerveuses qui répond au mouvement. Lorsque cette partie de l'oreille est endommagée, la réaction qui en résulte provoque ce vertige qui nous fait souhaiter que le monde cesse de tourbillonner, et que seul le temps peut apaiser.

« Il m'est arrivé de me sentir si étourdie et nauséeuse que je devais m'agripper aux meubles pour garder l'équilibre », note Linda Dowell de Gardiner, dans le Maine, qui est atteinte de maladie de Ménière depuis 1986. Sa première crise l'avait réveillée en pleine nuit et avait été à tel point effrayante qu'il avait fallu la transporter en ambulance au service des urgences. Les crises moins graves laissent la victime faible et désorientée, avec l'envie de vomir.

En temps normal, le fluide dans l'oreille interne est contenu dans deux cavités en forme de ballons. Le rôle de ces fluides est de nous aider à percevoir où se trouve notre tête par rapport à notre environnement. Ce phénomène se produit grâce à une série de récepteurs dans l'oreille interne qui sont sensibles au mouvement.

Dans la maladie de Ménière, un facteur encore mal connu, peut-être un virus, vient entraver l'équilibre normal du fluide dans l'oreille interne. La pression du fluide s'accumule et finit par briser une minuscule membrane dans l'oreille interne. Cette déchirure est souvent précédée par un sentiment de pression dans l'oreille, ou l'impression d'avoir l'oreille bouchée, et l'on perçoit ensuite un bruit ronflant et sonore accompagné d'une perte d'ouïe qui peut se révéler soit temporaire, soit permanente. D'autres symptômes peuvent se produire, notamment des nausées et des vomissements, ainsi que des bourdonnements d'oreille, qui se manifestent par un bruit continu ressemblant à des sifflements ou à des bruissements ininterrompus dans l'oreille.

Facteurs alimentaires

Virginia Fitzgerald, de Phoenix, est grand-mère. En tant qu'animatrice de l'un des plus importants groupes de soutien américains pour la maladie de Ménière et les bourdonnements d'oreille, elle offre des conseils avisés à tous ceux qui veulent bien l'écouter.

« Je n'arrête pas de répéter aux gens qu'il faut veiller à avoir une alimentation bien équilibrée, dit-elle. Je suis persuadée que c'est là le meilleur conseil que je puisse leur apporter. »

Les spécialistes de l'audition et leurs patients sont d'accord pour dire qu'une alimentation saine peut faire beaucoup pour soulager les problèmes liés aux oreilles, pour quantité de raisons. Voici quelques détails.

Moins de matières grasses. Lorsque l'oreille interne est endommagée, elle est particulièrement sensible à des taux élevés de cholestérol sanguin. Certains chercheurs sont persuadés que la matière grasse dans le sang rend celui-ci plus visqueux, plus épais, faisant obstacle à l'irrigation sanguine à travers les minuscules artères qui conduisent à l'oreille interne.

Il est donc préférable d'éliminer de notre alimentation les matières grasses, en particulier celles qui sont saturées. Cela signifie que l'essentiel de nos aliments devrait se composer de légumes et de fruits frais, de céréales complètes, de fèves, de produits laitiers écrémés, de poisson et de viande maigres. Optez toujours pour les versions pauvres en matières grasses lorsque vous choisissez des produits tels que la viande de porc en conserve, la mayonnaise, le fromage, les desserts surgelés et les produits de boulangerie.

Attention aux sucreries. Lorsque l'on abuse des aliments sucrés, les conséquences sont multiples. La consommation de sucre incite l'organisme à augmenter la production d'insuline. (Cette dernière est une hormone dont l'organisme a besoin pour obtenir de l'énergie à partir du sucre.) Tout excès de sucre dans l'alimentation peut exercer

Si le vertige lui-même dure généralement de 10 à 60 minutes, la crise se poursuit souvent durant des heures. « Je restais parfois épuisée pendant des jours, et le repos était la seule chose qui m'apportait un peu de soulagement », commente Mme Dowell. Les symptômes de la maladie de Ménière peuvent être soulagés par certains médicaments conçus pour le traitement des allergies,

un effet de Yo-yo sur la glycémie (le taux de sucre dans le sang), souligne le Dr Charles P. Kimmelman, médecin et professeur d'oto-rhino-laryngologie en université.

Il est relativement facile de renoncer aux petites gâteries habituelles, bourrées de sucre : biscuits, bonbons et boissons gazeuses. En revanche, méfions-nous du sucre caché dans toutes sortes d'autres aliments. Biscuits pauvres en matières grasses et amuse-gueules en tout genre, yoghurts aux fruits, thés aromatisés et céréales destinées au petit déjeuner peuvent tous contenir d'impressionnantes quantités de sucre. Si vous tenez vraiment à limiter le sucre que vous absorbez, usez de modération avec tous ces types d'aliments.

Pas d'excès de sel. Pour limiter le sel, les nutritionnistes recommandent de lire attentivement les étiquettes et d'éviter les aliments contenant plus de 150 milligrammes de sodium par portion. Renoncez carrément à des aliments tels que les chips salées, chips de maïs, conserves au vinaigre, olives, jambon, hot dogs, aliments en boîte (potages, fèves et légumes), fromages à pâte dure, cottage cheese, jus de tomate, thon, viande de porc en conserve, biscuits, crêpes, pain et pizza, ou choisissez une variante peu salée ou sans sel de ces types d'aliments.

Pour diminuer d'environ 80 % la teneur en sel de certains aliments en boîte, il suffit d'en rincer le contenu à l'eau courante durant environ une minute avant de l'égoutter.

Pourquoi ne pas adopter l'oignon ou l'ail déshydraté en poudre en guise d'assaisonnement à la place du sel ? Sans doute ne tarderez-vous pas à vous apercevoir qu'il y a là tout un univers de goûts à explorer. Cuisinez le poulet avec de la sauge ou de la sarriette, et préparez les autres viandes avec du romarin ou de la marjolaine ; pensez aussi à agrémenter vos préparations culinaires à l'aide de tomates et de champignons.

qui conviennent aussi parfaitement pour soulager les vertiges. Si la nausée et les vomissements sont les principales caractéristiques d'une crise aiguë, le sujet pourra recourir à des suppositoires pour lutter contre la nausée. Afin d'apporter un soulagement temporaire, les médecins prescrivent souvent des diurétiques (médicaments destinés à favoriser l'élimination de l'eau), de manière à diminuer l'accumulation de fluide dans l'oreille. Certains médecins proposent en outre toute une panoplie de recommandations diététiques.

Renoncer au sel

Pour la majorité des médecins, le principal conseil diététique pour les sujets atteints de la maladie de Ménière consiste à limiter le sodium, un nutriment essentiel mais habituellement trop abondant dans l'alimentation de la plupart des gens. « Certains sujets atteints de ce trouble semblent excessivement sensibles au sel, presque comme si leurs oreilles cherchaient à s'en emparer en totalité », explique le Dr Michael Seidman, directeur du centre des acouphènes de l'hôpital Henry Ford à Detroit.

Lorsque le sel se concentre dans le fluide à l'intérieur de l'oreille interne, il attire davantage de ce dernier, ce qui augmente la pression dans l'oreille interne jusqu'à ce que la membrane se déchire, provoquant alors une crise de vertige. Par la suite, la membrane finit par se cicatriser et l'oreille retrouve sa stabilité.

Certains médecins demandent à leurs patients de ne pas dépasser 1 000 à 2 000 milligrammes de sodium par jour. Une dose plus élevée correspond aux personnes actives vivant sous un climat chaud. Une étude portant sur des soldats a permis d'évaluer à quelque 11 000 milligrammes la quantité de sodium qu'ils absorbaient chaque jour ! (Chaque cuillerée à café de sel contient 2 000 milligrammes de sodium.)

Il est donc clair que les sujets atteints de la maladie de Ménière doivent limiter la quantité de sel absorbée. En revanche, ils doivent également veiller à couvrir d'autres besoins en minéraux.

D'autres minéraux compensent le sel

Le magnésium, le calcium et le potassium sont d'autres minéraux qui jouent un rôle important dans le fonctionnement normal de l'oreille interne, explique le Dr Charles P. Kimmelman, médecin et professeur d'oto-rhino-laryngologie en université.

Ces minéraux étant si importants pour la santé des oreilles, certains médecins conseillent à leurs patients atteints de la maladie de Ménière de veiller à absorber au moins la Valeur quotidienne de chacun de ces nutriments.

Pour le magnésium, cela veut dire 400 milligrammes par jour. Diverses études montrent que la majorité des gens n'en absorbent pas autant, les

Prescriptions vitaminiques

Pour atténuer les vertiges provoqués par la maladie de Ménière, les médecins recommandent de limiter le sel et d'ajouter les nutriments suivants à une alimentation bien équilibrée.

Nutriment	Dose par jour
Calcium	1 000 milligrammes
Magnésium	400 milligrammes
Potassium	3 500 milligrammes

De plus, un complément de multivitamines et minéraux contenant les Valeurs quotidiennes pour toute la gamme de vitamines et de minéraux essentiels.

MISE EN GARDE : *Certains diurétiques, souvent prescrits aux sujets atteints de la maladie de Ménière, peuvent épuiser les réserves de potas sium et de magnésium de l'organisme. Avant de prendre un apport complémentaire de l'un ou de l'autre de ces nutriments, cependant, obtenez l'avis de votre médecin. Tout excès de ces minéraux peut en effet être nuisible.*

Si vous êtes atteint de troubles cardiaques ou rénaux, vous devez impérativement consulter votre médecin avant d'avoir recours à un apport complémentaire de magnésium.

Consultez à votre médecin avant de prendre un apport complémentaire de potassium si vous êtes atteint de troubles rénaux ou de diabète.

hommes en obtenant environ 329 milligrammes par jour et les femmes environ 207 milligrammes. Les céréales complètes, les noix et les haricots secs sont nos meilleures sources de magnésium. Les légumes verts en sont une bonne source, mais la banane est le seul fruit qui en apporte une quantité appréciable.

Quant au calcium, les médecins recommandent de veiller à en absorber la Valeur quotidienne de 1 000 milligrammes. Une tasse de lait écrémé en contient environ 300 milligrammes ; 30 grammes de fromage à pâte dure (la mozzarella demi-écrémée, par exemple) en fournissent environ 181 milli-grammes, et 230 grammes de yoghurt écrémé environ 415 milligrammes.

Pour obtenir la dose de potassium dont l'organisme a besoin — au moins 3 500 milligrammes par jour — le mieux est d'absorber de généreuses quantités de fruits et de légumes frais, ainsi que leur jus. Une tasse de jus de tomate, par exemple, contient environ 537 milligrammes de potassium ; la même quantité de jus d'orange, 496 milligrammes ; une tasse de jus de pruneau, 707 milligrammes. Pommes de terre, ignames, avocats, bettes et bananes en sont également de bonnes sources. Le potassium ne résistant pas à l'eau bouillante, il est préférable de manger vos fruits et légumes frais soit crus, soit cuits au four ou légèrement cuits à la vapeur.

Remarque : Les médecins prescrivent fréquemment aux sujets atteints de la maladie de Ménière des diurétiques, souligne le Dr Kimmelman. Certains types de diurétiques peuvent entraîner l'élimination du potassium de l'organisme, et, parfois aussi, du magnésium. Si vous prenez ce type de diurétique, précise ce spécialiste, consultez votre médecin traitant afin de vous assurer que vous absorbez suffisamment de potassium et de magnésium sous forme de complément alimentaire pour compenser cette perte. En revanche, il ne saurait être question de prendre un apport complémentaire de potassium et de magnésium de votre propre chef dans une telle situation. Tout excès de l'un ou de l'autre de ces minéraux peut être nuisible, surtout si vous êtes atteint de troubles cardiaques ou rénaux ou de diabète.

D'autres vitamines pourraient atténuer les vertiges

Y a-t-il d'autres vitamines ou minéraux qui puissent être utiles dans la maladie de Ménière ? Un certain nombre d'oto-rhino-laryngologistes et d'autres spécialistes de l'audition recommandent à leurs patients atteints de ce trouble de prendre un complément de multivitamines et de minéraux, mais ils ont du mal à étayer cette recommandation par des preuves scientifiques, contrairement à ce que la plupart des médecins ont coutume de faire lorsqu'ils préconisent un remède aussi efficace.

« Nous avons découvert par hasard que les femmes qui prenaient un complément de multivitamines et de minéraux afin de soulager les troubles prémenstruels obtenaient une diminution, et parfois même une rémission complète, de leurs symptômes liés à la maladie de Ménière ou de leurs acou-phènes », note le Dr Susan J. Seidel, otologiste (spécialiste de l'audition). Ces femmes prenaient un complément appelé Optivite, un complément de multivitamines et de minéraux en vente libre aux États-Unis et qui fournit, entre autres nutriments, 300 milligrammes de vitamine B_6 et 250 milligrammes de magnésium.

« Nous recommandons à présent ce complément à tous les sujets qui ont l'impression d'avoir les oreilles bouchées, qui perçoivent une pression dans les oreilles, ou qui sont atteints de vertiges, poursuit le Dr Seidel. Nous ignorons quel élément précis de ce complément apporte un soulagement, mais plusieurs personnes atteintes de ce type de symptôme en ont confirmé l'efficacité. »

Un autre médecin, le Dr George E. Shambaugh, Jr., professeur émérite en oto-laryngologie et en chirurgie de la tête et du cou, prescrit un puissant complément de multivitamines et de minéraux appelé Basic Preventive, mis au point par la firme *Advanced Medical Nutrition* à Hayward (Californie). Ce produit contient une longue liste d'ingrédients, notamment 500 milligrammes de calcium, 500 milligrammes de magnésium, 100 unités internationales de vitamine D, 20 milligrammes de zinc et toute une panoplie d'autres vitamines et minéraux. S'il le prescrit, ajoute-t-il, c'est parce que ses patients lui confirment qu'il est efficace. « Il n'est pas rare que non seulement leurs troubles d'oreilles s'améliorent, mais aussi divers autres problèmes de santé qu'ils peuvent avoir », conclut ce médecin.

Même si vous décidez de prendre un complément de multivitamines et de minéraux, veillez à mettre également en pratique les mesures diététiques recommandées dans l'encadré « Facteurs alimentaires » à la page 434. Les nutriments peuvent compenser nos erreurs diététiques jusqu'à un certain point, ajoute le Dr Shambaugh, mais ils ne sauraient réparer l'effet cumulatif à long terme de nos mauvaises habitudes alimentaires si nous ne faisons rien pour les modifier.

Maladie de Parkinson

Apaiser les tremblements

C'est un peu comme de passer d'une voiture à transmission automatique à un modèle manuel.

Cette description de la maladie de Parkinson, donnée par quelqu'un qui en faisait lui-même l'expérience directe, résume bien ce trouble. Avec l'évolution de cette maladie du système nerveux central, divers mouvements que l'on accomplissait autrefois sans y penser, marcher ou écrire par exemple, nécessitent de notre part un effort soutenu et délibéré. Le tremblement des mains peut compliquer des tâches pourtant élémentaires comme de boutonner nos vêtements. Ce sont souvent les tremblements qui amènent quelqu'un à consulter son médecin afin d'obtenir un diagnostic, mais la plupart des sujets atteints de ce trouble peuvent se souvenir de nombreuses années de symptômes vagues avant que les médecins n'en découvrent la cause.

« J'étais particulièrement lent et apathique ; je n'avais plus du tout la même vivacité, mais je ne savais pas s'il s'agissait ou non d'un des effets normaux du vieillissement », explique Michael Locoputa ; ce retraité, ancien spécialiste en électronique à Syracuse dans l'état de New York, est atteint de la maladie de Parkinson depuis une dizaine d'années.

Il se souvient tout particulièrement de difficultés chaque fois qu'il devait s'exprimer en public, mais il est vrai que cela suffit pour donner le trac à la majorité des gens. « Je devais agripper le lutrin de toutes mes forces et raidir les coudes et les genoux pour que mon corps reste immobile », explique-t-il.

C'est lorsqu'il eut l'occasion de lire un article consacré à Muhammad Ali, atteint lui aussi de la maladie de Parkinson, que M. Locoputa commença à y voir plus clair. « Alors, j'ai dit à mon épouse : " Voilà ce que j'ai, moi aussi " », se souvient-il. Par la suite, ses soupçons furent confirmés par un médecin.

La maladie de Parkinson est provoquée par des lésions des cellules cérébrales dans la *substantia nigra*, une région située au centre du cerveau, qui contribue à coordonner les mouvements musculaires. Ces cellules fabriquent une substance chimique, la dopamine ; il s'agit d'un neuromédiateur essentiel pour permettre au cerveau de transmettre des messages aux muscles.

Au fur et à mesure que les cellules meurent et que les taux de dopamine s'abaissent, le contrôle musculaire diminue.

Nul ne sait exactement ce qui provoque la mort de ces cellules ; la raison la plus probable en est vraisemblablement un ensemble de facteurs, notamment l'exposition aux toxines de l'environnement et une prédisposition génétique, ainsi que l'usure normale de l'organisme, explique le Dr Caroline M. Tanner, chercheur à l'institut Parkinson. « Certaines substances chimiques peuvent produire, aussi bien chez l'animal que chez l'être humain, des symptômes similaires à ceux de la maladie de Parkinson », souligne ce médecin. M. Locoputa, par exemple, se souvient d'avoir été exposé des années durant aux solvants chimiques utilisés dans la fabrication des circuits électroniques.

Déblayer la rouille

L'un des aspects de la nutrithérapie dans le traitement de la maladie de Parkinson est directement lié aux causes probables de cette maladie, note le Dr J. William Langston, président de l'institut Parkinson.

« Le processus normal de vieillissement, ainsi que l'exposition éventuelle de cette partie du cerveau à des toxines, pourrait provoquer des réactions chimiques oxydatives qui libèrent des radicaux libres, c'est-à-dire des particules moléculaires qui dérobent des électrons à d'autres molécules, déclenchant ainsi une réaction en chaîne de lésions cellulaires », explique le Dr Langston.

Même la dopamine, le neurotransmetteur présent en grande concentration dans cette partie du cerveau, est oxydée à l'occasion de ce processus de transmission des messages, poursuit ce médecin. « C'est un peu comme si la dopamine était trop brûlante pour être supportée, si bien qu'après de nombreuses années, lorsqu'elle s'est oxydée, elle finit par tuer les cellules mêmes qui la fabriquent et qui s'en servent pour effectuer la fonction motrice normale », poursuit-il.

La vitamine E et parfois la vitamine C ont été recommandées pour les sujets atteints de maladie de Parkinson, car elles jouent le rôle d'antioxydants, stoppant la réaction en chaîne provoquée par les radicaux libres en mettant à la disposition de ces derniers leurs propres électrons, ce qui permet d'épargner les molécules saines. Jusqu'ici, les chercheurs se sont surtout intéressés à la vitamine E, puisque l'action de cette dernière s'exerce dans les parties adipeuses des cellules (les tissus cérébraux et nerveux contiennent beaucoup de membranes adipeuses). Voici ce qu'ont révélé les recherches.

(suite page 444)

Facteurs alimentaires

La quantité de protéines absorbée chaque jour peut avoir un impact majeur sur les symptômes parkinsoniens. Voici les modifications alimentaires que recommandent la majorité des médecins.

Adoptez une alimentation riche en hydrates de carbone et pauvre en protéines. Les sujets qui prennent du lévodopa doivent limiter la quantité de protéines absorbée. Les protéines se constituent d'acides aminés, et les acides aminés de nos aliments empêchent le lévodopa de parvenir jusqu'au cerveau. (Le lévodopa est lui aussi un acide aminé.)

Remarque : Il est important d'absorber au moins le niveau minimal de protéines que votre médecin vous a recommandé d'inclure dans votre alimentation quotidienne, en fonction de ce qui vous convient.

Votre médecin saura vous fournir des instructions détaillées quant aux aliments qui contiennent des hydrates de carbones et à ceux qui contiennent des protéines. En règle générale, cherchez à obtenir sept grammes d'hydrates de carbone pour un gramme de protéines, à répartir au cours de la journée.

Cela représente 47 grammes de protéines par 2 000 calories totales, c'est-à-dire environ la moitié des protéines que l'on absorbe normalement. Cette quantité correspond au seuil dont les chercheurs de l'université de Boston ont pu constater qu'il générait un taux optimal d'acide aminé dans le cerveau chez les sujets atteints de maladie de Parkinson. « Lorsque l'on absorbe trop peu de protéines, de trop grandes quantités de médicaments parviennent jusqu'au cerveau, provoquant des mouvements musculaires et des tremblements », explique le Dr Robert G. Feldman, professeur et président d'un service de neurologie universitaire.

En revanche, lorsque l'on absorbe trop de protéines, l'action de la dopamine sur les cellules cérébrales est insuffisante et l'on finit par être atteint de la rigidité caractéristique des malades parkinsoniens.

Voici à quoi pourrait ressembler un menu typique de ce type de régime pour une journée.

Petit déjeuner

1/2 tasse de pêches en boîte

2 grandes gaufres

2 cuillerées à café de margarine

2 cuillerées à soupe de sirop

180 ml de lait écrémé à 2 %

Café ou thé

Déjeuner

1/4 de tasse de chili végétarien

1 cuillerée à soupe de fromage râpé

1 carré de pain de maïs

360 ml de jus

2 petites prunes

Dîner

60 grammes de jambon

3 tranches d'ananas en boîte

1 igname confite, moyenne

3 choux de Bruxelles

180 ml de lait écrémé à 2 %

360 ml de jus ou de limonade

1/2 tasse de sorbet

Attention aux fèves. Ces haricots secs, de forme aplatie et de couleur brune, très utilisés dans les préparations culinaires originaires des pays méditerranéens et du Moyen-Orient, contiennent de la dopamine. Le simple fait d'absorber plus d'une demi-tasse de fèves, tout en continuant à prendre la dose quotidienne de lévodopa, peut provoquer des symptômes de surdose de dopamine, avec notamment des signes d'agitation et davantage de mouvements involontaires, souligne le Dr Feldman.

La vitamine E : promesses et déceptions

« Lorsque l'on administre de la vitamine E dans le traitement de la maladie de Parkinson, cela s'appuie sur une théorie selon laquelle ce nutriment est avide d'absorber les radicaux libres et peut par conséquent offrir une protection contre les lésions cérébrales dues aux radicaux libres, note le Dr Langston. Si l'organisme génère durant une période prolongée des quantités excessives de toutes ces substances chimiques potentiellement nocives et réactives, et que l'on y introduit une substance capable d'agir comme une éponge et d'absorber ces substances ou d'en inhiber les effets, il est possible que cela suffise à donner une protection contre des lésions cérébrales

Il s'agit là tout au moins d'une théorie possible. Dans la pratique, les résultats des recherches effectuées à ce jour n'en restent pas moins plutôt décevants.

Une étude, à vrai dire, a bien permis de constater que des sujets aux premiers stades de la maladie de Parkinson qui prenaient les vitamines E et C étaient parvenus à repousser de deux ans et demi la prise de médicaments pour soulager les symptômes liés à ce trouble, par rapport à d'autres individus qui ne prenaient pas ces vitamines. (Ceux qui prenaient ces vitamines avaient augmenté progressivement la dose jusqu'à 3 200 unités internationales de vitamine E et 3 000 milligrammes de vitamine C par jour, qu'ils fractionnaient en quatre prises quotidiennes.)

En revanche, une étude à grande échelle, qui fut effectuée par la suite et portait sur tout le territoire américain (l'étude DATATOP), permit de constater qu'une dose quotidienne de 2 000 unités internationales de vitamine E, absorbée durant deux ans au maximum, n'apportait apparemment aucune amélioration aux sujets atteints de la maladie de Parkinson.

« Je dirais que la cote de la vitamine E est en baisse, mais cela ne veut pas dire qu'il faut y renoncer entièrement, poursuit le Dr Langston. C'est là précisément le type d'étude que l'on aurait considérée comme capitale, et qui aurait été très bien acceptée si elle avait permis d'obtenir des résultats positifs. Mais il faut bien admettre, malheureusement, que des résultats négatifs ne nous apprennent pas grand-chose. Peut-être la dose avait-elle été mal calculée, il est possible qu'elle ne suffisait pas pour fournir au cerveau la dose adéquate de vitamine E, ou que les participants obtenaient cette dose trop tardivement par rapport au cours d'évolution de la maladie pour qu'elle puisse être utile. Mais il est certain que ces résultats négatifs ne sauraient

Prescriptions vitaminiques

Le traitement de la maladie de Parkinson repose habituellement sur les médicaments plutôt que sur les vitamines et les minéraux. Voici les recommandations que pourront faire les médecins qui offrent également des conseils d'ordre nutritionnel.

Nutriment	Dose par jour
Thiamine	50 milligrammes
Vitamine E	1 200 unités internationales, à fractionner en 3 doses

De plus, un complément de multivitamines et de minéraux contenant les Valeurs quotidiennes pour toute la gamme de vitamines et de minéraux essentiels.

MISE EN GARDE : Si vous êtes atteint de la maladie de Parkinson, ne prenez de compléments alimentaires que sous la surveillance de votre médecin.

La vitamine E, en doses dépassant 600 unités internationales par jour, peut provoquer des effets indésirables chez certaines personnes. En outre, si vous avez eu des problèmes hémorragiques ou un accident vasculaire cérébral, obtenez l'avis de votre médecin avant de prendre un apport complémentaire de vitamine E en quelque dose que ce soit. Si vous prenez des médicaments anticoagulants, vous ne devez pas absorber de vitamine E sous forme de complément alimentaire.

exclure la possibilité que la vitamine E et d'autres antioxydants puissent être bénéfiques dans le traitement de la maladie de Parkinson. »

Les recherches actuelles portent sur des antioxydants délivrés sur ordonnance, dont la formule chimique a été créée de toutes pièces pour qu'ils puissent parvenir jusqu'au cerveau plus facilement que la vitamine E.

Incontestablement, les neurologues sont aujourd'hui moins nombreux à recommander la vitamine E à leurs patients qu'avant les résultats décevants de l'étude DATATOP, mais ceux qui continuent à en suggérer la prise semblent être d'avis que ce qui ne fait pas de mal pourrait être bénéfique, souligne Mme Jean Lee, directeur pédagogique de la fondation *United Parkinson*. « Les sujets atteints de maladie de Parkinson ont souvent une alimentation mal équilibrée dès le départ, si bien qu'un apport nutritionnel très complet sous forme de compléments peut se justifier chez un certain nombre d'entre eux », souligne-t-elle.

Le Dr Langston ne recommande pas la vitamine E, mais ne la déconseille pas non plus à ses patients. Lui-même en absorbe régulièrement pour prévenir les troubles cardiovasculaires.

Persuadé quant à lui que la vitamine E pourrait avoir des effets anti-oxydants, le Dr Robert G. Feldman, professeur et président d'un service de neurologie universitaire, suggère qu'il est bénéfique d'en prendre trois fois par jour 400 unités internationales.

En ce qui concerne M. Locoputa, il absorbe chaque jour 800 unités internationales de vitamine E. « Je participais à une étude portant sur les vitamines, mais je me suis rendu compte par la suite que j'avais été inclus dans un groupe placebo (ne recevant qu'une pilule inerte), au lieu d'être dans un groupe qui recevait des vitamines, dit-il. J'en ai conclu que si les chercheurs avaient des raisons suffisamment convaincantes d'administrer de la vitamine E dans le cadre d'une étude de grande envergure, je n'avais rien à perdre à l'essayer. Je m'en étais déjà servi pour soigner des brûlures et des coupures et j'avais été impressionné de voir à quel point elle facilite la cicatrisation. J'avais aussi entendu dire qu'elle était utile pour prévenir les maladies cardiovasculaires et le cancer. Je me suis donc dit : Pourquoi pas ? »

Cela fait environ cinq ans qu'il prend de la vitamine E. « Je ne peux pas dire que j'ai remarqué une différence, précise-t-il. Je suis encore capable de faire une partie de tennis, mais je n'ai plus la même coordination. »

Il serait impossible d'obtenir naturellement les doses élevées de vitamine E qui sont parfois recommandées pour la maladie de Parkinson, même à partir des meilleures sources alimentaires de ce nutriment, comme l'huile de noisette, l'huile de tournesol, l'huile d'amande, le germe de blé, les noix, les céréales complètes et les légumes verts feuillus. D'après le Dr Feldman, aucun effet indésirable n'a été signalé chez des personnes qui absorbaient chaque jour jusqu'à 1 600 unités internationales de vitamine E. En outre, de nombreux experts sont d'avis que le fait d'en prendre jusqu'à 600 unités internationales par jour en l'absence de surveillance médicale ne présente aucun danger. Si vous souhaitez prendre des doses élevées de vitamine E, en revanche, il est préférable d'obtenir au préalable l'avis de votre médecin.

Si vous avez eu des troubles hémorragiques ou un accident vasculaire cérébral, ou si vous avez des antécédents familiaux d'accidents vasculaires cérébraux, vous ne devez pas absorber de vitamine E en doses élevées sans être suivi par un médecin. Si vous prenez des médicaments anticoagulants, vous ne devez pas prendre de compléments de vitamine E. Il est possible que des doses aussi élevées de vitamine E gênent l'absorption et l'action de la vitamine K, qui joue un rôle dans la coagulation du sang, ajoute le Dr James Sadowski, directeur des recherches au centre Jean Mayer de recherches sur la nutrition humaine et le vieillissement.

Une bonne assurance santé

Le Dr Feldman recommande à ses patients de prendre un complément de multivitamines et de minéraux comprenant les Valeurs quotidiennes de l'ensemble de ces derniers, et notamment des éléments trace. Un certain nombre de travaux semblent indiquer que le sélénium, un minéral doté de propriétés antioxydantes, pourrait jouer un rôle dans la maladie de Parkinson. Chez les sujets atteints de ce trouble, la partie du cerveau qui est atteinte, la *substantia nigra*, est en déficit d'un antioxydant basé sur le sélénium, la glutathion-péroxydase. Certains experts formulent l'hypothèse que de faibles taux de cette substance pourraient préparer le terrain pour des lésions cellulaires.

En outre, le Dr Feldman recommande une préparation de vitamines du groupe B offrant jusqu'à 50 milligrammes de thiamine. « J'administre ce nutriment parce que les patients que je reçois et qui en prennent me disent qu'ils se sentent beaucoup plus vifs et énergiques », explique ce médecin. Un certain nombre de travaux semblent d'ailleurs indiquer que les patients parkinsoniens pourraient avoir un déficit de vitamines du groupe B et pourraient donc bénéficier d'un apport complémentaire de ces nutriments.

Les sujets qui prennent du lévodopa doivent obtenir l'avis de leur médecin avant de prendre de la vitamine B_6, quoique cette dernière compense les effets du lévodopa lorsque ce médicament est pris isolément. D'après les experts, la vitamine B_6 n'exerce pas cet effet lorsque la lévodopa est absorbée en même temps que la carbidopa (dans le médicament Sinemet).

Maladie de Raynaud

◆

Dégeler ces pauvres phalanges frigorifiées

Se pourrait-il que Moïse ait eu la maladie de Raynaud ?

La Bible nous raconte comment le chef des Hébreux, du sommet d'une haute montagne, a regardé sa main devenir blanche comme neige après avoir touché un bâton que Dieu lui avait ordonné de ramasser. Nul doute que Moïse ait été quelque peu anxieux à ce moment précis. Après tout, Dieu lui demandait de faire une chose plutôt effrayante, puisque le bâton qu'il avait ramassé n'était autre qu'un serpent quelques instants plus tôt. Ensuite, Dieu ordonna à Moïse de mettre la main à l'intérieur de sa tunique, où elle ne tarda pas à retrouver sa teinte normale.

Les sujets atteints de maladie de Raynaud n'ont pas besoin de se trouver dans des situations si terrifiantes pour ressentir les symptômes de cette maladie, qui se traduit par la pâleur des doigts. Un léger refroidissement de la température ambiante ou un peu de nervosité suffisent souvent à déclencher ces symptômes, selon le Dr Jay D. Coffman, chef d'un service universitaire de médecine vasculaire périphérique.

Frigorifié jusqu'aux os

En réalité, la maladie de Raynaud correspond à l'exagération exacerbée d'une réaction normale, poursuit le Dr Coffman. Lorsque nos mains sont exposées au froid, les minuscules artères allant jusqu'à l'extrémité de nos doigts se contractent, repoussant le sang jusqu'à l'intérieur du corps où il pourra mieux rester au chaud. Lorsque nos mains perçoivent la sensation de chaleur, les artères se dilatent, rétablissant une circulation sanguine normale jusqu'aux extrémités.

Dans la maladie de Raynaud, en revanche, les artères se contractent durablement à la moindre provocation. Le simple fait d'aller chercher des glaçons au congélateur ou de se crisper dans une situation délicate suffit à faire apparaître ces symptômes, explique le Dr Coffman. Les doigts commencent par blanchir lorsque le sang s'en retire, puis ils bleuissent lorsque le sang restant, mal oxygéné, y stationne. Enfin, ils rougissent lorsque la circulation

Facteurs alimentaires

Il serait difficile de trouver un Esquimau atteint de la maladie de Raynaud. Mais si vous n'avez pas réussi à dénicher du blanc de baleine au supermarché du quartier, essayez cette suggestion à base de poisson.

Mangez un sandwich à la sardine. Une étude effectuée par des chercheurs au Collège de médecine Albany, à New York, a permis de constater que les acides gras de type oméga-3, présents en concentrations élevées dans des poissons gras comme le saumon, le maquereau, le thon et (mais oui !) les sardines, semblent contribuer à maintenir les vaisseaux sanguins ouverts chez les patients atteints de la maladie de Raynaud.

La même étude a révélé que les symptômes disparaissaient complètement chez 5 sur 11 des sujets qui avaient absorbé chaque jour, pendant deux périodes consécutives de six semaines chacune, 12 gélules d'huile de poisson (soit au total 3,96 grammes sous forme d'acide eicosapentaénoïque et 2,64 grammes sous forme d'acide docosahexaénoïque). Les 6 personnes restantes furent en mesure de prolonger de 31 à 47 minutes le laps de temps durant lequel il leur était possible de garder les mains sous l'eau froide avant que la circulation sanguine jusqu'à leurs doigts ne s'interrompe, soit une augmentation de 50 %.

Parmi le groupe témoin, constitué de neuf individus atteints de la maladie de Raynaud auxquels les chercheurs avaient administré de l'huile d'olive, on ne put constater une amélioration marquée que chez un seul des participants.

de sang fraîchement oxygéné se rétablit. L'ensemble de ce processus peut prendre moins d'une minute, ou se prolonger durant des heures.

Certaines personnes, des femmes jeunes surtout, sont sujettes à ce trouble sans raison apparente. « Ces femmes ont également tendance à avoir plus souvent la migraine et divers autres troubles liés à des vaisseaux sanguins hyperréactifs », poursuit le Dr Coffman.

Chez certains, la maladie de Raynaud est l'un des symptômes précurseurs d'un trouble auto-immun lié à un dérèglement du système immunitaire, comme la sclérodermie ou le lupus. (Les maladies auto-immunes se produisent lorsque le système immunitaire s'attaque à l'organisme lui-même au lieu de lutter contre les virus et les bactéries.) « L'une comme l'autre, ces maladies provoquent des lésions cicatricielles des vaisseaux sanguins et des modifications des protéines du sang qui peuvent entraver la circulation dans les capillaires sanguins », relève le Dr Coffman.

Certains médicaments, notamment les bêtabloquants (utilisés pour traiter l'hypertension artérielle) et les dérivés de l'ergot de seigle (employés dans le traitement de la migraine), peuvent provoquer la maladie de Raynaud, ajoute le Dr Coffman. Il en va de même du syndrome du canal carpien et de certaines anomalies de la coagulation sanguine. Par conséquent, il est judicieux de consulter votre médecin afin d'obtenir un diagnostic précis quant à la cause de vos symptômes, souligne ce médecin.

Aux États-Unis, la nutrithérapie n'est généralement pas très utilisée pour soigner ce trouble, poursuit-il. Deux nutriments, la niacine et la vitamine E, sont toutefois recommandés dans certains cas pour contribuer à en soulager les symptômes. Voici leur mode d'action.

La niacine aide à dilater les vaisseaux sanguins

Bien connue pour son aptitude à dilater les vaisseaux sanguins, la niacine est l'une des vitamines du groupe B. Pour peu que vous absorbiez une dose suffisamment élevée de ce nutriment, vous ne tarderez pas à ressentir le « rougissement lié à la niacine », une sensation de brûlure, de prurit, de rougeur et de picotements qui se produit généralement sur le visage, le cou, les bras et le haut de la poitrine et qui peut se prolonger pendant une demi-heure, voire davantage. Une forme à libération prolongée de la niacine, le nicotinate d'inositol, est d'ailleurs disponible en dehors des États-Unis, prescrit précisément pour traiter la maladie de Raynaud.

Le nicotinate d'inositol n'est pas vendu en France. L'hexaniacinate d'inositol, une forme retard de nicotinate d'inositol, qui risque moins de provoquer des rougeurs n'est plus non plus vendu en France. (Mais il existe aux États-Unis un produit appelé *Flush-Free HexaNiacin*, proposé par la firme *Enzymatic Therapy*.) Au cours d'un certain nombre d'études, des sujets qui prenaient ce médicament avaient moins souvent les doigts frigorifiés et leurs crises duraient moins longtemps.

« Si vous souhaitez avoir recours au nicotinate d'inositol, prenez-en entre 500 et 1 000 milligrammes trois ou quatre fois par jour, suggère le Dr Mary Dan Eades, directeur médical du centre Arkansas pour la santé et la maîtrise du poids. La formule à base d'inositol ralentit la libération de la niacine. »

Vous pouvez également prendre de l'acide nicotinique, quoique ce dernier provoque également des rougeurs. En fonction de votre sensibilité individuelle, des rougeurs peuvent se produire même à faible dose, à partir de 50 milligrammes environ. Le Dr Eades recommande de prendre la dose la plus faible qui s'est révélée suffisante pour soulager vos symptômes, sans dépasser 100 milligrammes par jour, en l'absence de surveillance médicale.

Quelle que soit la forme sous laquelle la niacine est absorbée, il est vérifié que des doses élevées de ce nutriment peuvent provoquer des lésions hépatiques. Si vous souffrez de maladie hépatique, le Dr Eades est d'avis qu'il est préférable de ne pas dépasser la Valeur quotidienne pour ce nutriment, soit 20 milligrammes, à moins d'être sous surveillance médicale.

La niacine peut effectivement réchauffer les doigts glacés, renchérit le Dr Coffman. « En revanche, je préfère ne pas la recommander, car les gens n'en apprécient pas beaucoup les effets indésirables », ajoute-t-il. En effet, cette substance peut provoquer non seulement un prurit et des rougeurs, mais également des nausées, des maux de tête et des crampes intestinales.

La vitamine E pourrait améliorer le débit sanguin

Aux yeux de la plupart des médecins, les dossiers médicaux (dans lequel un praticien consigne ses observations concernant un patient atteint d'une maladie donnée ou recevant tel ou tel traitement) semblent un moyen moins fiable que les études scientifiques pour évaluer un traitement. Il n'existe à vrai dire aucune étude montrant les bénéfices potentiels de la vitamine E dans la maladie de Raynaud. En revanche, un certain nombre de dossiers médicaux confirment ses effets bénéfiques, et l'un de ces rapports en particulier semble surpasser tous les autres en raison des résultats spectaculaires enregistrés.

Ce rapport, consigné par le Dr Samuel Ayres, Jr., dermatologue à Los Angeles, raconte l'histoire d'un homme âgé de 45 ans qui souffrait depuis six mois d'ulcères et de gangrène en progression à l'extrémité de ses doigts. Le Dr Ayres prescrivit à ce patient 400 unités internationales de vitamine E deux fois par jour, ainsi que des applications locales de vitamine E sur le bout des doigts. En l'espace de huit semaines, les doigts de cet homme étaient entièrement guéris, et la guérison perdurait une année plus tard grâce à une dose de maintenance de vitamine E. Le Dr Ayres ajoute qu'il a traité vingt autres personnes de sa clientèle souffrant de troubles de la circulation dans

Prescriptions vitaminiques

Les nutriments qui maintiennent la circulation dans les minuscules capillaires des doigts sont extrêmement utiles dans le traitement de la maladie de Raynaud. Voici ce que suggèrent de nombreux médecins.

Nutriment	Dose par jour
Acide nicotinique	Jusqu'à 200 à 300 milligrammes
ou	
Nicotinate d'inositol	1 500 à 4 000 milligrammes, à fractionner en 3 ou 4 doses
Vitamine E	800 unités internationales, à fractionner en 2 doses

MISE EN GARDE : *Le nicotinate d'inositol et l'acide nicotinique sont tous deux des formes de la niacine. Il est vérifié que des doses élevées de cette dernière peuvent provoquer des lésions du foie. Si vous êtes atteint de maladie hépatique, il est préférable de ne pas dépasser la Valeur quotidienne de niacine (20 milligrammes) en l'absence de surveillance médicale.*

En fonction de votre sensibilité individuelle, l'acide nicotinique peut provoquer des rougeurs à des doses aussi faibles que 50 à 75 milligrammes. Les médecins recommandent de ne pas dépasser la dose la plus basse suffisant à soulager vos symptômes, et de ne pas en prendre plus de 100 milligrammes par jour en l'absence de surveillance médicale.

Obtenez l'avis de votre médecin avant d'absorber plus de 600 unités internationales de vitamine E par jour, car des doses élevées de ce nutriment peuvent entraîner de effets indésirables chez certaines personnes. Si vous prenez des médicaments anticoagulants, vous ne devez pas prendre de vitamine E sous forme de complément alimentaire.

les mains, et que la majorité d'entre elles ont vu leur état s'améliorer grâce à un apport complémentaire de vitamine E.

« La vitamine E pourrait être utile pour diverses raisons, souligne le Dr Eades. Il est possible qu'elle améliore la circulation sanguine à travers les capillaires fins, en diminuant la tendance des cellules à s'agglutiner et à adhérer aux parois des vaisseaux sanguins. De plus, elle pourrait accélérer la guérison des ulcères en atténuant les lésions cicatricielles provoquées par ces derniers, qui jouent parfois un rôle dans l'apparition de la maladie de Raynaud. »

Obtenez l'avis de votre médecin avant d'absorber plus de 600 unités internationales de vitamine E par jour, car des doses élevées de ce nutriment peuvent provoquer des effets indésirables chez certaines personnes.

Maladie de Wilson

Neutraliser par le zinc

Cette jeune femme de 22 ans ne pesait que 32 kilos, absorbait 700 calories par jour, semblait déprimée, n'avait pas de règles, ne cessait de bavarder et se faisait constamment du souci pour tout et n'importe quoi.

Soupçonnant un trouble du comportement alimentaire, ses médecins la firent admettre dans un hôpital des instituts nationaux de la santé à Bethesda, dans le Maryland, et procédèrent à une série d'examens.

Tout semblait parfaitement normal jusqu'à ce qu'ils examinent son foie. Les médecins ont alors constaté que cette femme dissimulait dans son foie près de 15 fois le taux normal de cuivre, ce qui confirmait avec certitude qu'elle était atteinte de la maladie de Wilson, un trouble au cours duquel divers tissus de l'organisme sont exposés à une lente intoxication due au cuivre.

Yeux en tournesol et tremblements dans les membres

Le cuivre est un nutriment dont toutes les cellules ont besoin, principalement pour le développement sain des nerfs, du tissu conjonctif et du pigment sombre de la peau et des cheveux. Tout le monde a besoin d'un peu de ce métal. Chez un sujet atteint de la maladie de Wilson, en revanche, une erreur de programmation génétique entraîne l'accumulation toxique de ce métal dans le cerveau, le foie, les reins et les yeux. Les quantités astronomiques qui s'emmagasinent ainsi peuvent entraîner une diminution de l'aptitude mentale, la démence et une défaillance du foie.

Heureusement, cette maladie rare peut être aussi bien prévenue que traitée. Elle se produit chez environ 30 sujets sur un million, généralement des individus âgés de 10 à 40 ans et le plus souvent parmi les Juifs d'Europe de l'Est et leurs descendants.

En fonction de l'endroit de l'organisme où s'accumulent les seuils toxiques de cuivre, les symptômes se traduisent par une sensation de malaise, une grande fatigue, des sensations douloureuses dans la région du foie et parfois une légère fièvre — l'ensemble de ces manifestations pouvant être interprétées à tort comme le signe d'une infection virale ou d'une hépatite aiguë —, jusqu'à des troubles du comportement alimentaire, la cessation des règles, des tremblements dans les membres et les « cataractes en tournesol », c'est-à-dire des cercles de couleur verte, jaune ou brune entourant la cornée de l'œil.

« La principale difficulté est de reconnaître cette maladie », déclare le Dr George Brewer, chercheur et pionnier dans ce domaine, professeur de génétique humaine et de médecine interne en université. « Un grand nombre de cas restent non diagnostiqués parce que la maladie se cache sous des apparences trompeuses, comme par exemple celle d'une hépatite ou d'une cirrhose du foie due à l'alcool. »

Le fait que les symptômes évoluent en général avec le temps, plutôt que de survenir tous ensemble, complique passablement le diagnostic. « Au lieu d'avoir des complications neurologiques claires et nettes, par exemple, beaucoup de gens ont des anomalies du comportement pendant un certain nombre d'années, explique le Dr Brewer. Ils peuvent sombrer dans la dépression, et perdent généralement leur capacité de concentration. Par conséquent, s'il s'agit d'un étudiant, il aura de mauvaises notes. Ou si c'est quelqu'un qui travaille, sa performance laissera à désirer. Il sera sujet à des sautes d'humeur. Il pourra même parfois nourrir des tendances suicidaires, ou se livrer à des actes d'exhibitionnisme.

« Ces types de comportements sont souvent attribués à l'abus de drogue, car il s'agit de gens qui se conduisaient jusqu'alors tout à fait normalement, mais qui semblent soudain se laisser sombrer au fond d'un trou. Il est fréquent que leur conjoint les quitte durant cette période », précise-t-il.

Le zinc est une bénédiction

Heureusement, la maladie de Wilson peut non seulement être prévenue mais également traitée grâce au zinc, toujours d'après le Dr Brewer.

Prescriptions vitaminiques

Le zinc compense l'accumulation toxique de cuivre qui se produit dans le cerveau, le foie, les reins et les yeux d'un sujet atteint de la maladie de Wilson. Voici la dose recommandée par le Dr George Brewer, chercheur, professeur de génétique humaine et de médecine interne en université.

Nutriment	Dose par jour
Zinc	150 milligrammes, à fractionner en 3 doses égales au cours de la journée, toujours au moins 1 heure avant ou après un repas

MISE EN GARDE : *Quiconque est atteint de maladie de Wilson doit être suivi par un médecin, d'autant plus que la dose de zinc recommandée ici peut être toxique. De même, un individu qui n'est pas atteint de maladie de Wilson ne doit pas absorber une telle dose de zinc sans en avoir au préalable informé son médecin afin d'obtenir son accord. Le zinc peut épuiser les réserves de cuivre de l'organisme.*

Au cours d'une série d'études à l'université du Michigan, ce médecin et ses collègues ont constaté que le zinc stimulait la formation de métallothionéine, une substance qui s'empare de tout le cuivre qu'elle peut trouver pour le conserver dans les cellules intestinales jusqu'à ce qu'elles soient éliminées et excrétées avec d'autres déchets intestinaux.

« Les cellules intestinales, comme les cellules de l'épiderme, sont remplacées relativement rapidement, commente le Dr Brewer. Leur durée de vie est d'environ six jours. Par conséquent, lorsqu'elles s'éliminent à travers l'intestin, elles emportent le cuivre avec elles. Ensuite, ce métal se retrouve dans les selles. »

Mais le zinc n'est pas la première substance à laquelle les médecins ont recours lorsqu'ils ont posé un diagnostic de maladie de Wilson. « On pourrait dire que pour un sujet qui présente les symptômes de ce trouble, le zinc n'offre pas une solution très directe, explique le Dr Brewer. C'est pourquoi nous avons mis au point un nouveau médicament appelé tétrathiomolybdate ; il s'agit d'une substance complexe dont le fonctionnement est très efficace dans les phases initiales de traitement des sujets atteints de symptômes cérébraux. Nous le prescrivons durant huit semaines, et ensuite seulement nous passons au zinc.

« Pour les sujets atteints de maladie hépatique, poursuit-il, nous avons recours, parallèlement au zinc, à un traitement par trientine HCl. La trientine aide à éliminer le cuivre relativement rapidement. »

Lorsqu'un patient atteint de la maladie de Wilson ne prend plus que du zinc pour tout traitement, on peut considérer qu'il est tiré d'affaire. « Il ne s'agit pas d'éliminer tout le cuivre de l'organisme, poursuit le Dr Brewer. Le cuivre est un nutriment essentiel, et, sans cuivre, l'être humain peut mourir. Le but de la thérapie à base de zinc est par conséquent de réduire les concentrations excessives de cuivre et de les empêcher de s'accumuler à nouveau. »

Pour la même raison, il est possible d'avoir une alimentation normale. « Les deux seuls aliments que nous demandons à nos patients d'éviter sont le foie, qui contient une grande concentration de cuivre, et les fruits de mer, qui en contiennent des quantités relativement élevées », précise le Dr Brewer.

Éliminer le cuivre

Combien de zinc faut-il pour absorber l'excès de cuivre dans l'organisme ?

Une étude effectuée par le Dr Brewer à l'université du Michigan indique que 150 milligrammes de zinc par jour, à fractionner en trois doses de 50 milligrammes chacune et qu'il convient d'absorber au moins une heure avant ou après un repas, permettent d'éliminer le cuivre de la manière la plus efficace. Comme le zinc peut être toxique à des doses aussi élevées, il est important que vous soyez suivi par un médecin aussi longtemps que vous suivez cette thérapie.

« Si l'on absorbe du zinc en même temps que les aliments, c'est quasiment comme si on n'en prenait pas, car il se lie à la matière première constitutive des aliments et n'a plus alors une grande efficacité, explique le Dr Brewer. Si vous l'absorbez en dehors des repas, en revanche, une dose même faible — de l'ordre de 25 milligrammes — suffira pour exercer un effet mesurable sur le rapport des taux zinc-cuivre. »

C'est également la raison pour laquelle les individus qui ne sont pas atteints de maladie de Wilson ne doivent pas prendre des doses élevées de zinc, ajoute ce médecin. Puisqu'il suffit d'une quantité relativement faible de ce minéral pour exercer un effet sur les taux de cuivre dans l'organisme, l'absorption habituelle d'une dose de zinc dépassant la Valeur quotidienne (15 milligrammes) pourrait facilement entraîner un déficit en cuivre après seulement deux à trois semaines.

La prévention est le meilleur remède

Le zinc est également capable de prévenir l'apparition des symptômes chez les sujets qui ont hérité du gène anormal sans qu'aucun symptôme ne se soit encore déclaré. Malheureusement, il n'existe qu'une seule manière d'avoir une indication que l'on pourrait être atteint de la maladie de Wilson avant l'apparition des symptômes, c'est lorsque ce trouble frappe un frère ou une sœur.

C'est la raison pour laquelle les membres de la fratrie des sujets atteints de maladie de Wilson devraient régulièrement soumettre à leur médecin de famille des analyses d'urine afin de vérifier la présence éventuelle de taux élevés de cuivre, précise le Dr Brewer. Si vous avez un frère ou une sœur atteint de ce trouble, vous avez une chance sur quatre d'en être vous-même atteint à une période de votre vie.

« La maladie de Wilson est une maladie à caractère autosomique récessif, ajoute le Dr Brewer. Cela signifie que le sujet affecté possède deux exemplaires du gène anormal qui déclenche ce trouble. Les parents sont obligatoirement porteurs du gène, mais comme chaque parent n'est porteur que d'un seul gène, ils sont complètement normaux. »

Heureusement, même les enfants qui ont hérité de ce trouble deviendront complètement normaux eux aussi, ajoute le Dr Brewer, dès qu'ils commenceront à prendre du zinc.

Malformations congénitales

Bien manger pour deux

Dans le cycle de la reproduction, l'acte de procréation est bien l'aspect le plus rapide et le plus facile. Par la suite, l'ovule fertilisé doit subir un processus compliqué de croissance et de division cellulaire, puis de migration et de spécialisation des cellules. L'ensemble du processus dure neuf mois, dans le but final de produire un adorable bébé plein de vie et de santé.

L'ovule initial, une fois fertilisé, doit croître et se diviser afin de générer en fin de compte plusieurs milliards de cellules. Simultanément, toutes les cellules individuelles en formation reçoivent des instructions pour se rendre dans des régions spécifiques de l'organisme embryonnaire, par exemple là où sont prévus un bras ou un œil. Elles reçoivent également le signal qui leur indique de se différencier, si bien qu'un certain nombre d'entre elles deviennent par exemple des cellules nerveuses, tandis que d'autres se transforment en cellules osseuses. Avec un processus aussi compliqué, il est très étonnant que les couples humains réussissent si bien à fabriquer des bébés parfaits — tout au moins dans la majorité des cas.

En revanche, les choses peuvent se gâter, et ce peut être dû à toutes sortes de facteurs différents. Les médecins savent à présent que certains médicaments, la radiographie, l'exposition à des toxines de notre environnement, diverses infections telles que la rubéole et certaines anomalies génétiques héréditaires peuvent causer des types de malformations congénitales très différents, pour peu que l'embryon y soit exposé à certains moments particulièrement critiques de son développement. Les carences nutritionnelles peuvent également avoir le même effet.

« Nul ne sait quel pourcentage de malformations congénitales chez l'être humain sont liées à des carences nutritionnelles, souligne le Dr William McGanity, professeur d'obstétrique et de gynécologie en université. Dans environ la moitié des cas de malformations congénitales, cependant, la cause demeure inconnue, et, dans beaucoup de ces cas, une alimentation carencée est soupçonnée d'être l'un des facteurs, pouvant soit être directement en cause, soit s'additionner à d'autres facteurs. »

Des nutriments comme les protéines, le calcium, le magnésium, le fer et le folate (le précurseur naturel de l'acide folique) constituent littéralement les fondations du nouvel être. « Diverses études portant sur des animaux de laboratoire ont confirmé que des carences graves de n'importe laquelle de plusieurs vitamines peuvent entraîner des malformations congénitales », poursuit le Dr McGanity. Ces vitamines comprennent la thiamine, la riboflavine, la niacine, l'acide pantothénique, le folate et les vitamines A, B_6, B_{12}, C, D, E et K. Il est vérifié que le déficit de n'importe lequel de ces nutriments provoque toutes sortes de malformations congénitales chez l'animal, notamment fente palatine, hydrocéphalie (augmentation de volume du liquide céphalorachidien), jumeaux siamois et diverses malformations des reins, des membres, des yeux et du cerveau.

En ce qui concerne l'être humain, en revanche, les chercheurs n'ont jusqu'ici vérifié le rôle que d'un seul nutriment dont la carence peut entraîner des malformations congénitales : il s'agit du folate, ajoute le Dr McGanity. Des recherches restent à faire afin de vérifier si un quelconque autre nutriment joue un rôle aussi crucial que celui du folate. « Dans l'état actuel de nos connaissances, le folate paraît être le seul nutriment dont une carence même légère entraîne des conséquences aussi graves », commente ce médecin.

Voici ce que montrent les recherches.

L'acide folique : dès le tout début

Dès 1965, les chercheurs ont commencé à suggérer qu'il existait un lien entre une carence en folate et des troubles graves du système nerveux central. Cette relation de cause à effet commença d'être soupçonnée après la publication de rapports signalant des malformations congénitales très graves chez des nourrissons nés de femmes qui prenaient des médicaments anti-convulsivants, car ces types de médicaments entravent le métabolisme de l'acide folique.

Ces graves malformations congénitales, appelées malformations du tube neural, suffisent à transformer en cauchemar ce qui devrait être l'occasion de bien des réjouissances.

Chez l'embryon humain, le tube neural est un repli tissulaire d'un bout à l'autre de l'embryon. Par la suite, ce tube neural finit par se développer, devenant le système nerveux central, constitué du cerveau et de la moelle épinière. Si le tube neural ne se ferme pas en son sommet, le bébé vient au monde avec un cerveau très petit, voire pas de cerveau du tout, explique le

Dr McGanity. La plupart du temps, l'infortuné nouveau-né décède au bout de quelques heures ou de quelques jours à peine.

Lorsque c'est la base du tube neural qui ne se ferme pas comme elle le devrait, le nouveau-né vient au monde atteint d'un trouble appelé spina bifida, c'est-à-dire une fusion défectueuse des vertèbres de la colonne lombaire. Dans les cas graves, le spina bifida provoque une paralysie des membres inférieurs qui peut représenter un handicap grave.

Il fallut attendre les années 1980 pour mettre en évidence le lien de cause à effet entre le folate et l'apparition de ce trouble. Dans le cadre de deux études indépendantes, des chercheurs britanniques ont découvert que des femmes qui avaient donné le jour à un bébé atteint d'une malformation du tube neural (ce qui exposait ces mères à un risque élevé de voir la même malformation se reproduire en cas de nouvelle grossesse) étaient nettement moins susceptibles d'avoir un deuxième bébé atteint du même trouble si elles prenaient de l'acide folique avant la conception et durant la grossesse.

Dans le groupe à haut risque de la deuxième étude, l'incidence de malformations du tube neural put ainsi être effectivement réduite de plus de 80 %.

D'autres études ultérieures, effectuées en 1992 et 1993, ont permis de constater qu'un apport complémentaire d'acide folique avant la conception pouvait prévenir les malformations du tube neural chez les primipares.

« L'acide folique est important pour le développement du fœtus, car ce dernier en a besoin pour fabriquer de l'ADN, le matériel génétique présent dans chaque cellule », explique le Dr McGanity. En l'absence de ce nutriment, la production de cellules est insuffisante. « Le fœtus a bien plus besoin de cette vitamine que sa mère, en raison de la rapidité avec laquelle les cellules croissent et se divisent », poursuit-il.

Le tube neural se constitue tout au début de la grossesse, durant la troisième et la quatrième semaine. En général, cela correspond à peu près au moment où une femme commence à soupçonner qu'elle est enceinte. « C'est précisément pour cette raison qu'il est si important de commencer à absorber de l'acide folique avant même de concevoir », note le Dr McGanity. Diverses études montrent que l'acide folique offre la meilleure protection lorsqu'une femme a commencé à en prendre régulièrement au moins trois mois avant le moment de la conception, et qu'elle continue à en absorber pendant au moins les trois premiers mois de grossesse.

Les résultats de ces études étaient suffisamment convaincants pour que les autorités sanitaires américaines énoncent deux recommandations.

Tout d'abord, il est conseillé aux femmes qui ont déjà eu un bébé atteint de spina bifida de prendre chaque jour 4 000 microgrammes d'acide folique avant le début de la grossesse et durant cette dernière.

Deuxièmement, il est recommandé à toutes les femmes en âge de procréer d'absorber chaque jour la Valeur quotidienne d'acide folique, qui est de 400 microgrammes, même s'il faut pour cela recourir à un complément alimentaire.

Des travaux assez nombreux laissent à penser que beaucoup de femmes n'obtiennent de loin pas 400 microgrammes d'acide folique par jour grâce à l'alimentation, affirment des chercheurs à l'université de Californie, à Davis.

Ces derniers ont constaté que même les personnes qui ont une alimentation raisonnable — celles qui appliquent les recommandations publiées par le ministère américain de l'Agriculture sous la désignation de « pyramide alimentaire », qui recommandent d'absorber chaque jour deux ou trois portions de fruits et trois à quatre portions de légumes n'obtiennent que 190 microgrammes de folate par jour. (Les autorités sanitaires n'ont pas fini de discuter des mérites éventuels de l'addition d'acide folique à nos aliments afin d'augmenter l'apport quotidien de ce nutriment, mais en Grande-Bretagne, le débat est clos. Les fabricants ajoutent d'ores et déjà de l'acide folique aux céréales et à divers autres aliments.)

« Je recommande aux femmes de planifier chacune de leurs grossesses et de commencer à prendre de l'acide folique sous forme de complément alimentaire avant la conception, en continuant d'en prendre durant les trois premiers mois de leur grossesse, afin de diminuer considérablement le risque d'avoir un bébé ayant une malformation du tube neural », déclare le Dr McGanity. Il est judicieux de commencer à prendre un complément d'acide folique au moins trois mois avant de renoncer aux mesures contraceptives.

Une bonne assurance santé

Les médecins affirment que la femme enceinte a également besoin d'un apport complémentaire de presque tous les autres nutriments, notamment la vitamine A, la thiamine, la riboflavine, la vitamine B_{12}, le calcium, le phosphore, le magnésium et le fer. En revanche, les sondages alimentaires indiquent que les futures mères sont assez souvent en déficit, absorbant souvent bien moins que la Valeur quotidienne notamment en ce qui concerne les sept nutriments suivants : vitamines B_6, D et E, folate, fer, zinc et magnésium.

Facteurs alimentaires

Lorsqu'une femme mange pour deux, il est particulièrement important qu'elle absorbe une alimentation judicieuse.

Pas d'alcool. Les effets dévastateurs de l'alcool sur le développement du fœtus sont aujourd'hui bien connus.

La meilleure attitude consiste à prévoir sa grossesse afin de cesser de boire tout alcool au moins quelques semaines avant de concevoir, suggère le Dr William McGanity, professeur d'obstétrique et de gynécologie en université. De plus, il s'impose de renoncer entièrement à l'alcool dès qu'une femme sait qu'elle est enceinte. Si vous avez des difficultés à cesser d'en boire, obtenez l'aide nécessaire pour y parvenir.

Mangez des fruits et légumes frais. Le cancer du cerveau dans la petite enfance est rare, c'est un fait. En revanche, certaines recherches préliminaires permettent de suggérer qu'il pourrait être lié à l'alimentation de la future maman durant sa grossesse, signalent des chercheurs à l'université de Pennsylvanie à Philadelphie.

Ces derniers ont en effet découvert que les femmes qui absorbaient le plus de légumes, fruits et jus de fruits — à raison de deux à trois portions par jour de chacun de ces aliments — et qui, par conséquent, obtenaient des quantités plus élevées de vitamine C, de bêtacarotène et de folate (le précurseur naturel de l'acide folique) étaient moins susceptibles d'avoir un enfant chez qui l'on diagnostiquait ensuite un cancer du cerveau de la petite enfance, par rapport à d'autres femmes qui n'absorbaient que peu de ces types d'aliments.

C'est pourquoi le Dr McGanity recommande aux futures mères de prendre un complément de multivitamines et de minéraux qui apporte uniquement l'apport journalier recommandé (AJR) prévu pour les femmes enceintes. (Les spécialistes n'ont pas déterminé de Valeur quotidienne pour la femme enceinte.) « Il est bénéfique d'avoir recours à un complément qui apportera une garantie supplémentaire sans risquer d'avoir des effets indésirables », poursuit-il.

En revanche, tous les obstétriciens ne sont pas unanimes à recommander un complément de multivitamines et de minéraux. « Les médecins en exercice dans le secteur public sont mieux à même de

« Il est possible que, dans certains cas, une nutrition carencée de la future mère prépare le terrain pour l'apparition du cancer chez son enfant », souligne le Dr Greta Bunin, principal auteur de cette étude, professeur de pédiatrie en université. En fait, les tumeurs neuroecto-dermiques primitives qui constituent une catégorie de ces cancers se développent à partir des cellules qui tapissent le tube neural. Ces cellules se trouvent précisément à l'endroit dont les chercheurs ont constaté qu'il est étroitement dépendant du folate pour un développe-ment adéquat de la moelle épinière et du cerveau.

Renoncez aux hot dogs. Une étude effectuée par des chercheurs dans trois hôpitaux et centres du cancer indépendants les uns des autres aux États-Unis a permis de constater que les enfants nés de femmes qui mangeaient des hot dogs une fois ou davantage par semaine durant leur grossesse étaient au moins deux fois plus exposés à des tumeurs du cerveau que les enfants dont la mère ne mangeait jamais ce type de nourriture.

Quoique la cause de ce type de cancer de la petite enfance reste mal connue, les chercheurs ont néanmoins déterminé que certains agents de conservation ainsi que les nitrites sont convertis en nitro-samines dans l'organisme, explique le Dr Bunin. « Chez l'animal, on a pu établir un lien entre les nitrosamines (substances complexes caractérisées par un groupement N-nitroso, comme par exemple la N-nitrosoproline ou NPRO qui est cancérigène) et les cancers du système nerveux », précise-t-elle.

comprendre les avantages potentiels d'un apport complémentaire, car le risque de carences nutritionnelles est plus grand chez les femmes qui viennent les consulter que parmi les femmes des classes aisées, qui consultent plus volontiers un médecin non conventionné », commente le Dr McGanity. Les plus exposées sont les adolescentes, les végétariennes et les femmes atteintes d'intolérance au lactose, celles qui portent des jumeaux (ou des triplés, des quadruplés, voire des quintuplés...), ou encore celles qui font usage de tabac, de drogues ou d'alcool.

Si votre médecin ne vous a pas recommandé un complément de multi-vitamines et de minéraux, posez-lui la question, surtout si vous n'êtes pas

Prescriptions vitaminiques

Si vous êtes enceinte ou si vous souhaitez concevoir un enfant au cours de l'année à venir, il est important de consulter un gynécologue-obstétricien pour vous aider à planifier ce parcours.

Pourquoi s'y prendre tellement à l'avance ? Si vous avez une surcharge pondérale, ou si au contraire votre poids corporel est insuffisant, il pourrait se révéler nécessaire de perdre (ou de prendre) quelques kilos. En outre, si vous êtes atteinte de diabète ou de toute autre maladie chronique, il est préférable de vous assurer que votre médecin et vous-même maîtrisez parfaitement la situation.

Il est également judicieux de commencer à prendre un complément d'acide folique trois mois avant de renoncer aux mesures contraceptives.

Voici ce que les médecins préconisent pour contribuer à prévenir les malformations congénitales.

Nutriment	Dose par jour
Acide folique	400 microgrammes 4 000 microgrammes pour les femmes ayant déjà eu un enfant atteint de spina bifida

sûre d'avoir une alimentation judicieusement équilibrée, conseille ce médecin. Certains praticiens préconisent en outre un apport complémentaire de fer et de calcium afin de prévenir l'anémie et la perte osseuse qui peuvent accompagner la grossesse. (L'apport journalier recommandé pour la femme enceinte est de 30 milligrammes de fer et de 1 200 milligrammes de calcium par jour.)

En revanche, il ne saurait être question de risquer une surdose de compléments alimentaires. Si vous absorbez habituellement en grande quantité n'importe quel nutriment, vitamine ou minéral, demandez à votre médecin dès que vous aurez décidé d'avoir un enfant, et si possible même avant la conception, s'il est bon de continuer à en prendre. Le fer, par exemple, peut provoquer des effets indésirables lorsqu'il est absorbé

La femme enceinte devrait en outre prendre les nutriments suivants afin de maintenir un bon état général.

Nutriment	Dose par jour
Calcium	1 200 milligrammes
Fer	30 milligrammes

De plus, un complément de multivitamines et de minéraux étudié pour la femme enceinte et contenant l'apport journalier recommandé (AJR) de toute la gamme de nutriments essentiels.

MISE EN GARDE : Les médecins recommandent assez systématiquement aux femmes enceintes un apport complémentaire de fer ; en revanche, il est toujours préférable d'obtenir l'avis de votre médecin avant d'absorber plus de la Valeur quotidienne de ce nutriment, qui est de 18 milligrammes. Un apport quotidien de 25 milligrammes ou davantage durant une période prolongée peut en effet entraîner des effets indésirables.

durant des périodes prolongées en dose quotidienne égale ou supérieure à 25 milligrammes.

Absorbées en doses élevées, les vitamines liposolubles A et D peuvent provoquer des malformations congénitales. « Durant votre grossesse, vous ne devriez pas absorber plus de deux fois l'apport journalier recommandé (AJR) de ces nutriments à partir des aliments et/ou de compléments, souligne le Dr McGanity. Si vous buvez beaucoup de lait et si vous mangez de la margarine et du beurre, vous n'aurez aucun mal à obtenir la quantité requise de ces nutriments sans qu'il soit nécessaire de recourir à des compléments alimentaires. » En outre, une femme en âge de procréer doit obtenir l'avis de son médecin avant de prendre quotidiennement de la vitamine A en dose égale ou supérieure à 10 000 unités internationales.

Mastose sclérokystique

Dénouer les nodules

Deborah n'avait que 18 ans lorsqu'elle découvrit le premier nodule dans son sein. « Ensuite je me suis aperçue qu'il y en avait un autre aussi dans l'autre sein, pratiquement identique et au même emplacement. J'ai eu très peur, se souvient-elle. Ma mère m'a emmenée consulter son médecin. Il a d'abord palpé les nodules, avant de sortir sans mot dire de la pièce. Après cela, il m'a remis une feuille que je devais remettre au service de radiologie. C'était une ordonnance pour une mammographie et il y avait un mot compliqué que je n'arrivais pas à lire, mais j'ai quand même reconnu le terme « kyste ». J'étais certaine d'avoir un cancer.

« Lorsque j'ai finalement réussi à trouver le courage de questionner le médecin sur ce qui n'allait pas, il m'a répondu que j'avais une mastose sclérokystique et qu'il n'y avait rien à faire pour y remédier, sinon d'apprendre à bien connaître mes seins, pour mieux me rendre compte s'il y avait quoi que ce soit de nouveau. Il m'a bien recommandé de ne pas m'inquiéter, mais c'était plus fort que moi — je me demandais malgré tout si cette maladie-là représentait le premier stade d'un cancer. »

« Dix ans et pas mal de nodules plus tard, j'ai fini par comprendre le trouble dont je suis atteinte, et qui n'est pas une maladie. Je sais aussi que je peux effectuer certains changements dans mon alimentation afin que mes seins soient moins douloureux et qu'ils aient moins de nodules. Il a fallu du temps, mais je me sens enfin plus à l'aise avec mes seins. »

Deborah n'est pas seule dans ce cas, d'après le Dr Susan M. Lark, auteur de *Chronic Fatigue and Tiredness*, directeur du centre *PMS and Menopause Self-Help* et spécialiste des troubles de santé des femmes. Cette dernière a souvent l'occasion de traiter des femmes atteintes de ce trouble effrayant et, en général, douloureux. « Pour beaucoup de femmes, entendre un diagnostic de mastose sclérokystique est aussi déroutant qu'inquiétant », commente le Dr Lark. Dans bien des cas, ajoute-t-elle, ce trouble pourra être soulagé en ayant recours à des « traitements naturels tout en douceur » comme la nutrition.

Dans un premier temps, toutefois, il est utile de mieux comprendre le processus qui provoque l'apparition de la mastose sclérokystique.

Faites examiner vos nodules

Lorsque l'on parle de seins sclérokystiques, autant parler de seins noduleux, un trouble qui affecte environ 70 % des femmes à un moment ou à un autre de leur vie, généralement durant leurs années de procréation. Il est très probable que lorsqu'une femme est parvenue à la ménopause, ses kystes finiront par rétrécir, voire disparaître. Chez certaines femmes postménopausées, en revanche, une mastose sclérokystique peut se produire par suite d'une hormonothérapie substitutive si les taux d'œstrogènes sont trop élevés.

Pour la plupart des femmes, ce trouble signifie la présence de nodules dans les seins dont la taille peut varier de celle d'un petit pois à celle d'un œuf. Ces nodules font leur apparition régulièrement, mois après mois, lorsque les œstrogènes stimulent les glandes galactogènes des seins, si bien que l'eau s'accumule dans ces glandes qui se congestionnent. Chez d'autres femmes, cela provoque l'apparition de kystes durables qui s'engorgent sans pouvoir ensuite se drainer. Certaines femmes constatent même qu'il se produit un léger écoulement à travers le mamelon. Même si ce trouble ne met pas la vie en danger, la mastose sclérokystique peut être à la fois douloureuse physiquement, et génératrice de stress sur le plan émotionnel.

Malheureusement, il n'existe pas de traitement permettant de guérir ce trouble et les médecins ne peuvent faire mieux que de suggérer divers remèdes possibles. Puisque les hormones en sont la cause, les médecins soulignent que la meilleure stratégie pour soulager la douleur et les nodules sclérokystiques consiste à diminuer les taux d'œstrogènes (l'hormone féminine) en circulation dans le sang. L'hormonothérapie offre bien une approche possible, mais certains experts, notamment le Dr Lark, soutiennent qu'une alimentation judicieuse peut être tout aussi efficace sans entraîner les effets indésirables liés à l'absorption d'hormones de synthèse. Voici leurs recommandations.

Remarque : Même si vous êtes atteinte de mastose sclérokystique, souligne le Dr Lark, il est toujours judicieux de faire examiner tout nouveau nodule ou toute modification mammaire par votre médecin.

Soulager la mastose grâce à la vitamine E

Les études cliniques effectuées au cours des dix dernières années n'ont pas donné de résultats très clairs, et il n'y a pas eu de recherches dans ce domaine ces derniers temps, mais de nombreux spécialistes continuent néanmoins de

Facteurs alimentaires

Vous est-il déjà arrivé de souhaiter que les aliments absorbés aillent directement dans vos seins plutôt que de vous épaissir la taille ? C'est bien ce qui se passe chez beaucoup de femmes atteintes de mastose sclérokystique, mais il faut reconnaître qu'elles n'apprécient pas tellement la manière dont cela se produit. Voici un certain nombre de modifications alimentaires recommandées par les médecins pour atténuer les douleurs et nodosités liées à la mastose sclérokystique.

Moins de café. Un certain nombre d'experts sont d'avis que le meilleur et le moins coûteux des remèdes en cas de mastose sclérokystique consiste à réduire la quantité de caféine absorbée. En effet, il semblerait que cette dernière stimule la production d'œstrogènes et soit liée aux douleurs et à l'engorgement des seins.

D'après une équipe de chercheurs à la faculté de médecine humaine de l'université d'état du Michigan à East Lansing, les femmes qui absorbent plus de 500 milligrammes de caféine par jour, c'est-à-dire la quantité contenue dans quatre tasses de café environ, présentent 2,3 fois le risque de mastose sclérokystique par rapport à celles qui s'en abstiennent. En outre, celles qui écartent entièrement la caféine de leur alimentation, soulignent les chercheurs, obtiennent une diminution de 60 à 65 % de leurs symptômes.

D'autres sources de caféine sont le thé, le chocolat et les boissons à base de cola.

Éliminez le gras. « Lorsque l'on mange trop de matières grasses saturées, les taux d'œstrogènes augmentent et stimulent les modifications sclérokystiques », souligne le Dr Susan M. Lark, auteur de *Chronic Fatigue and Tiredness*, directeur du centre *PMS and Menopause Self-Help* et spécialiste des troubles de santé des femmes. Ce médecin recommande aux femmes d'éviter les matières grasses animales chaque fois que possible. Il faut pour cela limiter la quantité de viande absorbée et opter pour les produits laitiers écrémés.

recommander un apport complémentaire de vitamine E pour traiter la mastose sclérokystique, et beaucoup de médecins y croient dur comme fer.

« Franchement, je ne crois pas que quiconque puisse nous dire exactement pourquoi la vitamine E est efficace pour soigner ce trouble, relève le Dr Lark. Nous savons seulement qu'elle atténue les symptômes causés par des

Davantage de fibres. « Afin d'augmenter l'effet obtenu grâce à une consommation réduite de matières grasses, il est judicieux d'augmenter le volume de fibres dans l'alimentation », note le Dr David P. Rose, chef d'un service universitaire de nutrition et d'endocrinologie.

« Les fibres absorbent les œstrogènes et contribuent à les excréter hors de l'organisme », ajoute le Dr Rose. Ce dernier recommande aux femmes d'augmenter la quantité de fibres absorbée jusqu'à 25 à 30 grammes par jour, c'est-à-dire environ le double de ce que mangent la majorité des femmes. Vous n'aurez pas de mal à augmenter le volume de fibres dans votre alimentation si vous mangez souvent des céréales complètes, des fruits et des légumes.

Renoncez à l'alcool. « Le foie a pour rôle de détoxifier les œstrogènes en circulation, et l'alcool est toxique pour le foie, souligne le Dr Lark. Je suggère aux femmes atteintes de mastose sclérokystique d'éviter de boire, ou tout au moins de limiter les quantités d'alcool absorbées. »

Moins de sel. Les médecins ont constaté que les kystes mammaires bénins réagissent au volume de fluide conservé dans l'organisme. Puisque le sodium entraîne une accumulation d'eau, beaucoup de médecins recommandent de limiter l'absorption de sel à moins de 1 500 milligrammes par jour. (Il s'agit là d'une très petite quantité de sel ; en effet, une cuiller à café en contient 2 000 milligrammes.)

Mangez des aliments diurétiques. Un diurétique est une substance qui aide l'organisme à éliminer l'excès d'eau. Afin de diminuer plus facilement la consommation de sel, le Dr Lark recommande aux femmes d'augmenter la quantité d'aliments naturellement diurétiques comme le persil, le céleri et le concombre, qui peuvent contribuer à réduire la rétention d'eau.

taux trop élevés d'œstrogènes et qu'elle exerce une action anti-inflammatoire qui permet à beaucoup de femmes d'obtenir un soulagement. »

Un autre spécialiste exprime la même opinion, il s'agit du Dr Bernard Ginsberg. Ce médecin a commencé à s'intéresser à la vitaminothérapie alors qu'il travaillait à l'institut de recherches de l'hôpital Sinai à Baltimore avec

L'huile d'onagre apporte un soulagement

Vous aimeriez bien être débarrassée de vos seins douloureux, noduleux et engorgés, sans pour autant vous exposer aux effets indésirables d'une hormonothérapie de substitution ? L'huile d'onagre — une excellente source d'acide gamma-linolénique, dont l'organisme se sert pour réguler l'équilibre entre le sel et l'eau — pourrait être le remède qu'il vous faut. Des chercheurs gallois qui étudient ce complément alimentaire depuis près de 20 ans déjà le recommandent comme le traitement de choix permettant de soulager la douleur liée à la mastose sclérokystique sans entraîner d'effets indésirables.

« L'huile d'onagre est un traitement courant », relève le Dr Susan M. Lark, auteur de *Chronic Fatigue and Tiredness*, directeur du centre *PMS and Menopause Self-Help* et spécialiste des troubles de santé des femmes. « Elle est une bonne source d'acides gras essentiels, et exerce un effet diurétique et anti-inflammatoire dans l'organisme. »

Afin d'obtenir un soulagement en cas de douleurs et de nodules dans les seins, certains experts recommandent d'en prendre 1 000 milligrammes trois fois par jour durant trois mois. Avant d'avoir recours à un apport complémentaire, il est néanmoins judicieux d'obtenir l'avis de votre médecin.

le Dr Robert London, professeur adjoint en obstétrique et en gynécologie à la faculté de médecine de l'université Johns Hopkins à Baltimore.

« J'étais sceptique dans ce domaine tout au début, mais, au cours des dix dernières années, je me suis aperçu que la vitaminothérapie pouvait vraiment apporter une amélioration », commente le Dr Ginsberg, dont les activités professionnelles portent surtout sur la santé des femmes et les thérapies naturelles. « Alliée à la vitamine B_6, la vitamine E neutralise l'effet congestionnant des œstrogènes. Elle augmente également le métabolisme des hormones féminines en les écartant de la circulation. »

Les Drs Lark et Ginsberg recommandent tous deux aux femmes atteintes de mastose sclérokystique de prendre chaque jour environ 600 unités internationales de vitamine E ; en effet, cette dose, utilisée dans le cadre de plusieurs études consacrées à la relation entre la vitamine E et la mastose sclérokystique, s'est révélée efficace, ajoute le Dr Lark.

Il est impossible d'obtenir des doses aussi élevées de vitamine E sans avoir recours à des compléments alimentaires. En revanche, si vous prenez l'habitude d'absorber régulièrement des amandes, du germe de blé et de l'huile de tournesol ou de carthame, cela vous permettra d'obtenir une dose bénéfique de ce nutriment utile.

La vitamine A est bénéfique

Se référant non seulement aux résultats prometteurs d'une étude pilote conçue pour vérifier l'effet de la vitamine A sur la mastose sclérokystique, mais aussi à sa propre expérience avec ses patientes, le Dr Lark est persuadée que ce nutriment très efficace pourrait également être bénéfique pour apaiser les seins sensibles et noduleux.

Dans le cadre de cette étude, effectuée à l'université de Montréal, les chercheurs ont administré à 12 femmes qui se plaignaient de douleurs moyennes à aiguës dans les seins des doses élevées de vitamine A pendant trois mois. Neuf des participantes ont constaté un soulagement marqué des douleurs, et 5 d'entre elles ont également remarqué une diminution des nodules dans les seins. L'ennui, c'est que les doses utilisées aux fins de cette étude étaient de 150 000 unités internationales par jour, soit 30 fois la Valeur quotidienne ; la majorité des spécialistes hésiteraient à préconiser une telle dose, car la vitamine A est toxique en doses élevées.

« Mon expérience me permet d'affirmer que les femmes qui ont des douleurs pénibles dans les seins en raison d'une mastodynie pourront probablement obtenir un soulagement grâce à la vitamine A », souligne le principal chercheur responsable de cette étude, le Dr Pierre R. Band, chef du service d'épidémiologie au sein de l'agence du cancer de la Colombie Britannique. « En revanche, il ne faut pas oublier qu'il s'agit d'une substance complexe potentiellement toxique et que, par conséquent, la prudence s'impose. Lorsque les chercheurs ont étudié les effets de doses de vitamine A plus faibles que celles auxquelles j'ai eu recours, ils ont obtenu de bons résultats. Tout cela s'annonce donc prometteur, mais nous devons poursuivre nos recherches. »

« Je serais d'avis d'avoir plutôt recours au bêtacarotène », ajoute le Dr Lark., qui suggère de prendre entre 25 000 et 50 000 unités internationales de bêtacarotène par jour pour soulager la mastose sclérokystique. « Le bêtacarotène, également appelé précurseur de la vitamine A, se transforme en vitamine A dans l'organisme, et il n'y a pas de problème de toxicité lorsqu'il est absorbé en doses élevées », explique-t-elle.

Le bêtacarotène est bien entendu vendu sous forme de complément alimentaire, mais il est facile d'obtenir tout le bêtacarotène nécessaire en mangeant de grandes quantités de fruits et de légumes de couleur orange et jaune, poursuit le Dr Lark. Une patate douce, par exemple, contient à elle seule 10 000 unités internationales de bêtacarotène.

Des seins moins douloureux grâce à la vitamine B_6

Des tests scientifiques restent à faire, mais certains médecins qui traitent les femmes atteintes de mastose sclérokystique recommandent également la vitamine B_6 en raison de son rôle vérifié dans le maintien de taux d'hormones normaux.

« Les femmes que je traite constatent que ce nutriment est utile pour diminuer la congestion », souligne le Dr Ginsberg. Ce dernier recommande de prendre 50 milligrammes de vitamine B_6 deux ou trois fois par jour avant l'apparition des douleurs et de la tension mammaire, c'est-à-dire au cours de la semaine qui précède les règles. En revanche, il est important d'obtenir l'avis de votre médecin avant de dépasser 100 milligrammes de vitamine B_6 par jour, car des doses élevées de ce nutriment ont parfois provoqué des lésions nerveuses.

Pour absorber davantage de B_6 par l'alimentation, pourquoi ne pas mélanger à vos céréales du petit déjeuner une banane coupée en tranches fines, par exemple, et ajouter une pomme de terre en robe des champs à votre repas du soir.

L'iode en perspective

D'après les chercheurs, l'iode pourrait être le remède de l'avenir pour soigner la mastose sclérokystique. Avant d'aller chercher votre salière, en revanche, sachez que le sel iodé ne vous apportera vraisemblablement pas un grand soulagement. Les spécialistes de cette substance recommandent l'iode diatomique, une forme de ce nutriment non encore agréé par la FDA.

Pourtant, jusqu'à présent, les résultats d'un certain nombre d'études basées sur l'utilisation d'iode diatomique pour soigner la mastose sclérokystique semblent prometteurs. Dans le cadre d'une étude sur cinq ans

Prescriptions vitaminiques

Les médecins se garderaient bien de garantir que quelque substance que ce soit puisse atténuer à coup sûr les douleurs et nodules dans les seins, mais plusieurs experts ont pu obtenir un certain succès grâce aux nutriments suivants.

Nutriment	Dose par jour
Bêtacarotène	25 000 à 50 000 unités internationales
Iode	150 microgrammes
Vitamine B_6	100 à 150 milligrammes, à fractionner en 2 ou 3 doses
Vitamine E	600 unités internationales

MISE EN GARDE : S'il vous arrive de découvrir dans vos seins un nodule que vous n'aviez jamais remarqué ou qui vous paraît bizarre, n'omettez pas de consulter votre médecin afin d'obtenir un diagnostic complet.

Les compléments d'iode ne sont pas encore commercialisés et l'iode médicinal de l'armoire à pharmacie est toxique. Jusqu'à ce que cette substance soit disponible sous forme de complément alimentaire, vous devrez obtenir l'iode nécessaire par le biais de l'alimentation.

Ne manquez pas de consulter votre médecin si vous envisagez d'absorber plus de 100 milligrammes de vitamine B_6 par jour, car des doses élevées de ce nutriment peuvent provoquer des lésions nerveuses.

Si vous prenez des médicaments anticoagulants, vous ne devez pas prendre de vitamine E sous forme de complément alimentaire.

conduite à l'hôpital Hotel Dieu à l'université Queen's à Kingston, dans l'Ontario, plus de 1 000 femmes ont reçu un apport complémentaire soit d'iodure de sodium (la substance que l'on trouve dans le sel iodé), soit d'iode organique lié aux protéines, soit de l'iode diatomique. Les chercheurs ont constaté que l'iode diatomique atténuait les douleurs mammaires chez la plupart des femmes, tout en n'ayant que peu d'effets indésirables.

« L'iodure de sodium est marginalement bénéfique, car environ 5 % de cette substance se décompose dans l'organisme en iode sous sa forme élémentaire », explique l'un des principaux chercheurs, le Dr Bernard A. Eskin, du service d'obstétrique et de gynécologie du collège médical de Pennsylvanie, à Philadelphie. « En revanche, il faut absorber beaucoup plus d'iodure de sodium que d'iode sous sa forme élémentaire pour obtenir les mêmes effets, et une quantité aussi élevée entraîne des effets indésirables plus marqués. » En outre, tout excès de sodium provoque de la rétention d'eau, qui peut elle aussi aggraver la congestion mammaire.

Les chercheurs sont persuadés que l'iode permet de prévenir les symptômes liés à la mastose sclérokystique, car il rend les cellules des canaux galactophores moins sensibles aux œstrogènes en circulation. Ils espèrent qu'un complément à base d'iode diatomique, l'amydine, pourra être commercialisé d'ici quelques années.

En attendant, admet le Dr Eskin, pourquoi ne pas manger plus souvent des aliments qui sont de bonnes sources d'iode, comme des fruits de mer ou des algues, grâce auxquels vous n'aurez pas de mal à absorber la Valeur quotidienne de 150 microgrammes d'iode. Les meilleurs résultats, ajoute ce médecin, sont toutefois à attendre du complément alimentaire actuellement à l'étude.

Mise en garde : L'iode médicinal de votre armoire à pharmacie est toxique et ne doit être ingéré sous aucun prétexte.

Mémoire (Troubles de la –)

Aider le cerveau à être plus efficace

L'arbre de la connaissance, ça vous dit quelque chose ? Représentez-vous votre cerveau. À l'intérieur de cet organe pesant moins de deux kilos, bien caché à l'intérieur de la boîte crânienne, se trouve un système d'envergure véritablement biblique comparable à un arbre et son arborescence.

Des centaines de milliards de cellules cérébrales, les neurones, s'étirent les unes vers les autres par l'intermédiaire de terminaisons ressemblant à des racines, les axones et les dendrites.

Malgré leur proximité, jamais les minuscules terminaisons nerveuses d'un axone ne touchent celles des dendrites qui se ramifient dans sa direction. Au contraire, les souvenirs et autres courants de pensées doivent franchir ce que l'on appelle l'intervalle synaptique.

En l'absence d'une catégorie de substances chimiques, les neurotransmetteurs (comme la dopamine, la norépinéphrine, la sérotonine et l'acétylcholine), dont le rôle est de faire la liaison entre les cellules cérébrales, ces minuscules failles pourraient bien être aussi gigantesques que le Grand Canyon, car les informations sont incapables de passer d'un neurone à un autre. Cela veut dire que les souvenirs, quoique bien emmagasinés dans tout le cerveau, sont tout simplement inaccessibles.

« Vous savez que si vous avez un téléphone, je peux vous appeler, explique le Dr Michael Ebadi, professeur de pharmacologie et de neurologie. En revanche, si vous n'avez pas de téléphone, je suis dans l'impossibilité de vous contacter. Il en va de même des neurotransmetteurs. Pour que quelque chose puisse se passer, vous savez que vous avez besoin de transmetteurs. En l'absence de ces derniers, la fonction biologique cesse. »

La mémoire en miettes

Si les neurotransmetteurs sont la substance qui contribue à transmettre les souvenirs, alors de quoi sont faits les neurotransmetteurs ? Quoique le carburant de base du cerveau soit le glucose, les experts sont persuadés que les vitamines et les minéraux clés fournissent la matière première qui est à la base d'un grand nombre de ces neurotransmetteurs.

Cela pourrait d'ailleurs expliquer un grand nombre de troubles de la mémoire. Quoique les habitants des pays industrialisés absorbent de vastes quantités de nourriture, ils ne choisissent pas toujours les aliments qu'il faudrait. Par conséquent, un grand nombre d'entre nous n'obtenons tout simplement pas assez de nutriments stimulants pour le cerveau. Et même si vous appartenez à la petite minorité de gens qui absorbent habituellement la Valeur quotidienne de ces nutriments essentiels, il est possible que cela ne suffise pas à entretenir la mémoire.

Certains médecins se demandent si la Valeur quotidienne de ces éléments est suffisamment élevée pour couvrir tous les besoins de l'organisme. De plus, il est tout à fait possible d'absorber tous les nutriments requis en quantité suffisante et d'avoir malgré tout une carence, pour peu que l'organisme n'assimile pas bien ces nutriments. Il s'agit là d'une situation qui

Facteurs alimentaires

Les quelques conseils diététiques suivants pourront vous aider à mieux vous souvenir.

Attention aux cocktails. L'absorption d'alcool en quantités excessives peut épuiser les réserves de l'organisme en vitamines du groupe B, souligne le Dr Michael Ebadi, professeur de pharmacologie et de neurologie. « On constate chez les alcooliques un véritable syndrome de carence en vitamines du groupe B et en zinc, provoquant des pertes de mémoire, et parfois même des crises d'épilepsie », ajoute-t-il.

Plus grave encore, il est fréquent que l'alcool prenne la place d'une alimentation bien équilibrée, réduisant par conséquent la quantité de nutriments essentiels absorbés. En outre, l'alcool peut nuire à la digestion et à l'assimilation des nutriments dans l'organisme. Mais quelle est la limite raisonnable ? Si vous choisissez de boire, n'absorbez pas plus de deux verres par jour, recommande le Dr Ebadi.

Mangez maigre. Les résultats de la célèbre étude *Framingham Heart Study* montrent que plus la pression artérielle est élevée, plus les résultats obtenus par l'individu concerné sont déplorables lorsqu'on le soumet à une série de tests intellectuels, notamment des tests de mémoire. Les chercheurs formulent l'hypothèse qu'une pression artérielle élevée pourrait provoquer des modifications du débit sanguin jusqu'au cerveau. Une stratégie qui a fait ses preuves pour abaisser l'hypertension artérielle consiste à absorber une alimentation dont l'apport énergétique en provenance de matières grasses ne dépasse pas 25 %.

affecte surtout les personnes d'un certain âge, précisément celles qui sont le plus sujettes aux troubles de la mémoire.

Les spécialistes pensent qu'un trouble de malabsorption de la vitamine B_{12}, qui se produit lorsque l'organisme est incapable d'en obtenir suffisamment à partir des aliments, quelle que soient les quantités absorbées, affecte au moins un adulte d'un certain âge sur cinq, souligne le Dr Sally Stabler, professeur adjoint en médecine.

Pour peu qu'une alimentation carencée vienne s'ajouter à un trouble de malabsorption de certains nutriments, toutes les conditions sont réunies pour provoquer des troubles de la mémoire.

Intérêt de la vitamine B$_6$

C'est une chose que de ne plus savoir où l'on a posé les clés de sa voiture, mais bien autre chose de se demander où l'on a laissé la voiture — surtout lorsqu'on s'aperçoit ensuite que celle-ci est bel et bien au garage, à sa place habituelle. Pourtant, d'après certaines recherches, c'est précisément ce qui pourrait se produire lorsque l'on n'obtient pas une dose suffisante de vitamine B$_6$, également appelée pyridoxine.

Une étude, conduite à Albuquerque au Nouveau-Mexique, a permis de constater que plus de 80 % des personnes âgées en bonne santé, vivant seules et touchant des revenus moyens, absorbaient une dose de vitamine B$_6$ qui n'atteignait pas les trois-quarts de la Valeur quotidienne. (La Valeur quotidienne de ce nutriment est de deux milligrammes.)

Un groupe de chercheurs aux Pays-Bas a décidé de voir ce qui allait se passer s'ils ajoutaient de la vitamine B$_6$ à l'alimentation d'hommes âgés en bonne santé. Tout d'abord, ces sujets furent soumis à des tests intellectuels portant notamment sur divers objets qui apparaissaient brièvement sur un écran et dont il fallait ensuite se souvenir, ou sur le nom et la profession de diverses personnes mentionnées sur une liste. Après cela, les chercheurs ont administré aux sujets d'un des groupes 20 milligrammes de vitamine B$_6$ par jour, tandis que ceux du groupe témoin ne recevaient qu'un placebo (pilule inerte).

Au bout de trois mois, les participants furent à nouveau soumis à des tests. Les chercheurs purent constater chez ceux qui avaient reçu de la vitamine B$_6$ une amélioration « légère mais significative » de la mémoire, surtout de la mémoire à long terme. Conclusion des chercheurs ? Cette étude confirmait fortement l'utilité d'un apport complémentaire de vitamine B$_6$.

Si cette dernière est bénéfique pour la mémoire, il y a au moins une bonne raison à cela. Vous souvenez-vous de ces neurotransmetteurs si importants, aux noms barbares ? Il semblerait que la vitamine B$_6$ contribue à créer la dopamine, la sérotonine et la norépinéphrine, selon le Dr Ebadi.

La Valeur quotidienne de deux milligrammes devrait suffire pour vous aider à garder une excellente mémoire. Il n'est pas difficile d'en obtenir une telle dose grâce à un complément alimentaire de vitamines du groupe B, apportant la Valeur quotidienne de toutes les vitamines de ce groupe. La vitamine B_6 ne doit jamais être absorbée isolément en l'absence de surveillance médicale, car ce nutriment peut être toxique lorsque la dose absorbée habituellement dépasse 100 milligrammes.

La vitamine B_{12} stimule le cerveau

Dans le cadre d'une étude au cours de laquelle 39 personnes ont été traitées pour divers symptômes neurologiques liés à une carence en vitamine B_{12} (notamment perte de mémoire, désorientation et fatigue), les chercheurs ont constaté une amélioration parfois spectaculaire chez l'ensemble des participants. « La carence en B_{12} entraîne des troubles du système nerveux, entre autres des points brûlants dans les pieds et des troubles mentaux, comme par exemple des difficultés à se remémorer des événements récents et des troubles de l'aptitude à calculer », relève le Dr Stabler. Les chercheurs ont d'ailleurs vérifié qu'une carence en B_{12} modifiait l'activité des ondes cérébrales, poursuit-elle.

Près d'un tiers des personnes de plus de 60 ans ne parviennent pas à extraire de leur alimentation la vitamine B_{12} dont leur organisme a besoin. En effet, leur estomac ne sécrète plus assez d'acide gastrique, une substance dont le rôle est de décomposer les aliments afin de les transformer en carburant pour le cerveau et le corps.

En outre, il ne sert à rien de prendre des compléments alimentaires, car ces derniers sont également décomposés dans l'estomac. Par conséquent, lorsqu'un médecin soupçonne une carence en vitamine B_{12} chez un sujet atteint de troubles de la mémoire, il prescrira fréquemment des piqûres de cette vitamine, de manière à contourner le système digestif défaillant.

La carence en B_{12} due à une alimentation mal équilibrée est rare lorsque le système digestif est performant. Il suffit en effet de manger de petites portions de produits laitiers ou de protéine animale pour obtenir suffisamment de ce nutriment essentiel. Le seul type d'alimentation qui semble présenter un risque de carence est celui qui écarte entièrement toutes les viandes ainsi que les produits laitiers. Pourtant, ajoute le Dr Stabler, même dans ces conditions, il faut absorber ce type d'alimentation restreinte pendant plusieurs années au moins avant qu'une carence se produise.

Pratiquement tous les produits d'origine animale, notamment le lait, les fromages, le yoghurt et la viande de bœuf maigre, contiennent de la vitamine B$_{12}$. La Valeur quotidienne pour cette vitamine est de six microgrammes.

Les céréales vitaminées sont préférables

La thiamine et la riboflavine, deux autres vitamines importantes du groupe B, sont, aux États-Unis, systématiquement ajoutées à la plupart des farines, des céréales et des produits à base de grains.

Une carence, même légère, dans l'une ou de l'autre de ces vitamines peut avoir un impact sur les processus intellectuels et la mémoire. Une étude du ministère américain de l'Agriculture, conçue pour étudier la fonction cérébrale et le statut nutritionnel de 28 sujets de plus de 60 ans en bonne santé, a permis de constater que ceux qui avaient de faibles taux de thiamine présentaient également une détérioration de l'activité cérébrale. En revanche, ceux qui avaient des taux adéquats de thiamine bénéficiaient d'une meilleure mémoire.

Les chercheurs ont en outre constaté que la carence en thiamine entraînait des sautes d'humeur, de vagues sentiments de malaise ou de peur, des raisonnements illogiques et divers autres signes de dépression mentale — autant de symptômes qui, selon les chercheurs, affectent souvent la mémoire.

Fort heureusement, il suffit d'une petite dose de thiamine pour obtenir une amélioration. Une étude a montré que les femmes qui n'absorbaient que 0,33 milligramme de thiamine par jour devenaient irritables, se plaignaient de fatigue et faisaient preuve d'un comportement insociable. Ces symptômes s'amélioraient dès qu'elles recevaient quotidiennement 1,4 milligramme de thiamine.

La Valeur quotidienne pour la thiamine est de 1,5 milligramme et de 1,7 milligramme pour la riboflavine.

La lécithine et la choline sont bénéfiques

En tant que candidate au doctorat submergée par l'immense quantité de données qu'elle se voyait dans l'obligation d'étudier, Florence Safford a pris un complément de lécithine afin d'améliorer sa mémoire — et s'est ensuite empressée de parler à ses amis des résultats obtenus.

Aujourd'hui, ses nombreux amis n'ont plus à la croire sur parole. Vingt ans plus tard, le Dr Safford est professeur de sciences sociales et de gérontologie, et c'est à ce titre qu'elle a dirigé deux études contribuant à expliciter de quelle manière la lécithine et la choline, une vitamine du groupe B, peuvent stimuler la mémoire.

La lécithine est un additif alimentaire couramment utilisé dans la fabrication de produits alimentaires tels que crèmes glacées, margarine, mayonnaise et tablettes de chocolat ; son rôle est de contribuer à lier les matières grasses de ces aliments avec l'eau. En outre, la lécithine possède des qualités bénéfiques pour la santé ; elle augmente par exemple légèrement la quantité de choline dans le cerveau. Lorsque le taux de cette dernière augmente, cela signifie que l'acétylcholine est disponible en plus grande quantité, et ce neurotransmetteur est capital pour un bon fonctionnement de la mémoire.

Dans le cadre d'une étude, 61 volontaires âgés de 50 à 80 ans ont été divisés en deux groupes : 41 prenaient chaque jour deux cuillerées à soupe de lécithine, tandis que 20 ne recevaient qu'un placebo. Après cinq semaines, les participants qui avaient reçu de la lécithine obtenaient « une amélioration marquée » aux tests de mémoire et avaient moins de trous de mémoire que ceux qui n'avaient reçu qu'un placebo, relève le Dr Safford.

Dans une autre étude, 117 volontaires ont été divisés en trois groupes par tranches d'âge : 35 à 50 ans, 50 à 65 ans et 65 à 80 ans. Ces groupes furent ensuite divisés en sous-groupes, la moitié des participants de chaque groupe recevant 3,5 grammes par jour d'une forme de lécithine, tandis que les participants du groupe de contrôle ne recevaient qu'un placebo. Après trois semaines, poursuit le Dr Safford, ceux qui avaient reçu la lécithine signalaient près de moitié moins de trous de mémoire en moyenne.

« Ce qui est extraordinaire avec la lécithine, c'est que si elle doit être bénéfique, les résultats se font sentir immédiatement, souligne le Dr Safford. Il s'agit d'une des rares substances, avec l'alcool, qui soit capable de traverser la barrière hémato-encéphalique pour produire une réaction immédiate. » (La barrière hémato-encéphalique est une protection destinée à empêcher les substances nocives de parvenir jusqu'au cerveau. Comme un gardien armé à un poste de contrôle, la barrière hémato-encéphalique filtre les substances chimiques, ne laissant passer que certaines d'entre elles jusqu'au cerveau.)

Le Dr Safford recommande d'absorber chaque jour deux cuillerées à soupe de lécithine sous forme de granulés. Il suffit de la mélanger à des aliments comme le yoghurt, la compote de pomme ou les céréales.

Le fer et le zinc pour se rafraîchir les méninges

Les chercheurs ont démontré l'importance du fer et du zinc dans le développement intellectuel des nourrissons, mais il faut faire des recherches approfondies parmi les publications scientifiques avant de trouver des études montrant que ces minéraux peuvent également améliorer la mémoire chez l'adulte.

Dans le cadre d'une étude préliminaire de petite envergure, des chercheurs ont mesuré les effets d'une carence légère en zinc ou en fer sur la mémoire à court terme chez 34 femmes âgées de 18 à 40 ans, une tranche d'âge chez qui l'on constate généralement de faibles taux de ces deux minéraux.

Pendant huit semaines, les chercheurs ont administré à ces femmes soit 30 milligrammes de zinc, soit 30 milligrammes de fer, soit ces deux nutriments ensemble, ou encore un complément contenant également d'autres micronutriments. Un test d'aptitude intellectuelle a permis de constater une amélioration de 15 à 20 % de la mémoire à court terme chez celles qui avaient absorbé du zinc ou du fer, signale le Dr Harold Sandstead,

---

Prescriptions vitaminiques

Voici les nutriments que recommandent certains médecins pour nous aider à conserver une bonne mémoire.

Nutriment	Dose par jour
Complément B-complexe contenant	
Riboflavine	1,7 milligramme
Thiamine	1,5 milligramme
Vitamine B_6	2 milligrammes
Vitamine B_{12}	6 microgrammes
Fer	18 milligrammes
Zinc	15 milligrammes

professeur au service de médecine préventive et de santé publique à l'université du Texas.

Celles qui n'avaient pris qu'un complément de fer jouissaient d'une meilleure mémoire verbale à court terme, tandis que la mémoire visuelle, c'est-à-dire l'aptitude à se remémorer des images, s'améliorait autant grâce à un apport complémentaire de zinc que de fer.

Même si ces femmes, aux fins de l'étude susmentionnée, ont reçu un complément alimentaire, le Dr Sandstead est persuadé que les aliments sont de bien meilleures sources de ces nutriments. Les palourdes et les huîtres cuites à la vapeur, la crème de froment, les graines de soja et les graines de courge sont de bonnes sources de fer, tandis que les céréales complètes, le son de blé, le germe de blé, les fruits de mer et les viandes sont d'excellentes sources de zinc.

Les femmes en âge d'avoir leurs règles ont besoin de 2 à 2,5 milligrammes de fer par jour afin de compenser les pertes de ce minéral, explique le Dr Sandstead. (La Valeur quotidienne pour le fer est beaucoup plus élevée — 18 milligrammes — car l'organisme n'assimile pas la totalité du minéral absorbé.) « Chez les femmes qui ont des règles abondantes, ce taux augmente encore », poursuit-il. Les hommes ont besoin d'environ 1 milligramme de fer par jour.

Comment le fer peut-il être bénéfique pour la mémoire ? Les spécialistes sont persuadés qu'en augmentant la quantité de fer absorbée, nous contribuons notamment à la formation des neurotransmetteurs dont le rôle est si capital.

Afin de mieux comprendre le rôle du zinc dans les processus intellectuels, des chercheurs du centre de recherches sur la nutrition humaine du ministère de l'Agriculture des États-Unis à Grand Forks, dans le Dakota du Nord, ont fait absorber par dix hommes qui vivaient dans le centre du pays des repas contenant un, deux, trois, quatre ou dix milligrammes de zinc chaque jour, pendant cinq semaines pour chaque dose.

À l'issue de cette étude qui se poursuivit donc durant 25 semaines, les chercheurs ont constaté que durant la période où les hommes absorbaient dix milligrammes de zinc par jour, ils étaient mieux à même de se souvenir des formes et réagissaient plus rapidement devant des tâches motrices simples, note le Dr James G. Penland, principal chercheur dans ce centre et auteur de cette étude. « Nous avons constaté une amélioration très nette avec dix milligrammes par rapport aux autres doses, où les résultats restaient à peu près stationnaires », commente ce dernier.

Mais comment le zinc améliore-t-il la mémoire ? Il semblerait que la vitamine B$_6$ soit incapable de remplir son rôle en l'absence de zinc, explique le Dr Ebadi. « Sans le zinc, la forme active de la vitamine B$_6$ ne se constitue pas correctement dans le cerveau, et, par conséquent, les neurotransmetteurs clés ne se forment pas non plus », poursuit-il. De plus, les chercheurs ont constaté la présence de grandes quantités de zinc dans l'hippocampe, le centre de la mémoire du cerveau.

Selon plusieurs experts, certaines personnes âgées absorbent moins de la moitié du zinc dont elles auraient besoin. (La Valeur quotidienne pour le zinc est de 15 milligrammes.)

Ménopause (Problèmes liés à la)

Réinventer le climatère

Pour certaines femmes, la ménopause est une période très difficile, tandis que d'autres s'aperçoivent à peine qu'il se passe quelque chose.

Quoi qu'il en soit, en cette fin de siècle, un plus grand nombre de femmes que jamais dans l'histoire de l'humanité s'apprêtent à traverser cette phase délicate.

La ménopause n'est pas vraiment un événement isolé, mais bien plutôt un processus pouvant s'étaler sur une dizaine d'années, voire davantage. Dans la majorité des cas, le climatère survient entre 48 et 52 ans, mais les transformations liées à la ménopause commencent bien plus tôt. Il est fréquent que les femmes remarquent des modifications du cycle juste après quarante ans ou même avant. Les règles peuvent par exemple devenir plus courtes ou durer plus longtemps, être plus ou moins abondantes qu'auparavant ; elles peuvent survenir à intervalles plus rapprochés ou, au contraire, devenir moins fréquentes.

Le rôle des œstrogènes

C'est durant cette période, appelée périménopause, que les ovaires ralentissent progressivement la production des œstrogènes, les hormones féminines, et qu'une femme commence à en remarquer les effets sur son

corps. Mais pourquoi certaines femmes éprouvent-elles tant de désagréments
à la ménopause, alors que d'autres n'ont même pas une bouffée de chaleur ?

Peut-être cela tient-il au fait que chez certaines femmes, les taux
d'œstrogènes s'abaissent beaucoup plus que chez d'autres, suggère le
Dr Margo Woods, professeur adjoint en santé communautaire. Ce médecin
effectue des recherches concernant les effets du soja sur les symptômes liés
à la ménopause. Les femmes d'Asie, dont les taux d'œstrogènes avant la
ménopause sont plus faibles que chez les femmes occidentales, ont une
diminution moins radicale des taux d'œstrogène, ce qui pourrait expliquer
en partie pourquoi elles signalent moins de symptômes lors du climatère,
poursuit le Dr Woods. De nombreux chercheurs sont d'avis que
l'alimentation pourrait exercer une influence sur les symptômes liés à la
ménopause.

Réagir grâce aux phyto-œstrogènes

Si vous en avez assez de la ménopause, déménagez au Japon. Au pays
du soleil levant, les bouffées de chaleur et les sueurs nocturnes n'existent
pratiquement pas. « Les femmes orientales décrivent leur expérience de la
ménopause de manière si radicalement différente de celle des
Occidentales qu'on est en droit de se demander si elles parlent vraiment
de la même chose », souligne le Dr Margo Woods, professeur adjoint en
santé communautaire. Cette dernière poursuit des recherches sur le rôle
du soja dans le soulagement des symptômes liés à la ménopause.

Bien évidemment, ce n'est pas seulement l'endroit où vivent les
femmes japonaises qui fait que la ménopause n'est pas pour elle une
épreuve comme pour les Occidentales. Les chercheurs pensent que
cela tient plutôt à leur alimentation traditionnelle. Non seulement
celle-ci fournit davantage de protéines d'origine végétale et moins de
protéines animales qu'une alimentation de type occidental, mais elle
est en outre pauvre en matières grasses et contient une abondance de
produits à base de soja, comme le tofu. Ces types d'aliments sont une
excellente source de substances complexes d'origine végétale, les
phyto-œstrogènes, qui semblent capables d'imiter jusqu'à un certain
point l'activité biologique des hormones féminines.

« Les femmes japonaises de tous âges ont des taux d'œstrogènes
plus bas que leurs homologues occidentales, poursuit le Dr Wood.

D'autre part, chez certaines femmes plus chanceuses que d'autres (environ 25 à 30 %), la production d'œstrogènes ne cesse pas entièrement, ajoute le Dr Susan M. Lark, auteur de *Chronic Fatigue and Tiredness*, directrice du centre *PMS and Menopause Self-Help* et spécialiste des troubles de santé des femmes. Même une fois que leurs ovaires ont cessé la production d'œstrogènes, leurs surrénales et une petite partie de chaque ovaire, le stroma, continuent à produire cette hormone en faible quantité. Ces glandes ne fabriquent pas assez d'œstrogènes pour provoquer des règles, mais ils en produisent néanmoins suffisamment pour éviter les symptômes les plus désagréables de la ménopause, explique le Dr Lark.

« Le corps de certaines femmes est tout simplement un excellent producteur d'œstrogènes, poursuit-elle. Nous ne savons pas pour quelle raison. »

Nous pensions tout d'abord que ce fait était dû à leur alimentation pauvre en matières grasses et riche en fibres. Aujourd'hui, il semble s'avérer que les phyto-œstrogènes y sont également pour quelque chose. »

Le taux de phyto-œstrogènes contenu dans les aliments à base de soja varie considérablement d'une marque à l'autre, mais pour en obtenir une quantité comparable à celle que prennent habituellement les populations asiatiques, il suffit d'absorber chaque jour une ou deux portions de tofu, de graines de soja ou de lait de soja. On absorbe ainsi environ 35 milligrammes de phyto-œstrogènes, ce qui représente un taux acceptable proche du chiffre idéal, poursuit le Dr Woods.

Les femmes japonaises, précise ce médecin, mangent chaque jour entre 75 et 100 grammes de tofu.

« Si vous êtes sujette à des bouffées de chaleur et à des sueurs nocturnes et que vous ne tenez pas à prendre des hormones, je ne saurais trop vous recommander d'avoir recours aux phyto-œstrogènes. Ces derniers ne peuvent vous faire de mal, ajoute le Dr Woods. Les légumineuses, les légumes et les aliments à base de soja sont dénués de toxicité, nourrissants et bénéfiques pour l'organisme, que l'on soit ou non sujette aux bouffées de chaleur. »

Facteurs alimentaires

La ménopause offre à la femme une excellente occasion de passer en revue ses habitudes alimentaires afin d'y apporter quelques modifications judicieuses, souligne le Dr Susan M. Lark, auteur de *Chronic Fatigue and Tiredness*, directrice du centre *PMS and Menopause Self-Help* et spécialiste des troubles de santé des femmes. Les modestes changements indiqués ci-dessous, ajoute-t-elle, peuvent avoir un effet très bénéfique sur votre santé, non seulement durant la ménopause, mais également au cours des années à venir.

Moins de sel. Une alimentation trop salée peut contribuer à la rétention d'eau, précise le Dr Lark. « Il ne suffit pas de renoncer à saler nos aliments, souligne-t-elle. Je recommande à mes patientes d'éviter de manger dans les établissements de restauration rapide, d'abandonner les amuse-gueules salés et autres aliments industriels et de remplacer le sel de cuisson par de l'ail et des herbes aromatiques. »

Adoptez le café décaféiné. « Un certain nombre de travaux montrent que les femmes qui absorbent habituellement des boissons contenant de la caféine sont davantage sujettes aux bouffées de chaleur que celles qui s'en abstiennent », commente le Dr Lark. Absorbée en excès, la caféine augmente également l'anxiété, l'irritabilité et les sautes d'humeur. En effet, elle appauvrit les réserves de vitamines du groupe B dans l'organisme, ce qui pourrait avoir des conséquences assez graves chez certaines femmes périménopausées.

La femme n'exerce aucune influence sur la quantité d'œstrogènes que le corps continue à fabriquer, ajoute le Dr Lark. En revanche, maints autres facteurs sur lesquels une femme peut exercer un certain choix sont susceptibles d'atténuer les inconvénients de la ménopause. « Les femmes qui évitent le stress, qui n'absorbent que peu de caféine et qui font régulièrement de l'exercice physique supportent bien mieux la ménopause que les autres », poursuit-elle.

« Les recherches n'offrent pas une confirmation très nette de cette constatation, mais mon expérience semble indiquer que les femmes qui sont sujettes au syndrome prémenstruel et qui éprouvent de pénibles crampes durant leurs règles ont également davantage de bouffées de chaleur et d'autres symptômes liés à la ménopause », souligne le Dr Lark. Une fois de

Le Dr Lark recommande soit de réduire radicalement le volume de boissons contenant de la caféine que l'on absorbe habituellement, soit d'y renoncer entièrement. Afin d'éviter le syndrome de sevrage qui peut se produire lorsque l'on élimine brutalement la caféine, et qui se manifeste sous forme d'irritabilité et de maux de tête, elle suggère de diminuer progressivement la quantité de caféine absorbée. N'oubliez pas que le thé, le chocolat et les boissons à base de cola contiennent également de la caféine, souligne-t-elle encore.

Renoncez à l'alcool. Les boissons alcoolisées, qui privent l'organisme de ses réserves de vitamines du groupe B, perturbent l'aptitude du foie à métaboliser les hormones et peuvent aggraver les bouffées de chaleur, poursuit le Dr Lark. « En outre, les excès de boisson sont un facteur de risque d'ostéoporose, un trouble que toutes les femmes périménopausées devraient prendre à cœur », ajoute-t-elle. S'il vous est impossible de renoncer totalement aux cocktails, elle vous conseille de limiter votre consommation à une ou deux boissons par semaine.

Mangez davantage de fruits et de légumes. Les produits frais contiennent une abondance de vitamines et de minéraux d'importance vitale, souligne le Dr Lark. De plus, comme ils contiennent peu de matières grasses et beaucoup de fibres, le fait de manger davantage de fruits et de légumes peut contribuer à empêcher une prise de poids qui est souvent un problème chez les femmes périménopausées, selon ce médecin.

plus, le mode de vie joue un rôle. « Ce sont souvent des femmes dont l'existence est soumise à un stress permanent, qui s'alimentent mal et ne savent pas bien faire face dans la vie », affirme-t-elle.

Enfin, il semblerait que la nutrition joue un rôle important pour déterminer si une femme aura une ménopause supportable ou difficile. Voici ce que les experts suggèrent de faire pour rendre la transition aussi douce que possible.

La vitamine E éteint les bouffées de chaleur

Une bouffée de chaleur — cette impression que le visage et le cou sont brusquement devenus brûlants et qui donne envie d'aller se cacher dans une glacière — peut survenir n'importe quand et n'importe où : chez soi, au travail, tandis que l'on conduit la voiture en plein embouteillage ou même durant le sommeil.

Résultant de modifications hormonales, les bouffées de chaleur subsistent généralement pendant trois à cinq minutes, mais elles peuvent donner l'impression que cela dure une éternité. Certaines femmes ont des rougeurs soudaines, transpirent abondamment et ont même des palpitations. D'autres ont des rougeurs si légères qu'elles s'en aperçoivent à peine. Environ 80 % de toutes les femmes ont des bouffées de chaleur à un moment ou un autre au cours de la ménopause.

Les recherches montrent que les femmes maigres sont plus sujettes aux bouffées de chaleur que celles qui sont plus enveloppées. Cela s'explique par le fait que même lorsque les ovaires ont cessé de fabriquer des hormones, les cellules adipeuses continuent à générer de petites quantités d'œstrogènes. Ainsi, les femmes qui ont beaucoup de cellules adipeuses ne subissent pas un sevrage d'œstrogènes aussi brutal que leurs consœurs plus minces.

Il est possible de soulager les bouffées de chaleur grâce à l'hormono-thérapie de substitution, mais une autre possibilité moins radicale peut également être envisagée : la prise quotidienne d'un complément de vita-mine E.

La vitamine E, explique le Dr Lark, est capable de remplacer les œstro-gènes. Divers travaux ont montré qu'elle pouvait soulager les bouffées de chaleur, les sueurs nocturnes, les sautes d'humeur et même la sécheresse vaginale. « Pour la femme périménopausée, la vitamine E est véritablement un élément essentiel de tout protocole de traitement faisant appel à un apport complémentaire de nutriments », souligne-t-elle.

Si la vitamine E est si efficace, comment se fait-il que votre médecin ne vous l'ait pas déjà recommandée ? Sans doute n'en a-t-il jamais entendu parler, ou, dans le cas contraire, attend-il de connaître l'existence de preuves scientifiques concrètes quant à son efficacité. Hélas, ces dernières n'existent pas. Un certain nombre d'études ont été effectuées dans les années 1940 quant à un rôle éventuel de la vitamine E durant la ménopause, mais ce rôle n'a fait l'objet d'aucune recherche récente. De nombreux médecins qui font appel à la nutrithérapie dans l'exercice de leur art en recommandent toutefois un apport complémentaire, et constatent que ce remède est sou-vent efficace.

S'il vous arrive d'avoir des bouffées de chaleur et que vous souhaitez prendre de la vitamine E, le Dr Lark recommande une dose relativement élevée : environ 800 unités internationales par jour. Mais, ajoute-t-elle, s'il est vrai qu'une telle dose de vitamine E est dénuée de toxicité, il est toujours judicieux d'obtenir au préalable l'avis de votre médecin traitant avant d'en absorber des doses aussi élevées, surtout si vous êtes atteinte de diabète ou d'hypertension artérielle.

Des nutriments pour mettre fin aux saignements

Nombreuses sont les femmes qui abordent la ménopause avec l'idée préconçue que les règles vont devenir moins abondantes dans un premier temps, pour finalement cesser complètement. Bien au contraire, chez d'innombrables femmes, les règles sont plus abondantes que jamais durant toute cette période.

Sans parler de l'aspect gênant — les saignements de la périménopause étant souvent si irréguliers qu'une femme doit être prête à faire face à toute éventualité, partout et à n'importe quel moment —, le Dr Lark fait en outre remarquer que les pertes de sang abondantes et fréquentes peuvent sérieusement compromettre les réserves de fer de l'organisme.

Il est possible de remédier efficacement aux saignements abondants en ayant recours à la nutrithérapie, poursuit le Dr Lark. « Certains travaux ont montré qu'un apport complémentaire de fer pris quotidiennement peut non seulement contribuer à remplacer le fer éliminé lors des pertes de sang, mais qu'il peut également diminuer l'importance des saignements lors des règles ultérieures », souligne-t-elle.

Une femme ayant des règles trop abondantes peut également bénéficier d'un apport complémentaire de vitamine C et de bioflavonoïdes, poursuit-elle. Ces derniers sont des substances chimiques complexes liées à la vitamine C ; on les trouve dans de nombreux agrumes, et ils sont également inclus dans un certain nombre de compléments alimentaires.

« La vitamine C et les bioflavonoïdes permettent tous deux de diminuer les saignements en renforçant les parois des capillaires, qui sont particulièrement affaiblies immédiatement avant et durant les règles », explique le Dr Lark. En outre, puisque les bioflavonoïdes possèdent des propriétés chimiques très comparables à celles des œstrogènes, ils peuvent également être bénéfiques en atténuant divers désagrément comme les bouffées de chaleur, sueurs nocturnes et sautes d'humeur. Ce médecin recommande de prendre chaque jour un complément contenant au moins 1 000 milligrammes de vitamine C et 800 milligrammes de bioflavonoïdes.

Étant donné que la vitamine C aide l'organisme à absorber le fer plus efficacement, le Dr Lark recommande de prendre ces deux nutriments ensemble. Si vous prenez un complément de multivitamines et de minéraux, assurez-vous qu'il contient bien de la vitamine C et du fer. Une autre possibilité consiste à prendre un complément de fer, en dose d'environ 15 milligrammes, accompagné d'un verre de jus d'orange. Peut-être avez-vous la chance de posséder une centrifugeuse ; si tel est bien le cas, poursuit le Dr Lark, vous obtiendrez une dose abondante de bioflavonoïdes en réduisant en jus l'orange imparfaitement pelée, dont vous aurez conservé la pulpe blanche protectrice.

Le complexe-B contre la dépression

La dépression est un autre phénomène courant aux alentours de la ménopause, mais les spécialistes ignorent jusqu'à quel point elle est due aux fluctuations hormonales et jusqu'à quel point elle tient au fait qu'une femme d'une quarantaine d'années est bien souvent confrontée à de nombreux stress quotidiens.

Quelle qu'en soit la cause précise, le stress émotionnel peut vider l'organisme de ses réserves de vitamines du groupe B, souligne le Dr Lark, ce qui suffit à rendre une femme épuisée, anxieuse et irritable.

« Des taux élevés d'œstrogènes peuvent également pomper les réserves de vitamine B_6, provoquant la dépression, poursuit-elle. C'est parfois le cas chez les femmes qui prennent la pilule ou suivent un traitement d'hormono-thérapie substitutive, et certaines femmes périménopausées passent par une période où les taux d'œstrogènes sont très élevés. » La vitamine B_6 joue également un rôle important en aidant le foie à réguler les taux d'œstrogènes, ajoute le Dr Lark.

La vitamine B_6 doit toujours être absorbée sous forme de complément offrant toute la gamme des vitamines du groupe B, souligne-t-elle en suggérant un complément de vitamines de ce groupe contenant respecti-vement 50 milligrammes de thiamine et de niacine, et 30 milligrammes de B_6.

Faire face à une ménopause provoquée

Si la plupart des femmes ont l'occasion de traverser la ménopause de manière naturelle, en passant par des changements progressifs, d'autres en revanche doivent faire face à un arrêt bien plus brutal des cycles menstruels.

Prescriptions vitaminiques

Des travaux scientifiques restent à faire, mais un certain nombre de médecins ont constaté que divers nutriments pourraient aider bien des femmes à éviter les troubles liés à la ménopause. Voici leurs recommandations.

Nutriment	Dose par jour
Complément de vitamines du groupe B contenant :	
Niacine	50 milligrammes
Thiamine	50 milligrammes
Vitamine B_6	30 milligrammes
Fer	15 milligrammes
Vitamine C	1 000 milligrammes
Vitamine E	800 unités internationales

MISE EN GARDE : *Si vous envisagez de prendre de la vitamine E en doses supérieures à 600 unités internationales par jour, il est préférable d'en parler d'abord à votre médecin. Ne prenez pas de vitamine E sous forme de complément alimentaire si des médicaments anticoagulants vous ont été prescrits.*

Chaque année, des milliers de femmes subissent en effet une hystérectomie, c'est-à-dire l'ablation chirurgicale de l'utérus et parfois des ovaires, pour des raisons très diverses — infection pelvienne, endométriose ou cancer.

Dans la majorité des cas, les ovaires restent intacts, continuant à produire des œstrogènes jusqu'à ce que la femme parvienne tout naturellement à la ménopause. En revanche, lorsque les ovaires sont enlevés en même temps que l'utérus par un acte chirurgical appelé hystérectomie totale, la femme subit de ce fait une ménopause chirurgicale, avec les mêmes symptômes que toute autre femme lorsqu'elle traverse la ménopause de manière naturelle.

Précisément parce qu'elle se produit de manière si brutale, une ménopause chirurgicale peut entraîner des symptômes bien plus marqués, souligne le Dr Lark.

Toute femme devant subir une hystérectomie peut bénéficier des mêmes stratégies nutritionnelles qui sont bénéfiques aux femmes durant la période d'une ménopause naturelle, précise-t-elle encore. « Pour l'organisme, il s'agit bel et bien d'un seul et même processus », conclut-elle.

Migraine

❖

En finir avec la douleur

Les coups de marteau qui résonnent à l'intérieur de votre crâne sont absolument horribles, comme si quelqu'un s'amusait à jouer du tambour sur votre tête. Si cela peut vous consoler, vous n'êtes pas le seul à dissimuler dans votre boîte crânienne une véritable batterie sonore : à en croire les statistiques, près de 9 millions de Français souffrent chaque année de maux de tête.

Quoique les céphalées dues à la tension nerveuse soient de loin le type de maux de tête le plus courant, les migraines chroniques sont la cause la plus fréquente qui pousse la victime désespérée à consulter son médecin afin d'obtenir un soulagement. « J'emploie effectivement le terme de victime pour désigner les sujets souffrant de maux de tête chronique, car il s'agit d'un syndrome extrêmement déplaisant, déclare le Dr Burton M. Altura, professeur de physiologie et de médecine en université. Sans parler des abominables douleurs, ces malheureux sont en outre extrêmement sensibles à la lumière et au bruit. Le moindre claquement de doigts ou applaudissement lorsqu'ils sont à proximité peut provoquer des douleurs insupportables. »

Le mal de tête unilatéral et lancinant appelé migraine est plus courant chez les femmes ; elles représentent environ 75 % des personnes sujettes aux migraines. Celles-ci ne respectent pas l'égalité des sexes, mais leur gravité peut être extrême. Certaines sont si fortes qu'elles peuvent provoquer une insensibilité des membres, des hallucinations, des nausées et des vomissements.

Heureusement, la recherche médicale a réussi à mettre au point un certain nombre de thérapies à base de vitamines et de minéraux qui pourraient s'avérer utiles pour les personnes qui n'ont réussi à obtenir aucun soulagement par d'autres méthodes.

Utilité des vitamines du groupe B

Cinquante-cinq litres de sirop de chocolat. Neuf cents bols de corn flakes. Ces quantités gargantuesques suffiraient à prévenir la migraine, mais l'ennui, c'est que l'on risquerait d'avoir d'abord des maux d'estomac. En effet, de tels aliments contiennent une dose gigantesque de riboflavine, un nutriment capable de soulager les pires céphalées, selon certaines recherches.

Heureusement pour les 49 participants à une étude belge portant sur les maux de tête, ils ont eu la possibilité de prendre des compléments alimentaires pour obtenir la dose quotidienne de 400 milligrammes nécessaire pour obtenir un soulagement. Les sujets migraineux qui participaient à cette étude ont reçu cette dose élevée (représentant environ 235 fois la Valeur quotidienne) chaque jour pendant trois mois. Chaque jour, parallèlement à la riboflavine, 23 des participants à cette étude ont également pris une faible dose d'aspirine.

Lorsque l'étude prit fin, la gravité des migraines avait diminué de près de 70 % dans les deux groupes par comparaison avec ce qu'elle était au début de l'étude. L'aspirine n'y avait rien changé.

Comment expliquer l'efficacité d'un nutriment comme la riboflavine ? Chez un pourcentage des sujets migraineux, les chercheurs ont remarqué un déficit dans certains générateurs d'énergie au sein des cellules cérébrales. Ils soupçonnent que le fait d'inonder l'organisme de riboflavine pourrait indirectement contribuer à régénérer ce système énergétique défaillant et en quelque sorte court-circuiter les douleurs liées aux migraines.

Si des études scientifiques rigoureuses devaient ultérieurement confirmer ces résultats préliminaires, l'intérêt de la riboflavine serait que ce nutriment risque moins d'entraîner des effets indésirables que les médicaments habituellement employés pour prévenir les maux de tête (quoique nul ne sache vraiment quels pourraient être les effets à long terme d'une dose aussi élevée de riboflavine).

« Ce n'est pas un remède auquel j'aurais recours comme stratégie d'attaque, car nous disposons d'autres substances dont l'efficacité est prouvée, déclare le Dr Seymour Solomon, professeur de neurologie en université. En revanche, puisque ce traitement semble à peu près dénué de toxicité, il

(suite page 496)

Facteurs alimentaires

Quantité d'aliments contiennent des substances chimiques capables de provoquer de graves maux de tête. En voici un certain nombre qu'il est préférable d'éviter, selon les experts en nutrition.

Pas de glutamate de sodium. Souvent employé dans les restaurants et les aliments industriels (potages tout prêts, vinaigrettes et viandes en boîte), cet exhausteur de saveur, également représenté par l'abréviation MSG (monosodium glutamate, en anglais), même absorbé en faible quantité, peut provoquer chez les personnes sujettes aux maux de têtes de graves céphalées ainsi que des rougeurs et des fourmillements, selon le Dr Seymour Diamond, directeur de la Fondation nationale des maux de tête et de la *Diamond Headache Clinic*. En fait, une étude a montré qu'environ 30 % de ceux qui absorbent des aliments chinois présentent ces mêmes symptômes. D'autres recherches restent à faire, mais il semblerait que le MSG joue le rôle de vasodilatateur, c'est-à-dire qu'il ouvre d'abord les vaisseaux sanguins de la tête pour les refermer ensuite. Cela correspond exactement à ce qui se produit en cas de migraine.

En raison de la mauvaise presse qui lui est faite depuis quelque temps, le glutamate de sodium est plus difficile à repérer que jamais sur les étiquettes de produits alimentaires. Il est fréquent, par exemple, que des appellations telles que « saveur naturelle » et « protéine végétale hydrolysée » servent à cacher le MSG dans toutes sortes de préparations industrielles (repas surgelés, frites, sauces et viandes en conserve).

Plus de nitrites. Souvent utilisés comme agents de conservation dans les hot dogs, le salami, le lard et autres salaisons, les nitrites sont une cause avérée de migraines, affirme le Dr Diamond.

Renoncez à la caféine. Sur ce point, les experts ne sont pas d'accord. Café, cola et thé contiennent tous de la caféine ; cette dernière peut exercer un effet vasoconstricteur, gênant le débit sanguin à travers les vaisseaux sanguins de la tête.

« Il est possible qu'une petite quantité de caféine puisse soulager le mal de tête, mais tout excès de cette substance entraîne soit un effet rebond, soit un syndrome de privation », commente le Dr Herbert C. Mansmann, Jr., professeur de pédiatrie et professeur adjoint en médecine. Quoi qu'il en soit, il suffit de deux tasses par jour de boisson contenant de la caféine pour priver notre organisme d'une précieuse quantité de magnésium, fait-il remarquer.

Conclusion ? Si la migraine est un problème pour vous, efforcez-vous pendant quelque temps d'éviter la caféine afin de mieux vous rendre compte s'il vous est possible d'obtenir ainsi une amélioration, suggère le Dr Mansmann.

Attention à l'aspartame. Peu d'études ont mis en évidence une interaction directe entre cet édulcorant artificiel et les maux de tête, mais certaines personnes signalent néanmoins que l'aspartame peut leur causer des problèmes, selon le Dr Diamond. « Je conseille généralement de voir si l'absorption d'aspartame est bien supportée, et, dans le cas contraire, lorsqu'on est à peu près certain que c'est bien cette substance qui a provoqué des maux de tête, d'éviter d'en absorber désormais », précise-t-il.

Afin de déterminer si cet aliment (ou n'importe quel autre) est à l'origine de vos maux de tête, tenez pendant un mois un journal où vous consignerez tout ce que vous aurez mangé, ainsi que vos maux de tête. Si vous soupçonnez l'un des aliments que vous absorbez habituellement d'être à l'origine du trouble, bannissez-le de votre alimentation afin de vérifier s'il s'agit bien du coupable, conseille le Dr Diamond.

Méfiez-vous de la tyramine. Il est stupéfiant d'apprendre que 30 % des patients souffrant de migraines semblent présenter une sensibilité envers un acide aminé, la tyramine. Cette substance est présente dans les aliments suivants : fromages vieux, hareng au vinaigre, foie de poulet, figues en conserve, produits de boulangerie frais à base de levure, haricots de Lima, haricots italiens, lentilles, symphorine, haricots blancs, haricots pinto, cacahuètes, graines de tournesol, graines de courge et graines de sésame ; pour beaucoup de gens, affirme le Dr Diamond, la tyramine est synonyme de migraine. Écartez ces aliments pendant un temps afin de mieux vous rendre compte si cela vous apporte un soulagement, conseille ce dernier.

Moins de chocolat. Le chocolat contient une substance chimique, la phényléthylamine, qui peut provoquer des maux de tête au même titre que la tyramine, précise le Dr Diamond.

(à suivre)

Facteurs alimentaires — Suite

Renoncez à l'alcool. L'alcool peut en effet dilater les vaisseaux sanguins du cerveau, provoquant ainsi des maux de tête, poursuit le Dr Diamond. De plus, le fait de boire des spiritueux peut être doublement pernicieux, car les alcools forts comme le whisky contiennent à la fois des impuretés et des substances chimiques que l'on qualifie de congénères, dont la présence aggrave encore cet effet, souligne-t-il.

---

serait utile d'en explorer l'efficacité pour des patients qui n'ont pu obtenir aucun soulagement par les thérapies habituelles. »

Quoique la riboflavine soit généralement dénuée de toxicité, il est toujours judicieux d'obtenir l'avis de votre médecin avant d'en absorber une dose aussi élevée.

Relation entre le magnésium et les migraines

Un nombre toujours croissant de médecins sont persuadés que dans de nombreux cas parmi les plus graves, la migraine pourrait être causée par un déséquilibre de minéraux essentiels tels que le magnésium et le calcium.

« Ce déséquilibre ne suffit pas à expliquer tous les cas de maux de tête, mais nous savons à présent que le magnésium joue un rôle dans 50 à 60 % des migraines. C'est d'ailleurs probablement la raison pour laquelle aucun médicament sur prescription actuellement proposé par l'industrie pharmaceutique n'est capable de traiter avec succès tous les types de maux de tête chez l'ensemble des sujets concernés. En effet, ils ne traitent tout simplement pas la cause du problème », poursuit le Dr Altura.

« Sur les 17 personnes que nous avons traitées à l'aide du magnésium, 13 ont constaté une amélioration complète », ajoute le Dr Herbert C. Mansmann, Jr., professeur de pédiatrie et professeur adjoint en médecine.

La possibilité d'une interaction entre le magnésium et les migraines n'est pas encore acceptée par l'ensemble des spécialistes. Le Dr Altura précise d'ailleurs qu'à la suggestion d'un chercheur éminent dans le domaine des maux de tête, l'une de ses études sur le magnésium avait été rejetée par une publication médicale très connue. (Peu de temps après, cette étude avait été publiée par un autre journal.)

En revanche, les preuves s'accumulent quant à l'efficacité du magnésium dans le traitement des migraines. « Il ne fait aucun doute que les publications scientifiques en confirment fortement l'efficacité, poursuit le Dr Mansmann. Les soi-disant experts en maux de tête n'ajoutent pas foi aux données parce qu'ils ignorent tout du mécanisme d'apparition du déficit magnésien à l'intérieur des cellules. »

Afin de comprendre pour quelles raisons le magnésium pourrait apporter un soulagement, il est utile d'examiner par quel processus les maux de tête se produisent.

Les spécialistes pensent que les migraines sont provoquées par des changements vasculaires, c'est-à-dire des modifications des vaisseaux sanguins, qui diminuent le débit sanguin ou le débit d'oxygène à travers le cuir chevelu et le cerveau. Quelle est la cause de ces modifications vasculaires ? Il peut s'agir de divers facteurs tels que des contractions musculaires lorsque l'individu concerné doit faire face au stress, et de l'action de substances chimiques, les catécholamines et la sérotonine, qui circulent dans le sang. Un taux de sérotonine trop élevé peut ralentir le débit sanguin ; en revanche, un taux trop bas peut amener le sang à circuler trop rapidement, explique le Dr Altura.

Si les chercheurs qui adhèrent à la médecine officielle savent depuis longtemps que les fluctuations des taux de sérotonine et de catécholamine sont à l'origine des douleurs liées à la migraine, le Dr Altura souligne qu'il n'est de loin pas évident de mettre fin à ces fluctuations. L'aspirine, par exemple, inhibe temporairement les effets de la sérotonine, mais ne fait rien pour empêcher une migraine de revenir plus tard, précise-t-il.

Le Dr Altura fait remarquer qu'il fut le premier à prouver qu'une perte de magnésium en provenance du cerveau est à l'origine du problème. Lorsque les taux de magnésium sont trop faibles, la sérotonine s'écoule librement, resserrant les vaisseaux sanguins et libérant d'autres substances chimiques susceptibles de produire des douleurs, comme la substance P et les prostaglandines, relève-t-il. Non seulement des taux normaux de magnésium empêchent la libération de ces substances capables d'engendrer la douleur, mais ils en stoppent en outre les effets, note le Dr Altura.

Le Dr Mansmann soutient que la carence en magnésium est très probablement une cause courante de migraines. Diverses études ont montré que la plupart des gens n'absorbent pas assez de magnésium, dont la Valeur quotidienne est de 400 milligrammes. En France, près de 60 % des hommes et de 80 % des femmes ont un apport en magnésium inférieur à la valeur recommandée.

De surcroît, divers facteurs ont pour effet de priver l'organisme d'une certaine quantité de magnésium, comme par exemple la caféine, fournie ne serait-ce que par deux tasses de café par jour, ou certaines substances chimiques contenues dans la plupart des médicaments contre l'asthme. « Nous savons que beaucoup de gens n'absorbent pas une quantité suffisante de magnésium. Nous savons aussi qu'un grand nombre de médicaments, comme les diurétiques (médicaments destinés à favoriser l'élimination de l'eau), ainsi que divers médicaments cardiovasculaires, peuvent augmenter les pertes magnésiennes. Nous savons en outre que les diabétiques ayant une glycémie élevée perdent beaucoup plus de magnésium à travers l'urine et, par conséquent, sont exposés à un risque de carence en magnésium », souligne le Dr Karen Kubena, professeur adjoint en nutrition. Même le stress, une cause fréquente de migraines, peut épuiser les réserves de magnésium de l'organisme, renchérit le Dr Mansmann.

Se fondant sur ses propres dossiers, le Dr Altura calcule que 50 à 60 % de ses patients migraineux ont un déficit magnésien. En revanche, souligne-t-il, il est fréquent qu'ils obtiennent un soulagement immédiat dès le début de leur traitement. « Nous sommes en mesure de dire que 85 à 90 % de ces patients peuvent être traités avec succès, et c'est assez miraculeux », poursuit-il.

Mais alors, se pourrait-il qu'il suffise pour prévenir les migraines d'absorber quotidiennement un apport complémentaire de magnésium dépassant la dose indispensable à l'organisme ? Selon le Dr Altura, cela reste difficile à dire. « J'aimerais bien être en mesure de l'affirmer, mais cela m'est impossible en fonction de ce que nous savons à l'heure actuelle ; je pense néanmoins que c'est effectivement le cas », déclare ce médecin.

Dans l'expérience du Dr Mansmann, le plus efficace est un complément de gluconate de magnésium. « L'avantage est que, à dose égale, le gluconate de magnésium ne provoque que le tiers des diarrhées dues à l'oxyde de magnésium, et la moitié des diarrhées produites par le chlorure de magnésium », souligne-t-il en ajoutant que, de plus, le magnésium sous cette forme est assimilé plus rapidement par l'organisme.

Quelle est la différence ? Le gluconate de magnésium est plus actif sur le plan biologique. « La forme active du magnésium est le magnésium ionisé. Lorsqu'une substance est liée chimiquement, on pourrait dire qu'elle est neutralisée, pour faire appel à la terminologie de *la Guerre des étoiles*.

Prescriptions vitaminiques

Les compléments alimentaires de vitamines et de minéraux ne sauraient certes constituer le traitement d'attaque en cas de migraine, mais il existe une ou deux approches thérapeutiques qui pourraient se révéler efficaces là où tous les autres traitements ont échoué. Voici ce que recommandent plusieurs experts.

Nutriment	Dose par jour
Magnésium	3 000 milligrammes (gluconate de magnésium), à fractionner en 3 doses
Riboflavine	400 milligrammes

MISE EN GARDE : *Les doses préconisées pour ces deux nutriments sont extrêmement élevées. Si vous souhaitez prendre l'un ou l'autre de ces compléments alimentaires pour traiter la migraine, discutez-en au préalable avec votre médecin.*

Les personnes souffrant de troubles rénaux ou cardiaques ne doivent prendre de magnésium sous forme de complément alimentaire que sous la surveillance d'un médecin.

Lorsqu'elle est ionisée, elle est disponible pour remplir le rôle qu'elle est censée jouer, qui, dans ce cas précis consiste vraisemblablement à empêcher les vaisseaux sanguins du cerveau et du cuir chevelu de se contracter », explique le Dr Kubena.

Le Dr Mansmann recommande à ses patients migraineux de prendre deux pastilles de gluconate de magnésium de 500 milligrammes chacune à l'heure du déjeuner, deux dans le courant de l'après-midi et deux à l'heure du coucher, en augmentant cette dose chaque semaine jusqu'à ce que les selles deviennent molles, ce qui indique alors la présence de taux suffisants de magnésium dans l'organisme.

Si vous décidez d'avoir recours à cette thérapie, il est important de le faire avec l'aide d'un médecin qui accepte de surveiller l'évolution de votre état de santé. (Les sujets atteints de troubles rénaux ou cardiaques ne doivent absorber un apport complémentaire de magnésium que sous surveillance médicale.)

Le calcium joue un rôle

Même en surveillant vos taux de magnésium avec la plus grande attention, vous resterez exposé aux migraines pour peu que votre taux de calcium soit insuffisant. En effet, le magnésium et le calcium sont synergiques.

Il semblerait qu'en cas de taux sanguins de calcium plus élevés que la normale, l'organisme expulse le surplus, ce qui entraîne à son tour une perte de magnésium.

« Prenez le cas de quelqu'un dont le taux de magnésium sanguin est juste suffisant, tandis que le taux sanguin de calcium est trop élevé. Lorsque le calcium est excrété, le magnésium disparaît avec lui. D'un moment à l'autre, cette personne pourrait se retrouver en déficit de magnésium », explique le Dr Kubena.

À vrai dire, ajoute le Dr Altura, ce sont précisément les personnes qui ont un faible taux de magnésium et un taux de calcium trop élevé que l'on parvient le mieux à traiter grâce à une thérapie magnésienne.

Mucoviscidose

◆

Le rôle crucial de la nutrition

Lorsque des chercheurs enthousiastes ont fait savoir à l'occasion d'une conférence de presse qu'ils avaient découvert le gène responsable de la mucoviscidose, une maladie héréditaire potentiellement mortelle qui frappe dès la petite enfance, encombrant les poumons par l'accumulation d'un mucus épais, cette nouvelle a généré des remous d'excitation à travers la douzaine de centres spécialisés dans le traitement de la mucoviscidose sur l'ensemble du territoire américain.

Peut-être bien faudra-t-il une autre décennie de travail pour découvrir un moyen de réparer le gène défaillant, ont conclu les chercheurs, mais nous disposons d'ores et déjà d'un traitement curatif.

« Aujourd'hui, tous ceux qui sont appelés à soigner des enfants atteints de mucoviscidose et à être en contact avec leur famille accomplissent leur tâche avec un espoir nouveau, par rapport à ce qu'il était possible de faire il n'y a que quelques années, souligne le Dr Virginia Stallings, directeur de la nutrition dans un hôpital pédiatrique. Autrefois, ce trouble était considéré comme une maladie mortelle. Nous savons aujourd'hui que plus nous parviendrons à prolonger le nombre d'années passées en excellente santé, plus nous augmenterons les chances d'obtenir une guérison grâce à une thérapie nouvelle. »

Certains experts sont convaincus que la nutrition est un élément majeur de cette possibilité.

Mourir de faim entouré d'abondance

Il y a seulement quinze ans, la plupart des enfants atteints de mucoviscidose dès leur naissance ne parvenaient jamais à l'âge adulte. L'épais mucus généré par leurs glandes sécrétoires obstruait leurs voies respiratoires et leur tube digestif, encourageant la prolifération des bactéries qui engendraient fréquemment des infections pulmonaires potentiellement mortelles.

Aujourd'hui, la moitié au moins de ces enfants grandissent et parviennent jusqu'à la trentaine, parfois même au-delà. À présent que les femmes atteintes de ce trouble commencent à avoir une meilleure espérance de vie et restent en bonne santé, il arrive même que certaines d'entre elles aient un enfant ; cet événement, à marquer d'une pierre blanche, fait courir au sein de la communauté médicale des vagues d'extase tempérées toutefois d'une certaine inquiétude, car il s'agit maintenant de trouver comment faire pour les aider.

L'ennui, c'est que même sans avoir à nourrir une autre vie, toute personne atteinte de mucoviscidose a beaucoup de mal à obtenir les nutriments de base dont son corps a besoin.

Chez les sujets en bonne santé, le mucus à l'intérieur du tube digestif est gluant et de consistance légère, ce qui facilite le passage des aliments le long du tractus alimentaire, puis le passage des nutriments provenant des aliments digérés à travers la paroi de l'intestin. Les nutriments se retrouvent ensuite dans le courant sanguin afin d'être véhiculés dans toutes les parties du corps, explique le Dr Donna Mueller, professeur adjoint en nutrition et alimentation. Chez les sujets atteints de mucoviscidose, en revanche, le tube digestif est recouvert d'une couche de mucus si épaisse qu'une grande partie, voire la plupart des nutriments sont incapables de traverser la paroi de l'intestin pour aboutir dans le courant sanguin. C'est la raison pour laquelle

(suite page 504)

Facteurs alimentaires

Certaines des recommandations diététiques qui s'appliquent à la majorité de la population pourraient être franchement préjudiciables aux sujets atteints de mucoviscidose.

« Tout est à inverser, explique le Dr Donna Mueller, professeur adjoint en nutrition et alimentation. Lorsque l'on est atteint de mucoviscidose, le type de nutrition judicieuse qu'il convient d'absorber peut sembler en contradiction flagrante avec tout ce que nous avons appris. »

Cela peut aller très loin, ajoute le Dr Mueller, au point que « nous sommes amenés à dire à nos patients qu'il est idéal d'aller manger dans les établissements de restauration rapide, car les aliments qu'ils proposent sont saturés de matières grasses, de sodium et de protéines ! »

Voici un certain nombre d'autres recommandations « draconiennes » s'appliquant aux personnes atteintes de mucoviscidose.

Gorgez-vous de nourriture. « Absorbez plein de calories », souligne le Dr Mueller. En effet, la mucoviscidose exige beaucoup d'énergie métabolique. Et le seul moyen de s'en procurer est de se bourrer d'aliments très caloriques. Mangez peu de crudités, qui ne sont pas très caloriques, et précipitez-vous plutôt sur des aliments de grande densité énergétique comme les hamburgers, les milk-shakes et le cheese cake (type de gâteau au fromage blanc).

Mangez gras. « Les patients atteints de mucoviscidose ont besoin de matières grasses, poursuit le Dr Mueller. Pour eux, ce serait fantastique s'ils absorbaient une alimentation dont les matières grasses représentent au moins 30 % de l'apport énergétique, voire davantage — au lieu de s'efforcer comme la plupart d'entre nous de limiter à 30 %, ou moins encore, l'apport énergétique en provenance de matières grasses. »

Ajoutez une portion supplémentaire de beurre ou de margarine sur vos tartines et plats de légumes, de pâtes, de pommes de terre ou de riz. Versez une généreuse quantité de crème fouettée sur vos desserts, dans le café et le chocolat chaud. Nappez de crème acidulée les fruits et les pommes de terre en robe des champs. Régalez-vous de sauces à base de viande ou de matières grasses. Quant aux petites portions de crudités que vous absorberez, arrosez-les d'huile authentique plutôt que d'avoir recours à une vinaigrette à teneur réduite en matières grasses, d'autant plus que les huiles végétales contiennent davantage de vitamine E. Et vous n'avez aucune raison de vous priver de pizza !

Évitez les fritures. Même si les aliments riches en matières grasses sont l'idéal pour vous, n'allez pas vous imaginer pour autant que vous devez manger des fritures grasses afin d'absorber plus de matières grasses alimentaires, souligne le Dr Mueller. La digestion des fritures nécessite davantage de bile, dont le rôle est d'isoler ces quantités supplémentaires de matière grasse afin que les enzymes digestives puissent décomposer les aliments. Chez les personnes atteintes de mucoviscidose, en revanche, la bile n'est justement pas très abondante.

Salez vos aliments. « Lorsqu'un individu est atteint de mucoviscidose, les glandes sudoripares sont également touchées, poursuit le Dr Mueller. Cela signifie que le sodium et le chlorure expulsés restent à la surface de l'épiderme au lieu d'être réabsorbés, comme cela se produit chez la plupart d'entre nous lorsque nous transpirons. C'est pour cela que les patients atteints de mucoviscidose doivent compléter leur alimentation en y ajoutant des aliments salés ou du sel. Mais n'absorbez jamais de sel sous forme de comprimé, car les concentrations en sont bien trop élevées. »

Mais quelle est la quantité de sel qui convient ? « Environ un quart de cuillerée à une cuillerée (1 375 à 5 500 milligrammes) par jour, en fonction des types d'aliments absorbés », répond le Dr Mueller.

Cette recommandation est également valable pour les nourrissons, relève-t-elle encore. « Lorsque nous conseillons à certains parents d'ajouter du sel aux aliments qu'ils donnent à leur bébé, ils ouvrent de grands yeux. Une fois de plus, il faut bien admettre que cela semble aux antipodes d'une nutrition bien équilibrée. Pourtant, chaque personne a des besoins tout à fait individuels, et, à l'heure actuelle, les fabricants d'aliments pour bébé n'y ajoutent plus de sel. »

Buvez beaucoup d'eau. « Les personnes atteintes de mucoviscidose devraient boire chaque jour un peu plus de deux litres d'eau, sans parler bien entendu de l'eau contenue dans les aliments », note le Dr Mueller. En raison de la perte de sel supplémentaire due à la transpiration, ces patients se déshydratent très rapidement, surtout par temps chaud.

les personnes atteintes de mucoviscidose sont souvent en grand danger de malnutrition. Ils meurent littéralement de faim malgré toute l'abondance qui les entoure.

Pour compliquer encore cette situation paradoxale, le pancréas, qui fabrique des enzymes dont le rôle est d'aider le corps à digérer les protéines, les matières grasses et les hydrates de carbone, est également affecté par cet épais mucus. « Les enzymes générées dans les cellules pancréatiques quittent le pancréas à travers de petits canaux qui se déversent dans l'intestin grêle », explique le Dr Mueller. En revanche, ces canaux deviennent à tel point obstrués de mucus que la majorité des enzymes ne parviennent jamais jusqu'aux aliments. Ainsi, la plupart des aliments absorbés par un sujet atteint de mucoviscidose ne sont tout simplement pas digérés.

« Une certaine quantité de nutriments parviendra malgré tout à passer, ajoute le Dr Mueller, mais cette maladie nous apprend quantité de choses sur la nutrition, car chaque type de nutriment est affecté : protéines, matières grasses, hydrates de carbone, vitamines et minéraux. »

Répondre aux besoins croissants de l'organisme

Hélas, c'est précisément au moment où l'organisme est le moins à même d'obtenir les nutriments qui lui sont nécessaires que ses besoins en nutriments vont augmenter à raison de 20 % ou davantage.

Il s'agit d'une maladie chronique et progressive, qui frappe les voies respiratoires avec une grande brutalité, explique le Dr Mueller. Les poumons dégénèrent. L'état de santé de la victime se détériore progressivement en même temps que son organisme est appelé à fournir des efforts toujours plus grands. C'est justement pour cette raison que la nutrition est d'une telle importance. À mesure que les poumons sont davantage sollicités, le corps fournit des efforts plus considérables et les besoins énergétiques augmentent.

« Malheureusement, quelqu'un qui ne se sent pas bien n'a généralement pas non plus grand appétit, souligne le Dr Mueller. L'envie de manger diminue précisément au moment où les besoins de l'organisme augmentent. »

S'il est déjà difficile pour les adultes atteints de mucoviscidose de satisfaire chaque jour à leurs besoins nutritionnels, les enfants atteints de ce trouble doivent en outre faire face aux besoins d'un corps en pleine croissance.

« Vous avez sûrement déjà vu ces tableaux de croissance dont se servent les médecins ? » demande le Dr Stallings. Dans la plupart des cas, précise ce médecin, les enfants atteints de mucoviscidose seraient à placer tout en bas, quelque part aux alentours de 10 %. En clair, cela signifie que 90 % de tous les autres enfants de leur âge seraient plus grands qu'eux. C'est précisément la raison pour laquelle l'objectif de la plupart des médecins, et notamment du Dr Stallings, est de fournir à ces enfants le soutien nutritionnel dont ils ont besoin pour avoir une croissance comparable à celle de leurs congénères, et de les aider à traverser ces périodes de croissance afin de parvenir à l'âge adulte avec le maximum de forces et en bénéficiant de la meilleure nutrition possible.

Dans l'ensemble, le Dr Stallings obtient de bons résultats. « Nous n'avons guère de problèmes avec les adolescentes, grâce à l'image du corps qui règne actuellement dans notre contexte culturel, souligne le Dr Stallings. La sveltesse passe pour être le critère de la beauté aux yeux de

---

Prescriptions vitaminiques

Pour que le corps reste aussi robuste que possible en attendant que de nouvelles thérapies géniques soient mises au point, un sujet atteint de mucoviscidose devrait absorber une alimentation bien équilibrée, complétée par un apport complémentaire d'enzymes pancréatiques afin de favoriser la digestion (ces enzymes décomposent les aliments afin de faciliter l'absorption des nutriments). En outre, il est judicieux de prendre un complément de multivitamines et de minéraux en vente libre fournissant l'Apport journalier recommandé (AJR) de toute la palette de nutriments essentiels, ainsi que divers autres compléments de vitamines et de minéraux déterminés en fonction d'analyses sanguines individuelles et après consultation avec un nutritionniste spécialisé dans le traitement de cette maladie, relève le Dr Donna Mueller, professeur adjoint en nutrition et alimentation. Par exemple, un apport complémentaire de vitamine K pourrait être prescrit si l'individu concerné doit également prendre des antibiotiques ou s'il est atteint de maladie hépatique.

MISE EN GARDE : Toute personne atteinte de mucoviscidose doit obtenir au préalable l'avis de son médecin avant de prendre un apport complémentaire de vitamines et de minéraux.

la jeunesse, si bien que ces demoiselles ne sont pas fâchées d'être les plus minces de leur classe, souligne-t-elle. N'oublions pas cependant que cette maigreur pourrait être préjudiciable à leur santé. »

La prévention est le meilleur remède

Lorsque ces enfants, parvenus à l'adolescence, ont fini de traverser leurs périodes de croissance successives, la plupart des médecins et des nutri-thérapeutes poussent un soupir de soulagement. Pourtant, cette euphorie ne tarde pas à disparaître. En effet, il faudra encore aider les adultes atteints de mucoviscidose à emmagasiner suffisamment de réserves nutritionnelles pour être en mesure de supporter les fréquentes infections liées à ce trouble sans se retrouver en perte de vitesse.

Pour répondre au moins partiellement aux besoins nutritionnels de leur corps, il est recommandé à la plupart des personnes atteintes de muco-viscidose d'absorber une alimentation bien équilibrée et — après une évaluation particulièrement attentive laissée au soin du médecin et du nutrithérapeute — de prendre des enzymes digestives pancréatiques spécia-lement conçues ainsi qu'un complément de multivitamines et de minéraux, ainsi que divers autres minéraux et vitamines prescrits en fonction de leurs besoins individuels et de l'évolution de la maladie, note le Dr Mueller.

« La préoccupation majeure concerne l'apport calorique, ajoute le Dr Stallings. Ce qui affecte le plus la croissance, l'énergie, la qualité de vie et l'aptitude à résister aux infections, c'est d'absorber suffisamment de calories. Si vous parvenez à obtenir un apport calorique suffisant pour main-tenir votre poids corporel, alors presque tout le reste de ce qu'il est possible de faire sur le plan nutritionnel va de soi. »

En fait, ajoute-t-elle, « si un individu atteint de mucoviscidose absorbe suffisamment de calories et s'il est parvenu à maintenir un poids corporel normal, je préfère éviter de prescrire un apport complémentaire d'autres nutriments — excepté ceux dont j'ai pu déterminer qu'ils sont absolument nécessaires. Puisque nous parlons de personnes qui prennent déjà peut-être 60 pilules par jour, il est inutile pour elles d'en prendre une de plus si cela peut être évité. »

Le Dr Mueller confirme qu'il est préférable de prescrire le minimum possible de pilules et de consignes alimentaires. En revanche, elle est d'avis que « même en absorbant une alimentation bien équilibrée et des médi-caments pour remplacer les enzymes pancréatiques, la plupart des personnes atteintes de mucoviscidose ont besoin d'un apport complémentaire de vitamines et de minéraux ».

Son raisonnement se fonde sur l'efficacité moins que fiable des enzymes. « Il n'existe aucun moyen efficace de savoir exactement quelle dose de ces enzymes est nécessaire à un moment donné », précise-t-elle. Les ordonnances d'enzymes pancréatiques se basent sur certaines indications générales, et les enzymes ne sont pas efficaces à 100 %. L'épaisseur du mucus varie sans cesse — plus épais un jour, plus fluide le lendemain — et nous mangeons tous des aliments différents d'un jour à l'autre. Avec autant de facteurs variables, la quantité de nutriments qui peut passer dans le courant sanguin est elle aussi très variable.

C'est également la raison pour laquelle il est important de faire effectuer au moins une fois par an des analyses sanguines visant à mesurer les taux sanguins de nutriments cibles, ajoute le Dr Mueller. Les besoins des sujets atteints de mucoviscidose sont fluctuants, et ce qui se justifiait parfaitement il y a un an pourrait bien avoir cessé d'être applicable. Peut-être convient-il de diminuer la dose de certains minéraux et vitamines, et d'augmenter la dose de certains autres. En outre, comme un déficit de l'un de ces nutriments pourrait rendre l'organisme plus vulnérable encore à l'infection et la maladie, « l'analyse des taux de vitamines et de minéraux a autant d'importance que celle des taux de molécules actives venant de médicaments », ajoute le Dr Mueller.

Il est impératif, pour toute personne atteinte de mucoviscidose, d'être suivi par un médecin. Seul un médecin ou un nutrithérapeute est en mesure de recommander les types et les dosages de vitamines et de minéraux qui conviennent pour chaque personne. (Pour prendre contact avec un centre de la mucoviscidose, appelez l'Association française de lutte contre la mucoviscidose (AFLM), 76 rue Bobillot, 75013 Paris. Tél. : 01.40.78.91.91, Fax. : 01.45.80.86.44.)

Myocardiopathie

◆

Des nutriments qui protègent le cœur

La myocardiopathie est une forme particulière de maladie du cœur. Dans ce trouble, le tissu musculaire du cœur, également appelé myocarde, se décompose. Cela commence par une inflammation, puis le myocarde devient fibreux et se couvre de cicatrices. Par conséquent, les parois du cœur peuvent devenir épaisses et dures, ou au contraire minces et faibles. Il arrive que le cœur, qui n'est plus en mesure de pomper le sang très efficacement, grossisse et batte plus rapidement dans ses efforts pour compenser son manque de performance.

Les sujets atteints de ce trouble peuvent se trouver à bout de souffle lorsqu'ils sont actifs et parfois même lorsqu'ils ne font rien du tout. Il leur arrive de se fatiguer facilement, d'avoir les chevilles enflées ou des douleurs dans la poitrine.

Par comparaison avec la cardiopathie ischémique, la forme la plus courante de maladie cardiovasculaire, la myocardiopathie est rare. En revanche, c'est l'une des principales raisons pour lesquelles un malade du cœur devient un candidat à une greffe de cœur, car, jusqu'ici, la médecine n'était pas en mesure d'offrir grand-chose d'autre pour traiter la myocardiopathie. La plupart des médecins ont recours aux médicaments pour apporter un soulagement en diminuant l'effort que doit fournir le cœur.

« Ces médicaments sont indispensables et ont fait preuve d'une remarquable efficacité chez certaines personnes », explique le Dr Robert DiBianco, professeur clinicien adjoint en médecine.

Contrairement à la cardiopathie ischémique, la myocardiopathie n'est pas toujours due à des artères obstruées par des dépôts adipeux, note le Dr DiBianco, quoique cela puisse aussi être le cas. En effet, ce trouble peut avoir des causes très diverses : virus ou divers autres types d'infection, comme par exemple la maladie de Lyme ou le sida ; trouble métabolique héréditaire ; exposition à des substances chimiques toxiques comme le cobalt, le plomb ou l'oxyde de carbone ; sensibilité envers certains médicaments courants ; certaines toxines, comme l'alcool ou la cocaïne ; ou encore des lésions du muscle cardiaque dues à une maladie comme le diabète.

Facteurs alimentaires

Si vous êtes atteint de myocardiopathie, il est bien entendu judicieux d'absorber une alimentation bien équilibrée comprenant une abondance de céréales complètes, de fruits et de légumes, mais il convient en outre de vous soucier d'autre chose. Voici ce que recommandent les experts.

Pas d'abus d'alcool. L'abus d'alcool peut provoquer la myocardiopathie en épuisant les réserves nutritionnelles de l'organisme, et exercer un effet toxique direct sur le cœur, souligne le Dr Robert DiBianco, professeur clinicien adjoint en médecine. Rationnez-vous en n'absorbant pas plus de deux verres par jour. En outre, il est préférable de ne pas « économiser » vos doses de boissons alcoolisées en les réservant pour les fins de semaine. Les beuveries occasionnelles sont particulièrement nocives pour le cœur, sans parler de l'effet sur nos proches.

Une alimentation carencée semble également jouer un rôle dans l'apparition de certaines formes de myocardiopathie ou dans l'aggravation des symptômes de ce trouble.

Un certain nombre de maladies de carence — la pellagre (carence en niacine), le béribéri (déficit en thiamine) et le syndrome de kwashiorkor (carence en protéines) — peuvent provoquer la myocardiopathie. Il en va de même des déséquilibres du calcium et du magnésium, qui jouent un rôle important dans la fonction cardiaque normale.

En outre, toute carence dans d'autres nutriments, et notamment le sélénium et la vitamine E, rendent le cœur plus vulnérable aux lésions.

Sur la base des plus récentes recherches, voici ce qui peut contribuer à soigner ce trouble potentiellement mortel.

Le sélénium protège le cœur

Jusqu'en 1979, les chercheurs ne savaient pas encore avec certitude que le sélénium (un minéral) est essentiel pour la nutrition humaine. Cette année-là, certains travaux effectués par des savants chinois ont apporté la

(suite page 512)

La coenzyme Q_{10} est-elle bénéfique pour le cœur ?

Nombre de cardiologues vous diraient sans doute que la co-enzyme Q_{10} est un remède non vérifié scientifiquement, quoique vraisemblablement dénué de toxicité dans le meilleur des cas — à supposer qu'ils en aient seulement entendu parler.

« Dans le domaine médical à l'heure actuelle, la plupart des médecins ne savent encore rien à son sujet », déclare Karl Folkers, professeur et directeur d'un institut universitaire pour la recherche biomédicale. (L'Association américaine du cœur annonce qu'elle n'a « aucune déclaration officielle » à faire au sujet de la coenzyme Q_{10}.)

En revanche, un nombre toujours croissant de médecins qui s'inté-ressent à la nutrition affirment qu'un apport complémentaire de ce nutriment peu connu (il ne s'agit pas vraiment d'une vitamine) est absolument indispensable aux patients atteints d'insuffisance cardia-que. Ils soulignent que ce remède a procuré à leurs patients une existence plus longue et plus active, allant jusqu'à sauver la vie à certains sujets qui, sans lui, seraient morts dans l'attente d'une greffe du cœur ; dans certains cas, il a même permis de supprimer définitive-ment leur nom sur les listes de patients en attente d'une transplanta-tion cardiaque.

« Chez certains, l'amélioration est frappante — voire tout à fait spectaculaire », relève le Dr Peter Langsjoen, cardiologue qui s'inté-resse particulièrement à la nutrition.

Certaines études, principalement effectuées au Japon, ont examiné le rôle de la coenzyme Q_{10} dans les maladies cardio-vasculaires, commente le Dr Folkers. Parmi ces travaux, on peut citer deux tests en double aveugle contrôlés par placebo, ce type de test étant considéré comme le plus fiable. Ces études ont permis de constater que la coenzyme Q_{10} offrait des effets bénéfiques cliniques pour 70 % des patients atteints d'insuffisance cardiaque congestive, précise le Dr Folkers. La coenzyme Q_{10} se concentre normalement dans le muscle cardiaque, et les taux diminuent considérablement lorsque le cœur commence à fléchir.

« Souvenons-nous toutefois que certains travaux non publiés, menés à bien aux États-Unis, n'ont pu mettre en évidence aucun effet bénéfique de la coenzyme Q_{10}, commente le Dr Robert DiBianco, professeur clinicien adjoint en médecine. Tant que d'autres recherches du même genre n'auront pas été effectuées et publiées, le corps médical américain aura de bonnes raisons de demeurer sceptique. »

La coenzyme Q_{10} est un ingrédient essentiel de la production d'énergie par l'organisme. Le Dr Folkers précise qu'elle possède une « activité bioénergique », c'est-à-dire qu'elle participe à des réactions biochimiques qui nous fournissent de l'énergie. Dans la myocardiopathie et d'autres types d'insuffisance cardiaque, il est vraisemblable qu'un apport complémentaire de coenzyme Q_{10} puisse aider les cellules musculaires restantes à faire plus efficacement leur travail, ajoute le Dr Langsjoen.

Fabriquée par l'organisme, la coenzyme Q_{10} est mise en réserve dans nos organes : le foie, les reins ainsi que (sans doute l'aurez-vous déjà deviné) le cœur. Le Dr Folkers est d'avis que les personnes ayant un taux trop bas de coenzyme Q_{10} n'absorbent pas assez des vitamines indispensables pour assurer la conversion de la tyrosine (un acide aminé) en coenzyme Q_{10}. Ces vitamines comprennent la niacine, la vitamine B_6, la vitamine B_{12}, la vitamine C et le folate.

Des compléments alimentaires de coenzyme Q_{10} sont en vente dans les magasins diététiques et les pharmacies. Le Dr Langsjoen prescrit généralement entre 120 et 360 milligrammes de coenzyme Q_{10} par jour, à fractionner en doses individuelles ne dépassant pas 180 milligrammes chacune. (Cela signifie que si vous en prenez plus de 180 milligrammes par jour, vous devez prendre cette dose en deux fois.) Ce nutriment liposoluble doit être pris avec un peu de matière grasse ou d'huile (mais il est parfois conditionné dans une base d'huile, un peu comme les gélules de vitamine E). Le Dr Langsjoen recommande à ses patients de prendre les comprimés en les accompagnant d'une bouchée de purée de cacahuètes et de bien mâcher le tout. La posologie est déterminée en fonction des taux sanguins de coenzyme Q_{10}. (Votre médecin sera en mesure d'obtenir ce type d'analyse en faisant parvenir un échantillon de votre sang à un laboratoire spécialisé.)

(à suivre)

La coenzyme Q_{10} est-elle bénéfique pour le cœur ? — Suite

« En général, les sujets atteints d'insuffisance cardiaque commencent à constater une amélioration de leurs symptômes au bout de quatre semaines environ, mais chez certaines personnes, cela peut prendre jusqu'à trois mois », commente le Dr Folkers. Il faut attendre au moins six mois pour constater une amélioration optimale, c'est-à-dire un laps de temps plus long qu'il n'en faut aux médicaments habituels pour faire la preuve de leur efficacité, ajoute le Dr Folkers.

Si vous envisagez de prendre de la coenzyme Q_{10}, renseignez-vous afin de trouver un médecin qui a l'habitude de prescrire ce complément, ou parlez-en à votre médecin afin qu'il se renseigne à ce sujet, suggère le Dr Langsjoen. Les personnes qui absorbent habituellement ce complément dans le cadre des recherches ou à titre de traitement courant n'ont signalé aucune toxicité.

preuve qu'il existait un rapport de cause à effet entre un apport insuffisant de sélénium et un trouble appelé maladie de Keshan, une forme de myocardiopathie affectant surtout les enfants et les femmes en âge de procréer.

Dans certaines régions de Chine, la population obtenait peu de sélénium par son alimentation, car le sol de ces régions n'en contenait pratiquement pas. Puisque les végétaux n'ont pas besoin de ce minéral, ils peuvent croître même dans un sol pauvre en sélénium. En conséquence, ils n'en fournissent pas aux êtres humains et aux animaux qui s'en nourrissent, si bien qu'il n'existe dans la région concernée aucune source alimentaire d'origine végétale ou animale qui contienne ce minéral en abondance. Les chercheurs ont d'ailleurs constaté que les animaux étaient atteints des mêmes troubles cardiaques, et des vétérinaires chinois furent les premiers à établir un lien entre le sélénium et la myocardiopathie chez l'être humain.

« Les médecins chinois n'ont pas tardé à découvrir qu'un apport complémentaire de sélénium pouvait prévenir ce trouble potentiellement mortel », commente le Dr Orville Levander, chef de recherches en nutrition humaine.

Pourtant, ajoute ce spécialiste, la carence en sélénium à elle seule ne semble pas provoquer la myocardiopathie. « Les chercheurs sont aujourd'hui d'avis que ce trouble ne se produit que chez des sujets carencés en sélénium lorsque ces derniers ont été exposés à certains virus qui s'en prennent au muscle cardiaque. »

Le Dr Levander et son collègue, le Dr Melinda Beck, professeur en université, ont découvert qu'un virus spécifique, le virus Coxsackie, restait pour ainsi dire en veilleuse chez les animaux de laboratoire qui absorbaient suffisamment de sélénium. Par contre, chez les cobayes carencés en sélénium, ce virus provoquait des lésions cardiaques considérables.

« Le sélénium semble contribuer à protéger le muscle cardiaque contre les lésions virales, poursuit le Dr Levander. Nous ne savons pas exactement ce qu'il en est, mais cela semble être lié à ses propriétés anti-oxydantes. » Les invasions virales entraînent une production de radicaux libres, des molécules instables qui dérobent des électrons aux molécules saines des cellules de l'organisme afin d'établir leur propre équilibre, provoquant ainsi des lésions cellulaires. Les antioxydants mettent les radicaux libres hors d'état de nuire en leur offrant leurs propres électrons, protégeant ainsi les cellules.

Selon la majorité des chercheurs américains, la population américaine en général ne présente pas une carence suffisante dans ce minéral pour être exposée au risque de myocardiopathie, poursuit le Dr Levander. Les chercheurs chinois ont constaté qu'il suffisait d'une faible dose de sélénium, environ 20 microgrammes par jour, pour prévenir la myocardiopathie. La majorité des Français en obtiennent beaucoup plus, puisqu'ils absorbent entre 40 et 55 microgrammes par jour.

Certaines recherches montrent en revanche que des doses de sélénium censées être adéquates pourraient néanmoins être insuffisantes pour fournir la meilleure protection possible dans le domaine des antioxydants ou de la stimulation immunitaire. C'est précisément la raison pour laquelle certains médecins recommandent de prendre un complément de sélénium pouvant aller de 50 à 200 microgrammes par jour.

Si vous vous inquiétez d'une éventuelle carence, demandez à votre médecin de faire faire une analyse de vos taux sanguins de sélénium, ajoute le Dr Levander. Au cas où votre taux sanguin serait trop bas, peut-être vous faudra-t-il prendre un complément. En revanche, il est formellement déconseillé d'absorber un apport complémentaire de sélénium dont la dose dépasse 100 microgrammes par jour sans être suivi par un médecin, car ce minéral peut être toxique à haute dose. Cessez immédiatement de prendre du sélénium si vous vous apercevez que votre haleine et votre peau exsudent une odeur persistante d'ail, en cas de chute de cheveux, si vos ongles deviennent fragiles ou noircissent, si vous avez un goût métallique dans la bouche ou si vous êtes en proie à des nausées ou à des vertiges

Prescriptions vitaminiques

Même si vous décidez d'avoir recours à certains nutriments afin d'améliorer vos troubles cardiaques, cela ne veut pas dire que vous allez pouvoir jeter à la poubelle vos médicaments pour le cœur ! Les médecins qui ont recours à la nutrithérapie dans le traitement de la myocardiopathie affirment que les médicaments demeurent malgré tout indispensables pour certains patients. Voici les nutriments qu'ils recommandent.

Nutriment	Dose par jour
Magnésium	400 milligrammes
Sélénium	50 à 200 microgrammes
Vitamine E	400 unités internationales

MISE EN GARDE : Si vous êtes atteint de myocardiopathie, vous devez être suivi par un médecin.

En cas de troubles rénaux ou cardiaques, il est formellement déconseillé de prendre un apport complémentaire de magnésium en l'absence de surveillance médicale.

Il est impératif d'être suivi par un médecin lorsque la dose de sélénium absorbée dépasse 100 microgrammes par jour, car ce minéral peut être toxique à haute dose.

Si vous prenez des médicaments anticoagulants, vous ne devez pas prendre de vitamine E sous forme de complément alimentaire.

apparemment sans cause. De tels symptômes signifient en effet que vous absorbez trop de sélénium.

De manière générale, les fruits et les légumes ne contiennent que de faibles quantités de sélénium. En revanche, les fruits de mer et, à un moindre degré, les viandes, offrent de généreuses quantités de sélénium facilement assimilable. Les céréales et les graines, l'ail et les champignons contiennent également un peu de ce minéral, selon l'endroit où ils ont poussé.

La vitamine E pour une protection anti-oxydante

Si vous cherchez à offrir à votre cœur la meilleure protection possible, il sera judicieux d'ajouter de la vitamine E à votre arsenal nutritionnel.

« Diverses études portant sur des animaux de laboratoire ont montré que les troubles liés à la myocardiopathie sont généralement pires chez les animaux qui présentent un déficit non seulement en sélénium, mais également en vitamine E. Ces carences peuvent être prévenues ou guéries en ayant recours à un apport complémentaire de l'un ou de l'autre de ces nutriments, pris isolément », relève le Dr Levander. (Chez l'animal, la vitamine E peut également protéger le cœur contre la myocardiopathie due à une carence en magnésium.)

Tout comme le sélénium, la vitamine E possède des propriétés antivirales et anti-oxydantes, et il se pourrait par conséquent qu'elle contribue à protéger le cœur contre l'infection et les toxines. En outre, elle pourrait contribuer à prévenir l'apparition de l'athérosclérose, ou durcissement des artères, qui pourrait rendre un cœur défaillant plus faible encore, souligne le Dr Peter Langsjoen, cardiologue qui s'intéresse particulièrement à la nutrition. Ce dernier recommande d'en prendre 400 unités internationales par jour. Une dose aussi élevée ne peut être obtenue que par le biais d'un complément alimentaire.

Le magnésium pourrait être bénéfique pour un cœur affaibli

Chez l'animal, les preuves scientifiques parlent d'elles-mêmes. Lorsque de jeunes animaux de laboratoire reçoivent une alimentation carencée en magnésium, leur muscle cardiaque subit des lésions qui finissent par provoquer une défaillance cardiaque.

« Mais la situation n'est pas aussi limpide en ce qui concerne l'être humain, souligne le Dr Weglicki, professeur de médecine et de physiologie en université. Chez l'être humain, il n'existe pas de preuve convaincante attestant qu'une carence en magnésium puisse provoquer la myocardiopathie. »

Le magnésium est toutefois si intimement lié à la fonction cardiaque que le simple fait d'en absorber une dose adéquate pourrait suffire pour qu'un cœur défaillant parvienne à mieux remplir son rôle, et cela pour un certain nombre de raisons, explique le Dr Carla Sueta, professeur adjoint en médecine et cardiologie en université.

« Ce nutriment affecte les contractions du muscle cardiaque, et la carence en magnésium peut provoquer soit une anomalie du rythme cardiaque, soit des pulsations irrégulières, soit les deux ensemble, poursuit le Dr Sueta. L'absorption habituelle d'une dose adéquate de magnésium peut contribuer à prévenir la contraction de certains vaisseaux sanguins, laquelle pourrait compromettre l'irrigation sanguine du muscle cardiaque. »

Il semblerait en outre que le magnésium offre une protection durant une crise cardiaque. « On a pu constater en laboratoire que les animaux qui présentaient un déficit magnésien avaient des lésions tissulaires plus importantes après une crise cardiaque que d'autres animaux qui absorbaient suffisamment de magnésium », souligne le Dr Weglicki.

Si vous êtes cardiaque et que vous pensez avoir une carence en magnésium, le Dr Sueta vous suggère de demander à votre médecin de surveiller le taux de ce métal dans vos globules rouges sanguins. « Si le taux est faible, relève-t-elle, vous saurez avec certitude que vous êtes en déficit magnésien. Et si le taux est tout juste suffisant, il est vraisemblable que vos réserves sont insuffisantes. » En revanche, il est parfaitement possible d'avoir un taux normal de magnésium dans le sang, en ayant toutefois une carence marginale suffisante pour provoquer des troubles cardiaques liés à un déficit magnésien, ajoute-t-elle.

Si vous êtes atteint de troubles rénaux ou de maladie cardiovasculaire, il vous est formellement déconseillé de prendre un apport complémentaire de magnésium en l'absence de surveillance médicale.

Pour ceux qui tiennent à faire le maximum pour entretenir la santé de leur muscle cardiaque, les experts suggèrent de veiller à absorber la Valeur quotidienne de magnésium, qui est de 400 milligrammes. Les noix, les haricots secs et les céréales complètes sont nos meilleures sources alimentaires de ce minéral, dont les légumes verts offrent également des doses acceptables. Diverses études scientifiques ont montré que la majorité de la population n'absorbe pas la Valeur quotidienne de magnésium.

Nausées matinales

◆

Apprivoiser l'estomac rebelle

Mȇme si vous êtes absolument ravie à l'idée de devenir bientôt mère, cela ne vous empêchera pas de vous traîner hors du lit chaque matin pour vous précipiter jusqu'à la salle de bains, l'estomac soulevé par de pénibles haut-le-cœur. Divers travaux montrent que les nausées matinales touchent entre 50 et 90 % de toutes les femmes enceintes. Heureusement, certains experts sont persuadés qu'il existe des remèdes vitaminiques sûrs et efficaces pour atténuer ces déplaisants symptômes qui vous retournent l'estomac.

La vitamine B_6 à la rescousse

Diverses études effectuées dans les années 1940 suggéraient que la vitamine B_6 était un traitement efficace pour les nausées matinales. Plus récemment, deux études ont confirmé l'efficacité de cette vitamine. Des chercheurs à la faculté de médecine de l'université de l'Iowa ont constaté que les femmes enceintes qui absorbaient toutes les huit heures 25 milligrammes de vitamine B_6 avaient nettement moins de nausées et de vomissements que les femmes qui ne prenaient qu'un placebo (pilule inerte d'apparence identique). En outre, dans le cadre d'une étude portant sur près de 350 futures mères, des chercheurs thaïlandais ont constaté qu'une dose de 10 milligrammes absorbée toutes les huit heures atténuait également les symptômes.

« Il s'agit d'une possibilité thérapeutique dont un nombre toujours croissant d'obstétriciens ont aujourd'hui connaissance, et cela vaut vraiment la peine d'avoir recours à ce remède, déclare le Dr Jennifer Niebyl, professeur et chef d'un service d'obstétrique et de gynécologie en université. Ce remède, dénué de toxicité, ne présente aucune danger d'effets indésirables ou de malformations congénitales, même en dose de 25 milligrammes, et il se révèle efficace pour au moins la moitié des femmes qui l'utilisent. » Ces deux études ont permis de constater que ce nutriment était surtout utile chez les femmes ayant des nausées d'intensité moyenne à très prononcée.

Le Dr Niebyl ajoute que nous ignorons encore pour quelle raison les femmes enceintes sont souvent sujettes à des nausées, ou quel est le mode d'action de la vitamine B_6. « C'est probablement lié à des taux hormonaux élevés, mais nous ne savons pas quelles hormones provoquent les nausées ou de quelle manière la vitamine B_6 affecte ces dernières », poursuit-elle.

Ce médecin recommande d'absorber la vitamine B_6 le matin au réveil, avant même de sortir du lit, puis à nouveau en milieu d'après-midi et une fois encore avant d'aller se coucher. Par prudence, ne dépassez pas 75 milligrammes par jour — à fractionner en trois doses de 25 milligrammes — recommande le Dr Niebyl. En effet, les chercheurs ont pu établir un rapport

Facteurs alimentaires

Les aliments que nous absorbons habituellement jouent un rôle déterminant dans l'apparition des nausées. Certains médecins recommandent d'appliquer les mesures diététiques suivantes la prochaine fois que vous aurez l'estomac tout retourné.

Mangez du gingembre. Quantité de preuves scientifiques ont confirmé que le gingembre, cette épice au goût prononcé souvent utilisée pour agrémenter biscuits secs, gâteaux et diverses préparations culinaires asiatiques, pouvait apaiser même les pires tempêtes gastriques.

Dans le cadre d'une étude, une dose de gingembre égale à 940 milligrammes (soit environ la moitié d'une cuiller à café) s'est montrée tout aussi efficace pour soulager le mal des transports qu'une dose de Dramamine, un médicament courant en vente libre. Une dose similaire a suffi pour empêcher des marins danois d'avoir le mal de mer durant une sortie de quatre heures sur une mer démontée.

Des chercheurs britanniques ont constaté que le gingembre était aussi efficace que les médicaments, sans avoir les mêmes effets indésirables, pour soulager les nausées et vomissements si courants après une intervention chirurgicale ayant nécessité une anesthésie générale. Au Danemark, des chercheurs ont signalé qu'une dose égale au huitième d'une cuiller à café de gingembre en poudre, administrée quatre fois par jour, soulageait les symptômes chez des femmes

de cause à effet entre une prise de vitamine B_6 en doses dépassant 100 milligrammes par jour et certains troubles nerveux.

Si la vitamine B_6 est bien le remède qui convient pour soulager vos symptômes, poursuit le Dr Niebyl, vous devriez obtenir un soulagement dès les premières doses. Dans le cas contraire, peut-être vous faudra-t-il consulter votre médecin qui saura vous indiquer d'autres traitements possibles.

De manière générale, une femme enceinte ne doit jamais prendre aucun médicament ou complément alimentaire sans en avoir d'abord parlé à son médecin.

---

enceintes si gravement atteintes par les nausées matinales qu'il avait fallu les hospitaliser.

Il semblerait que le gingembre entre en action directement dans le tube digestif, inhibant les mécanismes de rétroaction qui transmettent au cerveau des messages déclenchant les nausées, explique le Dr Daniel Mowrey, directeur d'un laboratoire de recherches en phytothérapie.

Quoiqu'une boisson gazeuse au gingembre (ginger ale) ou une tisane au gingembre puisse apaiser quelque peu les nausées, c'est le gingembre en poudre qui se montre le plus efficace, souligne le Dr Jennifer Niebyl, professeur et chef d'un service d'obstétrique et de gynécologie en université. « La dose habituelle est d'une demi-cuillerée à café environ », précise-t-elle, en ajoutant que le gingembre n'entraîne pas d'effets indésirables connus.

Grignotez fréquemment. « Le fait de manger plusieurs petits repas légers constitués surtout d'hydrates de carbone et pauvres en matières grasses pourrait contribuer à soulager vos nausées, et cela vaut donc la peine d'essayer cette méthode, poursuit le Dr Niebyl. Le principe consiste à faire en sorte que le tube digestif contienne en permanence une petite quantité de nourriture très digeste, en évitant toutefois de se remplir l'estomac. » C'est d'ailleurs la raison pour laquelle il peut être bénéfique pour une femme enceinte de grignoter quelques biscuits salés avant de se lever le matin, conclut-elle.

Prescriptions vitaminiques

Voici ce que recommandent certains médecins pour soulager les nausées matinales.

Nutriment	Dose par jour
Vitamine B_6	75 milligrammes à fractionner en 3 doses (toutes les 8 heures)

MISE EN GARDE : *En règle générale, toute femme enceinte doit obtenir l'accord de son médecin avant de prendre n'importe quel complément alimentaire. Un rapport de cause à effet a pu être établi entre une prise de vitamine B_6 en doses dépassant 100 milligrammes par jour et certains troubles nerveux.*

Ongles (santé et problèmes)

◆

Adieu, ongles cassants

N'est-il pas vrai, Mesdames, que les ongles présentent le support parfait aux derniers coloris à la mode ? En revanche, nous devons aussi leur faire justice. Non seulement nos ongles protègent l'extrémité sensible des doigts contre les multiples dangers de la vie quotidienne, mais ils peuvent nous en dire long sur la qualité plus ou moins bonne de notre alimentation.

Tout comme la santé osseuse, la santé de nos ongles dépend en effet d'une bonne nutrition. Une relation de cause à effet semble exister entre des ongles cassants et une carence en calcium, zinc et fer, ou un taux excessif de sélénium. Lorsque les ongles poussent trop lentement, cela peut indiquer que l'organisme souffre de malnutrition.

Jusqu'ici, pourtant, un seul nutriment a fait la preuve de son efficacité pour améliorer la santé des ongles chez les personnes qui ne sont pas atteintes de malnutrition. Il s'agit de la biotine, l'un des nutriments du groupe B. C'est grâce à la science vétérinaire que nous possédons cette information précieuse, car la biotine est utilisée depuis bien longtemps pour renforcer les sabots chez le cheval.

Voici quelques détails.

Fini les ongles cassants grâce à la biotine

Une étude effectuée par des chercheurs suisses portait sur des personnes qui absorbaient habituellement une dose de biotine apparemment normale, soit 28 à 42 microgrammes par jour. Les chercheurs ont constaté qu'en administrant à ceux des participants dont les ongles étaient fragiles et fendus un apport complémentaire de biotine équivalent à 2,5 milligrammes (2 500 microgrammes), c'est-à-dire environ 70 fois l'apport journalier absorbé par la majorité de la population, il était possible de mesurer chez ces sujets une augmentation de 25 % de l'épaisseur des ongles.

« La biotine est absorbée dans la matrice de l'ongle, où il est possible qu'elle contribue à remédier aux ongles cassants », explique le Dr Richard K. Scher, dermatologue et chef d'un service spécialisé dans les problèmes liés aux ongles. (La matrice est la partie de l'ongle qui se trouve en profondeur à l'intérieur du doigt, où sont générées les cellules des ongles.) Le Dr Scher recommande un apport complémentaire de biotine à ses patients dont les ongles sont fragiles. « Cela semble bénéfique pour environ les deux tiers d'entre eux », précise-t-il.

Prescriptions vitaminiques

Pour renforcer les ongles fragiles, un seul nutriment a fait la preuve de son efficacité dans le cadre d'études scientifiques, c'est la biotine.

Nutriment	Dose par jour
Biotine	2 500 microgrammes

MISE EN GARDE : *Quoique la biotine soit considérée, parmi tous les nutriments, comme l'un des plus sûrs, la dose recommandée ici est extrêmement élevée et ne doit être absorbée que sous surveillance médicale.*

La dose de biotine utilisée dans le cadre de l'étude effectuée en Suisse était très élevée. Une telle dose ne doit être absorbée que sous surveillance médicale.

Les meilleures sources alimentaires de biotine sont le jaune d'œuf, la farine de soja, les céréales et la levure. Le chou-fleur, les lentilles, le lait et la pâte de cacahuètes en apportent également une dose appréciable.

Ostéoarthrite

Ralentir l'usure des articulations

La prochaine fois que vous préparerez un poulet rôti, prenez le temps d'examiner la cuisse de ce volatile. Vous pourrez constater que l'extrémité noueuse du fémur est recouverte d'une couche robuste de consistance caoutchouteuse. Il s'agit du cartilage, un tissu conçu pour protéger les articulations en facilitant la souplesse des mouvements.

Chez les sujets atteints d'ostéoarthrite (ou arthrose), le cartilage se décompose. Il devient fragile, manque d'épaisseur, et peut même s'user jusqu'à disparaître complètement par endroits. L'os sous-jacent se désintègre, et de douloureux éperons osseux peuvent se constituer à la périphérie de l'articulation. Une jointure jusqu'alors souple et silencieuse peut ainsi donner l'impression de grincer. Parfois même, le mouvement produit un bruit très net, comme si l'on chiffonnait un papier de cellophane.

Nul ne connaît la raison pour laquelle le cartilage se désintègre. Lorsqu'une articulation est particulièrement sollicitée, cela constitue parfois un facteur d'aggravation. En outre, une articulation qui a subi une lésion est souvent susceptible d'être atteinte d'arthrose plus précocement qu'une autre, peut-être parce qu'un mauvais alignement provoque l'usure du cartilage.

L'ostéoarthrite se produit le plus souvent lentement, sur de nombreuses années. Chez certaines personnes, elle ne provoque jamais rien de plus qu'une douleur bénigne. Chez d'autres, en revanche, elle peut causer des douleurs insupportables, au point que certains patients finissent même par opter pour le remplacement d'une vieille hanche qui grince ou d'un genou usé par un modèle flambant neuf à base d'alliage de titane.

Beaucoup de médecins qui ont l'occasion de traiter l'arthrose considèrent ce trouble comme faisant partie des inconvénients à peu près inévitables du vieillissement. À vrai dire, plus de la moitié des sujets âgés de 65 ans et au-delà peuvent s'attendre à présenter au moins quelques signes d'ostéoarthrite. Ces mêmes médecins sont généralement d'avis qu'il n'y a pas grand-chose à faire pour soulager ce trouble, sinon de soulager les articulations douloureuses à l'aide d'analgésiques légers comme le paracétamol ou l'aspirine, en ayant recours à la chaleur et en pratiquant un judicieux dosage d'exercice physique ponctué de repos.

En revanche, les quelque médecins qui ont recours à la nutrithérapie pour traiter l'arthrose ont une toute autre opinion sur la question. Selon eux, cette maladie est un trouble métabolique qui nuit à l'aptitude de l'organisme à régénérer les tissus osseux et le cartilage. Quoiqu'ils admettent volontiers que cette défaillance soit au moins partiellement liée au vieillissement, ils sont néanmoins convaincus qu'en absorbant les nutriments appropriés, en doses adaptées, il est possible de mettre fin au processus dégénératif et d'atténuer les douleurs et l'enflure.

Malheureusement, s'il existe bien quelques preuves éparses selon lesquelles tel ou tel nutriment peut être bénéfique pour soulager l'arthrose, les études scientifiques à grande échelle qui permettraient de confirmer ces résultats restent encore à faire.

En attendant, voici ce qui pourrait être utile, selon ce que préconisent les médecins.

La vitamine B_{12} renforce l'ossature

La vitamine B_{12} est surtout connue pour son rôle dans le maintien d'une irrigation sanguine saine. Dans la moelle osseuse, ce nutriment stimule les cellules souches (une catégorie particulière de cellules osseuses) afin qu'elles génèrent des globules rouges sanguins. Lorsque le taux de vitamine B_{12} est trop faible, le sujet concerné devient anémique.

Mais le rôle de la vitamine B_{12} à l'intérieur des os ne s'arrête pas là. Il y a quelques années, des chercheurs à la faculté de médecine de l'université de la Californie du Sud, à Los Angeles, ont découvert que la vitamine B_{12} stimulait également les ostéoblastes, un autre type de cellule osseuse qui génère non pas des globules rouges, mais les tissus osseux. Cette constatation pourrait se révéler importante pour les personnes atteintes d'arthrose, car, sous la couche de cartilage qui se dégénère, le tissu osseux se détériore lui aussi, provoquant un surcroît de douleurs tout en accélérant l'érosion du cartilage.

Facteurs alimentaires

Pour vaincre l'arthrose, peut-être suffit-il d'ajouter certains nutriments tout en réduisant l'apport calorique.

Perdez un peu de poids. Les recherches ont montré que les personnes qui parviennent à maintenir leur poids idéal, ou à ne pas trop le dépasser, présentent un moindre risque d'arthrose dans certaines articulations que celles qui ont une importante surcharge pondérale.

En maîtrisant votre poids, vous épargnerez les articulations porteuses comme les genoux et les hanches. Ces jointures peuvent être si sollicitées par un excédent de poids corporel que l'espace rempli de fluide normalement présent entre les surfaces recouvertes de cartilage à l'extrémité des os finit par disparaître, souligne le Dr Robert McLean, interne et professeur adjoint en médecine clinique universitaire.

« Si vous êtes déjà atteint d'arthrose, une perte de poids peut contribuer à diminuer le stress que doivent supporter certaines articulations et, par conséquent, atténuer les douleurs », poursuit le Dr McLean. Votre médecin sera en mesure de recommander des exercices spécifiques conçus pour renforcer les muscles qui soutiennent les articulations (surtout autour des genoux), afin d'atténuer les douleurs liées à l'arthrose, conclut-il.

Ces résultats concernant la vitamine B_{12} ont amené les chercheurs de l'université du Missouri à administrer de la vitamine B_{12} à des patients atteints d'arthrose dans les mains. Les chercheurs ont constaté que les sujets qui avaient absorbé pendant deux mois 20 microgrammes de vitamine B_{12} (soit 3,3 fois la Valeur quotidienne, qui est de 6 microgrammes) et 6 400 microgrammes d'acide folique, une autre vitamine du groupe B dont l'action est synergique avec celle de la vitamine B_{12}, avaient moins de douleurs articulaires et une plus grande force dans les mains, et qu'ils avaient moins besoin de médicaments analgésiques que les sujets qui n'absorbaient pas ce complément à base de vitamines du groupe B. (Une telle dose d'acide folique, représentant 16 fois la valeur quotidienne, ne doit être prise que sous surveillance médicale, car toute surdose d'acide folique peut masquer les symptômes de carence en vitamine B_{12}).

« Cela ne prouve pas forcément qu'une carence en vitamine B_{12} provoque l'ostéoarthrite, ou que le fait d'administrer un apport complémentaire de vitamine B_{12} suffira à guérir ce trouble, mais je suis d'avis que cela vaut vraiment la peine d'en parler à votre médecin », déclare le Dr Margaret Flynn, nutrithérapeuthe en milieu médical universitaire et principal chercheur responsable de cette étude. Elle relève que les participants à cette étude ne présentaient pas de déficit en vitamine B_{12}. Ils obtenaient suffisamment de cette vitamine par le biais de leur alimentation, et leurs taux sanguins étaient considérés comme normaux. Pourtant, ils ont obtenu une amélioration de leur état général grâce à un apport complémentaire de ce nutriment.

« Les sujets plus âgés ont souvent du mal à bien assimiler la vitamine B_{12}, et cela explique environ 95 % des carences de cette vitamine aux États-Unis », poursuit-elle. Peut-être suffira-t-il que vous en preniez des doses élevées sous forme de complément alimentaire pour compenser un éventuel trouble de malabsorption, suggère-t-elle. Dans le cas contraire, il est possible que votre médecin vous prescrive des piqûres de vitamine B_{12}.

La vitamine E soulage les articulations douloureuses

Les articulations endommagées par l'arthrose ne deviennent pas aussi chaudes et enflées que les articulations atteintes de polyarthrite chronique évolutive, mais il y a malgré tout inflammation. C'est une des raisons pour lesquelles les médecins recommandent parfois la vitamine E pour traiter ce trouble. Cette vitamine combat l'inflammation en neutralisant les substances biochimiques générées durant le processus inflammatoire. Ces substances, libérées par les cellules immunitaires, contiennent des radicaux libres, c'est-à-dire des molécules instables qui dérobent des électrons aux molécules saines de l'organisme, provoquant ainsi des lésions cellulaires. La vitamine E met ses propres électrons à la disposition des radicaux libres, protégeant ainsi les cellules contre les dégâts radicalaires.

Dans le cadre d'une étude effectuée par des chercheurs israéliens, des sujets atteints d'ostéoarthrite qui avaient pris 600 unités internationales de vitamine E par jour durant dix jours signalaient une nette diminution de leurs douleurs, par comparaison avec les périodes où ils ne prenaient pas ce nutriment. « En outre, il semblerait que la vitamine E stimule la synthèse par l'organisme de protéines participant à la constitution du cartilage, appelées protéoglycanes », commente le Dr Joseph Pizzorno, Jr., naturopathe et président de l'université Bastyr.

Les médecins recommandent 400 à 600 unités internationales de vitamine E, ces doses étant considérées comme dénuées de toxicité, ajoute le Dr Jonathan Wright, auteur de l'ouvrage *Dr Wright's Guide to Healing with Nutrition* et spécialiste en nutrithérapie. Des doses aussi élevées ne peuvent être absorbées qu'en prenant un complément alimentaire. Si vous souhaitez avoir recours aux aliments pour augmenter votre apport quotidien de vitamine E, utilisez l'huile de tournesol, l'huile d'amande et le germe de blé. La majorité de la population absorbe habituellement environ 10 unités internationales de vitamine E par jour.

Quant au sélénium, un minéral qui augmente l'efficacité de la vitamine E, il est souvent ajouté aux formules thérapeutiques pour soigner l'arthrose, à raison de doses de 200 microgrammes par jour. « Une telle dose est considérée comme dénuée de toxicité, mais il est déconseillé de la dépasser en l'absence de surveillance médicale », ajoute le Dr Wright.

Vitaminothérapie pour soigner l'arthrose

Beaucoup de médecins ne font aucune recommandation alimentaire pour le traitement de l'arthrose, sinon de maintenir un poids normal. Certains praticiens qui s'intéressent de plus près à la nutrition, en revanche, recommandent toute une gamme de nutriments et notamment les suivants.

Nutriment	Dose par jour
Acide folique	6 400 microgrammes
Nicotinamide	1 000 à 3 000 milligrammes à fractionner en 2 ou 3 doses
Sélénium	200 microgrammes
Vitamine B_{12}	20 microgrammes
Vitamine E	400 à 600 unités internationales

De plus, un complément de multivitamines et de minéraux contenant les Valeurs quotidiennes pour toute la gamme de ces éléments essentiels

La vitamine C stimule la reconstitution du cartilage

La plupart d'entre nous connaissons la vitamine C pour ses propriétés anti-infectieuses et son aptitude à renforcer le système immunitaire. En outre, la vitamine C est également mise à contribution dans l'organisme tout entier pour fabriquer divers types de tissus, notamment le collagène. Ce dernier constitue un réseau de fibres protidiques qui servent à la structure fondamentale d'un grand nombre de tissus, entre autres le cartilage, les os, les tendons et les muscles, qui sont tous nécessaires pour avoir des articulations robustes et capables de fonctionner avec souplesse.

« Il est bien connu que les animaux carencés en vitamine C finissent par avoir toutes sortes de troubles liés à l'altération du collagène, notamment des douleurs articulaires et la désintégration du cartilage », note le Dr Pizzorno.

Lorsque l'on administre à des cobayes (l'une des seules races d'animaux — en dehors d l'être humain — dont l'organisme est incapable de

---

MISE EN GARDE : *Si vous avez des symptômes d'arthrose, vous devez consulter votre médecin afin d'obtenir un diagnostic précis et un traitement approprié.*

La dose d'acide folique mentionnée ci-dessus ne doit être ingérée que sous la surveillance d'un médecin, car tout excès d'acide folique peut masquer les signes d'une carence en vitamine B_{12}.

En doses trop élevées, la nicotinamide (ou vitamine PP) peut provoquer des troubles hépatiques. Toute dose largement supérieure à 100 milligrammes par jour nécessite une étroite surveillance médicale. Si vous avez une maladie hépatique, n'utilisez pas ce traitement.

La quantité de sélénium recommandée ici dépasse la Valeur quotidienne pour ce minéral. Bien que certains médecins considèrent cette posologie comme dénuée de toxicité, vous jugerez peut-être préférable d'en référer à votre médecin avant d'en prendre un apport complémentaire.

Si des médicaments anticoagulants vous ont été prescrits, ne prenez pas de compléments de vitamine E.

synthétiser la vitamine C) une alimentation qui n'offre qu'une faible quantité de vitamine C, ils présentent les symptômes classiques d'ostéo-arthrite : l'érosion et l'inflammation du cartilage.

En outre, une étude suggère que de grandes quantités de vitamine C stimulent la reconstitution des cellules de cartilage (chondrocytes) en accélérant la synthèse du matériel génétique de ces types de cellules, signalent des chercheurs de l'université d'état de New York à Stony Brook.

« Malgré l'absence d'études portant sur l'être humain ayant confirmé l'avantage d'un tel apport complémentaire, je crois qu'il existe suffisamment de preuves pour nous amener à inclure la vitamine C dans un programme destiné à ralentir la progression de l'arthrose », poursuit le Dr Pizzorno. En outre, il existe certaines preuves tendant à montrer que la vitamine C et la vitamine E ont une action synergique pour protéger le cartilage et l'empêcher de se désintégrer. Ce médecin ajoute qu'il suffit de prendre un complément de multivitamines et de minéraux pour obtenir suffisamment de vitamine C dans ce but précis.

Un nutriment prometteur : la nicotinamide

Peut-être n'avez-vous pas entendu parler de la nicotinamide (aussi appelée niacinamide, ou vitamine PP). Il s'agit d'une forme de la niacine, l'une des vitamines du groupe B.

Certains médecins qui s'intéressent particulièrement à la nutrition recommandent des doses élevées de nicotinamide dans le traitement de l'arthrose depuis les années 1940, lorsque le Dr William Kaufman, l'un des pionniers de la recherche nutritionnelle pour le traitement de l'ostéo-arthrite, avait eu l'occasion de constater son efficacité pour atténuer l'enflure et la douleur articulaire et améliorer la force musculaire.

« J'ai eu l'occasion de traiter plus de 1 000 patients pour un dysfonc-tionnement articulaire, en ayant recours soit à la nicotinamide prise isolément, soit à ce même nutriment allié à d'autres vitamines », commente le Dr Kaufman, aujourd'hui retraité à Winston-Salem en Caroline du Nord. Dans la majorité des cas, une amélioration se manifeste dès les premières semaines et devient plus marquée encore avec la poursuite du traitement, souligne-t-il. Les articulations gravement endommagées par l'ostéoarthrite, en revanche, ne répondent que lentement, voire pas du tout, au traitement à l'aide de nicotinamide.

Nul ne sait pour quelle raison précise la nicotinamide semble efficace pour soulager l'arthrose, admet le Dr Kaufman. « Les spécialistes pensent que cette vitamine améliore d'une manière ou d'une autre le métabolisme du cartilage articulaire », ajoute-t-il. Aucune nouvelle étude portant sur la nicotinamide n'a été publiée depuis les travaux du Dr Kaufman, mais les rapports concernant l'utilisation clinique de ce nutriment restent positifs.

« En tant que médecin appliquant cette thérapie depuis plus de vingt ans, je suis en mesure d'affirmer que la nicotinamide est extrêmement efficace dans la grande majorité des cas pour atténuer les douleurs liées à l'arthrose, et dans la plupart des cas pour faire également disparaître l'enflure et, selon toutes les apparences, mettre fin au processus », ajoute le Dr Wright.

La nicotinamide est souvent recommandée à la place de la niacine, car elle entraîne moins d'effets indésirables. En revanche, il s'agit d'un remède auquel il est formellement déconseillé d'avoir recours en l'absence de surveillance médicale. Les doses élevées de nicotinamide utilisées dans ce traitement, allant de 500 milligrammes deux fois par jour à 1 000 milligrammes trois fois par jour, peuvent en effet provoquer des troubles hépatiques.

« Toute personne qui absorbe plus de 1 500 milligrammes de nicotinamide par jour doit faire pratiquer une analyse sanguine après trois mois de ce traitement afin de déterminer le taux d'enzymes hépatiques, et renouveler ensuite cette analyse une fois par an, souligne le Dr Wright. Si le taux est élevé, la dose de nicotinamide doit être réduite en conséquence. » La nausée est un signe précurseur de stress du foie.

Si vous êtes atteint de maladie hépatique, vous ne devez pas avoir recours à ce traitement.

Augmenter nos chances

Les médecins qui ont l'occasion de traiter l'ostéoarthrite formulent une recommandation supplémentaire destinée à couvrir tous les besoins essentiels. Ils préconisent de prendre un complément de multivitamines et de minéraux apportant la Valeur quotidienne de tous les minéraux et vitamines essentiels.

Cette recommandation pourrait bien s'avérer judicieuse. Divers travaux montrent en effet que toute une palette de nutriments — l'acide pantothénique, la vitamine B_6, le zinc et le cuivre, ainsi que d'autres oligo-éléments — jouent un rôle dans le maintien d'une bonne santé des tissus osseux et du cartilage. « En outre, ces nutriments sont synergiques entre eux de nombreuses manières que nous ne comprenons pas encore », souligne le Dr Wright.

Ostéoporose

Aborder le troisième âge avec prestance

Déposer des fonds à la banque osseuse

Imaginez une banque qui ne vous indique jamais quelle somme d'argent est disponible sur votre compte (ou ne l'est pas, selon le cas). Pour peu que vous ne soyez pas très organisé, il est probable que tôt ou tard vous émettiez un chèque sans provision. Eh bien, sachez que notre ossature correspond à la description d'une telle banque, à cela près qu'au lieu d'argent, c'est du calcium que nous en retirons.

En quelques mots, voici ce qui se passe lorsqu'un sujet est atteint d'ostéoporose, un trouble qui rend les os excessivement poreux : le squelette fait littéralement faillite. L'organisme a retiré davantage de calcium dans l'ossature que l'individu n'en a déposé au cours des années, si bien qu'il ne reste plus qu'une coquille fragile.

L'ostéoporose est responsable de 1,5 million de fractures par an, principalement des fractures des vertèbres (provoquant la posture recourbée souvent observée chez les femmes âgées), des avant-bras, des poignets et des hanches (ces dernières laissant souvent l'individu concerné très diminué, et pouvant même lui coûter la vie).

Voilà pour les mauvaises nouvelles. Quant aux bonnes nouvelles, c'est qu'il est non seulement possible de prévenir l'ostéoporose, mais également de la soigner.

« Il n'y a aucune raison pour que ce trouble existe. En effet, il est facile de le prévenir simplement par la nutrition et l'exercice physique, pourvu qu'une femme commence suffisamment tôt », souligne Ruth S. Jacobowitz, auteur du livre *150 Most-Asked Questions about Osteoporosis*, ancienne vice-présidente du centre médical Mount Sinai et membre du conseil d'administration du *National Council on Women's Health*. « Il n'est jamais trop tôt, mais jamais trop tard non plus, pour construire une ossature solide. Même une femme très âgée peut encore augmenter jusqu'à un certain point la densité de son ossature. »

Gérer ses fonds à la banque osseuse

La première étape dans la construction d'une ossature robuste consiste à comprendre comment fonctionnent les os. Même lorsque la croissance a pris fin, notre ossature subit un remaniement constant. Ce terme de remaniement (ou remodelage) osseux est effectivement utilisé par les médecins pour décrire le processus constant qui amène l'organisme à éliminer les tissus osseux vieillis pour les remplacer par une ossature neuve. De manière générale, durant les vingt à trente premières années de notre existence, la formation de tissus osseux tout neufs garde une longueur d'avance, ou tout au moins s'effectue au même rythme que l'élimination des tissus osseux vieillis.

Après la trentaine, cette comptabilité osseuse commence à être dans le rouge, car les hommes comme les femmes perdent légèrement plus de tissus osseux qu'ils n'en constituent — tout au moins jusqu'à ce que les femmes parviennent à la ménopause et cessent de fabriquer des œstrogènes, l'une des hormones qui servent à réguler le remodelage osseux. Ensuite, elles perdent considérablement plus de tissus osseux que les hommes, jusqu'à 2 à 5 % par an au cours des premières cinq à sept années après la ménopause. C'est pourquoi l'ostéoporose est beaucoup plus courante chez les femmes, quoiqu'elle puisse aussi se produire chez les hommes très âgés.

Il est donc particulièrement important pour une femme de construire et de maintenir un capital minéral osseux optimal, c'est-à-dire la quantité de tissu osseux maximale qu'il est possible de constituer au cours de l'existence. Et pour constituer ce capital minéral osseux, explique le Dr Clifford Rosen, directeur d'un centre de recherches sur l'ostéoporose, il s'agit d'absorber du calcium et de faire pas mal d'exercice physique. Plus tôt une femme commence à pratiquer cela, mieux cela vaudra, car la majorité du capital minéral osseux est déjà constituée vers l'âge de 25 ans, quoique certains chercheurs soient persuadés qu'il reste possible de constituer l'ossature jusque vers 35 ans.

Cela veut-il dire que vous êtes condamnée si vous avez déjà plus de 30 ans et que vous commencez tout juste à comprendre ce que représente le capital minéral osseux ? « Absolument pas », souligne le Dr Rosen. Le calcium et l'exercice physique peuvent empêcher la perte osseuse qui se produit chez les femmes d'une trentaine ou d'une quarantaine d'années. « Et il suffit de ralentir la perte osseuse pour éviter l'apparition de l'ostéoporose, même si votre capital minéral osseux est très faible », ajoute-t-il.

L'un des moyens les plus efficaces de prévenir la perte osseuse et les fractures dues à l'ostéoporose est l'hormonothérapie substitutive, relève le Dr David Dempster, directeur d'un centre régional des os et professeur adjoint en pathologie clinique universitaire. Cette thérapie ne convient toutefois pas à toutes les femmes et il est préférable que vous consultiez votre médecin quant aux avantages et inconvénients de ce type de traitement.

En outre, les experts médicaux sont d'accord pour dire que, chez l'homme comme chez la femme, une alimentation saine joue un rôle important pour prévenir et traiter l'ostéoporose.

En plus du calcium, les nutriments dont les recherches ont montré qu'ils offrent le meilleur potentiel pour construire les tissus osseux comprennent la vitamine D, le bore, le magnésium, le fluor, le manganèse, le cuivre, le zinc et la vitamine K. Voici ce que nous savons actuellement.

L'irremplaçable lait de vache

Votre mère vous disait toujours : « Bois ton lait, sinon tu n'auras pas des dents et des os solides ». Comme d'habitude, elle avait raison.

« Le plus grand problème avec l'ostéoporose est, de loin, le manque de calcium dans l'alimentation », explique le Dr Paul Saltman, professeur de biologie en université.

Le calcium, un minéral abondant dans le lait, est essentiel pour avoir une ossature robuste et saine. Il faut savoir que 99 % du calcium contenu dans l'organisme est emmagasiné dans le squelette. En revanche, nous avons également besoin d'un niveau stable de calcium sérique (le calcium contenu dans le sang) pour assurer des pulsations cardiaques, une fonction nerveuse et musculaire et une coagulation sanguine normales. Ce sont nos os qui souffrent lorsque le taux de calcium devient insuffisant.

La priorité essentielle de l'organisme est de maintenir un taux de calcium suffisant dans le sang, explique le Dr Rosen. « Si le corps ne dispose pas d'assez de calcium, il ira puiser dans ses réserves », ajoute-t-il. Dans ce cas précis, c'est dans nos os que se trouvent les réserves.

Afin de conserver de bonnes réserves de calcium, le Dr Saltman recommande que chaque personne, dès l'adolescence, prenne un apport complémentaire de calcium et absorbe une alimentation bien équilibrée, afin de veiller à obtenir entre 1 200 et 1 500 milligrammes de calcium par jour.

Selon des chercheurs à l'université de Californie à San Diego, même de petits apports de calcium peuvent apporter une aide appréciable. Sur les 581 femmes âgées de 60 à 79 ans qu'ils ont eu l'occasion d'étudier, celles qui buvaient habituellement au moins un verre de lait par jour durant l'adolescence et au début de l'âge adulte avaient une densité minérale osseuse considérablement plus élevée au milieu de l'avant-bras (3 à 4 %), au niveau de l'épine dorsale (5 %) et aux hanches que celles qui n'avaient pas pris cette habitude. Chez des adultes âgés de 20 à 50 ans, le fait de boire habituellement du lait avait un effet plus important encore sur la densité minérale osseuse au niveau des hanches (4 %) et du rachis dorsal (7 %).

Le calcium peut également être utile pour traiter l'ostéoporose après l'apparition de cette dernière. Des chercheurs à l'hôpital universitaire Winthrop à Mineola, dans l'état de New York, ont étudié 118 femmes postménopausées. Sur une période de trois ans, ils ont administré aux participantes soit 1 700 milligrammes de calcium, soit 1 700 milligrammes de calcium additionné d'œstrogène et de progestérone (les hormones féminines), soit un placebo (pilule inerte dénuée d'effet thérapeutique). Quoique la formule faisant appel au calcium additionné d'hormones se soit révélée la plus efficace, le calcium administré isolément permettait de ralentir considérablement la perte minérale osseuse. Les chercheurs ont mesuré cette dernière dans le haut du fémur, relevant une diminution de 0,8 % par an chez les femmes qui prenaient du calcium, alors que la perte était de 2 % par an chez les femmes qui ne recevaient qu'un placebo.

Lorsqu'il s'agit d'absorber suffisamment de calcium, il ne suffit pas de boire davantage de lait. L'assimilation du calcium en provenance des produits laitiers peut d'ailleurs poser un problème, et beaucoup de gens ont du mal à digérer ces types d'aliments, souligne le Dr Neal Barnard, auteur du livre *Eat Right, Live Longer* et président du Comité des médecins pour une médecine responsable. Il recommande d'avoir plutôt recours à des aliments comme les haricots secs, le brocoli et le jus d'orange vitaminé pour obtenir davantage de calcium. D'autres aliments contiennent également des quantités appréciables de ce minéral, notamment les feuilles vertes des légumes de la famille des crucifères, le chou frisé, la moutarde germée, la courge-doubeurre, le tofu et les patates douces.

La Valeur quotidienne pour le calcium est de 1 000 milligrammes. En outre, les instituts nationaux de la santé à Bethesda dans le Maryland recommandent les apports journaliers suivants :
- Hommes âgés de 25 à 65 ans : 1 000 milligrammes
- Femmes âgées de 25 à 50 ans : 1 000 milligrammes
- Femmes enceintes ou qui allaitent : 1 200 à 1 500 milligrammes

(suite page 536)

Facteurs alimentaires

Il existe une abondance de vitamines et de minéraux capables de construire et de maintenir un squelette sain et robuste, mais toutes sortes d'autres aliments courants sont franchement nocifs pour notre ossature. En voici quelques-uns qu'il est préférable d'éviter.

Un peu moins de café. Même s'ils n'ont pas fini de débattre de la dose exacte de caféine qu'il est préférable de ne pas dépasser, les experts sont néanmoins d'accord pour dire que l'absorption de caféine augmente l'excrétion du calcium par le biais de l'urine.

L'étude Rancho Bernardo, effectuée sur une période de trois ans et qui portait sur 980 femmes postménopausées, a permis de constater que celles qui buvaient habituellement du café avaient une ossature moins dense. L'étude soulignait une diminution significative de la masse osseuse au niveau des hanches et du rachis chez les femmes habituées à prendre chaque jour depuis de nombreuses années ne serait-ce que deux tasses de café par jour, alors qu'elles n'avaient pas l'habitude de boire du lait.

D'après les résultats de cette étude, ces femmes furent ensuite en mesure de compenser leur perte osseuse en buvant chaque jour au moins un verre de lait ; il n'en reste pas moins préférable de limiter l'absorption de caféine, d'autant plus que la majorité des femmes n'absorbent de toute façon pas assez de calcium, souligne Ruth S. Jacobowitz, auteur du livre *150 Most-Asked Questions about Osteoporosis*, ancienne vice-présidente du centre médical Mount Sinai et membre du conseil d'administration du *National Council on Women's Health*.

Renoncez au cola. Peut-être le phosphore est-il un constituant indispensable de l'ossature, mais les experts sont nombreux à dire que toute absorption excessive de phosphore inhibe l'assimilation du calcium et peut avoir des effets désastreux sur la santé osseuse. Le cola, qui contient beaucoup de phosphore, de sucre et de caféine, figure « parmi les pires aliments pour les personnes qui souhaitent éviter l'ostéoporose », relève le Dr Alan R. Gaby, auteur du livre *Preventing and Reversing Osteoporosis*, médecin à Seattle spécialisé en médecine naturelle et nutritionnelle et ancien président de l'*American Holistic Medical Association*.

Il semblerait que tout excès de phosphore représente une double menace pour l'organisme. Non seulement l'excédent de cet élément se fixe sur le calcium sanguin, rendant ce dernier indisponible pour les fonctions nécessaires à l'organisme, mais, de ce fait, notre corps perçoit un manque de calcium et soustrait donc ce dernier à notre ossature.

Si vous êtes incapable de renoncer totalement au cola, ayez au moins la précaution d'en limiter la consommation à une seule canette par jour.

Légumes verts et haricots secs. Pour la formation osseuse et la santé globale de l'organisme, les protéines sont un élément important de notre alimentation ; pourtant, certains travaux scientifiques laissent à penser que les protéines d'origine animale (viandes et autres aliments d'origine animale) augmentent la perte de calcium et, par conséquent, affaiblissent les os, souligne le Dr Neal Barnard, auteur du livre *Eat Right, Live Longer* et président du Comité des médecins pour une médecine responsable.

« Le problème de l'ostéoporose dans notre pays provient essentiellement de la perte de calcium », affirme ce médecin. Il préconise d'obtenir des protéines en mangeant des céréales complètes, des haricots secs et des légumes, et d'obtenir du calcium en mangeant des légumes verts tels que brocoli, chou frisé, légumes de la famille des crucifères et haricots secs, afin d'éviter la protéine animale contenue dans le lait (un gramme pour 30 ml).

Moins de sel. Une consommation élevée de sel augmente l'excrétion de calcium à travers l'urine, poursuit le Dr Barnard. « De nombreux travaux ont permis de confirmer qu'en limitant la quantité de sodium absorbée quotidiennement à 1 000 ou 2 000 milligrammes, il est possible d'économiser 160 milligrammes de calcium par jour », précise-t-il. Cela revient à limiter la consommation moyenne de sel à une cuillerée à café par jour au maximum.

Pas d'excès d'alcool. « Ni la bière ni le chardonnay ne nous fournissent de calcium », souligne le Dr Paul Saltman, professeur de biologie en université. En outre, les excès de boisson peuvent faire obstacle à l'assimilation du calcium et compromettre la formation osseuse.

(à suivre)

Facteurs alimentaires — Suite

Les chercheurs ont constaté chez un pourcentage significatif d'alcooliques chroniques (tous des hommes) une réduction de la masse osseuse ainsi qu'un certain nombre de fractures dues à l'ostéoporose. En revanche, les effets d'une absorption modérée d'alcool ne sont pas connus.

Éliminez l'aluminium. Il faut poursuivre les recherches dans ce domaine, mais les travaux scientifiques montrent d'ores et déjà qu'un excès d'aluminium peut lui aussi provoquer une perte osseuse, note Mme Jacobowitz. Cette dernière souligne que l'aluminium peut non seulement se lier avec le phosphore et le calcium, attirant ces minéraux dans l'urine, mais qu'il se dépose également sur l'ossature, provoquant un trouble appelé ostéomalacie (ramollissement des os).

« Il n'est pas judicieux de faire usage d'anti-acides à base d'aluminium pour obtenir un apport complémentaire de calcium. Non seulement cela ne vous fera aucun bien, mais cela pourrait même être nocif. Lisez attentivement les étiquettes », avertit Mme Jacobowitz.

- Femmes périménopausées (âgées de 51 à 65 ans) qui prennent des œstrogènes : 1 000 milligrammes
- Femmes périménopausées (âgées de 51 à 65 ans) qui ne prennent pas d'œstrogènes : 1 500 milligrammes
- Hommes et femmes de plus de 65 ans : 1 500 milligrammes

Puisque beaucoup de gens n'absorbent pas une telle quantité de calcium par le biais de l'alimentation, les médecins recommandent souvent un apport complémentaire de 500 à 1 200 milligrammes de calcium par jour afin de compenser la différence.

Allez jouer au soleil pour obtenir de la vitamine D

Souvent qualifiée de vitamine du soleil, la vitamine D est indispensable pour que la totalité du calcium absorbé puisse nous être bénéfique. La vitamine D, synthétisée par l'épiderme chaque fois que celui-ci est exposé à la lumière du soleil (excepté durant l'hiver sous les climats du Nord), aide notre organisme à absorber le calcium et à construire une ossature solide.

Il n'existe aucune étude concluante indiquant que la carence en vitamine D soit une cause directe de l'ostéoporose. De nombreux travaux ont cependant permis de confirmer que chez l'adulte, un déficit en vitamine D provoque l'ostéomalacie (ramollissement des os) qui pourrait contribuer aux fractures.

La vitamine D pourrait également être utile pour traiter l'ostéoporose. Dans le cadre d'une étude, des chercheurs finlandais ont constaté que 341 sujets âgés (principalement des femmes âgées de 75 ans et au-delà), auxquels les chercheurs avaient administré chaque année et pendant cinq ans une dose élevée de vitamine D sous forme de piqûre, étaient moins sujets aux fractures que 458 personnes qui n'avaient pas reçu cette vitamine.

« Les recherches, chez nous, à Boston, ainsi qu'en Europe, ont permis de découvrir que jusqu'à 40 % des hommes et femmes âgés ayant subi une fracture de la hanche sont en déficit de vitamine D », commente le Dr Michael F. Holick, chef d'une section d'endocrinologie, du diabète et du métabolisme et directeur d'un centre général de recherche clinique universitaire.

Malheureusement, l'aptitude de notre épiderme à fabriquer la vitamine D diminue avec l'âge, ajoute le Dr Holick. La situation est encore pire pour ceux qui vivent sous un climat où les journées sont courtes et les hivers particulièrement longs. Durant l'hiver, sous des climats du Nord tels que celui de Boston ou du Nord de la France, l'organisme n'est pas en mesure de synthétiser la vitamine D. « Durant les mois d'hiver, de novembre à février, même quelqu'un qui s'exposerait tout nu à la lumière du soleil de l'aube jusqu'au crépuscule ne parviendrait pas à fabriquer suffisamment de vitamine D pour satisfaire aux besoins de son organisme », commente le Dr Holick. Plus nous vivons près des pôles avec leur calotte glaciaire, plus longtemps il faudrait s'exposer au soleil.

« Ce problème se s'arrange pas avec l'utilisation d'écran solaire durant l'été, ajoute le Dr Holick. Un écran solaire d'indice huit suffit à diminuer sensiblement l'aptitude du corps à synthétiser la vitamine D. Le port de vêtements l'en empêche complètement. »

Vous pouvez toujours boire du lait vitaminé, mais ne comptez pas sur cette boisson pour vous fournir l'essentiel de la vitamine D dont vous avez besoin, relève le Dr Holick. « Il est difficile d'enrichir le lait à l'aide de cette vitamine, et nos recherches ont montré que 30 % seulement des échantillons de lait examinés contiennent effectivement la quantité de vitamine D figurant sur l'étiquette. Ce pourcentage est plus faible encore lorsqu'il s'agit d'échantillons de lait écrémé. »

Voilà qui ne facilite pas l'obtention d'une dose suffisante de vitamine D par le biais de la seule alimentation. Heureusement, la réponse à ce dilemme posé par cette vitamine existe, vous la trouverez chez votre pharmacien habituel, surtout si vous y allez à pied et par temps très ensoleillé.

La vitamine D peut être toxique en doses élevées. C'est pourquoi il est formellement déconseillé d'en prendre un apport complémentaire dépassant 600 unités internationales par jour, sauf si votre médecin vous l'a spécifiquement recommandé. En revanche, de nombreux compléments de multivitamines et de minéraux contiennent une quantité adéquate de cette vitamine. « En prenant un complément de multivitamines et de minéraux contenant 400 unités internationales de vitamine D, vous aurez l'assurance d'obtenir au moins la Valeur quotidienne de vitamine D recommandée pour les adultes, qui est précisément de 400 unités internationales, note le Dr Holick. Nous recommandons également à nos patients, et en particulier aux personnes âgées, d'aller passer cinq à dix minutes en plein air deux ou trois fois par semaine durant le printemps, l'été et l'automne afin d'exposer au soleil les mains, le visage et les bras. C'est ce type d'exposition au soleil par le simple fait d'être dehors qui nous fournit davantage de vitamine D. »

Prenez du magnésium afin de réguler le calcium

Le magnésium, un minéral essentiel utilisé dans le traitement de toutes sortes de troubles, depuis la dépression jusqu'aux crises cardiaques, est également crucial pour la santé de notre ossature. Ce nutriment aide le calcium à pénétrer à l'intérieur des os, et convertit également la vitamine D qu'il transforme dans l'organisme en sa forme active. Près de la moitié du magnésium dans le corps se concentre dans le squelette.

« Les recherches demeurent insuffisantes, mais si l'on me demandait de deviner quel nutriment est le plus important pour la santé osseuse, je dirais qu'il s'agit du magnésium », déclare le Dr Alan R. Gaby, auteur du livre *Preventing and Reversing Osteoporosis*, médecin à Seattle spécialisé en médecine naturelle et nutritionnelle et ancien président de l'*American Holistic Medical Association*.

En outre, le magnésium pourrait être bénéfique dans le traitement de l'ostéoporose. Des chercheurs israéliens ont étudié 31 femmes postménopausées atteintes de ce trouble. Ils ont administré aux participantes un complément de magnésium de 250 à 750 milligrammes par jour durant 6 mois, puis de 250 milligrammes pendant 18 mois. À l'issue de cette période, ils ont pu constater que la densité osseuse avait augmenté de 1 à

8 % chez 22 femmes, tandis que le taux de perte osseuse avait diminué chez 5 participantes. Parallèlement, la densité osseuse avait considérablement diminué chez 23 autres femmes qui n'avaient pas reçu d'apport complémentaire de magnésium durant la même période.

Aux États-Unis, le ministère de l'Agriculture n'a pas fini d'étudier le rôle du magnésium dans l'ostéoporose, note le Dr Forrest H. Nielsen, directeur du centre de recherches sur la nutrition humaine de ce ministère à Grand Forks, dans le North Dakota. « Sur la base de ce que nous savons du rôle régulateur du magnésium vis-à-vis du calcium, nous pouvons dire qu'une alimentation suffisamment riche en magnésium est nécessaire pour maintenir une ossature robuste », dit-il.

La Valeur quotidienne pour le magnésium est de 400 milligrammes. Puisque la majorité de la population n'absorbe pas suffisamment de ce nutriment par l'alimentation, les médecins qui préconisent un apport complémentaire de magnésium recommandent d'en prendre 200 à 400 milligrammes par jour. (Si vous êtes atteint de troubles rénaux ou cardiaques, il est impératif d'obtenir l'avis de votre médecin avant de recourir à un apport complémentaire de magnésium.) Les aliments contenant beaucoup de magnésium comprennent le germe de blé, les graines de tournesol, les fruits de mer, les noix, les produits laitiers et les légumes verts feuillus.

Le bore empêche la déperdition du calcium

Les chercheurs ont formulé l'hypothèse que le bore, un minéral trace présent essentiellement dans les fruits et légumes, pourrait diminuer l'excrétion du calcium et du magnésium à travers l'urine et, par conséquent, contribuer à prévenir l'ostéoporose.

« Il est encore trop tôt pour dire jusqu'à quel point le bore est bénéfique », note le Dr Curtiss Hunt, chercheur et biologiste au centre de recherches sur la nutrition humaine de Grand Forks. Dans le cadre d'une étude, le Dr Hunt et ses collègues ont constaté des différences marginales dans la quantité de calcium et de magnésium excrétée à travers l'urine chez 12 femmes postménopausées, auxquelles ils avaient dans un premier temps administré une alimentation carencée en bore, pour leur en faire ensuite absorber un apport complémentaire de trois milligrammes par jour.

« Jusqu'ici, nous avons constaté que le bore exerce un effet léger en diminuant quelque peu l'excrétion du calcium et du magnésium, tout en augmentant la production d'œstrogène et de testostérone ; mais il ne s'agit pas de résultats spectaculaires, précise le Dr Hunt. Malgré tout, il reste important d'absorber une alimentation suffisamment riche en bore. Il ne fait absolument aucun doute que le bore affecte le métabolisme des os et des minéraux, en particulier chez l'animal. Néanmoins, il serait téméraire de prendre un apport complémentaire de bore dans l'état actuel des connaissances. Chacun doit veiller à manger suffisamment de fruits et de légumes. Pour obtenir 0,5 milligramme de bore, il suffit de manger une pomme relativement grosse. »

Quelque chose d'utile dans l'eau

Le fluor, sous sa forme porteuse d'une charge électrique, est depuis longtemps vanté pour son aptitude à prévenir les caries. Aujourd'hui, certains chercheurs sont aussi persuadés qu'il peut construire notre ossature.

« Les femmes qui participaient à notre étude ont obtenu une réduction de 70 % des fractures rachidiennes sur une période de 30 mois, et une augmentation, chaque année, de près de 5 % de la densité de l'ossature rachidienne pendant près de trois ans », souligne le Dr Khashayar Sakhaee, professeur de médecine interne.

Dans le cadre de cette étude, le Dr Sakhaee avait administré à 48 femmes postménopausées 25 milligrammes de fluor à libération prolongée et 800 milligrammes de calcium (sous forme de citrate de calcium), deux fois par jour et pendant trois cycles de 12 mois, chacun suivi d'une interruption de la prise de fluor durant 2 mois. Le Dr Sakhaee précise qu'avec ce nouveau mode d'administration, un traitement à base de fluor est à la fois efficace et sans danger.

« D'autres chercheurs avaient recours à une forme de fluor à libération rapide qui allait droit dans le squelette, et les patients en recevaient des seuils toxiques », poursuit le Dr Sakhaee. La formule à libération rapide permettait effectivement de constituer une ossature plus dense, explique-t-il, mais la substance osseuse ainsi obtenue était cassante et peu robuste. En revanche, la nouvelle formule à libération prolongée permet de constituer une ossature solide.

Les chercheurs restent méfiants vis-à-vis du fluorure de sodium à libération rapide. En effet, des doses très élevées de ce nutriment, de l'ordre de 2 500 à 5 000 milligrammes, peuvent être mortelles, ajoute le Dr Sakhaee, même si les doses nécessaires à la santé de notre ossature sont loin d'approcher des doses aussi élevées.

« La majorité des gens n'absorbent pas assez de fluor pour que cela soit bénéfique à leur ossature », souligne le Dr Sakhaee. Ce dernier souligne que le sol et l'eau de puits contiennent ce nutriment en abondance, mais dans les petites et grandes villes où l'eau est fluorée, les normes imposées par les autorités américaines interdisent d'ajouter plus de un milligramme de fluor par litre d'eau. De plus, l'eau du réseau public n'est pas fluorée dans un certain nombre de localités. Ces mesures de fluoration systématique des eaux de consommation n'ont pas été autorisées en France.

Les compléments de fluor ne sont disponibles que sur ordonnance et si vous avez l'intention de recourir à ce remède, il vous faudra par conséquent en parler à votre médecin. Si votre eau potable n'est pas fluorée, sachez qu'il existe diverses bonnes sources alimentaires de fluor, notamment le thé, le maquereau et le saumon en boîte avec ses arêtes. Un apport journalier de fluor pouvant aller jusqu'à dix milligrammes par le biais de l'alimentation et de l'eau de boisson est considéré comme dénué de toxicité chez l'adulte.

Zinc, cuivre et manganèse : des éléments synergiques pour renforcer l'ossature

Des années durant, les chercheurs ont cherché à établir un rapport entre l'ostéoporose et trois minéraux : le zinc, le cuivre et le manganèse. De nombreux travaux scientifiques ont permis de confirmer qu'une carence dans n'importe lequel de ces nutriments est nocive pour la santé osseuse, mais les recherches montrent qu'ils pourraient avoir une efficacité optimale lorsqu'ils sont absorbés ensemble.

« L'alimentation de nombreuses personnes âgées est carencée en nutriments essentiels, notamment en zinc. En outre, il ne fait aucun doute que la carence en zinc provoque des troubles du métabolisme osseux », relève le Dr Joseph Soares, professeur de nutrition. Les spécialistes ne savent toutefois pas encore, ajoute-t-il, si la carence en zinc joue un rôle dans l'apparition de l'ostéoporose.

En ce qui concerne le cuivre, c'est la même histoire. Après diverses expériences visant à produire une carence en cuivre chez des animaux de laboratoire, les chercheurs ont constaté la présence d'anomalies osseuses, et, d'autre part, des médecins ont signalé qu'une carence grave en cuivre était à l'origine de l'ostéoporose chez des nourrissons prématurés atteints de malnutrition, note le Dr J. Cecil Smith, chimiste et chercheur dans un centre de recherches sur la nutrition humaine du ministère américain de l'Agriculture. « En revanche, il n'existe pas d'études déterminantes concernant le rôle du cuivre dans l'ostéoporose », ajoute-t-il.

Le manganèse, lui aussi, est essentiel pour la formation osseuse, et les spécialistes ont signalé une carence en manganèse chez des femmes atteintes d'ostéoporose. Le Dr Nielsen affirme que le manganèse, tout comme le zinc et le cuivre, présente vraisemblablement l'efficacité optimale lorsqu'il est absorbé avec d'autres vitamines et minéraux.

Conscients de l'importance de chacun de ces minéraux, des chercheurs à l'université de Californie à San Diego ont étudié les effets du zinc, du cuivre et du manganèse lorsque ces trois minéraux étaient absorbés ensemble. Dans le cadre d'une étude sur deux ans portant sur 59 femmes postménopausées, les chercheurs ont constaté qu'une dose de 1 000 milligrammes de calcium ralentissait la perte minérale dans l'ossature rachidienne. Mieux encore, lorsque l'on ajoutait à cette dose un « cocktail minéral » comportant 15 milligrammes de zinc, 2,5 milligrammes de cuivre et 5 milligrammes de manganèse, cela permettait de stopper effectivement la perte minérale chez les participantes.

« Pour obtenir les meilleurs résultats possibles, je recommande de prendre un complément de multivitamines et de minéraux apportant 100 % de la Valeur quotidienne pour le zinc, le cuivre et le manganèse, et d'absorber en outre un apport complémentaire de calcium », note le Dr Saltman, l'un des principaux chercheurs responsables de cette étude.

La Valeur quotidienne pour le zinc est de 15 milligrammes ; en ce qui concerne le cuivre et le manganèse, elle est de 2 milligrammes. Puisqu'une dose excessive de zinc peut bloquer l'absorption du cuivre, il est important de veiller à bien équilibrer les doses respectives de ces minéraux.

La vitamine K : le héros méconnu

Si vous disiez à quelqu'un de prendre de la vitamine K, il est probable que votre interlocuteur vous répondrait « De la vitamine quoi ? « Pourtant ce nutriment, abondant à travers toute la chaîne alimentaire et produit par les bactéries intestinales, joue un rôle crucial dans la formation de notre ossature. En outre, il est possible qu'une carence en vitamine K, que les spécialistes ont longtemps considérée comme très rare, soit un facteur dans l'ostéoporose.

« Les recherches montrent que les sujets atteints d'ostéoporose ont un faible taux sanguin de vitamine K », souligne le Dr Gaby ; ce dernier est persuadé que la carence en vitamine K est loin d'être si rare. Si les savants s'imaginaient autrefois que la carence en vitamine K n'était pas très courante, souligne-t-il, c'est qu'ils avaient recours à des techniques de

Prescriptions vitaminiques

Les médecins sont unanimes à dire qu'une bonne nutrition est essentielle pour la santé des os. Les experts recommandent les nutriments suivants pour contribuer à prévenir l'ostéoporose ou en ralentir la progression.

Nutriment	Dose par jour
Bore	3 milligrammes
Calcium	1 200 à 1 500 milligrammes
Cuivre	2 milligrammes
Fluorure	jusqu'à 10 milligrammes
Magnésium	200 à 400 milligrammes
Manganèse	5 milligrammes
Vitamine D	400 unités internationales
Vitamine K	jusqu'à 100 microgrammes
Zinc	15 milligrammes

De plus, un complément de multivitamines et minéraux contenant les Valeurs quotidiennes pour toute la gamme des vitamines et minéraux essentiels

MISE EN GARDE : *Si l'on a diagnostiqué chez vous la présence d'ostéoporose, vous devez être suivi par un médecin.*

En cas de troubles cardiaques ou rénaux, vous devez obtenir l'avis de votre médecin avant de prendre un complément alimentaire de magnésium.

mesure très rudimentaires. « De plus, l'abus que nous faisons aujourd'hui des antibiotiques pourrait inhiber la production de vitamine K dans l'intestin », poursuit ce médecin.

Une étude effectuée aux Pays-Bas a d'ailleurs montré que la vitamine K pourrait contribuer à protéger les réserves de calcium de l'organisme.

Soixante-dix femmes postménopausées avaient reçu un milligramme (1 000 microgrammes) de vitamine K chaque jour durant trois mois. Les chercheurs ont constaté une diminution « significative » de la perte de calcium à travers l'urine.

La Valeur quotidienne pour la vitamine K est de 80 microgrammes, et cette vitamine n'est pas difficile à obtenir par le biais de nos aliments. Les fruits, les légumes feuillus, les légumes racines, les graines et les produits laitiers en sont autant de bonnes sources. Pour ceux qui préféreraient prendre ce nutriment sous forme de complément alimentaire, une dose de 100 microgrammes par jour est dénuée de toxicité, précise le Dr Gaby, mais ce médecin en prescrit fréquemment des doses plus élevées dans des cas spécifiques.

Un luxe de précautions

En plus de ces vitamines et minéraux, certains médecins ont suggéré les avantages possibles de la vitamine C, de la vitamine B_6 et de l'acide folique. Dans le traitement de l'ostéoporose, les chercheurs ne recommandent pas de prendre un apport complémentaire de ces nutriments isolément, mais ils n'hésitent pas en revanche à préconiser un peu de renfort sous la forme d'un complément de multivitamines et de minéraux.

« Il n'y aurait aucun inconvénient à prendre non seulement un apport complémentaire de calcium, mais également un complément de multi-vitamines et de minéraux afin de veiller à absorber la Valeur quotidienne de tous les minéraux et vitamines essentiels », conseille le Dr Saltman.

Pellagre

◆

Déchiffrer un mystère vieux d'un siècle

S'il vous venait l'idée saugrenue d'inviter quelqu'un pour lui servir du porc gras salé accompagné de gruau de maïs en guise de dîner, il est probable que vous mangeriez tout seul. Pourtant, dans le Sud profond des États-Unis, il n'y a pas cent ans de cela, ces aliments constituaient le régime de base que l'on soupçonna ensuite d'avoir provoqué une épidémie de pellagre, une mala-die liée à la carence en niacine.

Cette maladie se caractérise par un déclin progressif qui commence souvent par une peau rouge et prurigineuse, se traduisant ensuite par des diarrhées et des signes de dépression ; l'issue finale est la mort. En 1914, plus de 100 000 personnes étaient concernées aux États-Unis.

« L'extension de la maladie avait pris des proportions si alarmantes que le chef du service fédéral de la santé publique fit mener une enquête spéciale sur "l'un des problèmes les plus compliqués et les plus urgents de l'époque actuelle" », relève le Dr Marvin Davis, président du service de pharmacologie de l'université du Mississippi.

Une expérience portant sur des orphelins atteints de pellagre à Jackson, dans le Mississippi, ne tarda pas à fournir quelques indications sur ce mystère. Les médecins ajoutèrent à l'alimentation de ces enfants, habituellement constituée exclusivement de gruau de maïs, du lait, diverses viandes et des œufs. Après quelques jours seulement, les symptômes de pellagre disparurent, souligne le Dr Davis.

Afin de confirmer qu'une carence alimentaire était bien la cause du trouble, une autre étude se déroula, portant cette fois sur des condamnés. Un certain nombre de prisonniers qui ne présentaient aucun symptôme de

---

Prescriptions vitaminiques

De nos jours, la pellagre est rare. Lorsque cette carence en niacine a été diagnostiquée, les médecins recommandent la nicotinamide, une forme de niacine dont nous savons qu'elle entraîne moins d'effets indésirables.

Nutriment	Dose par jour
Nicotinamide	300 à 400 milligrammes, à fractionner en 3 ou 4 doses

MISE EN GARDE : *Si vous présentez des symptômes de pellagre, vous devez consulter votre médecin afin d'obtenir un diagnostic précis et un traitement approprié.*

Une telle quantité de nicotinamide est prescrite dans les cas graves de pellagre et il est formellement déconseillé de l'absorber en l'absence d'une surveillance médicale.

pellagre se déclarèrent d'accord pour ne manger pendant cinq mois que du petit salé, du gruau de maïs, de la sauce et de la bouillie de maïs frite, et presque tous finirent par avoir la pellagre.

De manière à éliminer le moindre doute que la pellagre puisse être une maladie infectieuse, ajoute le Dr Davis, une autre étude fut menée à bien, portant elle aussi sur des prisonniers. Ces derniers, ainsi que les chercheurs eux-mêmes, reçurent des piqûres de sang en provenance de patients atteints de pellagre, ou furent mis en contact avec leurs déjections nasales ou leurs glaires. Lorsqu'il s'avéra qu'aucun des participants ne présentait les symptômes de la pellagre, les chercheurs en conclurent qu'il ne pouvait pas s'agir d'une maladie infectieuse.

Le gruau de maïs ne suffit pas

Quoique les chercheurs n'aient pas tardé à comprendre la cause de la pellagre, il fallut attendre 1937 pour que l'on puisse mettre le doigt sur l'origine exacte de ce trouble. Non seulement le maïs contient une forme de niacine (l'une des vitamines du groupe B) que l'organisme ne parvient pas bien à assimiler, mais, en outre, il peut provoquer un déséquilibre des acides aminés, commente le Dr Davis. Les acides aminés sont les éléments constitutifs des protéines, c'est-à-dire la substance même dont se constitue l'organisme.

Lorsque l'on mange occasionnellement du maïs dans le cadre d'une alimentation bien équilibrée, cela ne pose aucun problème, mais une alimentation presque exclusivement composée de cette céréale et de produits à base de cette dernière entraîne des ravages considérables. C'est d'ailleurs grâce à la tragédie liée à la pellagre, au début de ce siècle, que les fabricants américains ont commencé à ajouter systématiquement de la niacine aux farines et céréales. Aujourd'hui, par conséquent, la pellagre est une maladie rare.

Certains sujets peuvent malgré tout en être atteints, toutefois, pour des raisons qui n'ont rien à voir avec une consommation excessive de maïs. Les alcooliques et les individus atteints de troubles gastro-intestinaux graves ont souvent du mal à obtenir suffisamment de niacine. Mais même en sachant cela, la pellagre reste souvent difficile à diagnostiquer. Les symptômes annonciateurs, comme le rougissement de la peau, des lèvres gercées, une perte de poids, de la fatigue, une confusion mentale et une légère diarrhée, sont souvent très discrets, souligne le Dr William M. Hendricks, directeur d'une clinique dermatologique.

La niacine à la rescousse

Heureusement, il est facile de faire régresser les effets de la pellagre à son début. « En général, le principal protocole thérapeutique consiste à s'assurer que le patient absorbe une alimentation saine ; dans le cas d'un alcoolique, il s'agit d'obtenir qu'il cesse de boire, et de lui administrer un apport complémentaire de niacine », note le Dr Hendricks. (Veuillez vous reporter à la page 75 pour des informations très complètes sur le rôle des nutriments dans le traitement de l'alcoolisme.) Ce médecin prescrit généralement la nicotinamide, une forme de niacine dont il est vérifié qu'elle n'entraîne pas d'effets secondaires indésirables.

Dans les cas graves, le Dr Hendricks recommande 100 milligrammes de nicotinamide trois ou quatre fois par jour pendant plusieurs semaines. La niacine pouvant être toxique en doses élevées, ce médecin suggère qu'une telle dose soit absorbée uniquement sous la surveillance d'un médecin.

La quantité de nicotinamide que devrait prendre un sujet atteint de pellagre est étroitement liée à l'état général de chaque individu, ajoute-t-il, et doit être déterminée par un médecin.

Parmi les meilleures sources alimentaires de niacine figurent le blanc de poulet, le thon et le veau. La Valeur quotidienne pour la niacine est de 20 milligrammes.

Phlébite

◆

Prévenir un trouble pernicieux

La sensation ressemble un peu aux suites d'un coup de pied dans la jambe ou d'un claquage musculaire, mais vous avez beau vous torturer les méninges, pas moyen de vous souvenir exactement à quelle occasion, à quel endroit et dans quelles circonstances cela s'est produit. D'ailleurs, cela ne s'est pas produit. Ce nœud douloureux que vous ressentez dans le mollet n'est ni un bleu, ni une lésion musculaire. Il s'agit d'une phlébite, c'est-à-dire une veine enflée et douloureuse qui peut provenir de toutes sortes de causes, depuis une station debout ou assise trop prolongée jusqu'à la pilule anti-conceptionnelle.

La phlébite et un trouble relativement courant. Lorsqu'elle se produit dans les veines superficielles, elle n'est pas nécessairement grave, puisque ces veines sont suffisamment nombreuses pour que l'organisme soit en mesure de faire dévier le flux sanguin afin d'éviter la veine enflammée.

Une thrombophlébite, la forme de phlébite qui se produit dans les veines profondes, est en revanche bien plus grave. Elle implique généralement la formation d'un caillot sanguin à l'intérieur de la veine, pouvant provoquer des troubles de la circulation sanguine potentiellement mortels. « Si le caillot se libère, il peut ensuite se déplacer jusqu'au cerveau, aux poumons ou au cœur, y entraînant des dégâts irréparables », explique le Dr Robert Ginsburg, directeur d'une unité universitaire d'intervention cardiovasculaire.

La thrombophlébite ne se manifeste pas toujours par des symptômes précis, mais elle peut être détectée grâce aux ultrasons. Elle doit être traitée sans délai à l'aide de médicaments pour fluidifier le sang. Une phlébite superficielle, qui se produit le plus souvent à l'intérieur d'une varice, répond à un dosage judicieux d'exercice physique et de repos, en surélevant les jambes. « En outre, il est important de renoncer au tabac, car les substances chimiques que contient ce dernier pénètrent dans le courant sanguin et favorisent les caillots », souligne le Dr Ginsburg.

Les approches nutritionnelles suivantes pourront également vous aider à prévenir une phlébite et ses conséquences les plus graves.

Les vitamines du groupe B pourraient contribuer à prévenir les caillots

Il y a plusieurs années, des chercheurs ont découvert que les sujets ayant un taux sanguin élevé d'homocystéine, un acide aminé, étaient exposés à un risque élevé de lésion des cellules endothéliales, les cellules des parois artérielles. Lorsque ces dernières sont endommagées, le cholestérol peut se déposer et s'accumuler très rapidement. Dans bien des cas, ces sujets étaient atteints de cardiopathie grave, subissant des crises cardiaques dès le début de l'âge adulte — vers vingt ou trente ans déjà.

Des chercheurs hollandais ont découvert un autre problème lié à l'ho-mocystéine, lorsqu'ils ont constaté la présence de taux sanguins élevés de cette substance chez des personnes sujettes à l'apparition fréquente de caillots sanguins dans leurs veines. Le risque de formation de caillots augmentait en proportion des taux d'homocystéine dans le sang. Même des taux sanguins moyennement élevés de cet acide aminé suffisaient pour que le risque de caillots sanguins récidivants soit deux ou trois fois plus élevé que la normale.

Mais que viennent faire les vitamines du groupe B dans tout cela ? Les chercheurs savent à présent que trois vitamines du groupe B — le folate (précurseur naturel de l'acide folique), la vitamine B_6 et la vitamine B_{12} — contribuent à décomposer et à disperser l'homocystéine dans le sang. « Une carence dans n'importe lequel de ces nutriments pourrait avoir pour conséquence des taux élevés d'homocystéine », explique le Dr Jacques Genest, Jr., directeur du laboratoire de recherches génétiques et cardiovasculaires de Montréal, où se sont déroulées ces recherches de pointe sur l'interaction entre l'homocystéine et les maladies cardiovasculaires.

Chez les sujets qui présentent un taux sanguin élevé d'homocystéine, le Dr Genest mesure généralement les taux sanguins de folate et de vitamine B_6. (Il a constaté que les sujets qu'il a l'occasion d'étudier, principalement des hommes d'âge moyen atteints de cardiopathie ischémique, ne présentaient généralement pas de carence en vitamine B_{12}.) Ensuite, il administre un apport complémentaire en fonction des besoins.

« Nous avons pu constater que chez la plupart des gens, 2,5 milligrammes (2 500 microgrammes) d'acide folique ou 25 milligrammes de vitamine B_6 ramenaient les taux d'homocystéine à la normale », fait-il observer. Pour certaines personnes, il pourra être nécessaire de prendre ces deux nutriments, ajoute-t-il, et les individus exposés à un risque de carence en vitamine B_{12} (personnes âgées, végétariens stricts et individus atteints de troubles de malabsorption) doivent également s'assurer que leur taux sanguin de B_{12} est adéquat. Le Dr Genest recommande de prendre 2 microgrammes de vitamine B_{12} par jour.

Les doses élevées d'acide folique et de vitamine B_6 que préconise le Dr Genest ne sont disponibles que par le biais de compléments alimentaires et, dans le cas de l'acide folique, ne doivent être absorbées que sous surveillance médicale. L'acide folique peut d'ailleurs masquer les signes d'une carence en vitamine B_{12}. Même les personnes qui absorbent une alimentation saine, comportant deux à trois portions de fruits et trois à quatre portions de légumes par jour, n'obtiennent que 190 microgrammes de folate par jour environ. Quant à la vitamine B_6, les hommes en absorbent environ 1,9 milligramme, et les femmes environ 1,2 milligramme par jour, en mangeant des aliments comme le poulet, le poisson, le porc et les œufs.

Facteurs alimentaires

Si vous avez déjà eu une phlébite et cherchez à éviter une récidive, les recherches effectuées par le Dr Daniel Mowrey, directeur d'un laboratoire de recherches en phytothérapie, ont permis d'identifier certains aliments susceptibles d'être bénéfiques.

Absorbez des aliments qui stimulent la circulation. Certains types d'aliments présentent des propriétés fluidifiantes, capables d'empêcher la formation de caillots, selon le Dr Mowrey. « Ils peuvent diminuer la tendance des plaquettes sanguines à s'agglutiner ou à se fixer sur la paroi des vaisseaux sanguins », explique ce médecin. Ces aliments sont notamment l'ail, l'oignon, le gingembre et le poivre de Cayenne, une sorte de piment rouge au goût très fort.

La vitamine B_{12} alimentaire présente moins de problèmes. En effet, la plupart des gens en absorbent suffisamment par le biais des diverses viandes, des produits laitiers et des œufs, et la majorité des hommes en obtiennent presque huit microgrammes tandis que les femmes en absorbent environ cinq microgrammes par jour. Lorsqu'un individu présente un trouble de malabsorption, en revanche, il est généralement nécessaire de lui administrer ce nutriment sous forme de piqûres.

La vitamine E pourrait améliorer la circulation

Divers travaux scientifiques tendent à montrer que la vitamine E apporte une certaine protection contre les maladies cardiovasculaires en contribuant à bloquer les processus chimiques qui provoquent l'athérosclérose (durcissement des artères).

La vitamine E joue également un autre rôle qui pourrait se révéler particulièrement important chez les sujets atteints de phlébite. Diverses études indiquent que la vitamine E peut offrir une certaine protection contre la formation de caillots sanguins potentiellement mortels. Spécifiquement, la vitamine E contribue à empêcher les plaquettes sanguines (des constituants du sang qui jouent un rôle dans la formation de caillots) de s'agglutiner et d'adhérer aux parois des vaisseaux sanguins.

Prescriptions vitaminiques

Ne vous attendez pas à ce que ces nutriments guérissent une phlébite aiguë. En revanche, un certain nombre d'experts médicaux sont d'avis qu'ils pourraient contribuer à prévenir un récidive.

Nutriment	Dose par jour
Acide folique	2 500 microgrammes
Vitamine B_6	25 milligrammes
Vitamine B_{12}	2 microgrammes
Vitamine E	200 à 600 unités internationales

MISE EN GARDE : *Si vous êtes atteint de phlébite, vous devez être suivi par un médecin.*

Obtenez l'avis de votre médecin avant d'avoir recours à un apport complémentaire de ces vitamines du groupe B. Avant qu'un médecin puisse prescrire l'association de nutriments et les doses qui vous conviennent le mieux, des analyses sanguines doivent être effectuées afin de déterminer avec précision quelles sont les carences dont vous êtes atteint. En outre, l'acide folique en doses dépassant 400 microgrammes par jour peut masquer les symptômes d'une carence en vitamine B_{12}.

Si vous prenez des médicaments anticoagulants, vous ne devez pas prendre de vitamine E sous forme de complément alimentaire

« Lorsque les plaquettes sont collantes, les caillots peuvent s'accumuler très vite », explique le Dr Joseph Pizzorno, Jr., naturopathe et président de l'université Bastyr. Les études suggèrent que l'administration de vitamine E pour atténuer la viscosité des plaquettes pourrait jouer un rôle dans le traitement des « événements thrombo-emboliques », ou caillots migrants, surtout chez les sujets atteints de diabète de Type I (insulino-dépendant), qui sont exposés à un risque particulièrement élevé de problèmes liés à la coagulation.

Si vous avez l'intention de prendre de la vitamine E, le Dr Pizzorno suggère qu'une dose de 200 à 600 unités internationales par jour devrait être bénéfique. Certaines recherches suggèrent que 200 unités internationales suffisent à diminuer la viscosité des plaquettes.

Les personnes qui prennent des anticoagulants (parfois appelés médicaments pour fluidifier le sang) ne doivent pas prendre de vitamine E sous forme de complément alimentaire.

Polyarthrite chronique évolutive

Rafraîchir l'inflammation

Même s'il existe des spécialistes dans ce domaine (on les appelle des rhumatologues), la polyarthrite chronique évolutive demeure une sorte de mystère sur le plan médical. Nul n'en connaît la cause exacte, et nul ne sait pour quelle raison la maladie semble apparaître, disparaître, puis reparaître à nouveau. Nul ne sait pourquoi certains sujets sont si gravement atteints qu'ils sont handicapés en permanence, tandis qu'un petit nombre de veinards ont une seule flambée inflammatoire sans plus jamais présenter le moindre symptôme par la suite.

« Il nous reste un tas de choses à apprendre sur cette maladie », admet le Dr Robert McLean, interne et professeur adjoint en médecine clinique universitaire.

Chez un sujet atteint de polyarthrite chronique évolutive, les cellules immunitaires de l'organisme, normalement chargées de lutter contre l'infection, se mettent à attaquer les tissus articulaires et provoquent une inflammation accompagnée de douleurs, de rougeurs, de chaleur et d'enflure. Cette inflammation ne reste pas toujours localisée dans les articulations, et il peut arriver qu'elle se communique à d'autres organes tels que la peau, le cœur et les poumons.

Le traitement de ce trouble consiste généralement à en inhiber les symptômes. Les médecins prescrivent des médicaments anti-inflammatoires tels que l'aspirine ou l'ibuprofène. En cas de crise aiguë, ils peuvent recommander des médicaments stéroïdiens, qui ont pour effet d'atténuer la réponse immunitaire du corps et, par conséquent, de diminuer l'inflammation. Ils peuvent également recommander d'autres médicaments ayant un effet modulateur du système immunitaire, comme des remèdes chimiothérapiques destinés à lutter contre le cancer, tels que le méthotrexate (Ledertrexate), l'azathioprine (Imurel) et le cyclophosphamide (Endoxan Asta).

Ces médicaments atténuent effectivement la douleur et l'enflure, mais à quel prix ! La plupart entraînent des effets indésirables allant de troubles gastro-intestinaux à une perte osseuse ou à une moindre résistance devant l'infection.

La médecine officielle se montre généralement peu enthousiaste à l'idée que la nutrithérapie puisse être bénéfique dans le traitement de la polyarthrite chronique évolutive. La Fondation américaine de l'arthrite (*The Arthritis Foundation*), par exemple, maintient fermement sa position selon laquelle, à l'exception d'un léger avantage grâce à l'absorption d'huile de poisson, aucun remède nutritionnel n'a jamais fait la preuve de son efficacité dans le soulagement d'un quelconque type d'arthrite. Il faut bien reconnaître également que les essais cliniques à grande échelle qui pourraient confirmer que la nutrition joue effectivement un rôle bénéfique restent encore à faire.

Une thérapie nutritionnelle de renfort

Les médecins qui prescrivent des remèdes nutritionnels adoptent les tactiques suivantes : ils éliminent de l'alimentation tous les types de nourriture qui pourraient aggraver les symptômes de polyarthrite chronique évolutive ; ils y ajoutent des matières grasses anti-inflammatoires telles que l'huile de poisson ; en outre, ils veillent à fournir des doses optimales de nutriments, notamment ceux dont il est vraisemblable qu'ils contribuent à diminuer l'inflammation, ainsi que divers autres minéraux et vitamines dont l'organisme a besoin pour rester en bonne santé.

« Le principe est simple, déclare le Dr Robert Cathcart, qui se spécialise en nutrithérapie. Les personnes atteintes d'une maladie chronique comme celle-ci ont besoin de plus grandes quantités de certains nutriments afin d'aider leur organisme à lutter contre la maladie. »

Les chercheurs ont pu constater que les sujets atteints de polyarthrite chronique évolutive présentaient des carences d'un certain nombre de nutriments. Une étude effectuée par des chercheurs finlandais, par exemple, a permis de constater que les personnes qui présentaient de faibles taux sanguins de vitamine E, de bêtacarotène et de sélénium (un minéral doté de propriétés anti-inflammatoires) étaient exposées à un risque de polyarthrite chronique évolutive multiplié par plus de huit, par rapport à d'autres sujets ayant un taux sanguin élevé de ces nutriments.

(*suite page 556*)

Facteurs alimentaires

L'indication la plus convaincante à ce jour prouvant que l'alimentation joue un rôle quelconque dans la polyarthrite chronique évolutive nous vient de travaux consacrés aux acides gras de type oméga-3.

Mangez souvent du poisson. Le maquereau, le saumon et le thon contiennent tous des acides gras de type oméga-3, connus pour leur action anti-inflammatoire. Six études au moins ont montré qu'une alimentation contenant ces acides gras en abondance pouvait atténuer la douleur et les raideurs associées à la polyarthrite chronique évolutive et les signes biochimiques d'inflammation.

Les recherches effectuées à ce jour suggèrent qu'une dose quotidienne d'environ six grammes de ces acides gras semble avoir un effet anti-inflammatoire. Si vous n'absorbez pas habituellement de gélules d'huile de poisson, prenez l'habitude de consommer deux ou trois repas de poisson gras chaque semaine. Peut-être vous faudra-t-il attendre jusqu'à quatre mois avant de constater une amélioration de votre état de santé.

Certains médecins recommandent cette bonne vieille huile de foie de morue, en doses pouvant aller jusqu'à trois cuillerées à soupe (soit neuf cuillerées à café) par jour. Divers travaux semblent confirmer qu'elle atténue les douleurs et l'enflure.

Même si l'huile de foie de morue est utilisée depuis des années sans aucun effet indésirable apparent, il est malgré tout possible d'en prendre une dose trop élevée. En effet, contrairement aux acides gras de type oméga-3, l'huile de foie de morue contient de très grandes quantités de vitamines A et D. Quoiqu'il soit important d'obtenir la Valeur quotidienne de ces deux nutriments, plus de 15 000 unités internationales de vitamine A (soit 3 fois la Valeur quotidienne) ou 600 unités internationales de vitamine D (une fois et demie la Valeur quotidienne) peuvent être toxiques lorsque l'on en absorbe des doses aussi élevées sur une période prolongée, même par le biais de l'alimentation. En outre, certains travaux ont permis de constater que la vitamine A pouvait provoquer des malformations congénitales lorsqu'elle était prise en début de grossesse et en doses supérieures à 10 000 unités internationales.

Il est par conséquent préférable de ne pas mélanger l'huile de foie de morue avec d'autres compléments alimentaires, même à faible dose, à moins de le faire sous la surveillance experte d'un médecin, surtout si vous êtes enceinte ou en âge de procréer. Cessez en outre d'en prendre si vous constatez des effets indésirables tels que maux de tête, nausées ou vomissements.

Limitez la consommation d'autres matières grasses. Les médecins qui prescrivent l'huile de poisson soulignent que cette dernière est plus efficace pour soulager douleurs et ankylose lorsque l'alimentation est par ailleurs pauvre en matières grasses d'origine animale.

Cela semble logique, car les matières grasses se font mutuellement concurrence pour servir à la fabrication dans l'organisme de substances biochimiques appelées prostaglandines. Lorsque le corps choisit l'huile de poisson, comme cela se produit si les molécules de ce type d'huile sont abondantes, les prostaglandines ainsi produites ont des propriétés anti-inflammatoires. En revanche, si l'organisme choisit l'acide arachidonique en provenance de matière grasse animale, les prostaglandines ainsi obtenues favorisent l'inflammation.

Pour limiter la quantité de matières grasses ingérées, mangez peu de viande (évitez surtout la viande de porc en conserve), écartez les produits laitiers entiers (crèmes glacées, fromages gras, beurre), la mayonnaise, les produits de boulangerie et les vinaigrettes à base d'huile.

Identifiez les aliments à éviter. La majorité des médecins sont persuadés qu'une très faible proportion seulement des personnes atteintes d'arthrite inflammatoire seraient en mesure d'affirmer que les aliments sont à l'origine d'une aggravation de leurs symptômes. En revanche, de nombreux médecins qui s'intéressent à la nutrition sont persuadés qu'un bien plus grand nombre de personnes qu'on ne le pensait jusqu'ici présentent des symptômes arthritiques liés à l'alimentation, et que tout patient souffrant d'arthrite doit au moins faire l'essai d'un régime d'exclusion afin d'identifier les aliments suspects.

(à suivre)

Facteurs alimentaires — Suite

« La recherche examine l'hypothèse selon laquelle certaines personnes fabriquent des anticorps (il s'agit d'un réaction normale du système immunitaire, destinée à nous protéger contre toute invasion) contre les protéines absorbées par l'alimentation, et que ces anticorps vont ensuite s'attaquer à des protéines similaires dans l'organisme, déclare le Dr Robert McLean, interne et professeur adjoint en médecine clinique universitaire. L'idée que l'arthrite est liée à l'alimentation n'est donc pas aussi tirée par les cheveux qu'elle pouvait le sembler il n'y a pas si longtemps. »

Pourquoi ne pas consigner par écrit dans un cahier tout ce que vous allez manger sur une période de quelques semaines, afin de mieux vous rendre compte si certains aliments semblent effectivement contribuer à vos symptômes. « Une façon radicale de vérifier si les aliments contribuent à vos problèmes de santé consiste à manger durant une semaine des aliments qui n'entrent pas habituellement dans votre régime, ou de jeûner durant une semaine en ne buvant que des jus », suggère le Dr Jonathan Wright, auteur de l'ouvrage *Dr Wright's Guide to Healing with Nutrition* et spécialiste en nutrithérapie. Si vous constatez une amélioration durant cette période, il conviendra de réintroduire progressivement les aliments afin de mieux vérifier s'il se produit alors une recrudescence de vos symptômes.

Pratiquement n'importe quel aliment peut causer des problèmes, mais il apparaît que le lait, le blé, le sucre, le maïs et le soja sont les allergènes les plus courants. En outre, certaines personnes semblent particulièrement sensibles aux plantes de la famille des solanacées : tomate, pomme de terre, aubergine, paprika, poivron vert et rouge, piment rouge.

Les médecins qui se spécialisent en nutrithérapie ont recours à toute une palette de nutriments pour lutter contre ce trouble. « Je constate qu'une approche diversifiée est la meilleure, commente le Dr Joseph Pizzorno, Jr., naturopathe et président de l'université Bastyr. Le patient ne sera pas forcément guéri de son arthrite, mais il obtiendra un soulagement tel qu'il se verra en mesure de prendre moins de médicaments, et, dans la plupart des cas, sera d'accord pour accepter un léger inconfort, puisque l'enjeu consiste à diminuer les effets indésirables des médicaments. »

Voici donc ce que préconisent les médecins qui pratiquent la nutrithérapie.

La vitamine C pour éteindre le feu

Dans le traitement de la polyarthrite chronique évolutive ou d'autres troubles inflammatoires, les médecins qui pratiquent la nutrithérapie incorporent presque toujours la vitamine C dans leurs prescriptions.

« Selon la théorie actuellement en cours, toute inflammation est provoquée par les radicaux libres et il suffirait donc de se débarrasser de ces derniers pour éliminer l'inflammation, commente le Dr Cathcart. Mais dans la pratique, cela n'est pas si facile. »

Les radicaux libres sont des molécules instables qui cherchent à établir leur propre équilibre en dérobant des électrons aux molécules saines de l'organisme. Ce rapt d'électrons provoque des lésions cellulaires. Les radicaux libres se rassemblent en force dans les articulations atteintes de rhumatisme parce que les cellules immunitaires génèrent des radicaux libres lorsqu'elles s'attaquent aux tissus articulaires. La vitamine C et divers autres antioxydants neutralisent les radicaux libres en mettant à leur disposition leurs propres électrons, épargnant ainsi les cellules.

Les médecins recommandent des doses diverses de vitamine C, mais la plupart préconisent d'en prendre au moins 600 milligrammes par jour. Le Dr Cathcart recommande en général la dose maximale d'acide ascorbique (un autre nom pour la vitamine C) que le sujet concerné parvient à tolérer sans avoir ni diarrhée ni gaz. Une telle dose peut atteindre 60 000 milligrammes par jour, ce qui dépasse largement la Valeur quotidienne de 60 milligrammes.

Ce médecin suggère de prendre de l'acide ascorbique en poudre, que l'on peut dissoudre dans l'eau. Ce mélange doit être absorbé à travers une paille afin d'éviter le contact de la boisson avec les dents, souligne-t-il, car l'acide ascorbique peut ronger l'émail des dents. L'acide ascorbique en poudre est vendu partout librement.

Nous avons de bonnes raisons de penser que la vitamine C peut être utile pour traiter l'inflammation, et diverses études portant sur des animaux de laboratoire en indiquent les avantages possibles ; en revanche, aucune étude portant sur l'être humain n'a encore permis de démontrer que des doses élevées de ce nutriment puissent être bénéfiques aux patients atteints de polyarthrite chronique évolutive. Même à dose élevée, la vitamine C est considérée comme dénuée de toxicité, car tout surplus est éliminé à travers l'urine. Il est toutefois judicieux d'obtenir l'avis de votre médecin si vous envisagez d'avoir recours à des doses de vitamine C dépassant 1 200 milligrammes par jour.

Le sélénium pourrait contribuer à soulager l'inflammation

De petites quantités de sélénium sont indispensables à l'organisme. Ce nutriment est réputé utile dans le traitement de la polyarthrite chronique évolutive, car il exerce lui aussi une action anti-inflammatoire. Le sélénium est utilisé par l'organisme pour la production de glutathion-péroxidase, une enzyme qui entre en activité à l'intérieur des articulations où elle rassemble et neutralise les radicaux libres.

Dans le cadre d'une étude effectuée en Belgique, les chercheurs ont constaté chez 15 femmes atteintes de polyarthrite chronique évolutive qui avaient pris chaque jour durant quatre mois soit 160 microgrammes de sélénium, soit 200 microgrammes de levure enrichie de sélénium, une amélioration considérable du mouvement et de la force articulaire, par comparaison aux femmes du groupe témoin qui ne recevaient qu'un placebo (pilule inerte).

Les médecins qui recommandent le sélénium aux sujets atteints de polyarthrite chronique évolutive en prescrivent entre 200 et 300 microgrammes par jour. Le sélénium peut être toxique à haute dose, et les experts soulignent qu'il est vraisemblablement préférable de ne pas dépasser 100 microgrammes par jour en l'absence de surveillance médicale.

Diverses études ont montré que la majorité de la population absorbe environ 108 microgrammes de sélénium par jour grâce à l'alimentation. Parmi les meilleures sources alimentaires de ce nutriment, on peut citer les fruits de mer, les viandes et les céréales complètes.

Pouvoir anti-inflammatoire de la vitamine E

Les médecins ajoutent la vitamine E à leurs ordonnances pour traiter la polyarthrite chronique évolutive, car ce nutriment a lui aussi l'aptitude de neutraliser les radicaux libres et pourrait lutter contre l'inflammation articulaire.

Dans le cadre d'une étude, des chercheurs japonais ont administré à certains animaux de laboratoire des doses élevées de vitamine E, afin de comparer ces cobayes avec un groupe témoin carencé en vitamine E. Après avoir fait absorber par les animaux des deux groupes des toxines capables de provoquer des lésions articulaires semblables à celles que provoque la polyarthrite chronique évolutive, les chercheurs ont constaté dans le sang des cobayes carencés en vitamine E la présence d'une quantité considérablement plus grande de marqueurs chimiques indiquant une inflammation.

Les médecins qui ont recours à la vitamine E en prescrivent généralement des doses bien plus élevées que la Valeur quotidienne, qui est de 30 unités internationales. « Je recommande d'en prendre 400 unités internationales par jour », précise le Dr Pizzorno. Puisque les aliments contiennent relativement peu de vitamine E, une telle quantité ne peut être obtenue que par le biais de compléments alimentaires.

Le bêtacarotène pourrait atténuer l'enflure

Lorsqu'un sujet atteint de polyarthrite chronique évolutive adopte un régime végétarien, il est fréquent qu'il obtienne un soulagement de ses symptômes (enflure et douleurs).

Ce type d'alimentation peut être bénéfique de plusieurs manières. Le fait d'absorber davantage de légumes, par exemple, nous permet d'obtenir une bien plus grande quantité de bêtacarotène, le pigment jaune présent dans les carottes, les cucurbitacées, le melon cantaloup et divers autres fruits et légumes de couleur orange et jaune.

Comme les vitamines C et E et le sélénium, le bêtacarotène a la propriété de neutraliser les radicaux libres. Dans le cadre d'une étude effectuée en Suisse et portant sur des animaux de laboratoire, les chercheurs ont constaté que le bêtacarotène contribuait à faire disparaître les symptômes d'un type d'arthrite provoqué expérimentalement et comparable à la polyarthrite chronique évolutive.

Les médecins qui intègrent le bêtacarotène dans leurs prescriptions pour traiter les diverses formes d'arthrite recommandent d'en absorber environ 25 000 unités internationales par jour. Une telle dose, précise le Dr Cathcart, est considérée comme entièrement dénuée de toxicité.

Prescriptions vitaminiques

Dans le traitement de la polyarthrite chronique évolutive, la plupart des médecins ne font pas de recommandations diététiques, sinon de veiller à prendre une alimentation équilibrée.

Quant aux praticiens qui offrent un programme thérapeutique fondé sur la nutrition, ils s'assurent que leur patient obtient bien la Valeur quotidienne de tout l'éventail des vitamines et minéraux essentiels. Ils pourront être amenés à prescrire initialement des doses plus élevées afin de ramener à la normale les taux sanguins de certains nutriments. Ces médecins recommandent également de continuer à prendre des doses élevées de certains nutriments dont on a pu vérifier l'action bénéfique sur les états inflammatoires. Voici ce qu'ils préconisent.

Nutriment	Dose par jour
Bêtacarotène	25 000 unités internationales
Cuivre	2 milligrammes (Valeur quotidienne) ou 3 milligrammes (soit 1 milligramme pour 10 milligrammes de zinc)
Sélénium	200 à 300 microgrammes
Vitamine C	600 à 60 000 milligrammes

Le zinc soulage la douleur

Si vous pensiez que le zinc ne se trouvait que dans certains objets utilitaires comme votre poubelle galvanisée, détrompez-vous.

Ce minéral, lui aussi doté de propriétés anti-inflammatoires, est un élément important du protocole nutritionnel pour traiter la polyarthrite chronique évolutive. Diverses études ont montré que les sujets atteints de ce trouble avaient de faibles taux sanguins de zinc, souvent accompagnés de taux élevés de substances biochimiques inflammatoires dans le sang.

« Notre organisme se sert du zinc, ainsi que du cuivre, pour générer la superoxyde dismutase, une enzyme anti-inflammatoire. Cette enzyme est présente dans les articulations atteintes d'inflammation, où elle neutralise les

Vitamine E	400 unités internationales
Zinc	30 milligrammes (picolinate de zinc ou citrate de zinc)

MISE EN GARDE : *Tout sujet atteint de polyarthrite chronique évolutive doit obtenir l'avis de son médecin avant d'avoir recours à un apport complémentaire de vitamines et de minéraux.*

Une dose de sélénium dépassant 100 microgrammes par jour ne doit être prise que sous surveillance médicale.

Si vous envisagez de prendre plus de 1 200 milligrammes de vitamine C par jour, parlez-en d'abord avec votre médecin, car des doses élevées peuvent provoquer des diarrhées chez certaines personnes. Si vous absorbez la vitamine C sous forme d'acide ascorbique en poudre, prenez la précaution de boire ce mélange à l'aide d'une paille afin d'éviter toute atteinte à l'émail des dents.

Ne prenez pas de vitamine E sous forme de complément alimentaire si des médicaments anticoagulants vous ont été prescrits.

En doses supérieures à 15 milligrammes par jour, le zinc ne doit être pris que sous la surveillance d'un médecin.

radicaux libres », explique le Dr Jonathan Wright, auteur de l'ouvrage *Dr Wright's Guide to Healing with Nutrition* et spécialiste en nutrithérapie. Le zinc sert en outre de matériau de construction pour quelque 200 enzymes qui jouent un rôle essentiel dans l'ensemble de l'organisme, notamment pour réparer les articulations et aider le système immunitaire à remplir sa tâche.

Dans le cadre d'une étude effectuée par des chercheurs de l'université de Washington à Seattle, des sujets atteints de polyarthrite chronique évolutive, qui avaient absorbé 50 milligrammes de zinc trois fois par jour durant trois mois, ont obtenu une amélioration considérable de leurs symptômes (enflure des articulations, ankylose matinale et durée de marche) par comparaison aux périodes durant lesquelles ils n'absorbaient pas de zinc.

Dans une autre étude, des sujets atteints de psoriasis arthropathique, un trouble inflammatoire qui allie l'arthrite et le psoriasis (un désordre de la peau), ont obtenu une amélioration en absorbant trois fois par jour 250 milligrammes de zinc. Les chercheurs ont constaté que l'amélioration des symptômes était au niveau maximal après quatre mois environ d'administration d'un apport complémentaire de zinc, et que, même après la cessation de cet apport complémentaire, l'amélioration persistait durant plusieurs mois.

« Je recommande de ne pas prendre plus de 30 milligrammes de picolinate ou de citrate de zinc en l'absence d'une surveillance médicale », note le Dr Wright. Certains médecins commencent par administrer à leurs patients une dose pouvant aller jusqu'à 150 milligrammes par jour, puis ils diminuent la dose à mesure que les taux sanguins de zinc redeviennent normaux. En revanche, avertit le Dr Wright, l'absorption de zinc durant une période prolongée peut causer des problèmes. C'est précisément pour cette raison que la majorité des experts considèrent qu'il est préférable de ne pas dépasser 15 milligrammes de zinc par jour (soit la Valeur quotidienne) en l'absence de suivi médical.

La majorité de la population obtient 10 à 15 milligrammes de zinc par jour grâce à l'alimentation, mais les sujets plus âgés n'absorbent parfois que la moitié de cette dose. Les céréales complètes, le son de blé, le germe de blé, le bœuf, l'agneau, les huîtres, les œufs, les noix et le yoghurt contiennent tous des quantités appréciables de zinc. (Remarque : certaines bactéries dans les huîtres pouvant provoquer des troubles graves chez les sujets atteints de certaines maladies, il est judicieux de veiller à n'absorber que des huîtres bien cuites.)

Le rôle du cuivre

Pendant des années, les médecins ont été à la fois fascinés et stupéfaits par le rapport possible entre le cuivre et la polyarthrite chronique évolutive. Les taux sanguins de cuivre sont souvent élevés chez les personnes atteintes de ce trouble, et c'est pourquoi certains chercheurs ont été amenés à penser que le cuivre était soustrait aux réserves tissulaires de l'organisme pour être transporté par le sang afin de combattre l'inflammation articulaire.

Il est vérifié que le cuivre, tout comme le zinc et le sélénium, sert à constituer des substances complexes anti-inflammatoires dans l'organisme, notamment la superoxyde dismutase et la ferroxydase (ou céruléoplasmine), une protéine présente dans le sang. Nous savons que ces deux substances biochimiques contribuent à neutraliser l'inflammation qui se produit dans la polyarthrite chronique évolutive.

En outre, le cuivre est essentiel pour permettre à l'organisme de fabriquer le tissu conjonctif, les ligaments, les tendons et autres matériaux qui enveloppent une articulation, un peu comme des élastiques, afin de lui conserver sa stabilité.

De plus, le cuivre se lie dans l'organisme au salicylate, une substance complexe présente dans l'aspirine, améliorant le pouvoir antalgique de ce médicament, ajoute le Dr Wright. « Il est fréquent que les sujets qui absorbent un apport complémentaire de cuivre constatent qu'ils n'ont plus besoin de prendre autant d'aspirine ou d'autres médicaments anti-inflammatoires non stéroïdiens », ajoute-t-il.

Les médecins qui préconisent un apport complémentaire de cuivre soulignent qu'il est important de veiller à en absorber soit la Valeur quotidienne de deux milligrammes, soit un milligramme de cuivre pour dix milligrammes de zinc. En effet, l'organisme repose sur un délicat équilibre entre le zinc et le cuivre ; tout excès de zinc entrave l'absorption du cuivre et peut provoquer une carence en cuivre. Des doses plus élevées de cuivre ne doivent être absorbées que sous surveillance médicale. Même à petite dose, ce nutriment peut révéler toxique.

Diverses études montrent que dans la plupart des cas, les femmes absorbent par le biais de l'alimentation environ 1 milligramme de cuivre par jour et les hommes, 1,6 milligramme. Les meilleures sources alimentaires comprennent les fruits de mer, les noix, les graines, les fruits, les huîtres cuites et les haricots secs.

Il est fréquent de voir dans la presse des publicités pour des bracelets de cuivre censés soulager les douleurs de l'arthrite. La Fondation américaine de l'arthrite a cependant fait savoir qu'« il n'existe aucune preuve scientifique » indiquant que les bracelets de cuivre soient bénéfiques pour soulager l'arthrite. Si vous voulez avoir recours au cuivre, il vous faudra en absorber par voie buccale.

Prostate (Problèmes liés à la —)

Un trouble courant

Pour la plupart des hommes, ce trouble paraît aussi inévitable que les cheveux gris et les rides. Au début, on s'aperçoit juste d'une légère hésitation au moment où l'on commence à uriner. Le jet d'urine est parfois faible ou intermittent. Il arrive que l'on se lève la nuit pour uriner, ou que l'on ait toujours l'impression d'avoir encore la vessie à moitié pleine même après s'être soulagé. Autant de signes d'une hypertrophie bénigne de la prostate, un trouble lié à l'augmentation de volume d'une glande, la prostate.

Les statistiques suggèrent que l'hypertrophie bénigne de la prostate est difficile à éviter. Plus de la moitié des hommes âgés de plus de 50 ans ont une hypertrophie marquée de la prostate, et chez les autres, cette glande est plus ou moins hypertrophiée. Le vieillissement paraît être le principal facteur de risque.

L'hypertrophie de la prostate, en revanche, n'oblige pas inévitablement à prendre des médicaments ou à subir une opération. Certains médecins sont d'avis qu'il est possible de ralentir suffisamment cette augmentation de volume pour pouvoir éviter une intervention chirurgicale et la prise de médicaments, surtout si le sujet prend les mesures appropriées dès les premiers signes de trouble. Les mesures préconisées par les spécialistes comprennent une réforme alimentaire, certaines plantes médicinales et la nutrithérapie.

« Lorsqu'un homme préfère éviter le bistouri et qu'il tient à se protéger du cancer de la prostate, il doit prendre les choses à cœur en évitant les aliments industriels gras et sans valeur nutritive et les toxines de l'environnement qui contribuent aux troubles de la prostate, et en adoptant un programme nutritionnel judicieux axé sur les apports complémentaires essentiels pouvant agir sur la prostate », souligne le Dr James Balch, urologue et auteur du livre *Prescription for Cooking and Dietary Wellness*.

Grands problèmes pour une si petite glande

Peut-être la plupart des hommes se disent-ils que la prostate est inévitablement synonyme de troubles, mais, en vérité, cette glande, de la dimension d'une châtaigne, remplit un rôle bien utile. Située juste sous la vessie, elle encercle l'urètre, le canal par lequel les urines sont évacuées du corps à travers la vessie. La prostate fabrique le sperme et le sécrète dans l'urètre, fournissant ainsi le milieu liquide dont les cellules du sperme ont besoin tant pour se nourrir que pour pouvoir être expulsées du corps.

Les problèmes liés à l'hypertrophie de la prostate se produisent lorsque les cellules du noyau intérieur de cette glande prolifèrent autour de l'urètre, constituant des nodules fibreux qui finissent par enserrer l'urètre au point de stopper le flux de l'urine. Il semble que cette prolifération cellulaire se produit en réponse aux hormones, en particulier la testostérone, et les experts formulent l'hypothèse que chez l'homme âgé, cette hypertrophie pourrait être liée à des fluctuations de l'équilibre hormonal liées au vieillissement.

Les mesures nutritionnelles préconisées en cas d'hypertrophie bénigne de la prostate consistent à adopter une alimentation pauvre en matières grasses et riche en fibres, à perdre du poids si nécessaire, à prendre des compléments de vitamines et de minéraux et, dans certains cas, un apport complémentaire d'acides gras essentiels comme par exemple de l'huile de lin, précise le Dr Balch. (Les graines de lin peuvent remplacer l'huile dont la vente est interdite en France.) Deux plantes médicinales, le palmier serenoa et le prunier d'Afrique (*Pygeum africanum*), une écorce d'arbre couramment utilisée en Europe pour traiter ce trouble, font en outre partie intégrante de ce traitement aux yeux de certains médecins. Un produit appelé Prostata, commercialisé aux États-Unis par la firme Gero Vita International, allie à la fois ces plantes et tous ces nutriments, fait remarquer le Dr Balch.

Les recherches à ce jour n'ont hélas pas apporté mieux que de très minces résultats dans le domaine d'un éventuel lien entre la nutrition et l'hypertrophie bénigne de la prostate. Voici ce que diverses études ont permis de constater.

Le zinc pourrait aider à faire rétrécir la prostate

Le zinc est présent en concentration élevée dans la prostate, mais de nombreux médecins sont d'avis que la carence en zinc n'a pas grand-chose à voir avec l'hypertrophie de cette glande, si toutefois ce nutriment joue un rôle. Certains médecins, en revanche, recommandent effectivement un apport complémentaire de zinc en cas d'hypertrophie bénigne de la prostate, avec d'ailleurs quelque succès. « Ce n'est pas un remède auquel j'aurais recours comme seule et unique thérapie, mais il m'arrive de le

Facteurs alimentaires

Les experts soulignent que les matières grasses ont plus d'influence sur la santé de la prostate que tous les minéraux et vitamines. Voici certains changements alimentaires qu'ils recommandent.

Diminuez votre tour de taille. Les hommes dont le tour de taille atteint ou dépasse 110 cm sont 50 % plus susceptibles que les sujets de poids normal de se plaindre de symptômes d'hypertrophie de la prostate ou de devoir subir une opération pour soigner ce trouble, selon un rapport des chercheurs de l'université Harvard. Ces derniers ajoutent que le simple fait de perdre une vingtaine de centimètres de tour de taille, ce qui ne représente dans la plupart des cas qu'une quinzaine de kilos, pourrait offrir une méthode de traitement et de prévention de l'hypertrophie de la prostate.

Le meilleur moyen de se débarrasser de cette graisse peu souhaitable ? Renoncez à l'alcool et réduisez impitoyablement la quantité de sucre et de matières grasses de votre alimentation. De plus, brûlez des calories grâce à la marche, au cyclisme, à la natation ou à la course à pied.

Mangez maigre. Une alimentation pauvre en graisses pourrait être le meilleur moyen de diminuer radicalement votre risque de cancer de la prostate, selon les experts. Écartez les matières grasses saturées et hydrogénées (dures à température ambiante) et n'utilisez en cuisine que des huiles mono-insaturées (huile d'olive et de colza).

Buvez abondamment. Le fait de boire de grandes quantités de fluides — deux à trois litres d'eau par jour au moins — vous aidera à prévenir les infections de la vessie, la cystite et les troubles rénaux qui accompagnent parfois l'hypertrophie de la prostate, soulignent les médecins.

Davantage de fibres. Une alimentation riche en fibres contribue à diminuer le risque de cancer de la prostate en abaissant légèrement les taux d'hormones de la reproduction dans l'organisme. Selon diverses études de populations, les hommes qui mangent le plus de fibres tirées de légumineuses, céréales complètes, fruits et légumes sont le moins exposés au risque de cancer de la prostate.

prescrire, et ce nutriment semble effectivement avoir certains effets bénéfiques », précise le Dr Balch.

Un certain nombre de travaux scientifiques confirment d'ailleurs son utilité dans ce domaine.

Le Dr Irving Bush, professeur d'urologie en université, médecin chef d'un centre spécialisé en maladies génito-urinaires et ancien président des comités de gastro-entérologie, urologie et dialyse de la FDA, a effectué une étude de petite envergure concernant l'utilisation du zinc dans le traitement de l'hypertrophie bénigne de la prostate. Les participants à cette étude ont pris 150 milligrammes de zinc chaque jour pendant deux mois, et ont continué ensuite à absorber une dose de maintenance variant entre 50 et 100 milligrammes par jour. Le Dr Bush a constaté que la prostate avait diminué de volume chez 14 des 19 participants.

D'autre part, dans le cadre d'expériences en éprouvette à l'aide de tissus prélevés sur la prostate, des chercheurs à la faculté de médecine de l'université d'Édimbourg, en Écosse, ont constaté que des doses élevées de zinc inhibaient l'activité de la 5-alpha-réductase, l'enzyme qui sert à convertir la testostérone en dihydrotestostérone, au pouvoir supérieur.

« Lorsque la prostate est stimulée à l'aide de dihydrotestostérone, cela contribue à en faire augmenter le volume ; par conséquent, en diminuant les taux de cette hormone, il devrait être possible d'obtenir une réduction de la dimension de cette glande », commente le Dr Fouad Habib, biologiste cellulaire à l'université d'Édimbourg.

Malheureusement, le zinc n'a pas fait l'objet de tests chez des hommes atteints d'hypertrophie bénigne de la prostate dans le cadre d'études scientifiques de grande envergure, et jusqu'à ce que de tels travaux aient été accomplis, la majorité des médecins demeureront sceptiques.

Le Dr Bush continue à prescrire un apport complémentaire de zinc à ses patients atteints d'hypertrophie bénigne de la prostate. Il a recours à un produit appelé Vicon-C, commercialisé aux États-Unis par la firme Whitby Pharmaceuticals. Ce produit fournit 80 milligrammes de sulfate de zinc par gélule, ainsi que de la vitamine C, plusieurs vitamines du groupe B et du magnésium. (Une telle dose de zinc dépasse largement la Valeur quotidienne pour ce nutriment, qui est de 15 milligrammes.) Il recommande d'en prendre deux gélules par jour, après les repas, et ajoute qu'il faut généralement six mois environ avant de commencer à voir des résultats. « Ce remède ne donnera pas systématiquement de bons résultats, admet-il, car l'absorption dans le tube digestif et la présence de protéines fixatrices sont variables chez chaque individu. Je reste malgré tout convaincu que cela vaut la peine au moins

Prescriptions vitaminiques

Certains médecins recommandent toute une panoplie de nutriments pour traiter l'hypertrophie bénigne de la prostate. Nous n'avons, hélas, aucune preuve scientifique solidement établie de l'efficacité de ces nutriments, mais certains médecins affirment qu'ils peuvent constater une différence chez les sujets qui prennent ces compléments. Voici ce qui est le plus fréquemment recommandé.

Nutriment	Dose par jour
Bêtacarotène	15 000 unités internationales
Magnésium	400 milligrammes
Sélénium	50 à 200 microgrammes
Vitamine A	10 000 unités internationales
Vitamine B_6	2 milligrammes
Vitamine C	1 000 à 5 000 milligrammes
Vitamine E	600 unités internationales
Zinc	160 milligrammes, à fractionner en deux doses

MISE EN GARDE : *Si vous avez des symptômes d'hypertrophie bénigne de la prostate, consultez votre médecin afin d'obtenir un diagnostic précis et un traitement adapté.*

En cas de troubles rénaux ou cardiaques, obtenez l'avis de votre médecin avant de prendre un apport complémentaire de magnésium.

Des doses de sélénium supérieures à 100 microgrammes par jour ne doivent être prises que sous la surveillance d'un médecin.

La vitamine C en doses supérieures à 1 200 milligrammes par jour peut provoquer des diarrhées chez certaines personnes.

Si des médicaments anticoagulants vous ont été prescrits, ne prenez pas de compléments alimentaires de vitamine E.

En doses supérieures à 15 milligrammes par jour, le zinc ne doit être pris que sous la surveillance d'un médecin.

individu. Je reste malgré tout convaincu que cela vaut la peine au moins d'essayer. »

Si vous souhaitez avoir recours au zinc pour soulager un trouble de la prostate, les experts soulignent qu'il est important de pouvoir compter sur un médecin qui connaît bien la nutrition. Le Dr Habib précise que des doses normales de zinc, pouvant aller jusqu'à 20 milligrammes par jour, restent sans effet pour obtenir une diminution de la prostate.

En revanche, relève le Dr Balch, tout excès de zinc peut s'avérer extrêmement toxique. « Je dirais que si vous dépassez 80 à 100 milligrammes de zinc par jour, vous prenez des risques », déclare ce médecin. D'autres experts suggèrent de ne pas dépasser 15 milligrammes par jour en l'absence de surveillance médicale. Tout excès de zinc peut provoquer des symptômes d'anémie et des troubles du système immunitaire.

D'autres nutriments pour compléter

Le zinc n'est pas le seul nutriment employé par les médecins pour traiter l'hypertrophie bénigne de la prostate. Le Dr Balch a notamment recours à toute une panoplie de nutriments : 10 000 unités internationales de vitamine A, 15 000 unités internationales de bêtacarotène (que l'organisme convertit en vitamine A), 600 unités internationales de vitamine E, 1 000 à 5 000 milligrammes de vitamine C et 50 à 200 microgrammes de sélénium par jour. Les chercheurs ont vérifié que chacun de ces nutriments était associé à un moindre risque de cancer.

Si vous souhaitez avoir recours à un tel protocole nutritionnel, parlez-en à votre médecin. Les doses de vitamines A, E et C que recommande le Dr Balch sont considérablement plus élevées que la Valeur quotidienne pour ces nutriments. Des doses élevées de vitamine C peuvent provoquer des diarrhées, et des doses importantes de sélénium (dépassant 100 microgrammes par jour) peuvent s'avérer toxiques. (Aucune Valeur quotidienne n'a été déterminée en ce qui concerne le bêtacarotène.)

Le Dr Balch prescrit en outre du magnésium et de la vitamine B_6. La Valeur quotidienne pour le magnésium est de 400 milligrammes ; elle est de 2 milligrammes pour la vitamine B_6. (Si vous avez des troubles cardiaques ou rénaux, il est impératif d'obtenir l'avis de votre médecin avant de prendre un apport complémentaire de magnésium.)

« Je suis bien conscient, admet le Dr Balch, qu'il n'existe aucune indication que la plupart des médecins puissent qualifier de scientifique selon laquelle ces nutriments sont bénéfiques en cas d'hypertrophie bénigne de la prostate. En revanche, d'après ma propre expérience, les hommes qui ont une alimentation saine et qui prennent également ces compléments alimentaires sont en bien meilleure santé et risquent moins d'avoir par la suite à subir une intervention chirurgicale. »

Psoriasis

❖

Vitamine D sur ordonnance, une lueur d'espoir

Pendant des années, les experts et les patients atteints de psoriasis se sont gratté la tête (sans parler d'autres parties de leur anatomie) dans leur désespoir devant l'impuissance de la science médicale à soulager cette maladie de peau perturbante. C'est alors que des recherches révolutionnaires effectuées par le Dr Michael F. Holick, chef d'un service d'endocrinologie, de diabète et de métabolisme et directeur d'un centre de recherches cliniques universitaires, ont révélé le pouvoir thérapeutique extraordinaire de la vitamine D, mettant en évidence la manière d'en tirer une efficacité maximale dans le traitement du psoriasis.

Une véritable plaie

Pour certaines personnes, une peau saine et claire semble aller de soi. Très régulièrement, leur épiderme se débarrasse des cellules mortes qui se sont transformées en minuscules flocons quasi invisibles, au fur et à mesure que des cellules neuves apparaissent à la surface ; l'ensemble de ce processus se déroule au cours d'un cycle de 15 étapes qui s'accomplit tout naturellement et sans le moindre problème. C'est ainsi que tous les 28 à 30 jours, la plupart des gens sont revêtus d'une couche d'épiderme entièrement neuve.

En revanche, il n'en va pas de même pour les patients atteints de psoriasis. Dans leur cas, tout se passe comme si certaines parties du cycle de renouvellement de la peau s'accomplissaient en accéléré. En quatre à cinq jours seulement, les éléments concernés de l'épiderme subissent cinq transformations avant de s'empiler à la manière des vieux journaux. Résultat : des squames rouges, prurigineuses et recouvertes d'écailles, apparaissant le plus souvent aux genoux, aux coudes et sur le cuir chevelu.

Le poisson, porteur d'espoir

Certains experts sont d'avis qu'il est entièrement farfelu d'imaginer que l'on puisse traiter le psoriasis à l'aide d'huile de poisson. Pourtant, au moins une étude, effectuée il y a plusieurs années, a montré que les acides gras fournis par le poisson pouvaient se révéler bénéfiques.

Dans le cadre d'une étude finlandaise, 80 personnes atteintes de psoriasis ont pris trois fois par jour durant huit semaines deux gélules contenant des acides gras en provenance de poisson. À l'issue de cette étude, 7 participants avaient obtenu une guérison totale et 13 se disaient guéris à 75 %. Ceux qui ont obtenu les meilleurs résultats dans le cadre de cette étude étaient les moins atteints, soulignent les chercheurs.

« En ce qui concerne le psoriasis, on ne peut pas dire qu'il s'agisse du meilleur traitement, ni du seul et unique remède auquel un patient doit avoir recours, mais cela peut apporter un certain soulagement », commente le Dr Michael F. Holick, chef d'un service d'endocrinologie, de diabète et de métabolisme et directeur d'un centre de recherches cliniques universitaires.

Trente-quatre des sujets ayant participé à cette étude finlandaise étaient également atteints de psoriasis arthropathique, une forme de rhumatisme lié au psoriasis. L'ensemble des 34 participants éprouvaient moins de douleurs articulaires après avoir pris les gélules d'huile de poisson. Les acides gras en provenance de poisson exercent, semble-t-il, un effet anti-inflammatoire, et ce dernier paraît particulièrement efficace dans certains cas de psoriasis arthropathique qui entraînent une inflammation prononcée, commente le Dr Holick.

Le hareng de l'Atlantique et le saumon rose comptent parmi les poissons les plus riches en acides gras bénéfiques. Malheureusement, il faudrait en manger près de un kilo par jour pour obtenir une dose d'huile de poisson à peu près comparable à celle qu'absorbaient les bénévoles dans le cadre de cette étude. Si vous êtes atteint de psoriasis, envisagez par conséquent d'obtenir l'avis de votre médecin quant à un apport complémentaire de gélules d'huile de poisson.

Facteurs alimentaires

Les quelques conseils diététiques suivants pourront vous aider à mieux maîtriser votre psoriasis.

Pas d'alcool. L'alcool et le psoriasis semblent aller de pair, un peu comme le Martini et les olives. Une étude portant sur 362 hommes âgés de 19 à 50 ans a permis de constater qu'un grand nombre d'entre eux buvaient beaucoup avant que le psoriasis ne fasse son apparition — deux fois plus que ceux qui n'étaient pas atteints de psoriasis. En outre, les excès habituels de boisson augmentent également le risque d'infection, dont le rôle déclencheur est connu dans l'apparition du psoriasis, selon les experts.

Renoncez aux aliments acides. Une étude de petite envergure a mis en évidence une diminution des symptômes de psoriasis chez des patients qui évitaient les aliments acides comme le café, les tomates, les boissons gazeuses et l'ananas. Si vous constatez que certains aliments sont une source de problèmes pour vous, écoutez votre corps et écartez-les de votre alimentation, suggère le Dr Michael F. Holick, chef d'un service d'endocrinologie, de diabète et de métabolisme et directeur d'un centre de recherches cliniques universitaires.

Mangez plus de légumes. Se pourrait-il qu'en limitant la quantité de protéines fournies par l'alimentation, il soit possible de soigner le psoriasis ? Certains rapports semblent suggérer une amélioration des symptômes chez des sujets atteints de psoriasis qui avaient absorbé durant plusieurs semaines une alimentation végétarienne comportant peu de protéines.

Mais le psoriasis ne s'arrête pas à la surface de la peau. « Selon le degré de gravité de ce trouble, on pourra constater la présence de symptômes plus ou moins prononcés, pouvant aller de lésions localisées recouvertes de squames sur certaines régions de la peau jusqu'à une maladie véritablement débilitante affectant l'organisme tout entier », commente le Dr Nicholas Lowe, professeur clinicien en dermatologie au sein d'un établissement universitaire. Sur les quelque quatre à cinq millions de cas de psoriasis recensés aux États-Unis, environ 25 % sont d'une telle gravité que les patients se retrouvent totalement handicapés, souvent par une forme invalidante d'arthrite.

D'après les experts, ce renouvellement excessivement rapide des cellules de la peau est dû à quelque problème génétique encore inconnu, mais il est vrai aussi que divers facteurs tels que le stress, les infections, les coupures, les écorchures, certains médicaments (notamment quinine, bêtabloquants et lithium) ainsi que l'alcool, peuvent également provoquer des flambées. « Le psoriasis est un trouble héréditaire, c'est vrai, mais toutes sortes d'autres circonstances peuvent provoquer l'apparition de ce trouble chez un sujet qui y est génétiquement prédisposé », souligne le Dr Lowe.

La vitamine D pour vaincre le psoriasis

La vitamine D, souvent ajoutée au lait et à divers autres produits laitiers, est connue de longue date comme un remède contre le rachitisme, une maladie qui entraîne chez l'enfant des déformations osseuses et un retard de croissance.

Des récepteurs spéciaux dans la peau exploitent également la vitamine D en provenance de la lumière du soleil, et cette constatation a d'ailleurs amené certains sujets atteints de psoriasis à se faire bronzer dans l'espoir de guérir ce trouble. Le traitement du psoriasis par des bains de soleil pratiqués dans la nudité la plus totale au bord de la mer Morte, en Israël, est même devenu un remède si demandé que le *Wall Street Journal* a suggéré que l'afflux de visiteurs (plus de 10 000 par an, et ce chiffre ne cesse d'augmenter !) allait créer l'équivalent moderne de la Mecque pour le traitement du psoriasis.

Pourquoi la mer Morte ? Selon les experts, l'altitude particulièrement basse de ce site empêche les rayons les plus forts du soleil de parvenir jusqu'aux baigneurs, ce qui laisse à ces derniers tout loisir de rester exposés longtemps à l'astre solaire sans risque de brûlure. Quant à l'eau de la mer Morte, particulièrement riche en minéraux et si salée qu'aucune vie (végétaux ou poissons) ne peut y subsister, elle est également censée être bénéfique pour soigner le psoriasis.

Les chercheurs qui explorent le rôle des récepteurs de vitamine D au niveau de l'épiderme ont découvert un moyen d'aider les patients atteints de psoriasis. Le Dr Holick a découvert que les cellules de l'épiderme contenaient des récepteurs destinés à capter une forme de vitamine D qualifiée d'activée, c'est-à-dire essentiellement l'hormone qui empêche les cellules de la peau de croître et d'être éliminées trop rapidement.

L'étape suivante fut de mettre au point une forme de vitamine D activée à la fois extrêmement puissante et dénuée de toxicité, quoique suffisamment forte pour ralentir la croissance des cellules de l'épiderme chez un sujet atteint de psoriasis. « Nous voulions mettre à profit notre découverte en ayant recours à une concentration suffisamment élevée pour modifier la croissance des cellules de l'épiderme sans entraîner d'effets indésirables », explique le Dr Holick.

Cette vitamine D activée sous forme de pommade, Daivonex, destinée à l'application locale, n'est disponible que sur ordonnance. Elle a pour effet non seulement de ralentir la vitesse de renouvellement des cellules cutanées pour la ramener bien plus près de la normale, mais aussi d'atténuer les démangeaisons et l'inflammation, poursuit le Dr Holick. « Parmi ceux qui se servent de Daivonex en application locale, plus de 50 à 60 % ont obtenu une amélioration significative », relève ce médecin. Il faut en général deux à trois semaines avant de pouvoir constater un résultat.

Mieux encore, cette amélioration remarquable s'accomplit sans entraîner les réactions habituellement liées à l'absorption de mégadoses de vitamine D : augmentation des taux de calcium, pouvant provoquer calculs rénaux et hypertension artérielle. « Il s'agit d'un produit conçu pour être utilisé comme pommade. Ainsi, le principe actif reste dans l'épiderme et, en général, ne pénètre pas dans le sang », souligne le Dr Holick.

Ne pourrait-on pas imaginer que des mégadoses de vitamine D en vente libre puissent avoir le même effet bénéfique sur le psoriasis ? Absolument pas, répond le Dr Holick. « En effet, l'organisme est très exigeant quant à la dose de vitamine D qu'il absorbe. Il ne génère pas plus de calcitriol, métabolite naturel le plus actif de la vitamine D3, quelle que soit la quantité de vitamine D absorbée. Ainsi, vous risqueriez une intoxication par surdose de vitamine D sans pour autant soulager votre psoriasis », conclut ce médecin.

Vertus de la vitamine A

Quoique réservée aux cas plus graves, une forme surpuissante de vitamine A, appelée acitrétine, métabolite actif de l'étrétinate (Soriatane) est également disponible, uniquement sur ordonnance, pour soigner le psoriasis.

Absorbée par voie orale, la vitamine A activée aide les cellules de l'épiderme à parvenir à maturité avant d'être éliminées. Malheureusement, ce remède présente quelques inconvénients. « Lorsqu'on les utilise cliniquement pour traiter le psoriasis, presque tous les dérivés de la vitamine A entraînent toute une série d'effets indésirables », souligne le Dr James G. Kreuger, professeur adjoint de médecine en université, qui dirige un groupe de recherches sur le psoriasis. Les effets indésirables comprennent notamment

---

Prescriptions vitaminiques

Demandez à votre médecin son avis sur les deux médicaments suivants : Daivonex, pommade à base de vitamine D surpuissante pour application locale, délivrée sur ordonnance, et Soriatane (acitrétine), gélules à base de vitamine A surpuissante, à avaler au cours du repas, délivrée sur ordonnance.

De nombreux médecins recommandent en outre un complément de multivitamines et de minéraux contenant la Valeur quotidienne pour l'acide folique et le fer.

---

malformations congénitales, syndrome de bouche sèche et chute de cheveux.

Dans certains cas, le Dr Lowe a recours à la fois à l'étrétinate et à six grammes d'acides gras de type oméga, comme ceux contenus dans l'huile de poisson, afin d'atténuer les effets indésirables. « Nous faisons au préalable effectuer des analyses du sang des patients à qui ces médicaments sont administrés, mais il n'y a généralement pas d'inconvénient à utiliser ces nutriments tous ensemble », ajoute-t-il.

Malheureusement, l'absorption d'une forme courante de vitamine A ne sert absolument à rien dans le traitement du psoriasis, ajoute le Dr Lowe.

L'utilité d'un complément de multivitamines

Il ne saurait être question de suggérer que le psoriasis puisse être guéri par un quelconque nutriment — vitamine ou minéral — absorbé par voie orale. En revanche, certains travaux laissent à penser que le psoriasis peut provoquer certaines carences en vitamines ou minéraux.

Dans le cadre d'une étude portant sur 50 patients atteints de psoriasis et hospitalisés, les chercheurs ont constaté que certains avaient de faibles taux de protéines, de fer et de folate (le précurseur naturel de l'acide folique), d'après le Dr Janet Prystowsky, professeur adjoint en dermatologie dans un hôpital new-yorkais.

Le cycle excessivement rapide de croissance et de renouvellement des cellules de la peau épuise les réserves de protéines, de fer et de folate, car les zones de peau atteintes de psoriasis semblent avoir la priorité par rapport à d'autres parties du corps, précise-t-elle. « Il est vain d'espérer que l'absorption d'un apport complémentaire nutritionnel quel qu'il soit puisse guérir le psoriasis, mais cela pourrait néanmoins améliorer la santé globale d'un sujet atteint de ce trouble », précise le Dr Prystowky.

Rachitisme

◆

Se construire une ossature solide

Dans son roman bien connu *Un chant de Noël*, Charles Dickens décrit Tiny Tim, un enfant invalide absolument adorable. Se pourrait-il que ce sympathique petit personnage ait été atteint de rachitisme, la maladie osseuse provoquée par une carence en vitamine D ?

Au moins un expert trouve cela tout à fait possible, puisque la ville de Londres au XIXᵉ siècle était, comme il le fait très justement remarquer, « plongée dans la misère la plus noire ». Le peu de lumière solaire capable de traverser la grisaille britannique se faisait presque à coup sûr piéger par le brouillard et les pollutions atmosphériques générées par l'industrie.

Bien évidemment, la lumière du soleil n'est pas la seule source possible de vitamine D, capable de prévenir le rachitisme. En revanche, l'alimentation très rudimentaire de la famille Cratchit n'était de loin pas assez saine et équilibrée pour prévenir l'apparition de cette terrible maladie qui a rendu infirmes tant d'enfants au siècle dernier.

Mais voyons, cessez donc vos balivernes, diront d'autres spécialistes. Il est bien évident que l'enfant Cratchit était atteint de quelque autre maladie invalidante.

Le simple fait que les experts puissent aujourd'hui s'amuser à débattre du trouble dont le pauvre Tiny Tim était atteint en dit long sur la rareté du rachitisme à notre époque. En dehors de certains cas précis où les individus concernés évitent tels ou tels aliments pour des raisons diététiques ou religieuses, ou préfèrent ne pas s'exposer au soleil, ce trouble appelé rachitisme courant chez l'enfant et ostéomalacie (déminéralisation des os) chez l'adulte, est devenu davantage une curiosité sur le plan médical qu'une préoccupation courante.

En voie de disparition, mais présent dans les mémoires

Malgré tout, les médecins doivent se tenir prêts à diagnostiquer ces deux troubles. Il n'y a pas très longtemps, des médecins à l'hôpital pédiatrique du New Jersey de Newark étaient en train d'examiner les radios d'une fillette de 15 mois atteinte de troubles respiratoires lorsqu'ils s'aperçurent que les os de ses épaules étaient friables. Il s'agit là d'un signe courant de rachitisme, commente le Dr Robert Rapaport, directeur d'un service universitaire d'endocrinologie et de métabolisme pédiatrique.

Une petite enquête permit de découvrir que la famille de cette fillette avait des pratiques religieuses très strictes ; l'enfant était habituellement recouverte de vêtements qui enveloppaient tout son corps à l'exception du front et du nez. Le Dr Rapaport fait remarquer que la conjonction de ce mode vestimentaire très couvrant avec l'absence totale de produits laitiers dans son alimentation a contribué au trouble dont elle était atteinte.

Peut-être s'agit-il là d'un cas peu courant, mais « de tels exemples sont la preuve que le rachitisme lié à une carence en vitamine D n'a pas entièrement disparu, poursuit le Dr Rapaport. Les thérapeutes professionnels et les parents doivent recevoir davantage d'informations sur les facteurs qui prédisposent au rachitisme et les mesures capables de prévenir l'apparition de ce trouble. »

En l'absence de lumière solaire (la vitamine D étant synthétisée dans la peau par l'action de la lumière ultraviolette) ou de produits laitiers, qui apportent tous deux de la vitamine D à l'organisme, une ossature encore jeune et en pleine croissance est incapable d'accomplir la minéralisation, c'est-à-dire le processus qui a pour but de fournir au corps les minéraux nécessaires à un bon développement osseux, souligne le Dr Binita R. Shah, professeur de pédiatrie clinique et directeur de médecine pédiatrique d'urgence en université. Une peau sombre, un climat plus froid, le port de vêtements très couvrants et la pollution industrielle sont autant d'obstacles possibles à la production de vitamine D par l'épiderme, ajoute le Dr Shah.

La vitamine D renforce les os

Le tissu osseux est un organe dynamique qui ne cesse de se former et de se reconstituer, poursuit le Dr Shah. La vitamine D est indispensable pour la formation et la minéralisation osseuse. En outre, elle sert à faire en sorte que des quantités adéquates de calcium et de phosphore soient disponibles pour la croissance osseuse. Elle remplit ce rôle de trois manières, explique le

Dr Shah : tout d'abord, en facilitant l'absorption de ces minéraux dans l'intestin ; ensuite, en faisant passer le calcium depuis l'ossature jusque dans le sang, et, enfin, en aidant à la réabsorption du calcium et du phosphore par les reins.

« Chez les rachitiques, l'organisme s'efforce désespérément de constituer du tissu osseux, sans disposer de calcium et de phosphore en quantités nécessaires. Ces efforts dérisoires n'aboutissent donc qu'à une accumulation osseuse sans minéralisation », poursuit le Dr Shah.

Par conséquent, un enfant rachitique aura des chevilles et des poignets trop larges, avec des bosses marquées, et l'ossature des jambes aura tendance à plier sous le poids du corps de l'enfant. D'autres symptômes se traduisent par un manque de tonus musculaire, une tête et un front disproportionnés par rapport au reste du corps et un retard d'acquisitions de la petite enfance, telles que la station assise, la station debout et l'apparition des dents.

La prévention du rachitisme et de l'ostéomalacie n'est pas compliquée : il suffit d'inclure dans l'alimentation de bonnes sources de vitamine D, comme le poisson (surtout des sardines et le saumon) et le lait vitaminé. Pour les nourrissons, le Dr Shah recommande le lait maternel, mais, dans ce cas, elle souligne l'importance d'un complément alimentaire de vitamine D, puisque le lait maternel ne contient qu'une faible quantité de ce nutriment. Pour les nourrissons qui ne reçoivent pas de lait maternel, les laits maternisés sont conçus pour fournir tous les nutriments essentiels. En outre, le lait entier vitaminé joue un rôle très important dans l'alimentation d'un nourrisson, ajoute le Dr Shah. Puisque même à l'âge adulte, le lait vitaminé reste un élément important de l'alimentation, fait-elle encore remarquer, le lait écrémé pourrait être un choix judicieux pour un adulte.

Un verre contenant 225 ml de lait vitaminé apporte environ 100 unités internationales de vitamine D ; la Valeur quotidienne pour ce nutriment est de 400 unités internationales. Les experts soulignent que l'absorption de plus de 600 unités internationales de vitamine D par jour peut être toxique, entraînant divers symptômes, notamment hypertension artérielle, insuffisance rénale et coma. C'est précisément pour cette raison qu'une dose quotidienne dépassant 600 unités internationales ne doit être prise que sous surveillance médicale.

En cas de rachitisme confirmé, le Dr Shah prescrit un traitement appelé stossthérapie, conçu pour apporter très rapidement une mégadose de 600 000 unités internationales de vitamine D ; cette dose administrée en un jour est fractionnée en six fois dans le courant d'une même journée. Il va sans dire qu'une telle quantité de vitamine D est extrêmement toxique et ne doit être administrée que sous surveillance médicale. La stossthérapie est utilisée davantage en Europe qu'aux États-Unis ; les médecins y ont recours lorsqu'ils ignorent si un enfant continuera d'absorber des quantités suffisantes de vitamine D pour guérir le rachitisme. « Non seulement cette formule thérapeutique permet de traiter le rachitisme, mais elle maintient durant trois mois les taux de vitamine D », souligne le Dr Shah. Ce traitement comporte encore un autre avantage : après quatre à sept jours, les médecins savent si cette maladie est due à l'alimentation ou à quelque autre facteur, comme l'hérédité.

Prescriptions vitaminiques

La vitamine D étant si facile à obtenir par la lumière du soleil et les produits laitiers vitaminés, le rachitisme (un trouble provoqué par la carence en vitamine D) est relativement rare dans nos pays. Voici ce que recommandent les médecins pour la prévention et le traitement de ce trouble.

Nutriment	Dose par jour
Prévention	
Vitamine D	400 unités internationales
Traitement	
Vitamine D	600 000 unités internationales, à fractionner en 6 doses (administrées au cours d'une même journée sous surveillance médicale)

MISE EN GARDE : *Des doses de vitamine D dépassant 600 unités internationales par jour peuvent être toxiques. Les symptômes possibles comprennent l'hypertension artérielle, l'insuffisance rénale et le coma. La vitamine D administrée à doses aussi élevées ne doit être absorbée que sous surveillance médicale.*

Règles douloureuses

❖

Des nutriments pour soulager les désagréments menstruels

Imaginez que vous soyez obligée de déménager au pôle Nord pour une durée de cinq ans. Que feriez-vous pour vous préparer à un tel bouleversement dans votre mode de vie ? Sans doute vous efforceriez-vous d'en apprendre le plus possible sur les meilleures manières d'affronter le froid. Et s'il était un type de nourriture ou un complément alimentaire qui puisse vous rendre cette expérience plus agréable, ne seriez-vous pas impatiente d'en avoir plus ? Après tout, cinq ans dans une vie, ça compte. Alors, autant que ces cinq années se déroulent de manière aussi agréable et confortable que possible.

Peut-être cela ne vous était-il encore jamais venu à l'esprit, mais si vous additionnez les chiffres — mois après mois, année après année —, les règles représentent environ cinq ans dans la vie d'une femme. Et si vous ressemblez à la majorité des femmes, sans doute feriez-vous n'importe quoi pour traverser ces moments-là sans être en proie aux crampes et à l'épuisement, et pour éviter d'enfler chaque fois comme un baleineau.

Pourquoi tous ces désagréments

La plupart des femmes éprouvent un certain inconfort lors des règles à un moment ou un autre de leur vie, souligne le Dr Susan M. Lark, auteur de *Chronic Fatigue and Tiredness*, direcrice du centre *PMS and Menopause Self-Help* et spécialiste des troubles de santé des femmes.

Les douleurs menstruelles sont généralement considérées comme appartenant à l'une ou l'autre de deux catégories : douleurs spasmodiques ou congestives. Les médecins savent que le premier type de douleur est causé par les hormones féminines, œstrogènes et progestérone, et par les prostaglandines, des substances semblables aux hormones qui exercent une action sur la tension musculaire. Quant aux femmes atteintes de crampes spasmodiques, elles ont généralement trop d'un certain type de prostaglandines, les PG2, qui sont responsables des contractions des muscles lisses, notamment de l'utérus. La production de prostaglandines augmente vers la fin du cycle menstruel, ce qui donne lieu à des crampes accompagnées parfois de nausées, de constipation ou de diarrhées.

L'aspect le plus positif des douleurs spasmodiques est probablement le fait qu'elles ont tendance à s'améliorer avec l'âge. Elles sont en général le plus marquées chez les adolescentes et les femmes d'une vingtaine d'années. En outre, souligne le Dr Lark, les douleurs spasmodiques s'améliorent souvent après la naissance d'un premier enfant.

L'autre type de douleur menstruelle est qualifiée de congestive. Les femmes qui en sont atteintes ont généralement tendance à l'œdème et à la rétention d'eau, aux maux de tête et aux douleurs mammaires. En outre, il est fréquent qu'elles remarquent une aggravation de leurs crampes après avoir mangé certains aliments, comme des produits laitiers ou des aliments à base de blé, ou lorsqu'elles boivent de l'alcool, poursuit le Dr Lark. Malheureusement, les douleurs congestives auraient plutôt tendance à s'aggraver avec l'âge, même chez les femmes qui n'ont jamais eu d'enfant.

S'il est vrai que les crampes liées aux règles ne sont pas très agréables, elles n'ont en revanche rien d'anormal, relève le Dr Lark. Cette dernière recommande toutefois la prudence, car, dans certains cas, ces douleurs peuvent être le symptôme d'un trouble de santé nécessitant des soins médicaux, comme par exemple l'endométriose. « Si vous constatez durant la période des règles n'importe quel symptôme qui sort de l'ordinaire, vous devez toujours en parler à votre médecin », recommande-t-elle.

La plupart du temps, cependant, les crampes sont tout simplement liées au processus menstruel lui-même. Dans ce cas, certains médecins affirment que quelques changements diététiques prudents peuvent faire beaucoup pour améliorer votre qualité de vie lorsque vous avez vos règles, note le Dr Lark. Les recherches ont montré que les nutriments suivants pouvaient contribuer à atténuer les symptômes menstruels.

Le calcium et le manganèse soulagent les crampes

Des chercheurs du Centre de recherches sur la nutrition humaine du ministère de l'Agriculture des États-Unis à Grand Forks, dans le North Dakota, ont découvert que lorsqu'une femme absorbe certains minéraux en doses suffisantes durant tout le mois, cela peut affecter considérablement le déroulement plus ou moins supportable de ses règles.

Dans le cadre d'une étude, un groupe de femmes qui avaient régulièrement leurs règles ont reçu au cours de plusieurs mois divers types

Facteurs alimentaires

Lorsqu'il s'agit de soulager l'inconfort au moment des règles, les compléments alimentaires ne représentent qu'une partie de la solution, souligne le Dr Susan M. Lark, auteur de *Chronic Fatigue and Tiredness*, directeur du centre *PMS and Menopause Self-Help* et spécialiste des troubles de santé des femmes. Notre mode d'alimentation habituel joue également un rôle dans notre état général au moment des règles. Voici ce que préconise ce médecin.

Attention au sodium caché. La plupart des femmes savent que tout excès de sel alimentaire peut aggraver la rétention d'eau lors des règles, fait remarquer le Dr Lark. En revanche, beaucoup de femmes ne se rendent pas compte de la quantité de sel qu'elles absorbent en mangeant des aliments apparemment inoffensifs, comme les légumes en boîte, les préparations surgelées et le fromage. Les aliments servis dans les établissements de restauration rapide, les pizzas et la majorité des amuse-gueules, comme les chips et les bretzels, sont également très salés. Le Dr Lark suggère de supprimer la salière sur la table et de prendre l'habitude de déchiffrer les étiquettes alimentaires afin de prendre conscience de la quantité de sel présente. Des produits comme la vinaigrette, les potages instantanés et de nombreux condiments sont en effet bourrés de sodium.

d'alimentation différents, avant de répondre à des questions portant sur ce qu'elles éprouvaient à divers stades de leur cycle menstruel. L'un des types d'alimentation qu'elles avaient reçu comportait des taux particulièrement faibles de calcium et de manganèse, un minéral trace présent dans les noix, le thé, les céréales complètes et les pois secs et légumineuses. Ces mêmes femmes reçurent en outre pendant quelque temps une alimentation enrichie d'un apport complémentaire de ces deux minéraux.

En analysant les symptômes prémenstruels des participantes, les chercheurs ont constaté qu'il existait des constantes très nettes : la plupart des femmes signalaient des symptômes beaucoup plus supportables durant la période où elles avaient absorbé une alimentation enrichie en calcium et manganèse.

Il est intéressant de relever que l'alimentation liée aux symptômes les plus désagréables durant les règles, et considérée par les chercheurs comme

Absorbez davantage de fibres. La constipation est un problème courant chez les femmes sujettes aux crampes lors des règles, poursuit le Dr Lark. Le meilleur moyen de résoudre ce problème de manière naturelle consiste à adopter une alimentation riche en fibres, comportant une abondance de fruits, de légumes, de légumineuses, de pain complet et de céréales complètes.

Passez-vous de blé. Chez les femmes atteintes d'allergies alimentaires, le blé peut aggraver les symptômes menstruels, fait encore remarquer le Dr Lark. Si vous avez des raisons de penser que vous êtes sensible au blé, ce médecin vous suggère de remplacer le blé durant un mois par du maïs, du gruau d'avoine, du riz complet et du pain de seigle, afin de mieux vous rendre compte si un tel changement alimentaire pourrait vous être bénéfique.

Renoncez à la viande de bœuf. Une alimentation comprenant beaucoup de viandes rouges comme du bœuf, mais aussi de l'agneau et du porc, peut aggraver les crampes liées aux règles, poursuit le Dr Lark. Ces viandes contiennent des matières grasses saturées, dont le corps se sert pour fabriquer des PG2. Ces substances chimiques sont à l'origine des contractions des muscles lisses de l'utérus, explique ce médecin, et c'est ce qui provoque les crampes.

comportant un faible taux de calcium, apportait environ 587 milligrammes de ce minéral par jour. L'alimentation riche en calcium, quant à elle, en fournissait environ 1 336 milligrammes, c'est-à-dire à peu près la quantité de calcium que les experts recommandent pour prévenir l'ostéoporose, le trouble qui se caractérise par une fragilisation des tissus osseux.

Nul ne sait précisément de quelle manière ces minéraux soulagent l'inconfort lié aux règles. Les chercheurs savent que le calcium joue un rôle dans la production de prostaglandines. « Il est possible que ce soit le rôle du calcium dans le métabolisme des prostaglandines qui explique l'effet de ce minéral pour soulager la douleur », commente le Dr James G. Penland, chercheur principal au Centre de recherches sur la nutrition humaine du ministère de l'Agriculture des États-Unis.

Quant au rôle du manganèse, il reste entouré d'un mystère plus grand encore. « Nous savons que le manganèse joue un rôle dans la coagulation du sang, et certains travaux montrent qu'une faible consommation de ce minéral est associée à des règles plus abondantes, note le Dr Penland. Il est certain que ce domaine mériterait des recherches plus approfondies. »

Aussi longtemps que les chercheurs n'auront pas déterminé exactement de quelle manière ces deux minéraux exercent leur effet plus ou moins magique sur les symptômes menstruels, toute femme qui souhaite atténuer l'inconfort lié aux règles sera bien avisée de prendre chaque jour un complément de multivitamines et de minéraux offrant l'apport recommandé de calcium et de manganèse, suggère le Dr Penland. La Valeur quotidienne pour le manganèse est de 2 milligrammes. Puisque les femmes, quel que soit leur âge, ont du mal à obtenir suffisamment de calcium par le biais de l'alimentation, ce médecin recommande de manger davantage d'aliments maigres et riches en calcium tels que le yoghurt maigre et le lait écrémé. S'il vous faut une dose plus élevée de calcium, il suggère de prendre en outre un apport complémentaire de calcium de 500 à 1 000 milligrammes par jour.

La vitamine B$_6$ prévient les crampes

L'ensemble des vitamines du groupe B est essentiel pour rester en bonne santé, mais s'il s'agit de soulager les symptômes menstruels, les champions sont la vitamine B$_6$ et la niacine, poursuit le Dr Lark.

La vitamine B$_6$ joue un rôle crucial dans la production des PG1, les prostaglandines « bénéfiques » qui ont pour effet de détendre les muscles de l'utérus et d'atténuer les crampes, toujours selon le Dr Lark. En revanche, les réserves de vitamine B$_6$ chez la femme s'épuisent facilement. Le stress et certains médicaments, comme les contraceptifs oraux, sont fréquemment causes de carence de cette vitamine. Par conséquent, il est possible que l'organisme ne puisse pas fabriquer suffisamment de prostaglandines du type « bénéfique », si bien que vous vous sentez à bout de nerfs au moment où se produisent les règles. En outre, si vous êtes perturbée par la rétention d'eau ou par une prise de poids au moment des règles, un apport complémentaire de vitamine B$_6$ peut également soulager ces symptômes, note le Dr Lark.

Cette dernière recommande d'absorber la vitamine B$_6$ en prenant un complément alimentaire fournissant toutes les vitamines du groupe B. Cherchez à obtenir un complément du complexe B qui ne contienne pas plus de 200 à 300 milligrammes de vitamine B$_6$. En effet, poursuit-elle, ce nutriment peut être toxique en doses élevées. Il est toujours judicieux

Prescriptions vitaminiques

Un certain nombre de nutriments peuvent contribuer à rendre le cycle menstruel féminin plus supportable. Voici ce que recommandent plusieurs spécialistes.

Nutriment	Dose par jour
Calcium	500 à 1 000 milligrammes
Fer	15 milligrammes
Manganèse	2 milligrammes
Niacine	25 à 200 milligrammes, en commençant 7 à 10 jours avant les règles et en cessant d'en prendre dès le début des règles
Vitamine B_6	200 à 300 milligrammes
Vitamine C	1 000 milligrammes

MISE EN GARDE : La niacine doit être prise sous surveillance médicale lorsque la dose absorbée dépasse 100 milligrammes par jour. Les femmes atteintes de maladie hépatique ne doivent pas prendre de niacine, excepté sous la surveillance d'un médecin.

La vitamine B_6 peut provoquer des effets indésirables lorsque la dose absorbée dépasse 100 milligrammes par jour ; il est donc judicieux d'obtenir l'avis de votre médecin avant d'envisager d'en prendre un apport complémentaire aux doses mentionnées ici.

d'obtenir l'avis de votre médecin avant de prendre des doses de vitamine B_6 dépassant 100 milligrammes par jour.

Pour soulager les crampes, la niacine est également très importante. « Certaines recherches ont montré que l'efficacité de la niacine est de l'ordre de 90 % dans le soulagement des crampes », souligne le Dr Lark. Afin de prévenir les crampes avant même leur apparition, cette dernière suggère de prendre entre 25 et 200 milligrammes de niacine par jour, en commençant sept à dix jours avant la date du début des règles et en cessant d'en prendre le jour où elles se déclenchent. Ce traitement peut être répété chaque mois afin de prévenir les crampes menstruelles.

Puisque la niacine peut provoquer de légères rougeurs chez certaines femmes, il est préférable de n'en prendre que 25 milligrammes par jour le premier mois. « Si vous avez l'impression que cela ne vous apporte aucun soulagement, vous pourrez toujours augmenter légèrement la dose le mois suivant, en continuant de la sorte jusqu'à ce que vous ayez trouvé la posologie qui vous convient le mieux », conseille-t-elle. Les femmes atteintes de maladie hépatique, en revanche, ne doivent absorber de niacine que sous surveillance médicale, avertit le Dr Lark.

Des nutriments pour atténuer les saignements

Après les crampes, les saignements très abondants sont probablement ce qui incommode le plus les femmes aussi longtemps qu'elles ont leurs règles, poursuit ce médecin. Ces pertes de sang sont non seulement gênantes, mais elles peuvent épuiser les réserves de fer de l'organisme et même être une cause d'anémie.

Il n'est donc pas surprenant que les médecins recommandent un apport complémentaire de fer aux femmes dont les règles sont particulièrement abondantes. En revanche, peut-être serez-vous surprise d'apprendre qu'un apport complémentaire de ce minéral ne sert pas seulement à remplacer le fer éliminé lors des règles, puisqu'il pourrait même avoir pour effet de réduire le volume de sang expulsé lors des règles à venir, poursuit le Dr Lark.

« Les femmes n'ont besoin que d'une petite quantité de fer. En revanche, leur corps a vraiment besoin de la faible quantité qui leur est nécessaire », poursuit-elle. Ce médecin recommande un complément de fer d'environ 15 milligrammes par jour.

Les femmes dont les règles sont particulièrement abondantes ont également besoin de grandes quantités de vitamine C et de bioflavonoïdes, ajoute le Dr Lark. Ces derniers sont des substances chimiques complexes proches de la vitamine C ; on les trouve dans de nombreux agrumes et ils sont fréquemment inclus dans les compléments alimentaires. La vitamine C et les bioflavonoïdes atténuent tous deux les saignements en renforçant les parois des capillaires, qui sont particulièrement affaiblies juste avant et durant les règles, fait remarquer le Dr Lark. Cette dernière recommande de prendre chaque jour un complément comprenant au moins 1 000 milligrammes de vitamine C et 800 milligrammes de bioflavonoïdes.

Puisque la vitamine C aide l'organisme à mieux assimiler le fer, le Dr Lark préconise en outre d'absorber ces deux nutriments ensemble.

Rétention d'eau

Vaincre l'œdème

Oubliez cette vieille histoire selon laquelle les cendres retourneront aux cendres, la poussière redeviendra poussière. Pour être précis, c'est bien plutôt d'eau qu'il s'agit — l'eau destinée à redevenir eau. Nos ancêtres aquatiques ont pris l'océan avec eux lorsqu'ils ont rampé sur la terre pour la première fois, et l'être humain reste essentiellement constitué d'eau, pour plus de la moitié — environ 56 %, parfois plus et parfois moins, selon que nous sommes plus ou moins sujets à l'œdème.

Les personnes qui ont tendance à faire de la rétention d'eau connaissent bien cette sensation d'être gonflé comme une éponge. « Des fluctuations de poids pouvant aller jusqu'à deux kilos, voire deux kilos et demi, en l'espace d'un seul jour, ne sont pas rares chez les femmes sujettes à la rétention d'eau », note le Dr Marilynn Pratt, médecin spécialiste de la santé des femmes.

L'accumulation d'eau se produit lorsque le fluide qui s'écoule normalement à travers tout l'organisme par le biais des vaisseaux sanguins, du système lymphatique et des divers tissus reste bloqué dans les espaces interstitiaux des tissus, c'est-à-dire les minuscules canaux entre les cellules. C'est en raison de la pression osmotique (la pression des parois cellulaires), qui est fonction d'électrolytes tels que le sodium, que le fluide s'écoule à travers les membranes de minuscules capillaires sanguins jusque dans les cellules des tissus. Un taux élevé de sodium attire davantage de fluide depuis le sang jusque dans les cellules ; le fluide y reste alors pris au piège, entraînant une hyper-hydratation des cellules. Cela se produit plus facilement chez les femmes, dont les tissus sont conçus précisément pour pouvoir fluctuer ou se distendre en cas de grossesse.

Beaucoup de choses peuvent provoquer la rétention d'eau : réaction allergique à tel ou tel aliment, troubles cardiaques ou rénaux, ainsi que divers médicaments sur ordonnance tels que les hormones. Chez les femmes, il est fréquent que les modifications hormonales provoquent une accumulation d'eau au cours des sept à dix jours précédant le début des règles, car les taux plus élevés d'œstrogènes et de progestérone au cours de cette partie du cycle menstruel féminin amènent l'organisme à emmagasiner du sel (sodium), et donc à conserver le fluide dans les tissus. « Les hormones de substitution — et en particulier les œstrogènes pris isolément — peuvent également provoquer une rétention d'eau et une prise de poids très marquées », ajoute le Dr Pratt.

En général, la rétention d'eau est inconfortable, sans pour autant mettre la vie en danger. En revanche, les sujets qui font de la rétention d'eau en raison de troubles cardiaques ou rénaux ou qui prennent des diurétiques (médicaments destinés à favoriser l'élimination de l'eau) doivent être suivis par un médecin qui saura les aider à maîtriser ce trouble, précise le Dr Pratt.

Facteurs alimentaires

Sans doute n'ignorez-vous pas que le paquet de chips salées dans lequel vous vous apprêtez à puiser risque de provoquer de la rétention d'eau ; c'est donc que vous avez déjà une idée assez précise de ce qu'il convient de faire pour éviter ce trouble. En revanche, un certain nombre d'autres choix alimentaires ne sont pas aussi clairement définis. Voici ce que recommandent de nombreux experts.

De l'eau, de l'eau. Si vous souffrez de rétention d'eau en raison d'une alimentation trop salée, diminuez immédiatement la quantité de sel absorbée et buvez beaucoup d'eau — au moins huit verres par jour — afin de mieux éliminer le sel, recommande le Dr Marilynn Pratt, médecin spécialiste de la santé des femmes.

Évitez le glutamate de sodium. Cette substance (aussi appelée monoglutamate de sodium) contient également du sodium. Elle est présente non seulement dans les aliments chinois, mais aussi dans un grand nombre de plats industriels. Lisez attentivement les étiquettes afin d'y repérer les indications « MSG » ou « protéines végétales hydrolysées », ces dernières étant à base de glutamate de sodium, et évitez ces types d'aliments autant que possible.

Pas d'alcool. Ce dernier agit dans un premier temps comme un diurétique et vous fait perdre l'excédent d'eau, mais cette perte de fluide peut aller jusqu'à la déshydratation. De plus, les experts médicaux ont une autre raison judicieuse pour vous donner ce bon conseil :

Certains changements des habitudes alimentaires, visant à soulager la rétention d'eau, ont pour but de compenser les fluctuations hormonales, d'équilibrer les minéraux qui exercent une influence sur les fluides dans l'organisme et d'éliminer les aliments qui déclenchent l'accumulation d'eau chez certaines personnes. Voici ce qui pourrait être bénéfique, selon les médecins.

Le rôle du sel

La majorité d'entre nous savons que tout excès de sel dans le corps peut provoquer momentanément une accumulation de fluides. Il suffit de s'empiffrer un soir de pop-corn à l'occasion d'une sortie au cinéma ou de saucisson

---

l'alcool dérobe à l'organisme des vitamines et des minéraux importants.

Préférez les diurétiques naturels. Diverses tisanes exercent un effet légèrement diurétique. Sur ce plan, celle de persil est la mieux connue. Versez une tasse d'eau bouillante sur deux cuillerées à café de feuilles de persil séchées, que vous laisserez ensuite infuser pendant 10 minutes. Vous pouvez en boire jusqu'à trois tasses par jour.

Perdez du poids si nécessaire. On constate chez les femmes corpulentes une plus forte concentration d'œstrogènes en circulation, car ce sont les tissus adipeux qui fabriquent ces hormones, souligne le Dr Pratt. De ce fait, ces femmes sont plus exposées que les autres au risque de rétention d'eau et de prise de poids. En cas de surcharge pondérale, une femme doit boire beaucoup d'eau et réduire radicalement sa consommation de sel.

Luttez contre les allergies alimentaires. S'il vous arrive souvent au réveil d'être congestionnée, d'avoir les yeux enflés et des maux de tête, peut-être s'agit-il d'une allergie alimentaire, selon le Dr Joseph Pizzorno, naturopathe et président de l'université Bastyr. « Je suis d'avis que le blé est de loin l'allergène le plus courant, mais n'importe quelle autre substance pourrait aussi bien être à l'origine de vos troubles. Il est donc préférable de faire vérifier cela par des tests », précise-t-il.

lors d'un match de football pour se réveiller le lendemain avec des maux de tête, les yeux bouffis et les extrémités raides et enflées. « Cela provient du fait que nos reins conservent le fluide dans l'organisme afin que l'excès de sel puisse ensuite être dilué », explique le Dr David McCarron, professeur de médecine et chef d'un service universitaire de néphrologie, hypertension et pharmacologie clinique. En outre, contrairement à ce que l'on pourrait penser, le fait de boire davantage d'eau n'aggrave pas la rétention d'eau et pourrait même être bénéfique.

De plus, certains chercheurs sont persuadés que trop peu de sel dans l'alimentation peut également provoquer la rétention d'eau, ajoute le Dr McCarron. « Nos recherches nous ont amenés à formuler l'hypothèse qu'une quantité trop faible de sel pourrait amener les reins à sécréter en plus grande quantité une hormone dont le rôle est de conserver le sel en réduisant notamment le volume d'urine expulsé », poursuit ce médecin, qui recommande d'absorber habituellement au moins 2 400 milligrammes de sel par jour (soit un peu plus d'une cuillerée à café), car les spécialistes considèrent que cette quantité est nécessaire pour maintenir une tension artérielle idéale.

Pour la plupart des gens, cela signifie qu'il faudra réduire la consommation de sel à raison d'environ 1 000 milligrammes par jour (soit environ la moitié d'une cuillerée à café). Puisque la majorité du sel que nous absorbons provient des aliments industriels, et non de la salière, le meilleur moyen de réduire la consommation de sel consiste à choisir de préférence des produits peu salés ou sans sel (notamment lorsqu'il s'agit de fromages, de noix, de biscuits secs, de viande de porc de conserve, de potages en boîte et de légumes).

« En outre, les femmes qui cherchent à perdre du poids mangent parfois de grandes quantités de céleri ; il faut savoir que ce légume, plus que tout autre, contient des taux de sodium particulièrement élevés », souligne le Dr Pratt. Cette dernière conseille de grignoter plutôt des bâtonnets de carotte crue.

Cocktail de minéraux

Lorsque notre alimentation nous apporte trop peu de potassium, de calcium ou de magnésium, cela peut également contribuer à la rétention d'eau, poursuit le Dr McCarron. « Tous ces minéraux jouent un rôle important dans l'équilibre des fluides du corps, c'est-à-dire l'aptitude de l'organisme à envoyer les fluides dans les cellules ou à les évacuer de ces dernières, et à les faire circuler depuis le courant sanguin ou le système lymphatique jusque dans les tissus, et vice versa », explique-t-il.

Prescriptions vitaminiques

Plusieurs nutriments peuvent contribuer à soulager certains cas de rétention d'eau. Voici les recommandations de quelques experts.

Nutriment	Dose par jour
Calcium	1 000 à 1 500 milligrammes
Magnésium	400 milligrammes
Potassium	3 500 milligrammes
Vitamine B_6	200 milligrammes, à fractionner en 4 doses individuelles pendant 5 jours avant le début des règles

Plus un complément de vitamines du groupe B

MISE EN GARDE : *Les médecins recommandent de limiter la prise de sodium à 2 400 milligrammes par jour, au maximum.*

Certains médecins déconseillent tout apport complémentaire de calcium, de magnésium ou de potassium en l'absence d'une surveillance médicale si vous êtes diabétique ou atteint de troubles cardiaques, rénaux ou hépatiques, ou si vous prenez des diurétiques.

Les personnes qui prennent des anti-inflammatoires non stéroïdiens (AINS), des diurétiques d'épargne potassique, des inhibiteurs de l'enzyme de conversion de l'angiotensine ou des médicaments pour le cœur tels que l'héparine doivent également obtenir l'avis de leur médecin avant d'envisager de prendre un apport complémentaire de potassium.

La vitamine B_6 peut être toxique à haute dose. N'en prenez pas plus de 100 milligrammes par jour, à moins d'être sous surveillance médicale. La dose élevée suggérée ici peut être absorbée sans danger pendant le nombre de jours mentionnés afin de soulager l'accumulation d'eau avant les règles.

Ce médecin recommande d'absorber environ 3 500 milligrammes de potassium par jour (c'est-à-dire la Valeur quotidienne) ; il n'est pas difficile d'en obtenir cette quantité en mangeant chaque jour au moins cinq portions de fruits et de légumes. (Le potassium disparaît toutefois avec l'eau de cuisson ; ne comptez donc pas sur des pommes de terre bouillies ou des légumes verts cuits pour vous fournir ce minéral, à moins d'absorber également leur eau de cuisson.)

Quant au magnésium, poursuit le Dr McCarron, efforcez-vous d'en absorber la Valeur quotidienne, qui est de 400 milligrammes. La plupart des gens n'en obtiennent pas autant, la majorité des hommes en absorbant environ 329 milligrammes et les femmes en moyenne 207 milligrammes par jour. Les noix, légumineuses et céréales complètes sont nos meilleures sources alimentaires de magnésium ; d'autres bonnes sources en sont les légumes verts et les bananes.

Pour ce qui est du calcium, les médecins préconisent d'en absorber entre 1 000 et 1 500 milligrammes par jour. Un litre de lait écrémé apporte environ 1 400 milligrammes de calcium. La plupart des hommes âgés de 30 à 70 ans absorbent en moyenne près de 1 000 milligrammes de calcium par jour, tandis que les femmes dans cette même tranche d'âge n'en obtiennent que 700 milligrammes par jour environ ; elles devraient donc en absorber 300 milligrammes de plus pour couvrir leurs besoins.

En cas de troubles cardiaques, rénaux ou hépatiques, si vous avez du diabète ou si vous prenez un médicament diurétique pour soulager la rétention d'eau ou l'hypertension artérielle, il est formellement déconseillé de prendre un apport complémentaire de ces minéraux en l'absence de surveillance médicale, afin d'éviter que vos taux sanguins s'élèvent dangereusement, souligne le Dr McCarron. Les personnes qui prennent des médicaments anti-inflammatoires non stéroïdiens (AINS), des diurétiques d'épargne potassique, des inhibiteurs de l'enzyme de conversion de l'angiotensine ou des médicaments pour le cœur tels que l'héparine doivent également obtenir l'avis de leur médecin avant d'envisager de prendre un apport complémentaire de potassium.

La vitamine B$_6$ pourrait soulager l'œdème lié aux hormones

La majorité des femmes n'a pas besoin d'un calendrier pour savoir à quel moment vont venir leurs règles. Divers signes comme la tension mammaire, l'enflure des mains et des pieds et l'impression que le pantalon habituel est devenu trop serré, en raison de l'œdème abdominal, indiquent la date avec autant de précision qu'un calendrier — mais sont aussi autant d'indications de la présence de rétention d'eau.

Parallèlement aux modifications des apports de minéraux déjà mentionnées plus haut, certains médecins recommandent d'augmenter l'apport de vitamines du groupe B, la vitamine B_6 notamment. « Cette dernière joue un rôle dans l'usage que fait l'organisme de diverses hormones associées à la rétention d'eau, en particulier l'œstrogène et la progestérone, commente le Dr Pratt. En aidant l'organisme à métaboliser ces hormones, la vitamine B_6 pourrait aider le foie à métaboliser le surplus susceptible d'être présent durant la période qui précède les règles. »

Dans le cadre d'une étude portant sur 215 femmes, les chercheurs ont d'ailleurs constaté qu'une dose de 500 milligrammes de vitamine B_6 administrée quotidiennement soulageait la tension mammaire, les maux de tête et le gain de poids liés à la rétention d'eau chez l'ensemble des participantes.

Si vous souhaitez avoir recours à la vitamine B_6 pour soulager la rétention d'eau liée aux hormones, le Dr Pratt recommande d'en prendre 200 milligrammes par jour (à raison de 50 milligrammes quatre fois par jour) durant les cinq jours avant le début des règles. Prenez un complément de vitamine B_6 en même temps qu'un complément contenant l'ensemble des vitamines du groupe B. « Ces nutriments sont synergiques entre eux, et leur efficacité est donc accrue lorsqu'ils sont tous présents en taux suffisamment élevés », précise le Dr Pratt.

Absorbée en surdose, la vitamine B_6 peut être toxique et entraîner des lésions nerveuses graves. Il est donc préférable de ne pas en prendre plus de 100 milligrammes par jour sans obtenir au préalable l'avis de votre médecin. En revanche, vous pouvez sans risque en prendre jusqu'à 200 milligrammes par jour pendant cinq jours afin de soulager la rétention d'eau juste avant les règles, note le Dr Pratt. Si vous constatez que vos mains ou vos pieds deviennent insensibles ou vos gestes maladroits, cessez de prendre ce nutriment et parlez-en à votre médecin.

Rhumes

❖

Des nutriments courants pour un trouble courant

Une toux grasse. Un nez qu'il faut moucher bruyamment et qui produit un bruit strident de trompette. Des éternuements si violents que même les tasses les plus solides semblent menacées.

Autant de symptômes de rhume, bien sûr. Mais les experts sont persuadés que ce sont aussi des propagateurs de rhume, disséminant dans l'air ambiant de minuscules gouttelettes de mucus à chaque éternuement et chaque quinte de toux.

Ces particules microscopiques de mucus contiennent des organismes sphériques, les rhinovirus, tellement minuscules que 15 000 d'entre eux alignés côte à côte suffiraient à peine pour remplir l'espace entre deux mots sur cette page. Que nous les véhiculions à l'extrémité d'un doigt lorsque nous nous grattons le nez ou qu'ils soient inhalés par le nez ou la bouche, ces microbes maléfiques ne cherchent qu'une chose : l'occasion de pénétrer à l'intérieur de notre corps.

À partir du moment où quelques-uns d'entre eux y réussissent, tout va littéralement de mal en pis. Le mouvement de vague descendante des minuscules projections filiformes qui tapissent notre gorge fait descendre depuis le fond de cette dernière jusque dans l'œsophage non seulement le mucus habituel, mais aussi le rhinovirus. Si nous avons beaucoup de chance, les puissants sucs digestifs détruisent ensuite le virus avant qu'il puisse nous faire du mal.

En revanche, si nous succombons à l'infection, la tactique virale pour générer le rhume se déploie dans toute sa splendeur. Un seul petit virus suffit ; il s'arrangera pour dénicher dans notre gorge un endroit bien chaud où la couche de mucus propre à l'organisme est moins épaisse qu'ailleurs, offrant donc une moindre protection. C'est là que le virus se greffe sur une cellule, ordonnant à celle-ci de mettre en branle son système de réplication. Si seulement les photocopieuses de bureau étaient à moitié aussi efficaces ! En l'espace de quelques heures, plus de 100 000 virus sont ainsi créés. « C'est précisément pour cette raison qu'il est si difficile de guérir un rhume », commente le Dr Elliot Dick, professeur de médecine préventive, chef d'un laboratoire universitaire de recherches sur les maladies respiratoires d'origine virale et l'un des chercheurs de pointe aux États-Unis dans le domaine de la recherche sur le rhume. « Les virus deviennent véritablement partie intégrante de notre corps et de nos cellules. »

Mais qu'en est-il de cet affreux cortège d'éternuements, de quintes de toux et de raclements de gorge ? L'ensemble de ces manifestations constitue la réponse de l'organisme hôte, la lutte interne menée par le corps contre cet envahisseur indésirable. En très peu de temps, les globules blancs qui jouent le rôle d'ange exterminateur de notre système immunitaire se précipitent sur le site de l'infection afin de tuer les cellules porteuses du virus. Cet afflux de sang provoque une enflure de nos sinus. La production de mucus augmente de manière à piéger le virus, ce qui explique des symptômes comme le nez qui coule et, en fin de compte, la toux.

Il est toutefois probable que la lutte continue à se poursuivre durant quelque sept jours encore, ce qui correspond à la durée moyenne du rhume courant. Pouvons-nous faire quoi que ce soit pour mettre fin à ce processus dévastateur ? Oui, prendre de la vitamine C.

Ce que révèlent les recherches sur la vitamine C

L'absorption de vitamine C pour soigner un rhume est à peu près aussi banale que... un banal rhume.

Pourtant, les débats quant à l'efficacité de ce nutriment se poursuivent de plus belle parmi les scientifiques, et c'est finalement l'ensemble de la population qui se fait l'avocat de ce remède.

Depuis la parution du livre *Vitamin C and the Common Cold* du regretté Linus Pauling, ouvrage dont les retentissements parmi la communauté médicale et scientifique avaient fait l'effet d'une bombe, les médecins n'ont pas cessé de discuter des avantages éventuels de ses recommandations. Le Dr Pauling préconisait notamment de prendre 500 à 1 000 milligrammes de vitamine C toutes les heures et plusieurs heures durant afin de diminuer la gravité et la durée d'un rhume. Mieux encore, le Dr Pauling prêchait par l'exemple : au cours des six années qui ont précédé son décès, à l'âge de 93 ans, ce médecin, deux fois lauréat du prix Nobel, est censé avoir absorbé chaque jour 12 000 milligrammes de vitamine C.

Des dizaines d'études effectuées avec plus ou moins de professionalisme et de fiabilité ont suivi les recommandations du Dr Pauling, avec des résultats variables. Au dernier recensement, la moitié d'entre elles environ semblait confirmer les assertions de ce médecin quant à l'utilité de

Facteurs alimentaires

Les conseils alimentaires ci-dessous pourraient être bénéfiques en cas de rhume.

Mangez du potage bien chaud. Ce vieux remède traditionnel a fait ses preuves. Des chercheurs au centre médical Mount Sinai à Miami Beach ont vérifié que le potage de poulet bien chaud semble avoir la propriété d'augmenter la production de mucus. Les chercheurs n'ont pas réussi à déterminer si cet effet bénéfique est dû à l'arôme ou au goût, mais ils affirment que le potage de poulet stimule les sécrétions nasales, empêchant du même coup les microbes responsables du rhume de séjourner trop longtemps dans notre nez. Les essais ont également permis de démontrer que ce potage était plus efficace que l'eau chaude seule.

Quant aux historiens, ils font remarquer qu'il y a huit siècles, le potage de poulet était déjà recommandé dans le traitement des rhumes par Maimonide, médecin de Saladin, alors calife d'Égypte.

Buvez des quantités de liquides. La prochaine fois que vous aurez le rhume, souvenez-vous qu'en buvant beaucoup de liquides, vous pouvez accélérer la disparition de ces affreux virus à travers le tube digestif. Lorsque le mucus qui tapisse le fond de notre gorge est humide, il retient les virus et les envoie dans l'estomac, où les puissants sucs digestifs sont en mesure de les éliminer. Il suffit généralement de boire

mégadoses de ce nutriment. Les autres, qui ne portaient que sur des doses bien plus faibles, semblaient indiquer au contraire que la vitamine C n'est pas très efficace pour mettre fin à un rhume déjà déclaré.

C'est d'ailleurs précisément ce que les partisans de la vitamine C affirment depuis toujours : si vous voulez prendre de la vitamine C pour soigner un rhume, il faut en prendre beaucoup. En fait, une compilation due à un chercheur britannique a permis de constater que toutes les études effectuées depuis 1970 et dans le cadre desquelles les participants prenaient chaque jour au moins 1 000 milligrammes de vitamine C pour atténuer leurs symptômes de rhume avaient permis d'obtenir des résultats positifs, notamment une diminution de 72 % de la durée des symptômes de cette infection.

chaque jour six à huit tasses d'eau, de lait, de jus, de limonade ou de potage pour obtenir la quantité requise de liquide, mais il ne faut pas oublier qu'en cas de maladie, nous perdons facilement au moins un litre de fluides par jour, voire davantage. Un bon conseil : doublez dans ce cas la quantité de liquide que vous buvez chaque jour. Évitez en outre de boire de l'alcool, car ce dernier prive l'organisme de divers nutriments immunostimulants et entraîne la déshydratation.

Mangez de l'ail. Tous ceux qui adorent l'ail en vantent depuis longtemps l'efficacité contre le rhume, mais à l'heure actuelle, ce bulbe odorant gagne une considération toute nouvelle grâce aux recherches en laboratoire. Divers travaux portant sur des cobayes ont en effet démontré que l'ail contribuait à les protéger efficacement contre les virus de la grippe, tout en augmentant la production d'anticorps produits par leur système immunitaire. D'autre part, certaines études préliminaires ont mis en évidence, chez des sujets qui avaient mangé de l'ail pendant trois semaines, une activité accrue de leur système immunitaire.

Pimentez et poivrez à volonté. Les aliments épicés contenant du piment rouge, du curry et du piment en poudre ont pour effet de stimuler l'écoulement de mucus, ce qui peut contribuer à déboucher les fosses nasales et à rendre la toux plus productive, selon les experts.

La vitamine C renforce nos défenses

Une étude, menée à bien par le Dr Dick et ses collègues à l'université du Wisconsin-Madison, a même montré qu'il peut être bénéfique de prendre de la vitamine C à titre préventif.

Son équipe de chercheurs a découvert une façon d'étudier de près le mode de propagation du rhume courant. Après avoir rassemblé dans le même local un certain nombre de volontaires, tous des hommes, ils ont inséré de très petites quantités de rhinovirus directement dans les narines de 8 d'entre eux et ont ensuite pu observer à loisir le processus de contagion qui se déroulait parmi les 12 autres participants à mesure que les hommes éternuaient, toussaient et se mouchaient. Non contents d'échanger des jetons de poker et des cartes de jeu, les malheureux se passaient mutuellement le virus du rhume. Le Dr Dick ajoute qu'en l'espace d'une semaine, pratiquement sans exception, tous les hommes enfermés dans ce local sans fenêtre et grouillant de virus ont succombé au rhume.

Dans le cadre de trois études distinctes, le Dr Dick a fait davantage que de s'efforcer par tous les moyens de rendre les participants malades. Il a également procédé à divers essais à l'aide de vitamine C afin de vérifier si ce nutriment pouvait offrir une protection.

Dans chacune de ces études, les participants ont été divisés en deux groupes ; dans l'un des groupes, chaque participant recevait quotidiennement quatre doses de vitamine C de 500 milligrammes chacune. Réparties dans la journée, les doses étaient absorbées au petit déjeuner, au déjeuner et au dîner, ainsi que juste avant l'heure du coucher. Chaque participant absorbait donc au total 2 000 milligrammes de vitamine C par jour. Dans le groupe témoin, les participants ne recevaient qu'un placebo (pilule d'apparence similaire, mais dénuée d'activité). « Contrairement à d'autres études, nous n'avons pas fait confiance aux participants en les laissant prendre d'eux-mêmes la vitamine C, déclare le Dr Dick. Nous avons veillé à leur en administrer nous-mêmes la dose prévue. Ils venaient la prendre chez nous au laboratoire, ou nous allions les trouver chez eux afin de la leur faire prendre avec un peu d'eau. »

Prescriptions vitaminiques

Certains médecins recommandent de prendre les nutriments suivants pour contribuer à vaincre les symptômes de refroidissement.

Nutriment	Dose par jour
Vitamine C	2 000 milligrammes à fractionner en 4 doses
Gluconate de zinc	24 milligrammes à laisser fondre dans la bouche toutes les deux heures (jusqu'à 8 pastilles par jour)

MISE EN GARDE : *Chez certaines personnes, une dose de vitamine C dépassant 1 200 milligrammes par jour peut provoquer des diarrhées.*

La phase de traitement préventif s'est d'abord poursuivie durant 3 semaines et demie ; ensuite ont commencé les parties de poker. Tous les participants ont attrapé le rhume, malgré les 2 000 milligrammes quotidiens de vitamine C. Les résultats de cette étude ont toutefois démontré que la vitamine C avait été bénéfique en atténuant les effets du rhume chez les participants.

« Nous avons pu constater à l'occasion de ces expériences que la vitamine C diminuait considérablement les symptômes de rhume, poursuit le Dr Dick. La durée en était légèrement plus courte, mais là n'était pas l'essentiel. Le principal, c'est que ceux qui prenaient de la vitamine C n'étaient tout simplement pas très malades, tandis que certains participants du groupe témoin se sont retrouvés avec un rhume épouvantable. »

En fait, un seul de tous ceux qui prenaient de la vitamine C s'est retrouvé affligé d'un véritable rhume avec tout son cortège de symptômes, tandis que 16 sujets du groupe placebo ont succombé à des rhumes modérés à graves, souligne le Dr Dick.

Mais comment expliquer ce rôle apparemment bénéfique de la vitamine C dans la lutte contre le rhume ?

Notre système immunitaire comporte un certain nombre de défenseurs naturels qui entrent en action dès les premiers signes d'invasion par un micro-organisme comme le virus du rhume. Les globules blancs comptent parmi ces lignes de défense. Lorsque les taux de vitamine C sont élevés, il semble que cela confère aux globules blancs un surcroît de vigueur, explique le Dr Dick, ce qui leur apporte davantage de l'énergie dont ils ont besoin pour neutraliser le virus. « Les meilleures recherches expérimentales dont j'ai eu connaissance suggèrent que la vitamine C a pour effet, d'une manière ou d'une autre, de stimuler les globules blancs afin qu'ils puissent opérer avec une efficacité plus grande, poursuit-il. Ils attaquent les cellules infectées, se rassemblant autour d'elles pour les détruire et déblayer ensuite les débris. »

Mais que faut-il penser de ce que disent les sceptiques ? « Nos résultats sont nets et positifs, ce qui n'est pas le cas des résultats obtenus par de nombreux autres chercheurs, poursuit le Dr Dick. En revanche, personne n'a étudié cette question de la manière dont nous l'avons fait. »

Alors qu'il était lui-même autrefois au nombre des sceptiques, le Dr Dick prend à présent 2 000 milligrammes de vitamine C chaque heure pendant trois heures dès les premiers signes annonciateurs de rhume. « La plupart du temps, cela suffit pour faire disparaître le rhume, mais, dans le cas contraire, je continue à prendre 1 000 milligrammes de vitamine C chaque heure jusqu'à disparition complète des symptômes, poursuit le Dr Dick. Je suis longtemps resté persuadé que tout cela n'était que balivernes, mais j'ai complètement changé d'avis. »

La Valeur quotidienne pour la vitamine C n'est que de 60 milligrammes. Chez certaines personnes, l'absorption de doses supérieures à 1 200 milligrammes par jour peut provoquer des diarrhées.

Le rôle controversé du zinc

Apprécié de longue date pour son aptitude à renforcer le système immunitaire, le zinc a fait l'objet d'un regain d'intérêt dans les années 1980 en tant que remède contre le rhume ; il s'agit d'ailleurs d'une histoire tout à fait remarquable.

Un certain George Eby de la ville d'Austin, au Texas, avait remarqué une fillette de trois ans qui avait souvent des rhumes très pénibles. Il dit lui avoir administré un comprimé de 50 milligrammes de gluconate de zinc au début d'un de ses refroidissements, dans l'espoir de renforcer son système immunitaire.

La fillette avait toutefois refusé d'avaler le comprimé tout rond, se contentant de le laisser fondre dans sa bouche. Ses symptômes avaient ensuite disparu en quelques heures, bien plus vite que d'habitude. Ayant eu l'occasion à plusieurs reprises de vérifier l'effet radical du zinc pour stopper les rhumes, Eby se demanda alors si le fait de sucer le comprimé de zinc, plutôt que de l'avaler, expliquait l'efficacité de ce traitement, et s'il ne tenait pas là le remède recherché depuis longtemps pour traiter le rhume courant.

Eby conduisit alors une étude scientifique afin de vérifier le bien-fondé de sa découverte. Les résultats de cette étude, publiés dans un journal médical, se révélèrent prometteurs. Les participants qui prenaient des comprimés de gluconate de zinc pur, de goût détestable, signalaient que leurs symptômes avaient disparu après 4 jours en moyenne, tandis que les participants qui avaient pris un placebo au goût bien plus agréable notaient que leur refroidissement durait 11 jours en moyenne.

« Les résultats semblaient très significatifs. L'ennui, c'est que le gluconate de zinc a vraiment mauvais goût, au point qu'il y a même eu quelques mauvaises langues pour insinuer que certains des participants avaient prétendu qu'ils n'avaient plus le rhume pour ne plus avoir à prendre cette substance au goût détestable », commente le Dr John C. Godfrey, chimiste médicinal et président de la firme Godfrey Science and Design, un service de conseils en compléments alimentaires.

Dans leur précipitation, certains chercheurs pressés de mettre au point une pastille de goût plus agréable à base de gluconate de zinc ont alors ajouté au mélange certains additifs alimentaires, avec apparemment pour résultat de neutraliser l'efficacité anti-refroidissement du gluconate de zinc. « On peut ajouter au gluconate de zinc de l'acide citrique, comme l'a d'ailleurs fait une entreprise pharmaceutique, ce qui permet d'obtenir un produit de goût acceptable. La préparation ainsi obtenue a vraiment une saveur neutre où ne subsiste plus la moindre trace de l'épouvantable goût du zinc, mais, en revanche, cela neutralise ce dernier », commente le Dr Godfrey.

En faisant lui-même quelques expériences dans sa cuisine à l'aide d'ingrédients achetés en magasin diététique, le Dr Godfrey a mélangé du gluconate de zinc avec de la glycine, obtenant ainsi une pastille dont le goût a semblé tout à fait agréable à sa famille — et qui paraissait également guérir le rhume.

« J'ai moi-même remarqué, et plusieurs membres de ma famille me l'ont également signalé, que lorsqu'ils avaient un rhume, leurs symptômes disparaissaient dès qu'ils mettaient l'une de ces pastilles dans la bouche, dit-il. C'était tout à fait spectaculaire. On commençait par être tout congestionné, avec le nez bouché, des éternuements et un mal de gorge, mais aussitôt qu'on mettait l'une de ces pastilles dans la bouche, on éprouvait un soulagement. On entendait même comme de petites explosions dans les sinus à mesure que ces derniers s'ouvraient. Ensuite, les sécrétions rétronasales ne tardent pas à s'atténuer. Les éternuements ne cessent pas entièrement, mais il y en a beaucoup moins. »

L'observation des membres de notre propre famille lorsqu'ils recouvrent la santé ne saurait bien sûr constituer une étude scientifique, mais le Dr Godfrey a fait suivre ses observations d'ordre familial par une étude effectuée au service de santé du collège universitaire de Dartmouth, à Lebanon dans le New Hampshire. Les chercheurs ont divisé 73 étudiants universitaires en deux groupes : ceux qui recevaient les fameuses pastilles à base de gluconate de zinc et de glycine, et ceux qui ne prenaient qu'un placebo, d'apparence et de goût identiques. Les étudiants ont reçu la consigne de sucer les pastilles toutes les deux heures en prenant jusqu'à huit pastilles par jour. Chaque pastille contenait environ 24 milligrammes de zinc. (La Valeur quotidienne pour le zinc est de 15 milligrammes.)

Les chercheurs ont constaté que ceux des étudiants qui avaient commencé à prendre les pastilles de gluconate de zinc le lendemain de l'apparition des premiers symptômes n'ont eu le rhume que pendant un peu plus de quatre jours (4,3 jours). Ceux qui prenaient un placebo, en revanche, sont restés enrhumés durant un peu plus de 9 jours (9,2 jours). « La toux, l'écoulement nasal et la congestion étaient les symptômes qui s'amélioraient le plus, souligne le Dr Godfrey. Les résultats semblaient indiquer que plus rapidement et vigoureusement on traite un rhume, meilleur sera le résultat obtenu. C'est sur cet aspect que nos recherches se concentrent depuis lors. »

Mais comment expliquer l'efficacité apparente du gluconate de zinc ? Il existe à ce sujet au moins deux théories. La forme caractéristique du rhinovirus, grâce à laquelle il parvient si bien à s'incruster dans nos cellules, correspond idéalement au principe actif du zinc, un peu à la manière d'un housse sur mesure. « La configuration géométrique correspond parfaitement », relève le Dr Godfrey.

Il y a encore une autre possibilité : les concentrations de gluconate de zinc dans la bouche pourraient littéralement court-circuiter les nerfs du nez qui sont responsables des éternuements et des autres symptômes de rhume, poursuit ce médecin.

Les résultats obtenus par le Dr Godfrey suffiront-ils pour mettre fin à la grande controverse sur le zinc ? Ce n'est pas sûr. Le gluconate de zinc à l'état pur a un goût épouvantable, et il ne suffit pas de l'avaler pour traiter un rhume. Il faut au contraire sucer le gluconate de zinc pour pouvoir bénéficier de ses effets contre le rhume. Des troubles gastriques peuvent parfois se produire, mais il est facile d'éviter cet effet indésirable en mangeant au préalable n'importe quel aliment ; même un biscuit sec suffit, précise le Dr Godfrey.

Si vous envisagez d'acheter des pastilles à base de zinc en pharmacie ou en magasin diététique, voici ce qu'il convient de savoir : n'achetez aucune pastille à base de zinc comportant d'autres ingrédients tels que citrate, tartrate, orotate ou mannitol/sorbitol. Même si le goût en est agréable, l'efficacité du zinc contre le rhume est totalement neutralisée, selon le Dr Godfrey. Quant au gluconate de zinc pur, non seulement il a très mauvais goût, mais il peut provoquer des lésions buccales ; en revanche, il est vraiment efficace. La formulation de goût agréable à base de gluconate de zinc et de glycine, dont l'efficacité a été vérifiée cliniquement, peut être obtenue aux États-Unis auprès de la firme Quigley Corporation, P. O. Box 1349, Doylestown, PA 18901. Quelle que soit la forme de zinc que vous choisissez, la base du traitement consiste à laisser fondre dans la bouche une pastille de 24 milligrammes toutes les deux heures (jusqu'à huit pastilles par jour), afin de soulager les symptômes de rhume.

Les pastilles à base de zinc sont-elles un remède utile ? « Je suppose que tout dépend de l'attitude que l'on a envers le rhume, déclare le Dr John H. Turco, directeur du service de santé du collège universitaire de Dartmouth.

Certaines personnes sont d'avis qu'un rhume n'est pas un désagrément majeur. En revanche, il me paraît évident que si l'on peut atténuer certains des symptômes de ce trouble, cela en vaut probablement la peine. »

Rides

❖

Estomper les contours

La peau ressemble un peu aux sous-vêtements tout neufs. Dans les premiers temps, la partie élastique est juste à la mesure du corps, s'élargissant et reprenant sa forme à la demande. Mais après des années d'usure et de lessives, de contorsions et d'exposition aux éléments, l'élastique finit par se relâcher, jusqu'à ce qu'un beau jour... eh bien, c'est que le moment est venu d'acheter des sous-vêtements neufs.

Si seulement nous pouvions en faire autant pour obtenir une peau toute neuve. En effet, après des années de rires, de sanglots, de frottements et, pire que tout, d'exposition au soleil, notre épiderme finit par se relâcher lui aussi.

Les experts affirment d'ailleurs que si nous pouvions éviter de l'exposer au soleil, notre épiderme resterait relativement lisse jusque vers quatre-vingts ans. C'est précisément la raison pour laquelle la plupart des dermatologues recommandent à celles et ceux qui tiennent à prévenir les rides d'éviter absolument d'aller au soleil.

L'exposition au soleil endommage la peau non seulement en surface, mais aussi en profondeur. Les rayons solaires attaquent tout d'abord l'épiderme (la fine couche superficielle à la surface de la peau), constituant ainsi une couche de cellules mortes qui donnent à la peau l'apparence tannée du cuir. Ensuite, ils endommagent progressivement les couches supérieures du derme, c'est-à-dire la partie essentielle de la peau, les laissant plus minces, moins résistantes et plus susceptibles aux rides. À la longue, le collagène et les fibres d'élastine qui constituent le derme se dégradent eux aussi, provoquant peu à peu l'affaissement et l'effondrement des tissus.

Heureusement, affirment les dermatologues, l'apparition de quelques pattes-d'oie et de quelques rides d'expression ne veut pas nécessairement dire que nous allons sous peu avoir le visage aussi ridé qu'une vieille pomme. En prenant la précaution de nous protéger du soleil, de renoncer aux cigarettes et de manger sainement, nous pouvons prévenir l'apparition de nouvelles rides. En outre, rien n'empêche de pratiquer l'effacement des rides. Certaines préparations à base de vitamines, destinées à l'application locale, font de véritables prodiges pour effacer les rides après l'apparition de ces dernières.

Un champion : le Retin A

En dehors de la chirurgie esthétique, le meilleur moyen de se débarrasser des rides est la trétinoïne, une substance complexe dérivée de la vitamine A, mieux connue sous l'appellation de Retin A. Même s'il ne peut effacer les rides profondes, relever les tissus affaissés ou réparer les dégâts graves, le Retin A peut atténuer les pattes-d'oie, les ridules et froissures dues à l'âge et aux méfaits du soleil.

Facteurs alimentaires

Interrogez la plupart des dermatologues sur les meilleurs aliments pour avoir une peau saine, et sans doute vous répondront-ils qu'il suffit d'avoir une alimentation nutritive et bien équilibrée. Mais voici deux précautions diététiques spécifiques qu'ils préconisent pour éviter d'avoir des rides.

Moins d'alcool fort. Si vous avez un peu trop tendance à faire des excès de boisson, votre peau risque de ne pas l'apprécier du tout. Non seulement la bouffissure du lendemain contribue à l'apparition des rides, mais, en outre, l'alcool a tendance à déshydrater l'organisme, ce qui est désastreux pour la peau — surtout si vous utilisez aussi une pommade à base de vitamine A (Retin A), fait remarquer le Dr Albert Kligman, professeur de dermatologie en université et médecin traitant en hôpital universitaire, qui a créé le Retin A. « Tout comme le tabagisme et l'exposition au soleil lorsque l'on néglige d'avoir recours à un écran solaire, les excès de boisson peuvent provoquer des irritations cutanées chez les personnes qui utilisent le Retin A », souligne ce médecin.

Buvez beaucoup d'eau. Chacun devrait boire quatre verres d'eau par jour, poursuit le Dr Kligman, à l'exception des personnes qui transpirent beaucoup. Dans ce dernier cas, bien entendu, il s'impose de boire plus d'eau encore.

Le Retin A, initialement conçu pour soigner l'acné en débouchant les pores obstrués, est également efficace contre les rides car il stimule le renouvellement cellulaire, explique le créateur de ce produit, le Dr Albert Kligman, professeur de dermatologie en université et médecin traitant en hôpital universitaire. « Le Retin A stimule la production de collagène et le débit sanguin jusque dans le derme, commente ce spécialiste. Il crée de nouveaux tissus et épaissit le derme. En résumé, il rend à la peau un aspect plus juvénile et empêche l'apparition de nombreuses rides. »

Mais si vous avez déjà entendu ce genre de promesses un bon millier de fois, sans doute vous demandez-vous si l'on peut vraiment obtenir des résultats visibles ?

Des chercheurs au centre médical de l'université du Michigan à Ann Arbor affirment que tel est bien le cas. Après avoir étudié 29 personnes dont la peau avait été endommagée par le soleil, ils ont signalé que l'on pouvait mesurer chez ceux qui avaient été traités durant 10 à 12 mois à l'aide de Retin A une augmentation de 80 % de la formation de collagène, par comparaison avec une diminution de 14 % de la formation de collagène chez ceux qui utilisaient une pommade ne contenant pas de vitamine A.

Inutile d'augmenter la dose de vitamine A que vous absorbez par voie orale dans l'espoir d'obtenir les mêmes résultats, avertit le Dr Kligman. « Lorsque l'on cherche à obtenir les mêmes effets en absorbant des mégadoses de vitamine A sous forme de compléments alimentaires, cela va à l'encontre des résultats recherchés, souligne ce médecin. La peau devient alors sèche et prurigineuse, et les cheveux se mettent à tomber — autant d'effets indésirables liés à la toxicité de la vitamine A. »

La crème Retin A peut présenter des concentrations plus ou moins élevées, allant de 0,025 à 0,1 %. Elle est délivrée uniquement sur ordonnance, et votre dermatologue saura vous aider à déterminer la concentration qui vous convient le mieux. En général, les personnes qui commencent le traitement à base de Retin A appliquent la crème la moins concentrée chaque soir, ou un soir sur deux, jusqu'à ce que leur dermatologue juge bon de passer à une concentration plus élevée.

Du fait que la crème Retin A élimine la couche de cellules mortes à la surface de la peau, exposant une région jusqu'alors protégée contre l'évaporation et les éléments, un effet indésirable courant est une peau sèche et sensible au soleil, qui a facilement tendance à être irritée et couverte de squames. Ces effets indésirables s'atténuent généralement avec le temps, mais il est probable que vous aurez également besoin d'une préparation hydratante si vous utilisez régulièrement la crème Retin A. En outre, il est impératif d'avoir recours à un écran solaire ; lorsque vous commencerez le traitement à base de Retin A, sachez que cela marquera la fin de vos journées insouciantes en plein soleil. Renseignez-vous également sur un produit commercialisé aux États-Unis sous le nom de Renova ; cette version « revue et améliorée » de la pommade Retin A, qui incorpore également un produit hydratant, a reçu l'homologation de la FDA en tant que pommade délivrée sur ordonnance.

Vitamine C et collagène

Quoiqu'elle n'ait pas la même réputation que la vitamine A dans le domaine des produits antirides, la vitamine C — dont le rôle clé dans la fabrication du collagène est bien connue — est néanmoins vantée par certains experts comme un nutriment crucial pour conserver un teint lisse.

« La vitamine C est essentielle pour les tissus conjonctifs de l'organisme, surtout pour la couche où se constitue le collagène, qui maintient l'intégrité de la peau, explique le Dr Lorraine Meisner, professeur de médecine préventive. C'est la raison pour laquelle les personnes qui absorbent une alimentation équilibrée semblent plus jeunes que celles qui se nourrissent n'importe comment. »

Le Dr Meisner se hâte de préciser que le fait d'absorber une dose « adéquate » de vitamine C ne suffit pas pour prévenir les rides. « Les Valeurs quotidiennes sont incroyablement faibles, souligne-t-elle. Elles suffisent pour nous empêcher d'avoir des maladies par carences alimentaires, mais pas pour réparer et maintenir une peau déjà âgée. » Cette spécialiste recommande généralement de prendre 300 à 500 milligrammes de vitamine C par jour. En outre, souligne-t-elle, les fumeurs doivent prendre considérablement plus de vitamine C, car le tabagisme semble épuiser les taux de vitamine C tout en favorisant l'apparition des rides.

Elle recommande également à tous ceux et celles qui s'inquiètent à l'idée que les seuls aliments ne sauraient fournir suffisamment de vitamine C à leur peau d'appliquer localement des préparations à base de vitamine C en concentrations très élevées. « Cette recommandation s'applique tout particulièrement aux personnes plus âgées ainsi qu'à celles qui sont souvent exposées au soleil, poursuit le Dr Meisner. Leur circulation périphérique a tendance à être défectueuse, si bien que la vitamine C a plus de mal à parvenir jusqu'à la peau. »

Les recherches ont également montré que les préparations pour usage local à base de vitamine C avaient pour effet de prévenir les lésions radicalaires affectant la peau et qui se produisent après exposition aux rayons ultraviolets du soleil. Les radicaux libres sont des molécules instables qui dérobent des électrons aux molécules saines de l'organisme, afin d'établir leur propre équilibre. Lorsque rien ne vient entraver leur action, les radicaux

---

Prescriptions vitaminiques

Les médecins s'accordent pour affirmer que plusieurs nutriments peuvent non seulement atténuer un certain nombre de fines ridules, mais également jouer le rôle qu'on pourrait qualifier d'apprêt permanent, ralentissant l'apparition de nouvelles rides. Voici ce que préconisent certains médecins.

Nutriment	Dose par jour
Voie buccale	
Sélénium	50 à 200 microgrammes (l-sélénométhionine)
Vitamine C	300 à 500 milligrammes
Vitamine E	400 unités internationales (d-alpha-tocophérol)
Application locale	
Vitamine A	crème de 0,025 % à 0,1 % (Retin A), en fonction du type de peau
Vitamine C	lotion à 10 % (Cellex-C)
Vitamine E	pommade ou huile de 5 % à 100 %, à appliquer après l'exposition au soleil

MISE EN GARDE : *Le sélénium peut se révéler toxique en doses dépassant 100 microgrammes par jour. Il est formellement déconseillé d'en prendre des doses élevées en l'absence de surveillance médicale.*

Si vous prenez des médicaments anticoagulants, vous ne devez pas absorber de vitamine E sous forme de complément alimentaire.

libres peuvent provoquer des lésions tissulaires considérables et contribuent à l'apparition prématurée des rides.

« Il est possible que la vitamine C destinée à l'application locale, lorsqu'elle est utilisée en conjonction avec un écran solaire, soit en mesure de prévenir dans une large mesure les rides dues à l'exposition au soleil », note le Dr Douglas Darr, directeur du développement technologique dans un centre de recherche.

Aux États-Unis, une lotion appelée Cellex-C contenant 10 % de vitamine C est en vente libre chez les dermatologues, chirurgiens esthétiques et esthéticiens agréés (dans les salons de beauté), ainsi que par correspondance auprès de la firme Cellex-C Distribution, 2631 Commerce Street, Suite C, Dallas, TX 75226 (1-800-423-5592). Afin d'obtenir les meilleurs résultats, recommande le Dr Meisner, qui a participé à la mise au point de ce produit, il convient d'appliquer cette préparation, ainsi qu'un écran solaire, 15 à 30 minutes avant de s'exposer au soleil.

Afin d'augmenter la dose de vitamine C que vous obtenez par l'alimentation, vous pouvez bien entendu recourir à une abondance de jus d'orange et d'agrumes divers, ou bien créer un mélange de légumes à base de brocoli, de choux de Bruxelles et de poivrons rouges. En revanche, avertit le Dr Darr, ne croyez pas qu'il soit possible de prévenir les lésions dues au soleil en absorbant davantage de vitamine C alimentaire. « Il faut appliquer la vitamine C localement pour qu'elle parvienne en dose suffisante jusqu'à la peau », souligne ce médecin.

La vitamine E empêche l'apparition des rides

La vitamine E, un autre nutriment antioxydant apte à lutter contre les radicaux libres, peut également prévenir les lésions cutanées dues à l'exposition au soleil lorsqu'elle est utilisée en application locale, affirment les chercheurs. En revanche, ces derniers préconisent de l'utiliser de préférence après l'exposition au soleil plutôt qu'à titre préventif.

L'huile à base de vitamine E, appliquée jusqu'à huit heures après la période d'exposition au soleil, peut prévenir l'inflammation et les lésions cutanées, selon le Dr John R. Trevithick, professeur de biochimie en université. Il est toutefois préférable d'attendre pour l'utiliser que vous soyez revenu à l'intérieur, car la vitamine E elle-même peut générer des radicaux libres lorsqu'elle est exposée à la lumière ultraviolette. L'huile à base de vitamine E est en vente libre dans les pharmacies et magasins diététiques.

Afin d'augmenter la protection contre les ravages du soleil, vous pourriez également prendre un complément alimentaire de vitamine E, ajoute le Dr Karen E. Burke, chirurgien dermatologue et spécialiste en dermatologie. Cette dernière recommande d'en absorber 400 unités internationales par jour sous forme de d-alpha-tocophérol. « Des recherches restent à faire quant à une éventuelle relation entre la vitamine E absorbée oralement et l'apparition des rides, mais ce complément peut contribuer à atténuer les dégâts causés par les rayons solaires et maintenir la peau plus saine », ajoute le Dr Burke.

Les meilleures sources alimentaires de vitamine E comprennent le germe de blé, les épinards et les graines de tournesol.

Le sélénium prévient les rides

Tout comme la vitamine E, le sélénium (un minéral) a pour effet d'éponger les radicaux libres générés par l'exposition au soleil et d'empêcher les lésions cutanées, poursuit le Dr Burke. En revanche, puisque le sélénium est présent dans le sol et que sa concentration est très variable en fonction des régions, certaines personnes peuvent en obtenir une quantité suffisante, tandis que certaines autres présentent une carence, relève-t-elle. Les habitants du sud-ouest des États-Unis, en particulier, ont souvent de faibles taux de sélénium, de même que les Français, notamment ceux qui vivent en Bretagne et dans le Massif central.

Afin de protéger la peau de manière optimale, le Dr Burke recommande de prendre un complément alimentaire de 50 à 200 microgrammes de sélénium par jour (de préférence sous forme de l-sélénométhionine), en fonction de la région où vous vivez et d'éventuels antécédents familiaux de cancer de la peau. Comme le sélénium peut s'avérer toxique en doses dépassant 100 microgrammes par jour, il est préférable de ne l'absorber en doses élevées que sous surveillance médicale.

Pour obtenir une mégadose de sélénium alimentaire, pensez au thon, car une boîte de thon pesant 85 grammes fournit jusqu'à 99 microgrammes de sélénium. D'autres sources alimentaires intéressantes comprennent l'ail, l'oignon et le brocoli.

Le Dr Burke travaille à la mise au point d'une pommade à base de sélénium qui, affirme-t-elle, sera « encore plus efficace que le Retin A pour faire régresser le vieillissement lié à l'exposition au soleil ». (Veuillez vous référer à la page 223 pour des détails complémentaires sur l'utilisation des nutriments pour se protéger des ravages du soleil.)

Sclérodermie

◆

Ramollir cette carapace de peau dure comme le roc

Imaginez l'effet que cela doit faire de se trouver prisonnier à l'intérieur de son propre corps. Les personnes atteintes de sclérodermie — terme signifiant littéralement « peau dure » — peuvent se trouver enfermées à l'intérieur d'un tissu cicatriciel épais. Cette maladie a le pouvoir de transformer un visage, jusqu'alors animé, en un masque sans expression, et de raidir les mains en griffes. En outre, un sujet sur trois parmi ceux qui sont atteints de ce trouble peut également avoir des problèmes liés aux intestins, aux reins, au cœur ou aux poumons.

La sclérodermie, comme le lupus ou la polyarthrite chronique évolutive, est une maladie auto-immunitaire. Cela veut dire que le système immunitaire, constitué des globules blancs dont le rôle est normalement de nous protéger contre les bactéries, les virus et quantité d'autres intrus, se retourne contre nous et s'attaque aux tissus mêmes de l'organisme. Dans ce cas précis, l'attaque est dirigée contre un type de tissu conjonctif appelé collagène, présent dans l'ensemble du corps, notamment la peau, les muscles et divers organes.

Cette attaque du système immunitaire produit tout d'abord une inflammation qui peut entraîner des douleurs articulaires et provoquer une enflure des mains. À la longue, des tissus cicatriciels se constituent, rendant la peau épaisse, dure et brillante. Les muscles peuvent également s'affaiblir. En outre, presque tous les individus atteints de sclérodermie sont également touchés par la maladie de Raynaud, une sensibilité extrême des mains et des pieds envers le froid. La maladie de Raynaud provoque un rétrécissement des vaisseaux sanguins ; il s'ensuit un blanchissement des doigts et des orteils, qui s'accompagne de douleurs cinglantes et d'un inconfort considérable.

Attention aux produits toxiques

Nul ne connaît précisément la cause de ce trouble relativement rare, relève le Dr David Pisetsky, auteur de l'ouvrage *The Duke University Medical Center Book of Arthritis* et conseiller médical de la Fondation américaine de

610

l'arthrite. Nous avons une indication de sa cause possible dans le fait qu'on constate des troubles similaires chez des sujets qui ont été exposés à certains produits chimiques de l'environnement, tels que le chlorure de polyvinyle (présent dans les plastiques souples) et le trichloréthylène (un solvant de graisses utilisé dans les processus de fabrication et le nettoyage à sec). Les mineurs présentent parfois des symptômes de sclérodermie après des années de travail, et des épidémies de troubles des tissus conjonctifs rappelant la sclérodermie ont pu être associées, en Espagne, à l'utilisation d'huile de cuisson contaminée, et, aux États-Unis, avec du tryptophane contaminé (le tryptophane est un acide aminé parfois administré sous forme de complément alimentaire pour traiter l'insomnie).

Les médecins soignent la sclérodermie à l'aide de médicaments visant à inhiber l'action du système immunitaire et à réduire l'inflammation. En outre, ils pourront recommander des médicaments destinés à faciliter les fonctions cardiaque et rénale. Les antibiotiques et les médicaments qui stimulent la mobilité du bol fécal, c'est-à-dire le mouvement des aliments d'une extrémité à l'autre du système digestif, peuvent combattre la prolifération bactérienne et les troubles de malabsorption qui accompagnent parfois la sclérodermie.

Selon les spécialistes, la nutrition ne joue pas un grand rôle dans l'apparition ou le développement de cette maladie. « En revanche, la nutrition joue un rôle important lorsqu'il s'agit de maintenir un niveau de santé optimal en dépit de la maladie », souligne le Dr Sheldon Paul Blau, professeur clinicien en médecine universitaire et coauteur du livre *Living with Lupus*.

Le but de la plupart des médecins qui proposent des conseils de nutrithérapie à leurs patients atteints de sclérodermie est de les aider à mieux absorber les nutriments, en leur administrant non seulement des apports nutritionnels sous forme liquide ou intraveineuse, mais aussi un certain nombre de compléments alimentaires, poursuit le Dr Blau. Quelques médecins, fait remarquer ce dernier, suggèrent en outre diverses modifications des habitudes alimentaires et ajoutent à ce protocole thérapeutique certains nutriments réputés utiles pour diminuer l'inflammation et le stress sur des organes comme le cœur et les reins. Voici ce qu'ils recommandent.

Combattre l'inflammation

Les médecins sont d'accord : la sclérodermie commence par une inflam-mation, et son évolution dépend de l'intensité du processus inflammatoire qui subsiste dans l'organisme. C'est l'une des raisons pour lesquelles certains médecins recommandent que tout patient atteint de n'importe quel trouble inflammatoire, qu'il s'agisse de polyarthrite chronique évolutive, de lupus ou de sclérodermie, veille à absorber des doses optimales de vitamine E, de sélénium et de bêtacarotène, un pigment jaune présent dans les légumes à feuilles vert foncé ainsi que dans les fruits et légumes de couleur jaune et orange. Ces nutriments, également appelés antioxydants, sont réputés contribuer à soulager l'inflammation en neutralisant une partie des substances chimiques générées par le processus inflammatoire.

L'inflammation génère des molécules instables, les radicaux libres, qui endommagent les cellules en s'emparant d'électrons appartenant à des molécules saines dans la membrane externe de la cellule. Les antioxydants mettent leurs propres électrons à la disposition des radicaux libres, ce qui a pour effet de neutraliser ces derniers en épargnant les cellules saines.

Jusqu'ici, l'utilisation d'antioxydants dans le traitement de la sclérodermie n'a pas fait l'objet d'études scientifiques très poussées. Dans le cadre d'une étude portant sur des animaux de laboratoire, les chercheurs ont constaté que le fait d'absorber un complément alimentaire de vitamine E contribuait à prévenir les dépôts de calcium dans les tissus mous, qui peuvent être un problème chez les sujets atteints de sclérodermie. Au cours d'une autre étude, les chercheurs ont pu vérifier que trois sujets atteints de sclérodermie, qui avaient absorbé entre 800 et 1 200 milligrammes de vitamine E par jour, éprouvaient moins de raideur et de dureté dans les mains, que les dépôts de calcium dans leurs tissus mous avaient diminué et que, chez deux d'entre eux, des lésions à l'extrémité des doigts s'étaient cicatrisées.

En outre, certaines études portant sur des animaux atteints de lupus, une autre maladie inflammatoire courante, ont montré que ces nutriments pouvaient contribuer à mettre fin aux lésions provoquées par l'inflammation, souligne le Dr Blau.

Ce dernier recommande de prendre chaque jour 1 000 unités internationales de vitamine E, 25 000 unités internationales de bêtacarotène ainsi qu'un complément de multivitamines et de minéraux comportant 50 microgrammes de sélénium et 15 milligrammes de zinc. (L'organisme a recours au zinc pour générer une enzyme capable d'éponger les radicaux libres.) Absorbée en doses dépassant 600 unités internationales par jour, la vitamine E peut provoquer des effets indésirables ; il est par conséquent judicieux d'obtenir l'avis de votre médecin avant d'en prendre des doses aussi élevées.

Facteurs alimentaires

Les médecins s'accordent à dire que pour une personne atteinte de sclérodermie, de saines habitudes alimentaires peuvent aider l'organisme à fonctionner plus efficacement. Voici ce qu'ils recommandent.

Moins de gras. Sans doute n'est-ce pas la première fois que vous entendez ce conseil, souvent exprimé à titre préventif afin d'éviter les maladies cardiovasculaires et le cancer. Dans le cas d'un trouble inflammatoire chronique tel que la sclérodermie, il est particulièrement important de diminuer la quantité de matières grasses absorbées, et en particulier les graisses saturées, car la graisse contribue à attiser l'inflammation. En outre, l'assimilation des repas gras se fait plus difficilement que celle des repas maigres.

Il est donc judicieux d'opter pour les produits laitiers écrémés, les viandes maigres et les vinaigrettes pauvres en matières grasses. « Je conseille à mes patients d'adopter une alimentation essentiellement végétarienne », souligne le Dr Sheldon Paul Blau, professeur clinicien en médecine universitaire et coauteur du livre *Living with Lupus*.

Mangez plus de poisson. L'huile des poissons gras comme le maquereau, le saumon et le thon exerce un léger effet anti-inflammatoire, poursuit le Dr Blau. Certaines personnes prennent habituellement des gélules d'huile de poisson, mais puisqu'il est préférable dans ce cas précis d'éviter les matières grasses, ce dernier suggère plutôt de remplacer des préparations très riches en matières grasses, comme par exemple les macaronis en sauce au fromage, par du poisson grillé.

Le yoghurt est votre allié. Les antibiotiques sont parfois indispensables pour détruire les bactéries nuisibles dans le système digestif, mais ces médicaments, pourtant utiles, détruisent également les bactéries bénéfiques. Le fait de manger beaucoup de yoghurt ou de prendre un complément alimentaire d'acidophilus permet de coloniser à nouveau l'intestin en y apportant des bactéries utiles, qui contribueront à le protéger contre une nouvelle prolifération bactérienne nuisible, conclut le Dr Blau.

Prescriptions vitaminiques

Quoique la plupart des médecins ne recommandent pas aux sujets atteints de sclérodermie de prendre des compléments alimentaires, certains praticiens affirment qu'ils ont constaté que divers nutriments pouvaient soulager les deux principaux problèmes auxquels ces patients sont confrontés : la malabsorption et l'inflammation. Voici ce qu'ils recommandent.

Nutriment	Dose par jour
Bêtacarotène	25 000 unités internationales
Sélénium	50 microgrammes
Vitamine B_{12}	1 000 microgrammes
Vitamine E	1 000 unités internationales
Zinc	15 milligrammes

De plus, un complément de multivitamines et de minéraux offrant les Valeurs quotidiennes de tous les minéraux et vitamines essentiels

MISE EN GARDE : *Si vous êtes atteint de sclérodermie et souhaitez avoir recours à ces nutriments, parlez-en d'abord à votre médecin, surtout si vous présentez également des lésions rénales ou une hypertension artérielle.*
Absorbée en doses dépassant 600 unités internationales par jour, la vitamine E peut provoquer des effets indésirables ; il est par conséquent judicieux d'obtenir l'avis de votre médecin avant d'en prendre habituellement une dose aussi élevée. Si vous prenez des médicaments anticoagulants, vous ne devez pas prendre de vitamine E sous forme de complément alimentaire.

Quant à la vitamine C, le Dr Blau ne recommande pas aux sujets atteints de sclérodermie d'en prendre un apport complémentaire. (La vitamine C est un antioxydant, elle aussi.) En effet, ce nutriment favorise la production de collagène dans l'organisme, alors que la sclérodermie est justement liée à une production excessive de collagène. À vrai dire, une étude s'était même donné pour objet de tenter de guérir des sujets atteints de sclérodermie en leur administrant une alimentation contenant de très petites quantités de vitamine C. « Nous n'avons jamais réussi à vérifier si une alimentation très pauvre en vitamine C était vraiment bénéfique, précise le Dr Blau. La vitamine C est présente dans tant d'aliments différents qu'il s'est révélé impossible d'administrer aux participants une alimentation véritablement carencée en vitamine C. »

La vitamine E et le bêtacarotène sont considérés comme dénués de toute toxicité, même en doses relativement élevées. Si vous êtes atteint de sclérodermie, et surtout si vous avez également des lésions rénales ou de l'hypertension artérielle, le Dr Blau vous recommande en revanche d'obtenir l'avis de votre médecin avant d'envisager de prendre ces nutriments, ou n'importe quel autre complément alimentaire.

Résoudre les troubles de malabsorption

Sur le plan nutritionnel, la plus grande difficulté à laquelle doivent faire face les sujets atteints de sclérodermie est probablement la malabsorption. En raison des lésions cicatricielles et de la prolifération bactérienne, leur intestin n'est pas en mesure d'absorber des quantités normales de nutriments d'origine alimentaire. Les médecins recommandent volontiers un traitement à base d'antibiotiques afin d'éliminer les bactéries nuisibles et d'améliorer quelque peu le taux d'absorption. En revanche, certains sujets ont également besoin de compléments nutritionnels sous forme liquide ou même, dans certains cas, doivent être nourris par voie intraveineuse.

Pourtant, même les individus qui n'ont pas besoin de préparations nutritives ont intérêt à prendre un complément de multivitamines et de minéraux, souligne le Dr Blau. « Ces sujets ont surtout des difficultés pour assimiler les vitamines liposolubles A, D, E et K, et, s'ils n'en obtiennent pas en quantité adéquate, ils peuvent présenter tout un éventail de symptômes liés à une carence dans ces nutriments », poursuit-il.

Le Dr Blau affirme avoir vu des patients atteints de sclérodermie qui présentaient un ramollissement des tissus osseux dû à une carence en vitamine D, ou des hémorragies liées au manque de vitamine K. C'est une des raisons pour lesquelles ce médecin recommande aux patients atteints de sclérodermie de consulter un rhumatologue (spécialiste de ces types de troubles) afin d'obtenir des soins appropriés.

« De tels symptômes ne devraient pas se produire dans le cours normal des choses chez les patients atteints de sclérodermie, et il est important de consulter un médecin qui saura reconnaître les symptômes qu'il est possible de prévenir grâce à une nutrition appropriée », souligne ce médecin.

Non seulement les patients atteints de sclérodermie risquent d'être atteints de carences en vitamines liposolubles, mais ils risquent en particulier une carence en vitamine B_{12}, ajoute le Dr Blau. La fatigue, les pertes de mémoire et une démarche anormale peuvent signaler une carence en cette vitamine. La plupart des personnes qui présentent un trouble de malabsorption nécessiteront des piqûres de vitamine B_{12} afin de ramener les taux sanguins à la normale. L'absorption par voie buccale de doses de 1 000 microgrammes de ce nutriment par jour (ce qui dépasse largement la Valeur quotidienne, qui n'est que de 6 microgrammes) pourraient suffire pour maintenir des taux sanguins normaux chez les sujets atteints de troubles de malabsorption bénins, conclut le Dr Blau.

Sclérose en plaques

◆

Freiner l'évolution d'une maladie éprouvante

Leonard Flynn de Morganville, dans le New Jersey, estime qu'il a eu de la chance. Ce chimiste organique, chez qui son médecin traitant avait diagnostiqué en 1988 une sclérose en plaques (SEP), est persuadé d'être en meilleure forme aujourd'hui qu'il ne l'avait été depuis des années. Afin de le prouver, il a fait l'escalade du mont Scenery, un sommet de l'île antillaise de Saba qui comporte plus de 1 000 marches de pierre taillées dans le roc. « S'il est une chose qui rebute les patients atteints de sclérose en plaques, ce sont les escaliers, précise-t-il. J'aurais été incapable de faire cela il y a seulement quelques années. »

Il attribue l'amélioration de son état de santé à une alimentation pauvre en matières grasses saturées, un type de régime susceptible de ralentir l'évolution de la maladie, selon certaines études. En outre, il absorbe les mêmes antioxydants que ceux censés protéger contre le cancer et les maladies cardiovasculaires : vitamines C et E, sélénium et bêtacarotène, le pigment jaune présent dans les carottes, le melon cantaloup, ainsi que dans divers fruits et légumes de couleur jaune et orange. Il mange souvent du poisson, principalement des sardines, du saumon et du thon à l'eau, et fait appel à l'huile de tournesol et de carthame pour obtenir un apport complémentaire de matières grasses.

Nous ne saurions en conclure que la sclérose en plaques n'est pas une maladie grave, ou qu'elle peut être guérie en observant un type particulier d'alimentation. En revanche, il existe certains moyens qui peuvent faciliter la vie aux personnes atteintes de ce trouble. Les médecins sont particulièrement enthousiastes au sujet de trois médicaments nouveaux, dont des études à grande envergure ont démontré qu'ils sont tous capables de diminuer considérablement le taux de rechute. Les études montrent également que deux de ces médicaments ralentissent l'évolution de la maladie et retardent l'apparition des handicaps physiques que cette dernière peut provoquer.

Résister au système immunitaire

Dans la sclérose en plaques, certaines cellules du système immunitaire s'attaquent aux nerfs, provoquant une dégénérescence de la gaine adipeuse qui entoure et isole les cellules nerveuses. Cette dégénérescence se produit principalement dans le cerveau et la moelle épinière. Lorsque les gaines adipeuses commencent à se dégrader, les messages en provenance du cerveau ou destinés à ce dernier sont bloqués. Par exemple, un message envoyé par le cerveau pour que le sujet « bouge la jambe » pourrait s'éteindre dans le cerveau même, sans jamais parvenir jusqu'aux muscles de la jambe qui seraient pourtant en mesure d'accomplir cette tâche.

« Nul ne sait exactement pour quelle raison le système immunitaire s'attaque ainsi aux nerfs, commente le Dr Timothy Vollmer, directeur médical et de la recherche dans un centre spécialisé pour la sclérose en plaques. Il existe des indications fiables suggérant que l'hérédité joue un rôle dans la détermination du risque, et que d'autres facteurs de risque comprennent un déclencheur extérieur quelconque, peut-être l'exposition à un virus, qui semble être à l'origine de ces transformations du système immunitaire. »

En fonction des catégories de nerfs qui perdent leur gaine adipeuse, les symptômes peuvent inclure une vue trouble ou double, la perte de sensibilité, l'incontinence urinaire et la fatigue ou les tremblements des bras ou des jambes. Certains patients peuvent également être terrassés par un épuisement si extrême qu'il a pu être qualifié de paralytique. La plupart de ces symptômes apparaissent et disparaissent à nouveau, avec une alternance de poussées accompagnées de troubles problématiques et de périodes de rémission au cours des années.

Selon le Dr Vollmer, les médecins sont en général persuadés que la nutrition n'a que peu ou prou à nous offrir pour entraver le développement et l'évolution de la sclérose en plaques, et qu'aucune mesure diététique ne saurait réparer les cellules nerveuses endommagées.

« En revanche, nous sommes nombreux à penser qu'une alimentation saine est importante afin de maintenir les fonctions de l'organisme à leur niveau optimal et d'atténuer l'invalidité qui accompagne cette maladie, précise le Dr Vollmer. Nous souhaitons éviter les carences nutritionnelles et veiller à ce que nos patients restent en bonne santé dans toute la mesure du possible, de manière à éviter l'apparition concomitante d'autres troubles chroniques tels que les maladies cardiovasculaires ou le diabète, qui peuvent magnifier les symptômes de SEP. » Même une infection qui fait augmenter la température corporelle, ne serait-ce que d'un demi-degré Celsius, peut aggraver les symptômes, souligne ce médecin.

Voici les remèdes qui pourraient jouer un rôle en aidant les sujets atteints de sclérose en plaques à maîtriser ce trouble, selon ce que suggèrent les recherches nutritionnelles. N'oubliez pas que même les médecins qui recommandent la nutrithérapie ont recours à cette dernière conjointement avec d'autres mesures, comme la kinésithérapie. Le Dr Vollmer suggère d'obtenir la collaboration de votre médecin afin de mettre au point un programme de traitement qui soit bien adapté à votre cas particulier.

Les nutriments antioxydants pourraient être bénéfiques

Un certain nombre de travaux semblent indiquer que les lésions de la gaine adipeuse des nerfs qui jouent un rôle dans la SEP pourraient être dues aux lésions oxydatives. Ces dernières, aussi appelées péroxydations lipidiques, se produisent en raison de molécules instables (les radicaux libres) qui dérobent des électrons aux molécules saines de cette gaine adipeuse, provoquant une dégénérescence et l'apparition de cicatrices qui finissent par détruire le nerf lui-même. Les radicaux libres peuvent être générés par les cellules immunitaires lorsque celles-ci passent à l'attaque. Ils apparaissent également lorsque l'organisme est exposé à certaines substances chimiques toxiques.

Des chercheurs, à l'hôpital du comté de Cook à Chicago, ont constaté que durant les périodes de recrudescence des symptômes, l'haleine des personnes atteintes de sclérose en plaques présentait des taux considérablement plus élevés de pentane, un sous-produit de la péroxydation des lipides, que ce n'était le cas durant les périodes de rémission.

« Ces constatations confirment fortement la théorie selon laquelle le mécanisme destructeur en opération dans la SEP est lié aux radicaux libres, commente le Dr Edwin Zarling, professeur adjoint en médecine à Maywood dans l'Illinois et l'un des chercheurs de l'étude effectuée à l'hôpital du comté de Cook. Nos travaux montrent que cela vaut la peine d'avoir recours aux antioxydants dans le traitement de la sclérose en plaques. » Des études doivent encore être faites pour démontrer que les antioxydants sont bénéfiques aux personnes atteintes de SEP, ajoute-t-il.

En raison de ces découvertes, certains médecins recommandent à leurs patients atteints de ce trouble de prendre toute la gamme de nutriments antioxydants, qui neutralisent les radicaux libres en mettant à leur disposition leurs propres électrons, épargnant ainsi les molécules saines de l'organisme. Ces nutriments comprennent les vitamines C et E, le bêtacarotène et le sélénium (un minéral). Les doses recommandées peuvent être très variables.

« Je recommande de prendre au moins 500 milligrammes de vitamine C deux à quatre fois par jour, ainsi que 100 microgrammes de sélénium et 800 unités internationales de vitamine E une fois par jour », commente le Dr Mary Dan Eades, directeur médical du centre Arkansas pour la santé et la maîtrise du poids et auteur de l'ouvrage *The Doctor's Guide to Vitamins and Minerals*. Il est judicieux d'obtenir l'avis de votre médecin avant de prendre plus de 600 unités internationales de vitamine E par jour. La vitamine C absorbée en doses dépassant 1 200 milligrammes par jour peut provoquer des diarrhées chez certaines personnes.

Faites vérifier vos taux de vitamine B$_{12}$

La plupart des médecins américains affirment qu'il n'existe aucune preuve qu'une carence en vitamine B$_{12}$ puisse jouer un rôle dans l'apparition de la sclérose en plaques, ou que le fait d'absorber un complément de ce nutriment puisse contribuer à soulager les symptômes de cette maladie. Quoi qu'il en soit, certaines corrélations possibles semblent bel et bien exister entre ce nutriment, tellement essentiel pour une fonction nerveuse saine, et cette maladie éprouvante.

Il est sûr, notamment, que la carence en vitamine B$_{12}$ peut reproduire certains symptômes qui correspondent à la sclérose en plaques, tels que l'insensibilité et les picotements dans les bras et les jambes, la perte d'équilibre et la fatigue, fait remarquer le Dr Donald W. Jacobsen, directeur d'un service de biologie cellulaire.

Facteurs alimentaires

La réforme alimentaire n'est généralement pas le principal traitement préconisé pour soigner la sclérose en plaques. Pourtant, certains spécialistes affirment que le changement des habitudes alimentaires peut avoir une influence sur l'évolution de la maladie, selon le Dr Mary Dan Eades, directeur médical du centre Arkansas pour la santé et la maîtrise du poids et auteur de l'ouvrage *The Doctor's Guide to Vitamins and Minerals*.

Adoptez d'autres matières grasses. Certains travaux suggèrent que le fait de diminuer radicalement la quantité de graisses saturées et d'augmenter les doses de deux acides gras essentiels, l'acide gamma-linolénique (GLA) et l'acide eicosapentaénoïque (EPA), peut être bénéfique pour les patients atteints de SEP, note le Dr Eades.

Les médecins qui préconisent ce type d'alimentation pourront demander à leurs patients atteints de sclérose en plaques de diminuer la quantité de matières grasses absorbées afin qu'elle ne représente plus que 10 % de l'apport énergétique et, dans ce but, d'écarter les viandes grasses, le beurre, la mayonnaise, le lait entier et les fromages gras, précise le Dr Eades. En outre, ajoute-t-elle encore, dans le but de limiter l'absorption de matières grasses totales à 25-30 % de l'apport énergétique, les médecins prescrivent à ces patients un apport complémentaire de GLA (sous forme d'huile d'onagre ou de bourrache) et d'EPA (en provenance de poisson gras).

Le Dr Eades prescrit une part de GLA pour quatre parts d'EPA, et fait en outre remarquer qu'un produit appelé EicoPro, commercialisé aux États-Unis, offre précisément ces proportions. EicoPro est fabriqué par la firme Eico-Tech de Marblehead, dans le Massachusetts ; il s'agit d'un complément alimentaire à base d'acides gras essentiels et contenant des sources ultra-pures de GLA et d'EPA.

Aux États-Unis, le principal partisan du régime pauvre en matières grasses est le Dr Roy L. Swank, de la clinique Swank pour la sclérose en plaques, à Beaverton dans l'Oregon. Ce médecin administre chaque jour à ses patients une alimentation qui ne comporte que 10 à 15 grammes de matières grasses saturées, ainsi que 20 grammes d'huiles insaturées (notamment les huiles de carthame, de tournesol et d'olive, ainsi que de l'huile de foie de morue). Ce médecin soigne ainsi

150 patients qui ont adopté ce type d'alimentation depuis plus de trente-cinq ans.

« Voilà quarante ans que nous suivons certains patients, et il ne fait absolument aucun doute que la matière grasse d'origine animale est la cause véritable de cette maladie, affirme le Dr Swank. Ce type d'alimentation s'est révélé bénéfique dans le monde entier pour plus de 3 000 patients atteints de sclérose en plaques. Il peut aider n'importe qui, quel que soit le stade d'évolution de la maladie, mais il permet d'éviter l'invalidité chez 95 % des patients lorsqu'il est mis en pratique avant que l'invalidité se soit installée. »

Absorbez plus de fibres. Pour stimuler l'intestin paresseux lié à la sclérose en plaques, absorbez chaque jour des grandes quantités de fibres, recommande le Dr Timothy Vollmer, directeur médical et de recherche d'un centre de la SEP. Les céréales complètes, les fruits et les légumes, les haricots secs peuvent tous être bénéfiques pour favoriser le transit.

Buvez beaucoup d'eau. Le fait de boire beaucoup d'eau est un autre moyen de soulager la constipation. En outre, il est ainsi possible de prévenir les infections urinaires qui peuvent empoisonner l'existence des patients atteints de sclérose en plaques, souligne le Dr Vollmer. (Rien de tel que le jus de canneberge pour augmenter votre capacité de résistance à l'infection.)

Identifiez les aliments à éviter. L'hypothèse selon laquelle diverses allergies ou intolérances alimentaires peuvent contribuer aux symptômes de SEP reste à vérifier scientifiquement. En revanche, quelques médecins sont persuadés que chez certaines personnes, des aliments spécifiques peuvent déclencher ou aggraver les symptômes.

Deux médecins néerlandais citent plusieurs rapports concernant des personnes dont les symptômes se sont aggravés lorsqu'elles s'étaient gavées de chocolat ; cela semble suggérer que des substances chimiques présentes dans le cacao, le café et le cola pourraient être toxiques pour les cellules nerveuses lorsqu'elles sont absorbées en très grande quantité. (Il est exact que de grandes quantités de chocolat peuvent être toxiques pour certains animaux. Par exemple, un chien

à suivre

qui s'emparerait d'une boîte de chocolats afin d'en avaler le contenu pourrait ensuite présenter divers symptômes tels que mouvements convulsifs, faiblesse musculaire et cardiaque, perte de contrôle de ses sphincters, incontinence urinaire — précisément les symptômes qui caractérisent la sclérose en plaques.)

Un rapport concernant un seul cas isolé semble indiquer l'ananas frais comme la cause possible des symptômes de faiblesse musculaire et de perte de vision chez une femme. En outre, aux États-Unis comme dans vingt et un autres pays, il existe une corrélation très frappante entre l'incidence de SEP et l'absorption de lait, selon un sondage.

S'il est vrai que la majorité des médecins adopte une attitude plutôt méprisante devant la suggestion qu'il puisse exister de tels rapports de cause à effet, le simple bon sens indique que si vos symptômes s'aggravent après l'absorption de tel ou tel aliment spécifique, il est préférable de renoncer à en manger au moins pendant quelques semaines afin de vérifier si cela vous procure une amélioration.

« Une carence grave en vitamine B_{12} peut entraîner la dégradation de la gaine de myéline (démyélinisation), comme cela se passe chez un sujet atteint de sclérose en plaques », commente le Dr Jacobsen. C'est la raison pour laquelle de nombreux médecins font faire des analyses afin de vérifier s'il existe une carence en vitamine B_{12} chez les personnes qui présentent des symptômes de sclérose en plaques. Quoique la majorité de la population obtienne suffisamment de ce nutriment par l'alimentation, les troubles de malabsorption peuvent provoquer une carence en B_{12}, surtout chez les personnes de 60 ans et plus. Si vous présentez des troubles de malabsorption, il est probable que votre médecin vous prescrira des piqûres de vitamine B_{12} ou qu'il vous recommandera d'absorber ce nutriment sous forme de complément alimentaire pour le restant de votre existence, selon votre cas particulier.

Le Dr Jacobsen ajoute que les résultats des études sont variables quant au nombre de personnes diagnostiquées comme ayant une sclérose en plaques, ou des symptômes similaires, et qui présentent également de faibles taux sanguins de vitamine B_{12}. Une étude effectuée par des chercheurs

Prescriptions vitaminiques

Les médicaments constituent le pilier du traitement de la sclérose en plaques. Il existe toutefois un certain nombre de nutriments qui pourraient s'avérer bénéfiques. Voici ce que préconisent quelques médecins.

Nutriment	Dose par jour
Sélénium	100 microgrammes
Vitamine B$_{12}$	500 microgrammes
Vitamine C	1 000 à 2 000 milligrammes, à fractionner en 2-4 doses
Vitamine E	800 unités internationales

De plus, un complément de multivitamines et de minéraux offrant les Valeurs quotidiennes de tous les minéraux et vitamines essentiels

MISE EN GARDE : Si une sclérose en plaques a été diagnostiquée chez vous, il est important que vous soyez suivi par un médecin.

Chez les personnes qui présentent un trouble de malabsorption de la vitamine B$_{12}$, ce nutriment doit être administré sous forme de piqûres.

La vitamine C absorbée en doses dépassant 1 200 milligrammes par jour peut provoquer des diarrhées chez certaines personnes.

Il est judicieux d'obtenir l'avis de votre médecin avant de prendre plus de 600 unités internationales de vitamine E par jour. Si vous prenez des médicaments anticoagulants, vous ne devez pas prendre de vitamine E sous forme de complément alimentaire.

britanniques, par exemple, a permis de constater qu'un nombre relativement élevé de patients atteints de sclérose en plaques avaient de faibles taux sanguins de ce nutriment. En revanche, des chercheurs à la clinique de Cleveland qui avaient eu recours à des tests permettant de mesurer les taux sanguins, non seulement de vitamine B$_{12}$, mais de deux substances complexes liées à ce nutriment, l'homocystéine et l'acide méthylmalonique, ont recensé moins d'individus carencés en vitamine B_{12} que les chercheurs britanniques.

« Pour le moment, nous ne savons absolument pas comment il convient d'interpréter ces données, commente le Dr Jacobsen. Nous avons toujours l'impression qu'il nous manque des éléments majeurs de ce puzzle. Il reste à prouver scientifiquement qu'une authentique carence fonctionnelle en vitamine B_{12} joue effectivement un rôle dans la SEP. »

En outre, comme pour compliquer encore tout cela, les sujets atteints de sclérose en plaques sont souvent atteints de macrocytose légère. Leur sang contient des globules rouges immatures, de dimensions supérieures à la normale, qui ressemblent aux signes précurseurs de l'anémie pernicieuse, un trouble lié à une carence grave en vitamine B_{12}. En revanche, on ne constatera jamais, chez la majorité de ces sujets, une anémie pernicieuse dans son expression clinique complète.

Votre médecin sera en mesure de déterminer, grâce à certaines analyses spécifiques, si vous présentez effectivement un trouble de malabsorption. Si cette éventualité se vérifiait, il serait vraisemblablement appelé à vous prescrire ensuite des piqûres de vitamine B_{12}. Pourvu que l'hypothèse d'un trouble de malabsorption ait pu être écartée, vous pourrez sans danger absorber par voie orale des doses de vitamine B_{12} pouvant aller jusqu'à 500 microgrammes par jour, note le Dr Jacobsen. (Cette dose dépasse très largement la Valeur quotidienne de ce nutriment, qui n'est que de 6 microgrammes.)

En outre, ajoute encore ce médecin, il est important que votre médecin fasse vérifier vos taux sanguins de folate, une vitamine du groupe B (le folate est le précurseur naturel de l'acide folique). En effet, la carence en folate peut produire des symptômes similaires à ceux qu'entraîne la carence en vitamine B_{12}, quoique ses conséquences neurologiques soient bien moins graves. S'il s'avère que vous avez une carence, il vous faudra prendre des compléments d'acide folique par voie orale afin de ramener vos taux sanguins à la normale. En revanche, vous ne devez pas absorber d'acide folique, sauf si votre médecin vous l'a prescrit, souligne le Dr Jacobsen.

Sclérose latérale amyotrophique

❖

Une solution potentiellement radicale

Le génial astrophysicien et théoricien Stephen Hawking est à présent dans la troisième décennie d'une maladie qui tue la majorité des individus concernés après seulement cinq ans.

Il est incapable de dire exactement comment il a réussi à survivre jusqu'ici, mais, durant ces années « gagnées sur la mort », il a mis au point la théorie des trous noirs, de l'espace-temps et de l'origine de l'univers. En outre, durant ses moments de loisirs, Hawking — qui ne peut mouvoir que quelques muscles du visage et un seul doigt de sa main gauche — a rédigé le best-seller *A Brief History of Time* (Brève histoire du temps), qui s'est vendu à 5,5 millions d'exemplaires.

La maladie dont est atteint Hawking est la sclérose latérale amyotrophique (SLA), un trouble dégénératif progressif au cours duquel les cellules nerveuses du rachis et la partie inférieure du cerveau sont peu à peu détruites. Il en résulte un affaiblissement musculaire progressif des membres, du torse, des muscles liés à la respiration, de la gorge et de la langue. Le sens du toucher n'est pas affecté, ni d'ailleurs la vessie ou les fonctions péristaltiques et sexuelles. L'intellect n'est pas touché. Il semblerait qu'il existe deux formes de ce trouble : la première frappe de manière aléatoire, tandis que l'autre semble avoir des fondements génétiques. Aucun traitement n'est disponible à l'heure actuelle. En revanche, un protocole thérapeutique en cours d'étude semble offrir quelque espoir pour l'avenir. Cette thérapie fait appel à la vitamine E en association avec divers autres nutriments.

« Nous n'avons pas la moindre idée de ce qui peut provoquer la sclérose latérale amyotrophique », souligne le Dr Gabriel Tatarian, médecin ostéopathe, directeur médical de la clinique de la SLA à l'hôpital universitaire Hahnemann à Philadelphie.

« La forme héréditaire de la maladie, qui affecte environ 10 % des patients atteints de SLA, est celle que nous connaissons le mieux. Dans probablement 20 % de ces cas, nous avons pu identifier un gène anormal ; il s'agit du gène appelé superoxyde dismutase, dont le cuivre et le zinc sont des cofacteurs, et qui semble être une source potentielle de troubles. »

Facteurs alimentaires

Pour les sujets atteints de sclérose latérale amyotrophique (SLA), la principale difficulté sur le plan nutritionnel est d'obtenir un apport calorique suffisant pour maintenir leur poids corporel, fait remarquer Mme Fran Grabowski, diététicienne du service de recherche et développement de la clinique de la SLA à l'hôpital universitaire Hahnemann à Philadelphie, où elle est chargée de mettre au point des stratégies alimentaires pour les patients de cet établissement. « Les besoins caloriques peuvent augmenter chez certains, tandis que d'autres sujets n'ont au contraire pas le moindre appétit, et que d'autres encore présentent des troubles de la déglutition », souligne-t-elle.

Quoi qu'il en soit, voici ce qu'elle suggère.

Mangez du cheese-cake. « Cela va sans dire, nous tenons à ce que nos patients mangent des fruits, des légumes, diverses viandes et des produits laitiers, ainsi que des céréales complètes, souligne Mme Grabowski. Mais il peut arriver que l'on ait besoin de manger des hydrates de carbone simples. Je suggère généralement aux patients atteints de SLA qu'ils mélangent deux cuillerées à soupe de lait écrémé en poudre avec du cheese-cake. Le mélange ainsi obtenu apporte un complément de protéines agréable à absorber et très nourrissant. »

Le gène auquel le Dr Tatarian fait ici allusion a pour rôle de gérer l'aptitude de l'organisme à fabriquer un antioxydant naturel, la superoxyde dismutase (SOD).

Les antioxydants sont des substances qui neutralisent les radicaux libres ; ces derniers sont des molécules nuisibles qui se libèrent à travers l'organisme, un peu à la manière d'un éléphant dans un magasin de porcelaine, par le simple fait du fonctionnement habituel de l'organisme. Les radicaux libres dérobent des électrons aux molécules saines du corps afin d'établir leur propre équilibre. Les antioxydants neutralisent les radicaux libres en mettant à leur disposition leurs propres électrons, épargnant ainsi les molécules saines.

Plusieurs nutriments jouent le rôle d'antioxydants, et notamment la superoxyde dismutase. « Il existe dans l'organisme plusieurs types de superoxyde dismutase, fait remarquer le Dr Carol Troy, neurologue en

Serait-ce une invitation à manger du cheese-cake ? « En effet, confirme Mme Grabowski. Je m'efforce d'élargir les choix dont les patients disposent pour répondre à leurs besoins caloriques. »

Ne faites attention ni au cholestérol, ni au sucre. « Ces patients doivent fondamentalement reconsidérer ce qu'ils mangent et la manière dont ils mangent, poursuit Mme Grabowski. Il est préférable de ne pas surveiller le cholestérol, et mieux vaut cesser de s'inquiéter quant au sucre. »

Mangez des aliments mous. « Reprenons l'exemple du cheese-cake. Sa texture en fait un aliment très facile à absorber. En tenant plus particulièrement compte de la texture des aliments, nous sommes en mesure de surmonter certains problèmes liés à la déglutition. Les aliments collants, croustillants, feuilletés ou fibreux rendent la mastication et la déglutition bien plus difficiles », souligne Mme Grabowski.

Mangez sur mesure. L'Association pour la SLA sera en mesure de vous fournir la liste des établissements de soins spécialisés dans votre région, auprès de laquelle vous obtiendrez des conseils nutritionnels adaptés à votre cas pour mieux faire face à ce trouble. Voici son adresse : Association pour la recherche sur la sclérose latérale amyotrophique, 24, rue Lacharrière, 75011 Paris, Tel. : 01.43.38.99.89. Fax. : 01.43.38.31.59.

université. Le rôle présumé de cette substance — mais nous sommes encore loin d'en connaître toutes les subtilités — consiste à présenter une première ligne de défense contre les radicaux libres. »

Des études de laboratoire indiquent que lorsque les radicaux libres sont présents en trop grand nombre, ils détruisent les cellules nerveuses ; en outre, lorsque les cellules comportent de manière chronique des taux insuffisants de superoxyde dismutase (qui joue le rôle d'antioxydant), il est impossible de les protéger contre les lésions dues aux radicaux libres.

« Les avis sont partagés sur ce qui se produit en réalité, poursuit le Dr Troy. Nous savons sans l'ombre d'un doute que si les cellules comportent de la superoxyde dismutase, c'est pour une raison précise. Et lorsque les cellules s'altèrent, nous savons que cela signale l'existence de certains problèmes, et cela peut être un symptôme de SLA. »

Prescriptions vitaminiques

Nul ne sait exactement ce qu'il en est, mais quelques chercheurs pensent que plusieurs nutriments pourraient contribuer à prévenir la destruction des cellules nerveuses chez les sujets atteints de sclérose latérale amyotrophique. Les chercheurs ont à présent entrepris de tester des nutriments spécifiques — le bêtacarotène, le sélénium, la vitamine C et la vitamine E — administrés en doses plusieurs fois supérieures à la Valeur quotidienne. Ils procèdent en outre à des tests portant sur la coenzyme Q10 et la N-acétylcystéine, deux substances qui jouent le même rôle que la vitamine E dans l'organisme.

Les résultats de cette étude n'ont pas encore été publiés, et les chercheurs ne sauraient encore affirmer avec certitude que l'un ou l'autre de ces nutriments puisse être bénéfique. En outre, ils ne sont pas encore en mesure d'en préconiser des doses spécifiques. Par conséquent, si vous souhaitez avoir recours à la nutrithérapie en absorbant des mégadoses de ces vitamines et minéraux, parlez-en au préalable à votre médecin, qui saura confirmer si cette approche est valable dans votre cas particulier. Si votre médecin juge que cette thérapie pourrait vous être bénéfique, il pourra vous prescrire les doses spécifiques adaptées à votre cas.

Voici un certain nombre de recommandations concernant ces nutriments.

La vitamine C absorbée en doses supérieures à 1 200 milligrammes par jour peut provoquer des diarrhées chez certains.

Si vous prenez des médicaments anticoagulants, vous ne devez pas prendre de vitamine E sous forme de complément alimentaire.

Si vous êtes atteint de SLA, sans doute êtes-vous déjà suivi régulièrement par un médecin compétent. Il est particulièrement important de ne pas vous livrer à des essais en prenant à l'aveuglette tel et tel complément alimentaire, car la réponse de votre organisme à des mégadoses de vitamines et de minéraux doit faire l'objet d'une surveillance médicale attentive.

Espérant ainsi parvenir à mieux comprendre ce qui se produit, le Dr Troy et son équipe ont préparé en laboratoire une série de récipients contenant des cellules nerveuses dont ils ont ensuite réduit la teneur en superoxyde dismutase (SOD), afin d'imiter ce qui semble se passer dans la sclérose latérale amyotrophique.

Ce fut pour constater que, comme cela se passe chez l'être humain, ces cellules ont fini par mourir.

Le Dr Troy prit ensuite une nouvelle série de récipients contenant des cellules nerveuses dont elle abaissa le taux de SOD, avant d'y ajouter un facteur de croissance nerveuse, afin de vérifier si cela protégerait les cellules. Ces dernières moururent à nouveau, cependant.

Elle prit alors un troisième lot de cellule, en abaissa le taux de SOD, puis y ajouta un antioxydant : la vitamine E.

Cette fois, les cellules survécurent.

La vitamine E offre de nouveaux espoirs

Nous ignorons encore si la vitamine E, ou n'importe quel autre nutriment antioxydant, est capable de prévenir les lésions nerveuses chez les êtres humains atteints de sclérose latérale amyotrophique. Pourtant, c'est précisément ce qu'espèrent les scientifiques.

Quelques études ayant recours à de faibles taux de vitamine E et à d'autres antioxydants ont été menées à bien, n'obtenant que de maigres résultats. En revanche, des chercheurs à l'hôpital général du Massachusetts, à Boston, ont à présent mis au point un mélange d'antioxydants dont ils espèrent qu'il se révélera suffisamment puissant pour accomplir cette tâche.

Quelle en est la formule ?

« Nous associons les éléments suivants : coenzyme Q10, N-acétylcystéine, vitamine E, vitamine C, bêtacarotène et sélénium, que nos patients absorbent chaque jour sous forme de quatre comprimés », explique le Dr Merit Cudkowicz, chercheur dans le domaine des maladies neuro-dégénératives au sein de cet établissement hospitalier. (Coenzyme Q10 ct N-acétylcystéine sont des substances qui sont générées spontanément dans l'organisme et dont le rôle est d'amplifier l'action des antioxydants.)

Ces comprimés sont administrés à la moitié des participants dans le cadre d'une étude contrôlée conçue pour tester les effets des antioxydants sur la SLA. Les participants du groupe de contrôle reçoivent un placebo (pilule inerte).

« Il n'y a encore aucune preuve que ces nutriments soient efficaces, poursuit le Dr Cudkowicz. En revanche, nous ne pensons pas qu'ils puissent faire de mal. N'oublions pas que les patients atteints de SLA n'ont pas beaucoup de temps pour attendre. »

Le Dr Tatarian est du même avis. « Les sujets atteints de SLA auraient facilement tendance à se précipiter sur toutes sortes de traitements parfois farfelus. Ils sont souvent prêts à faire tout et n'importe quoi, et à prendre tout ce qu'on peut leur proposer, dans l'espoir d'obtenir une amélioration. J'ajouterai toutefois que, pourvu qu'un remède ne fasse pas de mal et que son utilisation repose effectivement sur quelques indications théoriques, il est raisonnable d'en faire usage. »

Même les scientifiques n'attendent pas d'avoir obtenu les résultats des études cliniques. Le Dr Troy, par exemple, continue à tester des cellules nerveuses dans son laboratoire. Et si la vitamine E s'avérait aussi efficace chez l'être humain qu'elle semble l'être en éprouvette, ce médecin est d'ores et déjà prête à en faire une préparation pour usage thérapeutique.

Les chercheurs ont pu vérifier que pour empêcher la destruction des cellules, la vitamine E, utilisée en association avec le facteur de croissance nerveuse, était plus efficace encore que la vitamine E prise isolément. Il n'existe pas encore de remède conjuguant ces deux substances. En attendant, rien ne vous empêche de parler à votre médecin des antioxydants auxquels le Dr Cudkowicz a eu recours dans le cadre de son étude.

Scorbut

❖

La guérison par la vitamine C

Le scorbut, nom générique désignant les symptômes liés à une maladie due à un déficit grave en vitamine C accumulé sur une longue période, est aujourd'hui devenu une maladie rare. Pourtant, il fut un temps où le scorbut était une véritable plaie. Un expert a même pu affirmer qu'après la famine, le scorbut est « probablement la maladie de carence alimentaire qui a causé le plus de souffrance dans les annales de l'histoire humaine ».

La cause de terribles tourments pour les marins

Autrefois qualifié de fléau des marins, le scorbut a tué ou rendu invalides d'innombrables matelots durant la grande époque de l'exploration navale. Des voyages maritimes souvent très longs, même lorsqu'ils se déroulaient à bord de vaisseaux à voile prestigieux dirigés par des explorateurs légendaires comme Ferdinand Magellan et Vasco de Gama, signifiaient la mort presque à coup sûr pour l'équipage. Durant une traversée qui avait duré dix mois, Vasco de Gama a en effet perdu 100 des 160 hommes de son équipage pour cause de scorbut.

Les soldats immobilisés au cours d'interminables campagnes hivernales n'étaient guère mieux lotis : blessures qui ne guérissaient pas, douleurs musculaires, saignements des gencives, chute des dents, épuisement, défaillance rénale, pneumonie et, enfin, venant clore ce sinistre cortège, la mort.

Entre 1556 et 1857, plus de 100 épidémies de scorbut ont eu lieu dans l'ensemble de l'Europe, notamment la terrible famine due aux mauvaises récoltes de pommes de terre en Irlande (ce légume était alors dans ce pays la principale source de vitamine C).

De nombreux experts médicaux pensaient que le scorbut était contagieux, et nul ne savait ce qui provoquait cette maladie. Enfin, un jeune médecin écossais appelé James Lind, qui exerçait dans la marine britannique, émit l'hypothèse que l'alimentation des marins, souvent composée exclusivement de biscuits et de viande salée (bœuf et porc), manquait de « principes acides ».

Afin de vérifier le bien-fondé de sa théorie, le Dr Lind répartit en plusieurs groupes un certain nombre de matelots. Quelques-uns recevaient des oranges en supplément aux rations habituelles ; à certains, il administra des citrons. D'autres encore reçurent du vinaigre. Il demanda même aux membres de l'un des groupes de boire de l'eau de mer !

Après six jours seulement, les marins qui absorbaient des oranges et des citrons avaient retrouvé une santé suffisante pour pouvoir reprendre le service actif. Le Dr Lind put ainsi démontrer que cette maladie débilitante pouvait être guérie grâce aux nutriments appropriés. En 1753, le Dr Lind publia A *Treatise on Scurvy* (Traité du scorbut), un ouvrage décrivant cette étude et précisant ses recommandations quant au traitement.

Il fallut attendre cinquante ans pour que les recommandations du Dr Lind soient appliquées. En revanche, elles eurent un impact — et pas seulement sur la santé. Les marins britanniques furent bientôt qualifiés de *limeys*, un sobriquet faisant allusion au jus de citron vert (*lime* en anglais) qu'ils buvaient durant les traversées.

Le scorbut n'a pas disparu

Grâce à une nutrition plus saine comportant une abondance d'aliments riches en vitamine C, le scorbut a pratiquement disparu dans nos pays depuis le début du XXe siècle. Un certain nombre de facteurs augmentent pourtant l'éventualité d'une recrudescence de ce trouble à l'avenir. Parmi ces facteurs, on peut citer la démographie fluctuante. « Quoique le scorbut soit considéré comme plutôt rare aux États-Unis, les deux groupes de populations les plus menacées, c'est-à-dire les personnes âgées en institutions et les alcooliques, sont en augmentation » souligne le Dr Kevin C. Oeffinger, professeur adjoint en médecine familiale.

Prescriptions vitaminiques

Quoique le scorbut soit extrêmement rare, il arrive encore que les médecins en voient de temps à autre un cas isolé. Des troubles plus courants sont appelés états marginaux de carence. Voici de quelle manière les spécialistes traitent ces deux troubles.

Nutriment	Dose par jour
Pour traiter le scorbut	
Vitamine C	500 à 1 000 milligrammes pendant une semaine ; ensuite, 100 milligrammes durant un mois ; puis 60 milligrammes
Pour traiter les états marginaux de carence	
Vitamine C	200 milligrammes

MISE EN GARDE : *Toute personne atteinte de scorbut doit être suivie par un médecin ; ce dernier est seul en mesure de lui fournir une ordonnance de vitamines adaptée à son cas particulier.*

Le Dr Oeffinger avait bien sûr lu certains documents concernant le scorbut lorsqu'il faisait encore ses études de médecine, mais il n'y a que quelques années qu'il s'est retrouvé devant son premier cas en chair et en os. Un homme de 59 ans s'est en effet présenté au service des urgences de Waco, au Texas, accompagné de sa sœur et se plaignant de toute une série de symptômes : saignements et douleurs des gencives, éruptions de taches rouge sombre sur les jambes et les bras (il s'agissait en fait d'hémorragies de vaisseaux sanguins), fatigue et grande faiblesse. Cet homme devait par la suite préciser au Dr Oeffinger qu'il ne mangeait rien d'autre depuis six mois que des biscuits secs arrosés de huit à dix canettes de bière par jour.

Semblable régime laisserait-il donc à redire ? À l'évidence, oui. Mais c'est bien évidemment le manque de fruits et légumes, nos meilleures sources de vitamine C, qui avait rendu cet homme scorbutique.

La nature même de la maladie, ainsi que l'explique le Dr Oeffinger, rend difficile à un sujet atteint de scorbut d'adopter les réformes alimentaires qui lui permettraient de surmonter ce trouble. C'est ainsi que les scorbutiques présentent une véritable urgence médicale.

« On assiste, pour ainsi dire, à un effet boule de neige, poursuit le Dr Oeffinger. L'un des symptômes de ce trouble est la perte de l'appétit ; il y a donc moins de chance pour que ces patients aient envie de manger quelque aliment susceptible de leur fournir la vitamine C qui leur fait si cruellement défaut. En outre, l'altération douloureuse des gencives due à la maladie fait qu'ils ont davantage de difficulté à manger, un obstacle de plus qui les empêche d'absorber une alimentation normale. »

Qui est concerné ?

Rares sont les médecins qui ont aujourd'hui l'occasion de diagnostiquer un cas de scorbut dans son expression clinique complète, mais les experts en nutrition lancent un cri d'alarme, car il est vraisemblable qu'un très grand nombre de sujets du troisième âge sont en équilibre précaire, menacés par un état marginal de carence. Dans bien des cas, en effet, ceux qui vivent seuls ou en maison de retraite absorbent sans doute tout juste assez de fruits et de légumes pour obtenir la Valeur quotidienne de vitamine C, qui est de 60 milligrammes.

En revanche, il est possible que la Valeur quotidienne pour la vitamine C ne soit pas suffisante pour certaines personnes du troisième âge, selon le Dr Tapan K. Basu, coauteur du livre *Vitamin C in Health and Disease* et professeur de nutrition en université. Nombreux en effet sont les individus âgés qui prennent chaque jour de l'aspirine ou d'autres analgésiques afin de mieux supporter les douleurs de l'arthrite, explique ce médecin, et ces médicaments peuvent faire baisser considérablement le taux de vitamine C dans l'organisme, jusqu'à le réduire de moitié. « On assiste à un effet boule de neige, car non seulement l'aspirine gêne l'absorption de la vitamine C dans le tube digestif, mais elle a en outre pour effet d'endommager ce nutriment », poursuit-il.

Les personnes qui ont un ulcère sont également exposées à un état marginal de carence. En évitant les aliments acides afin d'avoir moins mal, il est fréquent que ces sujets se privent de sources particulièrement abondantes de vitamine C comme les oranges et les citrons, relève le Dr Basu.

Les chercheurs ont également constaté que le fait de fumer un paquet de cigarettes par jour diminuait de 50 % le taux de vitamine C dans l'organisme. Par conséquent, la Commission de l'alimentation et de la nutrition du *National Research Council* américain recommande que les fumeurs absorbent chaque jour 100 milligrammes de vitamine C.

Pour peu que ces trois facteurs — absorption sur une période prolongée de trop faibles quantités de vitamine C, tabagisme et utilisation quotidienne de l'aspirine — soient présents ensemble, les conditions sont réunies pour que l'on assiste à l'apparition d'un état marginal de carence. Les symptômes comprennent notamment un retard de cicatrisation, l'apparition de petites taches rouges lorsqu'on fait pression sur les bras, une grande fatigue et des saignements des gencives.

Traiter la carence

Quelle dose de vitamine C faut-il absorber pour surmonter les symptômes liés au scorbut et aux états marginaux de carence ? En gros, c'est fonction de la gravité de la carence, poursuit le Dr Basu.

Tout d'abord, n'importe quel sujet atteint de scorbut dans son expression clinique complète doit être suivi par un médecin. Au cours de la première semaine de traitement, il suffira généralement d'absorber entre 500 et 1 000 milligrammes de vitamine C par jour pour reconstituer les réserves appauvries et contribuer à mettre fin à des symptômes comme les saignements des gencives et les taches rouges déjà mentionnées, relève le Dr Basu. Durant la deuxième semaine, ce médecin réduit à 100 milligrammes la dose quotidienne, et il maintient ensuite la même dose durant tout le mois suivant. Par la suite, la Valeur quotidienne (60 milligrammes) suffit la plupart du temps pour prévenir une récidive, souligne-t-il.

Mais combien de vitamine C devez-vous prendre si vous pensez être atteint de carence marginale ? Dans la plupart des cas, précise le Dr Basu, la dose est de 200 milligrammes par jour.

Pour ceux qui utilisent fréquemment de l'aspirine, ce médecin suggère de prendre la vitamine C trois heures après avoir absorbé ce médicament, de manière à laisser au corps le temps d'absorber l'aspirine sans que cette dernière puisse avoir d'effet délétère sur la vitamine C. Pour les patients atteints d'ulcère, il est préférable de prendre la vitamine C peu après un repas, en évitant d'en absorber à jeun. Afin de prévenir les douleurs liées à l'absorption d'acide, vous pouvez également prendre Ester-C, une forme tamponnée de vitamine C à base de calcium, vendue en magasin diététique, conseille encore ce médecin.

Sida

◆

Avoir une nutrition agressive pour vivre plus longtemps

Une spécialiste en nutrition établie à Chicago fixe un rendez-vous par téléphone pour quelqu'un qui a besoin de son avis.

« Eh bien mercredi, je serai à Chicago, jeudi j'irai à Charlotte, et vendredi, si mes souvenirs sont exacts, je dois être dans votre région. Lundi, je me rendrai à Indianapolis. »

Voilà qui nous donne une idée assez juste de l'existence de Mme Cade Fields-Gardner, la spécialiste que tous ceux qui sont atteints du virus de l'immunodéficience humaine (VIH) devraient pouvoir rencontrer. Elle dirige les services de la firme *Cutting Edge Consultants*, un groupe de diététiciens qui mettent leur expérience à profit pour créer et diriger des programmes nutritionnels destinés aux hôpitaux, aux industries et à divers individus à travers l'ensemble du territoire américain. Elle s'efforce également d'améliorer la qualité de vie de ceux qui sont atteints du virus de l'immunodéficience humaine, qui détruit le système immunitaire en provoquant le sida.

Mme Fields-Gardner est impressionnante. Les médecins parlent d'elle avec respect, ainsi que les séropositifs. Elle sait interpréter les rapports de laboratoire aussi bien qu'un courtier de la Bourse sait lire les données financières. Il n'est pas exclu que les informations dont elle dispose puissent prolonger la vie de ces malades.

Diverses études montrent qu'à différentes étapes d'évolution de leur maladie, la majorité des séropositifs sont vraisemblablement atteints de carences nutritionnelles de toutes sortes de vitamines et de minéraux. À force de chercher à comprendre ce que cela signifie exactement et comment corriger ces carences, Mme Fields-Gardner et ses collègues spécialisés dans le traitement des séroposifs sont devenus des sortes de super-détectives médicaux. « Presque tous les membres de notre équipe de soins aux séropositifs sont constamment surmenés », commente-t-elle.

Une étude effectuée à l'université de Miami et portant sur 112 hommes séropositifs, par exemple, a permis de constater que 67 % d'entre eux présentaient au moins une carence nutritionnelle, tandis que 36 % en avaient plus d'une ; 30 % d'entre eux étaient en déficit de vitamine B_6, 30 % carencés en zinc, 20 % en vitamine E, 16 % en vitamine A et 11 % en vitamine B_{12}.

Aucun des participants n'avait pourtant le moindre symptôme de carence nutritionnelle — comme par exemple fatigue ou perte de mémoire —, et la majorité d'entre eux absorbaient une alimentation équilibrée qui leur apportait l'apport journalier recommandé (AJR) pour toute la gamme des nutriments. Un grand nombre d'entre eux prenaient également des compléments alimentaires. Pourtant, lorsque les chercheurs ont mesuré les taux de vitamine B_{12}, par exemple, seuls ceux des participants qui en absorbaient 25 fois l'AJR avaient des taux de B_{12} à peu près adéquats.

Quand le corps est incapable de se défendre

Comment expliquer qu'un organisme bien nourri présente presque une douzaine de carences alimentaires ?

« Dans le cas des sidéens, la nutrition est particulièrement complexe », souligne Mme Fields-Gardner. Parfois, le virus peut indirectement provoquer des lésions des parois de l'intestin, ce qui peut faire obstacle à l'absorption des nutriments par l'organisme. Les médecins savent que des infections opportunistes, comme des virus intestinaux et des bactéries en provenance d'aliments insuffisamment cuits, sont courantes chez les séropositifs et qu'elles peuvent également affecter l'aptitude du corps à bien absorber les nutriments. La diarrhée provoquée par les médicaments et les troubles de malabsorption, ainsi que des changements métaboliques résultant d'une maladie hépatique ou pancréatique venue se greffer ultérieurement, comme cela se produit souvent chez les sidéens, contribuent également à faire baisser les taux sanguins de nutriments. Le fait que l'organisme semble avoir constamment besoin de plus de nutriments n'arrange rien. En outre, il se pourrait qu'il les utilise différemment.

L'ensemble de ces facteurs produit la malnutrition, et, selon tous les experts, cette dernière exerce trois effets majeurs sur les séropositifs. Elle contribue à la perte de poids qui résulte fréquemment, un syndrome de cachexie progressive entraînant la perte de plus de 10 % du poids corporel total, principalement de la masse musculaire. Elle peut diminuer l'efficacité des médicaments destinés à prolonger la vie, ou encore amplifier la toxicité d'autres médicaments. Enfin, elle peut menacer les cellules d'un système immunitaire déjà affaibli, ayant pour rôle de lutter non seulement contre le VIH mais également contre les infections opportunistes et même les cancers qui cherchent souvent à s'installer à la faveur de la séropositivité.

« N'importe quel type de malnutrition peut contribuer au dysfonctionnement immunitaire », commente Mme Fields-Gardner.

Une carence en vitamine B_6, par exemple, peut réduire le nombre de cellules « tueuses » dont l'organisme dispose pour aider le système immunitaire à détruire les virus opportunistes. De plus, cette carence a pour effet direct d'abaisser le nombre de lymphocytes CD4, qui sont la première ligne de défense du système immunitaire contre le VIH. En réalité, puisque c'est aux lymphocytes CD4 que ce virus s'attaque tout d'abord, les médecins sont en mesure de calculer le taux de lymphocytes CD4 dans un échantillon sanguin, afin d'évaluer dans quelle mesure le système immunitaire de l'individu concerné combat efficacement le virus de l'immunodéficience humaine.

Ce que nous apprend le bêtacarotène

Quoique la malnutrition soit courante chez les séropositifs, les avis sont extrêmement partagés quant aux raisons pour lesquelles cela se produit et ce qu'il convient de faire pour y remédier.

« On pourrait penser qu'il s'impose absolument de compenser une carence, mais nous ignorons si de telles carences se produisent dans un but précis et, par conséquent, nous devons faire preuve d'une grande prudence, relève Mme Fields-Gardner. Il nous faut jouer au détective en procédant par tâtonnements, et surveiller ensuite très étroitement les résultats à l'aide d'analyses de sang et de divers autres tests. »

Plusieurs études effectuées par l'université des sciences de la santé de l'Oregon, à Portland, ont par exemple mis en évidence que le taux de caroténoïdes — lutéine, alphacarotène, bêtacryptoxanthine et bêtacarotène, le mieux connu d'entre eux — s'abaisse dès les premiers stades d'évolution de la maladie et que plus cette dernière progresse, plus les taux de nutriments deviennent faibles.

Puisque les chercheurs ont pu vérifier l'efficacité des caroténoïdes pour renforcer les substances chimiques du corps pouvant contribuer à lutter contre les effets destructeurs du VIH, il semble logique d'en conclure qu'il convient de faire le maximum pour faire augmenter autant que possible le taux de ces substances chimiques, par exemple en prenant un apport complémentaire de bêtacarotène.

Pourtant, il se pourrait que cela ne soit pas le cas. Des chercheurs dans l'Oregon, qui avaient mis en pratique cette théorie, ont constaté qu'il y avait un groupe de séropositifs pour qui le bêtacarotène était bénéfique, et un sous-groupe pour qui ce même nutriment se révélait nuisible. L'ennui, c'est que nul ne sait par quels critères reconnaître les individus qui appartiennent à l'un ou l'autre de ces deux groupes.

Il se pourrait que chez différentes personnes atteintes de telle ou telle maladie, le corps n'utilise pas les nutriments de la même manière que dans le cas d'individus en bonne santé, explique Mme Fields-Gardner. Chez un sujet sain, par exemple, la peau prend une teinte orange dès que le taux de bêtacarotène absorbé dépasse la quantité utile à l'organisme. « En revanche, on nous a signalé le cas de certaines personnes qui présentaient des signes de toxicité, et notamment des taux élevés de triglycérides, sans jamais avoir cette coloration orange. Voilà qui est préoccupant pour les sujets atteints de troubles du pancréas. » (Les triglycérides sont les molécules adipeuses du sang qui servent de marqueurs dans les maladies cardiovasculaires.)

Se nourrir agressivement

Compte tenu du fait que des problèmes inattendus risquent de se présenter si l'on administre à des séropositifs un apport complémentaire de divers nutriments, les experts dans le domaine du sida sont de plus en plus nombreux à penser que la stratégie essentielle dans la lutte contre le VIH consiste à pratiquer une nutrition agressive. Cela ne sera pas nécessairement la thérapie prioritaire utilisée pour lutter contre le virus ; ce rôle revient plutôt à un cocktail littéralement alphabétique de médicaments visant à ralentir l'évolution du virus. En revanche, de nombreux experts sont d'avis qu'en gagnant la bataille sur le plan nutritionnel, il est au moins possible d'augmenter la qualité de vie ou même de prolonger l'existence d'un malade.

Une étude sur six ans effectuée à l'école d'hygiène et de santé publique Johns Hopkins, à Baltimore, et portant sur 281 séropositifs, tous des hommes, a notamment permis de constater que l'évolution vers le sida était nettement moins rapide chez les participants qui avaient les taux les plus élevés de thiamine, de niacine et de vitamine C en provenance des aliments et de compléments alimentaires. L'absorption quotidienne de 9 000 à 20 000 unités internationales de vitamine A, soit deux à quatre fois la Valeur quotidienne, était liée à une diminution de 43 % du risque de progression vers le sida, mais, en revanche, des taux de vitamine A dépassant ces chiffres étaient associés à un risque accru. (La Valeur quotidienne pour la vitamine A est de 5 000 unités internationales.)

L'absorption de vitamines B_{12}, D et E, ainsi que de calcium, d'acide folique, de fer et de cuivre, n'était pas liée au sida d'une manière ou d'une autre. En revanche, une consommation accrue de zinc était associée à un risque accru de sida. Les hommes qui absorbaient habituellement davantage de zinc étaient plus susceptibles d'avoir le sida.

« Des travaux de plus en plus nombreux semblent indiquer que l'apport de micronutriments pourrait jouer un rôle significatif en aidant l'organisme à maintenir le système immunitaire dans l'état optimal afin de mieux lutter contre le virus », commente le Dr Neil M.H. Graham, professeur adjoint en épidémiologie et principal chercheur responsable de cette étude.

« D'un autre côté, il vaut la peine de souligner que les compléments alimentaires ne sauraient en aucun cas jouer le rôle de thérapie curative. Il semblerait que la progression vers le sida se fasse malgré l'apport complémentaire de nutriments, mais que ces derniers aient pour effet d'en ralentir l'évolution », conclut-il.

Des nutriments contre le sida

Mais alors, si une alimentation judicieuse peut ralentir la progression du VIH vers le sida, ne pourrait-elle tout aussi bien ralentir la progression du sida vers la mort ? En d'autres termes, n'offrirait-elle pas aux sidéens la possibilité de gagner plus de temps ?

Alice M. Tang, candidate au doctorat travaillant dans l'équipe du Dr Graham et principal auteur de l'étude effectuée à Johns Hopkins, s'est posé la même question. Elle a continué à suivre les participants de l'étude initiale qui avaient survécu durant deux années supplémentaires, inaugurant la première étude jamais effectuée aux États-Unis dans le but d'examiner le rapport entre les nutriments et la survie des sidéens.

Résultats ? « Nous avons constaté au cours de cette nouvelle étude une augmentation du taux de survie de 40 à 50 % chez ceux des participants qui absorbaient les plus grandes quantités de certaines vitamines », souligne Mme Tang.

L'absorption habituelle des plus grandes quantités de thiamine, de riboflavine, de vitamine B_6 et de niacine était liée à plus d'une année supplémentaire de survie. L'essentiel de cet effet protecteur semble pouvoir être attribué aux compléments alimentaires plutôt qu'aux aliments. Un apport complémentaire de vitamine B_6, égal à plus de deux fois l'Apport journalier recommandé (AJR), était associé à une diminution de 37 % de la mortalité. Des effets comparables ont été constatés dans le cas de la thiamine et de la riboflavine, lorsque ces nutriments étaient absorbés en taux correspondant à plus de cinq fois l'AJR.

« Nous ignorons si ces compléments ont pour effet de ramener à la normale les taux de ces nutriments dans l'organisme des patients, ou s'ils renforcent l'effet des taux de nutriments déjà présents dans l'organisme », commente Mme Tang.

Surprises nutritionnelles

Même s'il est vrai que des taux plus importants de vitamines du groupe B semblent prolonger la vie, il n'est pas forcément bénéfique, dans le domaine des nutriments, d'augmenter la quantité absorbée.

« Nous avons également étudié le bêtacarotène et la vitamine A », ajoute Mme Tang. L'absorption quotidienne d'un taux de bêtacarotène situé entre 7 622 et 11 179 unités internationales était liée à une augmentation de 42 % du taux de survie. En revanche, par l'un de ces bizarres paradoxes nutritionnels que l'on constate si souvent chez les séropositifs, l'absorption d'une quantité plus ou moins grande de bêtacarotène ne permettait pas d'obtenir la moindre amélioration.

Il en était de même de la vitamine A, chimiquement liée au bêta-carotène. L'absorption quotidienne d'une dose pouvant aller de 9 098 à 20 762 unités internationales était associée à un effet protecteur.

Mais ces coefficients thérapeutiques ne sont pas les seules surprises nutritionnelles constatées par Mme Tang et ses collègues. « L'apport habituel de zinc parmi la population que nous avons eu l'occasion d'étudier semblait nocif, poursuit-elle. Les chercheurs ont mené à bien des études selon lesquelles des taux très élevés de zinc étaient toxiques pour le système immunitaire. En revanche, nul n'a jamais pu constater que des doses de zinc proches de l'Apport journalier recommandé, soit environ 15 milligrammes par jour, puissent être dommageables. Pourtant, lorsque nous avons étudié les compléments de zinc par opposition aux sources alimentaires de zinc, les sujets qui absorbaient un apport complémentaire de ce nutriment, quelle qu'en soit la dose, multipliaient par deux leur risque de mortalité. »

Elle soupçonne que l'absorption de zinc par le biais de compléments alimentaires pourrait alimenter le VIH, un peu à la manière d'un fertilisant.

« Diverses études ont montré que le virus est doté de sortes de capteurs de zinc », poursuit Mme Tang. Il est possible que ces capteurs s'emparent du zinc à mesure que la réplication du virus prend de l'ampleur.

Si cette théorie se vérifie, ajoute-t-elle, le fait d'absorber fût-ce un milligrammes de zinc de plus que nécessaire pour que l'organisme puisse remplir ses fonctions essentielles pourrait aller à l'encontre du but recherché.

« Peut-être s'agit-il de déterminer avec précision la dose de zinc indispensable pour stimuler le système immunitaire sans pour autant en fournir trop au virus », conclut-elle. N'oublions pas que ces constatations devront être confirmées par d'autres études, et que ce domaine demeure par conséquent controversé.

Les nuances de la nutrition

Compte tenu des surprises qui se produisent souvent dans le domaine de l'alimentation des sidéens, de nombreux experts hésitent à recommander même la Valeur quotidienne d'une vitamine ou d'un minéral spécifique.

D'autres, en revanche, considèrent que, puisque les séropositifs n'ont plus beaucoup de temps devant eux, il se justifie de leur suggérer d'absorber des mégadoses, même si par la suite ces dernières devaient s'avérer toxiques, juste pour le cas où elles leur procureraient une amélioration.

« Avec les meilleures intentions du monde, souligne Mme Fields-Gardner, il s'agit d'un domaine particulièrement sensible. Si nous suggérons de faibles doses de vitamines et de minéraux, les gens nous accusent de laisser mourir nos patients. Si nous suggérons au contraire des doses élevées, ils disent que nous risquons de les tuer. »

Il existe pourtant un juste milieu, basé sur les faits solides fournis par les recherches actuellement disponibles.

« Nous n'avons que des données très préliminaires et aucun essai clinique, et il convient par conséquent de se montrer très circonspect, souligne le Dr Graham. En revanche, c'est toujours une excellente idée de faire le maximum pour renforcer le système immunitaire. »

Quelles sont ces recommandations ? Absorber une abondance de vitamines du groupe B, ne pas dépasser la Valeur quotidienne pour le zinc (qui est de 15 milligrammes), éviter de prendre plus de deux fois la Valeur quotidienne des nutriments liposolubles tels que les vitamines A, D et E. La vitamine D en doses dépassant 600 unités internationales ne doit être absorbée que sous surveillance médicale. En outre, les recherches indiquent que la prise de plus de 10 000 unités internationales de vitamine A par jour en début de grossesse peut provoquer des malformations congénitales. Pour cette raison, toute femme en âge de procréer doit consulter son médecin avant d'absorber une telle dose de vitamine A sous forme de complément

Facteurs alimentaires

Il est possible que les vitamines et les minéraux jouent un rôle important en retardant l'apparition du sida chez les séropositifs, mais les experts médicaux affirment que ces nutriments ne peuvent accomplir leur tâche qu'en présence de trois autres éléments importants de notre alimentation. Voici ce qu'ils recommandent.

Boire beaucoup. « Pour les séropositifs, les liquides sont la première priorité, car ils représentent le milieu où tout se passe », souligne Mme Cade Fields-Gardner, nutrithérapeute spécialisée dans le traitement du sida, directeur des services de la firme *Cutting Edge Consultants*. Tous les nutriments du monde ne peuvent strictement rien pour nous, affirme-t-elle, si nous n'avons pas suffisamment de liquide dans le corps pour assurer la transformation des nutriments et les véhiculer. Prenez l'habitude de boire au moins huit à dix verres de liquide par jour, en donnant la préférence aux boissons caloriques (jus et nectars offrent un apport calorique intéressant). Le café et les boissons alcoolisées ne comptent pas, car ils peuvent provoquer une déshydratation.

Davantage de calories. « L'apport calorique est la deuxième priorité », poursuit Mme Fields-Gardner. Les calories nous fournissent en effet la matière première énergétique qui nous permet de vivre et de tirer parti des vitamines et des minéraux.

alimentaire. Cette thérapie est formellement déconseillée chez la femme enceinte.

« Si vous avez l'intention de prendre les vitamines du groupe B, prenez l'ensemble des vitamines du groupe B en doses assez élevées », poursuit le Dr Graham. Prenez deux à quatre fois la Valeur quotidienne des vitamines suivantes du groupe B : thiamine, riboflavine, vitamines B_6 et B_{12}, acide folique et niacine. Si vous avez n'importe quelle infection, vous devez obtenir l'avis de votre médecin avant de prendre un apport complémentaire de vitamine B_{12}. En outre, l'acide folique en dose dépassant 400 microgrammes par jour ne doit être absorbé que sous la surveillance de votre médecin habituel, car ce nutriment peut masquer les symptômes d'une carence en vitamine B_{12}.

Les calories à haute densité énergétique fournies par les principales catégories d'aliments (céréales, légumes, fruits, produits laitiers et viandes) sont préférables aux calories apportées par des aliments riches en matières grasses et en sucre. Pour augmenter l'apport calorique, choisissez des aliments dont l'apport calorique est plus élevé, comme des glaces sans matière grasse ou à base de yoghurt, des fruits secs, et des condiments à faible teneur en matière grasse.

Équilibrez l'absorption de protéines. L'apport protéinique est la troisième priorité pour les séropositifs, car le corps est essentiellement constitué de protéines, ajoute Mme Fields-Gardner. Et les protéines sont l'un des éléments essentiels pour le bon fonctionnement du système immunitaire.

Afin d'augmenter la quantité de protéines fournies par l'alimentation, ayez recours à du lait écrémé en poudre, afin de rendre toutes sortes d'aliments plus nourrissants — potages, lait, milk-shakes... Ajoutez des œufs aux préparations destinées à être bien cuites, comme par exemple les potages. Avant d'en ajouter de grandes quantités, obtenez cependant l'avis de votre diététicien qui saura vous préciser si vous avez vraiment besoin d'un apport complémentaire de protéines, car tout excès dans ce domaine peut provoquer une déshydratation.

Prescriptions vitaminiques

L'aptitude du corps à assimiler et à tirer parti des nutriments peut être affectée par le virus de l'immunodéficience humaine (VIH) de diverses manières inattendues, selon les experts. C'est pourquoi ces derniers soutiennent que tout individu séropositif doit faire effectuer toute une série d'analyses sanguines, afin de déterminer avec précision son statut nutritionnel, et doit en outre consulter régulièrement un nutrithérapeute spécialisé dans le traitement des séropositifs, qui pourra œuvrer de concert avec le médecin traitant afin de mettre au point un programme nutritionnel sur mesure. D'après l'état actuel des recherches, qui ne cessent d'apporter des lumières nouvelles, voici quelques recommandations quant aux apports nutritionnels journaliers que les experts suggèrent d'envisager en consultation avec votre thérapeute spécialisé.

Nutriment	Dose par jour
Acide folique	800 à 1 600 microgrammes
Niacine	40 à 80 milligrammes
Riboflavine	3,4 à 6,8 milligrammes
Sélénium	200 à 400 microgrammes
Thiamine	3 à 6 milligrammes
Vitamine A	5 000 à 10 000 unités internationales
Vitamine B_6	4 à 8 milligrammes
Vitamine B_{12}	12 à 24 microgrammes

« Toute personne qui a l'intention de prendre des compléments alimentaires devrait commencer à le faire le plus tôt possible, car la réplication du virus se produit dès le début de la maladie », ajoute le Dr Graham.

Vitamine D	400 à 800 unités internationales
Vitamine E	30 à 60 unités internationales

MISE EN GARDE : Si vous êtes séropositif, vous devez être suivi par un médecin.

L'acide folique absorbé en doses dépassant 400 microgrammes par jour ne doit être pris que sous surveillance médicale, ce nutriment pouvant masquer les signes d'une carence en vitamine B_{12}.

Le sélénium ne doit pas être absorbé en doses dépassant 100 microgrammes par jour, excepté sous surveillance médicale.

Il existe une corrélation entre certaines malformations congénitales et l'absorption en début de grossesse de vitamine A en dose de 10 000 unités internationales par jour. Toute femme en âge de procréer doit consulter son médecin avant d'absorber une telle dose de vitamine A. Cette thérapie est formellement déconseillée chez la femme enceinte.

Obtenez l'avis de votre médecin avant de prendre un apport complémentaire de vitamine B_{12} si vous avez n'importe quelle infection.

La vitamine D en doses dépassant 600 unités internationales par jour ne doit être absorbée que sous surveillance médicale.

Si vous prenez des médicaments anticoagulants, vous ne devez pas prendre de vitamine E sous forme de complément alimentaire.

Une étude effectuée à l'école d'hygiène et de santé publique Johns Hopkins, à Baltimore, a mis en évidence un rapport de cause à effet entre l'absorption de zinc et la progression de l'infection VIH vers le sida. Il est impératif de consulter votre médecin avant d'envisager de prendre un complément de zinc.

La promesse du sélénium

Les chercheurs pensaient initialement que le VIH envahissait tout d'abord le système immunitaire pour y rester à l'état latent, jusqu'à ce qu'un déclencheur quelconque, non encore identifié, vienne donner le signal de la réplication désordonnée du virus.

Mais aujourd'hui, souligne le Dr Graham, les scientifiques ont compris qu'une lutte titanesque se déroule continuellement entre le système immunitaire et le virus.

En réalité, le système immunitaire de l'organisme semble capable des années durant de soutenir une réponse vigoureuse, suffisante pour circonscrire la progression du virus. À la longue, toutefois, le VIH détruit davantage de cellules immunitaires que l'organisme n'est capable d'en remplacer, si bien que le virus se propage à travers tout le corps, provoquant la chute brutale du nombre de cellules CD4 du système immunitaire (cellules combattantes) et l'apparition du sida dans son expression clinique complète. Les cellules CD4 sont un type de globule blanc sanguin appelé lymphocyte T-helper (ou cellule facilitatrice). Les spécialistes font fréquemment référence aux cellules CD4 comme aux conductrices du système immunitaire, car elles coordonnent la réponse de toutes les autres cellules immunitaires en ayant recours à des messagers chimiques, les cytokines. Elles ont également pour rôle d'amplifier l'effet antiviral de certaines autres cellules.

La raison pour laquelle le VIH terrasse brusquement le système immunitaire fait l'objet de spéculations intenses au sein de la communauté scientifique. Selon une théorie proposée par le Dr Gerhard N. Schrauzer, chercheur à l'université de Californie, le VIH ne quitte les cellules hôtes du système immunitaire qu'après avoir épuisé leur réserve de sélénium.

En d'autres termes, le virus est affamé — affamé de sélénium.

Pour quelle raison le Dr Schrauzer pense-t-il que cela pourrait être le cas ? Tout d'abord, diverses études indiquent qu'il existe un rapport direct entre de faibles taux de sélénium et le degré d'évolution plus avancé de l'infection VIH. D'autre part, un groupe de scientifiques français a découvert qu'en ajoutant du sélénium au VIH dans les cultures de cellules, il était possible d'inhiber la réplication du virus. Enfin, en troisième lieu, des recherches actuellement menées à bien par le Dr Schrauzer et l'un de ses collègues en Allemagne semblent indiquer qu'en administrant un apport complémentaire de 100 à 300 microgrammes de sélénium par jour, il est possible d'atténuer les symptômes et de prévenir l'amaigrissement pouvant mettre en danger la vie de certains sidéens.

Toutefois, la preuve de la théorie proposée par le Dr Schrauzer pourrait nous être apportée par des recherches effectuées par le Dr Will Taylor, chercheur spécialisé dans le domaine du sida. Le Dr Taylor a découvert certaines preuves génétiques théoriques confirmant l'hypothèse selon laquelle les gènes qui pourraient réguler la réplication du VIH seraient porteurs de protéines à base de sélénium.

« Cela signifie que la régulation du VIH pourrait dépendre des taux de sélénium, commente le Dr Taylor. Peut-être existe-t-il une sorte d'interrupteur moléculaire gérant le virus et sensible aux taux de sélénium, et qui se déclenche lorsque les taux de sélénium deviennent trop bas. »

Le Dr Schrauzer souligne que toute personne séropositive doit se mettre en quête d'un médecin ouvert à toutes les approches thérapeutiques. « Le sélénium joue un rôle important, ajoute-t-il, mais n'importe quel élément ou traitement pris isolément comporte ses limites. Les meilleurs résultats ont été obtenus grâce à des traitements qui faisaient appel à tout un arsenal de remèdes. »

Que conclure de tout cela ? « Le sélénium doit constituer une thérapie complémentaire clé dans tout programme de traitement du sida, poursuit le Dr Schrauzer. Je recommande d'en prendre 200 à 400 microgrammes par jour. » Le sélénium ne doit toutefois pas être absorbé en doses dépassant 100 microgrammes par jour, excepté sous la surveillance d'un médecin.

Stérilité

◆

Mettre toutes les chances de son côté

Si l'on pense à tous les désagréments et à toutes les dépenses que la plupart d'entre nous sommes prêts à accepter pour éviter une naissance intempestive, on pourrait s'imaginer que n'importe quelle femme devrait pouvoir tomber enceinte sans le moindre problème. Il est vrai que pour la majorité des gens, la procréation va de soi. Plus de 900 000 bébés sont conçus chaque jour dans le monde entier, et, dans l'immense majorité des cas, sans avoir recours à aucun moyen technologique particulier.

En revanche, environ un couple sur six rencontre des difficultés pour avoir un enfant. Ces gens-là ont essayé de concevoir depuis au moins un an, sans aucun succès.

Très souvent, le problème est purement « mécanique ». Une trompe de Fallope obstruée peut empêcher le contact entre l'ovule et les spermatozoïdes impatients d'accomplir leur tâche. Dans d'autres cas, une varicocèle (varice dans un testicule) peut entraver la production de spermatozoïdes en créant une accumulation de sang à l'intérieur des testicules, provoquant ainsi une augmentation de la température ou d'autres modifications susceptibles de diminuer la production de spermatozoïdes. La chirurgie est généralement en mesure de remédier à ces deux situations.

En revanche, il arrive que la solution ne soit pas aussi évidente, car le problème est lié à des troubles hormonaux ou métaboliques. C'est précisément dans ce cas, selon les experts, qu'il est judicieux de se livrer à une petite enquête afin de chercher si nos habitudes alimentaires et notre style de vie pourraient être ce qui menace nos chances de procréer.

Chez l'homme comme chez la femme, le stress, le tabagisme et l'alcool sont des obstacles bien connus lorsqu'il est question d'avoir un enfant. L'exposition à des substances chimiques toxiques et aux médicaments peut également jouer un rôle, ainsi que certaines carences nutritionnelles (ou, au contraire, lorsqu'il y a surdose de compléments alimentaires).

« Même parmi ma clientèle aisée et d'un bon niveau d'éducation, il s'avère que certaines personnes n'ont pas une alimentation équilibrée », commente le Dr G. David Adamson, directeur du cabinet *Fertility Physicians of Northern California*. En général, précise ce médecin, il suffit de poser quelques questions bien choisies concernant les habitudes alimentaires pour découvrir si l'individu concerné fréquente assidûment les établissements de restauration rapide. D'ailleurs, même certains sujets qui ont une alimentation plutôt équilibrée — comme par exemple les végétariens — pourraient présenter certaines carences alimentaires susceptibles d'affecter la fécondité.

Voici ce que nous apprennent les recherches.

La vitamine C rend le sperme plus mobile

Imaginez à quoi cela ressemblerait de traverser une foule si chacun des individus qui la compose était collé aux autres. Personne ne pourrait aller bien loin. C'est précisément ce qui semble se produire lorsqu'un homme n'absorbe pas suffisamment de vitamine C.

Lorsque l'organisme manque de vitamine C, les spermatozoïdes ont tendance à s'amalgamer ; ce trouble, portant le nom d'agglutination, peut facilement être diagnostiqué en examinant un échantillon de sperme au microscope, précise le Dr Earl Dawson, professeur adjoint en obstétrique et gynécologie en université.

En étudiant des hommes qui absorbaient deux fois par jour 500 milligrammes de vitamine C sous forme de complément alimentaire, le Dr Dawson et ses collègues ont constaté que le pourcentage de spermatozoïdes qui s'agglutinaient diminuait, passant de plus de 20 % à moins de 11 %.

« Nous avons également pu constater que chez des fumeurs, un apport complémentaire de vitamine C améliorait les taux de concentration, la mobilité et les chances de survie des spermatozoïdes, et diminuait le nombre de spermatozoïdes anormaux », précise-t-il.

Une partie des substances toxiques en provenance de la fumée de cigarette aboutit finalement dans le sperme, le liquide qui permet de véhiculer les spermatozoïdes, explique le Dr Dawson. La vitamine C, qui est très concentrée dans le sperme, neutralise ces substances chimiques et contribue à les empêcher de faire des ravages parmi les spermatozoïdes.

Le Dr Dawson a pu établir qu'il faut absorber au moins 200 milligrammes de vitamine C par jour pour obtenir un effet bénéfique, et que l'amélioration la plus sensible pouvait être observée chez les hommes qui absorbaient 1 000 milligrammes de vitamine C par jour depuis au moins un mois. Pour obtenir une dose aussi élevée de ce nutriment à partir de l'alimentation, il faudrait manger environ 25 tasses de rutabagas ou de chou-navet (kohlrabi) hachés — pas exactement le genre de menu qui puisse vous mettre d'humeur à folâtrer ensuite avec votre partenaire. Les médecins estiment par conséquent qu'il n'y a pas d'inconvénient à prendre des compléments. Ne négligez pas pour autant les aliments qui sont de bonnes sources de vitamine C, notamment les agrumes et leur jus, le poivron doux et... le fruit de la passion.

L'utilité du zinc

Considérez ce minéral comme un nutriment mâle.

Quoique le zinc soit essentiel tant pour la femme que pour l'homme, il joue un rôle particulièrement important dans la production de testostérone, la principale hormone masculine. « Un faible taux de zinc conduit à une diminution de la production de testostérone, pouvant à son tour entraîner la stérilité », explique le Dr Ananda Prasad, professeur de médecine en université et chercheur de pointe dans le domaine de la recherche sur le zinc.

Dans le cadre d'une étude, le Dr Prasad et ses collègues ont constaté que les taux de testostérone et la concentration des spermatozoïdes s'abaissaient considérablement chez des hommes auxquels les chercheurs avaient administré une alimentation délibérément pauvre en zinc. Lorsque l'apport de zinc absorbé par ces hommes fut ramené à la Valeur quotidienne (15 milligrammes), les taux de testostérone et la concentration des spermatozoïdes recommencèrent à s'élever progressivement, revenant à la normale en 6 à 12 mois.

Le zinc exerce également une influence sur la mobilité des spermatozoïdes, c'est-à-dire l'aptitude de ces derniers à frétiller et à se tortiller à

Facteurs alimentaires

La réforme alimentaire est l'une des mesures les plus simples qu'il soit possible de mettre en pratique pour remédier à la stérilité. « Malheureusement, les médecins ne risquent pas de s'enrichir en offrant des recommandations pareilles, et, par conséquent, ils n'en parlent pas toujours », confie un membre du corps médical. Voici quelques indications utiles.

Découvrez le poids idéal pour favoriser la fécondité. Le tissu adipeux joue un rôle important dans les taux hormonaux, surtout chez la femme, mais aussi, semble-t-il, chez l'homme.

« Il se peut que les femmes maigres aient trop peu d'œstrogènes, tandis que, au contraire, les femmes corpulentes en ont trop pour pouvoir devenir enceintes », commente le Dr G. William Bates, vice-président pour l'éducation médicale et la recherche dans un établissement hospitalier.

Quant aux hommes maigres, comme les coureurs de marathon, ils pourraient avoir un faible taux de concentration des spermatozoïdes, tandis que les hommes obèses ont de faibles taux de testostérone et des taux élevés d'œstrogène, ce qui gêne la production de spermatozoïdes, souligne le Dr Bates.

Ce dernier recommande aux hommes comme aux femmes de s'efforcer de maintenir un poids corporel idéal basé sur la taille, en appliquant une table de correspondance du poids par rapport à la taille, établie en 1985 par l'institution américaine *Metropolitan Life*. « Pour un squelette moyen, nous appliquons un poids moyen », précise-t-il.

Les femmes maigres doivent prendre suffisamment de poids pour normaliser leurs cycles menstruels, fait remarquer ce médecin. S'il est

travers l'appareil génital de la femme afin d'aller rejoindre l'ovule, ajoute le Dr Fouad Habib, biologiste cellulaire à l'université d'Edimbourg, en Écosse. « De faibles taux de zinc diminuent la mobilité des spermatozoïdes, tandis que des taux optimaux la favorisent », explique-t-il.

Certains experts sont d'avis qu'un faible taux de concentration ou de mobilité des spermatozoïdes peut avoir des causes très diverses, comme un short trop serré ou une teneur en plomb trop élevée dans l'eau potable. « Je suis d'avis que très peu d'hommes aux États-Unis sont à ce point carencés en

vrai qu'une femme corpulente ne doit pas forcément devenir svelte, il lui faudra néanmoins perdre suffisamment de poids pour que ses règles redeviennent normales.

Lorsqu'un homme a réussi à atteindre son poids idéal, poursuit le Dr Bates, il doit ensuite attendre trois à quatre mois — le temps nécessaire pour fabriquer un nouveau lot de spermatozoïdes — avant de constater un résultat.

« Notre taux de succès chez les femmes est d'environ 90 %, et, chez les hommes, d'environ 50 %, ajoute-t-il. Il s'agit là d'un domaine que tout médecin se doit d'explorer avant d'avoir recours à un traitement hormonal. »

Si vous avez besoin d'aide, l'idéal serait de trouver un médecin spécialisé en endocrinologie de la reproduction.

Évitez l'alcool. Les experts s'accordent à dire que l'alcool est une toxine de l'appareil génital tant chez l'homme que chez la femme. En outre, plus grand est le volume absorbé et plus longtemps vous buvez, plus votre fécondité risque d'en être affectée.

Mais comment savoir ce que représente trop pour vous ? Une étude effectuée par des chercheurs de l'université Harvard a permis de constater que les femmes qui prenaient plus de sept boissons alcoolisées par semaine étaient 60 % plus sujettes à la stérilité due à des troubles de l'ovulation que les femmes qui ne buvaient pas d'alcool. En outre, le risque de stérilité augmentait de 30 %, même chez les buveurs modérés (n'absorbant que quatre à sept boissons alcoolisées par semaine).

Une boisson alcoolisée représente environ 350 ml de bière, 120 ml de vin de table ou un petit verre d'alcool fort.

zinc que cela puisse expliquer leur stérilité », déclare le Dr Rebecca Sokol, spécialiste en stérilité masculine. C'est la raison pour laquelle on ne mesure pas systématiquement les taux sanguins de zinc chez les hommes stériles, souligne-t-elle.

Si vous constatez que votre apport nutritionnel de zinc est faible, il pourrait s'avérer judicieux d'en absorber sous forme de complément alimentaire sous la surveillance de votre médecin, suggère le Dr Habib, en faisant surveiller également vos taux sanguins de zinc.

La majorité des experts affirme que l'on peut sans danger absorber régulièrement la Valeur quotidienne de zinc (15 milligrammes) en mangeant des aliments qui sont une bonne source de ce minéral et en prenant un complément alimentaire, selon les besoins. Il est toutefois judicieux de faire cela sous la surveillance d'un médecin, souligne le Dr Habib, car tout excès de zinc peut avoir l'effet contraire et se révéler toxique, gênant l'absorption du cuivre. « La quantité nécessaire varie d'un individu à l'autre, et, franchement, nous ne connaissons pas nous-mêmes les doses optimales », ajoute-t-il. Si vos taux de zinc sont particulièrement bas, il pourrait être nécessaire de commencer par en absorber une dose élevée, que vous diminuerez au fur et à mesure que vos taux sanguins redeviendront normaux.

Diverses études montrent que les hommes absorbent généralement entre 10 et 15 milligrammes de zinc par jour, principalement en provenance des viandes et des fruits de mer. Les sujets les plus exposés à une carence en zinc

Sauvez votre cœur, sauvez votre vie amoureuse

Un homme peut être porteur de millions de spermatozoïdes qui ne demandent qu'à naître. Pourtant, aucun de ces nageurs enthousiastes ne pourra jamais ensemencer le moindre ovule si le pénis s'avère incapable de remplir sa tâche. Il est ici question de virilité, ou de l'aptitude à maintenir une érection durant les rapports sexuels.

L'impuissance peut se produire pour mille et une raisons, mais, à partir de la quarantaine, elle est souvent liée à des troubles circulatoires en rapport avec l'athérosclérose, souligne le Dr Kenneth Goldberg, fondateur et directeur du Centre pour la santé virile. Les mêmes dépôts adipeux qui obstruent les artères conduisant au cœur peuvent s'accumuler dans les minuscules artères jusqu'au pénis. L'apport sanguin devient alors trop faible pour pouvoir gonfler les sortes de cylindres spongieux qui provoquent une érection.

Les médicaments utilisés dans le traitement de l'hypertension artérielle et les lésions nerveuses dues au diabète peuvent également provoquer l'impuissance.

Pour tout homme qui souhaite conserver sa virilité jusqu'à un âge respectable, il est judicieux d'adopter le même type d'alimentation maigre qui protège également la santé du cœur.

sont les végétariens, les personnes qui suivent un régime et les sujets du troisième âge, qui obtiennent parfois moins de deux tiers, et, dans certains cas, moins de la moitié de la Valeur quotidienne pour le zinc.

Les huîtres sont de loin notre meilleure source alimentaire de zinc. Six de ces mollusques succulents fournissent 76 milligrammes de zinc (mais sachez que les huîtres doivent être bien cuites !). Les viandes de bœuf, de veau et d'agneau, le crabe et les fruits de mer sont également de bonnes sources de zinc, ainsi que le germe de blé, le miso et les céréales complètes.

L'approche « poivre-et-sel »

Quantité d'autres nutriments sont recommandés pour traiter les troubles de la fécondité, chez l'homme comme chez la femme. Le magnésium, les vitamines B_6, B_{12} et E et divers autres nutriments font tous occasionnellement l'objet de recommandations suggérant qu'ils peuvent être bénéfiques, même s'il n'existe que peu de recherches justifiant leur utilisation.

« Souvent, les médecins ne savent pas quoi faire. Ils font alors appel à l'approche « poivre et sel », ayant recours à de faibles doses de tel ou tel remède, sans pour autant savoir avec certitude ce qui est bénéfique et ce qui ne l'est pas », commente le Dr Sokol. En revanche, il n'existe aucune recette spécifique et vérifiée scientifiquement pour produire un bébé à coup sûr.

Les experts recommandent par conséquent de faire preuve de bon sens. « Peut-être cela vous paraît-il franchement rasant, mais le mieux à faire est d'adopter une alimentation saine et bien équilibrée comportant au moins cinq portions de fruits et de légumes par jour, ainsi que des céréales complètes et une certaine quantité de protéines de bonne qualité comme de la viande, du poisson, des œufs ou du lait », relève le Dr Adamson. En outre, prenez un complément de multivitamines et de minéraux (ou, si vous êtes une femme, un complément spécialement conçu pour la femme enceinte), de manière à couvrir tous les besoins essentiels, suggère-t-il encore. Si vous êtes végétarien, poursuit-il, veillez à obtenir suffisamment de zinc, de vitamine B_{12}, de fer et d'autres nutriments essentiels.

Le Dr Adamson ajoute que si vous souhaitez prendre une dose protectrice de vitamine E, il est préférable d'en absorber entre 400 et 800 unités internationales par jour. Il est judicieux d'obtenir l'avis de votre médecin avant d'avoir recours à des doses de vitamine E dépassant 600 unités internationales par jour.

Prescriptions vitaminiques

Les médecins s'accordent à dire que si l'on veut avoir un bébé, une alimentation saine et bien équilibrée est la première étape vers le succès. Dans certains cas où la conception pose des problèmes, en revanche, les compléments alimentaires peuvent être bénéfiques. Voici ce que recommandent les spécialistes.

Nutriment	Dose par jour
Pour les hommes	
Vitamine C	200 à 1 000 milligrammes
Vitamine E	400 à 800 unités internationales
Zinc	15 milligrammes

De plus, un complément de multivitamines et de minéraux offrant les Valeurs quotidiennes de l'ensemble des vitamines et minéraux essentiels

Pour les femmes

Vitamine E	400 à 800 unités internationales

De plus, un complément de multivitamines et de minéraux conçu pour les femmes enceintes, offrant les Valeurs quotidiennes de l'ensemble des vitamines et minéraux essentiels

MISE EN GARDE : Ne croyez pas que vous obtiendrez forcément de meilleurs résultats en augmentant les doses. Les experts soulignent au contraire qu'une surdose de n'importe quel nutriment risque de nuire à la fécondité.

Certains médecins recommandent aux femmes de prendre un complément alimentaire conçu pour la femme enceinte, en commençant déjà quelques mois avant d'abandonner les mesures anticonceptionnelles.

Obtenez l'avis de votre médecin avant d'absorber plus de 600 unités internationales de vitamine E par jour. Si vous prenez des médicaments anticoagulants, vous ne devez pas prendre de vitamine E sous forme de complément alimentaire.

Surcharge pondérale

◆

Bien manger pour bien maigrir

Milk-shakes, flans vitaminés, poudres protéinées et régime à base de pamplemousse : vous avez tout essayé, espérant à chaque fois obtenir le succès escompté. Pourtant, vous avez chaque fois ressenti la même déception en regardant l'aiguille de la balance revenir exactement au même endroit — précisément là où vous en étiez au départ.

Malgré tous les sages avertissements contre les régimes et autres conseils que nous prodiguent tant de médecins et de spécialistes, le virus ne nous a pas lâché(e)s. Les sondages nationaux indiquent que 77 % des femmes et 58 % des hommes « se mettent au régime » chaque fois qu'ils souhaitent perdre du poids. Pourtant, en dépit de tous ces fastidieux calculs de calories, le chiffre moyen du tour de taille ne cesse d'augmenter : 33,4 % des Américains sont aujourd'hui trop corpulents, et 63 % seulement des Français ont un poids normal.

Se pourrait-il que le moment soit finalement venu de nous laisser aller et de nous régaler à cœur joie lorsque nous passons à table ? « N'en faites rien, répond Mme Judy Dodd, ancienne présidente de l'Association américaine de diététique. L'important, c'est d'adopter une alimentation raisonnable. Même les personnes génétiquement prédisposées à l'embonpoint ne sont pas irrémédiablement condamnées à la corpulence. Un certain nombre de mesures peuvent être mises en pratique pour lutter contre ce trouble, comme par exemple l'exercice et la nutrition. »

Les multivitamines peuvent être utiles

Mais qu'en est-il des multivitamines et des minéraux ? Quel rôle jouent ces nutriments dans un programme judicieusement conçu pour favoriser la perte de poids sans devoir faire de régime ? Même s'il s'agit d'un sujet controversé, certains médecins sont persuadés que les compléments de multivitamines et de minéraux, alliés à un programme intelligent d'alimentation et d'exercice physique, peuvent être utiles. Ils constatent que les personnes corpulentes se heurtent fréquemment à des écueils en raison notamment d'une alimentation déséquilibrée et de fréquentes périodes de régime ; l'ensemble de ces circonstances est non seulement une cause d'épuisement, mais peut aussi créer un besoin compulsif de se gaver de certains aliments.

« C'est un peu comme un chien qui s'efforce d'attraper sa propre queue, explique le Dr Michael Steelman, vice président de la Société américaine des spécialistes de nutrition orthomoléculaire. Il n'est pas rare qu'une personne qui se sent mentalement et physiquement déprimée se bourre de sucreries pour se consoler, ce qui ne fait d'ailleurs qu'aggraver les choses. Une réaction utile serait au contraire de prendre suffisamment d'exercice physique et de se nourrir de manière saine. »

Malheureusement, ajoute Mme Dodd, étant donné le grand attrait des régimes à la mode, voilà qui est plus facile à dire qu'à mettre en pratique. « Certains régimes en vogue il y a quelque temps, comme celui qui consiste à manger surtout des protéines, redeviennent aujourd'hui à la mode, amenant ceux et celles qui y souscrivent à se priver d'éléments diététiques importants comme les fruits, les légumes et les produits laitiers. »

D'après les recherches effectuées dans ce domaine, les régimes les plus pratiqués — ceux qui préconisent soit de très grandes quantités, soit au contraire très peu de protéines, d'hydrates de carbone ou de matières grasses — provoquent tous des carences en vitamines et en minéraux importants, notamment les vitamines A et C, la thiamine, le fer et le calcium. Quant aux régimes basses calories, même lorsqu'ils sont bien équilibrés, ils provoquent généralement un manque de folate, de vitamine B_6, de magnésium et de zinc.

« La qualité nutritionnelle est un véritable problème lorsque l'on réduit l'apport calorique, poursuit Mme Dodd. Je conseille à tous mes patients d'obtenir leurs vitamines et minéraux à partir de sources alimentaires naturelles, mais pour quiconque absorbe moins de 1 200 calories par jour, il est utile d'envisager de prendre un complément de multivitamines et de minéraux comportant 100 % de la Valeur quotidienne pour l'ensemble des nutriments essentiels. »

Les compléments de multivitamines et de minéraux sont d'ailleurs bénéfiques pour toutes les personnes corpulentes, qu'elles observent ou non un régime, souligne le Dr Donald Robertson, directeur médical d'un centre régional de nutrition et d'amaigrissement. « Trop d'individus corpulents présentent des carences nutritionnelles. Les compléments alimentaires contribuent à les maintenir en meilleure santé. »

Outre les compléments de multivitamines et de minéraux, voici certains des nutriments que de nombreux experts considèrent comme utiles pour maintenir une santé optimale et se sentir plus en forme ; peut-être même vous aideront-ils à perdre du poids.

Des nutriments pour renforcer l'immunité

Non seulement l'embonpoint expose l'individu corpulent à divers dangers bien connus pour la santé (les maladies cardiovasculaires et le diabète, par exemple), mais certains chercheurs sont aujourd'hui d'avis qu'il entraîne également une baisse d'immunité qui pourrait être due à une carence en vitamines et en minéraux, et tout particulièrement en nutriments anti-oxydants.

Ces nutriments, tels que les vitamines C et E, sont importants, car ils protègent notre organisme contre les radicaux libres ; ces molécules instables, constituées d'oxygène, endommagent les cellules du corps en dérobant des électrons aux molécules saines. Les antioxydants mettent leurs propres électrons à la disposition des radicaux libres, neutralisant ainsi ces derniers et protégeant les cellules.

Selon une étude effectuée en Pologne, il se pourrait que les sujets obèses ne bénéficient pas des avantages offerts par les antioxydants. Après avoir étudié le cas de 102 femmes corpulentes, des chercheurs de l'Institut national de l'alimentation et la nutrition à Varsovie ont constaté qu'elles présentaient des taux considérablement plus faibles de vitamines C et E (les vitamines antioxydantes), ainsi que de vitamine A, et que, de plus, elles étaient en général davantage sujettes aux carences alimentaires que d'autres femmes de poids normal.

Ces carences, affirment certains chercheurs, expliquent au moins en partie le fait que les individus corpulents aient une immunité amoindrie, ce qui augmente leur risque de cancer et de maladies infectieuses.

En outre, l'activité hormonale de leur organisme fait que les personnes corpulentes ont également un plus grand besoin d'antioxydants que les personnes de poids normal. Diverses études montrent que la surcharge de tissu gras chez les individus extrêmement corpulents fait monter la production d'œstrogène et baisser celle de testostérone ; il s'agit là d'une conjonction potentiellement mortelle dont les scientifiques sont d'avis qu'elle pourrait jouer un rôle majeur dans certains cancers de l'appareil génital chez la femme.

« Les individus corpulents ont probablement besoin d'antioxydants plus que n'importe qui d'autre », déclare le Dr Robertson, qui recommande de prendre chaque jour les compléments suivants : 1 000 milligrammes de

Facteurs alimentaires

Pour quiconque souhaite perdre du poids, le choix des aliments ressemble un peu à la performance d'un équilibriste. Il vous faudra renoncer à certains aliments que vous avez l'habitude de manger, et en ajouter certains autres dont vous n'avez pas l'habitude. Voici ce que recommandent les experts afin de favoriser la perte de poids.

Moins de gras. Dans ce domaine, les recherches sont formelles : une alimentation trop grasse entraîne une surcharge pondérale. Efforcez-vous de limiter à 25 % la proportion de calories fournie par les matières grasses.

Renoncez aux sucreries. De nombreuses études ont établi un rapport direct entre le sucre alimentaire et l'augmentation de l'apport calorique. Il est vrai que le sucre n'entraîne pas autant d'inconvénients diététiques que les matières grasses ; en revanche, sans doute avez-vous déjà pu constater que si l'on mange des sucreries, cela donne envie non seulement d'en absorber toujours davantage, mais de se bourrer aussi de plein d'autres aliments. En outre, le sucre a l'inconvénient d'entraîner une élimination excessive de chrome par l'organisme, alors que c'est justement un minéral qui aide le corps à constituer des tissus maigres capables de brûler les calories.

Buvez abondamment. « Si l'on veut maintenir un bon équilibre des nutriments dans l'organisme, il faut boire chaque jour de grandes quantité d'eau pure », affirme Mme Judy Dodd, ancienne présidente de l'Association américaine de diététique. Non seulement l'eau aide à dissoudre un grand nombre de vitamines et de minéraux, mais elle permet également d'amener les nutriments jusqu'à nos cellules et d'évacuer les déchets hors de ces dernières, favorisant ainsi le bon

---

vitamine C, 400 unités internationales de vitamine E et 25 000 unités internationales de vitamine A. Ces doses dépassent très largement la Valeur quotidienne pour ces nutriments, et la vitamine A, en particulier, peut être toxique en doses élevées. Les recherches ont permis de constater que l'absorption de 10 000 unités internationales de vitamine A par jour en début de grossesse pouvait provoquer des malformations congénitales. C'est pourquoi des doses aussi élevées de cet élément ne doivent être absorbées que sous

fonctionnement de tout l'organisme. En règle générale, il convient de boire chaque jour 30 ml d'eau par kilo de poids corporel. Si vous avez un style de vie particulièrement actif, augmentez la quantité d'eau que vous buvez chaque jour à 45 ml par kilo de poids corporel.

Mangez plus de fibres. Afin de mieux maîtriser la sensation de faim, augmentez la quantité de fibres alimentaires que vous absorbez. En effet, les fibres ont la propriété de nous rassasier en nous procurant une sensation de satiété, même si nous absorbons moins de calories. Les experts recommandent donc de manger davantage de fruits, de légumes et de céréales complètes.

Faites traiter vos allergies alimentaires. Quelques chercheurs sont persuadés que l'embonpoint provient du fait que l'individu corpulent éprouve l'envie impérieuse de se gaver d'aliments auxquels il est justement allergique. Pour de telles personnes, il est extrêmement difficile de perdre du poids tant qu'elles n'ont pas identifié les aliments déclencheurs, de manière à pouvoir les écarter de leur alimentation habituelle. « Certaines allergies alimentaires bien précises provoquent un besoin impérieux d'aliments spécifiques et des épisodes de gavage compulsif, souligne le Dr Joseph D. Beasley, directeur de *Comprehensive Medical Care* et coauteur du livre *Food for Recovery*. C'est là un problème courant chez les boulimiques. »

Si vous avez des raisons de penser que vos problèmes de poids pourraient être liés à des allergies alimentaires, demandez à votre médecin de vous aider à identifier les substances allergisantes. Il est possible que votre praticien habituel vous adresse alors à un spécialiste des allergies.

surveillance médicale, surtout si vous êtes une femme en âge de procréer. En outre, cette thérapie est formellement déconseillée chez la femme enceinte.

Afin d'obtenir davantage d'antioxydants par l'alimentation, il suffit de manger plus de fruits et de légumes. Ceux de couleur orange vif, comme la patate douce, les carottes et le melon cantaloup, contiennent une grande quantité de bêtacarotène (un précurseur naturel de la vitamine A) ; le brocoli, les choux de Bruxelles et les agrumes vous apporteront une généreuse

Prescriptions vitaminiques

Certains nutrithérapeutes se sont aperçus que les individus très corpulents ont des besoins particuliers en vitamines et en minéraux, surtout lorsqu'ils s'efforcent de perdre du poids. Voici ce que recommandent ces spécialistes.

Nutriment	Dose par jour
Calcium	1 000 milligrammes 1 500 milligrammes pour les femmes postménopausées
Chrome	50 à 200 microgrammes (picolinate de chrome)
Cuivre	1,5 à 3 milligrammes (à raison de 1 milligramme pour 10 milligrammes de zinc)
Fer	15 milligrammes
Magnésium	250 à 500 milligrammes
Vitamine A	25 000 unités internationales
Vitamine C	1 000 milligrammes

dose de vitamine C ; quant au germe de blé et au chou frisé, ce sont de bonnes sources de vitamine E.

Le chrome peut être bénéfique

Même s'il n'offre pas vraiment une solution miracle pour perdre du poids, comme on pourrait le croire en lisant certaines publicités, les plus récentes recherches montrent que le picolinate de chrome (une forme de chrome disponible comme complément alimentaire) pourrait effectivement contribuer à construire les tissus maigres et à diminuer la graisse chez les adultes qui font également de l'exercice physique.

Dans le cadre d'une étude portant sur 59 jeunes étudiants de l'université d'état de Louisiane, à Baton Rouge, les chercheurs ont constaté que les

Vitamine E	400 unités internationales
Zinc	15 à 30 milligrammes

Plus un complément de multivitamines et de minéraux contenant les Valeurs quotidiennes de toute la gamme de ces nutriments essentiels

MISE EN GARDE : *Les diabétiques qui prennent un complément de chrome doivent le faire sous la surveillance d'un médecin, car il pourrait se révéler nécessaire de réduire leur dosage d'insuline à mesure que leur glycémie s'abaisse.*

Si vous avez des troubles cardiaques ou rénaux, consultez votre médecin avant de prendre un apport complémentaire de magnésium.

La vitamine A ne doit être prise aux doses mentionnées ici que sous surveillance médicale, surtout si vous êtes une femme en âge de procréer. Cette thérapie est formellement déconseillée chez la femme enceinte.

Si vous prenez des médicaments anticoagulants, vous ne devez pas prendre de vitamine E sous forme de complément alimentaire.

Le zinc ne doit être pris en doses dépassant 15 milligrammes par jour que sous la surveillance d'un médecin.

femmes qui prenaient 200 microgrammes de picolinate de chrome par jour avaient gagné près de deux fois plus de masse corporelle maigre que celles qui ne prenaient pas ce complément ; cette action pourrait entraîner à long terme une diminution de la graisse corporelle, puisque les tissus maigres brûlent davantage de calories que les tissus adipeux.

« S'il est une chose qui semble confirmer de plus en plus l'efficacité du chrome, c'est que nous constatons chez l'être humain des résultats identiques à ceux observés dans bon nombre d'études portant sur des animaux de laboratoire », relève le Dr Richard Anderson, chercheur principal au laboratoire des besoins et fonctions liés aux nutriments du centre de recherches sur la nutrition humaine, au sein du ministère américain de l'Agriculture, et chercheur de pointe dans le domaine du chrome. Et quoique ce minéral ne puisse être bénéfique que chez les sujets déjà carencés, le Dr Anderson souligne que dans les pays industrialisés, la majorité des habitants n'obtiennent que 25 % de la Valeur quotidienne, qui est de 120 microgrammes. Il est donc évident que la carence en chrome est très répandue.

En outre, le chrome augmente l'efficacité de l'insuline, l'hormone grâce à laquelle les cellules sont en mesure d'absorber le glucose (un sucre simple que l'organisme utilise comme combustible) véhiculé par le courant sanguin. C'est pourquoi le chrome pourrait également être utile pour prévenir le diabète, un trouble courant chez les sujets obèses. Tout patient diabétique qui prend un apport complémentaire de chrome doit être suivi par un médecin, car il pourrait se révéler nécessaire de réduire son dosage d'insuline à mesure que la glycémie s'abaisse.

Les médecins qui recommandent un apport complémentaire de picolinate de chrome suggèrent d'en prendre chaque jour une dose variant entre 50 et 200 microgrammes. Si vous souhaitez augmenter la quantité de chrome absorbée par l'alimentation, mangez davantage de céréales complètes, de poivre noir, de fromages divers et de levure de bière.

N'oubliez pas le zinc

De nombreuses publications scientifiques attestent que le zinc, un minéral présent dans le germe de blé, les fruits de mer et les céréales complètes, est souvent fourni en trop faible quantité lorsque l'apport énergétique n'atteint pas 1 200 calories par jour.

La majorité des experts ne recommandent pas un si faible apport calorique. Si vous appartenez à la catégorie de ceux qui ne peuvent s'empêcher d'additionner chaque jour les calories dans le souci de ne pas dépasser un certain seuil fatidique, sachez que la carence en zinc a non seulement pour effet d'affaiblir le système immunitaire, mais qu'elle est aussi un vrai cauchemar pour les coiffeurs, car elle rend les cheveux secs et cassants et provoque leur chute.

« Lorsque je constate chez un sujet corpulent des troubles affectant les cheveux, les ongles, les gencives ou la peau, je recommande de prendre chaque jour un apport complémentaire de 20 milligrammes de zinc », note le Dr Robertson.

Les experts recommandent généralement de prendre entre 15 et 30 milligrammes de zinc par jour. En revanche, puisque le zinc entre en compétition dans l'organisme avec un certain nombre d'autres métaux, il est formellement déconseillé d'en absorber davantage que la Valeur quotidienne (15 milligrammes) en l'absence de surveillance médicale. Afin d'obtenir des résultats optimaux, il est préférable de prendre 1 milligramme de cuivre pour 10 milligrammes de zinc.

Les minéraux jouent un rôle utile

Les médecins constatent fréquemment chez les sujets obèses un déficit en fer et en magnésium ; cela est particulièrement vrai chez ceux qui cherchent à perdre du poids.

Le magnésium est essentiel pour chaque fonction biologique majeure, notamment les pulsations cardiaques. Selon les recherches, même une carence marginale en magnésium ne doit pas être prise à la légère, surtout si l'on suit un régime et que l'on perd du poids, car elle peut provoquer des anomalies cardiaques pouvant entraîner la mort.

« De manière générale, un apport complémentaire de magnésium est bénéfique pour beaucoup de choses, note le Dr Steelman. Pour ma part, j'y ai recours afin de traiter les crampes musculaires qui affectent souvent les sujets qui suivent un régime, et cela semble également atténuer les envies compulsives de sucreries. »

Les médecins qui préconisent un apport complémentaire de magnésium recommandent d'en prendre 250 à 500 milligrammes par jour, ce qui correspond à peu près à la Valeur quotidienne (400 milligrammes). (Si vous avez des troubles cardiaques ou rénaux, obtenez l'avis de votre médecin avant de prendre un apport complémentaire de magnésium.) Parmi les meilleures sources alimentaires de magnésium, on peut citer les fruits de mer, les légumes verts et les produits laitiers écrémés.

Il est fréquent aussi de constater chez les individus qui suivent un régime une carence en fer, ajoute le Dr Steelman. « Je dirais même qu'il s'agit de la carence alimentaire que je constate le plus fréquemment, surtout chez les femmes préménopausées. »

La complication la plus fréquente résultant d'un manque de fer est l'anémie ferriprive, qui peut provoquer divers symptômes tels que maux de tête, souffle court, faiblesse, palpitations cardiaques et fatigue.

Les médecins qui recommandent de prendre un apport complémentaire de fer suggèrent d'en absorber 15 milligrammes par jour, surtout pour les adultes qui suivent un régime basses calories afin de perdre du poids. Si vous souhaitez augmenter la quantité de fer absorbée par l'alimentation, pensez à manger plus souvent des palourdes cuites à la vapeur, de la crème de blé, du tofu et des graines de soja.

Le calcium est un autre minéral souvent en déficit chez les sujets qui cherchent à perdre du poids. Les experts recommandent de veiller à en obtenir la Valeur quotidienne, qui est de 1 000 milligrammes ; quant aux femmes postménopausées, elles devraient en absorber 1 500 milligrammes par jour.

Syndrome de fatigue chronique

❖

Des nutriments pour retrouver de l'énergie

La fatigue, tout le monde connaît. En revanche, le syndrome de fatigue chronique n'est absolument pas un état normal.

Les sujets atteints de ce trouble ne sont pas seulement fatigués, ils sont constamment épuisés ; loin de s'atténuer au bout de quelques jours comme pour la plupart d'entre nous, leur fatigue persiste jour après jour depuis au moins six mois.

En outre, cette fatigue anormale n'est que le début d'une série de symptômes pouvant se traduire par des signes grippaux, comme le mal de gorge, des ganglions lymphatiques et des muscles douloureux. Certains patients ont du mal à se concentrer ; ils passent par des périodes de confusion mentale et de trous de mémoire. En outre, beaucoup d'individus atteints de ce syndrome n'ont plus la force de faire le moindre exercice physique : telle femme qui avait autrefois coutume de courir dix kilomètres par jour, par exemple, serait aujourd'hui à tel point épuisée par une simple promenade dans le quartier qu'elle devrait ensuite s'aliter pendant deux jours. Voilà qui donne une idée assez précise de ce que peut être le syndrome de fatigue chronique.

Ni les enfants, ni les sujets du troisième âge ne sont épargnés, mais ce trouble touche surtout les adultes encore jeunes. « Environ 90 % de mes patients atteints de syndrome de fatigue chronique sont âgés de 25 à 50 ans », déclare le Dr Paul Cheney, spécialiste de ce trouble et directeur de la clinique Cheney.

Lorsque ce syndrome s'est installé, il est difficile de s'en débarrasser. Les médecins ignorent quelles en sont les causes ou comment le guérir. D'autre part, même si certaines personnes se remettent spontanément après un ou deux ans, d'autres ne recouvrent jamais leur état de santé antérieur.

La maladie qui fait la une

Il est probable que ce syndrome existe depuis pas mal de temps déjà, mais c'est seulement vers le milieu des années 1980 qu'une mystérieuse maladie apparemment grippale, touchant principalement des jeunes femmes en début de carrière, fit la une des journaux. D'abord surnommée grippe des yuppies (jeunes cadres dynamiques), elle était volontiers écartée et mise sur le compte d'un simple épuisement nerveux ou d'une légère dépression. Les sujets atteints de ce syndrome avaient souvent l'air en si bonne santé que les médecins étaient tentés de qualifier leurs symptômes de « purement imaginaires ».

Aujourd'hui, la plupart des médecins connaissent le syndrome de fatigue chronique, mais ce trouble demeure toutefois difficile à diagnostiquer. En effet, les symptômes varient considérablement d'une personne à l'autre et ressemblent fréquemment à ceux de la grippe, de la mononucléose ou de la dépression. En outre, comme nul ne sait ce qui provoque ce syndrome, la science médicale n'a pas encore mis au point un test infaillible permettant d'établir à coup sûr que quelqu'un en est atteint. Dans les années 1980, certains chercheurs étaient d'avis que le syndrome de fatigue chronique, tout comme la mononucléose, était provoqué par le virus Epstein-Barr ; cette théorie a été réfutée par la suite, mais certains experts continuent à penser qu'un virus joue un rôle dans l'apparition de ce syndrome.

De nos jours, les experts considèrent généralement le syndrome de fatigue chronique comme un trouble auto-immun comparable, jusqu'à un certain point, au lupus et à la polyarthrite chronique évolutive. Dans ce type de trouble, le système immunitaire est tellement prêt à lutter pour défendre le corps contre tout envahisseur extérieur qu'il s'attaque en fait aux tissus mêmes de l'organisme. Les médecins constatent également une incidence élevée d'allergies chez les patients atteints de syndrome de fatigue chronique, autre signe que leur système immunitaire aurait tendance à réagir à l'excès.

Le syndrome de fatigue chronique présente encore une autre ressemblance avec certains troubles auto-immuns : un nombre dispropor-tionné de patients qui en sont atteints (probablement aux alentours de 75 %) sont des femmes, souligne le Dr Cheney. « Il est possible que le système immunitaire chez la femme soit tout simplement plus fort que chez l'homme, ajoute-t-il. Cela représente un atout en début d'existence, puisque les nourrissons de sexe féminin meurent moins souvent par suite d'infections que les petits garçons. En revanche, un système immunitaire robuste rend la femme plus susceptible aux troubles auto-immuns à l'âge adulte. »

Comme la plupart des aspects de cette maladie mystérieuse, les raisons pour lesquelles la femme y est plus sujette que l'homme font l'objet d'une controverse animée. En revanche, les médecins s'accordent à dire que le syndrome de fatigue chronique n'est nullement imaginaire. De nos jours, ce trouble est généralement considéré comme une maladie physique et non pas comme un trouble psychosomatique.

Obtenir une vue d'ensemble

Nul ne sait avec précision combien de personnes sont atteintes de syndrome de fatigue chronique. Les centres d'Atlanta pour la maîtrise et la prévention des maladies (désignés en anglais par le sigle CDC) estiment qu'entre 100 000 et 250 000 Américains ont consulté un médecin afin de soigner ce trouble. En France, huit personnes sur dix ont été, sont ou seront fatiguées. En revanche, comme les CDC ont appliqué une définition très stricte de la maladie pour compulser ces statistiques — ne consignant aucun cas comme syndrome de fatigue chronique si le patient ne présentait pas le nombre précis et la conjonction exacte de symptômes prédéfinis par les CDC —, beaucoup de chercheurs sont persuadés que ce trouble est en réalité bien plus courant que ces chiffres ne le laissent à penser.

Une étude portant sur 3 400 infirmiers et infirmières sur l'ensemble du territoire américain a permis de constater que, tandis que onze d'entre eux seulement correspondaient aux critères définis par les CDC, 23 étaient néanmoins persuadés d'être atteints du syndrome de fatigue chronique. « Nous avons choisi le personnel infirmier parce que nous supposions qu'ils seraient mieux à même de bien connaître le syndrome de fatigue chronique que le reste de la population, et par conséquent mieux qualifiés pour déterminer s'ils étaient ou non atteints de ce syndrome », précise le Dr Leonard Jason, professeur de psychologie et responsable de cette étude.

Dans le cadre d'une autre étude portant sur la population en général, les chercheurs ont constaté que 0,2 % des participants étaient atteints du syndrome de fatigue chronique. Se fondant sur ces résultats, le Dr Jason a calculé que quelque 387 000 adultes américains pourraient être atteints de ce syndrome.

Nul n'a encore trouvé de remède au syndrome de fatigue chronique, mais une réforme alimentaire et des compléments alimentaires peuvent contribuer à renforcer le système immunitaire, améliorer le niveau d'énergie et soulager certains symptômes de ce trouble, souligne le Dr Allan Magaziner, médecin ostéopathe, directeur du centre médical Magaziner.

Cela fait plus de dix ans que le Dr Magaziner traite des patients atteints de ce syndrome.

« Bien évidemment, aucun complément alimentaire ne saurait guérir ce syndrome, avertit ce médecin. Les individus concernés doivent comprendre également qu'il est essentiel d'avoir une alimentation équilibrée, de prendre suffisamment d'exercice physique et d'obtenir le soutien d'un médecin qui connaît bien ce trouble. »

Le magnésium donne des forces

Certains sujets atteints du syndrome de fatigue chronique ont obtenu une amélioration en prenant un complément de magnésium, un minéral qui participe à la production d'énergie par les cellules.

Une étude britannique a permis de constater que les sujets atteints de ce syndrome avaient des taux sanguins de magnésium inférieurs à la normale. Après avoir reçu des piqûres de magnésium, 80 % des participants ont signalé une amélioration de leurs symptômes.

Pourtant, même lorsque les analyses de sang ne révèlent aucune carence en magnésium, le Dr Cheney affirme qu'il est néanmoins bénéfique de prendre un apport complémentaire de ce minéral. « Il est possible que le taux sanguin de magnésium soit normal, sans que cela reflète la situation dans son ensemble, poursuit-il. Le magnésium, tout comme le potassium, est propulsé jusqu'à l'intérieur des cellules, si bien qu'il y a généralement une concentration plus élevée dans les cellules que dans le sang. Il est possible que ce mécanisme de pompage ne fonctionne pas très bien chez les sujets atteints de syndrome de fatigue chronique, qui peuvent donc présenter des taux sanguins normaux mais de faibles taux magnésiens à l'intérieur des cellules. »

Le Dr Magaziner a également constaté que la majorité des sujets atteints du syndrome de fatigue chronique remarquent une amélioration de leurs symptômes après avoir commencé à prendre un apport complémentaire de magnésium. « Il ne s'agit pas d'un traitement valable pour tout le monde, ajoute-t-il, mais beaucoup de mes patients ont pu constater qu'il contribue à soulager leurs douleurs musculaires en atténuant l'impression de fatigue. »

D'après le Dr Cheney, cela s'explique probablement par le fait que les sujets atteints de ce syndrome ont des déficits enzymatiques qui gênent l'aptitude des cellules à transformer les aliments en énergie. Un apport

(suite page 670)

Facteurs alimentaires

Lorsqu'il s'agit de surmonter le syndrome de fatigue chronique, les compléments ne représentent qu'une partie de la thérapeutique. Les spécialistes s'accordent à dire que la qualité globale de l'alimentation joue également un rôle très important. Voici quelques changements diététiques qui pourraient se révéler bénéfiques.

Moins de sucre. « Le fait d'absorber trop de sucre raffiné affaiblit le système immunitaire et pourrait inhiber l'activité des globules blancs, note le Dr Allan Magaziner, médecin ostéopathe, directeur du centre médical Magaziner. Ces deux facteurs jouent un rôle dans le syndrome de fatigue chronique. »

Certaines recherches suggèrent qu'une enzyme nécessaire au métabolisme du sucre pourrait être en déficit chez les sujets atteints de ce syndrome, ajoute le Dr Paul Cheney, spécialiste de ce trouble et directeur de la clinique Cheney. Il en résulte une accumulation d'acide lactique dans le courant sanguin, pouvant provoquer des symptômes comparables à ceux du syndrome de fatigue chronique : douleurs musculaires, maux de tête vasculaires et troubles neuropsychiatriques comme des crises de panique.

« Nous recommandons d'éviter le sucre autant que possible, mais si vous ne pouvez pas vous en empêcher, prenez votre dessert à la fin d'un repas plutôt que de vous précipiter sur la première sucrerie venue lorsque vous avez le ventre vide, conseille le Dr Cheney. Il est ainsi possible de ralentir l'absorption du sucre, en évitant l'augmentation brutale du taux d'acide lactique. »

Attention à la caféine. Lorsque l'on se sent constamment épuisé, la tentation est grande d'avoir recours à la caféine pour retrouver un peu d'énergie. « Il est très important en revanche d'éviter ou de limiter la consommation d'aliments pouvant entraîner une perte de minéraux, comme par exemple la caféine », souligne le Dr Magaziner.

Moins de matières grasses. On a si souvent répété qu'une alimentation maigre est essentielle pour un bon état de santé que la plupart des gens en sont aujourd'hui bien conscients. Pour un sujet atteint de syndrome de fatigue chronique, en revanche, ce conseil revêt une importance particulière, car les aliments gras difficiles à digérer peuvent provoquer une grande léthargie, ce qui est bien la dernière chose souhaitable dans ce cas. « Certains travaux laissent également entendre que tout excès de matière grasse dans l'alimentation peut avoir un effet nuisible sur l'immunité », ajoute le Dr Magaziner.

Ayez une alimentation saine. La meilleure alimentation pour un sujet atteint de syndrome de fatigue chronique est la même que pour toute personne qui tient à rester en pleine forme : beaucoup de fibres et d'hydrates de carbone complexes, avec une abondance de fruits, de légumes, de légumineuses et de céréales complètes. Le Dr Magaziner recommande en outre aux sujets atteints de ce syndrome d'éviter les aliments industriels, souvent bourrés d'additifs, d'agents de conservation, de colorants et d'agents de sapidité artificiels.

Faites-vous tester pour déterminer d'éventuelles allergies alimentaires. Les personnes atteintes de syndrome de fatigue chronique sont particulièrement sujettes aux allergies alimentaires et il est fréquent que leur état s'améliore considérablement lorsque leurs allergies sont identifiées et traitées, souligne le Dr Cheney. « Il semblerait que ce soit dû à la conjonction d'une digestion difficile des protéines et d'une grande perméabilité de l'intestin », ajoute ce dernier. En d'autres termes, poursuit-il, il est fréquent que l'intestin d'un sujet atteint de syndrome de fatigue chronique absorbe des substances alimentaires alors que, chez une personne en bonne santé, ces dernières ne feraient que traverser le tube digestif.

Le Dr Cheney traite ce problème en administrant des enzymes afin d'améliorer la digestion des protéines et, dans les cas extrêmes, en éliminant les aliments qui sont à l'origine de la plupart des problèmes. « De manière générale, la viande rouge, le blé et les produits laitiers semblent être les plus problématiques », ajoute-t-il.

Si vous avez des raisons de penser que les allergies alimentaires aggravent vos symptômes, parlez de tout cela avec votre médecin.

complémentaire de magnésium améliore la fonction enzymatique, ce qui a pour effet d'augmenter la production énergétique au niveau cellulaire.

Si cela vous intéresse d'avoir recours au magnésium, le Dr Magaziner recommande de commencer à raison de 500 milligrammes par jour. « Cette dose est entièrement dénuée de toxicité, même s'il peut arriver qu'un peu de diarrhée se produise chez telle ou telle personne, relève ce médecin. Dans ce cas, je me contenterais de diminuer la dose jusqu'à ce que la diarrhée disparaisse » En revanche, si vous êtes atteint de troubles cardiaques ou rénaux, il est important d'obtenir l'avis de votre médecin avant de prendre un complément de magnésium.

Le Dr Cheney recommande une forme chélatée de ce minéral, le glycinate de magnésium. « Elle est absorbée rapidement dans le tube digestif, si bien qu'elle ne provoque pas de troubles, explique-t-il. En outre,

Réagir grâce à la coenzyme Q10

Si vous n'en avez jamais entendu parler, la coenzyme Q10 pourrait évoquer un remède venu tout droit de chez les extraterrestres. En revanche, ceux qui luttent quotidiennement contre le syndrome de fatigue chronique pourraient bien en entendre parler par leur médecin, selon le Dr Paul Cheney, spécialiste de ce trouble et directeur de la clinique Cheney.

La coenzyme Q10 est vendue sous forme de complément alimentaire en pharmacie et dans certains magasins diététiques. Ce nutriment peu connu n'est pas précisément une vitamine, quoique sa composition chimique soit semblable à celle des vitamines E et K. Les experts sont persuadés que, comme dans le cas de la vitamine K, la coenzyme Q10 peut être synthétisée par l'organisme, mais elle est également présente dans les graines de soja, les huiles végétales et de nombreuses viandes.

Comme les vitamines C et E et le bêtacarotène, la coenzyme Q10 appartient à la famille des antioxydants, un groupe de nutriments dont le rôle est de protéger les tissus de l'organisme contre l'usure courante en neutralisant les radicaux libres destructeurs. Ces derniers sont des molécules instables qui créent le chaos sur le plan cellulaire en dérobant des électrons aux molécules saines de l'organisme afin d'établir leur propre équilibre.

elle est attirée à l'intérieur des cellules précisément là où le corps en a besoin. »

De plus, comme le fait d'absorber davantage de magnésium augmente le besoin en calcium de l'organisme, le Dr Magaziner suggère de prendre également un complément de calcium. « Je recommande généralement de prendre ces compléments ensemble, dans la proportion de deux parts pour une — c'est-à-dire 1 000 milligrammes de calcium si vous prenez 500 milligrammes de magnésium », conseille-t-il.

Les vitamines stimulantes du groupe B

Les vitamines du groupe B contribuent à soutenir les glandes surrénales, qui comptent parmi les principaux organes du corps appelés à faire face au

La coenzyme Q10 est non seulement un antioxydant puissant, mais elle remplit une fonction importante dans la production d'énergie : en effet, elle réagit avec une autre enzyme pour permettre aux cellules de transformer en énergie les protéines, les graisses et les hydrates de carbone.

Même si les sujets atteints de syndrome de fatigue chronique ne sont pas carencés en coenzyme Q10, ils semblent présenter un déficit fonctionnel de l'enzyme avec laquelle la première réagit, explique le Dr Cheney. Le fait d'absorber un apport complémentaire de coenzyme Q10 stimule l'organisme en l'amenant à améliorer la fonction de cette enzyme apparentée. Et meilleur est le fonctionnement de cette dernière, mieux l'organisme est à même de transformer les aliments en énergie.

Le Dr Cheney prescrit à ses patients, qui font l'objet d'une étroite surveillance médicale, des doses élevées de coenzyme Q10. Pour les sujets atteints de syndrome de fatigue chronique qui souhaiteraient avoir recours de leur propre chef à cet élément, il recommande d'en prendre 200 milligrammes par jour, à fractionner en plusieurs doses qu'il convient de laisser fondre sous la langue. En outre, puisque ce nutriment est liposoluble, il doit être absorbé accompagné d'un peu de graisse ou d'huile (quoique certains compléments comportent un excipient huileux, comme c'est le cas des gélules de vitamine E).

stress, poursuit le Dr Magaziner. « Les vitamines du groupe B soutiennent également le système nerveux central, afin de nous aider à mieux faire face au stress en général, explique ce médecin. Nous perdons une grande quantité de vitamines du groupe B lorsque nous sommes stressés, et il faut donc les remplacer. » Ces nutriments participent également à la production d'énergie, ce qui les rend indispensables aux sujets atteints du syndrome de fatigue chronique.

Le Dr Magaziner recommande un complément offrant l'ensemble des vitamines du groupe B. La thiamine, l'acide pantothénique et les vitamines B_6 et B_{12} sont particulièrement importants pour les sujets atteints du syndrome de fatigue chronique, précise-t-il.

La majorité des compléments de multivitamines et de minéraux comprennent également les vitamines du groupe B, ajoute le Dr Cheney. Vérifiez l'étiquette afin de vous assurer que le produit envisagé contient au moins 50 milligrammes de chacun des nutriments suivants : thiamine, acide pantothénique et vitamine B_6, ainsi que 50 microgrammes de vitamine B_{12}. Il recommande également de prendre séparément un complément du complexe B chaque fois que vous êtes particulièrement stressé.

Des doses plus élevées de vitamine B_{12}, administrées par un médecin sous forme de piqûres, peuvent également être utiles lorsqu'il y a déficit enzymatique, note le Dr Cheney. Lorsque la vitamine B_{12} est injectée sous forme de piqûres, les doses peuvent être 1 000 fois supérieures à la dose quotidienne normale.

Les antioxydants à la rescousse

Les nutriments antioxydants, notamment la vitamine C, la vitamine E, le bêtacarotène et le sélénium (un minéral), sont également utiles pour traiter le syndrome de fatigue chronique.

Ces nutriments forment une véritable équipe stratégique qui contribue à défendre les cellules contre les radicaux libres, les molécules instables générées spontanément dans l'organisme, qui découlent également de certaines habitudes néfastes telles que le tabagisme, les bains de soleil et le fait de boire habituellement de l'alcool. Afin d'établir leur propre équilibre, les radicaux libres dérobent des électrons aux molécules saines de l'organisme, provoquant des lésions cellulaires. Les antioxydants neutralisent les radicaux libres en mettant à leur disposition leurs propres électrons, épargnant ainsi les molécules saines.

Prescriptions vitaminiques

Les nutriments peuvent jouer un rôle dans le traitement du syndrome de fatigue chronique. Voici ce que recommandent certains médecins.

Nutriment	Dose par jour
Complexe antioxydant contenant :	
Bêtacarotène	25 000 unités internationales
Sélénium	50 microgrammes
Vitamine C	500 milligrammes
Vitamine E	400 unités internationales
Complément de vitamines du groupe B contenant :	
Acide pantothénique	50 milligrammes
Thiamine	50 milligrammes
Vitamine B_6	50 milligrammes
Vitamine B_{12}	50 microgrammes
Calcium	1 000 milligrammes (2 milligrammes pour 1 milligramme de magnésium)
Magnésium	500 milligrammes (glycinate de magnésium)
Vitamine C	4 000 milligrammes (ester-C), à fractionner en 2 doses

MISE EN GARDE : *Il est important que vous soyez suivi par un médecin si l'on a diagnostiqué dans votre cas le syndrome de fatigue chronique.*

Si vous prenez des médicaments anticoagulants, vous ne devez pas prendre de vitamine E sous forme de complément alimentaire.

Toute personne atteinte de troubles cardiaques ou rénaux doit obtenir l'avis de son médecin avant de prendre un apport complémentaire de magnésium.

Une dose de vitamine C dépassant 1 200 milligrammes par jour peut provoquer des diarrhées chez certaines personnes ; il est donc préférable d'obtenir l'avis de votre médecin avant d'en prendre une dose aussi élevée.

« Les antioxydants protègent l'organisme contre la détérioration, la dégénération et les innombrables stress liés à l'environnement, commente le Dr Magaziner. En outre, puisque de nombreux sujets atteints de syndrome de fatigue chronique sont singulièrement sensibles aux facteurs liés à l'environnement, comme par exemple les produits chimiques domestiques, les additifs alimentaires et les parfums artificiels, il est particulièrement bénéfique pour eux d'absorber un apport complémentaire d'antioxydants. »

Les lésions provoquées par les radicaux libres sont un aspect si important du syndrome de fatigue chronique que certains chercheurs considèrent ce trouble comme une maladie générée par les radicaux libres, souligne le Dr Cheney. « Je ne pense pas qu'elle soit provoquée par les lésions dues aux radicaux libres, mais cela semble être l'un des facteurs qui favorisent ce trouble », fait-il remarquer.

Afin de renforcer le système immunitaire et d'améliorer le tonus, ces deux médecins recommandent un complément offrant un cocktail d'antioxydants, en vente dans la plupart des pharmacies et des magasins diététiques. Les compositions pouvant varier considérablement d'une marque à l'autre, examinez l'étiquette afin de vous assurer que vous obtenez au moins 500 milligrammes de vitamine C, 25 000 unités internationales de bêtacarotène, 400 unités internationales de vitamine E et 50 microgrammes de sélénium.

Les sujets atteints du syndrome de fatigue chronique pourront également avoir recours à un complément de vitamine C sous forme retard, ajoute le Dr Cheney. « La biodisponibilité de la vitamine C sous forme retard est bien plus grande que celle de la vitamine C ordinaire, explique-t-il. Notre corps en absorbe deux fois plus. Les sujets atteints de syndrome de fatigue chronique peuvent prendre deux fois par jour 2 000 milligrammes de vitamine C à libération prolongée ; ce nutriment est entièrement dénué d'effets indésirables. » Dans certains cas, des diarrhées peuvent toutefois se produire après l'absorption de doses de vitamine C dépassant 1 200 milligrammes ; il est donc judicieux d'obtenir l'avis de votre médecin avant de dépasser cette dose. La vitamine C à libération prolongée est vendue en magasin diététique.

Syndrome des jambes sans repos

◆

Quand les jambes n'en font plus qu'à leur tête

Que se passe-t-il donc lorsque l'on aimerait rester assis bien tranquille, mais que les jambes semblent animées d'une volonté qui leur est propre ?

« Avec le recul, je me demande comment diable je faisais pour tenir le coup. Pendant tant d'années, j'ai parcouru le plancher de long en large la nuit, pour me traîner ensuite toute la journée du lendemain, que je me demande bien comment j'ai fait pour survivre », se souvient Mme Carol Walker de Holmdel dans le New Jersey, atteinte de syndrome des jambes sans repos depuis l'adolescence. Ses paroles ne font qu'esquisser les problèmes liés à cette étrange perturbation neurologique du sommeil qui semble pourtant relativement répandue.

Les sujets atteints de ce syndrome éprouvent dans les jambes, généralement la nuit, des impulsions irrésistibles qui les poussent à remuer sans cesse les membres inférieurs. Certains décrivent même ces sensations comme une série de douloureuses secousses électriques. « C'est un peu comme d'avoir des fourmis dans les jambes, comme si des armées d'insectes se déplaçaient à l'intérieur des jambes, ajoute Mme Walker. Jamais je n'ai éprouvé une sensation aussi horrible. »

Comme tant d'autres, au lieu de trouver le sommeil chaque soir, elle se relevait, marchait de long en large, se massait les jambes, les frictionnait à l'aide des draps… « En général, je finissais par m'endormir d'épuisement vers 5 heures du matin, se souvient-elle, et je dormais alors quelques heures avant d'être contrainte de me lever pour commencer ma journée. »

Mais il n'était guère plus facile de rester assise durant la journée. Elle se souvient, durant son adolescence, des efforts qu'il lui fallait faire pour rester tranquille au cinéma ou en voiture ; dans ces moments-là, elle se disait alors : « Si je ne peux pas bouger les jambes, je vais hurler ».

« Je sais que cela peut paraître étrange, mais c'était comme ça », ajoute-t-elle. Heureusement, elle aimait bien danser et n'avait donc pas tout à fait l'impression d'être en marge de la société.

Trouver des réponses

Un autre aspect caractéristique de l'histoire racontée par Mme Walker, c'est qu'elle dut attendre des années avant d'obtenir un diagnostic. Pendant huit ans, il lui fallut endurer un diagnostic erroné de sclérose en plaques. « S'il vous arrive de consulter un médecin qui n'a jamais entendu parler de ce trouble, vous verrez une expression d'incrédulité se peindre sur son visage sitôt que vous aurez commencé à lui décrire vos symptômes », ajoute-t-elle.

Autrefois, on pensait que le syndrome des jambes sans repos n'affectait que 2 à 5 % de la population, relève Mme Pickett Guthrie, directrice de la Fondation américaine des jambes sans repos. En revanche, on estime aujourd'hui que ce trouble pourrait toucher jusqu'à 10 % de la population. « Après la parution d'un article dans le magazine *Modern Maturity*, nous avons reçu 31 000 lettres, fait remarquer Mme Guthrie. Il semblerait que ce trouble soit bien plus courant chez les personnes du troisième âge qu'on ne l'imaginait jusqu'ici. La communauté médicale commence tout juste à reconnaître qu'il s'agit d'un trouble important sur le plan médical. »

Nul ne sait exactement ce qui provoque ce syndrome. En revanche, il semblerait que cette affection touche souvent des membres de la même famille et qu'elle prenne l'apparence de « douleurs de croissance » chez l'enfant ou de « crampes dans les jambes » liées à la grossesse. Les experts soulignent en outre que ce trouble semble s'aggraver avec le vieillissement.

« Les spécialistes ont avancé une théorie selon laquelle il pourrait exister une corrélation entre le syndrome des jambes sans repos et un trouble cérébral lié à la dopamine, un neurotransmetteur qui joue un rôle dans le mouvement. En effet, même de faibles quantités d'un médicament contenant de la dopamine (la lévodopa) améliorent les symptômes chez la plupart des sujets concernés », fait remarquer le Dr Arthur Walters, professeur adjoint de neurologie en université. Ce médicament est ce qui semble avoir été le plus bénéfique à Mme Walker.

Cette dernière prend également des vitamines et des minéraux, et notamment de l'acide folique. En outre, de nombreux médecins s'accordent à dire que les nutriments peuvent être utiles, au moins dans certains cas. Un rapport de cause à effet a pu être établi entre le syndrome des jambes sans repos et au moins deux carences nutritionnelles, de fer et de folate (le précurseur naturel de l'acide folique).

« Nous ignorons par quel biais une carence dans l'un ou l'autre de ces nutriments pourrait provoquer ce trouble, admet le Dr June Fry, professeur de neurologie et directeur d'un centre universitaire des troubles du sommeil. Ces nutriments sont tous deux nécessaires au cerveau et aux tissus nerveux périphériques, mais nous ne connaissons ni les détails ni le mécanisme précis qui puissent expliquer ce lien éventuel. Il est possible que la cause véritable du syndrome des jambes sans repos ne soit pas un tel déficit, mais bien plutôt certains facteurs qui l'exacerbent, quelque chose qui vienne amplifier la maladie sous-jacente. Selon mon expérience, même lorsqu'une carence a été corrigée, il faut fréquemment administrer un traitement afin de maîtriser ce trouble. »

Voici ce que montrent les recherches.

Le fer est un facteur important

Au cours des années 1960, un neurologue suédois, le Dr Karl Ekbom, avait remarqué qu'environ un sujet sur quatre atteint de ce syndrome présentait une anémie ferriprive et que, si l'on administrait à ces sujets un complément de fer afin de traiter leur anémie, leurs jambes semblaient également se calmer.

Quelques rapports isolés portant sur l'utilité d'un complément de fer ont continué d'être signalés au cours des décennies suivantes, mais très peu de recherches visant à confirmer ces résultats ont été effectuées, jusqu'à ce que des chercheurs, à l'hôpital universitaire royal de Liverpool, en Grande-Bretagne, se penchent à nouveau sur la question.

Ces chercheurs ont administré trois fois par jour, pendant deux mois, à 35 personnes du troisième âge atteintes de syndrome des jambes sans repos, 200 milligrammes de fer (sulfate de fer), sans préciser aux participants que ce complément pourrait être bénéfique pour soulager leur syndrome des jambes sans repos. Par la suite, lorsque les sujets concernés furent interrogés quant à leurs symptômes, environ le tiers d'entre eux signala que la gravité du syndrome s'était considérablement atténuée, souligne le Dr Shaun O'Keeffe, principal chercheur dans le cadre de cette étude. « Même si leurs symptômes n'ont pas entièrement disparu, de nombreux participants ont éprouvé une amélioration suffisante pour qu'ils n'aient plus besoin de prendre des médicaments afin de soigner ce trouble », ajoute le Dr O'Keeffe.

Ceux qui obtenaient le plus de soulagement en prenant un complément de fer étaient les sujets qui avaient les plus faibles taux sanguins de ferritine, un complexe fer-protéine qui est la principale forme de stockage du fer dans le corps. « Aucun de ces sujets ne présentait d'anémie ferriprive, et la plupart

Facteurs alimentaires

Les aliments peuvent peut-être contribuer à corriger une carence en fer ou en folate, mais ils ne semblent pas jouer un rôle très important dans l'évolution du syndrome des jambes sans repos. Voici toutefois un conseil utile si vous buvez habituellement beaucoup de café.

Moins de caféine. Dans le cadre d'une étude portant sur 62 sujets atteints du syndrome des jambes sans repos, des chercheurs à l'hôpital St. Mary's à Passaic, dans le New Jersey, ont constaté que le simple fait de renoncer à la caféine et aux substances apparentées contenues dans le thé, le chocolat et le cola permettait d'obtenir une amélioration du syndrome des jambes sans repos.

Notons au passage que la caféine et divers autres constituants du café et du thé, de même que le sucre, peuvent priver l'organisme de divers nutriments tels que le fer, le folate et le magnésium, qui peuvent jouer un rôle dans ce syndrome.

d'entre eux avaient même des taux sanguins de fer tout à fait normaux », constate le Dr O'Keeffe.

Les experts font remarquer que toute personne chez qui l'on a diagnostiqué le syndrome des jambes sans repos devrait demander à son médecin de faire effectuer des analyses de sang afin de vérifier les taux sanguins de ferritine. Si ces taux sont faibles ou marginaux, il est possible qu'un apport complémentaire de fer puisse être bénéfique.

« La dose précise de fer dont vous avez besoin dépend de vos taux sanguins de fer », ajoute le Dr Frey. Si vous avez des taux si faibles que vous êtes anémique, il pourrait être nécessaire de prendre plusieurs centaines de milligrammes de fer par jour pendant quelques mois.

Votre médecin surveillera la dose qu'il vous administre en procédant périodiquement à des analyses de vos taux sanguins de ferritine. Lorsque ces taux seront redevenus parfaitement normaux, une dose de maintenance pourra être déterminée, ou peut-être serez-vous en mesure d'obtenir suffisamment de fer en mangeant des aliments qui en sont une source intéressante, comme des palourdes et des céréales vitaminées.

Sachez qu'il est important de déterminer la cause de votre carence en fer et de la corriger. Le Dr O'Keeffe et le Dr Fry ont constaté chez un grand nombre des sujets qu'ils ont eu l'occasion d'examiner la présence d'hémorragies intestinales.

La Valeur quotidienne pour le fer est de 18 milligrammes. Comme il peut être nuisible d'absorber quotidiennement une dose élevée de fer, n'absorbez pas plus de la Valeur quotidienne sous forme de compléments alimentaires, sauf si votre médecin vous en a confirmé la nécessité en se fondant sur vos analyses sanguines.

Prescriptions vitaminiques

Dans certains cas, les nutriments peuvent jouer un rôle dans le syndrome des jambes sans repos. Voici ce qui pourrait être utile, selon les experts.

Nutriment	Dose par jour
Acide folique	5 000 à 20 000 microgrammes
Fer	18 milligrammes
Magnésium	400 milligrammes
Vitamine E	100 à 400 unités internationales

MISE EN GARDE : La Valeur quotidienne pour l'acide folique est de 400 microgrammes. L'absorption de doses plus élevées pourrait dissimuler des symptômes importants d'anémie pernicieuse, une maladie de carence liée à un déficit en vitamine B_{12} ; il est par conséquent judicieux de parler à votre médecin avant d'en prendre une dose élevée.

La dose de fer recommandée ici correspond à la Valeur quotidienne. En revanche, c'est à votre médecin qu'il appartient de vous prescrire une dose de fer adaptée à vos besoins, fondée sur les résultats d'une analyse du sang visant à mesurer vos taux sanguins de ferritine.

Si vous avez des troubles cardiaques ou rénaux, vous devez consulter votre médecin avant de prendre un apport complémentaire de magnésium.

Vous ne devez pas absorber de vitamine E sous forme de complément alimentaire si vous prenez des médicaments anticoagulants.

L'acide folique pourrait être bénéfique

Puisque vous faites procéder à des analyses du sang afin de vérifier si vous avez une carence en fer, profitez-en pour demander à votre médecin s'il juge utile de faire également vérifier vos taux sanguins d'un autre nutriment : le folate, une vitamine du groupe B qui joue un rôle essentiel pour assurer une fonction nerveuse normale. Il semblerait que chez un petit pourcentage de sujets, une carence dans ce nutriment soit liée au syndrome des jambes sans repos.

Votre médecin pourra déterminer si vous présentez une carence de ce nutriment essentiel en mesurant les taux de folate dans vos globules rouges, ce qui constitue un moyen plus précis de déterminer votre statut exact qu'en mesurant simplement les taux sanguins, ajoute le Dr O'Keeffe.

Les spécialistes n'ont pas déterminé la dose d'acide folique nécessaire pour traiter le syndrome des jambes sans repos, et il est par conséquent vraisemblable que votre médecin vous en prescrive une quantité suffisante pour corriger votre déficit. Certains médecins ont pu être appelés à prescrire jusqu'à 20 000 microgrammes par jour de ce nutriment, mais la plupart des praticiens recommandent d'en prendre entre 5 000 et 7 000 microgrammes par jour. Le Dr O'Keeffe ajoute que si l'acide folique est bien le remède qu'il vous faut pour soulager le syndrome des jambes sans repos, vous obtiendrez une amélioration en quelques semaines.

Puisque la Valeur quotidienne pour l'acide folique n'est que de 400 microgrammes, il est important d'obtenir l'avis de votre médecin avant d'en prendre des doses plus élevées. Absorbé en grande quantité, l'acide folique peut en effet masquer les symptômes d'anémie pernicieuse, un trouble provoqué par une carence en vitamine B_{12}. C'est précisément la raison pour laquelle votre médecin pourra également être appelé à vérifier à l'aide d'analyses de sang qu'il n'y a pas de déficit en vitamine B_{12}, poursuit le Dr O'Keeffe, et il vous en prescrira un apport complémentaire si nécessaire.

« La carence en folate, surtout chez les personnes du troisième âge que j'ai l'occasion de voir, est souvent le signe que ces individus présentent également un déficit dans d'autres vitamines du groupe B », ajoute le Dr O'Keeffe. Il est par conséquent possible que votre médecin vous prescrive un apport complémentaire de plus d'une vitamine du groupe B.

Vitamine E : largement utilisée, même si les preuves scientifiques font encore défaut

La vitamine E est un complément très utilisé par de nombreuses personnes atteintes du syndrome des jambes sans repos, relève Mme Guthrie. « Beaucoup de gens affirment en prendre », ajoute-t-elle. C'est une tout autre question que de savoir si ce nutriment est ou non bénéfique. « Certains pensent que oui, d'autres que non », poursuit-elle.

Quelques rapports de médecins semblent effectivement indiquer que la vitamine E en doses de 100 à 400 unités internationales par jour s'est révélée utile pour traiter ce trouble, mais aucune étude n'a été effectuée pour confirmer cette efficacité présumée. La majorité des médecins qui traitent ce trouble n'ont pas habituellement recours à la vitamine E.

Selon le Dr Fry, ce nutriment pourrait contribuer à maintenir la circulation du sang si vous êtes atteint de maladies vasculaires périphériques, ou de mauvaise circulation dans les jambes. « Mais je ne suis pas convaincue que les troubles circulatoires sont la cause du syndrome des jambes sans repos », ajoute-t-elle. Si vous décidez de prendre un apport complémentaire de vitamine E, ne négligez pas pour autant d'autres remèdes possibles (et potentiellement plus bénéfiques) pour soigner ce trouble.

Erreur de diagnostic

Il n'est pas exclu que les symptômes que votre médecin et vous-même avez jusqu'ici attribués au syndrome des jambes sans repos soient plutôt à mettre sur le compte de graves crampes dans les jambes. Cette erreur se produit assez fréquemment, affirme le Dr Walters. Pour savoir ce qu'il en est, voici ce que suggère ce médecin : « Si la quinine (un médicament utilisé pour traiter la malaria, ayant également pour effet de calmer les décharges nerveuses dans les muscles) permet de soulager vos symptômes, sachez que vous avez probablement des crampes dans les jambes et non pas le syndrome des jambes sans repos », poursuit le Dr Walters. Consultez votre médecin si vous souhaitez avoir recours à la quinine pour soulager vos troubles des jambes.

Si vous avez des raisons de penser que vous êtes victime de crampes dans les jambes, il pourrait vous être utile de vérifier que vous absorbez bien la Valeur quotidienne de divers nutriments : calcium, magnésium et potassium (sans oublier le sodium, si vous avez suivi un régime sévère). En effet, ces minéraux jouent tous un rôle dans la contraction et la détente musculaire.

Une carence en n'importe lequel d'entre eux peut provoquer des crampes musculaires. (Si vous avez des troubles cardiaques ou rénaux ou si vous êtes diabétique, vous devez obtenir l'avis de votre médecin avant de prendre un apport complémentaire de magnésium ou de potassium.) Veuillez vous reporter à la page (232) pour obtenir des détails très complets sur la manière de remédier aux crampes dans les jambes.

Une étude effectuée en Roumanie suggère qu'un apport complémentaire de magnésium peut également être bénéfique pour soulager le syndrome des jambes sans repos. Il pourrait donc être particulièrement judicieux de vérifier que vous absorbez bien la Valeur quotidienne de ce minéral, qui est de 400 milligrammes. En effet, la majorité de la population n'en obtient pas autant.

Syndrome du canal carpien

Apercevoir la fin du tunnel

Richard Comstock n'était pas près de renoncer aux attelles de poignets prescrites par son médecin dans l'espoir de soulager ses douloureux symptômes liés au syndrome du canal carpien, si pénibles que ses mains en étaient pratiquement insensibles — même si ces fichues attelles étaient plutôt gênantes.

Il n'avait pas non plus abandonné tout espoir d'un traitement par une cure de vitamines. C'est ainsi que lorsque cet habitant de Scotia, près de New York, apprit par une lecture que la vitamine B$_6$ pouvait peut-être représenter pour lui la lumière au bout du tunnel, il décida de conjuguer les deux traitements.

Tout cela se passait il y a plus d'une décennie. Même si M. Comstock continue fidèlement à prendre sa chère vitamine B$_6$, le grave syndrome du canal carpien dont il souffrait a disparu depuis belle lurette, ainsi que les attelles de poignets. « Il arrive de temps à autre que j'aie quelque petit problème, mais cela ne m'empêche plus de dormir la nuit comme autrefois », relève cet ancien surveillant d'une entreprise de service public, aujourd'hui à la retraite.

Il est possible que M. Comstock ait été très en avance sur son temps. Même si l'on recense chaque année quelque 100 000 interventions chirurgicales destinées à soulager ce trouble, les médecins qui préfèrent une solution moins radicale sont tous les jours un peu plus nombreux à inclure la vitamine B_6 dans le protocole de traitement qu'ils préconisent. « Aux sujets qui ne semblent pas très gravement affectés, je recommande généralement de porter des attelles durant la nuit, de prendre un médicament anti-inflammatoire et d'absorber de la vitamine B_6 durant deux semaines au moins », note le Dr Gary Tunell, chef d'un service de neurologie universitaire. Selon ce médecin, 40 à 50 % des patients atteints de syndrome du canal carpien pourraient obtenir quelque amélioration grâce à cette thérapie.

Certains médecins sont plus enthousiastes encore quant à l'utilisation de la vitamine B_6 dans le traitement de ce syndrome. « Environ 90 % de tous les cas de syndrome du canal carpien peuvent être guéris grâce à la vitamine B_6 », affirme le Dr John Marion Ellis ; aujourd'hui retraité, ce médecin de famille de Mount Pleasant au Texas a dirigé des études et rédigé divers articles concernant la vitamine B_6, et s'est penché durant plus de 30 ans sur le rapport entre la carence en B_6 et le syndrome du canal carpien.

Explorer le tunnel

Immédiatement à l'intérieur du poignet se trouve un étroit passage osseux, le canal carpien. Loin d'être vide, ce canal contient non seulement neuf tendons mais aussi le nerf médian ; tous ces éléments sont serrés tous ensemble dans une sorte de gaine glissante, la synoviale. Lorsque la synoviale et les tendons deviennent enflammés et enflés, ils font pression sur le nerf médian dont le prolongement parvient jusque dans les doigts.

Vous est-il jamais arrivé de voir un fil électrique dénudé toucher le métal ? Le nerf médian coincé peut émettre de cuisantes étincelles de douleur, produisant des fourmillements et rendant tout le bras plus ou moins insensible, depuis le bout des doigts jusqu'à l'épaule. La plupart du temps, la douleur reste localisée dans le pouce, l'index et le majeur. Parfois, l'annulaire devient douloureux lui aussi. Beaucoup de sujets atteints de ce trouble disent qu'ils ont l'impression que leurs mains se sont endormies ; d'autres se plaignent de difficultés de préhension et d'avoir les doigts gourds.

Les femmes semblent plus sujettes à ce syndrome que les hommes. Il semblerait que les fluctuations hormonales liées à la grossesse, à la prise de contraceptifs oraux et à la ménopause provoquent une enflure de la synoviale. En outre, les experts font remarquer que les femmes ayant généralement des poignets plus fins, il suffit d'une enflure légère pour provoquer les douleurs dues au syndrome du canal carpien.

Les chirurgiens s'accordent à déconseiller l'opération chez la femme enceinte. Diverses études effectuées par le Dr Ellis ont permis de constater que la vitamine B_6 contribuait à soulager ce syndrome, durant leur grossesse, chez 11 % des femmes enceintes atteintes de symptômes graves liés à ce trouble. Ces femmes avaient été traitées à l'aide de 50 à 300 milligrammes de vitamine B_6 par jour durant au moins 60 à 90 jours avant l'accouchement, sans que l'on puisse constater aucun effet indésirable chez la mère ou l'enfant. Si vous souhaitez avoir recours à cette thérapie, parlez-en à votre médecin.

L'obésité crée une situation comparable. « L'incidence de syndrome du canal carpien est multipliée à peu près par cinq chez les sujets obèses qui ne pratiquent aucun exercice physique. Nous les encourageons par conséquent à retrouver la forme et à perdre du poids », note le Dr Morton Kasdan, professeur clinicien en chirurgie plastique, ainsi qu'en médecine préventive et santé liée à l'environnement.

N'oublions pas non plus que le syndrome du canal carpien symbolise en quelque sorte les inconvénients de la vie moderne, car ce trouble touche de plus en plus de travailleurs des industries de fabrication.

Les représentants de l'Office américain des statistiques du travail ne consignent pas le nombre de cas de ce syndrome signalés chaque année. De

---

Facteurs alimentaires

Vous avez mal au poignet, à la main et parfois même à l'épaule. Pourtant, c'est bel et bien dans l'estomac que peut débuter le syndrome du canal carpien. Voici quelques considérations intéressantes.

Moins de cocktails. Il est bien connu que l'alcool prive l'organisme d'un certain nombre de nutriments, notamment des vitamines du groupe B, essentielles pour prévenir le syndrome du canal carpien.

Perdez du poids. De nombreux médecins ont constaté que les sujets qui perdaient du poids cessaient parfois du même coup de se plaindre de leurs symptômes liés au syndrome du canal carpien. Si vous suivez un régime alimentaire destiné à obtenir une perte de poids, ayez la précaution de manger des aliments qui contiennent de la vitamine B_6, comme les bananes et les avocats.

Prescriptions vitaminiques

De nombreux médecins recommandent les vitamines du groupe B pour le syndrome du canal carpien. Même les meilleures sources alimentaires de vitamine B_6, comme les bananes, les avocats, la levure de boulanger et la viande de bœuf, ne fournissent qu'à peine un milligramme de vitamine B_6 et, par conséquent, sans doute devrez-vous prendre aussi un complément alimentaire. Les gélules de vitamines du groupe B comprennent souvent toutes les vitamines recommandées.

Nutriment	Dose par jour
Biotine	300 microgrammes
Riboflavine	25 milligrammes
Vitamine B_6	50 à 200 milligrammes

MISE EN GARDE : *Il est déconseillé d'absorber la vitamine B_6 en doses supérieures à 100 milligrammes sans surveillance médicale.*

1986 à 1992, les cas de « lésions dues au surmenage » (une catégorie qui inclut le syndrome du canal carpien et d'autres troubles similaires) sont montés en flèche, passant de 50 000 à 282 000.

Une autre cause courante est le fait de travailler sur ordinateur, une activité qui ne nécessite pas comme autrefois de s'interrompre fréquemment, ne serait-ce que pour remettre une feuille blanche dans la machine à écrire. « Cette activité répétitive génère un processus inflammatoire qui produit une enflure, explique le Dr Tunell. Il s'agit là d'un facteur majeur chez les patients que j'ai l'occasion de voir. »

Utilité de la vitamine B_6

Les médecins ne sont pas d'accord sur la raison pour laquelle la vitamine B_6 semble apporter un soulagement de ce trouble.

Le Dr Ellis, qui est l'auteur de cinq études publiées démontrant l'utilité de la vitamine B_6 dans le traitement du syndrome du canal carpien, soutient que l'enflure de la synoviale et le manque d'élasticité proviennent d'une carence en B_6.

Se livrant à une expérience, le Dr Ellis, ainsi que le Dr Karl Folkers, professeur et directeur d'un institut universitaire pour la recherche bio-médicale, ont un jour guéri 22 sur 23 sujets atteints de ce syndrome, simplement en leur administrant entre 50 et 300 milligrammes de vitamine B_6 par jour pendant au moins 12 semaines. Un certain nombre d'entre eux avaient déjà subi une intervention chirurgicale sans obtenir aucune amélioration. « La vitamine B_6 est aussi importante pour notre organisme que l'eau et l'oxygène ; il lui faut seulement un peu plus de temps avant que son efficacité se fasse sentir », fait remarquer le Dr Ellis.

Ce médecin poursuit en soulignant que l'alimentation habituelle ne fournit qu'environ 1,4 milligramme de vitamine B_6 par jour, en partie parce que ce nutriment disparaît lors des processus de transformation des aliments, si bien que beaucoup de gens n'obtiennent tout simplement pas assez de ce nutriment. « Les aliments crus en sont la meilleure source, car la vitamine B_6 est détruite par la chaleur », souligne-t-il. Les meilleures sources alimentaires de vitamine B_6 comprennent les pommes de terre, les bananes, le blanc de poulet, le gîte à la noix, le poisson, le riz complet et l'avocat.

D'autres médecins pensent que la vitamine B_6 joue un rôle de diurétique, stimulant l'élimination de l'excès de fluide par l'organisme. « Chez la femme enceinte, les pieds comme les mains deviennent enflés, et les bagues deviennent trop serrées sur les doigts. Il y a rétention de fluides, particulièrement au niveau des poignets », relève le Dr Tunell. Chez certaines femmes, ce trouble s'aggrave en position couchée, car le fluide qui fait enfler les chevilles durant la journée est alors redistribué dans l'ensemble du corps, notamment dans les poignets, poursuit ce médecin. « La vitamine B_6 aide l'organisme à éliminer le surplus d'eau accumulé qui contribue aux symptômes liés au syndrome du canal carpien », conclut-il.

Une autre théorie, que deux études effectuées en Europe semblent confirmer, suggère que la vitamine B_6 entrave en quelque sorte l'aptitude d'un nerf irrité à transmettre les signaux douloureux. « Nous ignorons par quel mécanisme cela se produit, mais nous savons en revanche que chez l'animal de laboratoire, la vitamine B_6 atténue l'intensité de la douleur ressentie et l'on pourrait penser qu'il s'agit ici du même phénomène », relève le Dr Allan L. Bernstein, chef d'un service de neurologie.

Les experts médicaux s'accordent sur une chose : peu importe quelle dose de vitamine B_6 est utile pour soulager ce trouble, il s'agit d'être vigilant afin de ne pas absorber ce nutriment en trop grande quantité. Dans le cadre de diverses études portant sur des animaux de laboratoire, les chercheurs ont pu constater qu'une dose trop élevée de B_6 pouvait provoquer des lésions du système nerveux central.

Au centre de recherches sur la nutrition humaine de type occidental du ministère américain de l'Agriculture, à San Francisco, des chercheurs ont administré durant sept semaines à 12 animaux de laboratoire des doses de vitamine B_6 égales respectivement à une fois, 10 fois, 100 fois, 200 ou 300 fois l'apport nécessaire. Chez les animaux qui absorbaient les trois niveaux de surdose les plus élevés, les chercheurs purent constater qu'en présence d'un bruit particulièrement fort, le temps de réaction avait diminué. La surdose de vitamine B_6 se manifeste également par d'autres signes, notamment une sensibilité extrême à la lumière du soleil, provoquant des éruptions cutanées et un manque de sensibilité tactile.

« Les symptômes d'intoxication par la vitamine B_6 sont rarement présents chez les sujets sains. Un apport complémentaire de ce nutriment en doses modérées ne saurait provoquer ce genre de problème, souligne le Dr Robert A. Jacob, chimiste chargé de recherches dans le domaine des micronutriments au sein de ce même centre. Il faudrait pour cela en absorber habituellement des mégadoses. Je ne pense donc pas que cela puisse se produire simplement en prenant un complément de multivitamines et de minéraux contenant également de la vitamine B_6, ni même en prenant un apport complémentaire de vitamine B_6 en doses de 50 à 100 milligrammes. Cela se produit seulement lorsque l'on absorbe habituellement ce nutriment en doses massives. »

Les médecins recommandent d'absorber chaque jour entre 50 et 200 milligrammes de vitamine B_6 afin de traiter le syndrome du canal carpien.

Riboflavine et biotine sont parfois préconisées

Certains travaux semblent indiquer que la vitamine B_6 ne peut être efficace que si l'on obtient également des doses adéquates de riboflavine et de biotine, qui appartiennent elles aussi à la catégorie des vitamines du groupe B. « Toutes ces vitamines sont synergiques, chacune œuvre de concert avec les autres », souligne le Dr Flora Pettit, chercheur scientifique dans un institut de biochimie universitaire. Les médecins suggèrent de veiller à obtenir chaque jour 300 microgrammes de biotine et 25 milligrammes de riboflavine.

Aux États-Unis, la loi exige que tous les produits céréaliers, tels que la farine et les autres aliments à base de grain, soient enrichis par l'addition de riboflavine. Le lait, le yoghurt et le fromage sont également de bonnes sources de ce nutriment. Quant à la biotine, on la trouve dans la levure de bière, la farine de soja, les céréales, le jaune d'œuf, le lait, les noix et les légumes.

Les adultes plus âgés, les alcooliques et les sujets dont l'alimentation n'est pas très nutritive sont particulièrement exposés à une carence en ces vitamines, ajoute le Dr Tunell. « De manière générale, les personnes âgées ne s'alimentent pas bien, et, de toute manière, l'assimilation des vitamines du groupe B laisse à désirer chez elles, poursuit ce médecin. Par conséquent, il est judicieux pour les sujets du troisième âge de prendre un complément de vitamines du groupe B, sauf s'ils sont atteints de la maladie de Parkinson. Dans ce dernier cas, il se pourrait que la vitamine B_6 gêne l'absorption de leur médicament à base de lévodopa. »

« Mes patients obtiennent entre 50 et 100 milligrammes de vitamine B_6 et de riboflavine par jour, en absorbant habituellement un complément du groupe B, ajoute le Dr Kasdan. Chez 60 % d'entre eux, nous avons constaté une amélioration. »

La plupart des médecins s'accordent à dire que l'une des clés pour traiter ce trouble avec succès consiste à le diagnostiquer dès l'apparition des premiers symptômes. « Si vous êtes gravement atteint du syndrome du canal carpien, ne vous attendez pas à une régression de la maladie grâce à la vitamine B_6, note le Dr Bernstein. Mais si vous vous y prenez tôt, dès que vous commencez à ressentir des douleurs et des picotements, s'il n'y a pas de faiblesse et que les symptômes ne vous perturbent que la nuit, mais pas le jour, le pronostic est extrêmement favorable. »

Syndrome prémenstruel

En finir avec l'inconfort

Demandez à dix femmes à quoi ressemble le syndrome prémenstruel, et vous obtiendrez probablement dix réponses différentes.

Quelques-unes de ces réponses seront relativement faciles à prédire : ballonnements, douleurs, maux de tête. D'autres femmes se sentent physiquement en forme, mais passent par des hauts et des bas, avec des phases d'anxiété et de dépression.

Enfin — mais c'est sans doute la dernière chose que vous souhaitez entendre si vous êtes vous-même régulièrement en proie au syndrome prémenstruel —, certaines femmes n'éprouvent pas le moindre symptôme juste avant les règles.

Les experts estiment qu'en France, plus d'une femme sur trois souffre du syndrome prémenstruel. Le fait que vous soyez ou non l'une d'entre elles dépend d'un certain nombre de facteurs, notamment votre héritage génétique, le stress plus ou moins intense auquel vous devez faire face, si vous buvez de l'alcool ou si vous absorbez de la caféine, et combien vous faites d'exercice physique. L'âge est également un facteur : les femmes d'une trentaine ou d'une quarantaine d'années sont plus exposées au syndrome prémenstruel que leurs consœurs plus jeunes.

Enfin, certains chercheurs sont persuadés que la nutrition exerce une influence très importante sur le bien-être de la femme avant et durant les règles. Le Dr Guy Abraham, chercheur dans le domaine du syndrome prémenstruel, finit par être à tel point convaincu de l'importance de la nutrition qu'il quitta son poste d'enseignant à la faculté de médecine de l'université de Californie à Los Angeles afin de créer la firme Optimox, basée à Torrance en Californie, et dont le but est de fabriquer des compléments alimentaires. « La nutrition est sans conteste le facteur le plus important qui détermine si une femme sera ou non sujette au syndrome prémenstruel, affirme le Dr Abraham. C'est pourquoi nous voyons tant de cas de ce syndrome chez les femmes d'une trentaine d'années. La plupart d'entre elles ont déjà été enceintes, ce qui a privé leur organisme de certains nutriments, et elles sont par conséquent davantage susceptibles de présenter une carence en vitamines du groupe B et en magnésium. »

Voici ce que les chercheurs ont découvert sur le rôle de la nutrition dans ce domaine.

Le calcium, meilleur ami de la femme

Si vous avez eu récemment entre les mains un livre ou un magazine de santé, sans doute connaissez-vous déjà le rôle majeur du calcium dans la prévention de l'ostéoporose, un trouble qui rend les os poreux et fragiles et qui compromet gravement la santé de milliers de femmes (et d'hommes) chaque année. Pourtant, à en croire les études scientifiques, il pourrait y avoir une autre raison plus directe d'ajouter un complément de calcium dans votre armoire à pharmacie.

(suite page 692)

Facteurs alimentaires

Votre humeur durant les quelques jours qui précèdent les règles dépend, au moins en partie, de ce que vous avez mangé et bu durant le reste du mois.

Peu ou pas d'alcool. Mieux vaut résister à la tentation de se servir un cocktail afin de mieux se détendre. Même si certains ont pu dire que c'est précisément le syndrome prémenstruel qui pousse certaines femmes à boire, lorsqu'il s'accompagne de symptômes particulièrement pénibles, les recherches suggèrent que l'excès d'alcool est davantage qu'une simple réaction à l'inconfort périodique. Divers travaux ont montré que les femmes qui buvaient modérément durant tout le mois (au moins 10 verres par semaine, voire davantage) étaient plus sujettes aux symptômes prémenstruels que celles qui ne buvaient que très peu ou pas du tout d'alcool.

Moins d'aliments raffinés. Si vous êtes chaque mois en proie au syndrome prémenstruel, avec une régularité d'horloge, il est possible que vous soyez tout simplement trop raffinée, du moins sur le plan alimentaire. Certaines études montrent que les femmes qui souffrent de syndrome prémenstruel mangent davantage de sucre raffiné et d'hydrates de carbone, comme le pain, les gâteaux, les pâtes et divers autres féculents à base de farine blanche.

« Ces aliments sont généralement très pauvres en vitamines, minéraux et fibres. Par conséquent, lorsqu'une femme obtient l'essentiel de son apport calorique à partir de tels aliments, elle finira par avoir une carence en nutriments essentiels », souligne le Dr Guy Abraham, chercheur dans le domaine du syndrome prémenstruel et fondateur de la firme Optimox, qui fabrique des compléments alimentaires. En remplaçant ces aliments raffinés par leurs homologues plus favorables à la santé — le pain bis, les céréales complètes et les fruits au goût naturellement sucré —, vous aurez une alimentation de densité énergétique bien supérieure, et il est même possible que vous ayez moins à vous plaindre de symptômes prémenstruels, poursuit ce médecin.

Renoncez au cola. Quoique la caféine contenue dans le café, le thé ou les boissons gazeuses ne soit pas la cause du syndrome prémenstruel, elle peut néanmoins en aggraver les symptômes chez certaines femmes, précise le Dr Abraham.

Moins de sucre, moins de sel. Sans doute cela vous sera-t-il difficile si vous avez une envie irrésistible de manger du chocolat et des chips salées, mais vous risquez de vous retrouver prise au piège d'un véritable cercle vicieux si vous cédez à vos compulsions alimentaires, selon le Dr Abraham. Le sucre et le sel affectent l'usage que fait notre organisme de l'insuline, une hormone qui peut entraîner d'importantes fluctuations des taux de sucre dans le sang en présence d'un excès de sucre ou de sel. Ces fluctuations peuvent à leur tour stimuler excessivement l'appétit et s'accompagner de fatigue, d'étourdissements et de nouvelles envies impérieuses. En outre, les aliments très sucrés et très salés peuvent aggraver la rétention d'eau qui accompagne souvent les règles, selon ce médecin.

Mangez davantage de légumes. « Dans les pays asiatiques, où l'alimentation traditionnelle comprend une proportion bien plus importante de protéines végétales comme le tofu, le syndrome prémenstruel est beaucoup moins fréquent, poursuit le Dr Abraham. Il existe un lien direct entre le syndrome prémenstruel et la proportion plus ou moins importante de protéines végétales par rapport aux protéines animales dans l'alimentation. Les pays où l'on mange le plus de protéines végétales ont une faible incidence de ce syndrome, tandis que les pays industrialisés, où l'on mange habituellement de grandes quantités de protéines et de matières grasses d'origine animale, présentent l'incidence la plus élevée du syndrome prémenstruel. »

Quelle que soit la région où vous vivez, rien ne vous empêche de bénéficier des avantages d'une alimentation de type asiatique, soit en limitant la quantité de viande et d'autres produits d'origine animale, soit en écartant entièrement ces aliments. « On constate chez les femmes végétariennes des symptômes prémenstruels nettement moins prononcés ou carrément absents », conclut le Dr Abraham.

Une étude effectuée au Metropolitan Hospital de New York a permis de constater qu'un apport complémentaire de 1 000 milligrammes de calcium par jour permettait d'atténuer les symptômes prémenstruels chez 73 % des femmes à qui ce nutriment était administré. Les participantes, qui étaient habituellement sujettes chaque mois au syndrome prémenstruel, ont signalé moins de tension et de congestion mammaire et moins de maux de tête et de crampes abdominales lorsqu'elles avaient pris ce complément de calcium chaque jour au cours du mois précédant leurs règles. En outre, elles disaient éprouver moins d'inconfort durant ces dernières.

Prescriptions vitaminiques

Le simple fait d'absorber un apport complémentaire de nutriments judicieusement dosés peut être remarquablement efficace pour soulager, et même prévenir les désagréables symptômes prémenstruels. Voici les recommandations de certains experts.

Nutriment	Dose par jour
Calcium	500 à 1 000 milligrammes
Magnésium	300 à 400 milligrammes
Manganèse	2 milligrammes
Vitamine B$_6$	150 à 200 milligrammes
Vitamine E	400 unités internationales (d-alpha-tocophérol)

MISE EN GARDE : Si vous souffrez de troubles cardiaques ou rénaux, obtenez l'accord de votre médecin avant de prendre un apport complémentaire de magnésium.

Des doses élevées de vitamine B$_6$ pouvant provoquer certains effets indésirables, elles ne doivent être absorbées que sous surveillance médicale.

Si vous prenez des médicaments anticoagulants, vous ne devez pas prendre de vitamine E sous forme de complément alimentaire.

Nul ne sait exactement pour quelle raison le calcium soulage le syndrome prémenstruel, mais les chercheurs pensent que ce nutriment atténue les contractions musculaires qui provoquent des crampes.

Cette étude n'est d'ailleurs pas la seule à avoir mis en évidence un rapport entre le calcium et le syndrome prémenstruel. Une étude de petite envergure effectuée au Centre de recherches sur la nutrition humaine du ministère de l'Agriculture des États-Unis à Grand Forks, dans le North Dakota, a permis de découvrir un frappant rapport de cause à effet entre le syndrome prémenstruel et une alimentation pauvre en calcium et en manganèse (un oligo-élément). Un groupe de femmes dont l'alimentation habituelle comprenait de faibles taux de calcium et de manganèse, et qui étaient sujettes au syndrome prémenstruel, éprouvaient moins de symptômes inconfortables lorsqu'elles recevaient une alimentation plus riche en ces deux minéraux.

Selon le Dr James G. Penland, chercheur principal au centre de recherches sur la nutrition humaine de Grand Forks et l'un des auteurs de cette étude, il est particulièrement intéressant de noter que le type d'alimentation qui donne lieu aux pires symptômes prémenstruels correspond à l'alimentation habituelle de la majorité des femmes américaines. Les études du Dr Penland montrent que la plupart d'entre elles obtiennent environ 587 milligrammes de calcium par jour, c'est-à-dire beaucoup moins que les 1 000 milligrammes qu'il leur faudrait pour se construire une ossature solide et prévenir l'ostéoporose.

Chez la plupart des femmes, l'apport habituel de manganèse est d'un peu plus de 2,2 milligrammes par jour, ce qui est à peine supérieur à la Valeur quotidienne pour ce minéral.

Le Dr Penland ajoute qu'aussi longtemps que les chercheurs n'auront pas mis le point final à leurs recherches sur le rôle du calcium et du manganèse dans le syndrome prémenstruel, cela ne saurait faire de mal d'absorber chaque jour un complément alimentaire comprenant ces deux minéraux ; si vous êtes sujette à ce syndrome, cet apport complémentaire pourrait même se révéler bénéfique. Vérifiez que la composition du complément de multivitamines et de minéraux envisagé comprend entre 2 et 5 milligrammes de manganèse. Quant au calcium, « je recommanderais d'augmenter la quantité d'aliments maigres et riches en calcium que vous absorbez, comme le yoghurt et le lait écrémé. Si cela vous pose problème, je vous suggère de prendre dans ce cas 500 à 1 000 milligrammes de calcium par jour sous forme de complément alimentaire », ajoute-t-il.

Le magnésium adoucit les symptômes

Un autre minéral qui semble exercer un effet bénéfique chez les femmes atteintes de syndrome prémenstruel est le magnésium. Quelques études ont permis de constater que les femmes qui étaient régulièrement sujettes à ce syndrome présentaient des taux de magnésium plus faibles que d'autres femmes qui n'avaient aucun symptôme prémenstruel. D'autres études suggèrent que le fait d'augmenter les taux magnésiens pourraient atténuer, voire éliminer, l'inconfort prémenstruel, et notamment les symptômes d'ordre émotionnel comme la tension et l'anxiété.

Le déficit magnésien provoque une carence en dopamine, une substance chimique présente dans le cerveau et dont le rôle est de réguler notre humeur, selon le Dr Abraham. Cette carence en dopamine pourrait être liée à la tension et à l'irritabilité qu'éprouvent beaucoup de femmes juste avant les règles.

Dans le cadre d'une étude italienne portant sur 28 femmes atteintes de syndrome prémenstruel, les chercheurs ont constaté qu'un apport complémentaire de 360 milligrammes de magnésium avait pour effet d'atténuer les crampes et la rétention d'eau et de procurer une amélioration globale de tous les symptômes prémenstruels.

La Valeur quotidienne pour le magnésium est de 400 milligrammes. Les meilleures sources alimentaires de magnésium sont les noix, les légumineuses, les céréales complètes et les légumes verts, autant d'éléments d'une alimentation maigre et riche en fibres. En revanche, les personnes qui se nourrissent habituellement de pain blanc, de riz blanc, de viandes et de produits laitiers finiront probablement par présenter un déficit en magnésium.

Afin de compenser une éventuelle carence, le Dr Abraham recommande un apport complémentaire de magnésium de 300 à 400 milligrammes. « Entre ces deux chiffres, votre corps vous indiquera exactement combien de magnésium il vous faut. Une dose trop élevée provoque des diarrhées, et je conseille par conséquent à mes patientes d'absorber la dose de magnésium que leur intestin est capable de supporter. » Si vous avez des troubles cardiaques ou rénaux, il est important d'obtenir l'avis de votre médecin avant de prendre un apport complémentaire de magnésium.

La vitamine E arrondit les angles

Un autre nutriment semble pouvoir atténuer la gravité des symptômes prémenstruels : il s'agit de la vitamine E. Dans le cadre de deux études indépendantes l'une de l'autre, des chercheurs de Baltimore ont examiné l'effet d'un apport complémentaire de vitamine E sur un groupe de femmes habituellement sujettes au syndrome prémenstruel. Les participantes ont reçu chaque jour pendant deux cycles menstruels consécutifs un complément de vitamine E, sous forme de d-alpha-tocophérol. Les chercheurs ont ainsi pu constater que ce complément avait une remarquable efficacité pour soulager les symptômes prémenstruels tels que les sautes d'humeur, les compulsions alimentaires, l'œdème et la dépression.

Les participantes à cette étude, comme la majorité des femmes atteintes de syndrome prémenstruel, obtenaient un apport adéquat de vitamine E par le biais de l'alimentation. En revanche, il semblerait que chez la majorité des femmes, l'apport de vitamine E fourni par le mode d'alimentation habituel ne suffise pas pour avoir un effet bénéfique sur le syndrome prémenstruel, selon le Dr Robert S. London, professeur adjoint en obstétrique et gynécologie en milieu universitaire et l'un des auteurs de cette étude.

« L'individu moyen absorbe une faible quantité de vitamine E par le biais d'aliments tels que les huiles végétales, mais cet apport est insuffisant pour avoir une incidence sur le syndrome prémenstruel, souligne ce médecin. Notre étude a mis en évidence que la réponse était incontestablement proportionnelle à la quantité absorbée : une dose de 400 unités internationales par jour était beaucoup plus efficace qu'une dose de 200 unités internationales. Il serait impossible d'obtenir de tels taux de vitamine E par le biais des seuls aliments. »

Les spécialistes ignorent la raison pour laquelle la vitamine E est bénéfique pour soulager le syndrome prémenstruel. Certains experts ont suggéré que ce nutriment exerce son action en ralentissant la production de prostaglandines, des substances proches des hormones et dont on pense qu'elles jouent un rôle dans le syndrome prémenstruel.

Si vous souhaitez avoir recours à la vitamine E pour soulager vos troubles prémenstruels, les experts conseillent généralement d'en prendre 400 unités internationales par jour. Le Dr London ajoute qu'il est préférable d'en prendre durant au moins six semaines, afin que ce remède puisse avoir le temps d'agir. « C'est généralement la période nécessaire pour obtenir un effet bénéfique », précise-t-il. La vitamine E sous forme de d-alpha-tocophérol, utilisée dans l'étude déjà mentionnée, est disponible un peu partout ; il vous suffira de vérifier l'étiquette avant de porter votre choix sur tel ou tel produit. (Les autres formes de ce nutriment n'ont pas fait l'objet d'études visant à démontrer leur éventuelle action sur le syndrome prémenstruel.)

La vitamine B$_6$ soulage le syndrome prémenstruel

Enfin, poursuit le Dr Abraham, si vous êtes perturbée par une prise de poids avant les règles et par divers symptômes d'ordre émotionnel, la vitamine B$_6$ peut vous apporter un soulagement. Dans le cadre d'une étude portant sur 25 femmes atteintes de syndrome prémenstruel, le Dr Abraham a pu constater qu'un complément de B$_6$ en dose élevée atténuait la prise de poids avant les règles, ainsi que la gravité de divers autres symptômes prémenstruels.

Les participantes à cette étude avaient reçu des doses importantes de vitamine B$_6$: 500 milligrammes par jour durant trois mois. (La Valeur quotidienne n'est que de 2 milligrammes.) Le Dr Abraham précise que lorsqu'elle est absorbée en doses aussi élevées, la vitamine B$_6$ a pour effet de soulager le syndrome prémenstruel en modifiant les taux sanguins de deux hormones féminines, l'œstrogène et la progestérone. En revanche, de telles mégadoses de vitamine B$_6$ peuvent se révéler dangereuses et ne doivent donc être absorbées que sous surveillance médicale.

Si vous souhaitez avoir recours à la vitamine B$_6$ pour soulager le syndrome prémenstruel, le Dr Abraham recommande d'absorber ce nutriment sous forme de complément du groupe B. « La vitamine B$_6$ prise isolément peut provoquer des carences d'autres nutriments, et il est donc important de l'équilibrer en l'absorbant conjointement avec les autres vitamines du groupe B », précise ce médecin.

En outre, ajoute-t-il, il vous faudra veiller à obtenir suffisamment de magnésium. « Je recommande généralement de prendre deux fois plus de magnésium que de vitamine B$_6$. Ainsi, une femme qui absorbe entre 300 et 400 milligrammes de magnésium aura besoin de 150 à 200 milligrammes de vitamine B$_6$. »

Tabagisme

◆

Limiter les dégâts et s'en sortir

Impossible aujourd'hui de rester ignorant des méfaits du tabagisme. Et si vous êtes fumeur, sans doute avez-vous déjà essayé plus d'une fois de renoncer à cette habitude. N'avez-vous pas d'ailleurs l'intention de faire très bientôt une nouvelle tentative ? Eh bien, bravo.

Il est clair que votre toute première priorité doit être de renoncer à l'habitude de fumer. Parallèlement, sachez qu'il existe un certain nombre de mesures alimentaires qui vous permettront d'atténuer les dégâts du tabagisme en soutenant vos efforts pour réussir enfin à être un vrai non-fumeur. Afin de vous soutenir dans votre motivation, il est utile de comprendre tout d'abord de quelle manière la fumée de cigarette nuit à l'organisme.

La dictature des radicaux libres

Les chercheurs sont loin d'avoir compris toutes les réactions nocives engendrées par le tabagisme, mais ils s'accordent néanmoins à dire que la plupart des ennuis de santé qui menacent les fumeurs sont dus aux radicaux libres. Un radical libre est une molécule instable ayant un électron libre non apparié, qui va chercher dans son environnement l'électron qui lui manque. C'est ainsi que les radicaux libres se livrent à un véritable pillage des molécules saines de l'organisme, auxquelles ils dérobent des électrons, donnant lieu à une réaction en chaîne où un nombre toujours croissant de radicaux libres entraînent des lésions touchant les cellules et les tissus du corps. L'ensemble de ce processus porte le nom d'oxydation ; c'est pour la même raison que le fer finit par se rouiller et que les fruits brunissent. Aujourd'hui, les scientifiques commencent même à penser que l'oxydation est à l'origine du vieillissement.

Quoique les radicaux libres soient spontanément générés au cours de fonctions habituelles de l'organisme comme la respiration, certains facteurs de stress liés à l'environnement, notamment le tabagisme, en accélèrent considérablement la production. À vrai dire, chaque bouffée de cigarette génère des millions de radicaux libres, si bien que les fumeurs sont beaucoup

Facteurs alimentaires

Si vous êtes fumeur, tous les spécialistes s'accordent à dire qu'il vaut mieux renoncer au tabac. Mais peut-être n'y êtes-vous pas encore parvenu malgré tous vos efforts ; dans ce cas, l'un des meilleurs moyens de vous protéger est d'améliorer votre alimentation. Voici comment procéder.

Mangez des fruits et des légumes. « Toutes les recherches ont montré de manière éclatante que les sujets qui absorbent de grandes quantités de fruits et de légumes sont moins exposés au cancer », fait remarquer le Dr Eric Rimm, professeur adjoint dans un service universitaire d'épidémiologie.

Dans le cadre d'une étude effectuée au Japon, un pays où la consommation de cigarettes par habitant figure parmi les plus élevées du monde alors que l'incidence de cancer du poumon est parmi les plus basses, les chercheurs ont examiné 282 fumeurs afin d'évaluer les effets d'une alimentation comportant une proportion élevée de légumes crus, de légumes verts (en particulier le chou et la laitue) et de fruits. Ils ont ainsi découvert que le risque relatif de cancer du poumon diminuait de manière frappante chez ceux qui mangeaient habituellement des fruits et des légumes crus.

Les experts recommandent aux fumeurs d'absorber sept portions par jour de fruits et de légumes afin de se protéger au maximum (une portion représentant environ une demi-tasse).

Attention aux acides. Si vous avez recours à un produit de substitution à base de nicotine, comme une gomme à mâcher à la nicotine ou un dispositif transdermique à base de nicotine, évitez de boire du jus d'orange ou de pamplemousse et écartez toutes les autres boissons acides, recommande le Dr Thomas M. Cooper, chirurgien dentiste, professeur en stomatologie en université et coauteur du livre *The Cooper/Clayton Method to Stop Smoking*. « Le fait de rendre notre urine plus acide a notamment pour effet d'éliminer plus rapidement la nicotine, mais c'est justement l'inverse qu'il faudrait faire si l'on a recours à un produit de substitution à base de nicotine afin d'atténuer les désagréments liés au syndrome de sevrage », explique-t-il.

plus exposés que les non-fumeurs aux lésions oxydatives des tissus provoquées par les radicaux libres.

Afin de contrer les méfaits des radicaux libres, il est essentiel de se protéger vigoureusement. Les recherches indiquent que l'une des meilleures stratégies défensives consiste à absorber une catégorie de nutriments que l'on appelle précisément des antioxydants, comprenant essentiellement les vitamines C et E et le bêtacarotène. Les antioxydants jouent le rôle de défenseurs suicidaires, à la manière des pilotes japonais kamikaze, car ils protègent les molécules saines de l'organisme en mettant à la disposition des envahisseurs nuisibles que sont les radicaux libres leurs propres électrons qu'ils sacrifient.

Les antioxydants ne sont pas un remède miracle et il ne servirait à rien de vous bercer d'illusions si vous êtes un fumeur invétéré qui absorbe régulièrement ces nutriments ; en revanche, ils pourront vous aider à minimiser les dégâts liés au tabac durant la période de sevrage. Voici ce que recommandent les experts.

La vitamine E est indispensable aux fumeurs

Pour protéger l'organisme contre les déplorables méfaits du tabac, il existe un nutriment particulièrement efficace : la vitamine E, un antioxydant que l'on trouve dans les graines de tournesol, les patates douces et le chou frisé.

Chez les fumeurs, l'une des fonctions les plus importantes de la vitamine E est de retarder l'évolution de l'athérosclérose, un trouble qui entraîne un durcissement des artères coronaires dû à l'accumulation de cholestérol, de calcium et de tissus cicatriciels. À la longue, le débit sanguin s'en trouve diminué, ce qui augmente le risque de maladies cardiovasculaires. Diverses études ont montré qu'avant l'apparition de l'athérosclérose, le cholestérol LDL (le cholestérol « nuisible ») doit subir tout d'abord des modifications oxydatives qui vont lui permettre de se déposer sur les parois des artères. La vitamine E contribue à prévenir ces modifications oxydatives.

« Les données que nous avons obtenues grâce à deux études indépendantes l'une de l'autre, portant sur des hommes et des femmes, suggèrent que tous les sujets, fumeurs ou non-fumeurs, qui prennent un apport complémentaire de vitamine E, diminuent de 30 à 40 % leur risque de maladies cardiovasculaires », souligne le Dr Eric Rimm, professeur adjoint dans un service universitaire d'épidémiologie.

En outre, les chercheurs sont persuadés que la vitamine E, qui absorbe les radicaux libres un peu à la manière d'une éponge, est en mesure de protéger les tissus de l'irritation due à la fumée, et de décourager les mutations cellulaires qui caractérisent le cancer et d'autres maladies chroniques liées au tabagisme.

Pour obtenir un effet optimal, les experts recommandent d'absorber chaque jour entre 100 et 200 unités internationales de vitamine E. Sachant qu'il faudrait manger entre 10 et 20 tasses d'aliments spécifiques (chou frisé grossièrement coupé ou patate douce coupée en dés) afin d'en obtenir une telle quantité, il est généralement admis que la prise de compléments alimentaires s'impose.

Le bêtacarotène protecteur

Vous est-il déjà arrivé de vous demander comment Popeye peut continuer à tirer ainsi des bouffées de sa pipe, sans jamais être atteint d'aucune de ces terribles maladies que le tabac est censé provoquer et qui sont tant redoutées de la plupart des hommes de son âge ? Peut-être est-ce le résultat de son penchant pour les épinards, car ces derniers sont une excellente source de bêtacarotène et il semblerait que ce nutriment exerce contre le cancer une action protectrice et immunostimulante.

Mais avant d'avoir recours à des gélules de bêtacarotène, sachez que même si la majorité des experts considèrent qu'il n'y a aucun inconvénient à prendre des compléments alimentaires, les médecins soulignent qu'il est nettement préférable de manger des aliments riches en bêtacarotène comme des épinards et d'autres légumes à feuilles vert foncé, ainsi que du melon cantaloup, des carottes et d'autres fruits et légumes de couleur orange et jaune. Pourquoi ? Parce que les études montrent que même si le bêtacarotène est bénéfique, il n'explique pas tout.

D'une part, quantité d'études de petite envergure ont constaté que le bêtacarotène absorbé sous forme de complément alimentaire exerçait un effet bénéfique chez les fumeurs. Des chercheurs canadiens, par exemple, ont constaté chez 25 fumeurs, auxquels ils avaient administré pendant seulement quatre semaines 20 milligrammes (environ 33 000 unités internationales) par jour de bêtacarotène, une diminution significative des lésions oxydatives.

En revanche, une étude de grande envergure effectuée en Finlande et portant sur 29 133 grands fumeurs (tous des hommes) âgés de 50 à 69 ans qui avaient absorbé chaque jour, pendant cinq à huit ans, une dose de 20 milligrammes (environ 33 000 unités internationales) de bêtacarotène a permis de constater que non seulement les participants n'avaient obtenu aucune amélioration, mais qu'en fait l'incidence de cancer du poumon était plus élevée parmi eux.

Mais alors, quelle étude mérite que l'on y ajoute foi ? Eh bien, les deux, affirme le Dr Jeffrey Blumberg, directeur adjoint et chef d'un laboratoire de recherches sur les antioxydants. Ce dernier soutient que l'étude finlandaise confirme ce que nous savons déjà : « Il n'est pas possible de compenser les dégâts d'une vie entière en prenant pendant cinq ans un complément alimentaire. »

Ce groupe de population présentait au départ un risque extraordinairement élevé, poursuit le Dr Blumberg. Il s'agissait de fumeurs invétérés, qui fumaient chaque jour depuis 35 ans leur paquet de cigarettes. La majorité d'entre eux étaient obèses. Leur taux de cholestérol était trop élevé. Ils buvaient pas mal d'alcool, parfois à l'excès. Si cette étude avait permis d'obtenir des résultats positifs, elle aurait constitué un véritable cauchemar pour la santé publique, puisqu'elle aurait véhiculé le message suivant : « Fumez et buvez à cœur joie, mangez tout ce que vous voulez, cette pilule magique réparera ensuite tous les dégâts. »

D'ailleurs, les résultats du groupe de contrôle de cette étude finlandaise, c'est-à-dire ceux des participants qui n'avaient pas reçu de compléments, sont également riche d'enseignements, fait remarquer le Dr Blumberg. » Parmi les sujets qui ne recevaient pas de compléments, ceux qui présentaient les taux de bêtacarotène les plus élevés étaient également exposés au plus faible risque de cancer du poumon », souligne-t-il.

Que faut-il en conclure ? Le Dr Blumberg recommande à chacun, qu'il soit fumeur ou non-fumeur, d'absorber entre 16 500 et 50 000 unités internationales de bêtacarotène par jour.

Enfin, ajoute le Dr Rimm, il est important de noter que le bêtacarotène n'est qu'une substance parmi un grand nombre d'autres de la même famille des caroténoïdes, qui protègent l'organisme des lésions cellulaires. « Chacun des caroténoïdes a un fonctionnement quelque peu différent, et le fait de manger des fruits et des légumes permet d'apporter un éventail nutritionnel beaucoup plus large que si l'on se contentait de prendre un complément alimentaire. » Il est judicieux de chercher à obtenir par le biais des aliments le plus possible de l'apport recommandé de 16 500 à 50 000 unités internationales de bêtacarotène par jour. Si vous avez du mal à obtenir suffisamment de ce nutriment pour couvrir vos besoins grâce à la seule alimentation, demandez à votre médecin ce qu'il pense d'un apport complémentaire dans votre cas.

La vitamine C pour la santé des cellules et du sperme

Les hommes qui fument font parfois preuve d'humour en disant qu'ils ont moins mauvaise conscience en continuant d'allumer leur cigarette, puisque le tabac a longtemps fait partie des prérogatives masculines. Pourtant, les chercheurs soulignent qu'il n'est peut-être pas trop tôt pour que les hommes qui fument commencent eux aussi à tenir compte du fait que le tabac nuit gravement à la santé de tous.

Diverses études ont mis en évidence un rapport entre le tabagisme, de faibles taux d'acide ascorbique (vitamine C) et certaines anomalies des spermatozoïdes. Il est possible que ces anomalies jouent non seulement un rôle dans la stérilité chez l'homme, mais également dans les malformations congénitales et le cancer infantile chez sa descendance, selon le résultat de ces études.

« Nous savons depuis déjà pas mal de temps que les mutations génétiques sont souvent transmises par l'homme, mais comme c'est la femme qui porte le fœtus, la majorité des études de malformations congénitales portent sur des femmes, fait remarquer le Dr Bruce Ames, professeur de biochimie et de biologie moléculaire et directeur de l'Institut national américain des sciences de la santé et de l'environnement. Nous étudions les conséquences du tabagisme paternel en termes de lésions des spermatozoïdes, et la déplétion des antioxydants joue un rôle significatif. »

Les fumeurs doivent absorber deux à trois fois l'apport journalier recommandé de vitamine C normalement préconisé pour les non-fumeurs, soit environ 180 milligrammes, simplement pour maintenir des taux comparables d'acide ascorbique, fait remarquer le Dr Ames. Ce dernier a également constaté de manière générale que les fumeurs ont tendance à aggraver leurs carences du fait qu'ils n'absorbent pas assez d'aliments riches en vitamine C.

Lorsque le Dr Ames et ses collègues se penchèrent sur la consommation de vitamine C chez 22 fumeurs et 27 non-fumeurs, ce fut pour constater que les fumeurs absorbaient moins de vitamine C que les non-fumeurs. En outre, le taux de lésions oxydatives affectant les spermatozoïdes était 52 % plus élevé chez les fumeurs que chez les non-fumeurs.

Il est bien évident que les spermatozoïdes ne sont pas les seuls à avoir besoin de vitamine C. Le reste de l'organisme, que l'on soit un homme ou une femme, en a tout autant besoin. Puisque les fumeurs n'ont que de faibles taux de vitamine C et qu'ils ont besoin de plus grandes quantités de ce nutriment afin de lutter contre les lésions oxydatives, les experts suggèrent

Prescriptions vitaminiques

Nous nous devons de le répéter une fois de plus : si vous êtes fumeur, le seul moyen de prévenir véritablement les lésions liées au tabagisme est de renoncer à fumer. En attendant d'y avoir réussi, en revanche, certains médecins recommandent les nutriments suivants afin de contribuer à protéger votre santé.

Nutriment	Dose par jour
Bêtacarotène	16 500 à 50 000 unités internationales
Calcium	1 500 milligrammes
Complément de vitamines du groupe B contenant :	
Acide folique	400 microgrammes
Acide pantothénique	10 milligrammes
Biotine	300 microgrammes
Niacine	20 milligrammes
Riboflavine	1,7 milligramme
Thiamine	1,5 milligramme
Vitamine B_6	2 milligrammes
Vitamine B_{12}	6 microgrammes
Vitamine C	180 à 2 000 milligrammes
Vitamine E	100 à 200 unités internationales

En outre, un complément de multivitamines et de minéraux offrant la Valeur quotidienne de l'ensemble des vitamines et minéraux essentiels

MISE EN GARDE : Certaines personnes peuvent avoir des diarrhées après avoir absorbé des doses de vitamine C dépassant 1 200 milligrammes par jour.

Si vous prenez des médicaments anticoagulants, vous ne devez pas prendre de vitamine E sous forme de complément alimentaire.

qu'ils en absorbent considérablement plus que les non-fumeurs — jusqu'à 2 000 milligrammes par jour, lorsqu'il s'agit de sujets plus âgés qui fument habituellement beaucoup. Souvenez-vous simplement que la Valeur quotidienne pour la vitamine C n'est que de 60 milligrammes. Des doses plus élevées, quoique considérées comme entièrement dénuées de toxicité, peuvent provoquer des diarrhées chez certaines personnes.

Le calcium peut contribuer à prévenir la perte osseuse

Les recherches montrent que les fumeurs, en particulier les femmes, accélèrent la perte osseuse qui se produit naturellement avec l'âge, les exposant à un risque plus grand d'ostéoporose, un trouble qui rend l'ossature fragile et facilement cassante.

En fait, une étude effectuée à l'université de Melbourne, en Australie, a examiné 41 couples de jumelles âgées de 27 à 73 ans ; dans chacun de ces couples, l'une des jumelles était fumeuse tandis que l'autre ne l'était pas. Les chercheurs ont constaté que lorsque ces femmes atteignaient la ménopause, celles qui avaient fumé un paquet de cigarettes par jour durant tout l'âge adulte présentaient en moyenne un déficit de 5 à 10 % de la densité osseuse par rapport aux non-fumeuses.

Même s'il n'existe qu'un seul moyen sûr et certain de mettre fin à cette détérioration osseuse, c'est-à-dire de renoncer pour de bon à l'habitude de fumer, certains médecins recommandent en attendant d'augmenter la quantité de calcium absorbée, afin de nourrir l'ossature. Et s'il est utile d'augmenter la quantité d'aliments riches en calcium que l'on absorbe habituellement, notamment les produits laitiers écrémés et certains légumes tels que le brocoli, le meilleur moyen d'obtenir l'apport de 1,5 milligramme recommandé par les experts est d'en prendre un apport complémentaire.

Le groupe B améliore les fonctions de l'organisme

Puisque les vitamines du groupe B sont essentielles pour conserver une bonne forme physique et mentale ainsi qu'une peau, des yeux, des nerfs et des tissus sains — autant de choses sur lesquelles le tabac exerce un effet destructeur —, de nombreux experts recommandent également de prendre un complément de vitamines du groupe B.

Les chercheurs soulignent l'importance toute particulière de l'acide folique ; souvent en déficit chez les fumeurs, ce nutriment est très utile aux poumons. Diverses études ont montré que chez les fumeurs, le fait d'augmenter l'apport d'acide folique pouvait atténuer les symptômes bronchiques et réduire le nombre de cellules anormales ou précancéreuses. En outre, on a pu mettre en évidence chez les fumeurs un lien causal entre des taux insuffisants d'acide folique et une plus grande susceptibilité aux modifications cancéreuses des poumons.

« Non seulement le tabagisme épuise les vitamines du groupe B, mais l'alimentation des fumeurs est souvent qualitativement inférieure à celle des non-fumeurs, si bien que, dès le départ, les fumeurs obtiennent ces nutriments en trop faible quantité », souligne le Dr James Scala, nutrithérapeute auteur du livre *If You Can't/Won't Stop Smoking*. Ce médecin recommande aux fumeurs de prendre un complément de vitamines du groupe B contenant la Valeur quotidienne de l'ensemble des vitamines du groupe B.

Couronnez le tout par un complément multivitaminé

« Puisque le tabagisme dérobe à l'organisme toutes les vitamines, les fumeurs doivent absolument prendre un complément de multivitamines et de minéraux en addition à leurs compléments alimentaires spécifiques », ajoute le Dr Scala.

Ce dernier souligne en outre l'importance vitale pour les fumeurs d'inclure dans leur alimentation davantage de fruits et de légumes. « Les fumeurs ont généralement une alimentation peu équilibrée, ce qui ne fait que contribuer à leurs carences alimentaires », conclut-il.

Taches de vieillesse

◦◆◦

Bientôt plus qu'un mauvais souvenir

Dans notre culture, nous n'apprécions pas particulièrement les taches. Aucun d'entre nous n'aimerait avoir une tache à sa réputation, sur son pantalon ou sur son chemisier. Et lorsque nous contemplons notre visage dans le miroir, c'est l'horreur si nous y décelons le moindre petit bouton !

Pourtant, lorsque l'on prend de l'âge, il arrive souvent que des taches apparaissent, principalement sur les mains et le visage. Qu'on les qualifie de taches hépatiques, de taches de vieillesse ou de taches dues au soleil, notre réaction sera probablement la même : nous voulons un produit antitaches, et vite.

Les taches de vieillesse, désignées par le terme technique de lentigines, sont le résultat d'un excédent de pigment qui s'est déposé à l'intérieur de notre peau durant des années d'exposition au soleil. C'est la raison pour laquelle les dermatologues ne se contentent pas de proposer un traitement, mais recommandent également d'éviter dorénavant l'exposition au soleil.

Remarque : Quoique la majorité des taches de vieillesse ne soient que des imperfections bénignes de la peau qui ne nécessitent rien de plus qu'un rendez-vous chez le dermatologue, certains stades précoces du cancer de la peau peuvent également se déguiser sous forme de taches de vieillesse apparemment innocentes. Si vous constatez que n'importe quelle tache prend de l'ampleur, s'épaissit, change de couleur, saigne ou vous démange, faites-la examiner par un médecin. Afin de mieux vous protéger, faites également procéder lors de votre bilan de santé annuel à un examen général de votre peau.

Rassurez-vous, cependant : si ces taches qui vous désolent tant sont vraiment des taches de vieillesse, les dermatologues disposent aujourd'hui de toute une palette de traitements capables de les atténuer, voire de les faire complètement disparaître. Il s'agit notamment d'une préparation pour application locale à base de trétinoïne, un acide portant aussi l'appellation de Retin A et tiré de la vitamine A.

Gommez-les à l'aide de Retin A

Initialement mise au point comme remède pour soigner l'acné et visant à déboucher les pores obstrués, la préparation Retin A a rencontré un succès retentissant en tant que pommade contre le vieillissement. Même s'il ne s'agit pas d'une fontaine de jouvence, la préparation Retin A est efficace pour gommer les fines ridules, les imperfections de la peau et les taches de vieillesse en stimulant le renouvellement cellulaire par un processus métabolique que les spécialistes ne comprennent pas encore entièrement, déclare celui qui a mis au point la préparation Retin A, le Dr Albert Kligman, professeur de dermatologie en université et médecin traitant en hôpital universitaire.

Afin de faire disparaître une tache de vieillesse, beaucoup de dermatologues recommandent d'appliquer directement sur la tache la dose la plus concentrée de Retin A que votre peau est capable de supporter. Cette zone cutanée se mettra ensuite à peler, et, après quelques mois, la tache de vieillesse devrait s'atténuer ou peut-être même disparaître.

Si vous ressemblez aux participants d'un groupe de recherche du centre médical de l'université du Michigan, à Ann Arbor, il est même possible que vous puissiez constater les premiers résultats au bout de un mois seulement. Dans le cadre d'une étude sur dix mois, portant sur 58 sujets atteints de taches de vieillesse, les chercheurs ont constaté que la majorité des personnes traitées à l'aide de Retin A obtenaient une atténuation de ces taches après un mois. À l'issue des dix mois, on pouvait constater un éclaircissement des taches de vieillesse chez 83 % de ceux qui avaient été traités au Retin A, et, chez 32 % des participants, au moins une tache avait entièrement disparu.

Le Retin A peut être plus efficace encore lorsqu'il est employé conjointement avec d'autres traitements, déclare le Dr John F. Romano, professeur adjoint clinicien en dermatologie en milieu hospitalier.

« Je prescris souvent à mes patients d'appliquer de l'acide glycolique le matin et du Retin A le soir. Dans certains cas, il m'arrive aussi de prescrire

Facteurs alimentaires

Il n'existe hélas aucun aliment miracle capable d'atténuer les taches de vieillesse. En revanche, un certain nombre d'aliments peuvent augmenter notre sensibilité envers le soleil, qui est la cause principale de ces taches peu appréciées. Voici ce qu'il est préférable d'éviter avant de s'exposer au soleil.

Évitez le citron vert. Certains fruits et légumes — en particulier céleri, panais, carotte et citron vert — contiennent des psoralènes, des substances chimiques susceptibles d'augmenter notre sensibilité au soleil. Si vous n'êtes pas particulièrement sensible aux psoralènes, vous ne craignez pas grand-chose en mangeant ces aliments avant d'aller au soleil, affirme le Dr Douglas Darr, directeur du développement technologique dans un centre de recherche. En revanche, il est préférable de vous laver les mains — déjà particulièrement susceptibles à l'exposition au soleil et aux taches de vieillesse — après avoir touché ces aliments. Dans tous les cas, la peau peut être davantage susceptible aux coups de soleil après avoir été en contact direct avec des psoralènes.

ce dernier en association avec une crème à effet décolorant », précise ce médecin.

La crème Retin A est disponible en concentrations plus ou moins fortes, dont la plus faible est de 0,025 % et la plus forte de 0,1 %. Elle n'est délivrée que sur ordonnance, et il vous faudra par conséquent voir avec votre dermatologue afin de déterminer la posologie qui vous convient le mieux.

Puisque le Retin A débarrasse continuellement la couche externe de la peau, constituée de cellules mortes, cette préparation peut non seulement éliminer les taches existantes, mais aussi prévenir l'apparition de nouvelles taches. Ce traitement ne présente qu'un seul inconvénient, c'est qu'une zone de peau auparavant protégée de l'évaporation et de l'exposition aux éléments est à présent exposée. Pour cette raison, un effet indésirable courant du Retin A est un épiderme desséché et excessivement sensible au soleil, qui peut devenir irrité et se couvrir de squames. Quoique cet inconvénient s'atténue généralement avec le temps, si vous avez recours au Retin A, vous aurez vraisemblablement besoin d'un produit hydratant. De plus, il est impératif d'utiliser un écran solaire lorsque l'on a commencé un traitement à base de Retin A.

Protégez votre peau à l'aide de vitamine C

Si la vitamine D est la vitamine solaire, la vitamine C est celle qui remplit le rôle d'écran solaire, selon certains chercheurs ; ces derniers sont nombreux à affirmer que ce nutriment préserve également la santé de la peau.

« De manière générale, la vitamine C est importante pour conserver à la peau un aspect jeune », souligne le Dr Lorraine Meisner, professeur de médecine préventive en milieu universitaire. Cette dernière recommande un apport de vitamine C dénué de toxicité, dont la dose quotidienne se situe entre 300 et 500 milligrammes, afin de maintenir la qualité de la peau.

Les chercheurs médicaux ont également constaté que la vitamine C pouvait être utile en application locale. Il est démontré qu'elle atténue de manière significative l'extension des lésions radicalaires découlant de l'exposition au soleil. Les radicaux libres sont des molécules instables qui apparaissent spontanément dans l'organisme, et qui dérobent des électrons aux molécules saines du corps afin d'établir leur propre équilibre. Lorsque rien ne vient les entraver, les radicaux libres peuvent provoquer des lésions extensives dans les tissus de l'organisme. Quant aux antioxydants comme la

Prescriptions vitaminiques

La seule vitamine dont il est prouvé qu'elle efface les taches de vieillesse est la vitamine A, sous forme de pommade à base de trétinoïne et destinée à l'application locale. Il s'agit d'un produit appelé Retin A, délivré sur ordonnance. À défaut, plusieurs nutriments peuvent prévenir les lésions dues au soleil qui sont la cause des taches de vieillesse. Voici les posologies préconisées par un certain nombre d'experts.

Nutriment	Dose par jour
Voie buccale	
Sélénium	50 à 200 microgrammes (l-sélénométhionine)
Vitamine C	300 à 500 milligrammes
Vitamine E	400 unités internationales (d-alpha-tocophérol)
Application locale	
Vitamine A	Crème de 0,025 % à 0,1 % (Retin A), selon le type de peau)
Vitamine C	Lotion à 10 % (Cellex-C)
Vitamine E	Crème ou huile contenant au moins 5 % de vitamine E, devant être appliquée après l'exposition au soleil

MISE EN GARDE : *Le sélénium absorbé en doses dépassant 100 microgrammes peut être toxique ; si vous souhaitez avoir recours à cette thérapie pour protéger votre peau, parlez-en à votre médecin.*

Vous ne devez pas prendre de vitamine E sous forme de complément alimentaire si vous prenez des médicaments anticoagulants.

vitamine C, ils neutralisent les radicaux libres en mettant à leur disposition leurs propres électrons, protégeant ainsi les molécules saines.

« Puisque la vitamine C prévient les lésions cutanées dues à l'exposition au soleil, il est raisonnable de penser qu'elle pourrait également empêcher les conséquences de ces lésions, notamment les rides et les taches de vieillesse », relève le Dr Douglas Darr, directeur du développement technologique dans un centre de recherche. Ce médecin préconise d'utiliser la vitamine C en application locale et en conjonction avec un écran solaire.

Aux États-Unis, il existe notamment une lotion pour application locale contenant 10 % de vitamine C. Cette préparation, appelée Cellex-C, est en vente libre chez les dermatologues, chirurgiens esthétiques et esthéticiens agréés (dans les salons de beauté), ainsi que par correspondance auprès de la firme Cellex-C Distribution, 2631 Commerce Street, Suite C, Dallas, TX 75226 (1-800-423-5592). Pour avoir la meilleure protection possible contre le soleil, précise le Dr Meisner, qui a participé à la mise au point de ce produit, il convient d'appliquer cette préparation une fois par jour, en utilisant également un écran solaire.

D'autre part, même s'il est vrai que votre peau restera sans doute plus saine si vous mangez beaucoup d'agrumes, ne croyez pas qu'il soit possible de manger suffisamment d'oranges pour vous protéger du soleil, souligne le Dr Sheldon Pinnell, chef du service de dermatologie du centre médical de l'université Duke, qui a également participé à la mise au point de la préparation Cellex-C. « La crème apporte 20 à 40 fois plus de vitamine C qu'il ne serait possible d'en obtenir en absorbant ce nutriment par voie orale », relève-t-il.

La vitamine E limite les dégâts

La vitamine E est un antioxydant utilisé dans toutes sortes de produits, depuis le dissolvant pour vernis à ongles jusqu'au shampooing ; en outre, elle est également bénéfique pour prévenir les lésions dues au soleil.

Les chercheurs ont démontré que l'huile à base de vitamine E pouvait prévenir l'inflammation et les lésions cutanées lorsqu'elle était utilisée en application locale dans les huit heures suivant l'exposition au soleil. En revanche, puisque la vitamine E produit elle-même des radicaux libres lorsqu'elle est exposée à la lumière ultraviolette, les chercheurs recommandent de l'appliquer non pas avant de s'exposer au soleil, mais après.

L'huile à base de vitamine E est en vente libre un peu partout, de même que diverses pommades enrichies de vitamine E. Les recherches ont montré que si la pommade ou l'huile contient au moins 5 % de vitamine E, elle peut se montrer efficace également comme remède apaisant après-soleil.

En outre, le Dr Karen E. Burke, chirurgien dermatologue et spécialiste en dermatologie, fait remarquer qu'il est possible aussi de bénéficier des propriétés de la vitamine E comme protection solaire en absorbant ce nutriment sous forme de complément alimentaire. « Elle est très efficace comme agent anti-inflammatoire et atténue les méfaits du soleil sur la peau », souligne-t-elle. Le Dr Burke recommande de prendre chaque jour 400 unités internationales de vitamine E sous forme de d-alpha-tocophérol.

Plusieurs catégories d'aliments sont de bonnes sources de vitamine E : il s'agit notamment des huiles végétales polyinsaturées, du germe de blé, des épinards et des graines de tournesol.

Le sélénium offre une protection solaire

Le Dr Burke ajoute qu'il peut également être judicieux d'augmenter l'apport de sélénium, un minéral antioxydant, absorbé par le biais de l'alimentation.

« Le sélénium peut prévenir les lésions dues au soleil, la pigmentation et les taches sombres, mais comme le taux de sélénium présent dans le sol est très variable d'une région à l'autre, certaines personnes n'absorbent pas assez de ce minéral pour obtenir un effet bénéfique », explique le Dr Burke. De manière générale, les sols français, en particulier ceux du Massif central et de Bretagne, sont pauvres en sélénium.

Afin de capter les radicaux libres générés par l'exposition au soleil et de prévenir les lésions cutanées, le Dr Burke recommande d'absorber chaque jour un complément de sélénium de 50 à 200 microgrammes sous forme de l-sélénométhionine, en fonction de la région où vous habitez et des antécédents familiaux de cancer. Absorbé en doses dépassant 100 microgrammes, le sélénium peut être toxique ; il est donc judicieux d'obtenir l'avis de votre médecin si vous souhaitez avoir recours à ce remède pour protéger votre peau.

Vous obtiendrez davantage de sélénium par le biais de l'alimentation en mangeant du thon ; une boîte de 85 grammes en contient en effet 99 microgrammes. Une portion de tortilla chips mexicaines (chips de maïs) en fournit une mégadose de 284 microgrammes.

Troubles du comportement alimentaire

Réconcilier le corps et l'esprit

Lisa était persuadée que le fait d'entrer à l'université lui offrait l'occasion rêvée de perdre du poids. Deux à cinq kilos en trop suffisaient à lui donner l'impression, depuis toujours, d'être trop grosse, et elle voulait mettre à profit son indépendance toute neuve pour devenir un peu plus svelte.

Dans un premier temps, elle se contenta de manger moins : fini le grignotage, pas de matières grasses, rien que des crudités. Par la suite, elle découvrit que lorsqu'il lui arrivait de faire un excès, elle pouvait « réparer les dégâts » en se faisant vomir. Très vite, elle en vint à se programmer des sessions quotidiennes de gavage suivies de purge : elle absorbait alors coup sur coup une dizaine de beignets, plusieurs pizzas, des biscuits et des caramels, avant de régurgiter le tout. Elle montait cinq ou six fois par jour sur la balance, et, lorsque son poids eut atteint 45 kilos, elle finit par avoir si peur de prendre le moindre gramme qu'elle en devint presque incapable de manger quoi que ce soit sans se faire vomir ensuite.

Deux ans plus tard, elle comprit qu'elle était dans le pétrin. « J'étais si faible qu'il m'arrivait de sécher mes cours simplement parce que je n'avais pas la force de me rendre d'un bâtiment à l'autre. J'avais des palpitations, mes dents pourrissaient, je ne supportais pas le moindre courant d'air, j'éprouvais d'épouvantables sautes d'humeur, j'étais incapable de me concentrer, et mes cheveux étaient cassants et tombaient par poignées, se souvient-elle. Aujourd'hui, avec le recul, je trouve cela plutôt drôle, mais la seule et unique chose qui m'a finalement poussée à chercher de l'aide était que j'en avais marre d'avoir si souvent des cheveux moches. »

Lisa était loin de se douter à l'époque que ses « cheveux moches » étaient en fait un signe parmi d'autres de malnutrition grave. Même si son corps parvenait à digérer une très faible quantité de nourriture durant les sessions de gavage, les aliments saturés de matières grasses dont elle se bourrait alors ne restaient pas suffisamment longtemps dans son tube digestif pour lui fournir plus qu'un apport nutritif symbolique.

Maladies de carence

La maladie dont Lisa était atteinte est une conjonction de deux troubles du comportement alimentaire très proches l'un de l'autre : la boulimie et l'anorexie. Quoique ces troubles affectent principalement des adolescentes ou des jeunes femmes âgées d'une vingtaine d'années, il peut arriver qu'ils touchent également des hommes, des femmes plus âgées et de jeunes enfants.

L'anorexie est plus facile à diagnostiquer que la boulimie. Les personnes atteintes d'anorexie éprouvent une peur panique à l'idée de grossir, ce qui les pousse à se priver de nourriture au point d'en devenir complètement émaciées. Chez une femme, ce trouble provoque également l'aménorrhée, c'est-à-dire l'absence de règles. Quant aux boulimiques, ils ont généralement un poids plus proche de la normale, mais la même obsession les poursuit quant à leur image corporelle. La boulimie est caractérisée par de fréquentes sessions de gavage suivies d'une purge, c'est-à-dire que la personne boulimique absorbe en très peu de temps une grande quantité de nourriture, avant de s'efforcer par toutes sortes de moyens d'empêcher une prise de poids (se faisant vomir, prenant des laxatifs, se privant de nourriture, jeûnant ou se livrant à des exercices physiques vigoureux). Des symptômes de ces deux troubles sont souvent présents simultanément chez la même personne.

Les spécialistes ne savent pas très bien ce qui pousse certaines femmes à se jeter la tête la première dans un tel cycle d'autodestruction, mais ils s'accordent généralement à dire que la cause est constituée d'un enchevêtrement complexe de facteurs sociaux, psychologiques et biologiques. Ils font également remarquer que la malnutrition exacerbe ce trouble, car elle rend les femmes moins réceptives à un éventuel traitement.

« C'est un véritable cercle vicieux, souligne la nutrithérapeute Amy Tuttle. La malnutrition entraîne un blocage sur le plan physique et émotionnel, et la léthargie qui en résulte rend plus difficile encore l'obtention de la nourriture indispensable pour un bon équilibre physique et émotionnel. »

Nourrir le cerveau et le corps

« Il est tragique que ce trouble soit si souvent traité comme une maladie mentale, plutôt qu'un désordre touchant à la fois le corps et l'esprit », relève le Dr Joseph D. Beasley, directeur de *Comprehensive Medical Care* et coauteur du livre *Food for Recovery*. Ce médecin préconise d'administrer aux sujets atteints de comportements alimentaires aberrants un apport complémentaire de vitamines et de minéraux. « Même si les psychothérapeutes les plus prestigieux — Freud, Jung et Adler — avaient des entretiens avec ces patients jusqu'à la saint-glinglin, cela ne servirait strictement à rien si l'on n'avait pas d'abord réussi à nourrir leur cerveau afin d'ouvrir la voie à la psychothérapie. »

Le Dr Beasley n'est pas le seul à le penser. Contrairement à la manière de procéder d'autrefois, lorsque l'on commençait par soumettre ces patients à une psychothérapie avant de réintroduire progressivement l'alimentation, les spécialistes savent aujourd'hui qu'il est crucial d'administrer une nutrition adéquate avant qu'un traitement psychothérapeutique puisse se montrer efficace. Nombre d'entre eux ont recours à des compléments de vitamines et de minéraux afin de préparer la voie.

En général, durant la période où ces patients réapprennent à manger de vrais aliments, les médecins ont surtout recours à un complément de multi-vitamines et de minéraux offrant 100 % de la Valeur quotidienne de tous les nutriments essentiels. Les médecins ne recommandent pas de dépasser la Valeur quotidienne, mais ils peuvent être appelés à recommander un apport complémentaire de certains nutriments individuels, notamment le potassium, le calcium, le fer, le zinc, la vitamine A, la vitamine E et les vitamines du groupe B.

Remarque : Les experts soulignent que les compléments alimentaires ne sauraient remplacer d'authentiques aliments. Le corps est incapable d'assimiler et d'utiliser adéquatement les vitamines et les minéraux fournis par les compléments alimentaires si l'apport calorique obtenu par l'alimentation laisse à désirer.

« Un complément de multivitamines et de minéraux peut se révéler franchement nuisible pour quelqu'un qui le prendrait en se disant que cela suffit pour résoudre tous ses problèmes, fait remarquer la diététicienne Cheryl Rock, professeur adjoint en nutrition humaine en milieu universitaire et coauteur du livre *Nutrition and Eating Disorders*. Avec ce genre d'attitude, la maladie risque de traîner en longueur et pourrait bien se prolonger pendant dix ans ou plus. »

En l'absence de traitement, 10 à 15 % des anorexiques finissent par mourir, le plus souvent après avoir perdu au moins la moitié de leurs poids corporel. À longue échéance, les boulimiques s'exposent à un risque croissant de complications graves, comme par exemple certaines anomalies des pulsations cardiaques ou une rupture de l'estomac. Par conséquent, même si vous prenez des compléments alimentaires, il est important d'obtenir l'aide d'un spécialiste si vous êtes atteint(e) de ce trouble afin d'apprendre à vous alimenter normalement.

Rééquilibrer les électrolytes

De nombreux travaux scientifiques ont montré que l'une des conséquences des troubles du comportement alimentaire est un déséquilibre des électrolytes pouvant entraîner la mort. Les électrolytes sont des minéraux qui, lorsqu'ils sont dissous dans les fluides de l'organisme, deviennent porteurs d'une charge électrique. Ils ont pour rôle de réguler le rythme cardiaque et la tension artérielle.

Les principaux électrolytes dans l'organisme sont le potassium et le sodium. Quoiqu'une carence en potassium soit relativement rare, la perte de poids très rapide et la déshydratation peuvent entraîner une chute brutale des taux de potassium, laissant le patient exposé à de graves troubles cardiaques, une crise cardiaque notamment.

« Chez les sujets atteints de troubles du comportement alimentaire, il est important de stabiliser ces nutriments le plus rapidement possible », souligne le Dr Beasley ; ce dernier recommande souvent un apport complémentaire non seulement de potassium mais également de magnésium, un autre électrolyte dont la carence peut entraîner de graves troubles cardiaques. « Je n'ai jamais vu aucun patient qui, se livrant à une conduite alimentaire aberrante, ne présentait pas une carence grave dans ces nutriments. »

Sachant qu'un excès de potassium peut entraîner de fâcheuses perturbations, il est préférable d'absorber la Valeur quotidienne de ce minéral (3 500 milligrammes) en mangeant des fruits et des légumes tels que bananes, oranges, épinards et céleri. Il suffit d'absorber la moitié d'un melon cantaloup pour en obtenir 885 milligrammes. Le magnésium est également disponible sous forme de compléments alimentaires proposés en présentations diverses, mais, en mangeant des fruits de mer et des légumes verts feuillus, vous n'aurez pas trop de mal à en obtenir la Valeur quotidienne de 400 milligrammes. Toute personne atteinte de troubles cardiaques ou rénaux, ou de diabète, doit obtenir l'accord de son médecin avant d'avoir recours à un apport complémentaire de ces minéraux.

Les experts recommandent aux sujets atteints de troubles du comportement alimentaire de faire surveiller par un médecin les taux de tous leurs électrolytes : potassium, magnésium et sodium, ainsi que phosphore et chlorure, qui peuvent également s'abaisser dangereusement.

Le calcium protège l'ossature

Le calcium, un minéral essentiel dans la construction et la maintenance d'une ossature saine, est l'un des nutriments les plus susceptibles d'être en

Prescriptions vitaminiques

Il est absolument indispensable d'absorber des aliments afin de prévenir les dégâts que les comportements alimentaires aberrants peuvent faire subir à l'organisme, mais certains médecins sont néanmoins convaincus qu'un apport complémentaire de vitamines et de minéraux peut accélérer le processus de rétablissement et de guérison.

Nutriment	Dose par jour
Calcium	1 000 milligrammes
Fer	18 milligrammes
Magnésium	400 milligrammes
Niacine	20 milligrammes
Potassium	3 500 milligrammes
Thiamine	1,5 milligramme
Vitamine A	5 000 unités internationales
Vitamine E	30 unités internationales

déficit chez les sujets atteints de troubles du comportement alimentaire. Les thérapeutes qui sont amenés à traiter ces troubles soulignent que l'impact d'une carence grave en calcium, surtout lorsqu'elle est accompagnée d'aménorrhée, peut être catastrophique.

« Certaines jeunes femmes d'une trentaine d'années que nous avons l'occasion d'examiner ont l'ossature d'une femme de quatre-vingts ans, souligne la nutrithérapeute Amy Tuttle. Elles en sont déjà à un stade assez avancé d'ostéoporose. C'est triste à dire, mais, heureusement, ce trouble médical grave est le signal d'alarme qui pousse une femme à choisir d'aller de l'avant vers la guérison. » Mme Tuttle relève que les médecins prescrivent fréquemment aux femmes atteintes de troubles du comportement alimentaire un apport complémentaire de calcium de 1 000 milligrammes (la

Nutriment	Dose par jour
Zinc	15 milligrammes

En outre, un complément de multivitamines et de minéraux offrant la Valeur quotidienne de l'ensemble des vitamines et minéraux essentiels

MISE EN GARDE : Les experts soulignent que chez un sujet atteint de troubles du comportement alimentaire, les compléments ne sauraient en aucun se substituer à d'authentiques aliments. L'organisme est incapable d'assimiler et d'utiliser adéquatement les vitamines et les minéraux s'il ne reçoit pas en même temps un apport calorique suffisant. Il est important que le traitement de ce trouble soit entrepris sous surveillance médicale.

Si vous êtes atteint de troubles cardiaques ou rénaux, vous devez obtenir l'avis de votre médecin avant de prendre un apport complémentaire de magnésium.

Tout sujet atteint de troubles rénaux ou de diabète doit consulter son médecin avant de prendre un complément de potassium.

Si vous prenez des médicaments anticoagulants, vous ne devez pas prendre de vitamine E sous forme de complément alimentaire.

Valeur quotidienne), voire davantage, tout en traitant séparément l'aménorrhée.

« Il est absolument crucial que l'alimentation de ces jeunes femmes leur fournisse un apport de calcium suffisant », souligne le Dr Steven A. Abrams, chercheur scientifique dans le domaine de la nutrition infantile et professeur adjoint en pédiatrie. En revanche, les compléments alimentaires pourraient ne pas être suffisants pour remédier à l'ostéoporose si le déséquilibre hormonal persiste. »

Afin d'augmenter l'apport de calcium, il est utile de boire du lait écrémé, car trois tasses de ce breuvage suffisent pour obtenir plus de 1 000 milligrammes de calcium. D'autres sources alimentaires intéressantes sont notamment le brocoli, le tofu et le jus d'orange vitaminé.

Sortir du cercle vicieux grâce au zinc

Sachant qu'une carence en zinc provoque des symptômes proches de ceux que présentent les personnes anorexiques et boulimiques, notamment perte de poids, dépression, ballonnements et aménorrhée, de nombreux chercheurs sont convaincus qu'un trop faible apport de zinc, fréquent chez les sujets ayant une conduite alimentaire aberrante, contribue à perpétuer ce trouble.

Heureusement, diverses études ont permis de constater qu'un apport complémentaire de zinc pouvait être bénéfique. Des chercheurs de l'hôpital Saint Paul's à Vancouver, qui étudiaient le cas de 35 jeunes filles anorexiques, ont d'ailleurs vérifié que celles qui absorbaient chaque jour une faible dose de zinc (ne dépassant pas 14 milligrammes) réussissaient à atteindre le gain de poids qui avait été programmé deux fois plus rapidement que celles qui ne prenaient pas ce complément.

La Valeur quotidienne pour le zinc est de 15 milligrammes ; il suffit d'absorber une seule huître cuite de taille moyenne pour en obtenir presque autant. D'autres bonnes sources alimentaires de ce minéral essentiel sont le rosbif, le germe de blé et les céréales complètes.

Les vitamines A et E à la rescousse

Les vitamines A et E étant liposolubles, il n'est guère étonnant que les taux de ces vitamines soient insuffisants lorsque l'organisme comporte trop peu de tissus adipeux. Par conséquent, chez les personnes atteintes de troubles du comportement alimentaire, ces nutriments importants peuvent être en déficit.

Une étude effectuée par des chercheurs à l'université hébraïque en Israël a permis de constater que les femmes anorexiques présentaient des taux considérablement plus bas de vitamines A et E que d'autres femmes qui ne souffraient pas de ce problème.

« Nous prescrivons généralement un apport complémentaire de vitamines liposolubles en début de traitement, car ces femmes-là n'ont pas de tissus adipeux, souligne le Dr Kathryn J. Zerbe, vice-président pour l'éducation et la recherche et psychanalyste à la clinique Menninger et auteur du livre *The Body Betrayed : Women, Eating Disorders and Treatment*. Heureusement, le corps est capable de recommencer à faire des réserves de vitamines liposolubles sans qu'il soit nécessaire de reconstituer d'abord des tissus adipeux trop importants. »

Si vous souhaitez obtenir la Valeur quotidienne de vitamine A, qui est de 5 000 unités internationales, et reconstituer vos réserves de cette vitamine importante, deux de nos meilleures sources alimentaires sont les épinards et le potiron. En outre, vous obtiendrez une abondance de bêtacarotène, qui se transforme en vitamine A dans l'organisme, en mangeant des carottes, de la patate douce et d'autres fruits et légumes de couleur orange ou jaune vif, ainsi que des légumes à feuilles vert foncé.

La Valeur quotidienne pour la vitamine E est de 30 unités internationales, et des aliments comme les céréales complètes, les œufs et les légumes verts feuillus en sont généreusement pourvus.

Le fer pour combattre l'anémie

Comme les personnes atteintes de troubles du comportement alimentaire évitent généralement la viande rouge et qu'elles ne mangent pas suffisamment pour obtenir du fer par le biais d'autres aliments, il peut arriver qu'elles présentent des signes d'anémie ferriprive.

« L'anémie provient du fait que l'organisme ne dispose pas du carburant nécessaire pour produire de l'énergie, ce qui accroît la fatigue et le manque d'intérêt général », commente le Dr Zerbe. Cette dernière préfère que ses patientes obtiennent le fer en absorbant des aliments, mais ajoute qu'un apport complémentaire peut être utile afin de parvenir à la Valeur quotidienne.

La viande rouge est incontestablement l'une des meilleures sources alimentaires de fer, mais vous en obtiendrez aussi la Valeur quotidienne de 18 milligrammes en mangeant des palourdes, des pois chiches, des raisins secs, de la crème de blé, du tofu et des graines de soja, ou en buvant du jus de tomate.

Les vitamines du groupe B combattent la dépression

La dépression est un élément si fréquent dans les troubles du comportement alimentaire que de nombreux médecins ont aujourd'hui recours à un médicament, la fluoxétine (Prozac) pour traiter la boulimie.

En revanche, de nombreux experts qui préfèrent une approche plus douce sont persuadés que la dépression est l'une des conséquences naturelles de la sous-alimentation et qu'il est possible d'y remédier grâce à une nutrition judicieuse.

« S'il s'agit de dépression grave, nous avons recours à une thérapie à base d'antidépresseurs. Nous commençons toujours, en revanche, par administrer une nutrition bien équilibrée. Il est fréquent que les patients obtiennent une amélioration considérable par le simple fait d'absorber régulièrement une nutrition adéquate », commente le Dr Beasley. Ce dernier souligne en outre qu'une carence en thiamine et en niacine, notamment, peut provoquer des symptômes psychologiques et plus particulièrement la dépression.

La Valeur quotidienne pour la thiamine est de 1,5 milligramme. Cette vitamine est présente pratiquement dans tous les aliments d'origine végétale ou animale, mais surtout dans le riz complet, les fruits de mer et les haricots secs. Quant à la niacine, elle est fournie en abondance par les viandes rouges, le poisson et la volaille, et sa Valeur quotidienne est de 20 milligrammes.

Varices

◆

Une victoire héroïque

Cette finition marbrée serait très esthétique s'il s'agissait d'une cheminée monumentale ou d'une table de salon, mais lorsqu'elle apparaît sur vos jambes, alors là, jamais ! Vous préféreriez ne pas avoir ces zébrures bleuâtres sur vos membres inférieurs, voilà qui est sûr.

Mais pourquoi certaines personnes ont-elles ces marbrures, alors que d'autres en sont indemnes ?

Afin de mieux le comprendre, il est utile d'examiner le mode de fonctionnement des veines. Le cœur se charge de pomper le sang jusqu'aux poumons, où il se charge en oxygène. Le sang retourne ensuite jusqu'au cœur, afin d'y être à nouveau pompé à travers les artères, délivrant ainsi l'oxygène dans l'organisme tout entier. Le cœur exerce une force considérable pour faire circuler le sang à travers les artères. Et lorsque le sang effectue son trajet de retour jusqu'au cœur en traversant diverses parties du corps, c'est dans les veines qu'il circule.

« Les veines ne peuvent pas compter sur la même pression considérable dont disposent les artères pour faire circuler le sang, explique le Dr Robert Ginsburg, directeur d'une unité universitaire d'intervention cardiovasculaire. Elles ont donc recours à des valvules qui ne s'ouvrent que dans une direction, c'est-à-dire vers le cœur, afin d'empêcher le sang de refluer dans la direction inverse. En outre, elles font appel à des contractions musculaires pour contraindre le sang à couler dans la bonne direction. » Trouvez-vous que ce processus manque un peu d'efficacité ? Alors allez-y, communiquez vos doléances à notre mère Nature.

Les varices se manifestent par une sorte de renflement bleuâtre ; elles se produisent lorsqu'une veine est incapable de renvoyer efficacement le sang jusque vers le cœur. Il s'agit en quelque sorte de points de stagnation du sang dans les veines, qui font que ces dernières se dilatent. Ce phénomène empêche les valvules de bien se refermer et d'empêcher le sang de retourner en arrière. En fin de compte, la dilatation des veines peut devenir permanente et s'aggraver de lésions cicatricielles ; les veines apparaissent alors comme une série de nœuds torturés, un peu comme certaines cartes routières dans les régions montagneuses.

Ne croyez pas que les varices ne soient qu'un simple problème esthétique. Elles peuvent contribuer à des troubles comme l'œdème et la fatigue des membres inférieurs, ou les crampes musculaires.

Certaines personnes ont des varices simplement parce qu'elles ont hérité de troubles structurels touchant les valvules dans la partie supérieure des jambes, note le Dr Joseph Pizzorno, Jr., naturopathe et président de l'université Bastyr. « Même si une ou deux valvules seulement sont défectueuses, cela suffit pour exercer une telle pression sur la partie inférieure d'une veine que cette dernière sera affectée à son tour », souligne ce médecin.

D'autres personnes ont des valvules défectueuses parce que leurs veines sont tout simplement trop faibles pour supporter la pression du reflux sanguin.

À leurs patients qui se plaignent de varices, la plupart des médecins se contentent de conseiller de « perdre du poids et de manger davantage de fibres ». L'une comme l'autre, ces mesures diététiques contribuent à diminuer la pression dans les veines. Quant à la poignée de médecins qui vont plus loin que ce simple conseil de bon sens et préconisent également un apport complémentaire de nutriments, ils disent qu'ils font confiance aux nutriments pour contribuer à maintenir l'intégrité structurelle des parois veineuses et à réduire la possibilité de caillots sanguins dans les veines. Voici ce que recommandent ces médecins.

La vitamine C est bénéfique en cas de veines fragiles

Les experts médicaux font remarquer qu'il est important de maintenir la robustesse des parois veineuses afin de prévenir l'apparition des varices ou de les empêcher de s'aggraver. En effet, des parois veineuses robustes parviennent mieux à résister sans se dilater à une pression même importante, ce qui permet aux valvules veineuses de mieux remplir leur rôle.

C'est précisément là qu'intervient la vitamine C. L'organisme a besoin de ce nutriment pour générer deux tissus conjonctifs importants : le collagène et l'élastine. Ces fibres servent toutes deux à réparer et à maintenir les veines afin que ces dernières demeurent robustes et souples, explique le Dr Pizzorno. La vitamine C, ajoute-t-il, pourrait être particulièrement importante pour vous si vous avez facilement des bleus ou si des capillaires sont rompus, ce qui peut se manifester sous forme d'étoile vasculaire.

Quant aux bioflavonoïdes, qui sont des substances proches de la vitamine C, ils pourraient jouer un rôle plus important encore afin de maintenir veines et capillaires au sommet de leur forme. Les bioflavonoïdes sont des substances chimiques complexes souvent présentes dans les mêmes aliments que la vitamine C.

Le Dr Pizzorno recommande de prendre entre 500 et 3 000 milligrammes de vitamine C et 100 à 1 000 milligrammes de bioflavonoïdes par jour. Des doses aussi importantes ne peuvent être obtenues que par le biais de compléments alimentaires. Certaines personnes ont des diarrhées après avoir absorbé seulement 1 200 milligrammes de vitamine C par jour, et il est par conséquent judicieux d'obtenir l'avis de votre médecin avant d'en absorber des doses aussi élevées.

La vitamine E favorise l'écoulement sanguin

Aucune étude à ce jour n'a encore démontré que la vitamine E permettait de guérir les varices, mais cela n'empêche pas les personnes atteintes de varices d'avoir recours à ce nutriment dans l'espoir de prévenir ainsi la principale complication que peut entraîner ce trouble : les caillots sanguins.

« La vitamine E contribue à empêcher les plaquettes, les constituants du sang qui jouent un rôle dans la coagulation, de s'agglutiner et d'adhérer aux parois des vaisseaux sanguins », explique le Dr Pizzorno. Les recherches montrent que la vitamine E, qui empêche les plaquettes de s'agglutiner, pourrait être bénéfique aux sujets exposés à un risque particulièrement élevé de troubles de la coagulation, notamment les diabétiques.

Si vous envisagez d'avoir recours à la vitamine E, efforcez-vous d'en absorber entre 200 et 600 unités internationales par jour, suggère le Dr Pizzorno. Certaines recherches suggèrent que 200 unités internationales par jour suffisent pour atténuer la tendance des plaquettes à s'agglutiner. Si vous avez déjà eu des troubles hémorragiques ou un accident vasculaire cérébral, il est important de parler à votre médecin avant d'envisager un apport complémentaire de vitamine E. En outre, si vous prenez des médicaments anticoagulants, vous ne devez pas prendre de vitamine E sous forme de complément alimentaire.

Un oligo-élément contribue à renforcer les veines

Nous savons tous que les minéraux contribuent à fortifier les os. Diverses études ont montré que certains minéraux remplissent le même rôle bénéfique pour les vaisseaux sanguins, les aidant à construire et à maintenir les couches

Facteurs alimentaires

Certains aliments peuvent contribuer à minimiser la coagulation, réduire la pression et renforcer les parois veineuses. Voici quelques suggestions pour agrémenter vos menus.

Davantage de bioflavonoïdes. Les baies de couleur sombre, comme les cerises, les myrtilles et les mûres, contiennent ces substances chimiques complexes, de même que les membranes blanches et spongieuses des agrumes. Les bioflavonoïdes sont également présents dans le vin et le jus de raisin.

« Nous pensons que les bioflavonoïdes atténuent la fragilité des capillaires », commente le Dr Joseph Pizzorno, Jr., naturopathe et président de l'université Bastyr. Lorsque des capillaires fragiles deviennent dilatés ou cessent de remplir leur rôle, ils peuvent apparaître à la surface de la peau sous forme d'« étoiles vasculaires » de couleur rouge ou bleue.

Davantage de fibres. Si vous faites de grands efforts pour expulser vos selles, cela crée dans l'abdomen une pression qui peut faire obstacle à la circulation sanguine de retour, qui remonte dans les jambes. Sur une période prolongée, ce surcroît de pression peut affaiblir les parois veineuses, explique le Dr Robert Ginsburg, directeur d'une unité universitaire d'intervention cardiovasculaire.

Il est donc préférable d'éviter la constipation en absorbant de généreuses portions d'aliments riches en fibres. Mangez les baies rouges déjà mentionnées au paragraphe précédent, mais également d'autres fruits et divers légumes, ainsi que des haricots secs et des céréales complètes.

Moins de matières grasses. Les tissus adipeux excédentaires, surtout autour de la taille, font également pression sur l'abdomen et gênent le retour du sang jusqu'au cœur, commente le Dr Ginsburg. Veillez à garder un poids raisonnable et vous aurez sans doute moins de problèmes veineux et de varices.

Moins de sel. L'excès de sel peut faire enfler les jambes et stresser des veines déjà fragiles. Le Dr Ginsburg suggère de limiter la quantité de sel absorbée en adoptant une alimentation axée sur une grande abondance de fruits, de légumes frais et de céréales complètes. Il est également judicieux d'augmenter l'apport d'autres minéraux pouvant atténuer la rétention d'eau : potassium, magnésium et calcium.

pour les vaisseaux sanguins, les aidant à construire et à maintenir les couches de tissus qui constituent les parois vasculaires.

Le cuivre, dont nous avons tous besoin en très petite quantité, est utilisé par l'organisme pour lier le collagène et l'élastine, précisément les mêmes tissus conjonctifs qui ont besoin de vitamine C.

« Le cuivre participe à la création de liaisons transversales entre les molécules qui constituent ces tissus », commente le Dr Leslie Klevay, du centre de recherches sur la nutrition humaine de Grand Forks. Les recherches ont mis en évidence, chez des animaux qui présentaient un déficit en cuivre, la présence d'un affaiblissement des artères et des capillaires, deux des trois catégories de vaisseaux sanguins dans notre corps (la troisième étant les veines), qui ont alors tendance à faire saillie sous l'effet de la pression.

Selon le Dr Klevay, l'effet du cuivre sur le réseau veineux n'a pas fait l'objet de recherches très approfondies. En revanche, comme les artères et les veines ont une structure similaire, il est tout à fait possible que la force des veines dépende elle aussi de taux adéquats de cuivre. C'est la raison pour laquelle toute personne, notamment lorsqu'elle a des varices, devrait veiller à obtenir un apport suffisant de ce minéral trace, souligne le Dr Klevay.

Le cuivre est également nécessaire pour construire et réparer les cellules endothéliales, les cellules protectrices lisses qui tapissent l'intérieur des vaisseaux sanguins, explique le Dr Klevay. Il semblerait qu'un apport de cuivre adéquat exerce sur les vaisseaux sanguins un effet protecteur, les empêchant de subir des déchirures microscopiques ou de devenir rugueux par endroits, sous l'effet de facteurs tels que l'hypertension artérielle ou le tabagisme, qui peuvent entraîner l'accumulation de plaque chargée de cholestérol et la formation de caillots sanguins.

La Valeur quotidienne pour le cuivre est de deux milligrammes. Comment être sûr d'en obtenir suffisamment ? Le Dr Klevay recommande d'inclure dans l'alimentation des céréales complètes, des noix et des graines, ainsi que des fruits de mer (surtout des huîtres cuites) et de la viande rouge maigre.

Les vitamines du groupe B peuvent prévenir les caillots

Les cellules endothéliales peuvent également subir des lésions provoquées par des taux sanguins trop élevés d'un acide aminé, l'homocystéine. Les chercheurs ont établi un rapport entre ces lésions et les stades initiaux des maladies cardiovasculaires, et, plus récemment, à un risque accru de caillots sanguins récidivants dans les veines.

Prescriptions vitaminiques

La majorité des médecins n'ont pas recours à des compléments alimentaires dans le traitement des varices, mais un certain nombre de praticiens sont néanmoins d'avis que divers nutriments peuvent être bénéfiques. Voici ce qu'ils recommandent.

Nutriment	Dose par jour
Acide folique	2 500 microgrammes
Cuivre	2 milligrammes
Vitamine B_6	25 milligrammes
Vitamine B_{12}	2 microgrammes
Vitamine C	500 à 3 000 milligrammes
Vitamine E	200 à 600 unités internationales

MISE EN GARDE : *Absorbé en doses dépassant 400 microgrammes par jour, l'acide folique peut masquer les symptômes d'anémie pernicieuse, un trouble lié à la carence en vitamine B_{12} ; par conséquent, il est formellement déconseillé d'en prendre des doses aussi élevées en l'absence de surveillance médicale.*

Certaines personnes peuvent avoir des diarrhées lorsqu'elles prennent plus de 1 200 milligrammes de vitamine C par jour.

Si vous avez déjà eu des problèmes hémorragiques ou un accident vasculaire cérébral, il est important de parler à votre médecin avant de commencer à prendre un apport complémentaire de vitamine E. D'autre part, vous ne devez pas prendre de vitamine E sous forme de complément alimentaire si des médicaments anticoagulants vous ont été prescrits.

C'est là que les trois principales vitamines du groupe B entrent en jeu. Aujourd'hui, les chercheurs savent que le folate (le précurseur naturel de l'acide folique) et les vitamines B_6 et B_{12} aident à décomposer l'homocystéine et à l'évacuer du sang. « Une carence dans n'importe lequel de ces nutriments pourrait entraîner un taux d'homocystéine plus élevé », explique le Dr Jacques Genest, Jr., directeur d'un laboratoire de recherches génétiques et cardiovasculaires, qui a mené à bien des travaux de pointe dans le domaine de l'homocystéine et des maladies cardiovasculaires. « Nous avons constaté qu'une dose quotidienne de 2,5 milligrammes (2 500 microgrammes) d'acide folique ou de 25 milligrammes de vitamine B_6 suffisait pour ramener les taux d'homocystéine à la normale chez la majorité des gens », affirme-t-il.

Des doses aussi élevées d'acide folique et de vitamine B_6 dépassent largement la Valeur quotidienne pour ces deux nutriments (respectivement de 400 microgrammes et de deux milligrammes) et ne peuvent être obtenues que par le biais de compléments alimentaires. Une telle dose d'acide folique ne doit être absorbée que sous surveillance médicale, car des doses dépassant la Valeur quotidienne peuvent masquer les symptômes de l'anémie pernicieuse, un trouble provoqué par une carence en vitamine B_{12}.

Même les sujets qui ont une alimentation saine et bien équilibrée, comprenant chaque jour deux ou trois portions de fruits et trois ou quatre portions de légumes, n'obtiennent qu'environ 190 microgrammes de folate par jour. Quant à la vitamine B_6, les hommes en obtiennent environ 1,9 milligramme par jour et les femmes en moyenne 1,2 milligramme par jour en absorbant des aliments tels que le poulet, le poisson, le porc et les œufs. Certaines personnes pourraient être amenées à prendre ces deux nutriments sous forme de complément alimentaire, et les sujets plus âgés ainsi que les végétariens stricts pourraient également avoir besoin d'un apport complémentaire de vitamine B_{12}, ajoute le Dr Genest. Ce dernier recommande de prendre 2 microgrammes de vitamine B_{12} par jour.

Vieillissement

◆

Une solution radicale

Elizabeth est une jeune femme de 38 ans, paresseusement allongée sur une plage de Caroline du Sud après avoir soigneusement enduit d'écran solaire la peau lisse de tout son corps splendide ; ses cheveux noirs (c'est leur teinte naturelle) sont bien à l'abri sous un foulard, ses ravissants yeux bleus protégés du soleil matinal par une paire d'épaisses lunettes de soleil semi-circulaires.

Elle a préparé juste à côté de sa chaise longue un grand sac isotherme contenant plusieurs bouteilles d'eau minérale ainsi qu'une salade de fruits frais à base de pastèque, de melon cantaloup et de melon d'Espagne. Sur le sable, à côté d'elle, se trouve une paire de baskets passablement usées destinées à la balade de trois bons kilomètres qu'elle fait chaque jour le long de la plage.

Elizabeth sait qu'elle est superbe. Aucune ride, aucune vergeture ne dépare son corps parfait. Elle est bien décidée à faire en sorte qu'il n'y en ait jamais. Elle fera tout ce qu'il faudra pour défier le vieillissement jusqu'au jour de sa mort.

Quelles sont ses chances de succès ? Meilleures qu'il y a seulement une décennie. Les scientifiques avaient alors déjà découvert les raisons pour lesquelles nous nous détériorons et devenons sujets à toutes sortes de désagréments tels que les rides, poches sous les yeux, taches de vieillesse, embonpoint, ainsi qu'à mille et un troubles potentiellement mortels. Les raisons de ce processus dégradant n'ont pas changé : l'hérédité, la maladie, les facteurs liés à l'environnement tels que le tabagisme et l'alimentation, ainsi que le vieillissement lui-même. Aujourd'hui les mêmes scientifiques savent aussi qu'il est possible d'exercer une influence directe sur chacun de ces facteurs, et même de les modifier, en veillant à obtenir un apport suffisant des vitamines et de minéraux dont l'organisme a besoin.

Bombardement chimique

Les maladies qui contribuent au vieillissement et les « dégâts » physiques et mentaux que nous associons à l'idée de vieillir semblent être le résultat d'un véritable bombardement durant toute l'existence, pendant laquelle nous subissons l'assaut de molécules nuisibles qui nous affectent sur divers plans.

Ces molécules, que les scientifiques appellent parfois des radicaux libres, sont libérées en grand nombre dans l'organisme sous l'effet du tabagisme et des infections chroniques, ainsi que par le métabolisme cellulaire normal qui a pour rôle de convertir les hydrates de carbone et les matières grasses de notre alimentation en énergie nécessaire au fonctionnement des cellules. Le simple fait de manger notre petit déjeuner quotidien génère régulièrement des quantités inimaginables de ces molécules nuisibles. Il est impossible de les éviter entièrement.

Malheureusement, les radicaux libres ont l'habitude détestable de dérober des électrons aux molécules saines du corps afin d'établir leur propre équilibre ; ce pillage moléculaire a pour effet d'endommager les cellules et leur ADN, le principal porteur de l'information génétique, dont le rôle est d'indiquer à une cellule comment accomplir sa tâche. Lorsqu'une cellule ne possède pas une copie parfaite de cette information génétique dont l'ADN est porteur, elle ne sait plus ce qu'elle est censée faire. Pourtant, les bio-chimistes estiment que chaque cellule du corps est touchée 10 000 fois par jour par des radicaux libres en circulation dans l'organisme.

Qu'en résulte-t-il alors ?

Selon que les cellules ont été touchées plus ou moins gravement, et en fonction de la rapidité d'intervention des escadrons chargés de la réparation cellulaire, dont le rôle est justement de rendre aux cellules endommagées leur intégrité, les cellules touchées peuvent subir une mutation ou même mourir, explique le Dr Denham Harman, chercheur et professeur émérite en médecine dans un établissement universitaire. C'est lorsque ni l'une, ni l'autre de ces deux alternatives ne se produit que cela peut déclencher les processus biochimiques sous-jacents qui sont à l'origine de nombreux troubles ayant pour effet d'accélérer le vieillissement : maladies cardiovasculaires, hypertension artérielle, maladie de Parkinson, cancer, cataracte, diabète et même maladie d'Alzheimer.

Certains scientifiques sont également persuadés que les radicaux libres affectent le processus de vieillissement de manière plus directe encore, fait remarquer le Dr Harman — qui est d'ailleurs le premier à avoir suggéré cette possibilité. Ce médecin ajoute que « les spécialistes sont toujours plus nombreux à penser que le vieillissement lui-même est dû aux réactions radicalaires. »

Selon cette théorie, il pourrait y avoir une accumulation de dégâts due au bombardement incessant des cellules par les radicaux libres. Une cellule peut être touchée une première fois, les escadrons de réparation cellulaire volent alors à son secours afin de limiter les dégâts affectant l'information génétique portée par l'ADN de la cellule, et la cellule reprend ensuite son rôle normal. Mais lorsqu'une cellule est touchée de manière répétitive, il se pourrait qu'à un certain point, les escadrilles de secours ne soient plus en mesure de remettre la cellule entièrement en état. La cellule endommagée continuerait donc à remplir son rôle, mais moins bien qu'auparavant.

S'il s'agit par exemple d'une cellule cutanée, son propriétaire pourrait se retrouver avec une peau ridée au lieu d'avoir la peau lisse et veloutée. Et si c'est une cellule oculaire, peut-être son possesseur ne sera-t-il plus en mesure désormais d'y voir aussi nettement que par le passé.

Quoi qu'il en soit, les scientifiques ont constaté que chez les sujets plus âgés, 40 à 50 % de la totalité des protéines sont susceptibles d'avoir été endom-magées par les radicaux libres. Dans l'organisme, les protéines participent à d'innombrables fonctions, guidant par exemple les réactions chimiques ou fournissant l'énergie nécessaire au maintien des structures du corps.

D'après les études expérimentales, la durée de vie des animaux de laboratoire est plus courte lorsque les protéines du corps ont été endommagées ; ces deux constatations ont amené certains scientifiques à formuler l'hypothèse selon laquelle les radicaux libres pourraient être la cause directe du vieillissement.

Des antioxydants naturels

Si des millions de radicaux libres peuvent chaque jour bombarder nos cellules, sans pour autant provoquer avant bien longtemps des dégâts ou quelque maladie grave, n'est-ce pas là une indication de la remarquable efficacité des systèmes naturels de protection antiradicalaire dont chaque être humain est doté dès la naissance ? « Ces systèmes luttent contre les radicaux libres à chaque instant de chaque journée », commente le Dr Pamela Starke-Reed, directeur de l'Office américain de la nutrition.

Chacun de ces systèmes est conçu de manière très ingénieuse pour générer un antioxydant, une substance chimique qui se produit de manière naturelle dans l'organisme et dont le rôle est de neutraliser les radicaux libres (parfois qualifiés d'oxydants), en mettant à leur disposition ses propres électrons. Par ce processus, les antioxydants contribuent à protéger les molécules saines de l'organisme.

Chaque antioxydant est conçu pour avoir un effet différent dans une partie différente de la cellule, explique le Dr Starke-Reed. Ses instructions proviennent des consignes génétiques portées par nos chromosomes, et l'énergie nécessaire pour qu'il puisse remplir sa tâche lui est fournie par l'abondante réserve de nutriments spécifiques provenant de l'alimentation. L'un de ces antioxydants naturels dépend de la disponibilité du cuivre, du zinc et du manganèse dans l'organisme. Un autre dépend du fer, et un troisième du sélénium.

Quelles sont les doses indispensables ? « Il s'agit de maintenir tout cela en équilibre », souligne le Dr Starke-Reed. En revanche, puisque les scientifiques commencent seulement à comprendre ce qui est nécessaire pour préserver cet équilibre, « la meilleure chose que nous puissions faire actuellement est de recommander d'absorber au moins la Valeur quotidienne de l'ensemble des vitamines et minéraux essentiels », précise-t-elle.

Renforcer les antioxydants naturels du corps

Quoique le corps génère des antioxydants naturels pour neutraliser les lésions perpétrées par les radicaux libres, il n'en produit pas suffisamment

Facteurs alimentaires

Un apport abondant de vitamines et de minéraux reste bien entendu la priorité dans n'importe quel programme visant à prévenir le vieillissement, mais voici trois autres facteurs dont il est bon de tenir compte.

Mangez de l'ail. Non seulement l'ail peut aider le corps à rester jeune grâce à l'effet protecteur qu'il exerce contre le cancer et les maladies cardiovasculaires, mais il peut également prolonger la durée de vie des cellules normales de la peau et les aider à conserver leur jeunesse, selon certaines études préliminaires réalisées en laboratoire.

Augmentez les protéines. Les personnes du troisième âge ont parfois un appétit d'oiseau, alors qu'elles auraient justement besoin de quantités gigantesques de protéines afin de pouvoir continuer à mener une vie active.

Une étude effectuée conjointement par des chercheurs de plusieurs établissements (le centre Jean Mayer de recherches sur la nutrition humaine et le vieillissement du ministère américain de l'Agriculture à l'université Tufts de Boston, l'institut de technologie du Massachusetts à Cambridge, et l'université d' État de Pennsylvanie à University Park) a permis de constater que l'individu moyen de plus de 55 ans a besoin d'absorber chaque jour entre 0,8 et 1 gramme de protéines par kilo de poids corporel. Une telle quantité représente près de un tiers de plus que ce que recommandent habituellement les diététiciens. Ainsi, un sujet pesant 68 kilos a besoin d'absorber chaque jour entre 54 et 68 grammes de protéines.

Deux excellentes sources de protéines sont le poulet et le poisson. Une portion de blanc de poulet ou une portion de thon, pesant 85 grammes chacune, contiennent respectivement 27 et 25 grammes de protéines. Il suffit d'y ajouter un verre de lait écrémé et vous absorberez 10 grammes supplémentaires de protéines.

Pas de gras. Les recherches médicales ont montré que les matières grasses alimentaires sont l'une des principales sources de radicaux libres, les molécules instables générées spontanément dans l'organisme et qui nuisent aux molécules saines du corps auxquelles ils dérobent des électrons, contribuant ainsi au vieillissement. Voilà donc une nouvelle et excellente raison d'adopter une alimentation maigre.

pour faire face au véritable bombardement radicalaire engendré par la vie moderne. Les systèmes antioxydants naturels de l'organisme n'ont tout simplement pas été conçus pour nous protéger contre la fumée de cigarette d'un local mal aéré, contre une alimentation trop grasse ou contre les virus nouveaux et toujours plus agressifs auxquels nous sommes constamment exposés.

Il se pourrait bien que tout cela change lorsque les scientifiques auront découvert de quelle manière le génie génétique permet de modifier nos gènes afin que nous soyons en mesure de produire davantage de substances antioxydantes naturelles. Mais en attendant, nous avons une autre possibilité, qui consiste à renforcer les antioxydants naturels du corps grâce à d'autres antioxydants qui sont fabriqués par l'homme, c'est-à-dire grâce aux compléments alimentaires.

Les études en laboratoire indiquent que les compléments antioxydants, qui sont essentiellement les vitamines C et E, le bêtacarotène et le sélénium, semblent capables de neutraliser les radicaux libres lorsque ces derniers ont réussi à échapper aux antioxydants naturels générés par nos cellules, explique le Dr Harman.

« Nul ne sait exactement quels en sont les taux optimaux, ajoute ce dernier, mais je recommande des doses quotidiennes de 200 à 400 unités internationales de vitamine E et 1 500 à 2 000 milligrammes de vitamine C, ainsi que 25 000 unités internationales de bêtacarotène, un jour sur deux. Je suggère également de prendre un comprimé de 50 microgrammes de sélénium le matin, et un autre le soir. » Certaines personnes peuvent avoir des diarrhées après avoir absorbé chaque jour des doses élevées de vitamine C.

Un tel protocole est-il capable de freiner véritablement le processus de vieillissement ? « Personne ne le sait », répond le Dr Harman. Chez les animaux de laboratoire, c'est pourtant bien le cas. Mais, souligne-t-il, il faudra des décennies avant que les sujets qui absorbent habituellement des doses importantes de nutriments antioxydants soient devenus suffisamment âgés pour apporter une réponse à cette question en ce qui concerne l'être humain.

Cependant, en attendant les résultats de ces recherches en cours, une chose paraît absolument certaine : les personnes qui absorbent habituellement des antioxydants sous forme de compléments alimentaires, ou qui enrichissent leur alimentation en absorbant des fruits et des légumes qui sont une riche source d'antioxydants, semblent incontestablement se protéger contre l'apparition des maladies qui peuvent accélérer le processus de vieillissement.

Prescriptions vitaminiques

La quantité précise de vitamines et de minéraux nécessaire pour freiner le vieillissement et prévenir un grand nombre des maladies qui accélèrent ce dernier fait l'objet de débats animés parmi les scientifiques. Jusqu'à ce que de nouvelles recherches aient permis d'obtenir davantage de données, voici ce que suggèrent les chercheurs.

Nutriment	Dose par jour
Bêtacarotène	25 000 unités internationales à prendre un jour sur deux
Sélénium	100 microgrammes à fractionner en 2 doses
Vitamine C	1 500 à 2 000 milligrammes
Vitamine E	200 à 400 unités internationales

En outre, un complément de multivitamines et de minéraux contenant la Valeur quotidienne de l'ensemble des vitamines et des minéraux essentiels

MISE EN GARDE : *La dose quotidienne élevée de vitamine C recommandée ici peut provoquer des diarrhées chez certaines personnes.*

Si vous prenez des médicaments anticoagulants, vous ne devez pas prendre de vitamine E sous forme de complément alimentaire.

Plus de 50 études effectuées au cours de la décennie écoulée ont démontré qu'un apport élevé d'aliments riches en bêtacarotène diminue le risque de cancer. Plus de 40 études indiquent que la vitamine C a le même effet. Le survol de diverses études visant à mesurer les quantités d'anti-oxydants absorbés par le biais de l'alimentation a permis de constater que le quart de la population américaine, constitué des individus qui consomment le plus de fruits et légumes, qui sont la source principale de bêtacarotène, de vitamine C et de sélénium, présentaient moitié moins de cancer du poumons, de la bouche, de l'œsophage, de l'estomac, du pancréas, du col de l'utérus et de la vessie, par comparaison avec ceux qui n'en consommaient pas autant.

De plus, les sujets qui absorbaient moins d'antioxydants tels que les vitamines C et E et les caroténoïdes, et notamment le bêtacarotène, étaient plus susceptibles d'être atteints de troubles comme les cataractes et la dégénérescence maculaire, une maladie qui provoque la perte progressive de la vue, surtout chez les personnes plus âgées. En outre, les individus qui avaient des taux abondants de ces antioxydants étaient 37 % moins exposés au risque de crise cardiaque.

On peut donc en conclure que les antioxydants semblent non seulement prévenir les maladies qui accélèrent le processus de vieillissement, mais qu'ils semblent également nous aider à maintenir une meilleure qualité de vie.

Il est important d'encourager les gens à manger davantage à mesure qu'ils prennent de l'âge, souligne Dr Jeffrey Blumberg, directeur adjoint et chef d'un laboratoire de recherches sur les antioxydants. Cependant, fait encore remarquer ce médecin, le choix des aliments absorbés a lui aussi son importance.

« Si vous souhaitez faire le maximum pour rester jeune plus longtemps, souligne-t-il, il est essentiel d'avoir une alimentation de très grande qualité. Il est particulièrement important d'absorber de bonnes sources alimentaires de vitamines C et E et de bêtacarotène. » Les fruits et légumes de couleur orange et jaune, les fruits et les céréales complètes offrent tous de généreuses quantités de ces nutriments.

« De plus, j'irais même jusqu'à conseiller à tous ceux qui souhaitent faire le maximum pour ralentir le processus de vieillissement de prendre chaque jour un complément de multivitamines et de minéraux, ajoute-t-il. En effet, c'est une précaution de plus pour mourir le plus tard possible, en ayant conservé sa jeunesse le plus longtemps possible. »

Zona

◆

La varicelle est de retour

Survenant au cours de l'enfance, la varicelle n'est généralement pas bien grave. Une petite éruption prurigineuse, un peu de fièvre, un ou deux jours au lit et quelques portions de glace, et l'enfant est remis sur pied. Par la suite, il se pourrait même qu'il oublie complètement avoir eu cette maladie un jour.

En revanche, le virus responsable de la varicelle demeure dans l'organisme où il se loge dans certains nerfs à la base de la colonne vertébrale, et il peut se réactiver bien des années plus tard sous forme de zona, ou *herpes zoster*, pour citer son nom scientifique.

Lorsque le virus provoque une flambée, il suit le tracé du nerf concerné, généralement sur le torse, le cou ou le visage. Le nerf s'enflamme et devient extrêmement sensible au toucher. Toute la région où le nerf est à fleur de peau devient cuisante et brûlante, et, par la suite, il se produit une éruption de cloques douloureuses qui peuvent persister pendant une semaine, voire davantage.

Le zona n'est pas quelque chose que l'on peut prendre à la légère. D'ailleurs, même s'il vous était possible de faire comme s'il n'existait pas, mieux vaut ne pas pratiquer la politique de l'autruche dans ce domaine. Les médecins considèrent le zona comme une « urgence douloureuse » et peuvent y apporter un certain soulagement. Certaines études suggèrent également que les algies postzostériennes, qui se traduisent par une douleur persistante qui suit parfois une crise de zona, sont moins susceptibles de se produire lorsque l'on est traité dans les 72 heures qui suivent l'apparition des cloques à l'aide de doses élevées de médicaments visant à empêcher la réplication du virus.

Les sujets atteints d'infections comme celle provoquée par le virus de l'immunodéficience humaine, et ceux qui subissent une chimiothérapie destinée à traiter un cancer, ou qui prennent des médicaments immunosuppresseurs après une greffe d'organe, sont les plus exposés au risque d'un zona. En outre, le risque augmente du simple fait que l'on prend de l'âge.

« La plupart des médecins ont recours à des remèdes pharmaceutiques pour traiter le zona, et un certain nombre de médicaments actuellement à l'étude pourraient apporter une aide plus grande que jamais », note le Dr Stephen Tyring, professeur de dermatologie, microbiologie et immunologie et de médecine interne.

Certains médecins ajoutent toutefois la nutrithérapie à leur protocole de traitement, dans l'espoir de diminuer l'inflammation, de protéger les nerfs et de restituer sa vigueur au système immunitaire, note le Dr Richard Huemer, qui s'intéresse de très près à la nutrition. Voici ce que recommandent ces praticiens.

La vitamine B_{12} pourrait aider les nerfs convalescents

Ce remède est considéré comme dépassé, et il semblerait en outre qu'il ne soit pas efficace pour tout le monde, mais certains médecins administrent à leurs patients atteints de zona des piqûres de vitamine B_{12}.

« Il est vrai que ce traitement existe depuis déjà pas mal de temps, et c'est l'une des mesures que nous prenons lorsque nous sommes à peu près sûrs que cela nous permettra d'obtenir des résultats bénéfiques, déclare le Dr Huemer. Généralement, cela contribue à soulager la douleur, probablement mieux que n'importe quel autre remède dont nous disposons, et cela semble également raccourcir la durée de la maladie. »

Une étude effectuée par des chercheurs indiens signalait que l'on avait pu constater chez 21 sujets atteints de zona une « réponse spectaculaire » en termes de soulagement de la douleur et de rapidité de disparition des cloques, dès le deuxième ou troisième jour de traitement à l'aide de piqûres de vitamine B_{12}. Mieux encore, aucun des participants n'eut à subir les douleurs persistantes liées à des algies postzostériennes.

La vitamine B_{12} est connue pour le rôle important qu'elle joue dans la fonction nerveuse, poursuit le Dr Huemer. « Les nerfs en ont besoin pour maintenir la gaine de myéline protectrice, une épaisse couche de membranes adipeuses qui entoure et isole les nerfs », explique ce médecin.

La vitamine B_{12} est absorbée plus efficacement par l'organisme lorsqu'elle est administrée par le biais de piqûres que lorsqu'elle est prise sous forme de compléments alimentaires. Si vous désirez avoir recours à des piqûres de vitamine B_{12}, il vous faudra obtenir l'aide de votre médecin. Les doses peuvent varier ; le Dr Huemer en administre jusqu'à 2 000 microgrammes une ou deux fois par semaine, jusqu'à obtention d'une amélioration des symptômes, avant de diminuer progressivement la dose. D'autres médecins peuvent en administrer 500 microgrammes par jour durant six jours, passant ensuite à une dose de 500 microgrammes par semaine durant six semaines.

Il serait impossible d'obtenir de telles mégadoses de vitamine B$_{12}$ par le biais de l'alimentation. Les compléments alimentaires peuvent être bénéfiques en doses de 1 000 à 2 000 microgrammes par jour, selon le Dr Huemer. Ce dernier fait toutefois remarquer que l'assimilation de ce nutriment à partir de compléments n'est pas aussi bénéfique que lorsqu'il est administré sous forme de piqûres. De telles doses de vitamine B$_{12}$ sont extrêmement élevées (la Valeur quotidienne n'est que de 6 microgrammes) et ne doivent être administrées que sous surveillance médicale.

Parallèlement à la vitamine B$_{12}$, certains médecins administrent également des piqûres d'acide folique et de toutes les autres vitamines du groupe B, notamment thiamine, riboflavine, niacine et vitamine B$_6$. « Beaucoup de ces vitamines sont synergiques, et les individus concernés se rétablissent mieux et plus vite lorsque leurs taux de tous ces nutriments redeviennent normaux », souligne le Dr Robert Cathcart, qui se spécialise en nutrithérapie.

La vitamine C pourrait assécher les cloques

On ne peut pas dire qu'il s'agisse de recherches très récentes. Deux études, l'une de 1949 et l'autre de 1950, suggéraient pourtant que les individus qui ont des flambées récidivantes de zona obtiennent un soulagement considérable grâce à des mégadoses de vitamine C administrées par voie intraveineuse.

Dans le cadre d'une de ces études, effectuées par des chercheurs de Caroline du Nord, sept sur huit patients atteints de zona ont signalé avoir obtenu un soulagement de la douleur dans les deux heures après la première dose, l'assèchement des cloques dès le premier jour de traitement et la disparition complète des symptômes en trois jours. À l'issue de l'autre étude, des chercheurs français ont signalé qu'ils avaient réussi à guérir les 327 participants atteints de zona en leur administrant pendant trois jours de la vitamine C par voie intraveineuse.

La vitamine C pourrait contribuer à renforcer l'immunité de plusieurs manières différentes, explique le Dr Raxit Jariwalla, chef du programme de virologie et d'immunodéficience à l'institut Linus Pauling. De plus, les études montrent qu'administrée en mégadoses, la vitamine C peut inhiber la réplication de certains types de virus, notamment ceux qui appartiennent à la catégorie *herpes*, ajoute le Dr Jariwalla. Elle peut également supprimer l'aptitude de certains virus à provoquer des infections, fait-il encore remarquer.

Facteurs alimentaires

Le virus du zona, ou *herpes zoster*, répond aux mêmes modifications alimentaires également applicables dans le cas de l'*herpes simplex*, le virus qui provoque les boutons de fièvre et l'herpès génital. Voici quelques détails.

Veillez à absorber suffisamment d'acides aminés. Les recherches indiquent que des mégadoses de lysine, un acide aminé essentiel, inhibent la réplication du virus responsable du zona.

« Je recommande d'absorber entre 2 000 et 3 000 milligrammes de lysine par jour durant une flambée de zona, et davantage encore dans les cas rebelles », suggère le Dr Robert Cathcart. Quoique la lysine soit présente dans des aliments courants comme le bœuf, le porc, les œufs et le tofu, il peut s'avérer nécessaire d'en prendre un apport complémentaire afin d'obtenir une dose aussi élevée. Cet acide aminé semble dénué d'effets indésirables, ajoute le Dr Cathcart, d'autant plus que de telles mégadoses n'en sont administrées que sur une courte période. Les compléments de lysine sont en vente dans les magasins diététiques.

Écartez les aliments contenant de l'arginine. Cette catégorie d'aliments comprend le chocolat, les noix et les graines. La lysine semble avoir une efficacité bien plus grande lorsque l'utilisateur évite d'absorber trop d'arginine, un autre acide aminé, précise le Dr Cathcart. Une explication possible est que la lysine pourrait inhiber l'aptitude du virus à absorber l'arginine.

Les chercheurs ne savent pas par quel processus la vitamine C exerce son action antivirale, relève le Dr Jariwalla. « Il s'agit probablement d'un effet multiple plutôt que d'une action ciblée », ajoute-t-il.

Grâce à son pouvoir antioxydant, la vitamine C peut également neutraliser les substances biochimiques génératrices d'inflammation générées par les cellules immunitaires au cours de la lutte contre les envahisseurs, poursuit ce médecin. Cette protection antioxydante pourrait contribuer à épargner les cellules voisines qui, sans cela, seraient endommagées par la lutte entre les cellules immunitaires et les virus.

Prescriptions vitaminiques

Le traitement du zona repose essentiellement sur l'administration de médicaments. Toutefois, certains médecins préconisent également quelques nutriments.

Nutriment	Dose par jour
Vitamine B_{12}	1 000 à 2 000 microgrammes
Vitamine C	mégadose la plus élevée que l'on est capable de tolérer sans avoir la diarrhée selon prescription du médecin traitant
Vitamine E	400 à 600 unités internationales

MISE EN GARDE : *Si vous avez un zona, il est important que vous soyez soigné par un médecin.*

La dose de vitamine B_{12} recommandée ici est largement supérieure à la Valeur quotidienne et ne doit être absorbée que sous surveillance médicale. En fonction de la gravité de votre état, votre médecin pourra, s'il le juge préférable, vous administrer ce nutriment sous forme de piqûres.

Avant de prescrire une dose élevée de vitamine C, votre médecin devra déterminer votre seuil de tolérance à ce nutriment. Certaines personnes ont des diarrhées après avoir absorbé plus de 1 200 milligrammes de vitamine C par jour. Par conséquent, il est important d'avoir un entretien avec votre médecin si vous envisagez d'avoir recours à ce remède.

Si vous prenez des médicaments anticoagulants, vous ne devez pas prendre de vitamine E sous forme de complément alimentaire.

Nombreux sont les médecins qui prescrivent la vitamine C pour les infections virales et qui l'administrent aussi bien par voie intraveineuse, sous forme d'ascorbate de sodium neutralisé, et sous forme de la mégadose par voie buccale la plus élevée que le patient est capable de tolérer sans avoir la diarrhée, note le Dr Cathcart. « Nous inondons littéralement l'organisme à l'aide de vitamine C », précise-t-il. Cette dose très élevée contribue à maintenir des taux sanguins et des taux intracellulaires suffisamment élevés pour atténuer l'inflammation, explique ce médecin, qui administre généralement des doses par voie intraveineuse chaque jour durant trois à cinq jours ; à la fin de cette période, les cloques ont disparu. « Je n'ai jamais eu à traiter un cas où le sujet ait ensuite eu à subir une algie postzostérienne ou une névralgie, souligne-t-il. Ce traitement se montre très efficace sur ce plan. »

Des doses élevées de vitamine C peuvent provoquer des diarrhées. Par conséquent, explique le Dr Cathcart, il est important qu'un médecin détermine votre seuil de tolérance à ce nutriment avant de vous en prescrire des mégadoses. De plus, souligne le Dr Jariwalla, la quantité de vitamine C qu'un sujet peut tolérer avant qu'un effet purgatif se produise augmente en fonction de la gravité de la maladie ou de l'infection. Si vous souhaitez avoir recours à cette thérapie pour traiter un zona, parlez-en à votre médecin.

Même s'il est impossible d'obtenir une dose suffisamment élevée de vitamine C à partir de l'alimentation, de nombreux médecins suggèrent qu'il est judicieux d'inclure des agrumes dans l'alimentation quotidienne. En effet, les membranes blanches fibreuses des agrumes contiennent des bioflavonoïdes ; ces substances chimiques complexes proches de la vitamine C sont également dotées d'un pouvoir immunostimulant et anti-inflammatoire non négligeable.

La vitamine E pourrait soulager les nerfs irrités

L'une des pires conséquences possibles d'une flambée de zona est une douleur tenace due à l'inflammation chronique d'un nerf. Quoique ce traitement n'ait pas fait l'objet de recherches récentes, plusieurs rapports de recherche déjà anciens suggèrent que des mégadoses de vitamine E peuvent contribuer à soulager cette douleur persistante.

L'un de ces rapports, publié en 1973 par le Dr Samuel Ayres et le Dr Richard Mihan, tous deux dermatologues à Los Angeles, avait enregistré « des résultats extrêmement prometteurs » avec la vitamine E administrée par voie buccale et en application locale. Sur 13 sujets traités, 9 avaient obtenu un soulagement total ou pratiquement complet des douleurs, 2 avaient une amélioration modérée, et 2 une amélioration légère. Deux de ceux qui avaient obtenu le soulagement total ou presque complet des douleurs souffraient d'algies postzostériennes depuis plus longtemps que tous les autres : l'un depuis treize ans, l'autre depuis dix-neuf ans.

La vitamine E est incorporée dans les membranes adipeuses de toutes les cellules de l'organisme, notamment les cellules nerveuses, qui sont protégées par la gaine de myéline, l'épaisse enveloppe de membranes adipeuses déjà mentionnée plus haut, explique le Dr Huemer. C'est là que la vitamine E contribue à protéger les cellules des lésions qui se produisent à l'occasion d'une invasion virale. La vitamine E peut neutraliser les substances biochimiques nuisibles générées par les cellules immunitaires au cours de la lutte contre les virus. Elle pourrait également contribuer à faire cesser les dégâts qui peuvent provoquer une inflammation persistante, ajoute le Dr Huemer.

Dans le cadre de leur étude, le Dr Ayres et le Dr Mihan utilisaient des doses élevées de vitamine E : de 1 200 à 1 600 unités internationales par jour. Le Dr Huemer, lui, se contente de préconiser d'en prendre 400 unités internationales par jour. Si vous envisagez d'en absorber des doses supérieures à 600 unités internationales par jour, il est judicieux d'être suivi par un médecin.

Renforcer l'immunité grâce à une palette de nutriments

La vitamine E, ainsi que divers autres nutriments, stimulent l'immunité de diverses autres manières qui pourraient être bénéfiques aux patients atteints de zona, surtout ceux dont le système immunitaire est déjà affaibli, fait remarquer le Dr Cathcart. « Chez un grand nombre de mes patients atteints de zona, le statut immunitaire est faible ; j'ai donc recours à tout un ensemble de nutriments pour reconstruire leur système immunitaire », explique-t-il. Ces nutriments comprennent notamment la vitamine A, les vitamines du groupe B, le zinc, le sélénium et quelques autres. Veuillez vous reporter à la page (359) pour une information très détaillée sur la manière de procéder pour renforcer votre système immunitaire.

Médecins et spécialistes cités dans le texte

Dr Guy Abraham, chercheur dans le domaine du syndrome prémenstruel et fondateur de la firme Optimox de Torrance (Californie), qui fabrique des compléments alimentaires.

Dr Steven A. Abrams, chercheur scientifique au centre de recherches sur la nutrition infantile du ministère américain de l'Agriculture à la faculté de médecine Baylor, à Houston, et professeur adjoint en pédiatrie dans ce même établissement.

Dr G. David Adamson, directeur du cabinet *Fertility Physicians of Northern California*, à Palo Alto.

Mme Melanie Roberts Afrikian, conseillère diététique en cabinet privé à Wakefield (Massachusetts).

Dr Burton M. Altura, chercheur réputé dans le domaine du magnésium et professeur de physiologie et de médecine au Centre des sciences de la santé de l'université d'état de New York à Brooklyn.

Dr Bruce Ames, Ph.D., professeur de biochimie et de biologie moléculaire et directeur de l'Institut national américain des sciences de la santé et de l'environnement à l'université de Californie à Berkeley.

Dr James W. Anderson, professeur de médecine et de nutrition clinique à la faculté de médecine de l'université du Kentucky à Lexington et pionnier dans le domaine des recherches sur les fibres alimentaires.

Dr John Anderson, Ph.D., professeur de nutrition aux facultés de santé publique et de médecine de l'université de Caroline du Nord à Chapel Hill.

Dr Richard Anderson, Ph.D., chercheur principal au Laboratoire des besoins et fonctions liés aux nutriments du centre de recherches sur la nutrition humaine, au sein du ministère américain de l'Agriculture à Beltsville, dans le Maryland.

Dr Joseph Attias, D.Sc., directeur de l'Institut pour la recherche sur les dangers liés au bruit, au centre médical Chaim-Sheba à Ramat Gan, en Israël.

Dr Jerry Avorn, professeur adjoint en médecine à l'école médicale Harvard.

Dr Sidney M. Baker, généraliste en exercice privé à Weston dans le Connecticut, qui s'intéresse tout particulièrement à l'insuffisance mitrale.

Dr James Balch, urologue à Greenfield dans l'Indiana et auteur du livre *Prescription for Cooking and Dietary Wellness*.

Dr Pierre R. Band, chef du service d'épidémiologie au sein de l'Agence du cancer de la Colombie-Britannique à Vancouver.

Dr Neal Barnard, auteur du livre *Eat Right, Live Longer* et président du Comité des médecins pour une médecine responsable, à Washington D.C.

M. Tapan K. Basu, Ph.D., coauteur du livre *Vitamin C in Health and Disease* et professeur de nutrition à l'université d'Alberta à Edmonton.

Dr G. William Bates, vice-président pour l'éducation médicale et la recherche au sein du *Greenville Hospital System* (Caroline du Sud).

Dr Joseph D. Beasley, directeur de *Comprehensive Medical Care* à Amityville (New York) et coauteur du livre *Food for Recovery*.

Dr Melinda Beck, professeur à l'université de Caroline du Nord à Chapel Hill.

Dr Tom Becker, professeur adjoint en médecine à l'université du Nouveau-Mexique à Albuquerque.

Dr Adrianne Bendich, Ph.D., chercheur clinicien au service de recherches sur la nutrition humaine chez Hoffmann-La Roche à Nutley (New Jersey).

Dr Leonard Berg, président du Conseil consultatif médical et scientifique de l'association Alzheimer et directeur du centre de recherches sur la maladie d'Alzheimer à l'université de Washington à St. Louis.

Dr Wilma Bergfeld, dermatologue et directeur de la section de dermatopathologie (étude des causes et effets des maladies et anomalies dermatologiques) et de recherche en dermatologie de la clinique de Cleveland.

Dr Allan L. Bernstein, chef du service de neurologie du centre médical Kaiser Permanente à Hayward, Californie.

Dr Eliot L. Berson, professeur d'ophtalmologie et directeur du laboratoire Berman-Gund de l'école médicale Harvard.

Dr Loran Bieber, professeur de biochimie et doyen associé aux recherches à l'université de l'état du Michigan à East Lansing.

Dr John Blass, directeur du service de recherches sur la démence à l'institut Burke de recherche médicale à White Plains, New York.

Dr Sheldon Paul Blau, professeur clinicien en médecine à l'université d'état de New York, à Stony Brook, et coauteur du livre *Living with Lupus*.

Dr Gladys Block, Ph.D., chercheur à l'université de Californie à Berkeley.

Dr Harold Bloomfield, psychiatre à Del Mar en Californie et coauteur des ouvrages *How to Heal Depression* et *The Power of Five : Hundreds of Five-Second to Five-Minute Scientific Shortcuts to Ignite Your Energy, Burn Fat, Stop Aging and Revitalize Your Love Life*.

Dr Jeffrey Blumberg, directeur adjoint et chef du laboratoire de recherches sur les antioxydants du centre Jean Mayer de recherches sur la nutrition humaine et le vieillissement du ministère américain de l'Agriculture à l'université Tufts de Boston.

Dr John Bogden, Ph.D., professeur au service de médecine préventive et de santé communautaire à la faculté de médecine et de soins dentaires de l'université du New Jersey à Newark.

Dr Robert Bostick, professeur adjoint en épidémiologie à la faculté de médecine *Bowman Gray* de l'université *Wake Forest* à Winston-Salem (Caroline du Nord).

Dr Frederick L. Brancati, professeur adjoint en médecine et épidémiologie aux institutions médicales Johns Hopkins, à Baltimore.

Dr George Brewer, chercheur, professeur de génétique humaine et de médecine interne à la faculté de médecine de l'université du Michigan à Ann Arbor.

Dr Lorraine Brilla, Ph.D., professeur adjoint en physiologie de l'exercice à l'université Western Washington à Bellingham.

Dr John Britton, maître de conférences en unité médicale respiratoire du City Hospital à Nottingham (Angleterre).

Dr Michael A. Brodsky, professeur adjoint en médecine à l'université de Californie à Irvine et directeur du service d'électrophysiologie et d'arythmie du centre médical de l'université de Californie à Irvine.

Dr Greta Bunin, chercheur, professeur de pédiatrie à l'université de Pennsylvanie.

Dr Karen E. Burke, Ph.D., chirurgien dermatologue et spécialiste en dermatologie à New York.

Dr Irving Bush, professeur d'urologie à la faculté de médecine de l'université des sciences de la santé de Chicago, médecin chef du centre pour l'étude des maladies génito-urinaires de West Dundee dans l'Illinois, et ancien président des comités de gastro-entérologie, urologie et dialyse de la FDA.

Dr Donald J. Carrow, qui exerce à son cabinet privé à Tampa en Floride et s'intéresse de très près à la nutrithérapie.

Dr William Castelli, ancien directeur de l'étude *Framingham Heart Study*, et à présent directeur médical de l'institut cardiovasculaire Framingham (Massachusetts).

Dr Robert Cathcart, médecin à Los Altos, en Californie, qui se spécialise en nutrithérapie.

Dr Ranjit Kumar Chandra, professeur au service universitaire de recherches de l'université Memorial du Newfoundland et directeur du centre de l'OMS pour l'immunologie nutritionnelle.

Dr Paul Cheney, spécialiste du syndrome de fatigue chronique et directeur de la clinique Cheney à Charlotte (Caroline du Nord).

Dr Emily Chew, médecin au sein de l'unité de biométrie et d'épidémiologie de l'Institut national de l'œil à Bethesda (Maryland).

Dr Chi-Tang Ho, professeur au département de science alimentaire de l'université Rutgers dans le New Brunswick (New Jersey).

Dr Larry Christensen, président de l'unité de psychologie de l'université du Sud de l'Alabama à Mobile ; il est également l'auteur du livre *The Food-Mood connection*.

Dr William Clark, professeur de médecine à l'université de l'Ontario occidental à London (Ontario), et l'un des principaux chercheurs dans le domaine du lupus et de l'huile de poisson.

Dr Fred Coe, professeur de médecine et de physiologie et médecin chef en néphrologie à la faculté de médecine Pritzker de l'université de Chicago.

Dr Jay D. Coffman, chef du service de médecine vasculaire périphérique du centre médical de l'université de Boston.

Dr Cecil Coghlan, professeur de médecine à la faculté de médecine de l'université de l'Alabama à Birmingham.

Dr Thomas M. Cooper, D.D.S., chirurgien dentiste, professeur en stomatologie à l'université du Kentucky à Lexington, et coauteur du livre *The Cooper/Clayton Method to Stop Smoking*.

Dr Jack M. Cooperman, Ph.D., professeur clinicien en médecine communautaire et préventive au collège médical de New York à Valhalla.

Dr William Crook, qui exerce la médecine à Jackson dans le Tennessee ; il est également l'auteur de l'ouvrage *The Yeast Connection and The Woman*.

Dr Merit Cudkowicz, chercheur dans le domaine des maladies neurodégénératives à l'hôpital général du Massachusetts à Boston.

Dr John J. Cunningham, Ph.D., professeur de nutrition à l'université du Massachusetts à Amherst.

Dr Susan Cunningham-Rundles, Ph.D., professeur adjoint en immunologie et rédactrice de la publication *Nutrient Modulation of the Immune Response*.

Dr Joanne Curran-Celentano, Ph.D., professeur adjoint en sciences de la nutrition à l'université du New Hampshire à Durham.

Dr Douglas Darr, Ph.D., directeur du développement technologique du centre de biotechnologie de Caroline du Nord, à Research Triangle Park.

Dr Marvin Davis, Ph.D., président du service de pharmacologie de l'université du Mississippi à Oxford.

Dr Earl Dawson, Ph.D., professeur adjoint en obstétrique et gynécologie à la faculté de médecine de l'université du Texas à Galveston.

Dr H.F. DeLuca, Ph.D., président du service de biochimie de l'université du Wisconsin-Madison.

Dr David Dempster, directeur du Centre régional des os de l'hôpital Helen Hayes à West Haberstraw à New York, et professeur adjoint en pathologie clinique à l'université Columbia à New York.

Dr Margo Denke, expert sur les femmes et le cholestérol au centre médical Southwestern de l'université du Texas à Dallas et membre du comité d'experts sur le HDL et les maladies cardiovasculaires aux Instituts nationaux de la santé à Bethesda (Maryland).

Dr Seymour Diamond, directeur de la Fondation nationale des maux de tête et de la clinique *Diamond Headache Clinic* à Chicago.

Dr Robert DiBianco, professeur clinicien adjoint en médecine à la faculté de médecine de l'université Georgetown à Washington D.C.

Dr Elliot Dick, Ph.D., professeur de médecine préventive, chef du laboratoire de recherches sur les maladies respiratoires d'origine virale de l'université du Wisconsin-Madison et l'un des chercheurs de pointe aux États-Unis dans le domaine de la recherche sur le rhume.

Mme Judy Dodd, R.D., ancienne présidente de l'Association américaine de diététique.

Mme Joanne Driver, diététicienne chargée de recherche et développement au service de soins intensifs et chirurgicaux de l'hôpital général Marquette (Michigan).

Dr Paul J. Dunn, médecin à Oak Park (Illinois).

Dr Mary Dan Eades, directeur médical du centre Arkansas pour la santé et la maîtrise du poids à Little Rock et auteur de l'ouvrage *The Doctor's Guide to Vitamins and Minerals*.

Michael Ebadi, Ph.D., professeur de pharmacologie et de neurologie à la faculté de médecine de l'université du Nebraska à Omaha.

Dr David Edelberg, coordinateur au centre holistique américain de Chicago, l'un des principaux centres de médecine parallèle des États-Unis.

Dr John Marion Ellis, médecin de famille à la retraite de Mount Pleasant au Texas, qui a dirigé des études et rédigé divers articles concernant la vitamine B_6.

Dr Melvin L. Elson, directeur médical du centre de dermatologie de Nashville, coauteur du livre *The Good Look Book* et responsable du périodique *Evaluation and Treatment of the Aging Face*.

Mme Nancy Ernst, R.D., coordinatrice de la nutrition à l'Institut national du cœur, du poumon et du sang à Bethesda (Maryland).

Dr Bernard A. Eskin, du service d'obstétrique et de gynécologie du collège médical de Pennsylvanie à Philadelphie.

Dr Robert G. Feldman, professeur et président du service de neurologie du centre médical de l'université de Boston.

Mme Cade Fields-Gardner, R.D., nutrithérapeute spécialisée dans le traitement du sida, directrice des services de la firme *Cutting Edge Consultants*, un groupe de diététiciens qui mettent leur expertise à profit pour créer et diriger des programmes nutritionnels destinés aux hôpitaux, aux industries et à divers individus à travers l'ensemble du territoire américain.

Dr Margaret Flynn, R.D., Ph. D., nutrithérapeuthe en milieu médical à la faculté de médecine de l'université du Missouri-Columbia.

M. Karl Folkers, D.Sc., Ph.D., professeur et directeur de l'institut pour la recherche biomédicale à l'université du Texas à Austin.

Dr Jeanne Freeland-Graves, R.D., Ph.D., professeur de nutrition à l'université du Texas à Austin.

Dr John M. Freeman, professeur de neurologie pédiatrique aux institutions médicales Johns Hopkins à Baltimore.

Dr Balz Frei, Ph.D., professeur adjoint en médecine et biochimie à la faculté de médecine de l'université de Boston.

Dr Friedlaender, directeur du service de chirurgie cornéenne et réfractive de la clinique et fondation de recherche Scripps à La Jolla en Californie.

Dr June Fry, Ph.D., professeur de neurologie et directeur du centre des troubles du sommeil de la faculté de médecine de Pennsylvanie à Philadelphie.

Dr Alan R. Gaby, auteur du livre *Preventing and Reversing Osteoporosis*, médecin à Seattle spécialisé en médecine naturelle et nutritionnelle et ancien président de l'*American Holistic Medical Association*.

Dr Jacques Genest, Jr., directeur du laboratoire de recherches génétiques et cardiovasculaires de l'Institut de recherche clinique de Montréal.

Dr Stanley Gershoff, professeur de nutrition et doyen honoraire de l'école de nutrition de l'université Tufts à Medford (Massachusetts).

Dr K.F. Gey de l'Institut de biochimie et de biologie moléculaire de l'université de Berne, en Suisse.

Dr Gary E. Gibson, Ph.D., professeur de neuroscience à l'Institut Burke de recherche médicale de l'université Cornell à White Plains (New York).

Dr Matthew W. Gillman, professeur adjoint en soins ambulatoires et préventifs à l'école médicale Harvard.

Dr Bernard Ginsberg, médecin ayant travaillé à l'institut de recherches de l'hôpital Sinai à Baltimore.

Dr Robert Ginsburg, directeur de l'unité d'intervention cardiovasculaire du centre des sciences de la santé de l'université du Colorado à Denver.

Dr John C. Godfrey, Ph.D., chimiste médicinal et président de la firme Godfrey Science and Design, un service de conseils en compléments alimentaires basé à Huntingdon Valley (Pennsylvanie).

Dr Kenneth Goldberg, fondateur et directeur du Centre pour la santé virile à Dallas.

Dr Michele Gottschlich, Ph.D., directrice des services de nutrition de l'institut Shriners des grands brûlés à Cincinnati.

Mme Fran Grabowski, diététicienne du service de recherche et développement de la clinique de la SLA à l'hôpital universitaire Hahnemann à Philadelphie.

Dr Neil M.H. Graham, professeur adjoint en épidémiologie à l'école Johns Hopkins d'hygiène et de santé publique à Baltimore.

Mme Jean Guest, chargée de recherche et développement, ancienne conseillère diététique auprès de l'association cœliaque Sprue et ancienne diététicienne pédiatrique clinicienne au centre médical de l'université du Nebraska à Omaha.

Dr Robert J. Gumnit, président du *Minnesota Comprehensive Epilepsy Program* et directeur du Centre de recherches cliniques sur l'épilepsie à l'université du Minnesota, tous deux à Minneapolis.

Mme Pickett Guthrie, directrice de la Fondation américaine des jambes sans repos à Raleigh (Caroline du Nord).

Dr Fouad Habib, Ph.D., biologiste cellulaire à la faculté de médecine de l'université d'Édimbourg en Écosse.

Dr Charles H. Halsted, chef du service de nutrition clinique et du métabolisme à l'université de Californie à Davis.

Dr Jon Hanifin, professeur de dermatologie à l'université des sciences de la santé de l'Oregon à Portland.

Dr Susan E. Hankinson, épidémiologiste adjoint au laboratoire Channing de l'hôpital *Brigham and Women's* à Boston.

Dr Denham Harman, Ph.D., chercheur et professeur émérite en médecine à la faculté de médecine de l'université du Nebraska à Omaha.

Dr Peter Hauri, Ph.D., directeur du programme de recherches sur l'insomnie au centre des désordres du sommeil de la clinique Mayo à Rochester (Minnesota).

Mme Suzanne Havala, du *Vegetarian Resource Group* à Baltimore.

Dr Thomas Helm, professeur clinicien adjoint en dermatologie à l'université d'état de New York à Buffalo et directeur du groupe médical de Buffalo.

Dr William M. Hendricks, directeur de la clinique dermatologique Asheboro (Caroline du Nord).

Dr Robert Henkin, Ph.D., chercheur et directeur de la clinique du goût et de l'odorat du Centre pour la nutrition moléculaire et les troubles sensoriels à Washington D.C.

Dr Howard N. Hodis, directeur de l'unité de recherches sur l'athérosclérose à la faculté de médecine de la Californie du Sud à Los Angeles.

Dr Alan Hofmann, Ph.D., professeur à l'université de Californie à San Diego.

Dr Michael F. Holick, Ph.D., chef du service d'endocrinologie, du diabète et du métabolisme et directeur du centre général de recherches cliniques du centre médical de l'université de Boston.

Dr Tori Hudson, médecin, professeur au Collège national de médecine naturopathique à Portland (Oregon).

Dr Richard Huemer, médecin à Vancouver (Washington), qui s'intéresse de très près à la nutrition.

M. Curtiss Hunt, Ph.D., chercheur et biologiste au centre de recherches sur la nutrition humaine du ministère de l'Agriculture des États-Unis à Grand Forks (North Dakota).

Dr Thomas K. Hunt, professeur de chirurgie à l'université de Californie à San Francisco.

Dr Paul A. Hwang, professeur adjoint en neurologie au service de pédiatrie et de médecine de l'université de Toronto et directeur du programme pour l'épilepsie à l'hôpital des enfants malades de Toronto.

Dr Vadim Ivanov, Ph.D., responsable du programme de recherches sur les maladies cardiovasculaires au sein de l'institut Linus Pauling.

Dr Arthur I. Jacknowitz, Pharm.D., professeur et président du service de pharmacie clinique de l'université de Virginie occidentale à Morgantown.

Dr Robert A. Jacob, Ph.D., expert en vitamine C, chimiste chargé de recherches sur les micronutriments au centre de recherches sur la nutrition humaine de type occidental du ministère américain de l'Agriculture à San Francisco.

Mme Ruth S. Jacobowitz, auteur du livre *150 Most-Asked Questions about Osteoporosis*, ancienne vice-présidente du centre médical Mount Sinai à Cleveland et membre du conseil d'administration du *National Council on Women's Health*.

Dr Donald W. Jacobsen, Ph.D., directeur du service de biologie cellulaire de la clinique de Cleveland.

M. Paul Jacques, Sc.D., épidémiologiste au centre Jean Mayer de recherches sur la nutrition humaine et le vieillissement du ministère américain de l'Agriculture à l'université Tufts de Boston.

Dr Sushil Jain, Ph.D., professeur de pédiatrie, physiologie et biochimie au service de pédiatrie du centre médical de l'université d'état de Louisiane à Shreveport.

Dr Raxit Jariwalla, Ph.D., chef du programme de virologie et d'immuno-déficience à l'institut Linus Pauling de science et de médecine à Palo Alto en Californie.

Dr Leonard Jason, Ph.D., professeur de psychologie à l'université DePaul de Chicago.

Dr Carol Johnston, Ph.D., professeur adjoint en alimentation et nutrition à l'université d'état de l'Arizona à Tempe.

Dr Mitchell V. Kaminski, Jr., chirurgien à l'hôpital et centre médical Thorek et professeur clinicien en chirurgie à la faculté de médecine de l'université des sciences de la santé de Chicago.

Dr Morton Kasdan, professeur clinicien en chirurgie plastique à l'université de Louisville dans le Kentucky, ainsi qu'en médecine préventive et santé liées à l'environnement à l'université du Kentucky, à Lexington.

Dr Jeremy Kaslow, allergologue à Garden Grove en Californie et professeur adjoint en médecine à l'université de Californie à Irvine.

Dr William Kaufman, Ph.D., l'un des pionniers de la recherche nutritionnelle pour le traitement de l'ostéoarthrite.

Dr Robert Keith, professeur au service de nutrition et de science alimentaire de l'université Auburn (Alabama).

Dr Charles P. Kimmelman, professeur d'oto-rhino-laryngologie à la faculté de médecine de New York à Valhalla et médecin à l'hôpital d'otho-rhino-laryngologie de Manhattan.

Dr Ronald Klein, professeur d'ophtalmologie à la faculté de médecine de l'université du Wisconsin à Madison.

Dr Leslie Klevay, Sc.D., du centre de recherches sur la nutrition humaine de Grand Forks.

Dr Albert Kligman, Ph.D., professeur de dermatologie à la faculté de médecine de l'université de Pennsylvanie et médecin traitant à l'hôpital de la même université, deux établissements de Philadelphie.

Dr James G. Kreuger, Ph.D., professeur adjoint de médecine à l'université Rockefeller à New York.

M. Norman Krinsky, Ph.D., professeur de biochimie à la faculté de médecine de l'université Tufts de Boston.

Dr Karen Kubena, Ph.D., professeur adjoint en nutrition à l'université A & M du Texas à College Station.

M. Ben C. Lane, O.D., directeur de l'Institut d'optométrie nutritionnelle à Lake Hiawatha (New Jersey).

Dr Peter Langsjoen, cardiologue à Tyler au Texas.

Dr J. William Langston, président de l'institut Parkinson.

Dr Susan M. Lark, auteur de *Chronic Fatigue and Tiredness*, directeur du Centre *PMS and Menopause Self-Help* à Los Altos en Californie et spécialiste des troubles de santé des femmes.

M. Stephen Lawson, directeur de l'institut Linus Pauling de science et médecine à Palo Alto en Californie.

Mme Jean Lee, directeur pédagogique de la fondation *United Parkinson* à Chicago.

Dr Orville Levander, chef de recherches en nutrition humaine au centre de recherches sur la nutrition humaine au sein du ministère américain de l'Agriculture à Beltsville dans le Maryland.

Dr Bernard Levin, professeur de médecine et vice président pour la prévention du cancer au centre du cancer M.D. Anderson au sein de l'université du Texas à Houston.

Dr Norman Levine, chef du service de dermatologie et professeur à la faculté de médecine de l'université de l'Arizona à Tucson.

Dr Freda Levy, professeur clinicien adjoint au Centre médical méthodiste à Dallas.

Dr Charles S. Lieber, directeur du Centre de recherche sur l'alcool pour les *National Institutes of Health/National Institute on Alcohol Abuse and Alcoholism* à Bethesda dans le Maryland, professeur de médecine et pathologie à l'école de médecine Mount Sinai à New York et directeur du Centre de recherche et traitement de l'alcool, de la section des maladies hépatiques et de la nutrition et du programme de formation gastro-intestinale et hépatique du *Bronx Veterans Affairs Medical Center* à New York.

Dr Jeffrey Lisse, professeur adjoint en médecine et directeur du service de rhumatologie de la branche médicale de l'université du Texas à Galveston.

Dr Tiepu Liu, professeur adjoint aux recherches à la faculté de médecine de l'université de l'Alabama à Birmingham.

Dr Robert S. London, professeur adjoint en obstétrique et gynécologie à la faculté de médecine de l'université Johns Hopkins à Baltimore.

Dr Nicholas Lowe, professeur clinicien en dermatologie à la faculté de médecine de l'université de Californie à Los Angeles.

Dr Allan Magaziner, médecin ostéopathe, directeur du centre médical Magaziner à Cherry Hill dans le New Jersey.

Dr Herbert C. Mansmann, Jr., professeur de pédiatrie et professeur adjoint en médecine à la faculté de médecine Jefferson de l'université Thomas Jefferson à Philadelphie.

Dr Joel B. Mason, professeur adjoint de médecine et de nutrition à l'université Tufts à Medford dans le Massachusetts.

Dr David McCarron, professeur de médecine et directeur de la section de néphrologie, hypertension et pharmacologie clinique de l'université des sciences de la santé de l'Oregon à Portland.

M. James McKenney, Pharm.D., professeur à l'école de pharmacie de la faculté de médecine de l'université Virginia Commonwealth de Virginie à Richmond.

Dr Jerry McLarty, Ph.D., président de l'unité d'épidémiologie et de bio-mathématique au centre de la santé de l'université du Texas à Tyler.

Dr Joseph McCune, professeur adjoint en rhumatologie aux hôpitaux de l'université du Michigan à Ann Arbor.

Dr William McGanity, professeur d'obstétrique et de gynécologie à la branche médicale de l'université du Texas à Galveston.

Dr Robert McLean, professeur adjoint en médecine clinique à la faculté de médecine de l'université de Yale et interne à New Haven (Connecticut).

Dr Kimford Meador, directeur du service de neurologie du comportement à la faculté de médecine de Géorgie à Augusta.

Dr Lorraine Meisner, Ph.D., professeur de médecine préventive à la faculté de médecine de l'université du Wisconsin à Madison.

Dr Daniel Menzel, Ph.D., professeur en unité de médecine communautaire et de l'environnement à l'université de Californie à Irvine.

Dr Mohsen Meydani, Ph.D., professeur adjoint en nutrition au centre Jean Mayer de recherches sur la nutrition humaine et le vieillissement du ministère américain de l'Agriculture à l'université Tufts de Boston.

Dr Donald Mickle, professeur de biochimie clinique à l'université de Toronto.

Dr Elliott Middleton, Jr., professeur de médecine et pédiatrie à l'université de l'état de New York, Buffalo.

M. Don Miller, diététicien chargé de la recherche et du développement et chef de cuisine ayant pour rôle d'aider le personnel de cuisine en milieu hospitalier à rendre les repas plus savoureux et appétissants.

Mme Lana Miller, diététicienne au *National Jewish Center for Immunology and Respiratory Medicine* à Denver.

Mme Dian Mills, nutritionniste londonienne et auteur du livre *Female Health : The Nutrition Connection*.

Dr Vahid Mohsenin, chercheur au laboratoire John B. Pierce à l'université Yale.

Dr Robert Moldwin, professeur adjoint en urologie à la faculté de médecine Albert Einstein à New York et médecin traitant au *Long Island Jewish Medical Center* de New Hyde Park à New York.

Dr Dexter Morris, Ph.D., professeur adjoint à la faculté de médecine de l'université de Caroline du Nord à Chapel Hill.

Dr Daniel Mowrey, Ph.D., directeur du laboratoire américain de recherches en phytothérapie à Lehi dans l'Utah.

Dr Donna Mueller, R.D., Ph.D., professeur adjoint en nutrition et alimentation à l'université Drexel de Philadelphie.

Dr John C. Murray, professeur adjoint en médecine au centre médical de l'université Duke à Durham (Caroline du Nord).

Dr James Neubrander, un médecin de Hopewell dans le New Jersey qui s'intéresse de très près au rapport entre l'épilepsie et la nutrition.

Dr Jennifer Niebyl, professeur et chef du service d'obstétrique et de gynécologie à la faculté de médecine de l'université de l'Iowa.

Dr Forrest H. Nielsen, Ph.D., directeur du centre de recherches sur la nutrition humaine du ministère de l'agriculture des États-Unis à Grand Forks (North Dakota).

Dr Kevin C. Oeffinger, professeur adjoint en médecine familiale au centre médical Southwestern de l'université du Texas à Dallas.

Dr Shaun O'Keeffe, chercheur à l'hôpital universitaire royal de Liverpool en Grande-Bretagne.

Commandant Patrick Olson, médecin épidémiologiste et spécialiste en médecine préventive au centre médical naval de San Diego.

Dr Randall Olson, professeur et président du département d'ophtalmologie de la faculté de médecine de l'université de l'Utah et directeur du centre John A. Moran de l'œil, tous deux à Salt Lake City.

Dr Prabhudas R. Palan, Ph.D., professeur adjoint en obstétrique et gynécologie à la faculté Albert Einstein à New York.

Dr James G. Penland, Ph.D., chercheur principal au centre de recherches sur la nutrition humaine du ministère de l'Agriculture des États-Unis à Grand Forks (North Dakota).

Dr Daniel Perl, directeur du service de neuropathologie de l'école de médecine Mount Sinai à New York.

Dr Flora Pettit, Ph.D., chercheur scientifique à l'institut de biochimie de l'université du Texas à Austin.

Dr Terry M. Phillips, D.Sc., directeur du laboratoire d'immunogénétique et d'immunochimie au centre médical de l'université George Washington à Washington, D.C., auteur de l'ouvrage *Winning the War Within*.

Dr Sheldon Pinnell, chef du service de dermatologie du centre médical de l'université Duke à Durham (Caroline du Nord).

Dr John Pinto, Ph.D., directeur du laboratoire de nutrition du centre du cancer Memorial Sloan-Kettering et professeur adjoint en biochimie médicale à la faculté de médecine de l'université Cornell, tous deux à New York.

Dr Roy M. Pitkin, professeur d'obstétrique et de gynécologie à l'université de Californie à Los Angeles.

Dr Henry Pitt, vice-président du service de chirurgie de la faculté de médecine de l'université Johns Hopkins à Baltimore.

Dr Joseph Pizzorno, Jr., naturopathe et président de l'université Bastyr de Seattle.

Dr Richard Podell, professeur clinicien en médecine générale à l'université de médecine et de médecine dentaire à l'école médicale New Jersey/Robert Wood Johnson et auteur du livre *When Your Doctor Doesn't Know Best : Errors That Even the Best Doctors Make and How to Protect Yourself*.

Dr Nancy Potischman, travaillant au sein du *National Cancer Institute* à Rockville dans le Maryland.

Dr Ananda Prasad, Ph.D., professeur de médecine à la faculté de médecine de l'université d'état Wayne à Detroit et chercheur de pointe dans le domaine de la recherche sur le zinc.

Dr Marilynn Pratt, médecin à Playa del Rey (Californie), spécialiste de la santé des femmes.

Dr Harry Preuss, professeur de médecine à la faculté de médecine de l'université Georgetown à Washington D.C.

Dr Janet Prystowsky, Ph.D., professeur adjoint en dermatologie à l'hôpital presbytérien Columbia (New York).

Dr Patrick Quillin, R.D., Ph.D., nutritionniste agréé, auteur du livre *Beating Cancer with Nutrition* et directeur du service de nutrition des centres américains de traitement du cancer dont le siège est à Arlington Heights (Illinois).

Dr Robert Rapaport, directeur du service d'endocrinologie et de métabolisme pédiatrique à la faculté de médecine et de médecine dentaire de l'université du New Jersey, à Newark.

Dr Elias Reichel, professeur adjoint en ophtalmologie à la faculté de médecine de l'université Tufts à Boston.

Dr Eric Rimm, Sc.D., professeur adjoint au service d'épidémiologie de l'école de santé publique de Harvard.

Dr Donald Robertson, directeur médical du centre de nutrition orthomoléculaire du Sud-Ouest à Scottsdale (Arizona).

Cheryl Rock, Ph.D., diététicienne, professeur adjoint dans le cadre du programme de nutrition humaine de l'école de santé publique de l'université du Michigan à Ann Arbor et coauteur du livre *Nutrition and Eating Disorders*.

Dr John F. Romano, professeur adjoint clinicien en dermatologie au centre médical de l'hôpital Cornell de New York et de l'hôpital St. Vincent, tous deux à New York.

Dr David P. Rose, D.Sc., Ph.D., chef du service de nutrition et d'endocrinologie de l'institut Naylor Dana de la Fondation américaine de la santé à Valhalla, New York.

Dr Clifford Rosen, directeur du centre de recherches et d'éducation sur l'ostéoporose du Maine, à l'hôpital St. Joseph à Bangor.

Dr Lisa Ruml, professeur adjoint en médecine et chercheur à l'unité de métabolisme minéral du centre médical Southwestern de l'université du Texas à Dallas.

Dr Martha Rumore, Pharm.D., professeur adjoint au collège de pharmacie et de sciences de la santé Arnold and Marie Schwartz à Brooklyn.

Dr Frank M. Sacks, professeur adjoint de médecine et de nutrition à l'école de santé publique de Harvard.

Dr James Sadowski, Ph.D., chef du laboratoire de la vitamine K du centre Jean Mayer de recherches sur la nutrition humaine et le vieillissement du ministère américain de l'Agriculture, à l'université Tufts de Boston.

Dr Safford, professeur de sciences sociales et de gérontologie à l'université internationale de Floride, à Miami.

Dr Khashayar Sakhaee, professeur de médecine interne à l'unité de métabolisme minéral et de recherche clinique du centre médical Southwestern de l'université du Texas à Dallas.

Dr Paul Saltman, Ph.D., professeur de biologie à l'université de Californie à San Diego.

Dr Harold Sandstead, professeur au service de médecine préventive et de santé publique à la faculté de médecine de l'université du Texas à Galveston.

Dr Howerde Sauberlich, Ph.D., professeur dans le service des sciences de la nutrition de l'université de l'Alabama à Birmingham.

Dr James Scala, Ph.D., nutrithérapeute, auteur du livre *If You Can't/Won't Stop Smoking*.

Dr Richard K. Scher, dermatologue et chef d'un service spécialisé dans les problèmes liés aux ongles au centre médical Columbia Presbyterian à New York.

Dr Stephen Schleicher, codirecteur du centre dermatologique de Philadelphie.

Dr Gerhard N. Schrauzer, Ph.D., chercheur à l'université de Californie à San Diego.

Dr David Schubert, Ph.D., professeur de neurobiologie à l'institut Salk d'études biologiques à San Diego.

Dr Kristine Scordo, Ph.D., infirmière et professeur adjoint à l'université d'état Wright à Dayton (Ohio), directrice du programme de traitement de l'insuffisance mitrale à Cincinnati et auteur du livre *Taking Control : Living with the Mitral Valve Prolapse Syndrome*.

Dr Susan J. Seidel, otologiste (spécialiste en audition) au Centre médical de l'agglomération de Baltimore.

Dr Michael Seidman, directeur du Centre des acouphènes de l'hôpital Henry Ford à Detroit.

Mme Sally Seubert, R.D., professeur adjoint en nutrition au centre médical Southwestern de l'université du Texas à Dallas.

Dr Binita R. Shah, professeur de pédiatrie clinique et directeur de médecine pédiatrique d'urgence au Centre des sciences de la santé de l'université d'état de New York à Brooklyn.

Dr George E. Shambaugh, Jr., professeur émérite en oto-laryngologie et chirurgie de la tête et du cou à la faculté de médecine de l'université Northwestern à Chicago.

Dr Cherilyn Sheets, chirurgien dentaire, porte-parole de l'Académie de soins dentaires généraux et dentiste à Newport Beach en Californie.

Dr Adria Sherman, Ph.D., professeur titulaire du service des sciences de la nutrition à l'université Rutgers à New Brunswick (New Jersey).

Dr Ronald Simon, chef du service d'allergie et d'immunologie à la clinique et fondation de recherche Scripps à La Jolla en Californie.

Dr Joseph Soares, Ph.D., professeur de nutrition dans le cadre du programme de sciences de la nutrition à l'université du Maryland à College Park.

Dr Rebecca Sokol, spécialiste en stérilité masculine à l'université de Californie du Sud à Los Angeles.

Dr Seymour Solomon, professeur de neurologie à la faculté de médecine Albert Einstein (New York).

Dr Won O. Song, Ph.D., professeur adjoint en nutrition à l'université d'état du Michigan à East Lansing.

Dr Richard Sperling, professeur adjoint en médecine à l'école médicale Harvard et rhumatologue à l'hôpital *Brigham and Women's* à Boston.

Dr Sally Stabler, professeur adjoint en médecine à la faculté de médecine du centre des sciences de la santé de l'université du Colorado, à Denver.

Dr Virginia Stallings, directeur de la nutrition à l'hôpital pédiatrique de l'université de Pennsylvanie à Philadelphie.

Dr Meir Stampfer, Dr. P.H., chercheur à l'école de santé publique de Harvard.

Dr Paul Stander, docteur en gestion de la qualité et directeur de l'éducation médicale au centre médical *Good Samaritan* à Phoenix.

Dr Pamela Starke-Reed, Ph.D., directeur de Office national américain de la nutrition de l'Institut national sur le vieillissement à Bethesda dans le Maryland.

Dr Michael Steelman, vice-président de la Société américaine de nutrition orthomoléculaire.

Dr Charles B. Stephensen, Ph.D., professeur adjoint au service universitaire de santé internationale de l'université de l'Alabama à Birmingham.

Dr Debra Street, Ph.D., autrefois responsable de recherches à la faculté de médecine de l'université Johns Hopkins à Baltimore et travaillant actuellement comme épidémiologiste au sein de la FDA.

Dr Carla Sueta, Ph.D., professeur adjoint en médecine et cardiologie à la faculté de médecine de l'université de Caroline du Nord à Chapel Hill.

Dr John W. Suttie, professeur titulaire en sciences de la nutrition à l'université du Wisconsin-Madison.

Dr Roy L. Swank, Ph.D., de la clinique Swank pour la sclérose en plaques à Beaverton (Oregon).

Dr Caroline M. Tanner, chercheur à l'institut Parkinson à Sunnyvale (Californie).

Dr Rudolph Tanzi, directeur des services de génétique et vieillissement de l'hôpital général du Massachusetts, à Boston, et du même service de l'école médicale Harvard.

Dr Gabriel Tatarian, médecin ostéopathe, directeur médical de la clinique de la SLA à l'hôpital universitaire Hahnemann à Philadelphie.

Dr Allen Taylor, directeur du laboratoire pour la nutrition et la vue du centre Jean Mayer de recherches sur la nutrition humaine et le vieillissement.

Dr Will Taylor, Ph.D., chercheur sur le sida à l'université de Géorgie à Athens.

Dr Susan Taylor Mayne, Ph.D., chercheur en unité d'épidémiologie et de santé publique à la faculté de médecine de l'université Yale.

Dr John R. Trevithick, Ph.D., professeur au service de biochimie de l'université de l'Ontario de l'Ouest.

Dr Jerry S. Trier, professeur de médecine à l'école médicale Harvard et médecin chef à l'hôpital *Brigham and Women's* à Boston.

Dr Carol Troy, Ph.D., neurologue au collège des médecins et chirurgiens de l'université Columbia à New York.

Dr Gary Tunell, chef du service de neurologie au centre médical de l'université Baylor à Dallas.

Dr John H. Turco, Ph.D., directeur du service de santé du collège universitaire de Dartmouth à Lebanon (New Hampshire).

Judith Turnlund, R.D., Ph.D., du centre de recherches sur la nutrition humaine de type occidental du ministère américain de l'Agriculture à San Francisco.

Mme Amy Tuttle, R.D., nutrithérapeute au centre Renfrew à Philadelphie.

Dr Varro E. Tyler, Ph.D., professeur de pharmacognosie (étude des médicaments d'origine naturelle) à la faculté de pharmacie de l'université Purdue de West Lafayette (Indiana).

Dr Stephen Tyring, Ph.D., professeur de dermatologie, microbiologie et immunologie et de médecine interne à la faculté de médecine de l'université du Texas à Galveston.

Dr Joe Vinson, Ph.D., professeur de chimie et de nutrition à l'université de Scranton (Pennsylvanie).

Dr Timothy Vollmer, directeur médical et de recherche du centre Rocky Mountain de la sclérose en plaques à Englewood (Colorado).

Dr Arthur Walters, professeur adjoint de neurologie à la faculté universitaire de médecine et médecine dentaire du New Jersey à New Brunswick.

Dr Zhi Y. Wang, professeur adjoint aux recherches dans le service de dermatologie de la faculté de médecine et de chirurgie de l'université Columbia (New York).

Dr Keith Watson, ostéopathe, professeur de chirurgie et doyen adjoint en affaires cliniques à l'université de médecine ostéopathique et de sciences de la santé à Des Moines (Iowa).

Dr Ronald R. Watson, Ph.D., professeur chargé de recherches à la faculté de médecine de l'université de l'Arizona à Tucson.

Dr Georg Weber, professeur adjoint au service de pathologie de l'école médicale Harvard et chercheur à l'institut Dana-Farber du cancer.

Dr Weglicki, professeur de médecine et physiologie au centre médical de l'université George Washington à Washington D.C.

Dr Scott Weiss, professeur adjoint en médecine et médecin rattaché au laboratoire Channing de l'hôpital *Brigham and Women's* à Boston.

Dr Sheila West, professeur adjoint en ophtalmologie.

Dr Julian Whitaker, président fondateur du *Whitaker Wellness Center de Newport Beach* en Californie.

Dr Martha White, directrice de recherches et de pédiatrie au sein de l'Institut pour l'asthme et l'allergie au *Washington Hospital Center* à Washington, D.C.

Dr Kristene Whitmore, chef du département d'urologie à l'hôpital universitaire de Philadelphie et coauteur du livre *Overcoming Bladder Disorders*.

Dr Fred Whittier, professeur en médecine interne à la faculté de médecine des universités du nord-est de l'Ohio à Canton.

Dr Ken Wical, professeur de chirurgie dentaire à l'université Loma Linda en Californie.

Dr Kathleen Wishner, Ph.D., ancienne présidente de l'Association américaine du diabète.

Dr Randolph Wong, spécialiste en chirurgie plastique et reconstructive et directeur de l'unité des grands brûlés de la clinique-hôpital Straub à Honolulu.

Dr Richard Wood, Ph.D., professeur adjoint à l'école de nutrition de l'université Tufts à Medford (Massachusetts) et directeur du laboratoire de biodisponibilité minérale du centre Jean Mayer de recherches sur la nutrition humaine et le vieillissement du ministère américain de l'Agriculture à l'université Tufts de Boston.

Dr Margo Woods, D.Sc., professeur adjoint en santé communautaire à la faculté de médecine de l'université Tufts à Boston.

Dr Jonathan Wright, auteur de l'ouvrage *Dr Wright's Guide to Healing with Nutrition* et spécialiste en nutrithérapie à Kent (Washington).

Dr Ray C. Wunderlich, Jr., auteur du livre *Natural Alternatives to Antibiotics* et médecin à St. Petersburg (Floride).

Dr John W. Yunginger, professeur de pédiatrie à la faculté de médecine Mayo à Rochester (Minnesota).

Dr Edwin Zarling, professeur adjoint en médecine à la faculté de médecine Stritch de l'université Loyola de Chicago à Maywood (Illinois), et l'un des chercheurs de l'étude de l'hôpital du comté de Cook.

Dr Alexander Zemtsov, professeur adjoint en biochimie et biologie moléculaire à la faculté de médecine de l'université de l'Indiana à Indianapolis.

Dr Kathryn J. Zerbe, vice-présidente pour l'éducation et la recherche et psychanalyste à la clinique Menninger de Topeka (Kansas), et auteur du livre *The Body Betrayed : Women, Eating Disorders and Treatment.*

Craig Zunka, D.D.S., dentiste à Front Royal (Virginie) et ancien président de l'Association dentaire holistique.

Index

Les chiffres soulignés désignent les encadrés. Le symbole ** sert
à identifier les médicaments délivrés uniquement sur ordonnance.

E

M

N

T

Transcontinental
IMPRESSION
IMPRIMERIE GAGNÉ

IMPRIMÉ AU CANADA